注册道路工程师专业考试
城市道路工程标准规范摘录汇编

北京市市政工程设计研究总院有限公司
上海市政工程设计研究总院（集团）有限公司 编

中国建筑工业出版社

图书在版编目(CIP)数据

注册道路工程师专业考试城市道路工程标准规范摘录汇编/北京市市政工程设计研究总院有限公司，上海市政工程设计研究总院（集团）有限公司编．—北京：中国建筑工业出版社，2020.5（2021.4重印）
ISBN 978-7-112-24993-0

Ⅰ．①注… Ⅱ．①北… ②上… Ⅲ．①城市道路-道路工程-标准-汇编-中国 Ⅳ．①U415-65

中国版本图书馆 CIP 数据核字(2020)第 051878 号

本书以现行全国勘察设计注册土木工程师（道路工程）考试大纲为依据，摘选了部分与城市道路设计相关的、最新标准规范和法律法规中的相关条文，共涉及 14 本现行城镇建设国家、行业标准及相关文件规定。本书可供参加全国勘察设计注册土木工程师（道路工程）考试考生使用，又可供从事道路工程勘察设计工作的专业技术人员在实际工作中参考。

责任编辑：何玮珂　毕凤鸣
责任校对：芦欣甜

注册道路工程师专业考试
城市道路工程标准规范摘录汇编
北京市市政工程设计研究总院有限公司
上海市政工程设计研究总院（集团）有限公司　编
*
中国建筑工业出版社出版、发行(北京海淀三里河路 9 号)
各地新华书店、建筑书店经销
北京红光制版公司制版
北京建筑工业印刷厂印刷
*
开本：787×1092 毫米　1/16　印张：40　字数：733 千字
2020 年 5 月第一版　　2021 年 4 月第二次印刷
定价：**158.00** 元
ISBN 978-7-112-24993-0
(37275)

目　　录

一、城市道路工程技术规范

GB 51286－2018

1　总则

1.0.1　为规范城市道路工程建设，统一城市道路基本功能和性能要求，保障道路交通安全，节约资源，保护环境，制定本规范。

1.0.2　本规范适用于新建、扩建和改建的城市道路（包括广场及停车场）的工程建设。

1.0.3　城市道路工程建设应根据社会效益、环境效益与经济效益进行协调统一，应遵循以人为本、资源节约、环境友好的建设原则。

1.0.4　城市道路工程建设除应符合本规范外，尚应符合国家现行有关标准的规定。

2　基本规定

2.0.1　城市道路工程建设应以城市总体规划为指导，以控制性详细规划、城市交通规划为依据，并应与环境保护规划和防灾规划等专项规划相协调。

2.0.2　城市道路应为人员、车辆提供满足预期的通行能力、承载能力、安全控制要求及抗灾减灾能力的道路、桥涵、隧道等构筑物及设施。

2.0.3　城市道路的构筑物及设施应具备人员、车辆通行所需的性能，包括必要的安全性、适宜的舒适性、预期的耐久性、与周边环境的协调性及抵御规定重现期自然灾害的性能。

2.0.4　城市道路工程建设应遵循节水、节地、节材、节省资源及保护环境的原则，应减少对自然环境的改变与影响。

2.0.5　城市道路工程建设应注重前期调查、研究及论证；应进行满足建设过程需求的勘察工作；应为使用阶段提供满足运营维护需求的相关资料及必要设施。

2.0.6　道路工程建设应采用质量合格并满足要求的材料、产品与设备。

2.0.7 城市道路工程建设应坚持安全第一、预防为主的安全生产管理方针；施工应满足安全生产的要求，应建立安全生产管理体系。

2.0.8 城市道路工程建设应进行全过程质量控制；当工程质量验收不满足要求时，不得投入使用。

2.0.9 城市道路工程应根据环境条件进行耐久性设计；道路工程的主要结构及构筑物应明确设计使用年限；当达到设计使用年限或遭遇重大灾害后，应进行技术鉴定，确定满足使用要求后方可继续使用。

2.0.10 道路、桥梁、隧道及其附属设施应明确养护目标并实施养护，应制定突发事件及灾害应急预案；当道路、桥梁、隧道及其附属设施因结构或设施损坏危及人员和车辆安全时，应立即限制交通并进行修复。

2.0.11 城市道路应形成适宜残疾人和老年等行动不便者通行的无障碍人行设施系统。

2.0.12 城市道路工程的建设及运营维护应满足对文物、古树名木、水源地等的保护要求。

3 道路

3.1 一 般 规 定

3.1.1 道路应按其在道路网中的地位、交通功能以及对沿线的服务功能等，分为快速路、主干路、次干路和支路四个等级。规划阶段确定的道路等级，当遇特殊情况需变更时，应进行技术经济论证，并应报相关审批部门批准。

3.1.2 各级道路的设计速度应符合表3.1.2的规定。

表3.1.2 各级道路的设计速度

道路等级	快速路			主干路			次干路			支路		
设计速度（km/h）	100	80	60	60	50	40	50	40	30	40	30	20

3.1.3 道路设计车辆应符合国家车辆生产标准，车辆的外廓尺寸和运行性能应具有代表性。机动车设计车辆及其外廓尺寸应符合表3.1.3的规定。

表3.1.3 机动车设计车辆及其外廓尺寸

车辆类型	总长（m）	总宽（m）	总高（m）	前悬（m）	轴距（m）	后悬（m）
小客车	6	1.8	2.0	0.8	3.8	1.4

续表 3.1.3

车辆类型	总长（m）	总宽（m）	总高（m）	前悬（m）	轴距（m）	后悬（m）
大型客车	12	2.5	4.0	1.5	6.5	4.0
铰接客车	18	2.5	4.0	1.7	5.8+6.7	3.8

注：1　总长：车辆前保险杠至后保险杠的距离；
2　总宽：车厢宽度（不包括后视镜）；
3　总高：车厢顶或装载顶至地面的高度；
4　前悬：车辆前保险杠至前轴轴中线的距离；
5　轴距：双轴车时，为从前轴轴中线到后轴轴中线的距离；铰接车时分别为前轴轴中线至中轴轴中线、中轴轴中线至后轴轴中线的距离；
6　后悬：车辆后保险杠至后轴轴中线的距离。

3.1.4　道路设施应满足行人、非机动车和机动车的通行要求，同时应设置完善的排水、照明和交通设施，并应满足管线布设、绿化、景观的总体布置要求。

3.1.5　道路建筑限界应根据设计车辆确定。道路建筑限界内不得有任何物体侵入。道路建筑限界应符合下列规定：

1　道路建筑限界应为道路上净高线和道路两侧侧向净宽边线组成的空间界线（图 3.1.5）。顶角抹角宽度（E）不应大于机动车道或非机动车

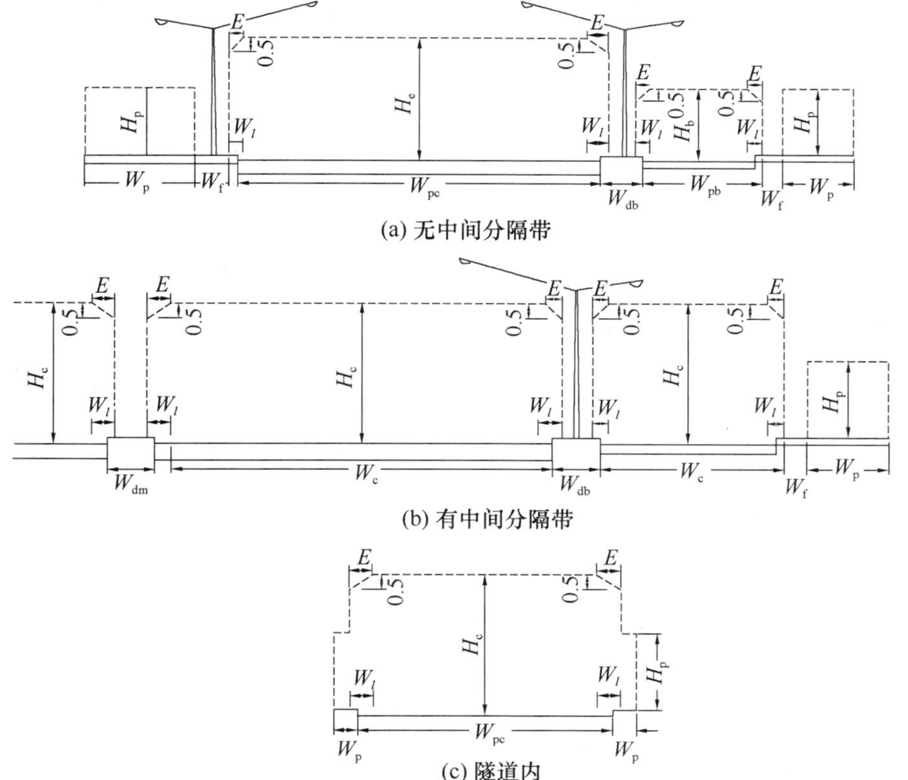

图 3.1.5　道路建筑限界（图中尺寸单位为 m）

道的侧向净宽（W_l）。

2 道路最小净高应满足机动车、非机动车和人行的通行要求。最小净高应符合表 3.1.5 的规定。

表 3.1.5 道路最小净高

道路种类	行驶车辆类型	最小净高（m）
机动车道	小客车、大型客车、铰接客车	4.5
	小客车	3.5
非机动车道	自行车、三轮车	2.5
人行道	行人	2.5

注：对需要通行设计车辆以外特殊车辆的道路，最小净高应满足车辆通行的要求。

3.1.6 道路设计交通量的预测年限：快速路、主干路应为 20 年；次干路应为 15 年；支路应为 10 年～15 年。

3.1.7 道路路面结构设计使用年限应根据道路等级及路面类型确定，各种类型路面结构的设计使用年限应符合表 3.1.7 的规定。

表 3.1.7 路面结构的设计使用年限（年）

道路等级	路面结构类型		
	沥青路面	水泥混凝土路面	砌块路面
快速路	15	30	—
主干路	15	30	—
次干路	15	20	—
支路	10	20	10（20）

注：砌块路面——当采用混凝土预制块时，设计年限为 10 年；采用石材时，设计年限为 20 年。

3.1.8 道路应根据现行国家标准《中国地震动参数区划图》GB 18306 规定的地震动参数进行抗震设防。

3.1.9 道路应避开泥石流、滑坡、崩塌、地面沉降、塌陷、地震断裂活动带等自然灾害易发区；当不能避开时，必须提出有效的工程措施和严格的管理措施。

3.2 路 线

3.2.1 路线设计应贯彻环境保护和土地资源利用的基本国策，降低道路工程对沿线生态环境以及资源的影响。路线设计平面应顺适、纵断面应均衡、横断面应合理，并应适应地形地物和周边环境，满足行车安全、排水通畅等要求。

3.2.2 路线设计应符合城市道路网规划，并应与地形地物、地质水文、地域气候、地下管线、排水、生态环境、自然景观等要求结合，合理确定路线线位和技术指标。

3.2.3 平面设计应处理好直线与平曲线的衔接，合理地设置缓和曲线、超高、加宽等。圆曲线的最小半径应能保证车辆在曲线部分行驶安全、舒适。

3.2.4 平纵面设计应按道路通行条件满足停车视距、会车视距或超车视距的要求。

3.2.5 纵断面设计应根据道路等级与建设条件，综合交通安全、工程建设投资与运营期间的经济效益、节能减排、环保效益等因素，合理确定技术指标。

3.2.6 纵断面设计最大纵坡应满足所在地区各种气候条件下安全行车的要求，采用最大纵坡时应限制最大坡长。纵断面设计应与道路两侧建筑和地块高程合理衔接。

3.2.7 横断面设计应按道路等级、服务功能、交通特性，结合各种控制条件，在规划红线宽度范围内合理布设，并应分别满足机动车道、非机动车道、人行道、分车带、设施带等宽度的规定。

3.2.8 平面和横断面设计应优先布置行人和公共交通设施。

3.3 路基路面

3.3.1 路基路面应根据道路功能、类型和等级，结合沿线地形地质、水文气象及路用材料等条件进行设计，应因地制宜、合理选材、节约资源。应使用节能降耗型路面设计，合理采用路面材料再生利用技术，并应选择技术先进、经济合理、安全可靠、方便施工的路基路面结构。

3.3.2 路基路面应具有足够的强度和稳定性，以及良好的抗变形能力和耐久性。同时，路面面层应满足平整、抗滑、耐磨与低噪声等表面特性的要求。

3.3.3 路基路面排水设计应根据道路排水总体设计的要求，结合沿线水文、气象、地形、地质等自然条件，设置必要的地表排水和地下排水设施，并应形成合理、完整的排水系统。

3.3.4 路基防护应根据道路功能，查明工程地质、水文地质条件，合理选择岩土的物理力学参数，采取相应防护措施，并应与环境景观相协调。

3.3.5 路基支挡结构设计应满足各种设计荷载组合下支挡结构的稳定、坚固和耐久性要求；结构类型选择及设置位置和范围的确定应安全可靠、经济合理、便于施工养护；结构材料应符合耐久、耐腐蚀的要求。

3.3.6 对软土、黄土、膨胀土、红黏土、盐渍土等特殊土地区的路基设计，应查明特殊土的分布范围与地层特征，特殊土的物理、力学和水理特性以及道路沿线的水文与地质条件，应合理确定特殊土地基处理或处治的设计方案，应使其具有良好的抗变形能力和稳定性要求。

3.4 交　　叉

3.4.1 道路与道路交叉形式应根据道路网规划、相交道路等级、交通流量和流向及有关技术、经济和环境效益的分析合理确定。

3.4.2 道路交叉口设计应安全、有序、畅通，兼顾所有道路使用者的要求，处理好与其他交通方式的衔接，综合考虑交通组织、几何设计、交通管理方式和交通工程设施等要素，并应与周围环境相协调，合理确定用地规模。

3.4.3 当城市快速路与所有等级的道路交叉时，必须设置立体交叉。

3.4.4 道路与轨道交通线路交叉位置应符合规划要求，形式应根据道路和轨道交通线路性质、等级、交通量、地形条件、安全要求以及经济、社会效益等因素确定。

3.4.5 当道路与全封闭运行的城市轨道交通线路交叉时，必须设置立体交叉。

3.4.6 当道路与高速铁路、客运专线、铁路车站、铁路编组站交叉时，必须设置立体交叉；行驶有轨或无轨电车的道路与铁路交叉时，必须设置立体交叉。

3.4.7 道路上跨轨道交通应符合轨道交通建筑限界的规定。

3.4.8 道路与道路的平面交叉口，以及无人看守或未设置自动信号的道路与铁路平交道口的视距三角形范围内，不得有任何妨碍驾驶员视线的障碍物。

3.4.9 平面交叉口应设置行人和非机动车过街设施，并应与交叉口的几何特征、人流量、车流量、交通组织方式等相协调。

3.4.10 立交区域内的非机动车和行人系统应保证其连续性和有效宽度，应与相交道路的非机动车和行人系统相匹配，布置应满足安全、便捷的要求。

3.5 行人和非机动车交通系统

3.5.1 道路应根据使用功能要求，设置相应的行人和非机动车交通设施。行人和非机动车交通系统应安全、连续，应保证行人及非机动车的有效通行宽度。人行道有效通行宽度不应小于 1.5m。

3.5.2 城市道路上的行人及非机动车交通系统应与道路沿线的居住区、商业区、城市广场、交通枢纽等内部的相关设施合理衔接，构成完整的交通系统。

3.5.3 对视距受限制、急弯陡坡等危险路段以及车行道宽度渐变路段，严禁设置人行横道。

3.5.4 当穿越车行道的人行横道长度大于 16 m 时，应在分隔带或道路中心线附近的人行横道处设置行人二次过街安全岛。

3.5.5 穿越快速路的行人过街设施必须采用立体交叉的方式。

3.5.6 设计速度大于 40km/h 的道路，非机动车道与机动车道之间必须设置安全隔离设施。

3.5.7 对长度大于 1000m 的隧道，严禁将机动车道与非机动车道或人行道在同一孔内设置；对长度小于或等于 1000m 的隧道，当需设置非机动车道或人行道时，与机动车道之间必须设安全隔离设施。

3.5.8 独立的步行街应满足消防车、救护车、送货车和清扫车的通行要求，且最小宽度不应小于 5.0m。

3.5.9 非机动车专用路的设计速度应小于 20km/h，并应设置相应的交通安全、排水、照明等设施。

3.6 公共交通设施

3.6.1 道路设计中应根据城市公交发展战略和线网规划要求进行公共交通设施设计，应包括与道路相关的公共交通专用车道和车站的设计。

3.6.2 公交专用车道的设计应与城市道路功能相匹配，应合理使用道路资源。

3.6.3 公交车站应根据公交线网规划，并应结合沿线交通需求及各类交通接驳布局要求设置。

3.7 公共停车场和城市广场

3.7.1 公共停车场和城市广场的位置和规模必须符合城市规划要求，并应根据道路交通组织，合理布局。

3.7.2 停车场及城市广场出入口必须有良好的通视条件，视距三角形范围内不得有任何妨碍驾驶员视线的障碍物，且不得影响临近交叉口的交通运行。

3.7.3 机动车停车场车位布置可按纵向或横向排列分组安排，每组停车不应超过 50 辆。当各组之间无通道时，必须留出大于或等于 4m 宽的消防通道。

3.8 施　　工

3.8.1 道路施工应满足道路结构的强度、稳定性及耐久性要求。

3.8.2 道路施工应进行必要的施工工艺性能检测、工程质量检验及专项验收，并应满足道路防排水要求。

3.8.3 基坑、基槽及道路边坡、挡土墙施工应进行必要的监控量测，合理控制地下水，保障结构安全，同时应保护水环境。

3.8.4 高填土路基与软土路基施工，应进行沉降观测，在沉降稳定后再进行道路基层施工。

4 桥梁

4.1 一 般 规 定

4.1.1 桥梁设计应以安全可靠、适用耐久、技术先进、经济合理、与环境相协调为基本原则，应符合所在区域规划布局的要求。桥梁设计应合理确定各项技术标准和指标，桥梁设计方案应进行全面、多方案的技术经济比较。

4.1.2 跨越河流的桥梁及跨越城市道路、公路、城市轨道交通、铁路的跨线桥梁，桥下净空应分别符合国家现行标准的有关规定。

4.1.3 桥位应与燃气输送管道、输油管道及易燃、易爆和有毒气体等危险品工厂、车间、仓库保持必要的安全距离。桥位距燃气输送管道、输油管道的安全距离应符合国家现行标准的有关规定。当距离较近时，应设置满足消防、防爆要求的防护设施。当桥位上空设有架空高压电线无法避开时，桥梁主体结构最高点与架空电线之间的最小垂直距离应符合国家现行标准的有关规定。当桥位旁有架空高压电线时，桥边缘与架空电线之间的水平距离应符合国家现行标准的有关规定。

4.1.4 当桥上或地道内需铺设市政管线时，应符合国家相关标准及有关法律法规的规定，并应对桥梁、地道及管线发生故障和事故时次生影响的可控性进行评估。

4.1.5 桥位选择应符合城乡规划，满足城市防洪要求。通航河流上桥梁的桥位选择应满足相应航道等级的通航要求及航运条件下桥梁的安全性要求。

4.1.6 桥梁应根据道路的等级和使用要求设置必要的护栏及检修道。

4.1.7 桥梁引道及引桥的设计应满足消防、救护、抢险的要求，并应布设必要的通道。

4.1.8 桥梁和地道应设置完善的防排水系统。

4.1.9 桥梁结构设计应根据现行国家标准《工程结构可靠性设计统一标准》GB 50153 的有关规定确定设计使用年限。应根据其所处环境类别和环境条件进行结构耐久性设计，对需更换的构件应明确更换要求，并应预留足够的更换空间。

4.1.10 桥梁设计应满足国家现行标准对环境保护的要求。位于生态环境敏感区和饮用水源保护区的桥梁，应从设计、施工、运营及养护等方面采取全面的保护措施。

4.2 荷 载

4.2.1 桥梁设计应根据道路的功能、等级和发展要求等具体情况选用设计汽车荷载。汽车荷载的计算图式、荷载等级及其标准值、加载方法和纵横向折减等应符合下列规定：

1 汽车荷载应分为城-A 级和城-B 级两个等级。

2 汽车荷载应由车道荷载和车辆荷载组成。车道荷载应由均布荷载和集中荷载组成。桥梁结构的整体计算应采用车道荷载，桥梁结构的局部加载、桥台和挡土墙等的计算应采用车辆荷载。车道荷载与车辆荷载的作用不得叠加。

3 车道荷载的计算（图 4.2.1-1）应符合下列规定：

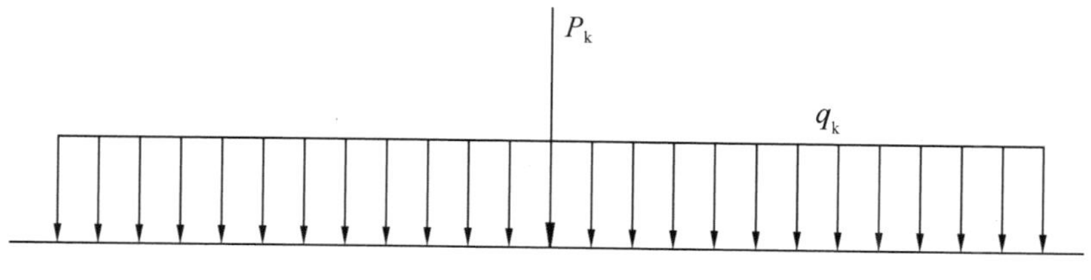

图 4.2.1-1 车道荷载

1）城-A 级车道荷载的均布荷载标准值（q_k）应为 10.5kN/m。集中荷载标准值（P_k）的选取：当桥梁计算跨径小于或等于 5m 时，P_k＝270kN；当桥梁计算跨径等于或大于 50m 时，P_k＝360kN；当桥梁计算跨径在 5m～50m 之间时，P_k值应采用直线内插求得；当计算剪力效应时，集中荷载标准值（P_k）应乘以 1.2 的系数；

2）城-B 级车道荷载的均布荷载标准值（q_k）和集中荷载标准值（P_k）应按城-A 级车道荷载的 75％采用；

3）车道荷载的均布荷载标准值应满布于使结构产生最不利效应的同号影响线上；集中荷载标准值应只作用于相应影响线中一个最大影响线峰值处。

4 车辆荷载的立面、平面布置及标准值应符合下列规定：

1）城-A级车辆荷载的立面、平面、横桥向布置（图4.2.1-2）及标准值应符合表4.2.1-1的规定。

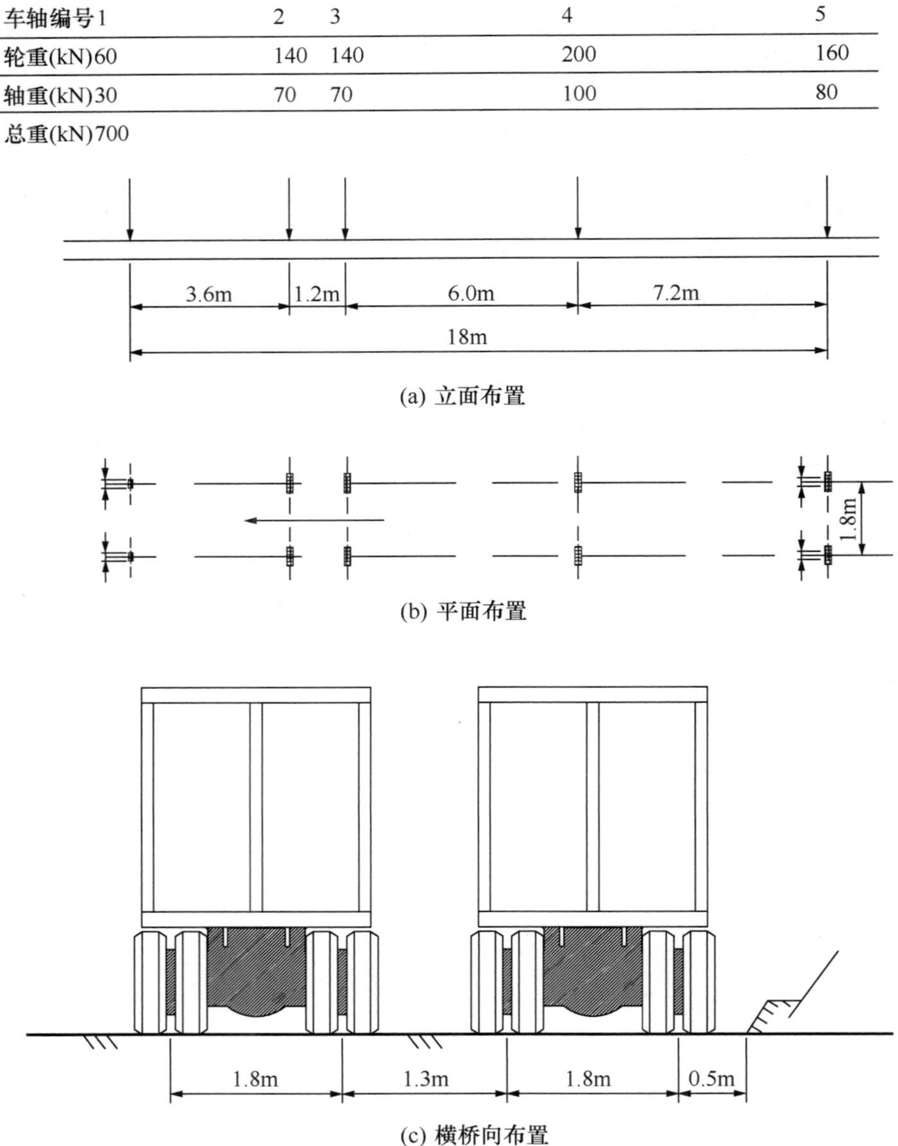

图4.2.1-2 城-A级车辆荷载的立面、平面、横桥向布置

表 4.2.1-1　城-A 级车辆荷载

车轴编号	单位	1	2	3	4	5
轴重	kN	60	140	140	200	160
轮重	kN	30	70	70	100	80
纵向轴距	m		3.6	1.2	6	7.2
每组车轮的横向中距	m	1.8	1.8	1.8	1.8	1.8
车轮着地的宽度×长度	m	0.25×0.25	0.6×0.25	0.6×0.25	0.6×0.25	0.6×0.25

2）城-B 级车辆荷载的立面、平面、横桥向布置（图 4.2.1-3）及标

车轴编号 1	2	3	4	5
轮重(kN) 30	120	120	140	140
轴重(kN) 15	60	60	70	70
总重(kN) 550				

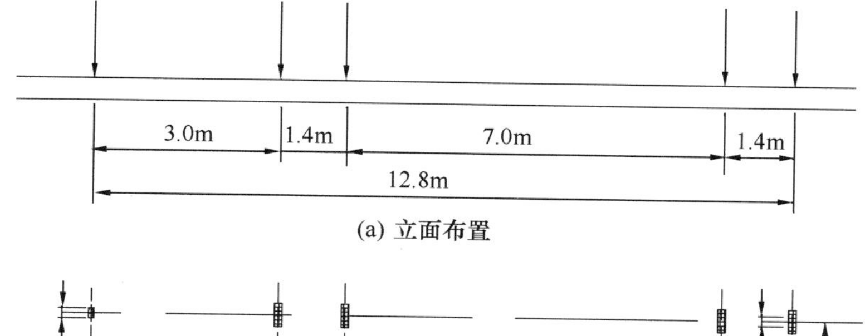

(a) 立面布置

(b) 平面布置

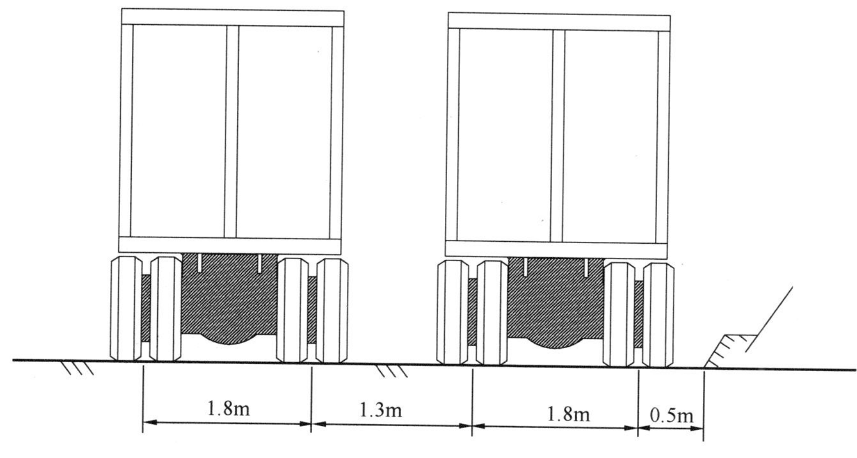

(c) 横桥向布置

图 4.2.1-3　城-B 级车辆荷载立面、平面、横桥向布置

准值应符合表4.2.1-2的规定。

表4.2.1-2　城-B级车辆荷载

车轴编号	单位	1	2	3	4	5
轴重	kN	30	120	120	140	140
轮重	kN	15	60	60	70	70
纵向轴距	m	3.0	1.4	7.0	1.4	
每组车轮的横向中距	m	1.8	1.8	1.8	1.8	1.8
车轮着地的宽度×长度	m	0.3×0.2	0.6×0.2	0.6×0.2	0.6×0.2	0.6×0.2

5　车道荷载横向分布系数、多车道的横向折减系数、大跨径桥梁的纵向折减系数、汽车荷载的冲击力、离心力、制动力及车辆荷载在桥台或挡土墙后填土的破坏棱体上引起的土侧压力等均应按现行行业标准《公路桥涵设计通用规范》JTG D60的规定计算。

4.2.2　梁、桁架、拱及其他大跨结构的人群荷载（W）应采用下列公式计算，且W值在任何情况下不得小于2.4kPa：

当加载长度L<20m时：

$$W = 4.5\frac{20 - w_p}{20} \tag{4.2.2-1}$$

当加载长度20m≤L≤100m时：

$$W = \left(4.5 - 2\times\frac{L-20}{80}\right)\left(\frac{20 - w_p}{20}\right) \tag{4.2.2-2}$$

式中：W——单位面积的人群荷载，(kPa)；

L——加载长度，(m)；

w_p——单边人行道宽度，（m）；在专用非机动车桥上取1/2桥宽，大于4m时仍按4m计。

4.2.3　非机动车道和专用非机动车桥的设计荷载的选取，应充分考虑使用过程中可能发生的荷载工况。

4.2.4　作用在桥梁人行步道栏杆扶手上的竖向荷载应为1.2kN/m，水平向外荷载应为2.5kN/m。两者应分别计算。作用在人行天桥栏杆扶手上的竖向荷载应为1.2kN/m，水平向外荷载应为2.5kN/m，两者应分别计算且不与其他活载叠加。

4.2.5　除可变作用中的设计汽车荷载与人群荷载外，作用与作用效应组合应按现行行业标准《公路桥涵设计通用规范》JTG D60的有关规定执行。

4.3 结　　构

4.3.1 桥梁结构的承载能力极限状态和正常使用极限状态计算应符合国家现行标准的有关规定，并应同时满足构造和施工工艺的要求。

4.3.2 桥梁应根据桥梁所处位置的重要性、结构破坏可能产生后果的严重性，对重要部位的桥梁或结构提高设计安全等级。

4.3.3 曲线梁桥应具有足够的抗扭刚度，结构支承体系应满足曲线桥梁的受力和变形要求。

4.3.4 位于通航河流或有漂流物的河流中的桥梁墩台及临近车行道、易受汽车撞击的桥墩应进行防撞设计。

4.3.5 桥梁结构应采取可靠的抗倾覆措施，应具有足够的抗倾覆安全度，并应避免局部构件失效引起的整体倒塌。

4.4 抗　　震

4.4.1 对基本地震动加速度峰值为 $0.05g$ 及以上地区的城市桥梁，应进行抗震设计，并应采取抗震措施。

4.4.2 桥梁应根据结构形式、在城市路网中位置的重要性以及承担的交通量，进行抗震设防分类。

4.4.3 对技术特别复杂的特大桥梁的地震动参数，应按地震安全性评价确定，其他各类桥梁的地震动参数，应根据国家现行标准的有关规定确定。

4.4.4 工程场地类别，应根据土层等效剪切波速和场地覆盖层厚度划分，并应符合国家现行标准的有关规定。

4.4.5 当桥梁采用减震或隔震方法设计时，减震或隔震支座应具有足够的刚度和屈服强度，相邻上部结构之间应设置足够的间隙。

4.5 施　　工

4.5.1 桥梁施工应满足施工期间交通组织的要求，应优先采用预制化、机械化等对社会交通影响相对较小的施工方案。

4.5.2 桥梁工程建设应在施工前确定涉及结构安全和使用功能的重点部位、关键工序，应制定满足安全、质量和环保要求的控制指标、控制措施。

4.5.3 桥梁施工所需的工装、设备及设施应满足承载能力、强度、刚度和整体稳定性要求，并应同时满足工艺性能、安全保护及环境保护要求。

4.5.4 模板、支架及深基坑工程在施工全过程中应满足安全性、稳定性及相关技术性能指标的要求，必要时应进行专项评估论证。

4.5.5 桥梁施工应采取保证施工安全、结构安全和环境安全的防护措施。

5 隧道

5.1 一般规定

5.1.1 隧道设计应满足城市总体规划、城市控制性详细规划、城市道路路网规划、土地使用规划以及交通功能等要求，应协调好与地面、地下建筑和构筑物以及各种管线的关系，减少动拆迁，并应协调好与其他市政公用设施、城市轨道交通的关系。

5.1.2 隧道设计应根据勘测和调查资料，综合地形、地质、水文、气象、环境、地震以及施工和营运条件等因素，进行必要的技术、经济、环保等方面的方案比选，应达到安全实用、质量可靠、经济合理和技术先进的要求。

5.1.3 隧道防灾设计应遵循预防为主、防消结合的原则；应根据隧道内交通量、交通特性、防灾设备、自然环境条件、隧道长度和平纵技术标准等因素进行综合设计。

5.1.4 隧道应根据现行国家标准《中国地震动参数区划图》GB 18306 规定的地震动参数进行抗震设防。

5.1.5 隧道结构设计应根据现行国家标准《工程结构可靠性设计统一标准》GB 50153 的有关规定确定设计使用年限，隧道主体结构应按满足 100 年正常使用的永久性结构设计。

5.1.6 隧道施工必须制定相应的措施，保证工程质量、施工安全、作业人员身体健康，文明施工。

5.2 总体布置

5.2.1 隧道总体布置及配套运营管理设施的设置，应满足隧道正常运营、管理维护、防灾救援等需要。

5.2.2 当隧道穿越工程地质、水文地质特别复杂以及存在严重不良地质条件的地段时，应采取安全可靠的工程技术措施。

5.2.3 隧道平面线形应根据地形、路线走向、洞口位置、沿线障碍物和施工工法等因素确定。

5.2.4 当隧道出口处设置平面交叉口时应满足洞口行程长度及等待车辆排队长度的要求。

5.2.5 隧道纵坡设计应满足车辆行驶安全的要求。

5.2.6 隧道横断面及内轮廓设计应根据线路技术标准、建筑限界、结构形式、施工工法、设备布置、防灾和运营养护等要求确定。

5.2.7 隧道内严禁布置可燃、易爆管道。

5.2.8 主隧道与车行、人行疏散通道和横通道连通处，应采取防火分隔措施。

5.2.9 当隧道内通行公共电汽车、有轨电车等客运车辆时，应满足火灾工况下客流疏散逃生的要求。

5.3 结　　构

5.3.1 隧道结构设计应根据工程沿线建设条件、工程地质条件，通过技术经济、功能效果和环境影响的综合评价，选择结构形式和施工方法。主体结构应具有规定的强度、稳定性和耐久性，应适应长期营运的需要。

5.3.2 隧道结构应就其施工过程和正常使用各阶段，进行结构强度和稳定性的计算，必要时还应进行变形和刚度计算。

5.3.3 隧道结构抗震设计应根据设防要求、场地条件、结构类型和埋深等因素，采取必要的构造措施提高结构和接头处整体抗震能力。

5.3.4 隧道结构应根据所处的环境类别和环境条件进行耐久性设计。

5.3.5 隧道应根据环境条件、结构特点、施工方法等因素进行防排水设计。

5.4 设备及设施

5.4.1 隧道通风系统的设置应满足正常工况时通风、火灾工况时防排烟的要求，并应符合国家环保和节能的要求。

5.4.2 隧道应根据火灾危险等级设置自然或机械排烟系统，避难设施内应设置防烟系统。

5.4.3 隧道给水必须满足隧道运营所需的生产、生活和消防用水的要求。

5.4.4 隧道应设置完善的排水系统，排放应符合国家现行相关标准的规定及环保要求。

5.4.5 隧道应根据隧道长度、车种组成及火灾危险性等配置消防灭火设施。消防给水水源必须可靠。

5.4.6 隧道照明设置应满足交通安全和舒适性的要求。

5.4.7 供配电设施应安全、可靠，并应符合节能和环保要求。

5.4.8 隧道综合监控系统应根据正常运营、事故及灾害工况的运营管理要求确定各类设施的配置规模。

5.5 施　　工

5.5.1 隧道施工应采取必要的安全措施，保护施工人员身体健康和安全。

5.5.2 隧道施工必须建立施工测量和复测系统。

5.5.3 隧道施工应进行地质预测、预报，实施动态管理。

5.5.4 隧道施工应制定施工全过程的监控量测方案及工程应急处理预案。当施工前方地质出现异常变化迹象或接近围岩重要分界线时，应及时探明隧道的工程地质和水文地质情况后方可继续开挖。

6 交通安全和管理设施

6.1 一 般 规 定

6.1.1 城市道路交通安全和管理设施设计应根据道路总体设计和交通组织设计方案进行，设计范围除道路自身外，还应包含对道路有影响的周边范围。

6.1.2 城市道路交通安全和管理设施应与道路土建工程同步设计和实施。

6.2 交通安全设施

6.2.1 交通标志和标线设计应向交通参与者提供交通路权、通行规则及路径指示等信息。

6.2.2 交通标志不得侵入道路建筑限界，也不得被其他物体遮挡。

6.2.3 交通标志版面和标线的信息应能准确和适当地反映交通组织及管理的意图，并应能够在各种环境条件下清晰地识别。隧道内的应急、消防、避险等指示标志，应采用主动发光标志或照明式标志。

6.2.4 交通标志结构设计应符合强度、变形和稳定性要求。

6.2.5 交通标线材料应具备良好的抗滑、耐磨和环保性能，应方便施工。

6.2.6 当快速路中央带及路侧不能提供足够安全距离时，必须设置防撞护栏。快速路及各级道路隧道内主线分流端、匝道出口端部应设置相应的防撞设施。

6.2.7 当桥梁或道路路侧悬空或车辆越出路外可能造成严重交通事故时，应采用防撞护栏或高路缘石等设施进行防护。

6.2.8 主干路应采用防撞护栏、隔离栏、路缘石等设施隔离机动车、非机动车、人行交通。

6.2.9 对人行道与一侧地面存在高差，有行人跌落危险的，应设置人行护栏。

6.2.10 对快速路主路及行人穿越可能发生严重交通事故的其他道路，应设置必要的隔离设施。

6.2.11 当行人通行的桥梁跨越城市轨道交通线、铁路干线、高速公路、一级公路、城市快速路时，人行道外侧应设置防落物网。

6.2.12 防撞设施应根据道路等级、道路设施类型、所处部位和环境进行设置，并应符合相应的防撞等级和技术指标的要求。邻近干线铁路、水库、油库、电站等需特殊防护的路段，应进行论证后采取提高防撞等级或其他措施，确保交通安全。

6.3 交通管理设施

6.3.1 交通信号灯应能被道路使用者清晰、准确地识别，应能保障车辆和行人安全通行。交通信号灯的视认范围内不应存在盲区；当不能满足时，应在适当位置增设同类信号灯。

6.3.2 对中、长、特长隧道及特大桥梁、城市快速路应设置交通监控系统。交通监控系统配置应按道路性质和监控系统特性划分不同等级，使之具备相应的信息采集、分析处理、信息发布和交通控制管理，以及与其他信息系统进行信息交换和资源共享的功能。

城市道路工程技术规范

GB 51286－2018

条 文 说 明

1 总则

1.0.1 本条阐述了制定本规范的目的。城市道路工程是指以城市道路为对象而进行的规划、勘察、设计、施工、养护与管理等技术活动的全过程，其工程实体包括了道路、桥梁、隧道、涵洞、交通设施及相关（如排水、照明、消防、监控等）配套设施。城市道路是保障居民生活和社会经济发展的生命线，是保障公众出行需求和交通安全的重要基础设施，城市道路建设过程也与市民生活密切相关，本规范所规定的，是城市道路在勘察、设计、施工、养护与管理等技术活动中的基本要求，也是城市道路工程建设必须执行的。

1.0.2 规定了本规范的适用范围，适用范围定在了城市各等级道路、广场及停车场，包括新建道路工程和改扩建的道路工程。

1.0.3 本条规定了城市道路工程建设的共性要求及应遵循的基本原则，强调了城市道路工程建设在社会效益、环境效益与经济效益方面综合协调的要求；技术标准的设定既要考虑满足功能、性能要求，又应本着节俭节约的原则；强调了以人为本的设计理念。

2 基本规定

2.0.1 本条规定了城市道路工程建设与城市规划的关系。2008 年 1 月 1 日起施行的《中华人民共和国城乡规划法》第十七条规定：“城市总体规划、镇总体规划的内容应当包括：城市、镇的发展布局，功能分区，用地布局，综合交通体系，禁止、限制和适宜建设的地域范围，各类专项规划等。规划区范围、规划区内建设用地规模、基础设施和公共服务设施用地、水源地和水系、基本农田和绿化用地、环境保护、自然与历史文化遗产保护以及防灾减灾等内容，应当作为城市总体规划、镇总体规划的强制性内容。”第十九条规定：“城市人民政府城乡规划主管部门根据城市总体规划的要求，组织编制城市的控制性详细规划，经本级人民政府批准后，报本级人民代表大会常务委员会和上一级人民政府备案。”第三十七条规定：“在城市、镇规划区内以划拨方式提供国有土地使用权的建设项目，经有关部门批准、核准、备案后，建设单位应当向城市、县人民政府城乡规划主管部门提出建设用地规划许可申请，由城市、县人民政府城乡规划主管部门依据控制性详细规划核定建设用地的位置、面积、允许建设的范围，核发建设用地规划许可证。”因此，城市道路的建设必须是在城市总体规划框架下，以控制性详细规划、城市交通规划为依据进行，同时，为实现城市总体规划，还应与其他相关专项规划相协调。

2.0.2 本条规定了城市道路的功能要求，是城市道路满足市民交通出行的基本要求，包括提供人和车辆的基本通行能力的要求、构筑物的荷载要求、交通秩序的组织、道路的安全设施等，此外，城市道路在地震、洪水、台风等自然灾害状况下，还应为抗灾救灾提供条件，因此要求有在预期的灾害条件下保证通行的能力。

2.0.3 本条规定了城市道路的性能要求，包括安全性、舒适性、耐久性以及抵御规定重现期的灾害的能力。考虑到道路建设的安全性、适用性、经济性原则，以及全国城市经济情况不尽相同，本条在规定各种性能时予以了程度上的限定，在道路工程各项通用、专用标准技术指标制定时，再给出一定的选择范围，以达到适用的道路性能。

2.0.4 本条规定了在城市道路建设过程中对环境保护和资源节约的要求。资源节约包括了尽可能节省工程中建筑材料的用量，减少循环利用率低及循环利用排放较高的材料的使用，在建设过程中减少对自然环境的影响也是对环境最好的保护。

2.0.5 本条规定了城市道路工程建设过程中对于基础资料收集、项目论证及为运营维护阶段提供相关资料的要求。城市道路虽然是在规划条件下进行建设，但在建设阶段仍应对其功能定位、交通量、沿线设施、区域自然特性、建设条件、环境敏感区等进行充分的资料收集及现场调查，必要时还需进行专项的研究和论证。

在城市道路工程建设的前期（如可行性研究、初步设计及施工图阶段）需要对工程所涉及的区域进行相关的工程测量、地质勘察、水文勘察、管线调查勘测及沿线设施（如铁路、航运、电力等）的详细调查及勘察，以满足设计、施工和运营过程的基础资料需求，必要时在施工过程还需进行补充勘察，以此来保证工程的最终质量。

道路工程建设应当为使用阶段提供必要的资料与设施，如建设阶段的研究论证资料、施工图及变更设计、验收及竣工资料，等等，在标准体系的通用和专用标准中具体予以规定；条文中的“设施”指为了满足运营养护需求而随工程一并实施的设施，如大跨度斜拉桥、悬索桥所附带的专用检修车，为高边坡检修所设的检修道，特殊高墩所附的爬梯等等，但对于大多数桥梁、隧道和构筑物，采用多功能检修车、道路检测车等，是更经济合理的方式，因此，此处规定的是“必要设施”。

2.0.6 道路工程建设质量是根本，为保证道路工程使用安全、达到设计使用寿命，需要通过设计、施工阶段的质量保证来实现，本条规定是要求在建设过程中必须采用满足工程要求、质量合格的材料、产品与设备。

2.0.7 本条依据《建设工程安全生产管理条例》规定了建设过程中安全生产的基本原则要求，强调了施工现场的安全管理。

2.0.8 工程质量验收是道路工程建设完成投入使用的最后检验环节，工程质量验收如不满足要求，表明未实现设计要求或存在质量缺陷，若投入使用势必带来安全风险，也为整改带来困难。

2.0.9 环境条件对道路工程的耐久性具有重要影响，因此，城市道路工程建设应对环境影响进行评估，当所处的环境对结构或构件影响较大时，应根据不同的环境类别采用适宜的材料、设计构造、防护措施和施工质量要求。

正常设计、正常施工、正常使用、正常维护是保证工程设计使用年限、保证结构具有规定的可靠性的基本要求。

道路工程的结构及构筑物达到了设计使用年限或遭遇了重大灾害（如地震、洪水、台风等），应对其进行技术鉴定，评估确定是否满足继续使用的条件，是否需要进行加固改造或制定继续使用的安全保证措施，鉴定的目的是保障道路系统的安全性。

2.0.10 保障城市道路工程正常运行并达到预期的使用寿命，对其进行养护维修是重要的环节。本条规定了相应的养护要求，并对可能危及人员安全的设施损伤提出了限制通行的要求。

2.0.11 城市新建、改扩建道路、公共交通设施应当符合《无障碍环境建设条例》的要求，其中第十三条规定：“城市的主要道路、主要商业区和大型居住区的人行天桥和人行地下通道，应当按照无障碍设施工程建设标准配备无障碍设施，人行道交通信号设施应当逐步完善无障碍服务功能，适应残疾人等社会成员通行的需要”。本条强调无障碍设施的系统性，避免设施不连续达不到设施设置目的。

2.0.12 本条规定对道路工程建设中涉及文物保护、古树名木保护和水源地等的保护提出了明确的要求。

文物是不可再生的文化资源，2015 年 4 月 24 日发布的《中华人民共和国文物保护法》规定了我国境内受国家保护的文物种类，并作出“基本建设、旅游发展必须遵守文物保护工作的方针，其活动不得对文物造成损害”的规定。

2000 年 9 月 1 日中华人民共和国建设部发布的《城市古树名木保护管理办法》，规定了受保护的古树名木的范围及保护要求，规定“新建、改建、扩建的建设工程影响古树名木生长的，建设单位必须提出避让和保护措施。城市规划行政部门在办理有关手续时，要征得城市园林绿化行政部门的同意，并报城市人民政府批准”。

水源地是市民赖以生存的资源，建设过程中要依法依规对水源地进行保护。

3 道路

3.1 一 般 规 定

3.1.1 规定了道路分级的原则，以及对道路等级的执行要求。道路等级是道路设计的先决条件，是确定道路功能、选择设计速度的基本条件。每条道路在路网中承担的作用应由整个路网决定。因此，道路等级一般在规划阶段确定。在设计阶段，需要对规划道路等级提高或降低时，均需经规划或相关主管部门审批后方可变更。

3.1.2 规定了各级道路可采用的设计速度。设计速度是道路设计时确定几何线形的基本要素。它是在气候条件良好，车辆行驶只受道路本身条件影响时，具有中等驾驶技术水平的人员能够安全、舒适驾驶车辆的速度。设计速度一经选定，道路设计的所有相关要素如平曲线半径、视距、超高、纵坡、竖曲线半径等指标均与其配合以获得均衡设计。因此，为了保证城市道路上各种交通方式的行车安全和通行能力的要求，本条根据城市道路的交通特点，规定了各级城市道路设计速度的可选择范围。

3.1.3 规定了道路设计车辆的确定原则。控制道路几何设计的关键因素是行驶车辆的物理性能和各种车辆的组成比例。研究各种类型的车辆，建立类型分级，并选择具有代表性的车辆用于设计。这些用于控制道路几何设计，符合国家车辆标准的，具有代表性质量、外廓尺寸和运行性能的车辆，称之为设计车辆。《机动车类型术语和定义》GA 802－2014 中对车辆类型进行了分类，《汽车、挂车及汽车列车外廓尺寸、轴荷及质量限值》

GB 1589－2016 规定了车辆外廓尺寸的最大限值。目前按国家车辆标准生产出来的车辆类型较多，因此，设计中只能依据道路交通功能、主要服务对象和车种组成来确定几类作为设计车辆。

3.1.4 规定了道路的功能、服务对象和作用。1996 年 6 月 4 日发布的《城市道路管理条例》第一章第二条中规定："城市道路是指城市供车辆、行人通行的，具备一定技术条件的道路、桥梁及其附属设施"。同时，在第二章第十二条中规定："城市供水、排水、燃气、热力、供电、通信、消防等依附于城市道路的各种管线、杆线等设施的建设计划，应当与城市道路发展规划和年度建设计划相协调，坚持先地下、后地上的施工原则，与城市道路同步建设"。目前在城市道路设计中强调道路总体空间的功能，因此，道路不仅仅是交通的通道、管线的走廊，同时也是城市风貌和景观的体现。必须满足交通设施、管线布设、排水、照明、绿化、景观的总体布置要求。

3.1.5 规定了如何确定道路建筑限界，以及道路建筑限界的使用和建设要求。明确道路建筑限界是为保证车辆和行人正常通行，规定在道路建筑限界内不允许有任何设施及障碍物侵入。在道路最小净高的规定中，从规范拟定的设计车辆来看，车辆总高从 1.6m～4m，相差 2.4m，跨度较大。城市中车辆总高在 3m 以下的车辆大约占 50%，且北京 、上海等城市已达到 90%以上。随着城市规模的扩大，在交通管理上，实行了区域化管理，部分区域限定了大型车的行驶范围。因此，在这些城市中，已出现了限高 2.5m、3m、3.2m、3.5m 等工程实例。设计车辆最小净高标准应根据设计车辆总高加上 0.5m 竖向安全行驶距离确定，不包括以后加铺、积雪等因素的影响。但小客车的最小净高标准除了考虑设计车辆的车高要求外，同时还考虑了驾驶员的视觉感受，以及结合城市消防和应急车辆特殊通行的要求。结合实际需求，按确定的设计车辆，分车型提出了 3.5m、4.5m 两个标准。同时提出了除了满足设计车辆的通行外，有特殊要求的道路，如考虑有特殊车辆通行、道路的加铺改造、冬季积雪等要求时，应预留一定的高度，以及如果有设计车辆不能包括的特殊车辆通行，最小净高应根据实际通行的车辆要求确定。

本条图 3.1.5 "道路建筑限界" 中，相关符号注释如下：

H_c——机动车车行道最小净高；

H_b——非机动车车行道最小净高；

H_p——人行道最小净高；

E——建筑限界顶角宽度；

W_r——红线宽度；

W_c——机动车道或机非混行车道的车行道宽度；

W_b——非机动车道的车行道宽度；

W_{pc}——机动车道或机非混行车道的路面宽度；

W_{pb}——非机动车道的路面宽度；

W_{mc}——机动车道路缘带宽度；

W_{mb}——非机动车道路缘带宽度；

W_l——侧向净宽；

W_{sc}——安全带宽度；

W_{dm}——中间分隔带宽度；

W_{sm}——中间分车带宽度；

W_{db}——两侧分隔带宽度；

W_{sb}——两侧分车带宽度；

W_a——路侧带宽度；

W_p——人行道宽度；

W_g——绿化带宽度；

W_f——设施带宽度；

3.1.6、3.1.7 规定了确定道路设计年限的原则和要求。设计年限包括确定路面宽度而采用的计算交通量增长年限与为确定路面结构而采用的计算累计标准当量轴次的基准年限两种。

1 在确定道路横断面车行道宽度时，应将远期交通量的年限作为道路设计年限的指标。在设计年限内，车行道的宽度应满足道路交通增长的要求，保证车辆能安全、舒适、通畅地行驶。

2 路面结构的设计使用年限是路面结构在正常设计、正常施工、正常使用、正常维护下的预期目标使用年限。不同路面类型选用不同的设计使用年限，以保证在设计使用年限内路面平整并具有足够强度。设计使用年限应与路面等级、面层类型及交通量相适应。

3.1.8 规定了道路抗震设计的要求。我国地域较为广阔、地质条件差异也较大，道路设计应按现行国家标准《中国地震动参数区划图》GB 18306执行，以地震动峰值加速度和特征周期来表征地震动的主要特性。

3.1.9 规定了路线走向与地质灾害的关系和具体要求。

3.2 路　　线

3.2.1 规定了路线选线的基本原则。加强环境保护和合理利用土地资源是重要的国策，道路路线设计应减少道路建设对周围环境的影响，妥善处理人、车、路、环境之间的关系，使社会、环境与经济效益协调统一。

同时规定了路线平、纵、横线形设计的要求。道路是由平面、纵断面、横断面组成的工程实体，三者之间有着密切的内在联系，任何一项都不应是单独的设计，而应是相互影响、相互补充，应根据设计速度、交通组成，结合地形条件，合理运用技术指标，对路线的平纵横三个方面进行综合设计。平纵线形组合是指在满足汽车运动学和力学要求的前提下，研究如何满足视觉和心理方面的连续性、舒适感，研究与周围环境的协调和良好的排水条件。所以，线形设计不仅要符合技术指标要求，还应结合地形、景观、视觉、安全、经济性等进行协调和组合，使道路线形设计更加合理。

3.2.2 规定了路线设计的基本要求。路线设计是道路设计的核心，应遵照统筹规划、合理布局、近远期结合、综合利用的原则进行总体设计；并应综合协调各种关联工程的关系，按照兼顾发展和适度超前的原则，妥善处理已建工程和新建工程的布局，合理确定路线方案。

城市道路的平面定线受到城市道路网布局、地区控制性详细规划、道路规划红线宽度和沿街已有建筑物等因素的约束，平面线形只能局限在一定范围内调整，定线的自由度要比公路小得多。因此，城市道路网规划对道路定线的指导应充分考虑。

城市道路线形还受用地开发、征地拆迁、社会环境、景观、美学、文物保护、社区、公众参与等因素的影响，对于文物、名木古树要考虑保留，特别是改建道路，应考虑各方面的综合要求。道路线形对交通安全、行驶顺适具有重要作用。不适当的线形将会造成事故，并增加养护及运行费用。因此设计时，应根据地形、地质、地物及各控制条件，按照道路等级和设计速度，采用适当的线形技术指标，进行组合设计和优化设计。避免相邻线形指标变化过大，正确处理好线形的连续与均衡性。

3.2.3 规定了路线平面线形设计的要求。道路平面线形由直线和平曲线组成。直线的几何形态灵活性差，有僵硬不协调的缺点，并很难适应地形的变化。直线段太长，驾驶员会感到厌倦，注意力不易集中，成为交通肇事的起因。平曲线间的直线长度亦不宜过短，以免造成驾驶员操纵方向盘困难，不利于行车安全。

平曲线由圆曲线和缓和曲线组成，为使汽车能安全、顺适地由直线段进入曲线，要合理选用圆曲线半径，并根据半径大小设置超高和加宽。同时车辆从直线段驶入平曲线或由平曲线驶入直线段，为了缓和行车方向和离心力的突变，确保行车的舒适和安全，在直线和圆曲线间或半径相差悬殊的圆曲线之间需设置符合车辆转向行驶轨迹和离心力渐变的缓和曲线。

因此，在平面线形设计中，不仅要合理选用各种线形指标，更重要的是还要处理好各种线形间的衔接，以保证车辆安全、舒适的行驶。设计人员应根据地形、地物、环境、安全、景观，合理运用直线、圆曲线、缓和曲线。

3.2.4 规定了路线平纵指标选择应满足视距的要求。为了保证行车安全，应使驾驶员能看到前方一定距离的道路路面，以便及时发现路面上有障碍物或对向来车，使汽车在一定的车速下能及时制动或避让，从而避免事故。驾驶人从发现障碍物开始到决定采取某种措施的这段时间段内汽车沿路面所行驶的最短行车距离，称为视距。视距有停车视距、会车视距、错车视距和超车视距等。在城市道路设计中，主要考虑停车视距。

视距是道路设计的主要技术指标之一，在道路的平面上和纵断面上都应保证必要的视距。如平面上挖方路段的弯道和内侧有障碍物的弯道，以及在纵断面上的凸形竖曲线顶部、立交桥下凹形竖曲线底部处，均存在视距不足的问题，设计时应加以验算。

3.2.5 规定了路线纵断面设计的要求。城市道路的纵断面设计受道路网规划控制高程、道路净空、沿街建筑高程、地下管线布置、沿线地面排水等因素的控制，应综合考虑各控制条件，兼顾汽车运营经济效益等因素影响，山地城市道路还需考虑土石方平衡、合理确定路面设计高程。

3.2.6 规定了道路最大纵坡的要求。为保证车辆能以适当的车速在道路上安全行驶，即上坡时顺利，下坡时不致发生危险的纵坡最大限制值为最大纵坡。道路最大纵坡的大小直接影响行车速度和安全、道路的行车使用质量、运输成本以及道路建设投资等问题，它与车辆的行驶性能有密切关系。设计最大纵坡应考虑各种机动车辆的动力性能、道路等级、设计速度、地形条件等。

在建成区道路的纵断面设计中，应考虑与沿线的建筑、地块高程的协调，以免造成道路积水。

3.2.7 规定了横断面设计的原则。横断面设计应在了解规划意图、红线宽度、道路性质后，首先调查收集交通量（车流量与人流量）、流向、车辆组成种类、行车速度等，推算道路设计通行能力。同时根据交通性质、交通发展要求与地形条件，并考虑地上、地下管线的敷设、沿街绿化布置等要求，以及结合市内的通风、日照、城市用地条件等，综合研究分析确定横断面形式与各组成部分尺寸，在规划部门确定的道路红线宽度范围内进行，并考虑节约用地。

3.2.8 规定了在平面和横断面设计时应优先满足公共交通设置的要求。

3.3 路基路面

3.3.1、**3.3.2** 规定了路基路面的设计原则和技术要求。路基路面性能不仅取决于其结构和材料，而且与路基相对高度、压实状况、排水设施及自然因素密切相关。路基路面结构方案的设计应做好前期调查、分析工作，结合沿线地形、地质、材料等自然条件，因地制宜、合理选材，保证路基路面具有足够的强度、稳定性和耐久性。同时保证路面具有平整、抗滑等特性。

3.3.3 规定了路基路面排水的要求。路基路面排水是整个道路排水系统的一个重要部分，不仅应满足道路排水总体设计的要求和标准，而且应形成合理、完整的排水系统，及时排除路表降水和路面结构层的内部积水，疏干路基和边坡，以确保路基路面的长期性能。

3.3.4 规定了路基防护工程设计的基本原则。路基防护工程是防止路基病害、保证路基稳定的重要措施。规定中强调了应根据道路功能，结合当地气候、水文、地质等情况，采取相应的防护措施，保证路基稳定。

深挖、高填路基边坡路段，往往存在着稳定性隐患，因此强调必须查明工程地质情况，根据地质勘察成果进行稳定性分析，针对其工程特性进行路基防护设计，保证边坡稳定。

3.3.5 规定了路基防护工程设计的技术要求。

3.3.6 规定了特殊土路基的设计原则。软土、黄土、膨胀土、红黏土、盐渍土等特殊土路基，其稳定、变形及可能产生的工程问题与特殊土的地层特征、物理、力学和水理特性，以及道路沿线工程地质、水文地质条件有关。因此，条文强调特殊土路基设计应充分重视岩土工程勘察与分析，应有针对性地进行方案设计。

3.4 交 叉

3.4.1 规定了交叉口的选型原则。道路交叉口交叉形式在规划阶段基本确定，设计时应根据相交道路类型、功能要求、交通流量和流向及相关控制条件等，具体选定合适的交叉类型，并对总体布局予以优化。

3.4.2 规定了交叉口的设计原则。交叉口的交通组织通过总体布局来组织分配各交通流的通行路径，通过交通管理措施来组织分配各交通流的通行次序，要综合考虑机动车、非机动车、行人及行动不便者的交通不同需求以及各种公共交通转换的便捷。

3.4.3 规定了城市快速路与所有等级道路立体交叉的设置条件。道路交叉口的类型选择直接影响设计的技术标准、规模、工程造价和占用土地。

以往交叉口修建使用中出现少数因规模、标准欠妥而致占地、投资过大，或难以适应规划年限内交通需求增长等问题。为保证城市快速路交通流连续通行，其与所有等级道路交叉时，不能采用平面交叉的形式，必须采用立体交叉。

3.4.4 规定了道路与轨道交通线路交叉方式的选型原则。道路与轨道交通线路交叉位置应符合规划，交叉形式应根据道路和轨道交通线路性质、等级、交通量、地形条件、安全要求以及经济、社会效益等因素确定。轨道交通包含铁路和城市轨道交通，由于其运行要求不同，因此在与道路的交叉形式选择上应分类规定。

3.4.5 规定了道路与城市轨道交通设置立体交叉的条件。目前城市轨道交通发展迅速，种类较多，现行行业标准《城市公共交通分类标准》CJJ/T 114 中，将城市轨道交通大类分为地铁、轻轨、单轨、有轨电车、磁浮、自动导向轨道和市域快速轨道等七大系统。因城市轨道交通行车时间短、车流密集，为了保证轨道与道路的通行安全，要求城市各级道路与全封闭运行的城市轨道交通线路交叉时，必须设置立体交叉。

3.4.6 规定了道路与铁路设置立体交叉的条件。各级道路与高速铁路、客运专线、铁路车站、铁路编组场交叉时，以及行驶有轨或无轨电车的道路与铁路交叉时，必须设置立体交叉。根据《中华人民共和国铁路法》的有关规定，考虑铁路运量逐年增加，行车速度逐年提高的特点，为减少平交道口人身事故发生，确保行车安全，规定道路除与前面规定的铁路设施交叉必须采用立体交叉外，在与其他等级铁路交叉时，也应当优先考虑立交。

3.4.7 道路上跨铁路时，铁路的建筑限界除应符合现行国家标准《标准轨距铁路建筑限界》GB 146.2 的规定外，还应考虑所跨不同类别铁路的具体要求，如有双层集装箱运输要求的铁路，应满足双层集装箱运输限界的要求；近些年来修建的较高时速客货共线铁路和高速客运专线等对基本建筑限界高度也有不同要求。道路上跨城市轨道交通时，城市轨道交通建筑限界需根据采用的车辆类型及其设备限界、设备安装尺寸、安全间隙和有无人行通道、有无隔声屏障、供电制式及接触网柱结构设计尺寸等计算确定，现行国家标准《城市轨道交通技术规范》GB 50490 中有相应规定。

3.4.8 规定了平面交叉口范围内保证行车安全的设计要求。汽车驶近平面交叉口时，驾驶员应能看清整个交叉道路上车辆的行驶情况，以便能顺利地驶过交叉口或及时停车，避免发生交通事故。这段距离必须大于或等于停车视距。视距三角区应以最不利情况绘制，在三角形范围内，不准有任何妨碍视线的障碍物。

3.4.9 规定了平面交叉口行人和非机动车设施的设置要求。交叉口范围占地相对较大，在建设条件受限的情况下，常常减少或不设置行人和非机动车过街设施，造成系统不连续或宽度不足，因此，本次对行人和非机动车过街设施的设置进行了明确规定。

3.4.10 规定了立交区域行人和非机动车设施的设置要求。立交区域内的行人和非机动车交通系统是立交交通功能正常发挥的重要组成部分，然而目前立交建设更多考虑的是机动车交通系统，主要解决的也是机动车交通问题，而对于最基本的交通方式——行人和非机动车交通，考虑得相对较少，造成行人和非机动车交通环境恶化，因此，为了将行人和非机动车交通系统设计提高到一个较高的层面，条文强调了行人和非机动车交通系统的连续性和完整性，要求应提供明确的路权，保障必需的通行空间，此外，应同时考虑无障碍设施、附属设施、景观及环境设施，为行人和非机动车创造安全、良好、舒适的环境。

3.5 行人和非机动车交通系统

3.5.1、3.5.2 行人和非机动车交通系统是城市交通的重要组成部分，然而目前无论从规划、建设还是管理上看，考虑较多的是机动车交通系统，"人车混行"较为普遍，行人和非机动车路权被侵害，交通事故时有发生，行人和非机动车安全没有保障，等等。规定强调了行人和非机动车交通系统的连续性和完整性，要求设计中应提供明确的独立路权，保障必需的通行空间，此外，应同时考虑无障碍设施、附属设施、景观及环境设施，为行人和非机动车创造安全、良好、舒适的环境。在目前的建设中，经常将路侧带中连续绿化带或树池的宽度也作为人行道宽度考虑，这并不能保证行人的通行要求，因此，在本规范第 3.5.1 条中，还规定了行人通行的最小有效宽度。

3.5.3 规定了人行横道的设置必须满足行人安全通行的要求。在视距受限制、急弯陡坡等危险路段，经常是行车事故多发地段，在这些地方如果设置人行横道，会降低行人过街的安全性。因此，人行横道的设置应综合考虑道路行车的安全条件，避免在事故多发路段设置人行横道。

3.5.4 在一些大城市中，由于道路较宽，一个信号周期内，行人有时不能一次穿越道路，为了提高行人过街的安全性，需要在人行横道中设置停留的区域。因此，规定当行人穿越机动车道的长度大于 16m 时，需设置二次过街设施，同时规定了具体的设置要求。这样既能保证行人过街安全，又有利于信号控制方案优化，提高交叉口通行能力。

3.5.5 快速路是连续通行的交通流，为了保证行驶的安全，人行过街与其必须采用立体交叉的方式。根据快速路的纵断面布置方式，行人可以采用人行天桥或人行地道过街的方式。

3.5.6 非机动车的骑行速度一般为 15km/h～20km/h，当机动车与非机动车同路幅布置时，如果两者的速度差大于 20km/h，发生事故的概率会增加，而且事故的严重性也会增高。因此，两者速度差较大时，应对各自的路权采用设施分隔。

3.5.7 长度大于 1000m，行驶机动车的隧道，考虑汽车尾气的污染对通风的要求比较高，目前技术条件下，行人和非机动车在隧道中通行存在较大的安全隐患，因此禁止与机动车在同一孔内设置非机动车和行人通道；长度小于等于 1000m 的隧道，若要求设置非机动车和行人通道时，必须在机动车与非机动车和行人之间设置安全隔离设施，保证各自的安全。

3.5.8 步行街最小宽度的规定是为了满足日常维护以及应急车辆通行的要求。

3.5.9 近几年在绿色出行理念的倡导下，非机动车专用路的建设在许多城市得到了大力推广，为了保证非机动车专用路行驶的安全，要求其设计速度应小于 20km/h，同时为了保证其功能的有效发挥，也需设置相应的交通安全、排水、照明等设施。

3.6 公共交通设施

3.6.1～3.6.3 伴随着区域化、城市化和机动化的快速发展，我国各大、中城市交通出行需求迅速增长，道路交通面临巨大压力，为实现发展城市公共交通的战略目标，有效引导城市交通结构向公共交通转化，在城市道路规划设计中，必须考虑与道路相关的公共交通通道和场站设计。

3.7 公共停车场和城市广场

3.7.1 规定了公共停车场和城市广场选址和规模确定的原则要求。

3.7.2、3.7.3 规定了广场和停车场安全通行和应急疏散的技术要求。

3.8 施　　工

3.8.1 道路强度、稳定性及耐久性要求，是保证道路具有足够的承载能力、抗变形能力，使道路不出现各种病害和塌陷，并达到预期使用寿命的基本要求，这个基本要求应贯穿道路工程施工的全过程，如原材料的检验和试验、路用材料的配合比设计、施工过程的控制和检验及开放交通等各环节。

3.8.2 近几年道路建设和使用过程中塌陷现象较多，其中主要原因是施工过程疏于控制，没有按照规定程序和检验标准进行检验和验收，因此本条对易引发安全和质量事故的关键环节予以强调以引起重视，加强规范管理。

3.8.3 基坑、基槽及道路边坡、挡土墙施工，是易出现重大安全隐患的工序，监控量测是结构安全的重要保证，应根据地势、环境状况、基坑深度及施工现场土壤种类等因素确定施工技术措施和监控量测方法；对地下水的控制是安全施工的重要保证，但同时要遵循节约资源保护环境的原则。

3.8.4 为保证道路结构安全，避免施工过程中地基承载力处于极限状态，稳定和沉降是高填土路基和软基施工控制的关键因素，应加强施工期间的动态观测，保证施工期间的安全和稳定并使工后沉降控制在设计允许范围内。

4 桥梁

4.1 一 般 规 定

4.1.1 城市桥梁设计应符合城乡规划的要求。安全可靠、适用耐久是设计的目的和功能需求，技术先进要求城市桥梁设计积极采用新技术、新材料、新工艺、新结构，大型城市桥梁、高架道路桥梁、立交桥梁的设计应注意工程总体的经济合理，除桥梁主体结构的造价外，还应综合考虑桥梁附属设施、征地拆迁、施工工艺、建设周期、维修养护等诸多影响工程总投资的因素。城市桥梁建设主要是解决交通功能的需求，但大多数情况下城市大型桥梁还将成为城市中比较突出的景观建筑，设计中应对其与周围环境的协调、总体布局的舒展、造型的美观予以足够重视。

节约资源，保护环境，提高防灾减灾能力，构建资源节约型、环境友好型社会是我国的基本国策。城市桥梁是一项重要的城市基础设施，城市桥梁建设应在安全、适用的前提下，遵循有利于节约资源、保护环境、防洪抢险、抗震救灾的原则，控制工程建设规模、工程用地、材料用量及工程投资，桥梁设计方案应通过全面、多方案的技术经济比较，选用经济合理、与环境协调的总体布局和结构造型。

4.1.2 桥梁的桥下净空应符合下列规定：

1 通航河流的桥下净空应按批准的城乡规划的航道等级确定。通航海轮桥梁的通航水位和桥下净空应符合现行行业标准《通航海轮桥梁通航标准》JTJ 311 的规定。通航内河轮船桥梁的通航水位和桥下净空应符合现行国家标准《内河通航标准》GB 50139 的规定，并应充分考虑河床演变和不同通航水位航迹线的变化。

2 不通航河流的桥下净空应根据计算水位或最高流冰面加安全高度确定。

3 跨越道路或公路的城市跨线桥梁，桥下净空应分别符合现行行业标准《城市道路工程设计规范》CJJ 37、《公路工程技术标准》JTG B01 的建筑限界规定。

4 跨越城市轨道交通或铁路的桥梁，桥下净空应分别符合现行国家标准《地铁设计规范》GB 50157 和《标准轨距铁路建筑限界》GB 146.2 的规定。

4.1.3 桥位附近存在燃气输送管道、输油管道及易爆和有毒气体等危险品工厂、车间、仓库，会对桥梁正常运营存在安全隐患，桥位应与其保持一定安全距离。当距离较近时，应设置满足消防、防爆要求的防护设施。桥位距燃气输送管道、输油管道的安全距离应按国家现行标准《公路桥涵设计通用规范》JTG D60、《输油管道工程设计规范》GB 50253 等规范的规定执行。

桥位上空若有架空高压送电线路通过或桥位旁有架空高压电线时，对桥梁的正常运营存在安全隐患，尤其在大风天、雷雨天，或极端低温时，更为严重。因此桥梁不宜在架空送电线路下穿越。当无法避开时，桥梁主体结构最高点与架空电线之间的最小垂直距离，应符合国家现行标准《城市电力规划规范》GB/T 50293 和《110～500kV 架空送电线路设计技术规程》DL/T 5092 的规定。当桥位旁有架空高压电线时，桥梁边缘与架空电线之间的水平距离应参照国家现行标准《66kV 及以下架空电力线路设计规范》GB 50061、《110～500kV 架空送电线路设计技术规程》DL/T 5092 及《公路桥涵设计通用规范》JTG D60 等相关标准的规定。

4.1.4 在桥上或地下通道内敷设市政管线时应符合国家相关法规的规定，并对桥梁、地道及管线发生故障和事故时次生影响的可控性进行评估，保障桥梁或地下通道结构的运营安全，避免发生危及结构、车辆、行人安全的重大燃爆事故。

国务院颁发的《城市道路管理条例》（1996 年第 198 号令）第四章第二十七条规定：城市道路范围内禁止“在桥梁上架设压力在 4 公斤/平方厘米（0.4 兆帕）以上的煤气管道、10 千伏以上的高压电力线和其他易燃易爆管线”。对于按此条规定允许在桥上通过的压力不大于 0.4MPa 燃气管道和电压在 10kV 以内的高压电力线，其安全防护措施应分别满足现行国家标准《城镇燃气设计规范》GB 50028、《电力工程电缆设计规范》GB

50217 的规定要求。

4.1.5 通航河流上桥梁的桥位选择应符合城乡规划，满足相应航道等级的通航要求及航运条件下桥梁的安全性要求。

1 位于内河航道上的桥梁，应符合现行国家标准《内河通航标准》GB 50139 中关于水上过河建筑物选址的要求；

2 通航海轮的桥梁、桥位选择应符合现行行业标准《通航海轮桥梁通航标准》JTJ 311 的规定；

3 位于通航河流或有漂流物的河流中的桥梁墩台，应考虑船舶或漂流物的撞击作用，撞击作用标准值按现行行业标准《公路桥涵设计通用规范》JTG D60 的规定取值；对临近车行道、易受汽车撞击的桥墩应考虑汽车的撞击作用，撞击作用标准值按现行行业标准《公路桥涵设计通用规范》JTG D60 的规定取值。必要时采取相应的防撞构造措施。

4.1.6 桥梁应根据道路的等级和使用要求设置必要的护栏及检修道。

1 桥梁人行道或检修道外侧必须设置人行道栏杆；

2 对主干路和次干路的桥梁，当两侧无人行道时，两侧应设检修道；

3 对主干路、次干路、支路的桥梁，当跨越急流、大河、深谷、重要道路、铁路、主要航道或桥面常有积雪、结冰时，外侧应采用加强栏杆；

4 对快速路桥、机动车专用桥的桥面两侧应设置防撞护栏。

4.1.7 市区、特别是老市区受条件限制在布设引道、引桥时易造成两侧街区出入交通堵塞，为保证消防、救护、抢险等车辆进出畅通，应结合引道、引桥、街区支路和防洪抢险的要求布设必要的通道，处理好与两侧街区交通的衔接。

4.1.8 桥面与地下通道应有完善的防水、排水设施。桥面必须设排水管将水排到地面排水系统中，不能直接将水排到桥下。应重视环保净化水源。

通常情况下，地下通道内需设排水泵，以保证地下通道路面车道排水畅通，减少路面薄层水影响，以保证行车安全。若地下通道路面积水较深，容易引发安全事故。

4.1.9 条文规定了桥梁结构要明确设计使用年限要求，并提出了为达到桥梁设计使用年限应采取的对策措施。

4.1.10 桥梁应根据城乡规划、城市环境、市容特点，进行绿化、美化市容和保护环境设计。对特大型和大型桥梁、高架道路桥、大型立交桥梁在工程建设前期应做环境影响评价，工程设计中应做相应的环境保护设计。

4.2 荷　　载

4.2.1 通过对城市桥梁车辆荷载标准、公路桥涵汽车荷载标准，以及两种荷载标准对梁式桥（包括简支梁、连续梁）产生的荷载效应和荷载效应组合进行详细的比较分析，结合现行行业标准《公路桥涵设计通用规范》JTG D60 的调整结果，并进行城市桥梁相关荷载研究后，提出本条。

4.2.2 鉴于城市人口稠密，人行交通繁忙，对桥梁人行道的设计人群荷载作出相应的规定。

4.2.3 城市道路上的非机动车道布置形式多样，与机动车往往不做设施分隔，道路使用过程中，还可能发生路幅调整等情况，本条规定了非机动车荷载的取用应充分考虑使用过程行驶荷载的可能性，避免造成桥梁结构的损伤和破坏。

4.2.4 作用在人行道栏杆、扶手上的荷载仅考虑人群作用。这也是对局部构件的计算（只供计算栏杆、扶手用），不影响其他构件，而且规定水平和竖向荷载分别计算。

4.2.5 本规范未对除可变作用中的设计汽车荷载与人群荷载外的其他荷载作出规定。其他荷载及其作用与作用效应组合均执行现行行业标准《公路桥涵设计通用规范》JTG D60 的有关规定。

4.3 结　　构

4.3.1 承载能力极限状态关系到结构的破坏和安全问题，体现了桥梁结构的安全性。桥梁结构或结构构件出现下列状态之一时，应认为超过承载能力极限状态：

1 整个结构或结构的一部分作为刚体失去平衡（如倾覆、滑移等）；

2 结构构件或连接因材料强度被超过而破坏（包括疲劳破坏），或因过度变形而不适于继续承载；

3 结构转变为机动体系；

4 结构或结构构件丧失稳定（如压屈等）。

正常使用极限状态仅涉及结构的工作条件和性能，体现了桥梁结构的适用性和耐久性。当结构或结构构件出现下列状态之一时，应认为超过了正常使用极限状态：

1 影响正常使用或外观的变形；

2 影响正常使用或耐久性能的局部损坏（包括裂缝）；

3 影响正常使用的振动；

4 影响正常使用的其他特定状态。

显然，这两类极限状态概括了结构的可靠性，只有每项设计都符合有关规范规定的两类极限状态设计要求，才能使所设计的桥梁结构满足下列功能要求：

1 在正常施工和正常使用时，能承受可能出现的各种作用；

2 在正常使用时，具有良好的工作性能；

3 在正常维护下，具有足够的耐久性能；

4 在设计规定的偶然事件发生时和发生后，能保持必需的整体稳定性。

4.3.2 现行国家标准《工程结构可靠性设计统一标准》GB 50153 列出了不同安全等级所对应的桥梁类型，应根据桥梁的具体情况采用不低于现行国家标准《工程结构可靠性设计统一标准》GB 50153 所列等级。

4.3.3 独柱单支点支承的梁桥及曲线梁桥，应选用具有足够抗扭刚度的结构形式及横断面形状，结构支承体系应满足桥梁上部结构的受力和变形要求。

对于曲线梁桥，特别是独柱支承的曲线梁桥，在温度变化、收缩、徐变、预加力、制动力、离心力等情况作用下，其平面变形与曲线梁桥的曲率半径、墩柱的抗推刚度、支承体系的约束情况及支座的剪切刚度密切相关，在设计中应采用满足梁体受力和变形要求的合理支承形式，并在墩顶设置防止梁体外移、倾覆的限位构造等。

4.3.4 位于通航河流中的桥梁墩台应根据通航航道等级及代表船型对应的船撞力进行防撞设计。

临近车行道、易受汽车撞击的桥梁墩及柱受汽车撞击作用的力值、位置可按现行行业标准《公路桥涵设计通用规范》JTG D60 的规定取值。

4.3.5 桥梁倾覆将造成重大的财产损失和社会影响，故桥梁结构应具有足够的抗倾覆安全度，并应采取防止梁体外移、倾覆的限位构造等措施。

4.4 抗　　震

4.4.1 我国处于世界两大地震带即环太平洋地震带和亚欧地震带之间，是一个强震多发的国家。我国地震的特点是发生频率高、强度大、分布范围广、伤亡大、灾害严重。几乎所有的省市、自治区都发生过六级以上的破坏性地震。自 20 世纪 80 年代以来，国外发生的强烈地震，不仅造成了人员伤亡，而且造成了极大的经济损失。突发的强烈地震使建设成果毁于一旦，引发长期的社会政治、经济问题，并带来难以慰藉的感情创伤。桥梁是生命线系统工程中的重要组成部分，在抗震救灾中，城市交通运输网更是抢救人民生命财产和尽快恢复生产、重建家园、减轻次生灾害的重要环节，因此需要对基本地震动加速度峰值为0.05g及以上地区的城市桥梁进行抗震设计，并应采取抗震措施。

4.4.2 本规范从我国目前的具体情况出发，考虑到城市桥梁的重要性和在抗震救灾中的作用，本着确保重点和节约投资的原则，将不同桥梁给予不同的抗震安全度。具体来讲，将城市桥梁分为甲、乙、丙和丁四个抗震设防类别，其中甲类桥梁定义为悬索桥、斜拉桥和大跨度拱桥（跨度大于150m的拱桥定义为大跨度拱桥），这些桥梁承担交通量大，投资很大，而且在政治、经济上具有非常重要的地位；乙类桥梁为城市交通网络上枢纽位置的桥梁、快速路上的城市桥梁；丙类为城市主干路，轨道交通桥梁；丁类为除甲、乙、丙三类桥梁以外的其他桥梁。各类城市桥梁按照分类进行抗震设防后，在E1地震作用和E2地震作用下的抗震设防目标在程度上有所提高或降低。例如，虽然在E1地震作用下各类桥梁基本无损伤，但在E2地震作用下甲类城市桥梁的损坏是轻微甚至是基本完好的，而丙类城市桥梁在E2地震作用下可能发生破坏。

4.4.3 技术特别复杂的特大桥梁投资很大，在政治、经济上具有非常重要的地位，而且结构周期长，需要进行非线性时程地震反应分析。目前国家相关标准尚没有提供可供进行非线性时程地震反应分析所需的地震加速度时程。因此应按地震安全性评价确定这些桥梁地震动参数。

4.4.4 工程场地的类型对地震动参数有较大影响，采用土层等效剪切波速和场地覆盖层厚度的双参数分类方法将场地划分为五类，五类场地分别为岩石、坚硬土或软质岩石、中硬土、中软土和软弱土，这一分类方法得到了我国工程界的普遍认同，更能反映场地特性对地震动参数的影响。

4.4.5 桥梁减震或隔震设计是通过延长结构的基本周期，避开地震能量集中的范围，从而降低结构的地震力。但延长结构周期的同时，必然使得结构变柔，从而可能导致结构在正常使用荷载作用下结构发生有害振动，因此要求隔震结构应具有一定的刚度和屈服强度，保证在正常使用荷载下（如风、制动力等）结构不发生屈服和有害振动。

同时，采用减震或隔震设计的桥梁结构的变形比不采用减震或隔震技术的桥梁大，为了确保减隔震桥梁在地震作用下的预期性能，在相邻上部结构之间应设置足够的间隙，因此必须对伸缩缝装置、相邻梁间限位装置、防落梁装置等进行合理的设计，并对施工质量给予明确规定。

4.5 施 工

4.5.1 本条规定对桥梁施工期间交通组织提出了要求，应当尽可能少的占用现况道路资源，尤其是大中型城市，由于交通流量大，实施导改有难度等诸多因素，亦可相对缩短工期，所以应优先采用预制化、机械化等对社会交通影响相对较小的施工工艺和工法，以对现况交通影响最小为出发点。城市道路是城市排水的地面主要汇集渠道，如在雨季内桥梁施工占用城市道路资源过多势必影响城市雨水的排出，增加城市内涝危险系数。桥梁的预制化和机械化施工，有利于缩短工期。

4.5.2 本条是各项工程建设施工的基本要求，对于桥梁工程尤其重要，尤其是近些年，桥梁类型多、跨径突破大、技术进步快，桥梁施工技术更加复杂，对于影响结构安全和使用功能的重点部位和关键工序多，因此在施工前制定专项方案和措施是满足安全、质量、环保要求并实现设计意图的重要前提和保证。

4.5.3 安全质量控制一直是桥梁工程施工现场管理的重点和难点，本条对桥梁工程施工所需的机械设备和工装设备进行了规定。无论是通用设备如钻机、吊车、浮吊等，还是专用设备如架桥机、缆索吊机等都必须具有足够的强度、刚度和整体稳定性，必须定期检查和检验，保持良好的工作状态，同时应控制设备废气排放、减少噪声污染，满足工艺、安全和环保要求。

4.5.4 桥梁工程以往发生的重大安全事故和重大质量事故通常与模板、支架、拱架及深基坑工程相关，模板、支架及深基坑支护的全过程控制包括从设计、施工到最终拆除，其必须具有足够强度、刚度和稳定性以保证具有与结构要求和工艺要求相匹配的承载能力、抗变形能力和稳定性，同时还应足够坚固和稳定以抵抗施工过程中可能发生的震动和偶然撞击。

4.5.5 安全防护是桥梁施工的重点保证措施，是基本要求，应贯穿施工全过程，除保证施工安全和结构安全外还应采取措施保护施工所在地的生态环境，降低或减少对环境的不良影响。

5 隧道

5.1 一般规定

5.1.1 本条对隧道设计的基本要求作了规定，强调了社会、环境及交通功能的协调性，提出节省资源、减少与其他公用设施的矛盾的设计要点。

5.1.2 勘测、调查资料是隧道选址、总体布置和结构设计以及编制工程投资等的设计工作的依据，应齐全、准确；地形、地质、水文、气象、环境、地震以及交通量、交通功能、施工和营运条件都是隧道设计应综合考虑的主要因素；通过多方案比选，选择较为合适的推荐方案。

5.1.3 隧道灾害多由交通事故引起，而交通事故往往会引发火灾导致严重的事故后果。隧道防灾设计以防火灾和人员逃生为主。

5.1.4 本条规定处于抗震设防区的隧道必须进行抗震设计。

5.1.5 设计使用年限是设计规定的一个时期，在这一规定时期内结构只需要进行正常维护（包括必要的检测、养护、维修等）就能按预期目的使用，完成预定功能，即隧道主体结构在正常设计、正常施工、正常使用、正常维护下达到的使用年限。

5.1.6 隧道工程建设环境复杂，施工作业条件差，隧道施工具有特殊性。为此本条强调保护施工人员身体健康和人身安全，保证工程质量，做到文明施工。

5.2 总体布置

5.2.1 隧道总体设计非常重要，它是隧道项目建设成败的关键，本条提出了总体布置应满足的设计条件。隧道总体布置及配套运营管理设施包括隧道营运管理中心、泵房、变电所、通风机房、地面风井、出入口、应急车辆停车场、检查亭、收费卡口等。

5.2.2 隧道是地下工程，建设的地质条件极为重要，它是直接影响工程造价的主要因素之一，甚至决定工程的成败。隧道设计、施工过程应高度重视地质勘察工作。

5.2.3 隧道平面线形的设计与地面道路基本一致，但在总体布置、设计原则、考虑因素、相关技术指标方面有一定差异，以适应隧道的建设要求。在条件许可的情况下，隧道平曲线半径应尽可能取大值，有利于行车视距保证及通风，避免设超高或加宽，减小结构设计和施工难度。隧道曲线半径取值还应考虑施工工法，如盾构法隧道应尽量采用大半径曲线，沉埋管法隧道应尽量采用直线形式。

5.2.4 隧道出口设置平面交叉口（包括灯控平面交叉口），会对隧道产生交通阻滞，恶化隧道营运环境，造成交通安全事故；必须设置时，应对隧道产生的交通阻滞状况进行评价分析，并采取与隧道控制系统联控的措施进行灯控管理。如地面道路交叉口与隧道出口的距离过近，驾驶人对交叉口的识别视距不足，行车安全隐患极大，因此，从提高行车安全角度，应严格控制出洞口与平面交叉口的距离。

5.2.5 隧道内最小纵坡值应以隧道建成后洞内水能自然排泄为原则。最大纵坡主要考虑到营运期车辆行驶安全性和运营车辆尾气排放和通风的要求。

5.2.6 隧道横断面空间大致由交通通行空间、设施设备空间和安全空间组成。隧道建设成本高，受既有地下设施影响制约因素多、施工条件复杂，横断面要素的微小变化对工程经济和可实施性有重大影响宜综合考虑，优化设计。

5.2.7 隧道火灾会导致严重的事故后果。布置可燃气体管道与隧道防灾设计矛盾。

5.2.8 主隧道的每孔为一个防火分区。人行疏散通道、横通道应与车道设为不同的防火分区。

5.2.9 隧道内通行公共电汽车、有轨电车等高密度、高乘载客运车辆时，应做火灾工况下客流疏散逃生分析，必要时应进行消防疏散、救援的专项研究论证，由此制定出切实可行的救援组织实施流程、安全可靠的消防系统、合理的通风排烟方式、快速逃离火场的疏散方式，以满足火灾工况下客流疏散逃生的要求。

5.3 结　　构

5.3.1 隧道结构形式和施工方法应根据建设条件、地质条件和环境要求确定，目前主要有：用盾构法施工的衬砌结构、用沉管法施工的管段结构、围护明挖施工的现浇结构和钻爆法开挖的复合式衬砌结构。为保证设计使用年限，必须保证主体结构的强度、稳定性和耐久性。

5.3.2 隧道结构应采用以概率理论为基础的极限状态设计方法，采用分项系数的设计表达式按承载能力、正常使用状态的要求进行计算和验算。

5.3.3 隧道洞口、洞门、浅埋、偏压、断层破碎带和结构接头处易受震害。

5.3.4 隧道结构耐久性设计，包括所处的环境类别的分类、环境作用等级等内容。隧道结构耐久性设计原则：①根据所处的环境类别、环境作用等级，采用基于耐久性所需的混凝土原材料、混凝土配合比、混凝土耐久性参数的指标；②采用合理的结构布置、结构构造，以满足使用过程中检查、维护要求；③提出对混凝土施工过程的质量控制要求。

5.3.5 隧道防水设计应遵循“以结构自防水为根本，以接缝防水为重点，多道防线，综合治理”的理念，采取与其相适应的防水措施。

5.4 设备及设施

5.4.1 隧道通风系统设计在满足功能的前提下，尚应注意对周边环境的影响，如风机噪声的影响、污染空气对洞口及通风塔周边空气质量的影响，通风塔对景观的影响等。系统设置应考虑节能运营的要求。

5.4.2 隧道的避难设施内设置独立的机械加压送风系统，以满足防烟的要求，余压值为 30Pa～50Pa。避难设施指专用避难通道及其前室、独立的避难所、火灾时不能撤离的附属用房。

5.4.3 隧道周边无市政给水管网，需采用其他水源时，如溪水、河水、地下水等水源，要保证供水可靠，水质要满足各系统的水质要求。

5.4.4 隧道内排水主要为排除渗水、雨水、隧道清洗水、消防废水等，水质各不相同，排水应分类集中，采用高水高排、低水低排互不连通的系统就近排放，并应采取防止事故时可燃液体或有害液体沿隧道漫流的措施。对于不能重力流排出的部分，应设置提升泵站排出。排水纳入城市水体或城市排水管网的各类废水水质应符合国家现行相关标准和当地排水标准的规定。

5.4.5 隧道内火灾主要由汽车交通事故、汽车燃烧引起，火灾类型有 A、B、C 类和金属火灾，以 B 类火灾为主，隧道消防系统根据火灾特点进行消防设计。市政供水设施、天然水源不能满足隧道消防供水要求的，应设置消防水池；消防水池应设置在隧道外。

5.4.6 由于人眼视觉细胞的暗适应和明适应需要一定的转换时间，驾驶员进入隧道直至离开隧道，会遇到很多视觉问题。为解决这些视觉问题，隧道日间照明和夜间照明应能提供适宜的能见度等级，通过设置必要的洞口内外光照过渡设施，减少隧道洞口内外亮度差对驾乘安全和行车舒适的影响。

5.4.7 隧道电力负荷应根据供电可靠性和中断供电对交通安全和紧急疏散造成的损失或影响程度确定负荷等级。应恰当地选择符合实际水平的供电方式，提高投资的经济效益，保护人员生命安全。

5.4.8 隧道综合监控系统是隧道安全运营的重要保障，同时也是在隧道发生交通事故或火灾等紧急事件时提高救助效率的重要手段。综合监控系统还应为今后交通运行状况变化及未来设备技术升级完善留有空间。

5.5 施　　工

5.5.1 隧道施工具有特殊性，为强调保护施工人员身体健康和安全特制定本条。

5.5.2 隧道工程施工测量和复测系统非常重要，必须加以重视，以保证施工安全和工程质量。

5.5.3 为了强调施工的科学、系统，避免盲目施工，作出强制规定。隧道施工必须严格按照设计文件进行，但由于地质条件的复杂性，实际的地质情况可能与设计文件所提供的地质资料并不相符，为保证隧道施工的安全性，应做好地质预测、预报，实施动态管理。

5.5.4 隧道监控量测方案除包括在一般情况下的方案外，还应包括可能因变形等引发塌方施工安全事故时应采取的应急监测方案，以便满足对突发异常变形或抢险等对监控量测的需要。地质情况不明就盲目开挖是造成塌方的原因之一，本条明确了何时必须探明前方的地质情况。

6 交通安全和管理设施

6.1 一般规定

6.1.1 城市道路（包括公共停车场及城市广场）根据不同的道路性质和规划要求、不同的沿线环境和交通特征进行的总体设计和交通组织设计方案是道路交通设施设计的依据。同时，设计道路交通组织方案也协调了周边路网的交通组织，交通设施设计范围除了设计道路外还应包含周边影响范围内的相关道路，以使设计道路与周边相关道路在交通标志标线设施上能互相指引或警示，在交通监控系统上能互相包容和信息交换。

6.1.2 城市道路交通设施涉及的专业类别多，各城市对应的城市道路管理部门也多，交通设施设计工作较为复杂，与道路主体工程设计存在着互为设计条件的情况。要求与道路土建工程同步设计实施，是为了保证与主体工程设计相互协调，有利于各工程布设合理、功能充分发挥，避免设计返工甚至是工程返工的浪费，同时保证道路开通后的交通安全。

6.2 交通安全设施

6.2.1 交通路权概念不仅应用在交通事故处理中，更重要的是应用在事先的交通组织和控制措施中，设置简明、正确的交通标志和标线指示交通路权、通行规则及路径指示等信息，能达到消除或减少交通冲突，预防和减少交通事故，保障道路交通安全、畅通的目的。

6.2.2 交通标志设置既要实现自身功能，又不能影响道路通行安全。条文提出了交通标志不能侵入道路建筑限界，又不得被桥墩、柱、树木等其他物体遮挡。如果有物体对交通标志遮挡，轻者会引起道路上车辆车速降低，交通秩序和交通流紊乱，重者会造成交通冲突，甚至造成交通事故。当前在各地城市道路上还是存在着交通标志被遮挡的现象，一方面需要城市管理引起重视，同时也必须在规范上予以明确规定。

6.2.3 标志的内容要简明准确，指路标志版面设计应避免信息过载或信息不足，便于道路使用者识认。指路标志上的道路名称和地名采用经地名管理机关确认的标准地名，根据需要也可采用历史沿用、公众认知度高的名称。

交通标志版面颜色及反射的各项技术指标应符合现行国家标准《道路交通反光膜》GB/T 18833 的有关规定。隧道内在紧急情况下安全逃生和救险要求较高，相应的人员在识认时不具备反射识认的条件，规定应急、消防、避险等指示标志应采用主动发光标志或照明式标志。

指路标志版面文字可并用汉字和其他文字对照形式。根据城市规模、性质及特点，对不同道路等级是否采用汉字和其他文字对照，可有不同要求。但对各城市旅游区，对外开放的重要商贸、旅游景点、国际性活动场所等处的指路标志宜采用中英文对照形式。

标线的可视性受路面清洁程度以及天气的影响很大，尘土、雨、雪的覆盖以及夜间条件会较大地降低标线的可视性，因此对标线的不粘污性以及在不利天气下的视认性提出要求，以保证交通安全和交通效率。

6.2.4 交通标志结构设计应满足功能要求和安全性的要求，要保证结构有足够的强度、刚度和稳定性。各种标志结构的尺寸、连接方式、土建基础等，应根据设置地点的风速、标志版面大小、材料等由计算确定。

6.2.5 路面标线涂料种类较多，其性能应满足一定使用期内车轮碾压和环境条件的影响作用，并应符合道路路面抗滑要求及环保要求。

6.2.6 如果快速路中央带和路侧有足够安全净距，或提供足够宽的无阻碍的恢复区，驶出路外的车辆就可以靠自己恢复正常行驶，不会酿成严重事故。否则应设置防撞护栏。

根据交通事故调查，在快速路的主线分流区、快速路匝道出口处等位置，属于危险三角区，容易发生车辆碰撞事故。快速路分流区和匝道出口处小客车的运行速度往往不能按规定降速，这些路段是恶性事故多发的路段。另外，互通式立体交叉匝道和隧道内主线分流端也是事故多发的路段，因此，这些部位需设置防撞设施，以降低事故发生时对事故车辆和内部乘员的伤害程度。

6.2.7 决定是否设置路侧护栏或高路缘石的主要因素是车辆越出路外的事故严重程度。在事故中，除越出路外车辆及车上人员外，还有可能造成其他人员伤亡和财产损失。当行驶车速相对较高，路侧紧邻车行道有桥墩、灯杆、标志杆及其他障碍物时，或道路外侧高差较大有跌落危险时，车辆越出路外的后果可能较严重；车辆越出路外可能与其他车辆、集中的人群、高危险的设施等相撞，造成严重事故或二次事故。这些情况需要设置防撞护栏或高路缘石予以预防。

6.2.8 主干路流量大、车速快，应根据具体情况采取必要的措施以保证交通安全，这对于发挥主干路交通功能作用也是需要的。

6.2.9 本条规定目的为防止行人意外跌落。

6.2.10 隔离设施有隔离栅或绿障等，设置目的是防止行人进入机动车快速行驶的道路。城市快速路或立体交叉的高标准匝道，若没有阻隔设施，行人可能会横穿车道，而这些道路作为车流连续流道路，驾驶员对于局部路段人流横穿车道缺乏思想准备，极易造成人车相撞事故，因此应设置必要的隔离设施阻隔行人穿越。

6.2.11 防落物网的设置目的，是为了防止桥梁上跨快速行驶的通道时，桥梁上的行人不经意间撒落硬物、桥上杂物被风吹到桥下或桥上车辆装载的物品撒落到桥下，造成快速行驶的车辆以较高的相对速度与硬物相撞，或散落的物品造成车辆非正常行驶，造成交通事故及对公民人身和财产的伤害。

6.2.12 防撞护栏是一种纵向结构设施，通过自身变形或迫使车辆爬高来吸收车辆的碰撞能量，以达到最大限度减少事故损失的目的。防撞护栏的设置应实现以下功能：

1 阻止事故车辆越出路外或进入对向车道；

2 使事故车辆回到正常行驶方向；

3 最大限度地减少乘员的伤亡；

4 诱导驾驶员的视线。

防撞垫在受到车辆碰撞时，通过自身的结构变形吸收碰撞能量，减轻对乘员的伤害程度。根据防撞垫的导向功能，可分为可导向防撞垫和非导向防撞垫。防撞垫应具有以下功能：

1 车辆正面碰撞或斜向碰撞时具有良好的吸能能力，减轻乘客伤害程度；

2 对于可导向防撞垫，车辆侧面碰撞时，能改变车辆的碰撞角度，并将车辆导向正确方向。

防撞设施等级的选择与车辆质量、车速、车辆越出路外的危险程度等因素有关，设计时应合理确定。

6.3 交通管理设施

6.3.1 道路使用者包括机动车、非机动车驾驶员及行人等，交通信号灯应能被所有的道路使用者清晰、准确地识别。对于行人信号灯，尤其要确保儿童、老人、残障人士能清晰、准确地识别和方便地使用。

为保证交通信号能被清晰、准确地识别，城市主干路宜左右各设1组，有利于各车道车辆的视认，并可作为故障备份。当路口较宽导致信号灯视认距离过长时，应设置远近 2 套灯组。

6.3.2 通常情况下，城市道路的等级规模是根据交通需求确定的，因此道路等级与交通量成正比。考虑到交通监控系统是新兴发展的学科，又与经济发展水平密切相关，且国内城市经济发展不平衡等因素，在工程建设时应结合道路交通量、管理需求和经济能力等实际情况，参照相关规范的规定执行。

根据桥梁、隧道及道路性质将交通监控系统配置分为不同等级，监控系统配置还应充分考虑与道路服务水平相匹配。

二、城市道路工程设计规范

CJJ 37－2012（2016 年版）

1 总则

1.0.1 为适应我国城市道路建设和发展的需要，规范城市道路工程设计，统一城市道路工程设计主要技术指标，指导城市道路专用标准的编制，制定本规范。

1.0.2 本规范适用于城市范围内新建和改建的各级城市道路设计。

1.0.3 城市道路工程设计应根据城市总体规划、城市综合交通规划、专项规划，考虑社会效益、环境效益与经济效益的协调统一，合理采用技术标准。遵循和体现以人为本、资源节约、环境友好的设计原则。

1.0.4 城市道路工程设计除应符合本规范外，尚应符合国家现行有关标准的规定。

2 术语和符号

2.1 术语

2.1.1 主路 main road

快速路或主干路中与辅路分隔，供机动车快速通过的道路。

2.1.2 辅路 side road

集散快速路或主干路交通，设置于主路两侧或一侧，单向或双向行驶交通，可间断或连续设置的道路。

2.1.3 设计速度 design speed

道路几何设计（包括平曲线半径、纵坡、视距等）所采用的行车速度。

2.1.4 设计年限 design life

包括确定路面宽度而采用的远期交通量的年限与为确定路面结构而采用的保证路面结构不需进行大修即可按预定目的使用的设计使用年限

两种。

2.1.5 通行能力 traffic capacity

在一定的道路和交通条件下，单位时间内道路上某一路段通过某一断面的最大交通流率。

2.1.6 服务水平 level of service

衡量交通流运行条件及驾驶人和乘客所感受的服务质量的一项指标，通常根据交通量、速度、行驶时间、行驶（步行）自由度、交通中断、舒适和方便等指标确定。

3 基本规定

3.1 道路分级

3.1.1 城市道路应按道路在道路网中的地位、交通功能以及对沿线的服务功能等，分为快速路、主干路、次干路和支路四个等级，并应符合下列规定：

1 快速路应中央分隔、全部控制出入、控制出入口间距及形式，应实现交通连续通行，单向设置不应少于两条车道，并应设有配套的交通安全与管理设施。

快速路两侧不应设置吸引大量车流、人流的公共建筑物的出入口。

2 主干路应连接城市各主要分区，应以交通功能为主。

主干路两侧不宜设置吸引大量车流、人流的公共建筑物的出入口。

3 次干路应与主干路结合组成干路网，应以集散交通的功能为主，兼有服务功能。

4 支路宜与次干路和居住区、工业区、交通设施等内部道路相连接，应解决局部地区交通，以服务功能为主。

3.1.2 在规划阶段确定道路等级后，当遇特殊情况需变更级别时，应进行技术经济论证，并报规划审批部门批准。

3.1.3 当道路为货运、防洪、消防、旅游等专用道路使用时，除应满足相应道路等级的技术要求外，还应满足专用道路及通行车辆的特殊要求。

3.1.4 道路应做好总体设计，并应处理好与公路以及不同等级道路之间的衔接过渡。

3.2 设计速度

3.2.1 各级道路的设计速度应符合表3.2.1的规定。

表 3.2.1　各级道路的设计速度

道路等级	快速路			主干路			次干路			支路		
设计速度（km/h）	100	80	60	60	50	40	50	40	30	40	30	20

3.2.2　快速路和主干路的辅路设计速度宜为主路的 0.4 倍～0.6 倍。

3.2.3　在立体交叉范围内，主路设计速度应与路段一致，匝道及集散车道设计速度宜为主路的 0.4 倍～0.7 倍。

3.2.4　平面交叉口内的设计速度宜为路段的 0.5 倍～0.7 倍。

3.3　设 计 车 辆

3.3.1　机动车设计车辆及其外廓尺寸应符合表 3.3.1 的规定。

表 3.3.1　机动车设计车辆及其外廓尺寸

车辆类型	总长（m）	总宽（m）	总高（m）	前悬（m）	轴距（m）	后悬（m）
小客车	6	1.8	2.0	0.8	3.8	1.4
大型车	12	2.5	4.0	1.5	6.5	4.0
铰接车	18	2.5	4.0	1.7	5.8+6.7	3.8

注：1　总长：车辆前保险杠至后保险杠的距离。
　　2　总宽：车厢宽度（不包括后视镜）。
　　3　总高：车厢顶或装载顶至地面的高度。
　　4　前悬：车辆前保险杠至前轴轴中线的距离。
　　5　轴距：双轴车时，为从前轴轴中线到后轴轴中线的距离；铰接车时分别为前轴轴中线至中轴轴中线、中轴轴中线至后轴轴中线的距离。
　　6　后悬：车辆后保险杠至后轴轴中线的距离。

3.3.2　非机动车设计车辆及其外廓尺寸应符合表 3.3.2 的规定。

表 3.3.2　非机动车设计车辆及其外廓尺寸

车辆类型	总长（m）	总宽（m）	总高（m）
自行车	1.93	0.60	2.25
三轮车	3.40	1.25	2.25

注：1　总长：自行车为前轮前缘至后轮后缘的距离；三轮车为前轮前缘至车厢后缘的距离；
　　2　总宽：自行车为车把宽度；三轮车为车厢宽度；
　　3　总高：自行车为骑车人骑在车上时，头顶至地面的高度；三轮车为载物顶至地面的高度。

3.4　道路建筑限界

3.4.1　道路建筑限界应为道路上净高线和道路两侧侧向净宽边线组成的空间界线（图 3.4.1）。顶角抹角宽度（E）不应大于机动车道或非机动车道的侧向净宽（W_l）。

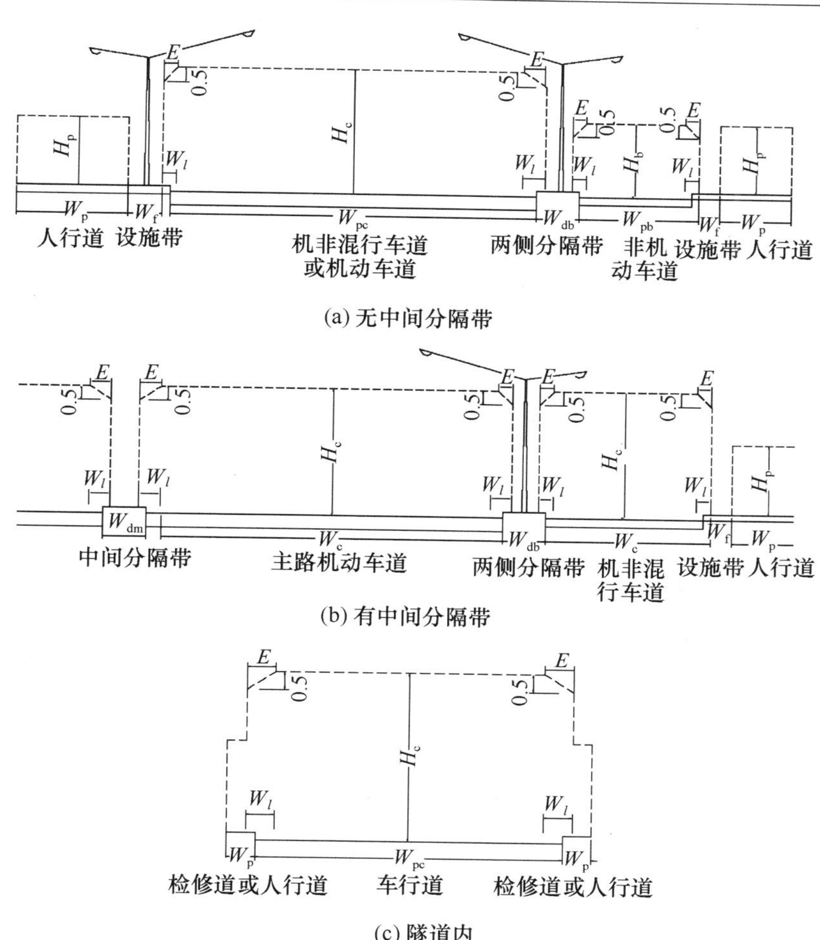

(a) 无中间分隔带

(b) 有中间分隔带

(c) 隧道内

图 3.4.1 道路建筑限界

3.4.2 道路建筑限界内不得有任何物体侵入。

3.4.3 道路最小净高应符合表 3.4.3 的规定。

表 3.4.3 道路最小净高

道路种类	行驶车辆类型	最小净高（m）
机动车道	各种机动车	4.5
	小客车	3.5
非机动车道	自行车、三轮车	2.5
人行道	行人	2.5

3.4.4 对通行无轨电车、有轨电车、双层客车等其他特种车辆的道路，最小净高应满足车辆通行的要求。

3.4.5 道路设计中应做好与公路以及不同净高要求的道路间的衔接过渡，同时应设置必要的指示、诱导标志及防撞等设施。

3.5 设计年限

3.5.1 道路交通量达到饱和状态时的道路设计年限为：快速路、主干路应为20年；次干路应为15年；支路宜为10年～15年。

3.5.2 各种类型路面结构的设计使用年限应符合表3.5.2的规定。

表3.5.2 路面结构的设计使用年限（年）

道路等级	路面结构类型		
	沥青路面	水泥混凝土路面	砌块路面
快速路	15	30	—
主干路	15	30	—
次干路	15	20	—
支 路	10	20	10（20）

注：砌块路面采用混凝土预制块时，设计年限为10年；采用石材时，为20年。

3.5.3 桥梁结构的设计使用年限应符合表3.5.3的规定。

表3.5.3 桥梁结构的设计使用年限

类　　别	设计使用年限（年）
特大桥、大桥、重要中桥	100
中桥、重要小桥	50
小桥	30

注：对有特殊要求结构的设计使用年限，可在上述规定基础上经技术经济论证后予以调整。

3.6 荷载标准

3.6.1 道路路面结构设计应以双轮组单轴载100kN为标准轴载。对有特殊荷载使用要求的道路，应根据具体车辆确定路面结构计算荷载。

3.6.2 桥涵的设计荷载应符合现行行业标准《城市桥梁设计规范》CJJ 11的规定。

3.7 防灾标准

3.7.1 道路工程应按国家规定工程所在地区的抗震标准进行设防。

3.7.2 城市桥梁设计宜采用百年一遇的洪水频率，对特别重要的桥梁可提高到三百年一遇。

对城市防洪标准较低的地区，当按百年一遇或三百年一遇的洪水频率设计，导致桥面高程较高而引起困难时，可按相交河道或排洪沟渠的规划洪水频率设计，且应确保桥梁结构在百年一遇或三百年一遇洪水频率下的安全。

3.7.3 道路应避开泥石流、滑坡、崩塌、地面沉降、塌陷、地震断裂活动带等自然灾害易发区；当不能避开时，必须提出工程和管理措施，保证道路的安全运行。

4 通行能力和服务水平

4.1 一般规定

4.1.1 道路通行能力和服务水平分析应符合下列规定：

1 快速路的路段、分合流区、交织区段及互通式立体交叉的匝道，应分别进行通行能力分析，使其全线服务水平均衡一致。

2 主干路的路段和与主干路、次干路相交的平面交叉口，应进行通行能力和服务水平分析。

3 次干路、支路的路段及其平面交叉口，宜进行通行能力和服务水平分析。

4.1.2 交通量换算应采用小客车为标准车型，各种车辆的换算系数应符合表4.1.2的规定。

表4.1.2　车辆换算系数

车辆类型	小客车	大型客车	大型货车	铰接车
换算系数	1.0	2.0	2.5	3.0

4.2 快速路

4.2.1 快速路应根据交通流行驶特征分为基本路段、分合流区和交织区，应分别采用相应的通行能力和服务水平。

4.2.2 快速路基本路段一条车道的基本通行能力和设计通行能力应符合表4.2.2的规定。

表4.2.2　快速路基本路段一条车道的通行能力

设计速度（km/h）	100	80	60
基本通行能力（pcu/h）	2200	2100	1800
设计通行能力（pcu/h）	2000	1750	1400

4.2.3 快速路基本路段服务水平分级应符合表 4.2.3 的规定，新建道路应按三级服务水平设计。

表 4.2.3 快速路基本路段服务水平分级

设计速度(km/h)	服务水平等级		密度[pcu/(km·ln)]	平均速度(km/h)	负荷度 V/C	最大服务交通量[pcu/(h·ln)]
100	一级(自由流)		≤10	≥88	0.40	880
	二级(稳定流上段)		≤20	≥76	0.69	1520
	三级(稳定流)		≤32	≥62	0.91	2000
	四级	(饱和流)	≤42	≥53	≈1.00	2200
		(强制流)	>42	<53	>1.00	—
80	一级(自由流)		≤10	≥72	0.34	720
	二级(稳定流上段)		≤20	≥64	0.61	1280
	三级(稳定流)		≤32	≥55	0.83	1750
	四级	(饱和流)	≥50	≥40	≈1.00	2100
		(强制流)	<50	<40	>1.00	—
60	一级(自由流)		≤10	≥55	0.30	590
	二级(稳定流上段)		≤20	≥50	0.55	990
	三级(稳定流)		≤32	≥44	0.77	1400
	四级	(饱和流)	≤57	≥30	≈1.00	1800
		(强制流)	>57	<30	>1.00	—

4.2.4 快速路设计时采用的最大服务交通量应符合下列规定：

1 双向四车道快速路折合成当量小客车的年平均日交通量为 40000pcu～80000pcu。

2 双向六车道快速路折合成当量小客车的年平均日交通量为 60000pcu～120000pcu。

3 双向八车道快速路折合成当量小客车的年平均日交通量为 100000pcu～160000pcu。

4.3 其他等级道路

4.3.1 其他等级道路根据交通流特性和交通管理方式，可分为路段、信号交叉口、无信号交叉口等，应分别采用相应的通行能力和服务水平。

4.3.2 其他等级道路路段一条车道的基本通行能力和设计通行能力应符合表 4.3.2 的规定。

表 4.3.2 其他等级道路路段一条车道的通行能力

设计速度（km/h）	60	50	40	30	20
基本通行能力(pcu/h)	1800	1700	1650	1600	1400
设计通行能力(pcu/h)	1400	1350	1300	1300	1100

4.3.3 信号交叉口服务水平分级应符合表4.3.3的规定，新建道路应按三级服务水平设计。

表 4.3.3 信号交叉口服务水平分级

指标 \ 服务水平	一级	二级	三级	四级
控制延误(s/veh)	<30	30～50	50～60	>60
负荷度 V/C	<0.6	0.6～0.8	0.8～0.9	>0.9
排队长度(m)	<30	30～80	80～100	>100

4.3.4 无信号交叉口可分为次要道路停车让行、全部道路停车让行和环形交叉口三种形式。次要道路停车让行交叉口通行能力应保证次要道路上车辆可利用的穿越空档能满足次要道路上交通需求。

4.4 自 行 车 道

4.4.1 不受平面交叉口影响的一条自行车道的路段设计通行能力，当有机非分隔设施时，应取1600veh/h～1800veh/h；当无分隔时，应取1400veh/h～1600veh/h。

4.4.2 受平面交叉口影响的一条自行车道的路段设计通行能力，当有机非分隔设施时，应取1000veh/h～1200veh/h；当无分隔时，应取800veh/h～1000veh/h。

4.4.3 信号交叉口进口道一条自行车道的设计通行能力可取为800veh/h～1000veh/h。

4.4.4 路段自行车道服务水平分级应符合表4.4.4的规定，设计时宜采用三级服务水平。

表 4.4.4 路段自行车道服务水平分级

指标 \ 服务水平	一级（自由骑行）	二级（稳定骑行）	三级（骑行受限）	四级（间断骑行）
骑行速度(km/h)	>20	20～15	15～10	10～5
占用道路面积(m^2)	>7	7～5	5～3	<3
负荷度	<0.40	0.55～0.70	0.70～0.85	>0.85

4.4.5 交叉口自行车道服务水平分级应符合表4.4.5的规定，设计时宜采用三级服务水平。

表 4.4.5　交叉口自行车道服务水平分级

指　标＼服务水平	一级	二级	三级	四级
停车延误时间(s)	<40	40～60	60～90	>90
通过交叉口骑行速度(km/h)	>13	13～9	9～6	6～4
负荷度	<0.7	0.7～0.8	0.8～0.9	>0.9
路口停车率(%)	<30	30～40	40～50	>50
占用道路面积(m^2)	8～6	6～4	4～2	<2

4.5　人 行 设 施

4.5.1　人行设施的基本通行能力和设计通行能力应符合表 4.5.1 的规定。行人较多的重要区域设计通行能力宜采用低值，非重要区域宜采用高值。

表 4.5.1　人行设施基本通行能力和设计通行能力

人行设施类型	基本通行能力	设计通行能力
人行道，人/(h·m)	2400	1800～2100
人行横道，人/(hg·m)	2700	2000～2400
人行天桥，人/(h·m)	2400	1800～2000
人行地道，人/(h·m)	2400	1440～1640
车站码头的人行天桥、人行地道，人/(h·m)	1850	1400

注：hg 为绿灯时间。

4.5.2　人行道服务水平分级应符合表 4.5.2 的规定，设计时宜采用三级服务水平。

表 4.5.2　人行道服务水平分级

指　标＼服务水平	一级	二级	三级	四级
人均占用面积(m^2)	>2.0	1.2～2.0	0.5～1.2	<0.5
人均纵向间距(m)	>2.5	1.8～2.5	1.4～1.8	<1.4
人均横向间距(m)	>1.0	0.8～1.0	0.7～0.8	<0.7
步行速度(m/s)	>1.1	1.0～1.1	0.8～1.0	<0.8
最大服务交通量[人/(h·m)]	1580	2500	2940	3600

5　横断面

5.1　一 般 规 定

5.1.1　横断面设计应按道路等级、服务功能、交通特性，结合各种控制条件，在规划红线宽度范围内合理布设。

5.1.2 横断面设计应满足远期交通功能需要。分期修建时应近远期结合，使近期工程成为远期工程的组成部分，并应预留管线位置，控制道路用地，给远期实施留有余地。城市建成区道路不宜分期修建。

5.1.3 改建道路应采取工程措施与道路交通管理相结合的方法布设横断面。

5.2 横断面布置

5.2.1 横断面可分为单幅路、两幅路、三幅路、四幅路及特殊形式的断面(图 5.2.1)。

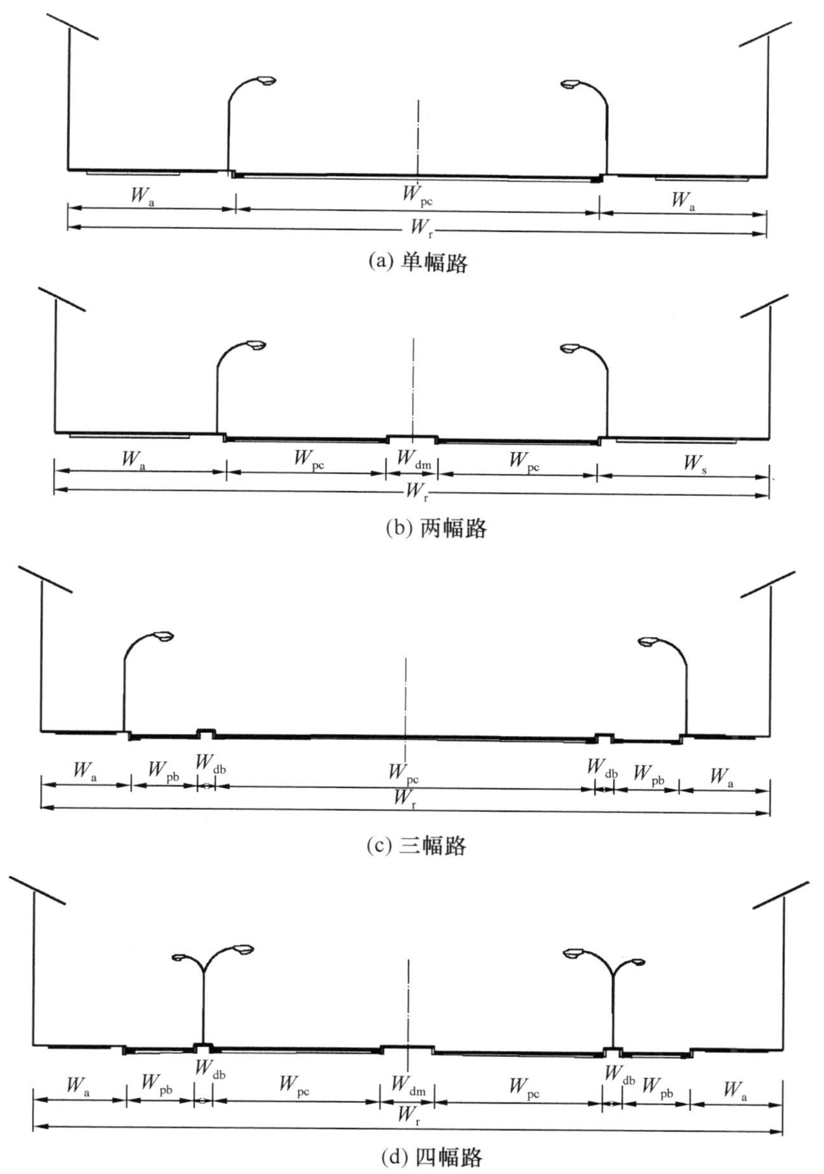

图 5.2.1 横断面形式

5.2.2 当快速路两侧设置辅路时，应采用四幅路；当两侧不设置辅路时，应采用两幅路。

5.2.3 主干路宜采用四幅路或三幅路；次干路宜采用单幅路或两幅路，支路宜采用单幅路。

5.2.4 对设置公交专用车道的道路，横断面布置应结合公交专用车道位置和类型全断面综合考虑，并应优先布置公交专用车道。

5.2.5 同一条道路宜采用相同形式的横断面。当道路横断面变化时，应设置过渡段。

5.2.6 桥梁与隧道横断面形式、车行道及路缘带宽度应与路段相同。

5.2.7 特大桥、大中桥分隔带宽度可适当缩窄，但应满足设置桥梁防护设施的要求。

5.3 横断面组成及宽度

5.3.1 横断面宜由机动车道、非机动车道、人行道、分车带、设施带、绿化带等组成，特殊断面还可包括应急车道、路肩和排水沟等。

5.3.2 机动车道宽度应符合下列规定：

1 一条机动车道最小宽度应符合表5.3.2的规定。

表5.3.2 一条机动车道最小宽度

车型及车道类型	设计速度(km/h)	
	>60	≤60
大型车或混行车道(m)	3.75	3.50
小客车专用车道(m)	3.50	3.25

2 机动车道路面宽度应包括车行道宽度及两侧路缘带宽度，单幅路及三幅路采用中间分隔物或双黄线分隔对向交通时，机动车道路面宽度还应包括分隔物或双黄线的宽度。

5.3.3 非机动车道宽度应符合下列规定：

1 一条非机动车道宽度应符合表5.3.3的规定。

表5.3.3 一条非机动车道宽度

车辆种类	自行车	三轮车
非机动车道宽度(m)	1.0	2.0

2 与机动车道合并设置的非机动车道，车道数单向不应小于2条，宽度不应小于2.5m。

3 非机动车专用道路面宽度应包括车道宽度及两侧路缘带宽度，单向不宜小于3.5m，双向不宜小于4.5m。

5.3.4 路侧带可由人行道、绿化带、设施带等组成(图5.3.4)，路侧带的设计应符合下列规定：

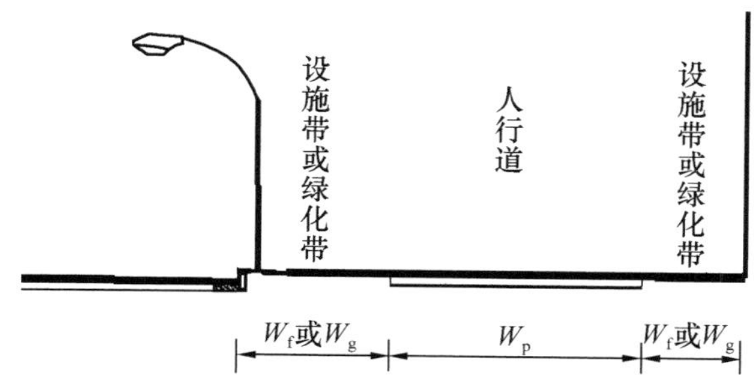

图5.3.4 路侧带

1 人行道宽度必须满足行人安全顺畅通过的要求，并应设置无障碍设施。人行道最小宽度应符合表5.3.4的规定。

表5.3.4 人行道最小宽度

项　目	人行道最小宽度(m)	
	一般值	最小值
各级道路	3.0	2.0
商业或公共场所集中路段	5.0	4.0
火车站、码头附近路段	5.0	4.0
长途汽车站	4.0	3.0

2 绿化带的宽度应符合现行行业标准《城市道路绿化规划与设计规范》CJJ 75的相关要求。当绿化带内设置雨水调蓄设施时，绿化带的宽度还应满足所设置设施的宽度要求。

3 设施带宽度应包括设置护栏、照明灯柱、标志牌、信号灯、城市公共服务设施等的要求，各种设施布局应综合考虑。设施带可与绿化带结合设置，但应避免各种设施间，以及与树木的相互干扰。当绿化带设置雨水调蓄设施时，应保证绿化带内设施及相邻路面结构的安全，必要时，应采取相应的防护及防渗措施。

5.3.5 分车带的设置应符合下列规定：

1 分车带按其在横断面中的不同位置及功能，可分为中间分车带(简称中间带)及两侧分车带(简称两侧带)，分车带由分隔带及两侧路缘带组成(图5.3.5)。

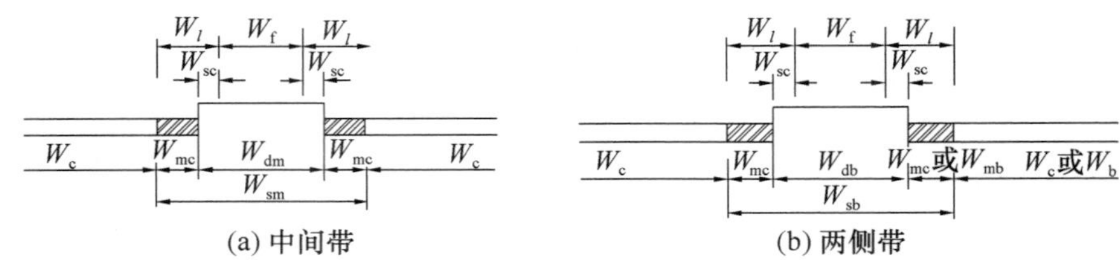

图 5.3.5 分车带

2 分车带最小宽度应符合表 5.3.5 的规定。

表 5.3.5 分车带最小宽度

类　　别		中间带		两侧带	
设计速度(km/h)		≥60	＜60	≥60	＜60
路缘带宽度(m)	机动车道	0.50	0.25	0.50	0.25
	非机动车	—	—	0.25	0.25
安全带宽度 W_{sc}(m)	机动车道	0.25	0.25	0.25	0.25
	非机动车	—	—	0.25	0.25
侧向净宽 W_l(m)	机动车道	0.75	0.50	0.75	0.50
	非机动车	—	—	0.50	0.50
分隔带最小宽度(m)		1.50	1.50	1.50	1.50
分车带最小宽度(m)		2.50	2.00	2.50(2.25)	2.00

注：1 侧向净宽为路缘带宽度与安全带宽度之和；

2 两侧带分隔带宽度中，括号外为两侧均为机动车道时取值；括号内数值为一侧为机动车道，另一侧为非机动车道时的取值；

3 分隔带最小宽度值系按设施带宽度为 1m 考虑的，具体应用时，应根据设施带实际宽度确定；

4 当分隔带内设置雨水调蓄设施时，宽度还应满足所设置设施的宽度要求。

3 分隔带应采用立缘石围砌，需要考虑防撞要求时，应采用相应等级的防撞护栏。当需要在道路分隔带中设置雨水调蓄设施时，立缘石的设置形式应满足排水的要求。

5.3.6 当快速路单向机动车道数小于 3 条时，应设不小于 3.0m 的应急车道。当连续设置有困难时，应设置应急停车港湾，间距不应大于 500m，宽度不应小于 3.0m。

5.3.7 路肩设置应符合下列规定：

1 采用边沟排水的道路应在路面外侧设置保护性路肩，中间设置排水沟的道路应设置左侧保护性路肩。

2 保护性路肩宽度自路缘带外侧算起，快速路不应小于 0.75m；其他等级道路不应小于0.50m；当有少量行人时，不应小于1.50m。当需设置护栏、杆柱、交通标志时，应满足其设置要求。

5.4 路拱与横坡

5.4.1 道路横坡应根据路面宽度、路面类型、纵坡及气候条件确定，宜采用1.0%～2.0%。快速路及降雨量大的地区宜采用1.5%～2.0%；严寒积雪地区、透水路面宜采用1.0%～1.5%。保护性路肩横坡度可比路面横坡度加大1.0%。

5.4.2 单幅路应根据道路宽度采用单向或双向路拱横坡；多幅路应采用由路中线向两侧的双向路拱横坡、人行道宜采用单向横坡，坡向应朝向雨水设施设置位置的一侧。

5.5 缘 石

5.5.1 缘石应设置在中间分隔带、两侧分隔带及路侧带两侧，缘石可分为立缘石和平缘石。

5.5.2 立缘石宜设置在中间分隔带、两侧分隔带及路侧带两侧。当设置在中间分隔带及两侧分隔带时，外露高度宜为15cm～20cm；当设置在路侧带两侧时，外露高度宜为10cm～15cm。排水式立缘石尺寸、开孔形状等应根据设计汇水量计算确定。

5.5.3 平缘石宜设置在人行道与绿化带之间，以及有无障碍要求的路口或人行横道范围内。

6 平面和纵断面

6.1 一 般 规 定

6.1.1 平面和纵断面设计应符合城市路网规划、道路红线、道路功能，并应综合考虑土地利用、文物保护、环境景观、征地拆迁等因素。

6.1.2 平面和纵断面应与地形地物、地质水文、地域气候、地下管线、排水等要求结合，并应符合各级道路的技术指标，应与周围环境相协调，线形应连续与均衡。

6.1.3 城市快速路、主干路应做好路线的线形组合设计，各技术指标应恰当、平面顺适、断面均衡、横断面合理；各结构物的选型与布置应合理、实用、经济。

6.2 平面设计

6.2.1 道路平面线形由直线、平曲线组成，平曲线由圆曲线、缓和曲线组成，应处理好直线与平曲线的衔接，合理地设置缓和曲线、超高、加宽等。

6.2.2 道路圆曲线最小半径应符合表 6.2.2 的规定。一般情况下应采用大于或等于不设超高最小半径值；当地形条件受限制时，可采用设超高最小半径的一般值；当地形条件特别困难时，可采用设超高最小半径的极限值。

表 6.2.2 圆曲线最小半径

设计速度（km/h）		100	80	60	50	40	30	20
不设超高最小半径（m）		1600	1000	600	400	300	150	70
设超高最小半径（m）	一般值	650	400	300	200	150	85	40
	极限值	400	250	150	100	70	40	20

注："一般值"为正常情况下的采用值；"极限值"为条件受限时，可采用的值。

6.2.3 平曲线与圆曲线最小长度应符合表 6.2.3 的规定。

表 6.2.3 平曲线与圆曲线最小长度

设计速度（km/h）		100	80	60	50	40	30	20
平曲线最小长度（m）	一般值	260	210	150	130	110	80	60
	极限值	170	140	100	85	70	50	40
圆曲线最小长度（m）		85	70	50	40	35	25	20

6.2.4 直线与圆曲线或大半径圆曲线与小半径圆曲线之间应设缓和曲线。缓和曲线应采用回旋线，缓和曲线最小长度应符合表 6.2.4-1 的规定。当设计速度小于 40km/h 时，缓和曲线可采用直线代替。

表 6.2.4-1 缓和曲线最小长度

设计速度（km/h）	100	80	60	50	40	30	20
缓和曲线最小长度（m）	85	70	50	45	35	25	20

当圆曲线半径大于表 6.2.4-2 不设缓和曲线的最小圆曲线半径时，直线与圆曲线可直接连接。

表 6.2.4-2 不设缓和曲线的最小圆曲线半径

设计速度（km/h）	100	80	60	50	40
不设缓和曲线的最小圆曲线半径（m）	3000	2000	1000	700	500

6.2.5 当圆曲线半径小于本规范表 6.2.2 中不设超高最小半径时，在圆曲线范围内应设超高。最大超高横坡度应符合本规范表 6.2.5 的规定。当由直线段的正常路拱断面过渡到圆曲线上的超高断面时，必须设置超高缓和段。

表 6.2.5 最大超高横坡度

设计速度（km/h）	100，80	60，50	40，30，20
最大超高横坡（%）	6	4	2

6.2.6 当圆曲线半径小于或等于 250m 时，应在圆曲线内侧加宽，并应设置加宽缓和段。

6.2.7 视距应符合下列规定：

1 停车视距应大于或等于表 6.2.7 规定值，积雪或冰冻地区的停车视距宜适当增长。

2 当车行道上对向行驶的车辆有会车可能时，应采用会车视距，其值应为表 6.2.7 中停车视距的两倍。

3 对货车比例较高的道路，应验算货车的停车视距。

4 对设置平、纵曲线可能影响行车视距路段，应进行视距验算。

表 6.2.7 停车视距

设计速度（km/h）	100	80	60	50	40	30	20
停车视距（m）	160	110	70	60	40	30	20

6.2.8 分隔带及缘石开口应符合下列规定：

1 快速路中间分隔带在枢纽立交、隧道、特大桥及路堑段前后，应设置中间分隔带紧急开口。开口最小间距不宜小于 2km，开口长度宜采用 20m～30m，开口处应设置活动护栏。两侧分隔带开口应符合进出口最小间距要求。

2 主干路的两侧分隔带断口间距宜大于或等于 300m，路侧带缘石开口距交叉口间距应大于进出口道展宽段长度。

6.3 纵断面设计

6.3.1 机动车道最大纵坡应符合表 6.3.1 的规定，并应符合下列规定：

表 6.3.1　机动车道最大纵坡

设计速度（km/h）		100	80	60	50	40	30	20
最大纵坡（%）	一般值	3	4	5	5.5	6	7	8
	极限值	4	5	6		7	8	

1　新建道路应采用小于或等于最大纵坡一般值；改建道路、受地形条件或其他特殊情况限制时，可采用最大纵坡极限值。

2　除快速路外的其他等级道路，受地形条件或其他特殊情况限制时，经技术经济论证后，最大纵坡极限值可增加 1.0%。

3　积雪或冰冻地区的快速路最大纵坡不应大于 3.5%，其他等级道路最大纵坡不应大于 6.0%。

6.3.2　道路最小纵坡不应小于 0.3%；当遇特殊困难纵坡小于 0.3%时，应设置锯齿形边沟或采取其他排水设施。

6.3.3　纵坡的最小坡长应符合表 6.3.3 规定。

表 6.3.3　最 小 坡 长

设计速度（km/h）	100	80	60	50	40	30	20
最小坡长（m）	250	200	150	130	110	85	60

6.3.4　当道路纵坡大于本规范表 6.3.1 所列的一般值时，纵坡最大坡长应符合表 6.3.4 的规定。道路连续上坡或下坡，应在不大于表 6.3.4 规定的纵坡长度之间设置纵坡缓和段。缓和段的纵坡不应大于 3%，其长度应符合本规范表 6.3.3 最小坡长的规定。

表 6.3.4　最 大 坡 长

设计速度（km/h）	100	80	60			50			40		
纵坡（%）	4	5	6	6.5	7	6	6.5	7	6.5	7	8
最大坡长（m）	700	600	400	350	300	350	300	250	300	250	200

6.3.5　非机动车道纵坡宜小于 2.5%；当大于或等于 2.5%时，纵坡最大坡长应符合表 6.3.5 的规定。

表 6.3.5　非机动车道最大坡长

纵坡（%）		3.5	3.0	2.5
最大坡长（m）	自行车	150	200	300
	三轮车	—	100	150

6.3.6 各级道路纵坡变化处应设置竖曲线，竖曲线宜采用圆曲线，竖曲线最小半径与竖曲线最小长度应符合表 6.3.6 规定。一般情况下应大于或等于一般值；特别困难时可采用极限值。

表 6.3.6 竖曲线最小半径与竖曲线最小长度

设计速度（km/h）		100	80	60	50	40	30	20
凸形竖曲线（m）	一般值	10000	4500	1800	1350	600	400	150
	极限值	6500	3000	1200	900	400	250	100
凹形竖曲线（m）	一般值	4500	2700	1500	1050	700	400	150
	极限值	3000	1800	1000	700	450	250	100
竖曲线长度（m）	一般值	210	170	120	100	90	60	50
	极限值	85	70	50	40	35	25	20

6.3.7 在设有超高的平曲线上，超高横坡度与道路纵坡度的合成坡度应小于或等于表 6.3.7 的规定。

表 6.3.7 合 成 坡 度

设计速度（km/h）	100，80	60，50	40，30	20
合成坡度（%）	7.0	7.0	7.0	8.0

注：积雪或冰冻地区道路的合成坡度应小于或等于 6.0%。

6.4 线形组合设计

6.4.1 线形组合应满足行车安全、舒适以及与沿线环境、景观协调的要求，平面、纵断面线形应均衡，路面排水应通畅。

6.4.2 线形组合设计应符合下列规定：

1 应使线形在视觉上能自然地诱导驾驶员的视线，并应保持视觉的连续性。

2 应避免平面、纵断面、横断面极限值的相互组合设计。

3 平、纵面线形应相互对应，技术指标大小均衡连续，以及与之相邻路段各技术指标的均衡、连续。

4 条件受限时选用平面、纵断面的各接近或最大、最小值及其组合时，应考虑前后地形、技术指标运用等对实际运行速度的影响。

5 横坡与纵坡应组合得当，并应利于路面排水和行车安全。

7 道路与道路交叉

7.1 一般规定

7.1.1 道路与道路交叉可分为平面交叉和立体交叉。交叉形式应根据道路网规划、相交道路等级及有关技术、经济和环境效益的分析合理确定。

7.1.2 道路交叉口设计应符合下列规定：

1 应保障交通安全，使交叉口车流有序、畅通、舒适，并应兼顾景观。

2 应兼顾所有交通使用者的需求，处理好与其他交通方式的衔接。

3 应合理确定建设规模，分期建设时，应近远期结合。

4 应综合考虑交通组织、几何设计、交通管理方式和交通工程设施等内容。

5 除考虑本交叉口流量、流向以外，还应分析相邻或相关交叉口的影响。

6 改建设计应同时考虑原有交叉口情况，合理确定改建规模。

7.1.3 道路交叉口设计应符合现行行业标准《城市道路交叉口设计规程》CJJ 152 的规定。

7.2 平面交叉

7.2.1 平面交叉口应按交通组织方式分类，并应符合下列规定：

1 平 A 类：信号控制交叉口

平 A_1 类：交通信号控制，进口道展宽交叉口；

平 A_2 类：交通信号控制，进口道不展宽交叉口。

2 平 B 类：无信号控制交叉口

平 B_1 类：支路只准右转通行的交叉口；

平 B_2 类：减速让行或停车让行标志管制交叉口；

平 B_3 类：全无管制交叉口。

3 平 C 类：环形交叉口。

7.2.2 平面交叉口的选型，应符合表 7.2.2 的规定。

表 7.2.2 平面交叉口选型

平面交叉口类型	选型	
	推荐形式	可选形式
主干路-主干路	平 A_1 类	—

续表 7.2.2

平面交叉口类型	选型	
	推荐形式	可选形式
主干路-次干路	平 A_1 类	—
主干路-支路	平 B_1 类	平 A_1 类
次干路-次干路	平 A_1 类	—
次干路-支路	平 B_2 类	平 A_1 类或平 B_1 类
支路-支路	平 B_2 类或平 B_3 类	平 C 类或平 A_2 类

7.2.3 平面交叉口设计应符合下列规定：

1 新建平面交叉口不得出现超过4叉的多路交叉口、错位交叉口、畸形交叉口以及交角小于70°（特殊困难时为45°）的斜交交叉口。已有的错位交叉口、畸形交叉口应加强交通组织与管理，并应加以改造。

2 平面交叉口的交通组织和渠化方式应根据相交道路等级、功能定位、交通量、交通管理条件等因素确定。信号交叉口平面设计应与信号控制方案协调一致，渠化设计不应压缩行人和非机动车的通行空间。

3 交叉口附近设置公交停靠站时，应根据公交线路走向、道路类型、交叉口交通状况，结合站点类别、规模、用地条件合理确定。应保证乘客安全，方便换乘、过街，有利于公交车安全停靠、顺利驶出，且不影响交叉口的通行能力。

4 地块及建筑物机动车出入口不得设在交叉口范围内，且不宜设在主干路上，宜经支路或专为集散车辆用的地块内部道路与次干路相通。

5 桥梁、隧道两端不宜设置平面交叉口。

7.2.4 平面交叉口范围内道路平面线形宜采用直线；当需采用曲线时，其曲线半径不宜小于不设超高的最小圆曲线半径。

7.2.5 平面交叉口范围内道路竖向设计应保证行车舒顺和排水通畅，交叉口进口道纵坡不宜大于2.5%，困难情况下不应大于3%，山区城市道路等特殊情况，在保证安全的情况下可适当增加。

7.2.6 交叉口渠化进口道车道数应大于上游路段的车道数，每条车道的宽度不宜小于3.0m；出口道车道数应与上游各进口道同一信号相位流入的最大进口车道数相匹配，车道宽度宜与路段一致。

7.2.7 交叉口视距三角形范围内不得存在任何妨碍驾驶员视线的障碍物。

7.3 立体交叉

7.3.1 立体交叉口应根据相交道路等级、直行及转向（主要是左转）车流行驶特征、非机动车对机动车干扰等分类，主要类型及交通流行驶特征宜符合表7.3.1的规定，分类应符合下列规定：

1 立A类：枢纽立交

立A_1类：主要形式为全定向、喇叭形、组合式全互通立交；

立A_2类：主要形式为喇叭形、苜蓿叶形、半定向、组合式全互通立交。

2 立B类：一般立交

主要形式为喇叭形、苜蓿叶形、环形、菱形、迂回式、组合式全互通或半互通立交。

3 立C类：分离式立交

表 7.3.1 立体交叉口类型及交通流行驶特征

立体交叉口类型	主路直行车流行驶特征	转向车流行驶特征	非机动车及行人干扰情况
立A类（枢纽立交）	连续快速行驶	较少交织、无平面交叉	机非分行，无干扰
立B类（一般立交）	主要道路连续快速行驶，次要道路存在交织或平面交叉	部分转向交通存在交织或平面交叉	主要道路机非分行，无干扰；次要道路机非混行，有干扰
立C类（分离式立交）	连续行驶	不提供转向功能	—

7.3.2 立体交叉口选型应根据交叉口在道路网中的地位、作用、相交道路的等级，结合交通需求和控制条件确定，并应符合表7.3.2的规定。

表 7.3.2 立体交叉口选型

立体交叉口类型	选型	
	推荐形式	可选形式
快速路-快速路	立A_1类	—
快速路-主干路	立B类	立A_2类、立C类
快速路-次干路	立C类	立B类
快速路-支路	—	立C类
主干路-主干路	—	立B类

注：当城市道路与公路相交时，高速公路按快速路、一级公路按主干路、二级和三级公路按次干路、四级公路按支路，确定与公路相交的城市道路交叉口类型。

7.3.3 立交范围内快速路主路基本车道数应与路段基本车道数连续一致，匝道车道数应根据匝道交通量确定，进出口前后应保持主路车道数平衡，不能保证时应在主路车道右侧设置辅助车道。

7.3.4 立交范围内主路横断面车行道布置宜与主路路段相同。当设集散车道时，集散车道应布置在主路机动车道右侧，其间宜设分车带。主路变速车道路段的横断面应根据变速车道平面设计形式确定。

7.3.5 立交范围内主路平面线形标准不应低于路段标准，在进出立交的主路路段，其行车视距宜大于或等于1.25倍的停车视距。

7.3.6 立交匝道出入口处，应设置变速车道。变速车道分直接式与平行式两种，减速车道宜采用直接式，加速车道宜采用平行式。

7.3.7 立交范围内出入口间距应能保证主路交通不受分合流交通的干扰，并应为分合流交通加减速及转换车道提供安全可靠的条件。立交出入口间距不足时，应设置集散车道。

7.3.8 设有辅路系统的道路相交，当交叉口设置为枢纽立交时，立交区应设置与主路分行的辅路系统；当交叉口设置为具有明显集散作用的一般立交时，其辅路系统可与匝道布置结合考虑。

7.3.9 立交范围内非机动车系统应连续，可采用机非混行或机非分行的形式。

7.3.10 立交范围内人行系统应满足人行道最小宽度要求，并应布设无障碍设施。

7.3.11 立交范围内公交车站的设置应与路段综合考虑，并应设置为港湾式。

8 道路与轨道交通线路交叉

8.1 一般规定

8.1.1 道路与轨道交通线路交叉可分为平面交叉和立体交叉。交叉形式应根据道路与轨道交通线路的性质、等级、交通量、地形条件、安全要求等因素综合确定，应优先采用立体交叉。

8.1.2 道路与轨道交通线路交叉工程需分期修建时，应考虑近远期结合。

8.1.3 道路与轨道交通线路交叉设计应合理利用地形，减少工程量，节约用地。

8.1.4 道路与轨道交通线路交叉宜采用正交，当需斜交时，交叉角应大于或等于45°。

8.2 立体交叉

8.2.1 道路与铁路交叉时，应符合下列规定：

1 快速路和重要的主干路与铁路交叉时，必须设置立体交叉。

2 对行驶有轨电车或无轨电车的道路与铁路交叉，必须设置立体交叉。

3 主干路、次干路、支路与铁路交叉，当道口交通量大或铁路调车作业繁忙时，应设置立体交叉。

4 各级道路与旅客列车设计行车速度大于或等于 120km/h 的铁路交叉，应设置立体交叉。

5 当受地形等条件限制，采用平面交叉危及行车安全时，应设置立体交叉。

6 道路与铁路交叉，机动车交通量不大，但非机动车和行人流量较大时，可设置人行立体交叉或非机动车与行人合用的立体交叉。

8.2.2 各级道路与城市轨道交通线路交叉时，必须设置立体交叉。

8.2.3 道路与轨道交通立体交叉的建筑限界应符合下列规定：

1 道路下穿时，道路的建筑限界应符合本规范第 3.4 节的要求。

2 道路上跨时，轨道交通的建筑限界应符合现行铁路和城市轨道交通建筑限界标准的要求。

8.2.4 桥梁等构筑物的设置应满足道路、轨道交通视距的要求。

8.2.5 与轨道交通立体交叉的道路应设置交通安全防护设施，同时应符合国家现行相关规范的要求。

8.3 平面交叉

8.3.1 次干路、支路与运量不大的铁路支线、地方铁路、工业企业铁路交叉时，可设置平交道口。平交道口不应设置在铁路道岔处、站场范围内、铁路曲线段以及道路与铁路通视条件不符合行车安全要求的路段上。

8.3.2 通过道口的道路平面线形应为直线。从最外侧钢轨外缘算起的道路直线段最小长度应大于或等于 30m。

8.3.3 道路与铁路平交时，应优先设置自动信号控制或有人值守道口。

8.3.4 无人值守或未设置自动信号的平交道口视距三角形范围内（图 8.3.4），严禁有任何妨碍机动车驾驶员视线的障碍物，机动车驾驶员要求的最小瞭望视距（S_c）应符合表 8.3.4 规定。

表 8.3.4　平交道口最小瞭望视距

路段旅客列车设计行车速度（km/h）	机动车驾驶员侧向最小瞭望视距 S_c（m）
100	340

续表 8.3.4

路段旅客列车设计行车速度（km/h）	机动车驾驶员侧向最小瞭望视距 S_c（m）
80	270
70	240
55	190
40	140

注：机动车驾驶员侧向视距系按停车视距 50m 计算的，如有特殊应另行计算确定。

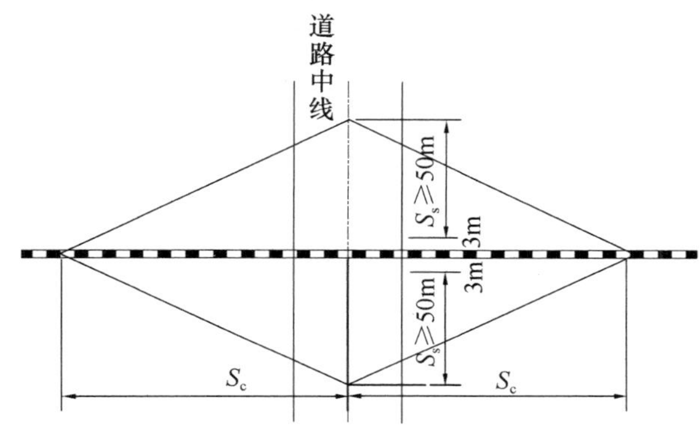

图 8.3.4 道口视距三角形

8.3.5 道口两侧应设平台，并应符合下列规定：

1 自最外侧钢轨外缘至最近竖曲线切点间的平台长度应大于或等于 16m。

2 紧接道口平台两端的道路纵坡不应大于表 8.3.5 的数值。

表 8.3.5 紧接道口平台两端的道路纵坡（%）

道路类型	机动车与非机动车混行车道	机动车道
一般值	2.5	3.0
极限值	3.5	5.0

8.3.8 道路与有轨电车道交叉道口应符合下列规定：

1 交叉道口处的通视条件应符合道路与道路平面交叉的规定。

2 交叉道口处的道路线形宜为直线。

3 道口有轨电车道的轨面标高宜与道路路面标高一致。

4 应作好平交道口的交通组织设计，处理好车流、人流的关系，合理布设人行道、车行道及有轨电车车站出入通道，并应按规定设置道口信号、行车标志、标线等交通管理设施。交叉道口信号应按有轨电车优先的原则设置。

9 行人和非机动车交通

9.1 一 般 规 定

9.1.1 行人及非机动车交通系统应安全、连续、舒适，不宜中断或缩减人行道及非机动车道的有效通行宽度。

9.1.2 行人及非机动车交通系统应与道路沿线的居住区、商业区、城市广场、交通枢纽等内部的相关设施紧密结合，构成完整的交通系统。

9.2 行 人 交 通

9.2.1 行人交通设施应包括人行道、步行街以及人行横道、人行天桥和人行地道等过街设施，设施的设置应根据行人流量和流线确定。

9.2.2 人行过街设施的布设应与公交车站的位置结合。在学校、幼儿园、医院、养老院等附近，应设置人行过街设施。

9.2.3 人行道的设计应符合本规范第5.3节的规定。

9.2.4 人行横道的设置应符合下列规定：

1 交叉口处应设置人行横道，路段内人行横道应布设在人流集中、通视良好的地点，并应设醒目标志。人行横道间距宜为250m～300m。

2 当人行横道长度大于16m时，应在分隔带或道路中心线附近的人行横道处设置行人二次过街安全岛，安全岛宽度不应小于2.0m，困难情况下不应小于1.5m。

3 人行横道的宽度应根据过街行人数量及信号控制方案确定，主干路的人行横道宽度不宜小于5m，其他等级道路的人行横道宽度不宜小于3m。宜采用1m为单位增减。

4 对视距受限制的路段和急弯陡坡等危险路段以及车行道宽度渐变路段，不应设置人行横道。

9.2.5 人行天桥和人行地道的设置应符合下列规定：

1 快速路行人过街必须设置人行天桥或人行地道，其他道路应根据机动车交通量和行人过街需求设置人行天桥或人行地道。

2 在商业或车站、码头等区域人行天桥或人行地道的设置宜与两侧建筑物或地下开发相结合。有特殊需要时，可设置专用过街设施。

3 当自行车过街交通量不大时，人行天桥和人行地道可设置推行自行车过街的坡道。

4 人行天桥和人行地道的其他设置条件应符合现行行业标准《城市

人行天桥与人行地道技术规范》CJJ 69 的规定。

9.2.6 步行街的设计应符合下列规定：

1 步行街的规模应适应各重要吸引点的合理步行距离，步行距离不宜超过 1000m。

2 步行街的宽度可采用 10m～15m，其间可配置小型广场。步行道路和广场的面积，可按每平方米容纳 0.8 人～1.0 人计算。

3 步行街与两侧道路的距离不宜大于 200m，步行街进出口距公共交通停靠站的距离不宜大于 100m。

4 步行街附近应有相应规模的机动车和非机动车停车场，机动车停车场距步行街进出口的距离不宜大于 100m，非机动车停车场距步行街进出口的距离不宜大于 50m。

5 步行街应满足消防车、救护车、送货车和清扫车等的通行要求。

9.3 非机动车交通

9.3.1 主干路非机动车道应与机动车道分隔设置；当次干路设计速度大于或等于 40km/h 时，非机动车道宜与机动车道分隔设置。

9.3.2 非机动车道的设计应符合本规范第 5.3 节的规定。

9.3.3 非机动车专用路的设计速度宜采用 15km/h～20km/h，并应设置相应的交通安全、排水、照明、绿化等设施。

10 公共交通设施

10.1 一 般 规 定

10.1.1 道路设计中应包括与道路相关的公共交通专用车道和车站的设计。

10.1.2 公交专用车道的设计应与城市道路功能相匹配，合理使用道路资源。

10.1.3 公交车站应与周边行人、非机动车系统统一设计，并根据需求设置非机动车停车区域。

10.2 公共交通专用车道

10.2.1 公共交通专用车道可分为快速公交专用车道和常规公交专用车道。

10.2.2 快速公交专用车道的设计应符合下列规定：

1 快速公交专用车道可布置在道路中央或道路两侧，中央专用车道按上下行有无物体隔离又可分为分离式和整体式，应优先选用中央整体式专用车道。

2 快速公交专用车道当单独布置时，设计速度可采用40km/h～60km/h；当与其他车道同断面布置时应与道路的设计速度协调统一。

3 快速公交专用车道单车道宽度不应小于3.5m。

4 快速公交专用车道与其他车道应采用物体或标线分隔，分离式单车道物体隔离连续长度不应大于300m。

5 快速公交系统应优先通过平交路口。

10.2.3 常规公交专用车道的设计应符合下列规定：

1 主、次干路每条车道交通量大于500pcu/h及公交车辆大于90辆/h时，宜设置常规公交专用车道。

2 常规公交专用车道宜设置在最外侧车道上。

3 常规公交专用车道单车道宽度不应小于3.5m。

4 常规公交专用车道在平交路口宜连续设置。

10.3 公共交通车站

10.3.1 快速公交车站的设计应符合下列规定：

1 车站应结合快速公交规划设置，同时应与常规公交及城市轨道交通等其他交通系统合理衔接。

2 车站可分为单侧停靠车站和双侧停靠车站，双侧停靠的站台宽度不应小于5m，单侧停靠的站台宽度不应小于3m。

3 多条线路在停靠车站区间应单独布置停车道，停车道的宽度不应小于3m。

4 站台长度应满足车辆停靠、人流集散及相关设施布设的要求。

5 车辆停靠长度应根据车辆停靠数量和车型确定，最小长度应满足两辆车同时停靠的要求，车辆长度应根据选择的车型确定。

6 乘客过街可采用平面或立体过街方式。

10.3.2 常规公交车站的设计应符合下列规定：

1 车站应结合常规公交规划、沿线交通需求及城市轨道交通等其他交通站点设置。城区停靠站间距宜为400m～800m，郊区停靠站间距应根据具体情况确定。

2 车站可为直接式和港湾式，城市主、次干路和交通量较大的支路上的车站，宜采用港湾式。

3 道路交叉口附近的车站宜安排在交叉口出口道一侧，距交叉口出口缘石转弯半径终点宜大于50m。

4 站台长度最短应按同时停靠两辆车布置，最长不应超过同时停靠4辆车的长度，否则应分开设置。

5 站台高度宜采用0.15m～0.20m，站台宽度不宜小于2m；当条件受限时，站台宽度不得小于1.5m。

11 公共停车场和城市广场

11.1 一 般 规 定

11.1.1 公共停车场和城市广场的位置、规模应符合城市规划布局和道路交通组织需要，合理布置。

11.1.2 公共停车场和城市广场的内部交通组织及竖向设计应与周边的交通组织和竖向条件相适应。

11.1.3 公共停车场和城市广场应设置无障碍设施。

11.2 公共停车场

11.2.1 在大型公共建筑、交通枢纽、人流车流量大的广场等处均应布置适当容量的公共停车场。

11.2.2 公共停车场的规模应按服务对象、交通特征等因素确定。

11.2.3 停车场平面设计应有效地利用场地，合理安排停车区及通道，应满足消防要求，并留出辅助设施的位置。

11.2.4 按停放车辆类型，公共停车场可分为机动车停车场与非机动车停车场。

11.2.5 机动车停车场的设计应符合下列规定：

1 机动车停车场设计应根据使用要求分区、分车型设计。如有特殊车型，应按实际车辆外廓尺寸进行设计。

2 机动车停车场内车位布置可按纵向或横向排列分组安排，每组停车不应超过50veh。当各组之间无通道时，应留出大于或等于6m的防火通道。

3 机动车停车场的出入口不宜设在主干路上，可设在次干路或支路上，并应远离交叉口；不得设在人行横道、公共交通停靠站及桥隧引道处。出入口的缘石转弯曲线切点距铁路道口的最外侧钢轨外缘不应小于30m。距人行天桥和人行地道的梯道口不应小于50m。

4 停车场出入口位置及数量应根据停车容量及交通组织确定，且不应少于 2 个，其净距宜大于 30m；条件困难或停车容量小于 50veh 时，可设一个出入口，但其进出口应满足双向行驶的要求。

5 停车场进出口净宽，单向通行的不应小于 5m，双向通行的不应小于 7m。

6 停车场出入口应有良好的通视条件，视距三角形范围内的障碍物应清除。

7 停车场的竖向设计应与排水相结合，坡度宜为 0.3%～3.0%。

8 机动车停车场出入口及停车场内应设置指明通道和停车位的交通标志、标线。

11.2.6 非机动车停车场的设计应符合下列规定：

1 非机动车停车场出入口不宜少于 2 个。出入口宽度宜为2.5m～3.5m。场内停车区应分组安排，每组场地长度宜为 15m～20m。

2 非机动车停车场坡度宜为 0.3%～4.0%。停车区宜有车棚、存车支架等设施。

11.3 城 市 广 场

11.3.1 城市广场按其性质、用途可分为公共活动广场、集散广场、交通广场、纪念性广场与商业广场等。

11.3.2 广场设计应按城市总体规划确定的性质、功能和用地范围，结合交通特征、地形、自然环境等进行，应处理好与毗连道路及主要建筑物出入口的衔接，以及和四周建筑物协调，并应体现广场的艺术风貌。

11.3.3 广场设计应按高峰时间人流量、车流量确定场地面积，按人车分流的原则，合理布置人流、车流的进出通道、公共交通停靠站及停车等设施。

11.3.4 广场竖向设计应符合下列规定：

1 竖向设计应根据平面布置、地形、周围主要建筑物及道路标高、排水等要求进行，并兼顾广场整体布置的美观。

2 广场设计坡度宜为 0.3%～3.0%。地形困难时，可建成阶梯式。

3 与广场相连接的道路纵坡宜为 0.5%～2.0%。困难时纵坡不应大于 7.0%，积雪及寒冷地区不应大于 5.0%。

4 出入口处应设置纵坡小于或等于 2.0%的缓坡段。

11.3.5 广场与道路衔接的出入口设计应满足行车视距的要求。

11.3.6 广场应布置分隔、导流等设施，并应配置完善的交通标识系统。

11.3.7 广场排水应结合地形、广场面积、排水设施，采用单向或多向排水，且应满足城市防洪、排涝的要求。

12 路基和路面

12.1 一般规定

12.1.1 路基、路面设计应根据道路功能、类型和等级，结合沿线地形地质、水文气象及路用材料等条件，因地制宜、合理选材、节约资源。应使用节能降耗型路面设计和积极应用路面材料再生利用技术，并应选择技术先进、经济合理、安全可靠、方便施工的路基路面结构。

12.1.2 路基、路面应具有足够的强度和稳定性以及良好的抗变形能力和耐久性。同时，路面面层还应满足平整和抗滑的要求。

12.1.3 快速路、主干路的路基、路面不宜分期修建。对初期交通量较小的道路，以及软土地区、湿陷性黄土地区等可能产生较大沉降的路段，可按"一次设计，分期修建"的原则实施。

12.1.4 路基、路面排水设计应根据道路排水总体设计的要求，结合沿线水文、气象、地形、地质等自然条件，设置必要的地表排水和地下排水设施，并应形成合理、完整的排水系统。

12.2 路　　基

12.2.1 道路路基应符合下列规定：

1 路基必须密实、均匀，应具有足够的强度、稳定性、抗变形能力和耐久性；并应结合当地气候、水文和地质条件，采取防护措施。

2 路基工程应节约用地、保护环境，减少对自然、生态环境的影响。

3 路基断面形式应与沿线自然环境和城市环境相协调，不得深挖、高填；同时应因地制宜，合理利用当地材料和工业废料修筑路基。

4 路基工程应包括排水系统、防排水设施和防护设施的设计。

5 对特殊路基，应查明情况，分析危害，结合当地成功经验，采取相应措施，增强工程可靠性。

12.2.2 路基设计回弹模量和湿度状况应符合下列规定：

1 快速路和主干路路基顶面设计回弹模量值不应小于30MPa；次干路和支路不应小于20MPa；当不满足上述要求时，应采取措施提高回弹模量。

2 路基设计中，应充分考虑道路运行中的各种不利因素，采取措施减小路基回弹模量的变异性，保证其持久性。

3 道路路基应处于干燥或中湿状态；对潮湿或过湿路基，必须采取措施改善其湿度状况或适当提高路基回弹模量。

12.2.3 路基设计高度应符合下列规定：

1 路基设计高度应使路肩边缘的路基相对高度不低于路基土的毛细水上升高度，并应满足冰冻的要求。

2 沿河及浸水路段的路基边缘标高，不应低于路基设计洪水频率的水位加壅水高、波浪侵袭高度和0.5m的安全高度。

12.2.4 土质路基压实度应符合表12.2.4规定。对以下情形，可通过试验路检验或综合论证，在保证路基强度和稳定性要求的前提下，适当降低路基压实度标准。

1 特殊干旱或特殊潮湿地区。

2 专用非机动车道、人行道。

表12.2.4 土质路基压实度

填挖类型	路床顶面以下深度（cm）	路基最小压实度（%）			
		快速路	主干路	次干路	支路
填方	0～80	96	95	94	92
	80～150	94	93	92	91
	>150	93	92	91	90
零填方或挖方	0～30	96	95	94	92
	30～80	94	93	—	—

注：表中数值均为重型击实标准。

12.2.5 路基防护应根据道路功能，结合当地气候、水文、地质等情况，采取相应防护措施，并应符合下列规定：

1 路基防护应采取工程防护与植物防护相结合的防护措施，并应与景观相协调。

2 深挖、高填、沿河等路段的路基边坡，必须根据其工程特性进行路基防护设计。对存在稳定性隐患的路基，应进行稳定性分析；当稳定性不满足要求时，必须采取加固措施。

3 路基支挡结构设计应满足各种设计荷载组合下支挡结构的稳定、坚固和耐久；结构类型选择及设置位置的确定应安全可靠、经济合理、便于施工养护；结构材料应符合耐久、耐腐蚀的要求。

12.2.6 对软土、黄土、膨胀土、红黏土、盐渍土等特殊土地区的路基设计，应查明特殊土的分布范围与地层特征、特殊土的物理、力学和水理特性，以及道路沿线的水文与地质条件；进行路基变形分析和稳定性验算；

应合理确定特殊地基处理或处治的设计方案，满足路基变形和稳定性要求。

12.3 路　　面

12.3.1 路面可分为面层、基层和垫层。路面结构层所选材料应满足强度、稳定性和耐久性的要求，并应符合下列规定：

1 面层应满足结构强度、高温稳定性、低温抗裂性、抗疲劳、抗水损害及耐磨、平整、抗滑、低噪声等表面特性的要求。

2 基层应满足强度、扩散荷载的能力以及水稳定性和抗冻性的要求。

3 垫层应满足强度和水稳定性的要求。

12.3.2 路面面层类型的选用应符合表12.3.2的规定，并应符合下列规定：

表12.3.2 路面面层类型及适用范围

面层类型	适用范围
沥青混凝土	快速路、主干路、次干路、支路、城市广场、停车场
水泥混凝土	快速路、主干路、次干路、支路、城市广场、停车场
贯入式沥青碎石、上拌下贯式沥青碎石、沥青表面处治和稀浆封层	支路、停车场
砌块路面	支路、城市广场、停车场

1 道路经过景观要求较高的区域或突出显示道路线形的路段，面层宜采用彩色。

2 综合考虑雨水收集利用的道路，路面结构设计应满足透水性的要求。

3 道路经过噪声敏感区域时，宜采用降噪路面。

4 对环保要求较高的路段或隧道内的沥青混凝土路面，宜采用温拌沥青混凝土。

12.3.3 沥青混凝土路面设计应符合下列规定：

1 沥青混凝土路面的设计应包括面层类型选择与结构层组合设计，各结构层材料组成设计，材料与结构层设计参数确定，结构层厚度计算，路面内部排水设计等。

2 沥青混凝土路面设计应选用多种损坏模式作为临界状态，并应选用多项设计指标进行控制。

3　城市广场、停车场、公交车站、路口或通行特种车辆的路段，沥青路面结构应根据车辆运行要求进行特殊设计。

12.3.4　水泥混凝土路面设计应符合下列规定：

1　水泥混凝土路面的设计应包括面层类型选择与结构层组合设计，接缝构造、配筋和排水设计，各结构层材料组成设计，路面厚度计算，路面表面特性设计等。

2　水泥混凝土路面结构应采用行车荷载和温度梯度综合作用产生的疲劳断裂作为设计指标。

3　水泥混凝土面层应满足强度和耐久性的要求，表面应抗滑、耐磨、平整。面层宜选用设接缝的普通水泥混凝土。面层水泥混凝土的抗弯拉强度不得低于4.5MPa，快速路、主干路和重交通的其他道路的抗弯拉强度不得低于5.0MPa。混凝土预制块的抗压强度非冰冻地区不宜低于50MPa，冰冻地区不宜低于60MPa。

4　当水泥混凝土路面总厚度小于最小防冻厚度，或路基湿度状况不佳时，需设置垫层。

5　水泥混凝土路面应设置纵、横向接缝。纵向接缝与路线中线平行，并应设置拉杆。横向接缝可分为横向缩缝、胀缝和横向施工缝，快速路、主干路的横向缩缝应加设传力杆；在邻近桥梁或其他固定构筑物处、板厚改变处、小半径平曲线等处，应设置胀缝。

6　水泥混凝土面层自由边缘，承受繁重交通的胀缝、施工缝，小于90°的面层角隅，下穿市政管线路段，以及雨水口和地下设施的检查井周围，面层应配筋补强。

7　其他水泥混凝土面层类型可根据适用条件按表12.3.4选用。

表12.3.4　其他水泥混凝土面层类型的适用条件

面层类型	适用条件
连续配筋混凝土面层、预应力水泥混凝土路面	特重交通的快速路、主干路
沥青上面层与连续配筋混凝土或横缝设传力杆的普通水泥混凝土下面层组成的复合式路面	特重交通的快速路
钢纤维混凝土面层	标高受限制路段、收费站、桥面铺装
混凝土预制块面层	广场、步行街、停车场、支路

12.3.5　非机动车道路面设计应符合下列规定：

1　非机动车道的路面应根据筑路材料、施工最小厚度、路基土类型、水文地质条件及当地工程经验，确定结构层组合和厚度，满足整体强度和稳定性的要求。

2 非机动车道同时有机动车行驶时，路面结构应满足机动车行驶的要求。

3 处于潮湿地带及冰冻地区的道路，非机动车道路面应设垫层。

12.3.6 人行道和广场的铺面应满足稳定、抗滑、平整、生态环保和城市景观的要求，其设计应实用、经济、美观、耐久。

12.3.7 停车场铺面应满足稳定、耐久、平整、抗滑和排水的要求，其设计应符合下列要求：

1 设计内容和方法与相应的机动车道水泥混凝土路面、沥青混凝土路面相同。

2 根据停车场各区域性质和功能的不同，铺面结构的设计荷载应视实际情况确定。

3 采用沥青混凝土面层，宜提高沥青面层的抗车辙性能。

4 采用水泥混凝土面层，应设置胀缝，其间距及要求均与车行道相同。

12.4 旧路面补强和改建

12.4.1 当路面的结构承载能力、平整度、抗滑能力等使用性能退化、其承载能力不能满足交通需求时，应进行结构补强或改建。

12.4.2 旧路面结构补强和改建设计，应调查旧路面的结构性能、使用历史，以及路面环境条件，并应依据路面的交通需求，以及材料、施工技术、实践经验和环境保护要求等，通过技术经济分析论证确定。

12.4.3 旧路面的补强和改建设计应符合下列要求：

1 当路面平整度不佳，抗滑能力不足，但路面结构强度足够，结构损坏轻微时，沥青路面宜采用稀浆封层、薄层加铺等措施，水泥混凝土路面宜采用刻槽、板底灌浆和磨平错台等措施恢复路面表面使用性能。

2 当路面结构破损较为严重或承载能力不能满足未来交通需求时，应采用加铺结构层补强。

3 当路面结构破损严重，或纵、横坡需作较大调整时，宜采用新建路面，或将旧路面作为新路面结构层的基层或下基层。

12.4.4 旧沥青混凝土路面的加铺层宜采用沥青混合料。加铺层厚度应按补足路面结构层总承载能力要求确定，新旧路面之间必须满足粘结要求。

12.4.5 当旧水泥混凝土路面的断板率较低、接缝传荷能力良好，且路面纵、横坡基本符合要求、板的平面尺寸和接缝布置合理时，可选用直接式水泥混凝土加铺层；否则，应采用分离式水泥混凝土加铺层。

当旧水泥混凝土路面强度足够，且断板和错台病害少时，可选择直接加铺沥青面层的方案，并应根据交通荷载、环境条件和旧路面的性状等，选择经济有效的防治反射裂缝的措施。

13 桥梁和隧道

13.1 一 般 规 定

13.1.1 桥梁设计应符合城市规划的要求，根据道路功能、等级、通行能力及防洪抗灾要求，结合水文、地质、通航、环境等条件进行综合设计。当需分期实施时，应保留远期发展余地。

13.1.2 隧道设计应符合城市规划、城市地下空间利用规划、环境保护和城市景观的要求，并应综合考虑区域内人文环境、地形、地貌、地质与地质灾害、水文、气象、地震、交通量及其组成，以及运营和施工条件。

13.1.3 桥上或隧道内的管线敷设应符合下列规定：

1 不得在桥上敷设污水管、压力大于 0.4MPa 的燃气管和其他可燃、有毒或腐蚀性的液体、气体管。当条件许可时，可在桥上敷设电讯电缆、热力管、给水管、电压不高于 10kV 配电电缆、压力不大于 0.4MPa 的燃气管，但必须按国家有关现行标准的要求采取有效的安全防护措施。

2 严禁在隧道内敷设电压高于 10kV 配电电缆、燃气管及其他可燃、有毒或腐蚀性液体、气体管。

13.2 桥 梁

13.2.1 城市桥梁设计应符合下列规定：

1 特大桥、大桥桥位应选择河道顺直稳定、河床地质良好、河槽能通过大部分设计流量的河段，不宜选择在断层、岩溶、滑坡、泥石流等不良地质地带。中小桥桥位宜按道路的走向进行布置。

2 桥梁设计应遵循安全、适用、经济、美观和有利环保的原则，并应因地制宜、就地取材、便于施工和养护。

3 桥梁建筑应符合城市规划的要求，并应与周围环境协调。

4 桥梁应根据工程规模和不同的桥型结构设置照明、交通信号标志、航运信号标志、航空障碍标志，防雷接地装置以及桥面防水、排水、检修、安全等附属设施。

13.2.2 桥梁可按其多孔跨径总长或单孔跨径的长度，分为特大桥、大桥、中桥和小桥等四类，桥梁分类应符合表 13.2.2 的规定。

表 13.2.2 桥梁分类

桥梁分类	多孔跨径总长 L（m）	单孔跨径 L_k（m）
特大桥	$L>1000$	$L_k>150$
大桥	$1000\geqslant L\geqslant 100$	$150\geqslant L_k\geqslant 40$
中桥	$100>L>30$	$40>L_k\geqslant 20$
小桥	$30\geqslant L\geqslant 8$	$20>L_k\geqslant 5$

注：1 单孔跨径系指标准跨径，梁式桥、板式桥为两桥墩中线之间桥中心线的长度或桥墩中线与桥台台背前缘线之间桥中心线的长度，拱式桥为净跨径。
2 梁式桥、板式桥的多孔跨径总长为多孔标准跨径的总长，拱式桥为两岸桥台内起拱线间的距离，其他形式桥梁为桥面系车道长度。

13.2.3 桥梁的桥面净空限界应符合本规范第 3.4 节的规定。

13.2.4 桥下净空应符合下列规定：

1 通航河流的桥下净空应符合国家现行通航标准的要求。

2 不通航河流的桥下净空应根据设计洪水位、壅水和浪高或最高流冰面确定；当在河流中有形成流冰阻塞的危险或有流放木筏、漂浮物通过时，应按当地的具体情况确定。

3 立交、跨线桥桥下净空应符合被交叉的城市道路、公路、城市轨道交通和铁路等建筑限界的规定。

13.2.5 桥梁及其引道的平、纵、横技术指标应与路线总体布设相协调，各项技术指标应符合路线布设的要求，并应符合下列规定：

1 桥上纵坡机动车道不宜大于 4.0%，非机动车道不宜大于 2.5%；桥头引道机动车道纵坡不宜大于 5.0%。

2 高架桥桥面应设不小于 0.3%的纵坡；当条件受到限制，桥面为平坡时，应沿主梁纵向设置排水管，排水管纵坡不应小于 0.3%。

3 当桥面纵坡大于 3.0%时，桥上可不设排水口，但应在桥头引道上两侧设置雨水口。

13.3 隧 道

13.3.1 隧道设计应符合下列规定：

1 隧道设计应处理好与地面建筑、地下管线、地下构筑物之间的关系。

2 隧道设计应减少施工阶段和运营期间对环境的不利影响，并应符合同期规划的近、远期城市建设对隧道及行车安全的影响。

3 隧道的埋深、平面和出入口位置应根据道路总体规划、交通疏解与周边道路服务能力、环境、地形及可能发生的变化条件确定。

4 对特长隧道应作防灾专项设计。

13.3.2 隧道可按其封闭段长度 L 分类，并应符合表 13.3.2 的规定。

表 13.3.2 隧道分类

隧道分类	特长隧道	长隧道	中隧道	短隧道
隧道长度 L（m）	$L>3000$	$3000\geqslant L>1000$	$1000\geqslant L>500$	$L\leqslant 500$

注：封闭段长度系指隧道两端洞口之间暗埋段的长度。

13.3.3 隧道建筑限界除应符合本规范第 3.4 节道路建筑限界的规定，尚应符合下列规定：

1 对单向小于 3 车道的长及特长隧道，应设置应急车道，其宽度和距离应符合本规范第 5.3.6 条的规定，在施工方法受到限制的条件下，可采取其他措施。

2 单向单车道隧道必须设应急车道。

3 处于软土地层的隧道应满足长期运营后隧道变形、维修养护对建筑限界影响的要求。

4 隧道内设置的设备系统和管线等设施不得侵入道路建筑限界。

13.3.4 对长度大于 1000m、行驶机动车的隧道，严禁在同一孔内设置非机动车道或人行道；对长度小于等于 1000m 的隧道当需要设置非机动车道或人行道时，必须设安全隔离设施。

13.3.5 隧道及其洞口两端的道路平、纵、横技术指标除应符合本规范相关条款外，尚应符合下列规定：

1 隧道洞口内外侧在不小于 3s 设计速度的行程长度范围内均应保持一致的平纵线形。当条件困难时，应在洞口内外设置线形诱导和光过渡等保证行车安全的措施。

2 洞口外与之相连接的路段应设置距洞口不小于 3s 设计速度的行程长度，且不应小于 50m，宜保持横断面过渡的顺适。

3 当隧道长度大于 100m 时，隧道内的道路最大纵坡不宜大于 3.0%；当受条件限制时，经技术经济论证后最大纵坡可适当加大，但不应大于 5.0%。

4 洞口外道路应满足相应等级道路中视距的要求；当引道设中间分隔带时应采用停车视距。

5 隧道横断面不宜采用对向行车同一孔中的布置；不宜采用同一行驶方向分孔的布置。

13.3.6 隧道应根据地质条件、周边环境等，合理确定结构形式和适应于地层特性和环境要求的施工方法。

13.3.7 隧道防排水设计应保证隧道结构、设备和行车的正常运行和安全，并应防止水土流失和环境保护。

13.3.8 隧道交通工程及沿线设施的技术标准应根据道路功能、类别、交通量、隧道长度等确定，并应符合交通工程及沿线设施总体设计的要求。

13.3.9 对长度大于500m的隧道，应拟定发生交通或火灾事故的应急处理预案。

13.3.10 对长度大于1000m的隧道，应设隧道管理用房，管理用房选址应符合规划要求，并应有利于对隧道进行维护管理。

13.3.12 隧道出入口、通风设施等设计应满足国家有关环保的要求，应与周边环境景观相协调。

14 交通安全和管理设施

14.1 一般规定

14.1.1 交通安全和管理设施的设计应确保交通“有序、安全、畅通、低公害”。各项设施应统筹规划、总体设计，并结合城市路网的建设情况等逐步补充、完善。

14.1.2 道路交通安全和管理设施设计应与道路同步规划，同步设计。并应与当地城市规划和交通管理部门相协调和配合。

14.1.3 新建交通安全和管理设施应与现有设施协调和匹配，必要时应对现有设施进行调整和完善。

14.1.4 交通安全和管理设施等级分为A、B、C、D四级，各级道路交通安全和管理设施等级与适用范围应符合表14.1.4的规定。

表14.1.4 交通安全和管理设施等级与适用范围

交通安全和管理设施等级	适用范围
A	快速路，中、长、特长隧道及特大型桥梁
B	主干路
C	次干路
D	支路

14.2 交通安全设施

14.2.1 当交通安全和管理设施等级为A级时，应配置系统完善的标志、标线、隔离和防护设施，并应符合下列规定：

1 中间带必须连续设置中央分隔护栏和必需的防眩设施。

2 桥梁与高路堤路段必须设置路侧护栏。

3 互通式立交及其周边路网应连续设置预告、指路、禁令等标志。

4 分合流路段宜连续设置反光突起路标。

5 进出口分流三角端应有醒目的提示和防撞设施。

14.2.2 当交通安全和管理设施等级为B级时，应配置完善的标志、标线、隔离和防护设施，并应符合下列规定：

1 当主干路无中间带时，应连续设置中间分隔设施；当无两侧带时，两侧应连续设置机动车与非机动车分隔设施。

2 当次干路无中间带时，宜连续设置中间分隔设施；当无两侧带时，两侧宜连续设置机动车与非机动车分隔设施。

3 桥梁与高路堤路段必须设置路侧护栏。

4 互通式立交及其周边地区路网应设置指路、禁令等标志。

5 隔离设施的端头应有明显的提示。

6 平面交叉口应进行交通渠化、人车隔离和设置交通信号灯；支路接入应有限制措施。

14.2.3 当交通安全和管理设施等级为C级时，应配置较完善的标志、标线、隔离和防护设施，并应符合下列规定：

1 主干路宜连续设置中间分隔设施。

2 主、次干路无分隔设施的路段必须施画路面中心线。

3 桥梁与高路堤应设置路侧护栏。

4 平面交叉口应进行交通渠化，并应设置交通信号灯；宜设置行人和机动车、非机动车分隔设施。

14.2.4 当交通安全和管理设施等级为D级时，应配置较完善的标志、标线；宜设置分隔和防护设施；平面交叉口宜进行交通渠化，并宜设置行人和机动车、非机动车分隔设施。

14.2.5 其他情况下配置的交通安全设施，应符合下列规定：

1 在冰、雪、风、沙、坠石、有雾路段等危及运行安全处，应设置警告、禁令标志、视线诱导标、反光突起路标等交通安全设施。

2 对窄路、急弯、陡坡、视线不良、临崖、临水等危险路段，应设置视线诱导、警告、禁令标志和安全防护设施。

3 当学校、幼儿园、医院、养老院门前附近的道路，没有过街设施时，应施画人行横道线，设置提示标志，必要时应设置交通信号灯。

4 铁路与道路平面交叉的道口，应设置警示灯、警告和禁令标志以及安全防护设施。对无人值守的铁路道口，应在距道口一定距离设置警告和禁令标志。

5 道路上跨铁路时，应按铁路的要求设置相应防护设施。

6 快速路、主干路两侧的交通噪声超过国家现行标准《声环境质量标准》GB 3096 的规定时，应有消减噪声措施。

14.2.6 道路两侧和隔离带上的绿化、广告牌、管线等不得遮挡路灯、交通信号灯、交通标志。

14.3 交通管理设施

14.3.1 当交通安全和管理设施等级为 A 级时，应配置完善的信息采集、交通异常自动判断、交通监视、诱导、主线及匝道控制、信息处理及发布等设施。

14.3.2 当交通安全和管理设施等级为 B 级时，宜配置基本的信息采集、交通监视、简易信息处理及发布等监控设施。平面交叉口信号灯形成路网的区域，可采用线控和区域控制。

14.3.3 当交通安全和管理设施等级为 C 级时，在交通繁杂路段、交叉口应设置交通监视装置和信号控制设施。

14.3.4 当交通安全和管理设施等级为 D 级时，可视交通状况设置信号灯等设施。

15 管线、排水和照明

15.1 一般规定

15.1.1 道路工程设计应满足各类管线工程的要求，管线工程与道路工程应同步规划、同步设计。

15.1.2 排水工程设计应与区域排水系统相协调，并应满足城市防洪要求。

15.1.3 道路应有安全、高效、美观的照明设施。

15.2 管线

15.2.1 新建道路应按规划位置敷设所需管线，且宜埋地敷设。

15.2.2 管线工程设计应遵循以下原则：

1 管线类别、管线走向、规模容量、预留接口和敷设方式应满足城市总体规划和管线工程专业规划的要求，并为远期发展适当留有余地。

2 应统筹安排各类管线，合理分配管道走廊，合理处理管线交叉，满足相关专业技术规范的要求。

3 地上杆线宜设置在道路设施带内。架空管线不得侵入道路建筑限界，距离地面高度应符合相关专业技术规范的规定。地下管线除支管接口外，其余部分不应超出道路红线范围。

4 地下管线宜优先考虑布置在非车行道下，不得沿快速路主路车行道下纵向敷设。当其他等级道路车行道下敷设管线时，井盖不应影响行车安全性和舒适性，且宜布置在车辆轮迹范围之外。人行道上井盖等地面设施不应影响行人通行。

15.2.3 各类管线应按规划要求预埋过街管道，过街管道规模宜适当并留有发展余地。重要交叉口宜设置过街共用管沟。在建成后的快速路、主干路下实施过街管道时，宜采用非开挖施工技术。

15.2.4 当管线不便于分别直埋敷设且条件许可时，可建设综合管沟。综合管沟应符合各类管线的专业技术要求和消防、环保、景观、交通等方面的要求，且便于管理维护。

15.2.5 各种地下管线的埋设深度、结构强度和沟槽回填土的压实度应满足道路施工荷载与路面行车荷载的要求。

15.2.6 对道路范围内输送流体的管渠系统，应采取防止渗漏措施。对输送腐蚀性流体的管渠系统还应采取耐腐蚀措施。

15.2.7 当管线跨越桥梁或穿过隧道敷设时，必须符合国家现行有关标准的规定。

15.3 排　　水

15.3.1 城市道路排水设计应根据区域排水规划、道路设计和沿线地形环境条件，综合考虑道路排水方式。城市建成区内道路排水应采用管道形式，城市外围道路可采用边沟排水。在满足道路基本功能的前提下，应达到相关规划提出的低影响开发控制目标与指标要求。

15.3.2 道路的地面水必须采取可靠的措施，迅速排除。

15.3.3 当道路的地下水可能对道路造成不良影响时，应采取适当的排除或阻隔措施。道路结构层内可根据需要采取适当的排水或隔水措施。

15.3.5 道路雨水口的形式、设置间距和泄水能力应满足道路排水要求。雨水口的布置方式应确保有效收集雨水，雨水不应流入路口范围，不应横向流过车行道，不应由路面流入桥面或隧道。一般路段应按适当间距设置雨水口，路面低洼点应设置雨水口，易积水地段的雨水口宜适当加大泄水能力。

15.3.6 边坡底部应设置边沟等排水设施，路堑边坡顶部必要时应设置截水沟。

15.3.7 隧道内当需将结构渗漏水、地面冲洗废水和消防废水等排至洞外时，应设置排水设施；当洞外水可能进入隧道内时，洞口上方应设置截水、排水设施。

15.4 照 明

15.4.1 道路照明应采用安全可靠、技术先进、经济合理、节能环保、维修方便的设施。

15.4.2 道路照明应满足平均亮度（照度）、亮度（照度）均匀度和眩光限制指标的要求。此外，道路照明设施还应有良好的诱导性。

15.4.3 曲线路段、平面交叉、立体交叉、铁路道口、广场、停车场、桥梁、坡道等特殊地点应比平直路段连续照明的亮度（照度）高、眩光限制严、诱导性好。

15.4.4 道路照明布灯方式应根据道路横断面形式、宽度、照明要求等进行布置；对有特殊要求的机场、航道、铁路、天文台等附近区域，道路照明还应满足相关专业的要求。

15.4.5 道路照明应根据所在地区的地理位置和季节变化合理确定开关灯时间，并应根据天空亮度变化进行必要修正。宜采用光控和时控相结合的智能控制方式，有条件时宜采用集中控制系统。

15.4.6 照明光源应选择高光效、长寿命、节能及环保的产品。

15.4.7 道路照明设施应满足白天的路容景观要求；灯杆灯具的色彩和造型应与道路景观相协调。

15.4.8 除居住区和少数有特殊要求的道路以外，深夜宜有降低路面亮度（照度）的节能措施。

16 绿化和景观

16.1 一 般 规 定

16.1.1 绿化和景观设计应符合交通安全、环境保护、城市美化等要求，量力而行，并应与沿线城市风貌协调一致。

16.1.2 绿化和景观设施不得进入道路建筑限界，不得进入交叉口视距三角形，不得干扰标志标线、遮挡信号灯以及道路照明，不得有碍于交通安全和畅通。

16.1.3 绿化和景观设计应处理好与道路照明、交通设施、地上杆线、地下管线的关系。

16.1.4 道路设计时，宜保留有价值的原有树木，对古树名木应予以保护。

16.2 绿　化

16.2.1 绿化设计应包括路侧带、中间分隔带、两侧分隔带、立体交叉、平面交叉、广场、停车场以及道路用地范围内边角空地等处的绿化。绿化应根据城市性质、道路功能、自然条件、城市环境等，合理地进行设计。

16.2.2 道路绿化设计应符合下列规定：

1 道路绿化设计应选择种植位置、种植形式、种植规模，采用适当的树种、草皮、花卉。绿化布置应将乔木、灌木与花卉相结合，层次鲜明。

2 道路绿化应选择能适应当地自然条件和城市复杂环境的地方性树种，应避免不适合植物生长的异地移植。设置雨水调蓄设施的道路绿化用地内植物宜根据水分条件、径流雨水水质等进行选择，宜选择耐淹、耐污等能力较强的植物。

3 对宽度小于1.5m分隔带，不宜种植乔木。对快速路的中间分隔带上，不宜种植乔木。

4 主、次干路中间分车绿带和交通岛绿地不应布置成开放式绿地。

5 被人行横道或道路出入口断开的分车绿带，其端部应满足停车视距要求。

16.2.3 广场绿化应根据广场性质、规模及功能进行设计。结合交通导流设施，可采用封闭式种植。对休憩绿地，可采用开敞式种植，并可相应布置建筑小品、座椅、水池和林荫小路等。

16.2.4 停车场绿化应有利于汽车集散、人车分隔、保证安全、不影响夜间照明，并应改善环境，为车辆遮阳。

16.2.5 绿化设计应符合现行行业标准《城市道路绿化规划与设计规范》CJJ 75的规定。

16.3 景　观

16.3.1 景观设计应包括道路景观、桥梁景观、隧道景观、立交景观、道路配套设施以及道路红线范围内和道路风貌、环境密切相关的设施景观。

16.3.2 道路景观的设计应符合下列规定：

1 快速路及标志性道路应反映城市形象。景观设施尺度宜大气、简洁明快，绿化配置强调统一，道路范围视线开阔。应以车行者视觉感受为主。

2 立交选型应兼顾城市景观要求，立交范围的景观设计应突出识别性，体现城市特点。

3 主干路、次干路及快速路的辅路应反映区域特色。景观设施宜简化、尺度适中、道路范围视线良好，车行和步行者视觉感受兼顾。

4 次干路应反映街道特色和商业文化氛围。景观设施宜多样化，绿化配置多层次且不强调统一。尺度应以行人视觉感受为主，兼顾车行者视觉感受。

5 支路应反映社区生活场景、街道的生活氛围。景观设施小品宜生活化，绿化配置宜生动活泼，多样化，应以自然种植方式为主。

6 滨水道路应以亲水性和休闲服务为主，有条件时，在道路和水岸之间宜布置绿地，保护河岸原始的景观。

7 风景区道路应避免大量挖填，应保护天然植被，景观设计应以借景为主，宜将道路和自然风景融为整体。

8 步行街应以宜人尺度设置各种景观要素。景观设施应以休闲、舒适为主，绿化配置应多样化，铺砌宜选用地方材料。

9 道路范围内的各种设施应符合整体景观的要求，宜进行一体化设计，集约化布置。

10 公交站台应提供宜人的候车环境，宜强调识别性并与周边环境相协调。

16.3.3 桥梁景观的设计应符合下列规定：

1 跨江河的大桥应结合自然环境和城市空间进行设计，宜展示桥梁的结构之美，注重其与整体环境和谐。

2 跨线桥梁应结合道路景观和街道建筑景观进行设计，应体现轻巧、空透。注重其细部设计。涂装色彩应与环境相协调。

3 人行天桥应体现结构轻盈，造型美观。

4 桥头广场、公共雕塑、桥名牌、栏杆、灯具和铺装等桥梁附属设施，宜统一设计。

16.3.4 隧道景观的设计应符合下列规定：

1 洞门设计应突出标志性，便于记忆，并应与周边景观和谐统一。

2 洞身内部应考虑车行者视觉感受，装饰应自然简洁。

城市道路工程设计规范

CJJ 37－2012

（2016年版）

条 文 说 明

1 总则

1.0.1 本条为制定本规范的目的。在原建设部2003年颁布的《工程建设标准体系（城乡规划、城镇建设、房屋建筑部分）》中，本规范原名为《城镇道路工程技术标准》属于通用标准。在送审过程中，根据《工程建设标准体系》相关内容的调整，《城镇道路工程技术标准》更名为《城市道路工程设计规范》。从通用标准的作用来说，是针对某一类标准化对象制定的覆盖面较大的共性标准，主要为制定专用标准的依据。因此，本规范在章节编排和内容深度组成上较《城市道路设计规范》CJJ 37－90有较大的变化，章节的编排上主要由城市道路工程涵盖的内容组成，内容深度上主要是对城市道路设计中的一些共性标准和主要技术指标进行规定，重在规定控制道路工程规模和技术标准有关的指标，其他相关的技术指标均在相应的专用标准中。考虑到各专用标准的编制进度不一致，本规范的内容既要提纲挈领地反映道路工程覆盖面较大的共性标准，又要适度考虑已编和正在编写中的几本专用规范的具体内容，因此，各章的内容深度稍有差异。

1.0.2 本条为本规范的适用范围。《城市道路设计规范》CJJ 37－90中适用范围描述为“适用于大、中、小城市以及大城市的卫星城等规划区内的道路、广场、停车场设计”。本次编制中考虑到“大、中、小城市以及大城市的卫星城等规划区”均为“城市范围”，因此在文字描述上进行了调整，适用范围没有变化。

1.0.3 本条对道路工程设计的共性要求进行了规定，强调了社会、环境与经济效益的协调统一。同时，提出了以人为本、资源节约、环境友好的设计理念，在综合考虑行人、非机动车、机动车的通行要求下，应优先为非机动车和行人以及公共交通提供舒适良好的环境。

2 术语和符号

2.1 术 语

近20多年来，随着城市道路工程建设的发展，出现了许多《道路工程术语标准》GBJ 124－88中未能定义的术语，同时，随着设计理念的更新、认识的深入，原有一些术语的定义也不尽恰当，有必要进行修订。因此在本节中，给出了《道路工程术语标准》GBJ 124－88中没有定义的术语，或者在本规范编制过程中认为需要对原有术语定义进行修订的术语。对于在现行标准中已有定义或修订过的直接引用。

2.1.1、2.1.2 主路、辅路两术语最早出现在城市快速路建设过程中，在《城市快速路设计规程》CJJ 129－2009中对于辅路已有定义，但对于主路没有定义。当快速路设置辅路时，习惯上将专供机动车快速通过的道路，称为主路。因此，主路一词是相对于辅路来说的。结合目前的道路工程建设情况，将主路、辅路的设置范围扩展到主干路。

2.1.3 设计速度与计算行车速度、设计车速表述的都是同一定义，在《城市道路设计规范》CJJ 37－90中采用了计算行车速度，但是从定义上来说，设计速度更符合其本意，因此本规范将“计算行车速度”修订为“设计速度”。

2.1.4 《城市道路设计规范》CJJ 37－90在交通量预测和路面结构设计中，均采用“设计年限”表述。本次修订中，依据《工程结构可靠性设计统一标准》GB 50153中的定义，在路面结构设计中的设计年限，采用“设计使用年限”表述。

2.1.5、2.1.6 对《道路工程术语标准》GBJ 124－88中的定义进行修订，与现有的国内外研究成果更为吻合。

3 基本规定

3.1 道 路 分 级

3.1.1 《城市道路设计规范》CJJ 37－90根据城市道路在道路网中的地位、交通功能以及对沿线建筑物的服务功能等，分为四类：快速路、主干路、次干路、支路。各类道路除城市快速路外，根据城市规模、设计交通量、地形等分为Ⅰ、Ⅱ、Ⅲ级。

本次规范编制通过对国内外城市道路以及公路的分类或分级对比，以及国内目前使用情况的调研，编制了专题报告《道路分类分级和设计速度》，依据专题报告的成果，认为原来的分级只是在道路分类的基础上规定了不同规模的城市可采用的设计速度。不同的设计速度对应不同的通行能力和服务水平，而设计速度是道路线形设计指标的基础，更多的受地形条件的控制，按城市规模确定道路分级，再选用相应的设计速度是没有实际意义的。因此，在编制中，将原来的分类与分级综合考虑，将原来的“分类”采用“分级”表述，取消原来的分级。这样规定与目前我国公路及国外采用分级表述的方式统一。各级道路的定义、功能仍沿用原规定。

3.1.2 道路等级是道路设计的先决条件，是确定道路功能、选择设计速度的基本条件。每条道路在路网中承担的作用应由整个路网决定。因此，道路等级一般在规划阶段确定。在设计阶段，需要对规划道路等级提高或降低时，均需经规划或相关主管部门审批后方可变更。本条规定是为了切实落实规划，保证规划的严肃性和路网的完整性而制定的。

3.1.3 城市道路的功能一般是综合性的，规范也是在此基础上编制的，带有普遍的适用性。当道路作为货运、防洪、消防、旅游等单一功能使用时，由于在道路的设计车辆、交通组成、功能要求等方面存在一些特殊性需求，因此规定有规划等级时除按相应的技术要求执行外，还需满足其特殊性的使用要求。

3.2 设计速度

3.2.1 设计速度是道路设计时确定几何线形的基本要素。它是在气候条件良好，车辆行驶只受道路本身条件影响时，具有中等驾驶技术水平的人员能够安全、舒适驾驶车辆的速度。因此，它与运行速度有密切关系。根据国内外观测研究，当设计速度高时，运行速度低于设计速度；而设计速度低时，运行速度高于设计速度。这也说明设计速度与运行安全有关。

设计速度一经选定，道路设计的所有相关要素如平曲线半径、视距、超高、纵坡、竖曲线半径等指标均与其配合以获得均衡设计。目前，道路设计中采用基于设计速度的路线设计方法。但是，经过多年来的实践，设计人员发现，这种设计方法本身存在一定的缺陷。因为设计速度对一特定路段而言是一固定值，这一值作为基础参数，用于规定路段的最低设计指标，但在实际驾驶行为中，没有一个驾驶员能自始至终的遵守这一固定车速。实际观测结果表明，设计速度的设计方法不能保证线形标准的一致性。针对设计速度方法存在的主要问题，发达国家已广泛运用了以运行速度概念为基础的路线设计方法。运行速度的引入，可以有效地解决路线设计指标与实际行驶速度所要求的线形指标脱节的问题，但由于目前我国尚未对此进行深入的研究，因此，本规范仍采用设计速度的设计方法。但提出了运行速度的概念，以便设计人员在设计中对指标的运用和选取更有针对性和灵活性。

同时，根据专题报告《道路分类分级和设计速度》的结论意见，对《城市道路设计规范》CJJ 37－90中的相关规定，进行了以下修订：

1 为了与国内外术语取得一致性，将《城市道路设计规范》CJJ 37－90采用的“计算行车速度”改为“设计速度”，与其定义更相匹配。

2 快速路设计速度在原规定的80km/h、60km/h基础上，增加了100km/h，与《城市快速路设计规程》CJJ 129－2009一致。

3 主干路设计速度原规定60km/h、50km/h、40km/h、30km/h，本次编制取消了30km/h。

4 次干路设计速度原规定50km/h、40km/h、30km/h、20km/h，本次编制取消了20km/h。

5 支路设计速度范围不作调整。

同等级道路设计速度的选定应根据交通功能、交通量、控制条件以及工程建设性质等因素综合确定。

3.2.2 我国城市快速路和部分以交通功能为主的主干路通常在主路一侧或两侧设置辅路系统，并通过进出口与主路交通进行转换。辅路在路段上一般与主路并行，通常情况下线形设计能满足主路的设计速度要求，但是考虑到其运行的特征，以及为建成后交通管理的限速提供依据，因此有必要规定辅路与主路设计速度的关系。

《城市快速路设计规程》CJJ 129－2009规定“辅路设计速度宜为30km/h～40km/h”。根据国内大量的快速路与主干路辅路设计以及交通管理部门实际管理情况调查，辅路设计可以采用支路、次干路或主干路等级，实际管理中最高限速已达到70km/h，为快速路最高设计速度100km/h的0.7倍。本次规范修编考虑到辅路的运行状况与主路较为密切，采用具体数值规定不太合理，改为以比值的方式规定，对设计速度取值范围也进行了扩大。因此，规定辅路设计速度为主路的0.4倍～0.6倍，涵盖了支路、次干路、主干路的所有设计速度。

3.2.3 该条规定基本与《城市道路设计规范》CJJ 37－90一致。

立交范围内为了保证全线运行的安全性、连续性和畅通性，强调了其主路设计速度应与路段设计速度保持一致。

匝道及集散车道的取值考虑其交通运行特点，应低于主路的设计速度，而且应与主路设计速度取值有关联性。《城市道路设计规范》CJJ 37－90 中立交匝道设计速度根据不同相交道路主路速度对应给出范围，取值在 20km/h～60km/h，基本为主路设计速度的 0.4 倍～0.75 倍。《公路工程技术标准》JTG B01－2003 根据立交类型和匝道形式确定匝道设计速度，基本为主线设计速度的 0.5 倍～0.7 倍。本次规范修编考虑采用具体数值规定不太合理，改为以比值的方式规定，结合城市道路特点，适当控制立交规模和用地，规定匝道设计速度为驶出主路速度的 0.4 倍～0.7 倍，大致范围为 20km/h～70km/h，使用中应结合立交等级和匝道形式确定。

集散车道为减少出入口对主路交通的影响，通过设置加减速车道与主路相连，其设计速度规定与匝道一致，在设计中宜取中高值。

3.2.4 本条规定与《城市道路设计规范》CJJ 37－90 中一致。

城市道路中的平面交叉口多受信号控制及人行、非机动车的干扰，为保证行车安全，考虑降速行驶。

直行机动车在绿灯信号期间除受左转车（机动车、非机动车）干扰外，较为通畅，可取高值。

左转机动车受转弯半径及对向直行机动车与非机动车的干扰，车速降低较多，可取低值。右转机动车受交叉口缘石半径的控制，另外不论是否设右转专用车道，都受非机动车及行人过街等干扰，要降速，甚至停车，可取低值。

3.3 设计车辆

控制道路几何设计的关键因素是行驶车辆的物理性能和各种车辆的组成比例。研究各种类型的车辆，建立类型分级，并选择具有代表性的车辆用于设计。这些用于控制道路几何设计，符合国家车辆标准的，具有代表性质量、外廓尺寸和运行性能的车辆，称之为设计车辆。城市道路的服务对象主要为机动车、非机动车和行人，因此本节规定了机动车、非机动车的设计车辆及其外廓尺寸。

在我国南方较多城市中，摩托车出行也占有一定的比例，虽然其交通行驶特性与一般机动车差别较大，但由于所占比例不大，交通管理上均按机动车进行管理，而且也不是鼓励发展的交通工具。因此，未作为专门的类型考虑。

近十几年来，出现了一种外形和普通自行车类似的电动自行车，其具有价格便宜、操作简单、节约能源、占用空间小、低噪声等特点，对于追求机动化出行而又买不起汽车的人们来说，成为首选目标，因此，增长趋势较快，目前电动自行车保有量已经达到 1.2 亿辆。从能耗角度看，电动自行车只有摩托车的八分之一、小轿车的十二分之一。从占有空间看，一辆电动自行车占有的空间只有一般私家车的二十分之一，成为非常有效的节能交通工具。但是目前电动自行车在使用和管理上存在两大问题。一是，虽然我国 1997 年 6 月 20 日发布了《电动自行车安全通用技术条件》GB 17761－1999，其中规定“电动自行车最高车速为 20km/h”，在《道路交通安全法实施条例》（2004 年 5 月 1 日实施）中尚未有相应的管理条例，参照电瓶车的要求，最高限速为 15km/h，目前与非机动车共用路权。但目前在国内市场上，部分电动自行车车速已达到 40km/h～50km/h，对非机动车的行驶造成了极大的威胁。二是电动自行车的电池所带来的污染问题尚没有有效的处理方法。基于目前我国对于电动自行车的发展方向尚未有明确的政策和管理手段，因此，在本次规范编制中也未作为专门的类型考虑。

3.3.1 《城市道路设计规范》CJJ 37－90 中按照国家标准《汽车外廓尺寸限界》GB 1589－79 拟定了小型汽车、普通汽车与铰接车三种设计车辆。该标准已在 1989 年和 2004 年进行了两次修订，目前现行标准为《道路车辆外廓尺寸、轴荷及质量限值》GB 1589－2004。本次规范编制对设计车辆的确定进行了调研分析，编制了专题报告《设计车辆的确定》，根据专题报告的结论意见，并结合目前的实际情况，对《城市道路设计规范》CJJ 37－90 中的相关规定，进行了以下修订：

1 依据中华人民共和国公共安全行业标准《机动车类型 术语和定义》GA 802－2008 中对车辆类型术语的规定，《城市道路设计规范》CJJ 37－90 中设计车辆类型术语中“小型汽车”应为“小型普通客车”或“轻型普通货车”，规范中为了与车辆换算系数的标准车型名称以及现行《公路工程技术标准》JTG B01－2003 中的规定取得一致，简称为“小客车”；“普通汽车”应为“大型普通客车”或“重型普通货车”，简称为“大型车”；“铰接车”应为“铰接客车”，简称为“铰接车”。

2 《道路车辆外廓尺寸、轴荷及质量限值》GB 1589－2004 只规定了“乘用车及客车”外廓尺寸最大限值，并且与《城市道路设计规范》CJJ 37－90 采用的普通汽车与铰接车外廓尺寸规定一致，因此，本次编制中，“大型车”及“铰接车”的外廓尺寸仍与原规定一致。由于其中对于小客车没有相应的规定值，根据《城市客车等级技术要求与配置》CJ/T 162－2002 中的规定，用于城市客运的小客车的车长为大于 3.5m，小于 7m，但未有相应的其他外廓尺寸规定。依据专题报告《设计车辆的确定》研究成果，小客车车辆外廓尺寸较原规定范围扩大，本次修订中采用《公路工程技术标准》JTG B01－2003 中规定的小客车外廓尺寸，车长由 5m 调整为 6m，车高由 1.6m 调整为 2.0m，车宽 1.8m 不变。

设计车辆不包括超长、超宽、超高和超重的车辆，实际使用中应根据道路功能和服务对象选定。

3.3.2 《城市道路设计规范》CJJ 37－90 中非机动车设计车辆拟定了自行车、三轮车、板车和兽力车四种。目前我国城市道路中非机动车出行主要以自行车为主，本次编制中保留了自行车和三轮车两种，取消了板车和兽力车。

3.4 道路建筑限界

道路建筑限界是为保证车辆和行人正常通行，规定在道路一定宽度和高度范围内不允许有任何设施及障碍物侵入的空间范围。本次编制中将《城市道路设计规范》CJJ 37－90 中的条文分为三条规定。

3.4.1 规定了不同路幅形式的建筑限界，与《城市道路设计规范》CJJ 37－90 一致。

3.4.2 该条为强制性条文，强调为了确保道路上的车辆和行人的安全，同时也为保证桥隧结构、道路附属设施等的安全，道路建筑限界内不允许有任何物体侵入。

3.4.3 该条为强制性条文，主要为保证行车及桥梁结构的安全。依据专题报告《净空高度标准的确定》结论意见，对《城市道路设计规范》CJJ 37－90 规定的最小净高进行了以下修订。

1 《城市道路设计规范》CJJ 37－90 中规定了无轨电车、有轨电车的最小净高标准，其标准高于规定的设计车辆，主要是考虑其架空线及轨道的设置要求。从目前的调查情况来看，由于技术的提高，其最小净高可减少。本次编制中考虑到最小净高是针对设计车辆制定的，因此，取消了《城市道路设计规范》CJJ 37－90 中无轨电车、有轨电车的最小净高标准。设计中若考虑无轨电车、有轨电车的通行，应根据选定的车辆类型确定其最小净高。

2 《城市道路设计规范》CJJ 37－90 中通行机动车的道路只规定了 4.5m 的最小净高，在实际的运用中，已满足不了所有的需求。首先，随着城市规模的扩大，在交通管理上，实行了区域化管理，限定了大型车的行驶范围，若按最小净高设计，不仅浪费投资，而且不少工程受条件所限，竖向线形指标较低。其次，对现有道路的改扩建工程中，需保留既有桥梁结构的，受既有结构高度的限制，不能满足最小净高的要求。从规范拟定的设计车辆来看，车辆总高从 1.6m～4m，相差 2.4m，跨度较大。而总高在3m以下的车辆大约占50％，北京、上海等城市已达到90％以上。因此，在这些城市中，已出现了限高2.5m、3m、3.2m、3.5m等工程实例。因此，在编制中，最小净高增加了只满足小客车通行的3.5m标准。同时为了保证桥梁结构的安全，避免设计中随便采用低于标准的规定，将其列为强制性条文。

设计车辆最小净高标准根据设计车辆总高加上0.5m竖向安全行驶距离确定，不包括以后加铺、积雪等因素的影响。但小客车的最小净高标准除了考虑设计车辆的车高要求外，同时还考虑了驾驶员的视觉感受，以及结合城市消防和应急车辆特殊通行的要求，因此最小净高规定高于一般原则。

3.4.4 特种车辆是指外廓尺寸、重量等方面超过设计车辆限界的及特殊用途的车辆。从目前的调查分析，常见的几种特种车辆总高均大于设计车辆总高的最大值，如双层公交车辆的车高限制值为4.2m，消防车个别车高略超4m，但不超过4.2m。因此，如经常通行某种特殊超高车辆或专用道路时，在设计中净空高度应按实际通行车辆考虑。

3.4.5 我国城市道路规范与公路规范设计车辆总高均为4m，而在最小净空高度的规定上不一致，城市道路规范采用4.5m；公路规范中高速公路、一级和二级公路采用5m，其他等级道路采用4.5m。因此，出现了许多起从公路驶入城市道路撞坏桥梁设施的交通事故，许多人认为是由于城市道路低于公路净高标准所致。根据《道路交通安全法实施条例》（2004年5月1日实施）中规定“重型、中型载货汽车，半挂车载物，高度从地面起不得超过4m，载运集装箱的车辆不得超过4.2m”，并通过实际调查分析，事故车辆均为超高装载。考虑到城市道路的建设特点，若增加0.5m的净高标准，不仅增加投资，而且会影响到技术指标的选取和工程的可实施性。因此，编制中，未对原规范最小净高进行修订，但是提出了城市道路与公路衔接段设计中应考虑的一些要求。

3.5 设计年限

3.5.1、3.5.2 这两条规定基本与《城市道路设计规范》CJJ 37－90一致。

设计年限包括确定路面宽度而采用的计算交通量增长年限与为确定路面结构而采用的计算累计标准当量轴次的基准年限两种。

1 在确定道路横断面车行道宽度时，远期交通量的年限作为道路设计年限的指标。道路交通量达到饱和时的设计年限按道路等级分为三种：快速路、主干路为20年；次干路为15年；支路为10年～15年。道路等级高则设计年限长。在设计年限内，车行道的宽度应满足道路交通增长的要求，保证车辆能安全、舒适、通畅地行驶。

2 路面结构的设计使用年限是设计规定的一个时期，即路面结构在正常设计、正常施工、正常使用、正常维护下按预期目的使用，完成预定功能的使用年限。不同路面类型选用不同的设计使用年限，以保证在设计使用年限内路面平整并具有足够强度。设计使用年限应与路面等级、面层类型及交通量相适应。

3.6 荷载标准

3.6.1 该条规定基本与《城市道路设计规范》CJJ 37－90一致。

路面上行驶的车辆种类很多，轴载大小不同，对路面造成的损害相差很大。因而，对路面结构设计来说，不单是总的累计作用次数，更重要的是轴载的大小和各级轴载在整个车辆组成中所占的比例。为方便计算，必须选用一种轴载作为标准轴载，一般来说应选用道路轴载中所占比例较大，对路面的影响也较大的轴载作为标准轴载。目前我国城市道路和公路标准中均采用双轮组单轴载100kN为标准轴载，相当于国际的中等水平。

标准轴载计算参数为：双轮组单轴载100kN，以BZZ-100表示，轮胎压强为0.7MPa，单轴轮迹当量圆半径r为10.65cm，双轮中心间距为$3r$。

近几年发展起来的快速公共交通专用道，以及一些连接工业区、码头、港口或仓储区的城市道路上，其上运行的车辆以重载、超载车为主，其接地压强可达0.8MPa～1.1MPa，相应的接地面积也有一定的增加。设计时可根据实测汽车的轴重、轮胎压力、当量圆半径资料，经论证适当提高荷载参数。

3.7 防灾标准

3.7.2 考虑到城市桥梁安全对确保城市交通的重要性，本规范特别规定不论特大、大、中、小桥设计洪水频率一般均采用百年一遇，条文中的特别重要桥梁主要是指位于城市快速路、主干路上的特大桥。

城镇中有时会遇到建桥地区的总体防洪标准低于一百年一遇的洪水频率，若仍按此高洪水频率设计，桥面高程可能高出原地面很多，会引起布置上的困难，诸如拆迁过多，接坡太长或太陡，工程造价增加许多，甚至还会遇上两岸道路受淹，交通停顿，而桥梁高耸，此时可按当地规划防洪标准来确定梁底设计标高及桥面高程。而从桥梁结构的安全考虑，结构设计中如墩、台基础埋置深度，孔径的大小（满足泄洪要求），洪水时结构稳定等，仍须按本规范规定的洪水频率进行计算。

4 通行能力和服务水平

4.1 一 般 规 定

4.1.1 由于道路条件、交通条件、控制条件和交通环境等都会影响道路通行能力和服务水平。因此，需要对条件不同的道路设施及其各组成部分分别进行通行能力和服务水平的分析。本条根据道路设施的重要程度，规定了需要进行通行能力和服务水平分析的道路设施类型。进行通行能力和服务水平分析的目的是确定在特定的运行状况条件下，疏导交通需求所需的道路几何构造，如车道数、车道宽度、交叉类型等，从而更好地指导设计。

1 道路条件包括车道数、车道、路缘带和中央分隔带等的宽度以及侧向净宽、设计速度、平纵线形和视距等。

交通条件包括交通流中的交通组成、交通量以及在不同车道中的交通量分布和上、下行方向的交通量分布。

控制条件是指交通控制设施的形式及特定设计和交通规则。

交通环境主要是指横向干扰程度以及交通秩序等。

2 根据道路设施和交通实体的不同，通行能力可分为机动车道通行能力、非机动车道通行能力和人行设施通行能力。从规划设计和运营的角度，通行能力可分为基本通行能力、实际通行能力和设计通行能力三种。

基本通行能力是指在一定的时段，在理想的道路、交通、控制和环境条件下，道路的一条车道或一均匀段或一交叉路口，期望能通过人或车辆的合理的最大小时流率。

实际通行能力是指在一定的时段，在具体的道路、交通、控制和环境条件下，道路的一条车道或一均匀段上或一交叉路口，期望能通过人或车辆的合理的最大小时流率。

设计通行能力是指在一定时段，在具体的道路、交通、控制及环境条件下，一条车道或一均匀段上或一交叉路口，对应设计服务水平下的最大服务交通流率。

3 服务水平是衡量交通流运行条件及驾驶员和乘客所感受的服务质量的一项指标，通常根据交通量、速度、行走时间、行驶（走）自由度、交通间断、舒适和方便等指标确定。根据服务设施的不同可对道路设施的服务水平分级。服务水平分级是为了说明道路设施在不同交通负荷条件下的运行质量，不同的道路设施，其服务水平衡量指标是不同的。

4.1.2 本次编制中将《城市道路设计规范》CJJ 37－90 中车辆换算系数的规定进行以下修订。

1 将路段及路口的换算系数统一按一个标准考虑。

2 将大型车（原规范中为普通车辆，车辆换算系数为 1.5）分为客、货两类型，车辆换算系数分别采用 2.0 和 2.5。

3 铰接车的车辆换算系数由 2.0（路段）或 2.5（路口）修订为 3.0。

4.2 快 速 路

4.2.1 本条规定了在快速路设计时，不仅要对路段通行能力和服务水平进行分析、评价，还必须对分合流区及交织区进行分析、评价，避免产生“瓶颈”地段，确保整条道路的通行能力和服务水平保持一致。

关于快速路分合流区以及交织区的通行能力分析、评价，由于目前国内尚未有成熟的研究成果，本规范只提出了设计要求，未给出具体的分析方法和内容，可参阅美国《道路通行能力手册》中的相关内容。

4.2.2 本规范快速路通行能力采用国家“十五”重点科技攻关计划《智能交通系统关键技术开发和示范工程》项目（2002BA404A02）—《快速路系统通行能力研究》的成果，与《城市快速路设计规程》CJJ 129－2009 中的规定一致。

4.2.3 城市快速路服务水平分为四级：一级服务水平时，交通处于自由流状态；二级服务水平时，交通处于稳定流中间范围；三级服务水平时，交通处于稳定流下限；四级服务水平时，交通处于不稳定流状态。

城市道路规划、设计既要保证道路服务质量，还要兼顾道路建设的成本与效益。设计时采用的服务水平不必过高，但也不能以四级服务水平作为设计标准，否则将会有更多时段的交通流处于不稳定的强制运行状态，并因此导致更多时段内发生经常性拥堵。因此，规定新建道路采用三级服务水平，与《城市快速路设计规程》CJJ 129－2009 中的规定一致。

4.2.4 目前国内各大中城市均在建设或拟建城市快速路，本规范规定不同规模的快速路适应交通量供参考，以避免不合理的建设。设计适应交通量范围根据设计速度及不同服务水平下的设计交通量确定。

双向四车道、六车道的快速路适应交通量低限采用 60km/h 设计速度时二级服务水平情况下的最大服务交通量，预留一定的交通量增长空间；双向八车道的快速路考虑断面规模较大，标准太低性价比较差，适应交通量低限采用 80km/h 设计速度时二级服务水平情况下的最大服务交通量；高限均为 100km/h 设计速度时三级服务水平情况下的最大服务交通量，与设计服务水平一致。

年平均日交通量按下式计算：

$$AADT=\frac{C_{\mathrm{D}}N}{K} \tag{1}$$

式中：$AADT$——预测年的平均日交通量（pcu/d）；

C_{D}——一条车道的设计通行能力（pcu/h）；

N——双向车道数；

K——设计小时交通量系数：设计高峰小时交通量与年平均日交通量的比值。当不能取得年平均日交通量时，可用代表性的平均日交通量代替；新建道路可参照性质相近的同类型道路的数值选用。参考范围取值0.07～0.12。

按公式（1）计算后，快速路能适应的年平均日交通量如表1。

表1　快速路能适应的年平均日交通量

设计速度（km/h）	一条车道设计通行能力（pcu/h）	年平均日交通量（pcu/d）		
		四车道	六车道	八车道
100	2000（三级服务水平）	80000	120000	160000
80	1280（二级服务水平）	—	—	102000
60	990（二级服务水平）	39600	59400	—

4.3　其他等级道路

4.3.1　关于其他等级道路通行能力和服务水平的分析、评价，由于目前国内尚未有成熟的研究成果，本规范只提出了设计要求，未给出具体的分析方法和内容，可参阅美国《道路通行能力手册》中的相关内容。

4.3.2　路段一条车道的基本通行能力规定与《城市道路设计规范》CJJ 37－90一致。设计通行能力受自行车、车道宽度、交叉口、车道数等的影响，《城市道路设计规范》CJJ 37－90中道路分类系数为0.75～0.9，本次编制中道路分类系数统一采用0.8。

4.3.3　信号交叉口服务水平是根据车辆在信号交叉口受阻情况确定的，一般情况下采用控制延误作为服务水平分级标准。控制延误包括由于信号灯引起的停车延误以及车辆停止和启动经历的减、加速延误。根据实际调查内容的不同，也可选择采用交通负荷系数和排队长度进行分级，使用时可根据情况灵活选择合理适用的指标。

4.4　自　行　车　道

4.4.1～4.4.3　这三条规定基本与《城市道路设计规范》CJJ 37－90一致。

规定了不同道路状况的路段及信号交叉口处，自行车道的设计通行能力。设计时根据道路条件灵活选用。

4.4.4、4.4.5 路段上，自行车道服务水平采用骑行速度、占用道路面积、交通负荷与车流状况等指标衡量；交叉口自行车道服务水平增加了停车延误时间、路口停车率等指标，使用时可根据情况灵活选用指标。

4.5 人行设施

4.5.1 人行设施的基本通行能力一般以 1h、1m 宽道路上通过的行人数（人/h·m）表示。人行道、人行横道、人行天桥、人行地道等单位宽度内的基本通行能力可根据行走速度、纵向间距和占用宽度计算。计算公式如下：

$$C_p = \frac{3600v_p}{S_p b_p} \tag{2}$$

式中：C_p ——人行设施的基本通行能力，人/（h·m）；

v_p ——行人步行速度，可按表 2 取值；

S_p ——行人行走时纵向间距，取 1.0m；

b_p ——一队行人占用的横向宽度，m，可按表 2 取值。

表 2 不同人行设施通行能力计算参数推荐值

人行设施	步行速度 v_p（m/s）	一队行人的宽度 b_p（m）
人行道	1.00	0.75
人行横道	1.00～1.20	0.75
人行天桥、地道	1.00	0.75
车站、码头等处的人行天桥、通道	0.50～0.80	0.90

注：1 人行横道的基本通行能力计算结果为绿灯小时行人通行能力。

2 不同人行设施的可能通行能力可通过基本通行能力乘以综合折减系数后得到，推荐的综合折减系数范围为 0.5～0.7。

4.5.2 人行道采用人均占用面积作为服务水平分级标准。根据实际调查内容的不同，可参考行人纵向间距、横向间距和步行速度等指标进行分级。

5 横断面

5.1 一般规定

5.1.1 横断面设计应在了解规划意图、红线宽度、道路性质后，首先调查收集交通量（车流量与人流量）、流向、车辆组成种类、行车速度等，推算道路设计通行能力。同时根据交通性质、交通发展要求与地形条件，并考虑地上、地下管线的敷设、沿街绿化布置等要求，以及结合市内的通风、日照、城市用地条件等。综合研究分析确定横断面形式与各组成部分尺寸，在规划部门确定的道路红线宽度范围内进行，并考虑节约用地。

5.1.2 城市道路与城市用地、市政管网设施关系较为密切，改扩建工程难度都较大。因此，在横断面设计时，应尽可能按规划断面一次实施。受投资、拆迁限制，需分期实施时，应做多方案比较，按远期需求预留发展条件。近期应根据现有交通量，考虑正常增长及建成后交通发展确定路面宽度及结构，并根据市政管网规划预留管线位置或预埋过街管线，以免远期实现规划断面时伐树、挪杆或掘路。

5.1.3 在道路改建工程中，若仅靠工程措施提高道路通行能力，难度较大、投资较高、效果也不一定显著。应充分利用已形成的城市道路网，采取工程措施与交通管理措施相结合的办法来提高道路通行能力和保证交通安全。除增辟车行道、展宽道路等工程措施外，还可采取交通管理措施，如设置分隔设施、单向行驶交通组织等。在商业性街道，还可采取限制除公共交通外的机动车及非机动车通行的措施，以保障行人安全。

5.2 横断面布置

5.2.1～5.2.3 影响道路横断面形式与组成部分的因素很多，如城市规模、道路红线宽度、交通量、车辆类型与组成、设计速度、地理位置、排水方式、结构物的位置、相交道路交叉形式等等。从横向布置分类，目前使用的横断面从单幅路到八幅路均有，较为常见的是单幅路、两幅路、三幅路和四幅路。从竖向布置分类，有地面式、高架式或路堑式。本节主要针对横向分类描述。

1 单幅路：机动车与非机动车混合行驶，适用于机动车与非机动车交通量不大的城市道路。由于单幅路断面车道布置的灵活性，在中心城区红线受限时，车道划分可以根据机动车与非机动车高峰错时调剂使用。但应注意在公共汽车停靠站处应采取交通管理措施，以便减少非机动车对公共汽车的干扰。

单幅路适用于机动车交通量不大、非机动车较少、红线较窄的次干路；交通量较少、车速低的支路；以及用地不足、拆迁困难的老城区道路；集文化、旅游、商业功能为一体的且红线宽度在40m以上，具有游行、迎宾、集合等特殊功能的主干路，推荐采用单幅路断面。

2 两幅路：机动车与非机动车混合行驶，适用于单向两条机动车道以上，非机动车较少的道路，对绿化、照明、管线敷设均较有利。如中心商业区、经济开发区、风景区、高科技园区或别墅区道路、郊区道路、城市出入口道路。对于横向高差大、地形特殊的道路，可利用地形优势采用上、下行分离式断面。两幅路之间需设分隔带，可采用绿化带分隔。

两幅路适用于机动车交通量不大、非机动车较少的主干路；红线宽度较宽的次干路。

3 三幅路：机动车（设置辅路时，为主路机动车）与非机动车分行，保障了交通安全，提高了机动车的行驶速度。机非分行适用于机动车及非机动车交通量大，红线宽度大于或等于 40m 的道路。主辅分行适用于两侧机动车进出需求量大，红线宽度大于或等于 50m 的主干路。主、辅路或机、非之间需设分隔带，可采用绿化带分隔。

三幅路适用于机动车和非机动车交通量较大的主干路；需设置辅路的主干路；红线宽度较宽的次干路。

4 四幅路：机动车（设置辅路时，为主路机动车）与非机动车分行，保障了交通安全，提高了机动车的行驶速度。适用于机动车车速高，单向机动车车道 2 条以上，非机动车多的快速路与主干路。双向机动车道中间设有中央分隔带，机动车道与非机动车道或辅路间设有两侧带分隔，能保障行车安全。当有较高景观要求时人行道、两侧带、中央分隔带的宽度可适当增加。

四幅路适用于需设置辅路的快速路和主干路；机动车及非机动车交通量较大的主干路。

5.2.4 公交专用车道分为常规公交专用车道和快速公交专用车道两种，常规公交专用车道又分为分时段和全天公交专用车道两种。由于其运行特点不同，对道路和车站设置的要求也相应不同，对横断面的布置影响也较大。因此，在道路上需设置公交专用车道时，应先根据公交专用车道的类型，结合车站布置、道路功能综合选定横断面形式。

5.2.6、**5.2.7** 道路设计中，为了打造美好的绿化景观效果，在用地允许的条件下，常设置较宽的分隔带。特大桥、大中桥跨度大、投资多，如果整个横断面宽度与道路一致，势必过多的增加投资。为保证行车安全，车行道宽度、路缘带宽度应与道路一致。分隔带宽度在满足桥梁防护设施设置要求的前提下可适当压窄。

5.3 横断面组成及宽度

5.3.2 机动车车道的宽度主要取决于设计车辆车身的宽度、横向安全距离（车身边缘与相邻部分边缘之间横向净距）以及车辆行驶时的摆动宽度。横向安全距离取决于车辆在行驶中摆动与偏移的宽度，以及车身与相邻车道或人行道路缘石边缘必要的安全间隔。其值与车速、路面质量、驾驶技术以及交通秩序等因素有关。

根据中国道路交通安全协会经验交流会反映出的信息显示，近年来国内许多城市已就缩窄车道宽度问题做了试点，3.25m～3.5m的车道宽度已较普遍的用在改建和条件受限的新建工程中。如上海的高架道路等等，部分地区采取了较为明显的措施，将车道宽度减至2.7m～2.8m。并且也有不少的研究成果，如北京市市政工程设计研究总院2008年完成的《北京市城市道路机动车单车道宽度的研究》，针对北京市的具体情况，对车道宽度变化对运行车辆速度、安全及通过量方面的影响进行研究，提出了车道宽度的合理取值。

从目前的研究成果分析，可以得出以下结论。

1　由于城市交通状况及车辆组成的变化，尤其是车辆性能的提高，横向安全距离以及车速行驶时的摆动宽度，可以适当减小。

2　目前我国的公路和城市道路规范规定的机动车车道宽度标准高于许多国家或地区的车道宽度水平，一些主要国家或地区车道宽度规定值详见表3。

表3　主要国家或地区车道宽度表（m）

道路等级 \ 国家或地区		中国	美国	日本	中国香港	英国	德国
高速公路		3.75	3.6～3.9	3.5	3.65	3.65～3.7	3.5～3.75
城市快速路		3.75	3.6～3.9	3.5	3.65	3.65～3.7	3.5
城市主干路	大型汽车或大、小型汽车混行（$V \geqslant 40$km/h）	3.75	3.3～3.6	3.5	3.65	3.65	3.5
	大型汽车或大、小型汽车混行（$V < 40$km/h）	3.5	3.3～3.6	3.25～3.5	3.32～3.65	3.5	3.25～3.5
	小客车车道	3.5	3.3～3.6	3.25	3.32	3.35	3.25
城市次干路与支路		3.5	3.3	2.75～3	3.32	3.35	2.75～3.25

3　《城市道路设计规范》CJJ 37－90，表4中规定的机动车车道宽度标准高于《公路工程技术标准》JTG B01－2003中表5的规定。

表 4 《城市道路设计规范》CJJ 37－90 规定的机动车车道宽度

车型及行驶状态	计算行车速度（km/h）	车道宽度（m）
大型汽车或大、小型汽车混行	≥40	3.75
	＜40	3.50
小型汽车专用线	—	3.50
公共汽车停靠站	—	3.00

表 5 《公路工程技术标准》JTG B01－2003 规定的机动车车道宽度

设计速度（km/h）	120	100	80	60	40	30	20
车道宽度（m）	3.75	3.75	3.75	3.50	3.50	3.25	3.00

综合考虑目前的实际情况，结合相关研究成果和工程实例，车道宽度以设计速度 60km/h 分界，编制中对《城市道路设计规范》CJJ 37－90 的规定修订如下。

设计速度小于或等于 60km/h 时，大型车或混行车道为 3.5m，小客车专用道为 3.25m。虽然这与《城市快速路设计规程》CJJ 129－2009 中规定的大型车或混行车道为 3.75m，小客车专用道为 3.5m 不一致。但考虑这么多年来对于车道宽度有了较为深入的研究成果和较为成功的工程实例，因此在本次编制中进行了修订。

设计速度大于 60km/h 时，大型车或混行车道为 3.75m，小客车专用道为 3.5m。

机动车道路面宽度除包括车行道宽度及两侧路缘带宽度外，还应根据具体的断面布置，包括应急车道、变速车道以及分隔物等设施所需的宽度。

5.3.3 该条规定基本与《城市道路设计规范》CJJ 37－90 一致。

本次编制中非机动车设计车辆取消了兽力车和板车，因此只规定了自行车和三轮车的车道宽度。

一条自行车道的宽度，按自行车车身宽度 0.6m 和根据《中华人民共和国道路交通安全法实施条例》规定的载物宽度，左右各不得超出车把 0.15m 计算，一条自行车车道宽度为 0.95m（0.6＋0.15×2），考虑行驶时的左右摆幅宽度，规定自行车车道宽度采用 1.0m。一般一个方向不少于 2 条自行车道。

一条三轮车道的宽度，按三轮车车身宽度 1.25m 和根据《中华人民共和国道路交通安全法实施条例》规定的载物宽度，左右各不得超出车身 0.2m 计算，一条三轮车车道宽度为 1.65m（1.25＋0.2×2），考虑行驶时的左右摆幅宽度，规定三轮车车道宽度采用 2.0m。

靠边行驶的非机动车，受道路的缘石、护栏、侧墙、雨水进水口、路面平整度和绿化植物的影响，要求设置0.25m的安全距离。路侧设置停车时还应充分考虑对其影响。

5.3.4 该条规定与《城市道路设计规范》CJJ 37－90一致。

车行道最外侧路缘石至道路红线范围为路侧带。路侧带宽度包括人行道、绿化带和设施带。

1 人行道宽度指专供行人通行的部分，应满足行人通行的安全和顺畅。人行道宽度按下式计算。

$$W_p = N_w / N_{w1} \tag{3}$$

式中：W_p——人行道宽度（m）；

N_w——人行道高峰小时行人流量，（P/h）；

N_{w1}——1m宽人行道的设计通行能力，（P/h·m）。

根据调查资料，我国城市道路中人行道宽度一般为2m～10m，商业街、火车站、长途汽车站附近路段人流密度大，携带的东西多，因此应比一般路段人行道宽。

人行道宽度除了满足通行需求外，还应结合道路景观功能，力求与横断面中各部分的宽度协调，各类道路的单侧人行道宽度宜与道路总宽度之间有适当的比例，其合适的比值可参考表6选用。对行人流量大的道路应采用大值。

表6　单侧人行道宽度与道路总宽度之比值参考表

道路类别	横断面形式			道路类别	横断面形式		
	单幅式	两幅式	三幅式		单幅式	两幅式	三幅式
快速路		1/6～1/8		次干路	1/4～1/6		1/4～1/7
主干路	1/5～1/7		1/5～1/8	支路	1/3～1/5		

2 绿化带是指在道路路侧为行车及行人遮阳并美化环境，保证植物正常生长的场地。当种植单排行道树时，绿化带最小宽度为1.5m。

3 设施带是指在道路两侧为护栏、灯柱、标志牌等公共服务设施等提供的场地。不同设施独立设置时占用宽度见表7。

表7　不同设施独立设置时占用宽度

项　目	宽度（m）
行人护栏	0.25～0.5
灯柱	1.0～1.5
邮箱、垃圾箱	0.6～1.0
长凳、座椅	1.0～2.0
行道树	1.2～1.5

根据调查我国各城市设置杆柱的设施带宽度多数为 1.0m，有些城市为 0.5m～1.5m，考虑有些杆线需设基础，宽度较大，设计时应根据实际情况确定，并可与绿化带结合设置。

根据上面所述，绿化带及设施带是人行道的重要组成部分，而现有城市道路中，人行道的宽度规划设计仅为 3m～5m 宽，未考虑设施和绿化要求，如考虑后人行的有效宽度所剩不多。要求设计中应保证行人、绿化、设施三方面的功能，并给予一定的宽度，这样才能充分体现“以人为本”的原则。

道路范围内采用的低影响开发设施主要以调蓄和截污为主，包括透水路面、下凹式绿化带、生态树穴、环保型雨水口、雨水弃流井、排水 U 槽、渗透溢流井、渗水盲沟（管）、排水式立缘石等，根据断面布局、市政管线的布置等条件组合设置。若在道路绿化带或分隔带中设置设施，需根据当地降雨和地质条件计算具体尺寸，同时不同类型的设施从构造上对宽度有不同要求，因此对设置低影响开发设施的绿化带或分隔带的宽度在规范中不作具体规定，需根据实际情况计算，满足所设置设施的宽度之和。

当绿化带或分隔带内设置调蓄时，除了应避免各种设施与树木、调蓄设施间，包括构造物基础等宽度之间的干扰外。由于下沉式绿地具有蓄水、净化和缓排功能，雨季水位高，平时湿度大，各种设施除应确保结构稳定安全以外，还要根据防水防潮需求采取适当措施，特别是电气类设施。同时也要防止雨水下渗对道路路基的强度和稳定性造成破坏。

5.3.5 分隔带为沿道路纵向设置的分隔车行道用的带状设施，其作用是分隔交通、安设交通标志、公用设施与绿化等，此外还可在路段为设置港湾停车站，在交叉口为增设车道提供场地以及保留远期路面展宽的可能。分隔带及两侧路缘带组成分车带。路缘带是位于车行道两侧与车道相衔接的用标线或不同的路面颜色划分的带状部分，其作用是保障行车安全。

本次编制中，在满足行车安全的前提下，对《城市道路设计规范》CJJ 37－90 中路缘带、安全带按设计速度 80km/h、60km/h 和 50km/h、40km/h 三档规定，修订为按设计速度 60km/h 为界分为两档，与车道宽度的分界一致，也更便于使用。取值除了设计速度 50km/h 的路缘带宽度由原规定的 0.5m 修订为 0.25m 外，其余规定均未变化。

为满足道路行车安全的需要，车行道边一般设置立缘石。当在道路分隔带中设置下沉式绿地时，车行道雨水需汇集进入下沉式绿地，立缘石应设置开口、开孔形式或间断设置，以满足路面雨水通过立缘石流入绿化带的要求。

5.3.6 该条规定与《城市快速路设计规程》CJJ 129－2009的规定稍有不同，结合目前快速路使用中的具体情况将“连续或不连续停车带”的定义，延伸为“应急车道”的概念，其作用不仅仅是停车，交通拥堵时也可作为交管、消防、救护等特殊车辆通行的车道，因此将原规定的2.5m宽度调整为3.0m。

目前我国已建成的快速路中，从单向两车道与三车道的使用效果看。两车道快速路未设应急车道的，受车辆故障影响较大易造成交通堵塞。而三车道快速路此现象不太严重，这说明其三车道道路在交通量不太大时，其最外侧车道可临时起应急停车带的作用，因此提出交通流量较大时，为保证快速路通行能力、行车安全通畅，单向车道数小于3条时，应设3.0m宽的应急车道。设置时应结合市中心区建筑红线及投资限制，也可按每500m左右设应急停车港湾，以便故障车临时停放而不影响正常车辆行驶。

5.3.7 路肩具有保护及支撑路面结构的功能，城市道路一般与两侧建筑或广场相接，不需要路肩。如果城市道路两侧为自然地面或排水边沟时，应设保护性路肩，以保护路基的稳定和设置护栏、栏杆、交通标志等设施，路肩的宽度应满足设置设施的要求。

5.4 路拱与横坡

5.4.1 路拱坡度的确定应以有利于路面排水和保障行车安全平稳为原则。坡度大小主要视路面种类、表面平整度、粗糙度、道路纵坡大小等而定。道路纵坡大时横坡取小值，纵坡小时取大值；严寒地区路拱设计坡度宜采用小值。路肩的坡度加大1%以利于排水。

5.4.2 采用单向坡时一般采用直线形路拱，双向坡时应采用抛物线加直线的路拱。为便于雨水的收集，道路坡向应朝向雨水设施设置位置的一侧。当道路设置超高时，雨水设施应按道路超高坡向的位置设置，保证道路的安全行驶。

5.5 缘　　石

5.5.1～5.5.3 缘石为设在路面边缘的界石。分为平缘石和立缘石。

平缘石是指顶面与路面平齐的路缘石，有标定路面范围、整齐路容、保护路面边缘的作用。适用于出入口、人行道两端及人行横道两端，便于推车、轮椅及残疾人通行。有路肩时，路面边缘也采用平缘石。

立缘石是指顶面高出路面的路缘石，有标定车行道范围和纵向引导排除路面水的作用。其外露高度是考虑满足行人上下及车门开启的要求确定的，一般高出路面 10cm～20cm。排水式立缘石尺寸、开孔形状或间断设置的距离应根据汇水量计算确认。

6 平面和纵断面

6.1 一 般 规 定

本次编制按照通用标准的深度和内容要求，依据《城市道路设计规范》CJJ 37－90“平面与纵断面设计”章节，只规定了与控制道路技术标准和建设规模有关的主要技术指标，同时依据《城市快速路设计规程》CJJ 129－2009 补充了设计速度 100km/h 的平纵线形指标，其他的相关技术指标详见行业标准《城市道路路线设计规范》。由于道路平面和纵断面指标主要由车辆性能决定，本次编制中设计车辆没有变化，因此，本章中的规定基本与《城市道路设计规范》CJJ 37－90 及《城市快速路设计规程》CJJ 129－2009 中的相关内容一致。

6.1.1 城市道路的平面定线受到城市道路网布局、地区控制性详细规划、道路规划红线宽度和沿街已有建筑物等因素的约束，平面线形只能局限在一定范围内调整，定线的自由度要比公路小得多。因此，城市道路网规划对道路定线的指导应充分考虑。

城市道路线形还受用地开发、征地拆迁、社会环境、景观、美学、文物保护、社区、公众参与等因素的影响，对于文物、名树要考虑保留，特别是改建道路，应考虑各方面的综合要求。

6.1.2 道路线形对交通安全、行驶顺适具有重要作用。不适当的线形将会造成事故，并增加养护及运行费用。因此设计时，应根据地形、地质、地物及各控制条件，按照道路等级和设计速度，采用适当的线形技术指标。处理好直线与平曲线的衔接，合理设置缓和曲线、超高、加宽、平纵线形组合，避免相邻线形指标变化过大，正确处理好线形的连续与均衡性。

城市道路的纵断面设计受道路网规划控制标高、道路净空、沿街建筑高程、地下管线布置、沿线地面排水等因素的控制，应综合考虑各控制条件，兼顾汽车营运经济效益等因素影响，山地城市道路还需考虑土石方平衡、合理确定路面设计标高。

道路分期实施时，应满足近期使用要求，兼顾远期发展，减少废弃工程。

6.1.3 城市快速路和主干路与其他等级道路相比，不仅设计速度高，而且设置有各类型立交。不仅要求道路的平纵线形指标高，而且要求各指标间的连续、均衡。因此，要求其路线位置与各控制点、路线平纵线形与地形及各种构造物、路线交叉设置位置、间距等的衔接，协调与横断面之间的关系，从安全性、舒适性角度，强调线形组合及总体设计的要求。

6.2 平面设计

6.2.1 道路平面线形由直线和平曲线组成。直线的几何形态灵活性差，有僵硬不协调的缺点，并很难适应地形的变化。直线段太长，驾驶员会感到厌倦，注意力不易集中，成为交通肇事的起因。平曲线间的直线长度亦不宜过短，过短直线段使驾驶员操纵方向盘有困难，对行车不安全。

平曲线由圆曲线和缓和曲线组成，为使汽车能安全、顺适地由直线段进入曲线，要合理选用圆曲线半径，并根据半径大小设置超高和加宽。同时车辆从直线段驶入平曲线或平曲线驶入直线段，为了缓和行车方向和离心力的突变，确保行车的舒适和安全，在直线和圆曲线间或半径相差悬殊的圆曲线之间需设置符合车辆转向行驶轨迹和离心力渐变的缓和曲线。

因此，在平面线形设计中，不仅要合理选用各种线形指标，更重要的是还要处理好各种线形间的衔接，以保证车辆安全、舒适地行驶。设计人员应根据地形、地物、环境、安全、景观，合理运用直线、圆曲线、缓和曲线。对线形要求高的道路，应采用透视图法或三维手段检查设计路段线形，特别是避免断背曲线。

6.2.2 圆曲线最小半径

本规范规定了圆曲线最小半径有三类：不设超高最小半径、设超高最小半径一般值及极限值。在设计中应首先考虑安全因素，其次要考虑节约用地及投资，结合工程情况合理选用指标。采用小于不设超高最小半径时，曲线段应设置超高，超高过渡段内应满足路面排水要求。

圆曲线最小半径是以汽车在曲线部分能安全而又顺适地行驶所需要的条件而确定的，即车辆行驶在道路曲线部分所产生的离心力等横向力不超过轮胎与路面的摩阻力所允许的界限。圆曲线半径的通用计算公式为：

$$R=\frac{V^2}{127(\mu+i)} \tag{4}$$

式中：R——曲线半径（m）；

V——设计速度（km/h）；

μ——横向力系数，取轮胎与路面之间的横向摩阻系数；

i——路面横坡度或超高横坡度，以小数表示，反超高时用负值。

横向力系数的大小影响着汽车的稳定程度、乘客的舒适感、燃料和轮胎的消耗以及其他方面，所以 μ 值的选用应保证汽车在圆曲线上行驶时的横向抗滑稳定性，以及乘客的舒适和经济的要求。表 8 为不同 μ 值对乘客的舒适程度反映。

表 8 汽车在弯道上行驶时对乘客的舒适感

μ 值	乘客舒适感程度
<0.10	转弯时不感到有曲线存在，很平稳
0.15	转弯时略感到有曲线存在，但尚平稳
0.20	转弯时已感到有曲线存在，并略感到不稳定
0.35	转弯时明显感到有曲线存在，并明显感到不稳定
≥0.40	转弯时感到非常不稳定，站立不住而有倾倒危险感

μ 值的选用还应考虑汽车营运的经济性。根据试验分析，汽车在弯道上行驶时与在直线上行驶相比，当 μ=0.10 时，燃料消耗增加 10%，轮胎磨耗增加 1.2 倍；当 μ=0.15 时，燃料消耗增加 20%，轮胎磨耗增加 2.9 倍。因此，在计算最小圆曲线半径时，μ 值小于 0.15 为宜。

1 不设超高最小半径

我国《公路工程技术标准》JTG B01－2003 采用的 μ 值较小，不设超高的圆曲线最小半径 μ 值按 0.035～0.040 取用，计算出的不设超高的最小半径值较大。以设计速度 60km/h 为例，横坡度 i≤2.0%时，不设超高圆曲线最小半径为 1500m，这样小于 1500m 的半径均需设超高。在城市道路建成区由于两侧建筑已形成，如设超高，与两侧建筑物标高不好配合且影响街景美观，因此城市道路可适当降低标准。结合我国城市道路大型客货车较多、车道机非混行、交叉口多的特点，μ 值可适当加大些，城市道路不设超高的经验数据 μ=0.067，虽然比公路 0.040 大些，但对乘客舒适感程度差别不大，为减少超高，该取值对城市道路是合适的。圆曲线半径计算值与规范采用值见表 9。

2 设超高最小半径一般值

设超高最小半径一般值计算中，μ 值采用 0.067，超高值为 0.02～0.06。圆曲线半径计算值与规范采用值见表 9。

3 设超高最小半径极限值

设超高最小半径极限值计算中，μ 值采用 0.14～0.16，超高值为 0.02～0.06。圆曲线半径计算值与规范采用值见表 9。

表9 圆曲线半径计算表

设计速度（km/h）			100	80	60	50	40	30	20
不设超高最小半径（m）		横向力系数 μ	0.067	0.067	0.067	0.067	0.067	0.067	0.067
		路面横坡度 i	−0.02	−0.02	−0.02	−0.02	−0.02	−0.02	−0.02
		$R=\dfrac{V^2}{127(\mu+i)}$	1675	1072	603	419	268	151	67
		R 采用值	1600	1000	600	400	300	150	70
设超高最小半径（m）	一般值	横向力系数 μ	0.067	0.067	0.067	0.067	0.067	0.067	0.067
		路面横坡度 i	0.06	0.06	0.04	0.04	0.02	0.02	0.02
		$R=\dfrac{V^2}{127(\mu+i)}$	620	397	265	184	145	81	36
		R 采用值	650	400	300	200	150	85	40
	极限值	横向力系数 μ	0.14	0.14	0.15	0.16	0.16	0.16	0.16
		路面横坡度 i	0.06	0.06	0.04	0.04	0.02	0.02	0.02
		$R=\dfrac{V^2}{127(\mu+i)}$	394	252	149	98	70	39	17
		R 采用值	400	250	150	100	70	40	20

6.2.3 平曲线与圆曲线最小长度

规定平曲线与圆曲线最小长度的目的是避免驾驶员在平曲线上行驶时，操纵方向盘变动频繁，高速行驶危险，加上离心加速度变化率过大，使乘客感到不舒适。因此，必须确定不同设计速度条件下的平曲线及圆曲线最小长度。

1 平曲线最小长度

《日本公路技术标准的解说与运用》中规定平曲线最小长度为车辆6s的行驶距离，能达到缓和曲线最小长度的2倍。这实际上是一种极限状态，此时曲线为凸形曲线，驾驶者会感到操作突变且视觉不舒顺。因此最小平曲线长度理论上应大于2倍缓和曲线最小长度，即保证平曲线设置缓和曲线最小长度后，还能保留一段长度的圆曲线。在《公路路线设计规范》JTG D20－2006中，规定了平曲线最小长度的“最小值”，为2倍缓和曲线最小长度，“一般值”为“最小值”的3倍。本次编制中根据城市道路设计的具体情况，将原规范中的规定作为“极限值”，将缓和曲线的3倍作为“一般值”。

2 圆曲线最小长度

圆曲线最小长度为车辆3s的行驶距离。

3 平曲线及圆曲线最小长度计算公式为：

$$L_{min}=\frac{1}{3.6}V_{a}t \quad (5)$$

式中：L_{min}——行驶距离（m）；

V_a——设计速度（km/h）；

t——行驶时间（s）。

平曲线及圆曲线最小长度计算值与规范采用值见表10。

表10 平曲线及圆曲线最小长度计算表

设计速度（km/h）		100	80	60	50	40	30	20
平曲线最小长度	计算值（m）	166.7	133	100	83	67	50	33
	采用值（m）	170	140	100	85	70	50	40
圆曲线最小长度	计算值（m）	83.3	67	50	41.7	33.3	25	16.7
	采用值（m）	85	70	50	40	35	25	20

6.2.4 缓和曲线

车辆从直线段驶入平曲线或平曲线驶入直线段，由大半径的圆曲线驶入小半径的圆曲线或由小半径的圆曲线驶入大半径的圆曲线，为了缓和行车方向和离心力的突变，确保行车的舒适和安全，在直线和圆曲线间或半径相差悬殊的圆曲线之间需设置符合车辆转向行驶轨迹和离心力渐变的缓和曲线。行车道的超高或加宽应在缓和曲线内完成，在超高缓和段内逐渐过渡到全超高或在加宽缓和段内逐渐过渡到全加宽。

缓和曲线采用回旋线，是由于汽车行驶轨迹非常近似回旋线，它既能满足转向角和离心力逐渐变化的要求，同时又能在回旋线内完成超高和加宽的逐渐过渡，所以本规范中采用回旋线。回旋线的基本公式如下：

$$RL_s=A^2 \quad (6)$$

式中：R——与回旋线相连接的圆曲线半径（m）；

L_s——回旋线长度（m）；

A——回旋线参数（m）。

1 缓和曲线最小长度

1）按离心加速度变化率计算

即离心加速度从直线上的零增加到进入圆曲线时的最大值，离心加速度变化率限制在一定的范围内。

离心加速度变化率为 $\alpha_p=0.0214\frac{V^3}{RL_s}$（$m/s^3$）

从乘客舒适角度，离心加速度变化率 α_p 经测试知在（0.5～0.75）m/

s^3为好，我国道路设计中采用 $\alpha_p = 0.6m/s^3$，则

$$L_s = 0.035\frac{V^3}{R}(m) \tag{7}$$

式中：V——设计速度（km/h）；

R——设超高最小半径（m）。

2）按驾驶员操作反应时间计算

汽车在缓和曲线上行驶时，行车时间不应过短，应使驾驶员有足够的时间适应线形的变化，也使乘客感到舒适。缓和曲线上行驶时间采用3s，按下式计算：

$$L_s = \frac{1}{3.6}Vt = 0.833V(m) \tag{8}$$

回旋线参数及长度应根据线形设计以及对安全、视距、超高、加宽、景观等的要求，选用较大的数值。缓和曲线最小长度系曲率变化需要的最小长度，按公式（7）及公式（8）两者计算的大者，按5m的整倍数作为缓和曲线最小长度采用值，见表11。

表11 缓和曲线最小长度

设计速度（km/h）		100	80	60	50	40	30	20
缓和曲线最小长度（m）	$L_s = 0.035\frac{V^3}{R}$	87.5	71.7	50.4	43.8	32.0	23.6	14.0
	$L_s = \frac{3V}{3.6} = 0.833V$	83.3	66.6	50.0	41.7	33.3	25.0	16.7
	采用值	85	70	50	45	35	25	20

2 不设缓和曲线的最小圆曲线半径

在直线和圆曲线之间插入缓和曲线后，将产生一个位移量 ΔR，当此位移量 ΔR 与已包括在车道中的富裕宽度相比为很小时，则可将缓和曲线省略，直线与圆曲线可径相连接。设置缓和曲线的 ΔR 以0.2m的位移量为界限。当 $\Delta R < 0.2m$ 可不设缓和曲线，当 $\Delta R \geqslant 0.2m$ 时设缓和曲线。从回旋线数学表达式可知：

$$\Delta R = \frac{1}{24} \times \frac{L_s^2}{R}\text{，而 } L_s = \frac{V}{3.6} \times t$$

当采用 $\Delta R = 0.2m$ 及 $t = 3s$ 行驶时，即可得出不设缓和曲线的临界半径为：

$$R = 0.144V^2\ (m) \tag{9}$$

为不影响驾驶员在视觉和行驶上的顺适，不设缓和曲线的最小半径值为式（9）计算值的2倍，不设缓和曲线的最小圆曲线半径计算值及采用值见表12。

表 12　不设缓和曲线的最小圆曲线半径

设计速度（km/h）		100	80	60	50	40	30	20
不设缓和曲线的最小圆曲线半径（m）	2R	2880	1843	1037	720	461	260	115
	采用值	3000	2000	1000	700	500	300	150

设计速度小于 40km/h 时，缓和曲线可用直线代替，用以完成超高或加宽过渡。直线缓和段一端应与圆曲线相切，另一端与直线相接，相接处予以圆顺。

6.2.5　超高和超高缓和段

1　超高值

当采用的圆曲线半径小于不设超高的最小半径时，汽车在圆曲线上行驶时受到的横向力会使汽车产生滑移或倾覆。为了抵消车辆在曲线路段上行驶时所产生的离心力，将圆曲线部分的路面做成向内侧倾斜的超高横坡度，形成一个向圆曲线内侧的横向分力，使汽车能安全、稳定、满足设计速度和经济、舒适地通过圆曲线。超高横坡度由车速确定，但过大的超高往往会引起车辆的横向滑移，尤其在潮湿多雨以及冰冻地区，当弯道车速慢或停止在圆曲线上时，车辆有可能产生向内侧滑移的现象，所以应对超高横坡度加以限制。快速路上行驶的汽车为了克服行车中较大的离心力，超高横坡度可较一般规定值略高。我国《公路路线设计规范》JTG D20－2006 规定，一般地区高速公路、一级公路最大超高横坡度为 8％或 10％，其他等级公路为 8％，积雪或冰冻地区为 6％较安全。

城市道路由于受交叉口、非机动车以及街坊两侧建筑的影响，不宜采用过大的超高横坡度。综合各方面的情况，拟定城市道路最大超高横坡度如下：设计速度 100km/h、80km/h 为 6.0％；设计速度 60km/h、50km/h 为 4.0％，设计速度小于等于 40km/h 为 2.0％。

2　超高缓和段

由直线上的正常路拱断面过渡到圆曲线上的超高断面时，必须在其间设置超高缓和段。超高缓和段长度按下式计算：

$$L_e = b \cdot \Delta i/\varepsilon \tag{10}$$

式中：L_e——超高缓和段长度（m）；

b——超高旋转轴至路面边缘的宽度（m）；

Δi——超高横坡度与路拱坡度的代数差（％）；

ε——超高渐变率，超高旋转轴与路面边缘之间相对升降的比率，见表 13。

表 13　超高渐变率

设计速度（km/h）	100	80	60	50	40	30	20
超高渐变率	1/175	1/150	1/125	1/115	1/100	1/75	1/50

超高缓和段应在回旋线全长范围内进行。当回旋线较长时，超高缓和段可设在回旋线的某一区段范围内，其超高过渡段的纵向渐变率不得小于1/330，全超高断面宜设在缓圆点或圆缓点处。超高缓和段起、终点处路面边缘出现的竖向转折，应予以圆顺。

对设超高的城市道路，一般双向四车道沿中线轴旋转的超高缓和段长度基本能包含适用的一般情况。但是，对以车行道边缘线为旋转轴的或车道数较多或较宽的道路，则可能超高所需的缓和段长度大于曲率变化的缓和段长度，因此在超高缓和段长度与缓和曲线长度两者中取大值作为缓和曲线的计算长度。

对线形要求高的高等级道路，如城市快速路、高架路，回旋线长度应根据线形设计以及对安全、视距、景观等的要求，选用较大的数值。

超高的过渡方式应根据地形状况、车道数、超高横坡度值、横断面形式、便于排水、路容美观等因素决定。单幅路路面宽度及三幅路机动车道路面宜绕中线旋转；双幅路路面及四幅路机动车道路面宜绕中间分隔带边缘旋转，使两侧车行道各自成为独立的超高横断面。

6.2.6　加宽和加宽缓和段

1　加宽值

汽车在曲线上行驶时，各车轮行驶的轨迹不相同。靠曲线内侧后轮的行驶半径最小，靠曲线外侧前轮的行驶曲线半径则最大。所以，汽车在曲线上行驶时所占的车道宽度，比直线段的大。为适应汽车在平曲线上行驶时后轮轨迹偏向曲线内侧的需要，通常小于 250m 半径的曲线加宽均设在弯道内侧。城市道路弯道上，常因为节省用地或拆迁房屋困难而设置小半径弯道，考虑到对称于设计中心线设置加宽较为有利，而采用弯道内外两侧同时加宽，其每侧的加宽值为全加宽值的 1/2。采用外侧加宽势必造成线形不顺，因此宜将外缘半径与渐变段边缘线相切，有利于行车。若弯道加宽值较大，应通过计算确定加宽方式和加宽值。

在规范条文中，未规定具体的加宽值。为便于设计人员使用，在该处给出加宽值的计算方法，供设计人员根据具体情况选用。

根据汽车在圆曲线上的相对位置关系所需的加宽值 b_{w1} 和不同车速汽车摆动偏移所需的加宽值 b_{w2} ，城市道路每车道加宽值计算公式如下：

小型及大型车的加宽值 b_w 为：

$$b_w = b_{w1} + b_{w2} = \frac{a_{gc}^2}{2R} + \frac{0.05V}{\sqrt{R}} \tag{11}$$

铰接车的加宽值 b'_w 为：

$$b'_w = b'_{w1} + b'_{w2} = \frac{a_{gc}^2 + a_{cr}^2}{2R} + \frac{0.05V}{\sqrt{R}} \tag{12}$$

式中：a_{gc} ——小型及大型车轴距加前悬的距离，或铰接车前轴距加前悬的距离（m）；

a_{cr} ——铰接车后轴距的距离（m）；

V——设计速度（km/h）；

R——设超高最小半径（m）。

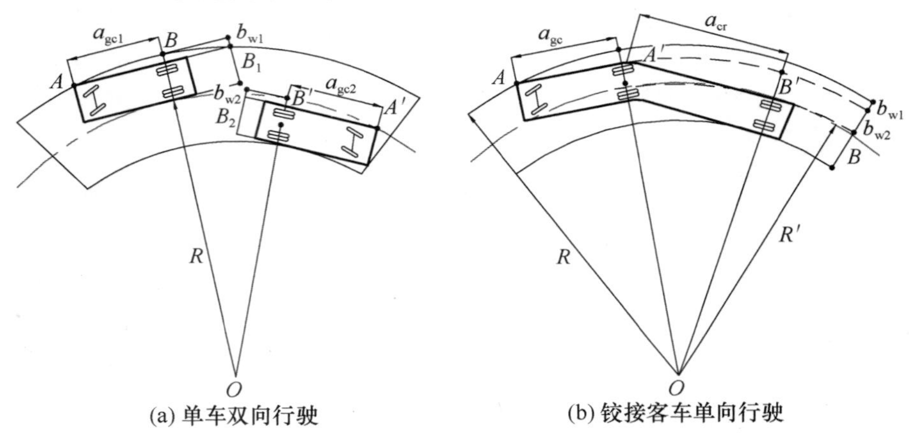

图 1　圆曲线上路面加宽示意图

2　加宽缓和段

在圆曲线范围内加宽，为不变的全加宽值，两端设置加宽缓和段，其加宽值由直线段加宽为零逐渐按比例增加到圆曲线起点处的全加宽值。

加宽缓和段的长度可按下列两种情况确定：

1）设置缓和曲线或超高缓和段时，加宽缓和段长度应采用与回旋线或超高缓和段长度相同的数值。

2）不设回旋线或超高缓和段时，加宽缓和段长度应按加宽侧路面边缘宽度渐变率为 1∶15～1∶30，且长度不得小于 10m 的要求设置。

6.2.7　视距

为了保证行车安全，应使驾驶员能看到前方一定距离的道路路面，以便及时发现路面上有障碍物或对向来车，使汽车在一定的车速下能及时制动或避让，从而避免事故。驾驶人从发现障碍物开始到决定采取某种措施的这段时间段内汽车沿路面所行驶的最短行车距离，称为视距。

视距是道路设计的主要技术指标之一，在道路的平面上和纵断面上都应保证必要的视距。如平面上挖方路段的弯道和内侧有障碍物的弯道，以及在纵断面上的凸形竖曲线顶部、立交桥下凹形竖曲线底部处，均存在视距不足的问题，设计时应加以验算。验算时物高规定为0.1m，眼高对凸形竖曲线规定为1.2m，对凹形竖曲线规定为1.9m。货车存在空载时制动性能差、轴间荷载难以保证均匀分布、一条轴侧滑会引起汽车车轴失稳、半挂车铰接刹车不灵等现象，尤其是下坡路段。货车停车视距的眼高规定为2.0m，物高规定为0.1m。

视距有停车视距、会车视距、错车视距和超车视距等。在城市道路设计中，主要考虑停车视距。若车行道上对向行驶的车辆有会车可能时，应采用会车视距，会车视距为停车视距的2倍。

停车视距由反应距离、制动距离及安全距离组成，按式（13）、式（14）计算：

$$S_s = S_r + S_b + S_a \tag{13}$$

式中：S_r——反应距离（m）；

S_b——制动距离（m）；

S_a——安全距离，取5m。

$$S_s = \frac{Vt}{3.6} + \frac{\beta_s V^2}{254\mu_s} + S_a \tag{14}$$

式中：V——设计速度（km/h）；

t——反应时间，取1.2s；

β_s——安全系数，取1.2；

μ_s——路面摩擦系数，取0.4。

停车视距的计算值及采用值见表14。

表14　停车视距

设计速度（km/h）	S_r（m）	S_b（m）	S_a（m）	S_s 计算值（m）	S_s 采用值（m）
100	33.34	118.00	5	156.34	160
80	26.67	75.52	5	107.26	110
60	20.00	42.48	5	67.52	70
50	16.67	29.50	5	51.17	60
40	13.33	18.88	5	37.21	40
30	10.00	10.62	5	25.62	30
20	6.67	4.72	5	16.39	20

在平曲线范围内为使停车视距规定值得到保证，应将平曲线内侧横净距范围内的障碍物予以清除，根据视距线绘出包络线图进行检验。

6.2.8 中央分隔带开口是为了使车辆在必要时可通过开口到反方向车道行驶，以供维修、养护、应急抢险时使用。中央分隔带开口间距应视需要而定，本规范只规定了最小间距。开口处应设置活动护栏，避免车辆调头。

两侧分隔带开口是为了使车辆进出道路使用，开口间距应视需要而定，但应保证不影响正常交通的行驶，本规范只规定了最小间距及距离路口的距离。

6.3 纵断面设计

6.3.1 机动车道最大纵坡

该条规定与《城市道路设计规范》CJJ 37－90 一致。

为保证车辆能以适当的车速在道路上安全行驶，即上坡时顺利，下坡时不致发生危险的纵坡最大限制值为最大纵坡。道路最大纵坡的大小直接影响行车速度和安全、道路的行车使用质量、运输成本以及道路建设投资等问题，它与车辆的行驶性能有密切关系。

目前，许多国家都以单位载重量所拥有的马力数（HP/t），即比功率作为衡量汽车爬坡能力的指标，认为 HP/t 数值相同的汽车，其爬坡能力大致相同。

小汽车爬坡能力大，纵坡大小对小汽车影响较小，而载重汽车及铰接车的爬坡能力低，纵坡大小对其影响较大。如以小汽车爬坡能力为准确定最大纵坡，则载重汽车及铰接车均需降速行驶，使汽车性能不能充分发挥，是不经济的；而且还会降低道路通行能力，下坡时更危险。在汽车选型时，既要考虑现状又要考虑发展。

设计最大纵坡应考虑各种机动车辆的动力性能、道路等级、设计速度、地形条件等选用规范中最大纵坡一般值。当受条件限制纵坡大于一般值时应限制坡长，但最大纵坡不得超过最大纵坡极限值。

6.3.2 机动车道最小纵坡

城市道路通常低于两侧街坊，两侧街坊的雨水排向车行道两侧的雨水口，再由地下的连管通到雨水管道排入水体。因此，道路最小纵坡应是能保证排水和防止管道淤塞所需的最小纵坡，其值为 0.3%。若道路纵坡小于最小纵坡值，则管道的埋深必将随着管道的长度而加深。为避免其埋设过深所致的土方量增大和施工困难，所以，规定城市道路的最小纵坡不应小于 0.3%。

6.3.3 机动车道最小坡长

最小坡长的限制是从汽车行驶平顺度、乘客的舒适性、纵断视距和相邻两竖曲线的布设等方面考虑的。如果纵坡太短，转坡太多，纵向线形呈锯齿状，不仅路容不美观，影响临街建筑的布置，而且车辆行驶时驾驶员变换排档会过于频繁而影响行车安全，同时导致乘客感觉不舒适。所以，纵坡坡长应保持一定的最小长度。

《城市道路设计规范》CJJ 37－90 中规定坡长采用不小于 10s 的汽车行驶距离，另外，在一段坡长设置的两个竖曲线不得搭接，故规范采用最小竖曲线半径值与最大纵坡验算最小坡长。根据计算结果，设计速度≤60km/h 时，最小坡长由 10s 的汽车行驶距离决定；设计速度＞60km/h 时，最小坡长由竖曲线半径值与最大纵坡计算值决定。由竖曲线半径值与最大纵坡计算方法，使用了两个极限值。在目前的设计理念中，应尽可能避免各种极限指标的组合使用，而且从实际情况看，原指标也偏大，对于平原区的城市道路设计有一定困难。该指标相对《公路工程技术标准》JTG B01－2003 中规定的最小坡长也偏大。因此，在编制中，统一规定最小坡长为 10s 的汽车行驶距离。该取值与现行《公路工程技术标准》JTG B01－2003 及《城市快速路设计规程》CJJ 129－2009 一致。

加罩道路、老桥利用接坡段、尽端道路及坡差小的路段，最小坡长的规定可适当放宽。

6.3.4 机动车道最大坡长

最大坡长为纵坡大于最大纵坡一般值时，对纵坡坡长的限制长度。本规范采用的纵坡坡长是根据汽车加、减速行程图求得，并参考《公路路线设计规范》JTG D20－2006 与《日本公路技术标准的解说与运用》综合确定。根据不同设计速度、不同坡度做出坡长限制值。当设计速度≤30km/h 时，由于车速低，爬坡能力大，坡长可不受限制。

该条规定与《城市道路设计规范》CJJ 37－90 一致。

6.3.5 非机动车道纵坡和坡长

城市中非机动车主要是指自行车，其爬坡能力低，车道应考虑恰当的纵坡度与坡长，机动车和非机动车混行的车行道应按自行车的爬坡能力控制道路纵坡。

该条规定与《城市道路设计规范》CJJ 37－90 一致。

6.3.6 竖曲线半径和竖曲线长度

1 竖曲线最小半径

当汽车行驶在变坡点时，为了缓和因运动变化而产生的冲击和保证视距，必须插入竖曲线。竖曲线形式可为圆曲线或抛物线。经计算比较，圆曲线与抛物线计算值基本相同，为使用方便，本规范采用圆曲线。竖曲线最小半径计算如下：

凸形竖曲线极限最小半径 R_v（m）用下式计算：

$$R_v = \frac{S_s^2}{2\left(\sqrt{h_e}+\sqrt{h_o}\right)^2} \tag{15}$$

式中：S_s ——停车视距（m）；

h_e ——眼高，采用 1.2m；

h_o ——物高，采用 0.1m。

凸形竖曲线半径的计算值及采用值见表 15。

表 15　凸形竖曲线半径

设计速度（km/h）	停车视距（m）	极限最小半径（m）	
		计算值	采用值
100	160	6421	6500
80	110	3035	3000
60	70	1229	1200
50	60	903	900
40	40	401	400
30	30	226	250
20	20	100	100

凹形竖曲线极限最小半径 R_c（m）用下式计算：

$$R_c = \frac{V^2}{13a_0} \tag{16}$$

式中：V ——设计速度（km/h）；

a_0 ——离心加速度，采用 0.28m/s^2。

凹形竖曲线半径的计算值及采用值见表 16。

表 16　凹形竖曲线半径

设计速度（km/h）	V^2	13 a_0	极限最小半径（m）	
			计算值	采用值
100	10000	3.64	2747	3000
80	6400	3.64	1785	1800
60	3600	3.64	989	1000
50	2500	3.64	686	700
40	1600	3.64	439	450
30	900	3.64	247	250
20	400	3.64	109	100

竖曲线一般最小半径为极限最小半径的1.5倍，国内外均使用此数值。“极限值”是汽车在纵坡变更处行驶时，为了缓和冲击和缓和视距所需的最小半径的计算值，设计时受地形等特殊情况限制方可采用。

2 竖曲线最小长度

为了使驾驶员在竖曲线上顺适地行驶，竖曲线不宜过短，应在竖曲线范围内有一定的行驶时间，日本规定行驶时间3s的行驶距离。本规范竖曲线最小长度极限值采用3s的行驶距离，按下式计算：

$$l_{\mathrm{v}} = \frac{V}{3.6} \times 3 = 0.83V \tag{17}$$

式中：l_{v}——竖曲线最小长度（m）；

V——设计速度（km/h）。

设计中，为了行车安全和舒适，应采用竖曲线最小长度的“一般值”。“一般值”规定为“极限值”的2.5倍。

6.3.7 合成坡度

纵坡与超高或横坡度组成的坡度称为合成坡度。将合成坡度限制在某一范围内的目的是尽可能地避免陡坡与急弯的组合对行车产生的不利影响。道路设计常以合成坡度控制，合成坡度按下式计算：

$$j_{\mathrm{r}} = \sqrt{i_{\mathrm{s}}^2 + j^2} \tag{18}$$

式中：j_{r}——合成坡度（%）；

i_{s}——超高横坡度（%）；

j——纵坡度（%）。

6.4 线形组合设计

6.4.1 道路线形设计的习惯做法是先进行平面设计，后进行纵断面设计，这样只能以纵断面来迁就平面。因此，在平面设计时要考虑纵断面设计；同样在纵断面设计时也要与平面线形协调配合。平纵线形组合是指在满足汽车运动学和力学要求的前提下，研究如何满足视觉和心理方面的连续性、舒适感，研究与周围环境的协调和良好的排水条件。所以，线形设计不仅要符合技术指标要求，还应结合地形、景观、视觉、安全、经济性等进行协调和组合，使道路线形设计更加合理。

6.4.2 线形组合设计强调的是在平面设计的同时，考虑纵断面设计的协调性，甚至横断面设计的配合问题。

平纵线形组合原则上应“相互对应”，且平曲线稍长于竖曲线，即所谓的“平包竖”。国内外研究资料表明，当平曲线半径小于2000m、竖曲线半径小于15000m时，平、竖曲线的相互对应对线形组合显得十分重要；

随着平、竖曲线半径的增大，其影响逐渐减小；当平曲线半径大于6000m、竖曲线半径大于25000m时，对线形的影响显得不很敏感。因此，线形设计的“相互对应、且平包竖”的基本要求需视平、竖曲线的半径而掌握其符合的程度。

城市道路由于限制条件多，对于低等级道路不必强求平纵线形的相互对应。

7 道路与道路交叉

7.1 一 般 规 定

7.1.1～7.1.3 道路与道路交叉设计是城市道路设计中比较重要的一部分内容，其交叉形式的选择、交叉口平纵面设计、交叉口的交通管理方式等等，对整条道路甚至周边路网的通行能力和服务水平都有较大的影响。行业标准《城市道路交叉口设计规程》CJJ 152－2010于2011年3月实施，对于道路与道路交叉设计的相关要求，在其中已有详细的规定，本章只对交叉口形式的分类、一些共性的要求以及主要的技术指标进行规定。

7.2 平 面 交 叉

7.2.1 平面交叉口的交通组织通过平面布局来组织分配各交通流的通行路径，通过交通管理来组织分配各交通流的通行次序。平面交叉口设计应包括平面布局方案及交通管理方式，本次编制中，结合交叉口平面布局方案及交通管理方式将平面交叉口分为三大类五小类。

7.2.2 本条按相交道路的等级规定了宜采用的平面交叉口类型。但在城市道路设计中，一般情况下在道路规划阶段已确定平面交叉口类型及用地范围。因此在具体设计中应依据规划条件，结合功能要求与控制条件，选定合适的交叉口类型。

7.2.3 平面交叉口的形式有十字形、T形、Y形、X形、环形交叉、多路交叉、错位交叉、畸形交叉等。通常采用最多的是十字形，形式简单，交通组织方便，适用范围广。由于交叉口形状，在规划阶段已大体确定，设计阶段应在不影响总体布局的前提下予以优化调整。道路交叉角度较小时，交叉口需要的面积较大，并使视线受到限制，行驶不安全且不方便。

《城市道路交通规划设计规范》GB 50220－95及《城市道路设计规范》CJJ 37－90规定交叉口的最小交叉角为45°。根据实际情况，交叉角太小，不利于交通组织管理、不利于土地利用，本次编制参考美国文献将最小交叉角改为70°。

目前在城市道路平交路口的渠化设计中，常采用压缩行人和非机动车的通行空间来增加机动车道，对行人和非机动车的通行带来较大的不便。本次明确规定在路口渠化设计中，应保证行人和非机动车通行空间的连续性和完整性。

7.2.4、7.2.5 交叉口范围应包括整个交叉口功能区，即：所有相交道路的重叠部分和其上游和下游车道的延伸，包括拓宽和渐变段以及非机动车道、人行道和过街设施，见图2。

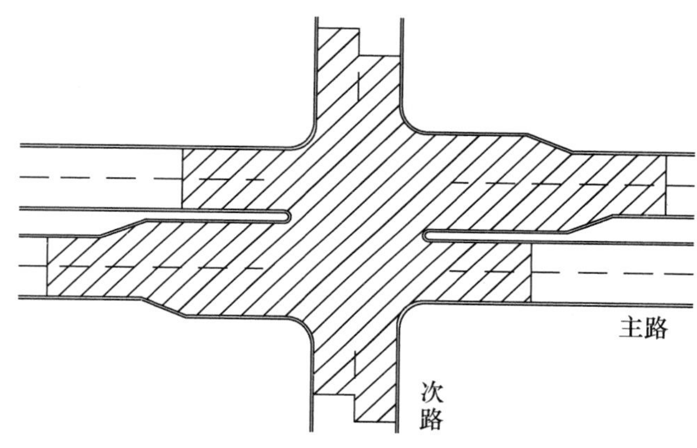

图2 交叉口范围示意图

交叉口功能区的定义对交叉口本身的交通运行的机动性和安全性有着重要意义。机动车进入交叉口要进行一系列复杂的操作：反应、减速、排队等待、转向或穿越、加速等等，功能区则是实施这一系列复杂操作的面积范围，或者说是交叉口对其相交道路的影响区域范围。在交叉口功能区之外，车辆以正常速度行驶，其特征符合路段交通特征。因此，对于交叉口的功能区的设计指标要求高于路段的设计标准。

7.2.6 交叉口范围内，受相交道路不同流向车流的影响，进口道车流的速度降低，交叉口进口道成为交通瓶颈。为使进口道通行能力与路段的通行能力相匹配，进口车道数应大于路段基本车道数。同时为防止车辆在进口道内因车道过宽而发生抢道现象，可将进口道车道宽度适当减窄。

7.2.7 汽车驶近平面交叉口时，驾驶员应能看清整个交叉道路上车辆的行驶情况，以便能顺利地驶过交叉口或及时停车，避免发生碰撞。这段距离必须大于或等于停车视距（S_S）。视距三角区应以最不利情况绘制，在三角形范围内，不准有任何妨碍视线的各种障碍物。十字形和X形交叉口视距三角形范围如图3。

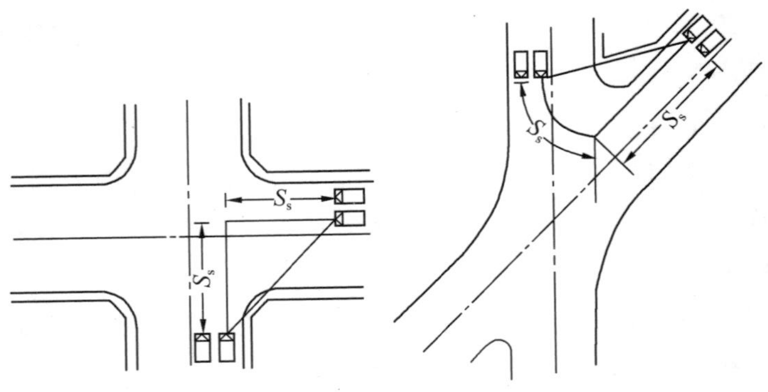

图 3　交叉口视距三角形

7.3　立 体 交 叉

7.3.1　现行的规范中道路立体交叉分为互通式和分离式两大类。《城市道路设计规范》CJJ 37－90 中将互通式立体交叉按照交通流线的交叉情况和道路互通的完善程度分为完全互通式、不完全互通式和环行三种。《公路工程技术标准》JTG B01－2003 按照交通流线的交叉情况、线形的标准将互通式立交分为枢纽互通式和一般互通式，其分类参照欧美国家的方法，较为符合交通流的运行特征。

本规范通过收集大量国内已建立交资料，参照公路及国外相关规范的成果，结合城市道路的交通运行特点，认为《城市道路设计规范》CJJ 37－90 中仅按立交的互通情况分为完全互通和部分互通，不能满足立交的设计要求。由于不同的立交形式，立交的互通标准会形成较大的差异，对通行能力和服务水平都有较大的影响。因此本次编制中将立体交叉按照交通流线的交叉情况，采用直行交通、转向交通和机非干扰程度指标分为枢纽立交和一般立交，更接近于实际情况。

7.3.2　城市道路立交分类及选型直接影响立交功能、规模和工程造价，是立交规划、设计的重要依据之一。以往立交修建使用中出现少数因规模、标准欠妥而致占地、投资过大，或难以适应规划年限内交通需求增长而出现过早饱和、发生交通堵塞等问题。为此，7.3.1 条规定了各类型立交宜选用的立交形式；本条依据交叉口相交道路的等级，规定了宜采用的立交类型。

7.3.3　车道数取决于道路设计通行能力和服务水平，条文不仅规定了立交桥区主路基本车道数应与路段基本车道数一致，而且在主路分合流处，还必须保持车道数的平衡。一般情况下，分合流前后的主线车道数应大于等于分合流后前的主线车道数与匝道车道数之和减 1，当不满足时，应设置辅助车道。

7.3.4 设置集散车道是为了将立交区的交织运行转移至集散车道，集散车道车速较主线低，因此需与主线分隔设置。

7.3.5 立交范围受匝道设置及进出口影响，为提高行驶安全性，线形设计应采用比路段高的技术指标。《公路路线设计规范》JTG D20－2006中对互通式立交范围线形指标的规定比路段线形指标提高很多。城市道路目前对立交范围的线形指标缺少相关的研究，若采用《公路路线设计规范》JTG D20－2006的指标，由于城市道路立交及进出口间距较密，交通运行状态与公路不一致，建设条件制约因素较多，很难按其规定值实施。因此，规定互通式立交范围主线线形指标不应低于路段设计的一般值，有条件时尽量取高值。分离式立交主线可不受立交范围线形指标要求的控制。

7.3.6 由于主线的设计速度高于匝道，因而交通流驶出主线需要减速，驶入主线需要加速，为了满足车辆变速行驶的要求，减少对主线正常行驶交通流的干扰，应设置变速车道。

变速车道通常设计成直接式和平行式两种。直接式是以平缓的角度为原则进行设计，变速车道与匝道连接，车辆行驶轨迹平滑。平行式是以增设一条平行主线的变速车道，采用有适当流出角度的三角段与主线连接进行设计。与直接式相比，其起终点明确，三角段部分虽然与车辆的行驶轨迹相符合，但在通过整个变速车道时必须走“S”形路线。不论哪一种形式，只要适当地对主线线型进行分析，并进行合理设计，均能满足变速的要求。

直接式变速车道能提供驾驶员合适的直接驶离主线的行车轨迹，研究表明大部分车辆都能以比较高的速度驶离直行车道，从而减少了由于在直行车道上开始减速而引起追尾事故的发生，故较为广泛地用于减速车道。对于加速车道，驾驶员同样希望由直接式流入，而不愿走“S”形，但是当主线交通量大时，车辆在找流入主线机会的同时需要使用加速车道的全长，而平行式车道除了提供车辆加速功能外，还能给汇流车辆提供更多的时间和机会去寻找空当插入，故加速车道一般采用平行式。因此规定“减速车道宜采用直接式，加速车道宜采用平行式”。

7.3.7 根据交通流流入、流出主路的交通特征，车辆通过出入口时，要经过加速、减速、交织等过程，整个过程中将产生紊流，合理的出入口间距是交通畅通的可靠保障。《快速路设计规程》CJJ 129－2009及《城市道路交叉口设计规程》CJJ 152－2010中对于出入口的合理间距均有明确规定。城市道路控制条件较多，设计中经常会遇到不能满足出入口间距的要求，在这种情况下，需设置集散车道，调整出入口的位置，以满足间距需要。

7.3.8 设有辅路系统的快速路与主干路或主干路与主干路相交设置的一

般立交，其辅路系统可与匝道布置结合考虑。如两层的苜蓿叶立交、菱形立交等，一般结合路段出入口设置，采用与匝道结合的方式布置辅路系统。对于枢纽型立交要求其系统的连续，桥区内的辅路系统必须单独设置。

7.3.9～7.3.11 立交范围内由于占地较大，行人和非机动车的通行要求不高，在建设条件受限的情况下，经常采用降低行人和非机动车的设计标准解决，造成系统不连续或宽度不足。而且立交区对于公交车站的设置往往考虑不周。因此，在编制中对这三部分设计要求进行了明确规定。

8 道路与轨道交通线路交叉

8.1 一 般 规 定

8.1.1 根据铁路道口事故统计资料和《中华人民共和国铁路法》的有关规定，考虑铁路运量逐年增加，行车速度逐年提高的特点，为减少平交道口人身事故发生，确保行车安全，铁路与道路交叉时，应当优先考虑立交。

8.1.4 轨道线路与道路平面交叉应尽量设计为正交或接近正交，但由于地形条件或拆迁工程等限制需要斜交时，交叉锐角应大于45°，以缩短道口的长度和宽度，并避免小型机动车和非机动车的车轮陷入轮缘槽内的不安全因素。

8.2 立 体 交 叉

8.2.1 道路与铁路立体交叉

1 城市快速路和重要的主干路都是交通功能强，服务水平高，交通量大的骨干道路，进出口实行全控制或部分控制。这些道路和铁路交叉如果采用平面交叉，当道口处于开放状态时，汽车通过道口需限速行驶，严重影响道路的交通功能；当道口处于封闭状态时，会造成严重的交通堵塞。故规定必须采用立交。

2 有轨电车与铁路同为轨道交通，而轨道、结构各异，相交时必须是立交。无轨电车道虽无轨道，但其与铁路交叉处的供电接触网、柱与铁路限界相冲突，也必须设置立体交叉。

3 主干路、次干路、支路与铁路交叉，为避免城市道口因铁路调车作业繁忙而封闭道口累计时间较长，或道路在交通高峰时间内经常发生一次封闭时间较长，而引起道路交通堵塞，避免因延误时间而造成的城市社会经济损失，应设置立体交叉。

4 路段旅客列车设计行车速度120km/h的地段，列车速度高、密度大，列车追踪间隔时间仅几分钟，铁路与道路平面交叉的安全可靠性差，故规定应设置立体交叉。

8.2.2 目前城市轨道交通发展迅速，种类较多，《城市公共交通分类标准》CJJ/T 114－2007中，将城市轨道交通大类分为：地铁、轻轨、单轨、有轨电车、磁浮、自动导向轨道和市域快速轨道等七大系统。因城市轨道交通行车间隔时间短，车流密集，为了保证轨道与道路的通行安全，要求城市各级道路与除有轨电车道外的城市轨道交通线路交叉时，必须设置立体交叉。

8.2.3 道路上跨铁路时，铁路的建筑限界除应符合现行国标《标准轨距铁路建筑限界》GB 146.2的规定外，还应考虑所跨不同类别铁路的具体要求，如有双层集装箱运输要求的铁路，应满足双层集装箱运输限界的要求；近些年来修建的较高时速客货共线铁路和高速客运专线等对基本建筑限界高度也有不同要求，详见表17。

表17 不同类别铁路基本建筑限界（mm）

铁路类别		限界高度（自轨面以上）	限界宽度（自线路中心外侧）	依据规范或文号
既有铁路	内燃（蒸汽）牵引	5500	2440	《标准轨距铁路建筑限界》GB 146.2
	电力牵引	6550（困难6200）	2440	《标准轨距铁路建筑限界》GB 146.2
新建时速200km客货共线铁路	内燃牵引	5500	2440	《新建时速200km客货共线铁路设计暂行规定》铁建设函［2005］285号
	电力牵引	7500	2440	
200km/h客货共线双层集装箱运输	内燃牵引	6050	2440	“关于发布《铁路双层集装箱运输装载限界（暂行）》和《200km/h客货共线铁路双层集装箱运输建筑限界（暂行）》的通知”铁科技函［2004］157号
	电力牵引	7960	2440	
京沪高速铁路（电力牵引）		7250	2440	《京沪高速铁路设计暂行规定》铁建设［2004］157号

注：表中限界宽度指单线铁路直线地段，当为双线或多线铁路和曲线地段，须计算确定限界宽度。

道路上跨城市轨道交通时，城市轨道交通建筑限界需根据采用的车辆类型及其设备限界、设备安装尺寸、安全间隙和有无人行通道、有无隔声屏障、供电制式及接触网柱结构设计尺寸等计算确定，现行国家标准《城市轨道交通技术规范》GB 50490 中有相应规定。

8.3 平 面 交 叉

8.3.1 铁路车站是列车交汇、越行、摘挂、集结、编解的场所，道口如设在车站内，由于列车作业的需要，关闭道口的次数增多，封闭时间延长，影响道路的通行能力；另外，在车站上经常有列车阻挡，严重恶化道口瞭望条件，容易造成事故。现行《铁路技术管理规程》规定“在车站内不应设置道口”。《铁路道口管理暂行规定》规定“对现有道口必须整顿，……逐步取消站内道口”。故本条规定在站内不应设置道口。

如果道口设在道岔、桥头和隧道附近，一旦发生道口事故，被撞的机动车和脱轨的列车颠覆在道岔区内、桥下或隧道内时，救援困难，中断铁路行车时间长，造成的损失更大，因此在这些处所不应设置道口。

道口设在铁路曲线上除恶化瞭望条件外，还由于铁路曲线外轨超高破坏道路纵断面的平顺性，超高大时还会因局部坡度过大造成机动车熄火，引发道口事故。故本条规定道口不宜设在曲线上。

8.3.4 据统计，道口事故率与道口瞭望视距相关，当道口交通量相同时，瞭望视距不足的道口事故率偏高。为了提高道口的安全度，降低道口事故率，道口宜设在瞭望条件良好的地点。本条规定的机动车驾驶员侧向最小瞭望视距是指机动车驾驶员在距道口相当于该段道路停车视距并不小于50m 处的侧向最小瞭望视距，应大于机动车自该处起以规定速度通过道口的时间内，火车驶至道口的最大距离。

瞭望视距是要求如图 4 所示两个由视距构成的最小视线三角形范围内要保持良好的视线条件。

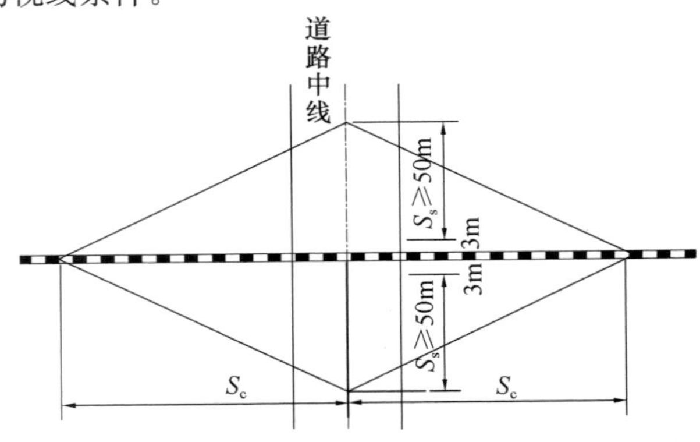

图 4　机动车驾驶员在道口前的瞭望视距示意图

S_s是当汽车在公路上行驶时，驾驶员发现有火车驶向道口，立即采取制动措施，使汽车在道口前停下来的最小距离，国家现行标准规定为50m。

S_c是在汽车通过道口所需的时间内火车行驶的最大距离，即：

$$S_c = \frac{V_1}{3.6}T \tag{19}$$

式中：S_c——火车行驶的最大距离（m）；

V_1——火车行驶速度，km/h；

T——汽车驾驶员在道口前50m发现火车后，匀速通过道口所需的时间（s）。

如图所示，汽车在道口前50m处行驶速度取30km/h，T=12s。代入上式得

$$S_c = 3.3V_1 \tag{20}$$

火车司机最小瞭望视距取火车司机反应时间内列车的走行距离与列车的制动距离之和。

8.3.8 有轨电车道与城市次干道、支路同属城市地面交通系统，且交叉较频繁，考虑次干道、支路的车流量一般比城市快速路、主干道要小，行车速度也较低，故其相交时以设置平面交叉为宜，以避免多处立交工程，可节省大量工程投资，并减小对周边环境和城市景观的影响。道路与有轨电车道平面交叉时，对道路线形及直线段长度的要求，考虑有轨电车速度比火车速度低，同时考虑到城市道路条件的诸多实际困难，对直线段长度不做具体规定，可因地制宜确定。

对于道路与沿道路敷设的有轨电车道交叉时，因有轨车道与城市次干路，支路不同，它属于客运专线性质，客流量较大，为充分发挥有轨电车的作用，节省乘客出行时间和体现社会效益，故其平面交叉道口应设置有轨电车优先通行信号。

9 行人和非机动车交通

行人和非机动车交通系统是城市交通的重要组成部分，然而目前无论从规划、建设还是管理上看，考虑较多的是机动车交通系统，主要解决的也是机动车交通问题，而对于最基本的交通方式——行人和非机动车交通，考虑得相对较少，造成行人和非机动车交通环境逐渐恶化，“人车混行”较为普遍，行人和非机动车路权被侵害，交通事故时有发生，行人和非机动车安全没有保障等等。因此，为了将行人和非机动车交通系统设计提高到一个较高的层面，规范编制中将其作为独立章节编写。

条文强调了行人和非机动车交通系统的连续性和完整性，要求设计中应提供明确的路权，保障必需的通行空间。此外，应同时考虑无障碍设施、附属设施、景观及环境设施，为行人和非机动车创造安全、良好、舒适的环境。

具体的条文主要沿用《城市道路设计规范》CJJ 37－90 中的相关规定，以及参照《城市道路交通规划设计规范》GB 50220－95 及《城市人行天桥与人行地道技术规范》CJJ 69－95 中的相关规定。

10 公共交通设施

伴随着区域化、城市化和机动化的快速发展，我国各大中城市交通出行需求迅速增长，道路交通面临巨大压力，为实现发展城市公共交通的战略目标，有效引导城市交通结构向公共交通转化，在城市道路规划设计中，必须考虑与道路相关的公共交通通道和场站设计。不同的公共交通系统对城市道路设计有其特殊的要求，根据《城市公共交通分类标准》CJJ/T 114－2007 中规定，城市道路公共交通包括常规公交、快速公交、无轨电车、出租车四类，其中无轨电车和常规公交的道路设计标准是一致的。因此，规范按快速公交、普通公交和出租车三类规定。

具体的条文主要沿用《城市道路设计规范》CJJ 37－90 中的相关规定，以及参照《城市道路公共交通站、场、厂工程设计规范》CJJ/T 15 及《快速公共汽车交通系统设计规范》CJJ 136 中的相关规定。

10.2 公共交通专用车道

10.2.1 目前国内外公交系统专用通道根据使用特点，主要包括以下四种形式。

公交专用路：道路上，公交车拥有全部的、排他的使用权，包括单向道路系统中公交逆行专用道，全部封闭的专用通道等。

公交专用车道：在特定的路段上，通过标志、标线画出一条或几条车道给公交车专用，但公交车同时拥有在其他车道的行驶权，根据公交专用车道在道路断面的位置主要可以分为中央公交专用车道和路侧专用车道。

公交专用进口道：在交叉路口进口，专门为公交车设置的进口道，包括只允许公交车转向的管理设施。

公交优先道路：在混合交通中，公交车比其他车辆具有优先使用某条道路的权利，当其他车辆影响公交车的运行时，必须避让公交车辆。

规范只对公交专用车道的内容进行了相关规定。根据我国实际情况，结合不同的公共交通系统对道路的使用要求，将公共交通专用车道统一划分为快速公交专用车道和普通公交专用车道两类。

10.2.2 规定了快速公交专用车道的一般设计原则。

1 中央专用车道受其他车辆干扰最小，路侧专用车道根据道路路幅形式，还可分为主路路侧和辅路内、外侧形式，受其他车辆干扰程度也依次增加。因此优先选用中央专用车道。中央专用车道按上下行有无物体隔离分为整体式和分离式，整体式占用道路空间小，公交车辆运行中车辆有需求时可以借道行驶，故优选中央整体式。

2 由于快速公交专用车道和车站占用较大的城市空间资源，城市支路一般不具备设置大容量公交系统的条件。因此，规定设计速度为40km/h～60km/h。

3 经调研，目前国内大容量快速公交车车体宽度一般为2.55m，根据行驶及安全性要求，单车道的车道不应小于3.5m。

4 分离式单车道当运营车辆发生故障时，会阻碍其他运营车辆。为及时排除故障，应迅速将故障车辆移出专用道。考虑牵引车进出和疏散车上乘客的方便，物体隔离连续长度不应超过300m。

10.2.3 参照行业标准《公交专用车道设置》GA/T 507－2004中的相关规定。

10.3 公共交通车站

10.3.1 考虑建筑结构、出入口通道、售检票亭宽度等因素，双侧停靠站台宽度不应小于5m，单侧停靠站台宽度不应小于3m。

11 公共停车场和城市广场

条文主要沿用《城市道路设计规范》CJJ 37－90中的相关规定。

11.2 公共停车场

11.2.2 确定公共停车场规模的依据为服务对象的要求、车辆到达与离去的交通特征、高峰日平均吸引车次总量、停车场地日有效周转次数、平均停放时间、车辆停放不均匀性等，同时要结合城市的性质、规模、服务公共建筑物的位置、城市交通发展规划等综合考虑。

11.2.4 停车场根据停放车辆的类型分为机动车停车场和非机动车停车场；根据停放车辆的场地分为路上停车场和路外停车场；根据服务对象分为公用停车场和专用停车场。规范规定的内容为停放机动车和非机动车的公共停车场。

11.3 城市广场

11.3.1 城市广场是指与城市道路相连接的社会公共用地部分，是车辆和行人交通的枢纽场所，或是城市居民社会活动和政治活动的中心。规范按其用途和性质将其分为公共活动广场、集散广场、交通广场、纪念性广场与商业广场五类。虽然各类广场的功能特性是有差异的，但在广场分类中严格区分各类广场，明确其含义是有困难的。城市中有些广场由于其所处位置及历史形成原因，往往具有多种功能，为了充分发挥广场的作用及使用效益，节约城市用地，应注意结合实际需要，规划多功能综合性广场。

11.3.2、11.3.3 规定了各类广场设计的一般原则。

1 公共活动广场多布置在城市中心地区，作为城市政治、文化活动中心及群众集会场所。应根据群众集会、游行检阅、节日联欢的规模，容纳人数来估算需要场地，并适当考虑绿化及通道用地。

2 集散广场为布置在火车站、港口码头、飞机场、体育馆以及展览馆等大型公共建筑物前面的广场，是人流、车辆集散停留较多的广场。

3 交通广场设在交通频繁的多条道路交叉的大型交叉口或交汇地点的广场，有组织与分散车流的功能。

4 纪念性广场应以纪念性建筑物为主。

5 商业广场应以人行活动为主，合理布置商业、人流活动区。

11.3.4 广场竖向设计不仅要解决场内排水，还要与广场周围的道路标高相衔接，兼顾地形条件、土方工程量大小、地下管线的覆土要求等，并应考虑广场整体布置的美观。

广场最小纵坡控制是为了满足径流排水。最大纵坡控制是考虑停车时手闸制动不溜车。

12 路基和路面

12.1 一般规定

12.1.1、12.1.2 路基路面性能不仅取决于其结构和材料，而且与路基相对高度、压实状况、排水设施及自然因素密切相关。条文强调路基路面结构方案的设计应做好前期调查、分析工作，结合沿线地形、地质、材料等自然条件，因地制宜、合理选材，保证路基路面具有足够的强度、稳定性和耐久性。

12.1.3 快速路、主干路的路基路面不宜分期修建的原因主要是快速路、主干路的交通量大，对路面性能要求高，分期修建不仅影响交通运营及行车安全，而且易造成路面的损坏，产生不良社会影响。

12.1.4 合理、良好的排水对于保证路基路面使用性能和使用寿命具有重要作用。路基路面排水是整个道路排水系统的一个重要部分，不仅应满足道路排水总体设计的要求和标准，而且应形成合理、完整的排水系统，及时排除路表降水和路面结构层的内部积水，疏干路基和边坡，以确保路基路面的长期性能。

12.2 路 基

12.2.2 路基回弹模量是路面厚度计算中唯一的路基参数，极其重要。对照欧美等国家的相关规范，我国《城市道路设计规范》CJJ 37－90 中规定“路槽底面土基设计回弹模量值宜大于或等于 20MPa，特殊情况下不得小于 15MPa。”的标准明显偏低；而且调查表明，近年来我国城市道路的轴载不断增大，车辆荷载作用于路基的应力水平和传递深度显著提高。因此，条文将快速路和主干路的土基设计回弹模量值提高到 30MPa，以增强路基的抗变形能力，优化路基路面结构的模量组合，不仅可以改善路面结构的受力状况，提高其使用性能，而且可以适当减薄路面厚度，节约投资。

路基干湿类型的确定方法如下：

1 路基干湿类型应根据不利季节路床顶面以下 80cm 深度内路基土的湿度状况确定。

2 非冰冻地区路基的湿度状况主要受地表积水、地下水位或空气相对湿度控制。对新建道路，路基湿度状况可以根据当地的实际条件，结合路基的土组类型，由基质吸力进行预估；对既有道路，路基湿度状况应在不利季节现场测定。

3 冰冻地区路基湿度状况的确定应考虑冰冻的影响。

12.2.3 路基设计高度应考虑相应路段的地表积水和地下水位、路基土的毛细水上升高度和冰冻状况等。沿河路基应考虑洪水的影响。

12.2.4 路基压实度是影响路基性能的重要指标。在路基工作区范围内，压实度越高，回弹模量越高，在行车荷载作用下的永久变形越小；对填方路基而言，压实度越高，由于路堤自身压密变形而引起的工后沉降越小。

《城市道路设计规范》CJJ 37－90 编制时，从必要性、有效性、现实性三方面分析了采用重型压实标准的可行性，提出了采用重型压实标准具有明显的技术、经济优势。但是考虑到当时我国多数城市重型压路机的数量只占总数的40%～60%，一律执行重型压实标准，会有较大困难，因此，原规范并列了轻型、重型两种压实度标准。经过近20年的发展，目前施工中已普遍采用重型压路机，因此，条文取消了轻型压实度标准，统一按重型压实度指标控制。

路基压实度一直备受关注。通过广泛调查，普遍认为原压实度标准偏低，并主张应适当提高路基压实度标准。条文根据各地的建设经验，将路基压实度标准分别提高了1%～3%，并将填方路基压实度标准控制到路床顶面以下深度150cm。

为增强条文的适用性和经济性，对几种特殊情形作了补充规定：

1 对于处在特殊气候地区，或者存在重要管线保护等的路基，如施工确有困难，条文规定，在不影响路基基本性能的前提下，本着可靠、可行、经济的原则，适当放宽重型击实的标准。

2 专用非机动车道和人行道的路基荷载相对较低，故压实度标准可按机动车道降低一个等级执行，但必须避免不同部位压实差异可能造成的稳定性隐患或者不均匀变形。

3 对于零填方或挖方以及填方高度小于80cm路段，在整个路床（0～80cm）范围内按照一个标准来控制压实，可能操作难度大或者不经济。考虑到车辆荷载沿路基深度的分布特征，可以采用“过渡性压实”的方法来控制不同深度的路基压实，下路床部分的压实标准较上路床部分可略有降低。

12.2.5 路基防护工程是防止路基病害、保证路基稳定的重要措施。规定中强调了应根据道路功能，结合当地气候、水文、地质等情况，采取相应的防护措施，保证路基稳定。

深挖、高填路基边坡路段，往往存在着稳定性隐患，因此强调必须查明工程地质情况，根据地质勘察成果进行稳定性分析，针对其工程特性进行路基防护设计，保证边坡稳定。

12.2.6 软土、黄土、膨胀土、红黏土、盐渍土等特殊土路基多为特殊路基，其稳定、变形及可能产生的工程问题与特殊土的地层特征、物理、力学和水理特性，以及道路沿线工程地质、水文地质条件有关。因此，条文强调特殊土路基设计应充分重视岩土工程勘察与分析，应进行个别验算与设计。

考虑到特殊路基类型多，不同特殊路基的工程特性和问题各不相同，本条文仅作了原则规定。

12.3 路　　面

12.3.2 路面面层类型的选用不仅要考虑道路的类型和等级，更需要考虑不同面层的适用范围。道路设计中应针对不同性质、功能的场所选用相应的铺面类型。

近年来，随着对城市道路环保和景观要求的日益提高，科研人员研发了一批新型沥青混合料，并得到成功应用，如温拌沥青混凝土、大孔隙沥青混凝土、彩色沥青混凝土、透水水泥混凝土路面、透水沥青路面、透水砖路面等。并且已有相应的专用规范。因此，本规范只对各种路面结构的使用条件作原则规定，具体的设计要求，可详见相关规范。

12.3.3 沥青混凝土路面的损坏模式主要有裂缝类、变形类和表层损坏类等三大类。不同损坏模式对应不同的临界状态，因而，采用单一指标进行沥青混凝土路面设计具有明显的局限性。本规范根据国际、国内的研究成果与发展趋势，提倡采用多指标沥青路面设计方法。

关于沥青路面设计方法，从第九版开始的美国的沥青协会设计法、英国的设计法、比利时的设计法等，多指标体系的力学设计法已成为主流；我国近十年来也在不断地研究、完善和推动这一设计方法。该方法采用双圆垂直均布荷载作用下的多层弹性连续体系理论，按设计荷载所产生的应力、应变和位移量不超过路面任一结构层所容许的临界值来选择和确定路面结构的组合和结构层厚度。设计流程如图5所示。

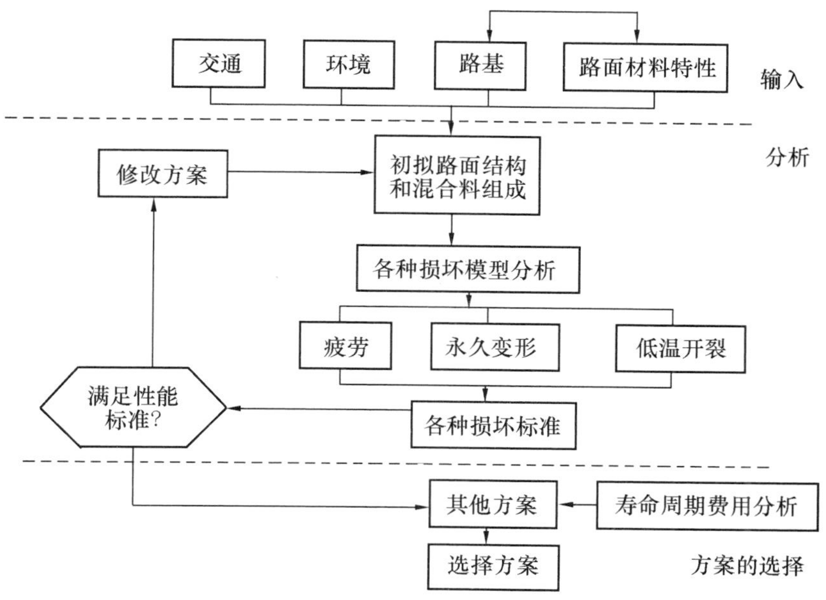

图5　沥青路面设计流程

12.3.4 水泥混凝土路面结构设计以控制水泥混凝土板不出现结构断裂作为基本准则。引起水泥混凝土路面结构断裂的因素可归纳为行车荷载与环境温度变化。因此，将行车荷载和温度梯度综合作用产生的疲劳断裂作为路面结构设计的极限状态和设计标准。

水泥混凝土路面结构分析采用弹性地基板理论，应考虑各层之间的相互作用，按行车荷载与环境温度变化引起的路面结构层（面层、基层）临界荷位处综合疲劳应力不超过材料的弯拉强度来选择和确定结构组合和各结构层厚度。

水泥混凝土面层的耐久性主要指抗冻性。关于面层类型的选择，连续配筋混凝土面层、沥青上面层与连续配筋混凝土或横缝设传力杆的普通水泥混凝土下面层组成复合式路面两种面层类型，具有承载能力大、行车舒适及使用寿命长等优点，但其造价较高。因此，前者仅推荐用于特重交通的快速路、主干路，而后者仅推荐用于特重交通的快速路。

垫层主要设置在温度和湿度状态不良的路段上，以改善路面结构的使用性能。季节性冰冻地区，路面总厚度小于最小防冻厚度时，用垫层厚度补差，可有效地避免或减轻冻胀和翻浆病害；潮湿、过湿路基，设置排水垫层，可疏干路床土，保证基层处于干燥状态。

我国过去出于降低造价和迁就落后的施工技术等原因，水泥混凝土路面绝大多数不设传力杆。不设传力杆的水泥混凝土路面易发生唧泥、错台，进而造成路面板裂断，为了提高水泥混凝土路面使用寿命长和行车舒适性，本条文规定了快速路、主干路的横向缩缝应加设传力杆。

水泥混凝土面层的自由边缘、雨水口和地下设施的检查井周围是薄弱区域，应采用配筋补强。

对面层的水泥混凝土强度、主要技术指标作出最低规定，以保证水泥混凝土路面的基本性能要求，减少设计缺陷的发生。

12.3.5 非机动车道路面结构设计视路面上行驶的交通工具（自行车、摩托车、三轮车及其他等）不同而有所区别。若为专用非机动车道，其设计应按使用功能要求，根据筑路材料、施工最小厚度、路基土类型、水文地质条件及当地经验，确定结构层组合与厚度，达到整体强度和稳定性。若有少量机动车行驶，其设计除应满足非机动车的使用功能要求外，还应满足机动车的使用功能要求，结构组合和厚度确定方法与沥青混凝土路面、水泥混凝土路面的设计方法相同，面层厚度可较机动车道厚度适当减薄。

12.3.6 人行道铺面结构设计主要考虑行人的荷载作用，按使用功能要求确定结构组合和各结构层厚度，达到整体强度和稳定性。

广场铺面设计应视广场的性质、功能和分区不同而有所区别，铺面一般按使用功能要求进行设计，通过铺面结构组合，达到整体强度和稳定性。可采用条石、水泥混凝土步道方砖或机砖、缸砖等作为广场铺面面层。

广场铺面设计采用水泥混凝土或沥青混凝土面层，其设计方法和内容与沥青混凝土路面、水泥混凝土路面相同。

12.3.7 停车场铺面作为停放车辆的场所，其上作用的车辆荷载与一般道路基本相同，因此，铺面设计可参照沥青混凝土路面、水泥混凝土路面的设计方法和内容进行。

根据停车场的性质与功能不同，停车场铺面结构的设计荷载应视实际情况确定。停车场驶入、驶出的车速较小，荷载冲击系数可比车行道路面结构的设计值小。停车场的出入口路面与车场内停车部位的路面重复荷载作用不同，一般应予以区别考虑和加强。停车处主要受静荷作用，受荷时间长，路面承重的工作状态与车行道不同，另外，停车场内车辆启动、制动频繁，采用沥青混凝土面层，应提高路面面层的抗车辙能力，以免夏季路面变形。采用水泥混凝土面层，无论现浇或预制铺装，均应设置胀缝，其胀缝间距及要求与车行道相同，纵、横缝则都要设。

12.4 旧路面补强和改建

12.4.1 路面在使用过程中，由于行车荷载和环境因素不断作用，路面平整度、抗滑能力、承载能力等性能逐渐退化。当不能满足交通的需求时，需采取结构补强或改建以恢复或提高。在旧路面结构补强和改建时，充分利用旧路面的剩余强度，可有效地减少投资。因此，本条文对旧路面补强和改建的条件作了原则规定。

12.4.2 本条规定了旧路面结构补强和改建方案设计中应考虑的因素，强调了技术经济分析的重要性；规定了对不同旧路面状况应采取的补强或改建方案的原则要求。

12.4.3 补强和改建适用于不同的旧路面路况条件。其中，补强适用于路面结构破损较为严重或路面承载能力不能满足未来交通需求的情况；改建适用于路面结构破损严重，或路面纵、横坡需作较大调整的情况。

12.4.5 水泥混凝土路面上加铺沥青面层的技术关键是如何预防旧路面的接缝、裂缝反射穿透加铺面层而形成贯穿性反射裂缝。因此，必须根据道路所在地区的气候特点、交通荷载的大小和繁忙程度、旧路面的性能，尤其是接缝、裂缝两侧的弯沉差等，考察各种防反射裂缝措施的适用性和效果，然后通过技术经济比较作出决策。

13 桥梁和隧道

13.1 一 般 规 定

13.1.1 桥梁的设置，尤其是特大桥、大桥的设置应根据城市道路功能及其等级、通行能力，结合地形、河流水文、河床地质、通航要求、河堤防洪、环境影响等进行综合考虑，并设置完善的防护设施，增强桥梁的抗灾能力。

13.1.2 随着我国经济的发展，城市道路建设中采用隧道穿越水域和山岭的方案越来越多，为指导设计，本次修订对隧道的建设规模与技术标准作了原则性的规定。

隧道位置的选择，直接影响到隧道设计、施工和投资以及竣工后的运营安全和养护管理。因此，对隧道所在区域的地质勘察、地下管线和障碍物探测、水域河床自然变化、人工整治状况及航运、航道规划、城市规划、地下空间利用规划、景观和环境保护、城市道路、交通网络、道路功能定位等工作必须进行深入细致调研和掌握，力求准确、全面。

是否采用隧道方案应综合考虑社会、经济、地质、环保、工程造价等因素进行比选。一般应进行明挖与暗挖隧道施工方案的比较，穿越山岭地区或建筑物等可考虑采用矿山法或盾构法等；穿越水域可考虑围堰明挖法、盾构法、沉管法等；隧道位于路面等无建筑物的环境条件下可采用明挖法、盖挖法等。比选不仅要考虑建设成本和建设难度、城市景观和环境保护，还要考虑建成后车辆的行驶安全、运营费用，以及运营管理和养护维修的费用。

13.1.3 根据国务院颁发的《城市道路管理条例》（1996 年第 198 号令）第四章第二十七条规定：城市道路范围内禁止“在桥梁上架设压力在 4 公斤/平方厘米（0.4 兆帕）以上的煤气管道，10 千伏以上的高压电力线和其他燃爆管线。”对于允许在桥上通过的压力小于 0.4 兆帕燃气管道和电压在 10kV 以内的高压电力线，其安全防护措施应分别符合现行国家标准《城镇燃气设计规范》GB 50028、《电力工程电缆设计规范》GB 50217 的规定要求。为此本条规定主要是确保桥梁或隧道结构的运营安全，避免发生危及桥梁或隧道自身和在桥上隧道内通行的车辆、行人安全的重大燃爆事故。

13.2 桥 梁

13.2.1 本条规定了城市桥梁设计应考虑的一般原则。

1 特大桥、大桥的桥位应选择在顺直的河道段，避免设在河湾处，以防止冲刷河岸。同时要求河槽稳定，主槽不宜变迁，大部分流量能在所布置桥梁的主河槽内通过。桥位的选择要求河床地质条件良好、承载能力高、不易冲刷或冲刷深度小。桥位若处在断层地带，要分析断层的性质，如为非活动断层，宜将墩台设置在同一盘上。桥位应尽力避免选择在有溶洞、滑坡和泥石流的地段，否则应采取工程防护措施，确保岸坡稳定。

2 城市桥梁应根据所在城市道路的使用任务、性质和将来发展的需要，按照"安全、适用、经济、美观和有利环保"的原则进行设计。安全是设计的目的，适用是设计的功能需要，必须首先满足；在满足安全和适用的前提下，应根据具体情况考虑经济和美观的要求。同时应注意工程设计的环保要求。

3 城市桥梁设计应按城市规划要求、交通量预测，考虑远期交通量增长需求。城市桥梁应和城市发展环境、风貌相协调。

4 城市桥梁建设应考虑各项必需的附属设施的布置和安排，以免桥梁建成后再重新设置，损伤桥梁结构，或破坏桥梁外观。

13.2.2 与国家现行标准《公路桥涵设计通用规范》JTG D60－2004中的桥梁分类标准一致。

13.2.4 通航河流的桥下净空，应符合国家现行标准《内河通航标准》GB 50139、《通航海轮桥梁通航标准》JTJ 311的规定。

非通航河流的桥下净空高度，应根据设计水位、壅水高、浪高、最高流冰面确定，并给以一定的安全储备量。

非通航河流的桥梁跨径，除了应根据水流平面形态特征，河床演变趋势、河段地形地质条件确定外，还应考虑流冰、流木等从桥孔通过。

13.2.5 桥上最大纵坡主要从桥梁结构受力和构造方面考虑，而引道最大纵坡则主要考虑行车方面的要求。在具体应用时，应根据桥型、结构受力特点和构造要求，选用合适的桥上纵坡。通行非机动车时需满足非机动车的行车要求。

桥上最小纵坡主要从满足排水要求考虑，《城市道路设计规范》CJJ 37－90和《城市快速路设计规程》CJJ 129－2009中规定最小纵坡为0.3%。编制中，考虑到目前城市道路建设中高架桥的应用越来越多，桥梁较长，如果以最小纵坡为0.3%控制，为了满足竖向设计指标要求，造成桥梁线形起伏，影响美观。因此，规定了条件受限时，可采用平坡，但要满足排水的要求。

13.3 隧　　道

13.3.1 隧道埋深的确定对控制建设规模、环境保护、施工安全、运营便捷等方面进行考虑，确定时应根据道路等级、隧道交通功能和服务对象，综合考虑路线走向、路线平纵线形、隧址处环境、洞口、匝道及接线道路、隧道内附属设施的布置等因素。同时，应对隧道出入口位置进行比选。

13.3.2 采用《公路工程技术标准》JTG B01－2003及《公路隧道设计规范》JTG D70－2004中的规定。

目前除国际隧道协会按长度将隧道分为特长、长、中、短隧道外，其他像瑞士仅对隧道长度分布范围作了区分，但没有长短之分。德国、澳大利亚仅按长度的不同对隧道内应设置的安全设施提出了要求。其他各国如英国、挪威、日本、法国、瑞典等都是按照隧道长度与交通量这两个指标进行分级的，其目的主要还是为隧道内安全、运营管理设施设置规模提供标准。

我国公路与铁路部门都是按隧道长度进行分类，但其分类长度不同。另外在《公路隧道交通工程设计规范》JTG/T D71－2004中提出了公路隧道交通工程分级根据隧道长度和隧道交通量两个因素划分为A、B、C、D四级。

从国内外隧道分类（级）现状来看，多数国家没有隧道长短之分，隧道内安全设施根据隧道长度、交通量与通行车辆类型，即火灾可能规模及逃生救援的难易程度确定。由此采用的隧道分级有5个级别、4个级别与3个级别等多种情况，各级隧道起点长度也不一致，这主要与各国道路等级、交通组成和交通量是相对应的。

单按隧道长度来划分，主要是给人们一个宏观的概念，此种分类方式称为隧道分类。按隧道长度与交通量这两个指标类划分，主要是解决隧道内应设置的营运安全设施规模，体现隧道的安全与重要性，此种分类方式称为隧道分级。

13.3.3 本条参照《公路工程技术标准》JTG B01－2003中的规定，同时考虑软土中某些隧道工法的技术经济指标以及城市用地紧张，条件受限，并考虑城市隧道交通量大，城市隧道运营维护设施较为完善，管理要求和水平也较高，因此，规定比《公路工程技术标准》要求略低。

13.3.4 长度大于1000m行驶机动车的隧道考虑汽车尾气的污染对通风的要求比较高，目前技术条件下，慢速交通通过隧道存在较大的安全隐患，因此禁止与机动车在同一孔内设置非机动车和行人通道；长度小于等于1000m的隧道若要求设置非机动车和行人通道时，必须有安全隔离设施。

13.3.5 隧道洞口由于光线的剧烈变化以及道路宽度和行车环境的改变，隧道进出洞口是事故多发地段。因此，洞内一定距离与洞外一定距离保持线形一致是必要的，以保持横断面过渡的顺适，满足车辆行驶轨迹的要求。

隧道入洞前一定距离内，应设置必要的安全设施和视线诱导设施，例如标志、标线、安全护栏、警示牌、信号等，使驾驶人员能预知并逐渐适应驾驶环境的变化。

由于城市中行驶车辆性能较好，车辆爬坡能力等提高，同时考虑城市环境条件较为苛刻，因此隧道纵坡可以适当放宽，在上海、广州等地区一些隧道已有实例。

参照国外相关标准以及国内的科研成果，最大纵坡可适当加大，尽管对最大纵坡值作了适当的放宽，但从行车安全角度考虑，隧道内纵坡仍应尽可能采用较小的纵坡值。当受地形、地质、环境、出入口道路衔接条件等限制，拟加大隧道纵坡时，应根据道路类别、级别、隧道长度，考虑隧道所在地区的气候、海拔、主要车辆类型和交通流组成、隧道运营管理水平、隧道内安全设施配备标准等因素，对纵坡值进行充分论证后，再慎重使用，但隧道最大纵坡不应大于5%。

隧道平面线形应与隧道前后路线线形协调一致，并尽量均衡。影响隧道行车安全的重要因素是停车视距和车速，因此线形设计必须保证停车视距。长、中隧道以及短隧道的隧道线形应服从路线布设的需要。采用曲线隧道方案时，必须对停车视距进行验算，并尽量避免采用需设加宽的圆曲线半径。

13.3.7 为了预防或消除地表水和地下水对隧道产生的危害，要求隧道设计应进行专门的防水、排水设计，使隧道洞内、洞口与洞外构成完整的防水、排水系统，以保证隧道结构、附属设施的正常使用，以及行车安全。

排、防、截、堵和限量排放措施应综合考虑，根据多年来隧道建设的经验，隧道内的防排水应以“排”为主。以防助排，可以使水流集中，安排地下水流按无害路径排走。截是为了减少对洞内排水防水的负担，截得越彻底，排防越有利，同时应充分考虑排水对周围环境的影响，因此提出“限量排放”的要求，如隧道周边附近地表植被、地上和地下建（构）筑物及路面沉降等。

13.3.9 城市道路公交车辆等人员交通流量较大，尤其上、下班高峰期间，因此应特别强调隧道事故报警、救援逃生设施等的布置。

13.3.10 城市道路隧道需设置管理用房，在多条隧道邻近的条件下，为考虑资源优化配置，节省土地和人力、物力，设置一处管理用房便于集中管理。

13.3.12 由于城市内建筑物布置和人员较为密集，环境和景观要求较高，道路隧道出入口建筑设计、通风设施的布置不仅必须满足污染空气的排放环保要求，而且应与景观相协调。

14 交通安全和管理设施

14.1 一 般 规 定

14.1.1 交通安全和管理设施是维护交通秩序、预防和减少交通事故、发挥城市道路运输效率的基础设施，是“以人为本”、“方便群众”的具体体现，也是反映城市交通建设、管理水平和文明程度的一个重要方面。交通安全和管理设施的建设规模与技术标准应结合国内生产实际的需要和适度超前；同时要相互匹配，协调发展，形成统一的整体。防止追求过高的技术标准或者随意降低技术标准。交通安全和管理设施应按总体规划、分期实施的原则配置，最重要的是做好前期基础工作，即总体规划设计，依据路网的实施情况逐步补充、完善。

14.1.2 交通安全和管理设施易被人忽视，有时往往到了工程快竣工时，才想到要设置标志、标线等安全设施。特别是当经费不足时，交通安全和管理设施项目往往“首砍其冲”。因此本条强调规划设计，在规划设计指导下工程才有保障。同时交通安全和管理设施是保障道路行车安全的重要手段，同时也是体现城市交通管理的一个窗口，因此，强调在规划设计时，应与当地规划和交管部门协调配合。

14.1.3 在城市道路的设计与建设过程中，一般是随着城市的发展，分条、分段由不同的建设单位建设。一条道路或一段道路的建成通车，都会对一定区域的交通格局带来影响，因此，需对周边已有的一些交通设施进行调整，为了更好地发挥道路使用功能，在此强调应加强对现有设施的协调和匹配。

14.1.4 为了明确各级道路交通安全和管理设施的建设规模和技术标准，将交通安全和管理设施等级划分为A、B、C、D四级。规定了道路开通运营时，各级道路交通安全和管理设施必须配置的水平。本条系结合我国城市道路的现状特点和实践经验，参照我国现行的公路设计相关标准制定的。

14.2　交通安全设施

14.2.1　A 级配置是针对专供汽车连续行驶、控制出入的城市快速路而作的规定。

14.2.2　B 级配置是供交通性主干路、次干路而作的规定。这里强调设置机动车与非机动车分离；机动车与非机动车以及行人分离的隔离设施；平面交叉口强调路口的交通渠化以及设置交通信号控制；对沿线支路接入的限制措施是指在支路上设置减速让行或停车让行标志或设置减速路拱或设人行横道线和信号灯控制等。

14.2.3　C 级配置是为集散性、服务性的主干路、次干路而作的规定，这类道路往往路口多，人车混行，机非混流，为了维护道路秩序和交通安全更宜交通渠化，信号管理，人车分离，各行其道。

14.2.4　D 级配置是为次干路与支路的连接线而作的规定，重点在平交路口和危及安全行车的路段。

14.2.5　其他情况下应配置的交通安全设施作如下说明：

1　我国幅员辽阔，复杂多变的气候条件常给交通运行和安全带来困扰和影响，为了减少这种困扰和影响，各地应结合本地自然条件配置交通安全设施。

2　在危险路段为防止车辆失控或越出道路而造成严重伤害，应当设置视线诱导、警告、禁令标志和安全防护设施。

3　是对交通弱势群体的特殊保护。施画人行横道线，设置提示标志是法律上强制的，必须设置。但这种设置的前提是“没有行人过街设施”。如果有过街设施，则可以让这部分人通过过街设施。

4　是关于铁路与道路平面交叉道口设置交通安全设施的规定。

5　为了保证铁路运营的安全，铁路的设计规范中，对于上跨铁路的桥梁安全设施的设置有相关的规定，因此本条规定了上跨铁路桥梁设施的设置要求。

6　交通噪声要引起人们关注和有所应对。现在道路工程建设中，大多是道路建成后居民受到噪声困扰时才引起注意，因此要求设计者事先应有所预见，主动采取一些降噪措施，如设置绿化带、隔声墙、低噪声路面等等。

14.2.6　绿化是城市道路的一个重要组成部分；若分隔带上的绿篱高而密，会阻隔了驾车人一侧行车视线，作为城市道路还不能完全控制行人从绿篱中横出的情况下，驾车人和行人往往会猝不及防，酿成事故，这类教训是很多的。其次绿篱高而密，驾车人和坐车人的视觉也受到了压抑，因此在交叉口、人行横道和弯道内侧等道路绿化应不妨碍行车视距。

14.3 交通管理设施

交通管理设施在维护城镇交通秩序和安全中起着越来越重要的作用。管理设施的目标是依靠科技手段，使交通管理者同交通参与者之间建立一个“信息”交换系统；强化快速反应能力，充分发挥现有道路设施的作用，以向路网争空间、要速度、抢时间，为市民出行和交通运输服务。

14.3.1 A级管理设施是针对快速路配置的。快速路是城市交通网络中的骨架，交通量很大，一旦建成开通就成为离不开、断不得的交通命脉，因此齐全、完善的管理设施是完全必要的。但在开通初期，具体设施可根据服务水平等因素进行降级配置。A级配置首先要加强交通流基本参数（如流量、速度、密度）的检测，配置视频监视器等基础设备，加强信息的采集和处理；以后视交通量增长情况，配置二期设备，最终达到中等或较高规模的设施。

14.3.2 B级管理设施主要在平面交叉口上。纵观国内外城市交通矛盾都集中在平面交叉口上，人车分离、路口渠化是首要工作；交通信号灯控制是规范平交路口各个方向同时到达且相互冲突（或交织）的人车流、在时间上进行通行权分配最常见和最有效的方法；同时也是对道路交通流、快速路的匝道和路段上人行横道等通行权进行分配、控制、疏导、合理组织的有效措施。对信号灯控已形成路网的区域，应考虑协调控制。

14.3.3、**14.3.4** C、D级管理设施视需要而定。

15 管线、排水和照明

15.1 一 般 规 定

15.1.1 城市道路是综合管线的载体，应尽量为管线工程提供技术条件。管线种类往往较多，需要统一协调，同步规划、同步设计才能确保总体布局合理。

15.1.2 道路排水工程往往结合区域排水工程建设，是城市排水工程的一部分，应符合城市排水工程的一般要求。

15.1.3 道路照明能为驾驶员及行人创造良好的视看环境，从而达到减少交通事故、保障交通安全、提高运输效率和美化城市环境的效果。

15.2 管　　线

本节从配合道路建设的角度对管线工程设计提出原则性要求，以协调管线与道路之间的关系。各类管线的具体技术要求属相关专业规范范畴，不在本规范规定之列。

15.2.1 管线埋地敷设可以改善市容景观，净化城市空间，同时提高管线的安全可靠性。

15.2.2 本条对道路管线工程设计提出原则性要求。

1 符合总体规划才能协调各管线单位意见，符合专业规划才能满足管线专业技术要求。

2 指管廊路幅分配和管线交叉的处理应符合相关专业规范对管线排列顺序、覆土深度、水平和垂直净距、防干扰等方面的规定。

3 本条规定了对管线限界的总体要求。

4 为保证行车安全舒适，便于管道检修维护，管线应优先考虑布置在非车行道下。快速路主路上车速较快，井盖可能影响行车，管线管理维护难度大；其余车行道上的井盖通常由于与路面不齐平、井盖盗失、承载力不足或松动等原因，对行车的安全和舒适性有较大影响；人行道上的井盖和其他地上设施由于设置位置不合理以及上述原因，会影响盲人、残疾人轮椅的通行和正常人在光线较暗情况下的通行。

15.2.3 过街管数量不足将影响管线的服务效率，道路建成使用后再施工的难度非常大。规定过街管实施时宜采用非开挖技术，目的是避免开挖破坏路面，影响交通，造成不良社会影响。

15.2.4 综合管沟断面一般较大，一次性投资较多，管理要求较高，其建设往往需结合具体情况论证，本规范不对其设置的条件作具体规定。“条件许可”主要指的是沟道不受地下障碍物影响，不影响城市地下空间的综合开发利用，技术上可行，资金有保障。

15.2.5 管线覆土过深或过浅、交叉净距不足可能对管线安全构成隐患，可能导致管线之间相互干扰，必须采取加固和保护措施。管线及其构筑物侵入道路结构时对路基路面的强度有所削弱，应根据削弱程度采取适当的加固和补强措施。

15.2.6 专业规范从管道工程安全的角度都对此有严格规定，本条从道路和交通安全的角度提出基本要求。

15.2.7 电力、燃气管线跨越桥梁的问题近年来争议较多，相关规范标准进行了适当调整，但设计中仍应注意其限制条件。现行《建筑设计防火规范》GB 50016 对城市交通隧道内高压电线电缆和可燃气体管道的穿行有严格限制。

15.3 排 水

本规范所指的“道路排水工程”是指直接服务于道路，用于排除地面水、地下水和道路结构层含水的一系列排水设施，而不是指道路范围所有的“城市排水工程”。

15.3.1 道路排水工程往往结合区域排水工程建设，是城市排水工程的一部分，应符合城市排水工程的一般要求。海绵城市建设涉及城市水系、排水防涝、绿地系统、道路交通等多方面，需要从径流源头、中途和末端综合控制，因此，海绵城市建设应贯彻规划引领、统筹建设的原则，控制目标和指标必须从规划层面统筹考虑，分解到相关的专项规划之中，在建筑与小区、城市道路、绿地与广场、水系等的建设中具体落实。城市道路应在不削弱道路基本功能的前提下，落实海绵城市建设规划提出的控制目标。

15.3.2 “道路地面水”包括道路范围内的车行道、人行道、分隔带、绿地、边坡的地面水，以及其他可能进入道路范围内的地面水。

15.3.3 “地下水”包括通过绿化分隔带和路面缝隙渗入地下的地表水。

15.3.5 利用道路横坡和纵坡、偏沟和雨水口相结合，是城市道路地面水最重要的收集方式。《室外排水设计规范》GB 50014 对雨水口有详细规定，本条仅提出概括性要求，但此处的“雨水口”并非仅指标准图集中的“专用雨水口”，而是泛指各种有拦渣措施、能收集地面水的排水设施。

设置超高的弯道可能使外侧路面形成向内侧倾斜的横坡，有中间分隔带时应设置雨水口，避免雨水穿过分隔带横向流过内侧车道或从下游横向流过外侧车道；在横坡方向转换的地方应设置雨水口，避免中间或路侧偏沟的雨水横向流过车行道。

15.3.6 由于特殊的地形条件或者道路先行建设，城市道路沿线难免出现永久或临时边坡，需要适当设置边沟和截水沟。

15.4 照 明

15.4.2 本条规定了道路照明设计应满足的基本要求。其各项具体参数应以现行行业标准《城市道路照明设计标准》CJJ 45 为准。

15.4.6 照明光源的选择应与国家的相关政策法规结合，应符合我国能源及环境可持续发展的战略思想。

16 绿化和景观

16.1 一般规定

16.1.1 道路绿化景观工程实质是道路装修，随着城市经济发展逐步提升品质，应在国家基本建设方针政策指导下进行设计，不宜过度超前。

16.1.2 城市道路用地紧张，往往交叉口的设计不注意视距三角形的验算，植物和建筑一样不得进入视距三角形。分隔带与路侧带上的行道树的枝叶不得侵入道路限界。弯道内侧及交叉口三角形范围内，不得种植高于最外侧机动车车道中线处路面标高1m的树木，弯道外侧应加密种植以诱导视线。

16.2 绿化

16.2.1 该条规定了道路绿化设计的范围，一般指道路用地范围内的功能性用地外区域。

16.2.2 道路绿化设计应综合考虑沿街建筑性质、环境、日照、通风等因素，分段种植。在同一路段内的树种、形态、高矮与色彩不宜变化过多，并做到整齐规则和谐一致。绿化布置应注意乔木与灌木、落叶与常绿、树木与花卉草皮相结合，色彩和谐，层次鲜明，四季景色不同。设置调蓄设施的道路绿化带内的植物选择还应考虑植物的耐淹、耐盐、耐污等要求。

根据城市绿化养护单位较多提出中央隔离带植物养护难的问题，本条规定种植树木的中央隔离带的最小宽度不应小于1.5m；是对窄隔离带上种植植物品种的限制，应选便于养护的品种。

16.3 景观

16.3.1 该条规定了道路景观设计的范围。

16.3.2 该条规定了道路景观设计的一般原则。

1 根据道路的性质和功能，从城市设计和使用者的视觉感受出发，构成城市主骨架的标志性道路在大城市一般为快速路，在中小城市一般为主干路。其决定着城市空间布局，对城市景观有很强的控制作用。

2 城市立交占地面积较大，立交形式是景观设计的重点，可以配合有特色的绿化造景形成城市标志。同时应布置好人行设施，处理好结构物的细部。

3 车辆以快速通过性为主的主次干路，人流量相对较少，行人驻留时间较短，重点考虑以行车速度的视觉感受来设计街道景观。

4 车辆以中低速通过为主的次干路，平面交叉口较多，过街行人较多，商业繁荣，人在街区驻留时间长，重点以行人的视觉感受来设计，突出识别性，反映街区特色。还宜把店招、商业广告统一纳入景观设计。

5 以步行为主的服务性支路，宜充分体现人文关怀，形成方便、舒适、有人情味的道路空间。

6 我国大多数城市有河流和湖泊，滨水道路应成为城市景观的风景线，而不是成为隔离江岸与城市的屏障。让市民共享自然江岸资源，要根据水位涨落布置休闲场所和亲水空间，修建临水步道或梯道与城市人行道相通。

8 步行街主要指繁华市中心的商业街。由于高楼林立，建筑尺度大，景观设计强调以树木和水景软化环境，在混凝土森林中增添点绿意。

9 道路相关设施主要布置在人行道上。由于权属部门多，实施时序不同，对街道景观影响大。要根据街区特色统一规划设计，集约化布置，并严格按设计要求实施，才能实现道路景观的整体美化。

16.3.3 该条规定了桥梁景观设计的一般原则。

1 大桥尤其是特大桥，主要结构本身就是强烈的景观符号。应针对桥位周边的城市环境选择桥型，并贯彻安全、适用、经济、美观的八字方针，对主体结构和附属设施统一进行景观设计，不宜在主体结构上再作过度装饰。

2 城市的跨线桥数量多，可考虑涂装和细部装饰，增添构筑物的美感。

16.3.4 该条规定了隧道景观设计的一般原则。

1 洞门的识别性很重要，往往会形成城市的地标。

2 在繁华城区的短隧道，洞身可设置灯箱广告或橱窗，营造商业氛围。

三、城市道路路线设计规范

CJJ 193－2012

1 总则

1.0.1 为规范城市道路工程设计，合理确定路线设计技术指标，做到技术先进，安全可靠，经济合理，与城市环境相协调，制定本规范。

1.0.2 本规范适用于新建和改建城市道路的路线设计。

1.0.3 城市道路路线设计应根据城市总体规划、城市综合交通规划、市政专项规划，合理确定道路等级、平纵线形、横断面布置、交叉口形式等。

1.0.4 城市道路路线设计除应符合本规范外，尚应符合国家现行有关标准的规定。

3 基本规定

3.0.1 城市道路根据道路在路网中的地位、交通功能和服务功能等，可分为快速路、主干路、次干路、支路四个等级，各级道路的设计速度应符合表 3.0.1 的规定。

表 3.0.1 各级道路的设计速度

道路等级	快速路			主干路			次干路			支路		
设计速度（km/h）	100	80	60	60	50	40	50	40	30	40	30	20

3.0.2 路线设计应符合城市规划，并应结合地形、地物，对工程地质、水文地质、气象气候、生态环境、自然景观等进行调查，合理确定路线线位和平纵线形技术指标，平面应顺适、纵断面应均衡、横断面应合理。

3.0.3 路线设计应贯彻环境保护和土地资源利用的基本国策，降低道路工程对沿线生态环境以及资源的影响，并应符合以人为本、资源节约、环境友好的设计原则。

3.0.4 当道路采用分期修建时，应在综合分析、论证的基础上进行总体设计和制定分期实施方案，并应协调近期工程与远期工程的关系，控制道路用地，为远期工程实施留有余地。

3.0.5 改建道路应遵循利用与改造相结合的原则，既应满足相应道路等级的技术指标，又应能最大程度利用原有工程。

3.0.6 机动车设计车辆及其外廓尺寸应符合表 3.0.6 的规定。

表 3.0.6 机动车设计车辆及其外廓尺寸

车辆类型	总长（m）	总宽（m）	总高（m）	前悬（m）	轴距（m）	后悬（m）
小客车	6.0	1.8	2.0	0.8	3.8	1.4
大型车	12.0	2.5	4.0	1.5	6.5	4.0
铰接车	18.0	2.5	4.0	1.7	5.8+6.7	3.8

注：1 总长：车辆前保险杠至后保险杠的距离。
2 总宽：车厢宽度（不包括后视镜）。
3 总高：车厢顶或装载顶至地面的高度。
4 前悬：车辆前保险杠至前轴轴中线的距离。
5 轴距：双轴车时，为从前轴轴中线到后轴轴中线的距离；铰接车时分别为前轴轴中线至中轴轴中线、中轴轴中线至后轴轴中线的距离。
6 后悬：车辆后保险杠至后轴轴中线的距离。

3.0.7 非机动车设计车辆及其外廓尺寸应符合表 3.0.7 的规定。

表 3.0.7 非机动车设计车辆及其外廓尺寸

车辆类型	总长（m）	总宽（m）	总高（m）
自行车	1.93	0.60	2.25
三轮车	3.40	1.25	2.25

注：1 总长：自行车为前轮前缘至后轮后缘的距离；三轮车为前轮前缘至车厢后缘的距离。
2 总宽：自行车为车把宽度；三轮车为车厢宽度。
3 总高：自行车为骑车人骑在车上时，头顶至地面的高度；三轮车为载物顶至地面的高度。

3.0.8 道路建筑限界几何形状应为上净高线和两侧侧向净宽边线组成的空间界线（图3.0.8），顶角宽度（E）不应大于机动车道或非机动车道的侧向净宽度（W_1）。道路建筑限界内不得有任何物体侵入。

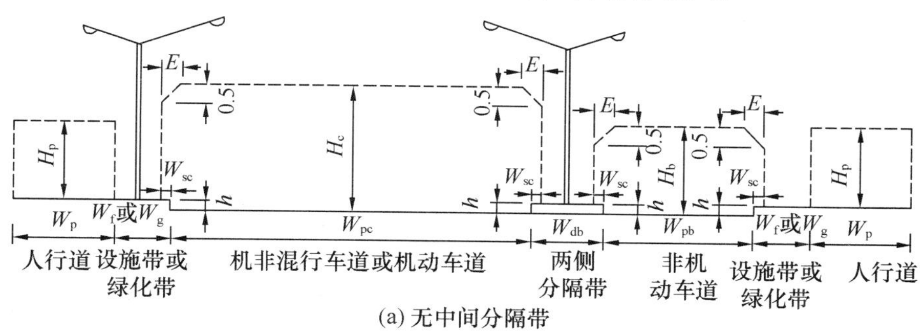

(a) 无中间分隔带

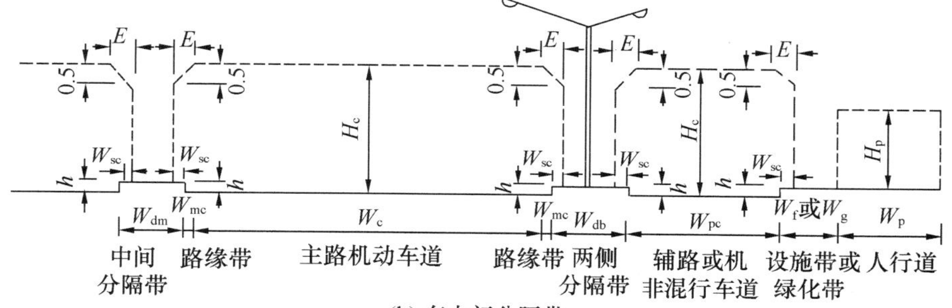

(b) 有中间分隔带

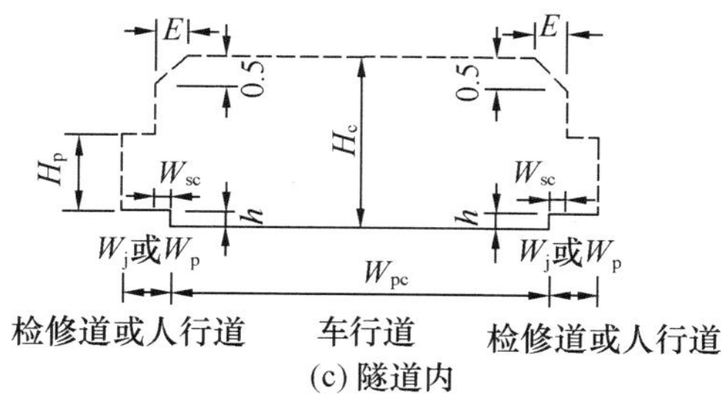

(c) 隧道内

图3.0.8 道路建筑限界（单位：m）

3.0.9 道路净高应符合下列规定：

1 道路的最小净高应符合表3.0.9的规定。

表3.0.9 道路的最小净高

部　　位	行驶车辆类型	最小净高（m）
机动车道	各种机动车	4.5
	小客车	3.5
非机动车道	自行车、三轮车	2.5
人行道	行人	2.5

2 同一等级道路应采用相同的净高。

3 城市道路与公路以及不同净高要求的道路之间应衔接过渡，并应设置必要的指示、诱导标志及防撞等设施。

4 对加铺罩面、冬季积雪的道路，净高宜适当预留。

5 对通行无轨电车、有轨电车、双层客车等其他特种车辆的道路，最小净高应满足车辆通行的要求。

3.0.10 各级道路设计交通量的预测年限应符合下列规定：

1 各级道路设计交通量的预测年限：快速路、主干路应为20年；次干路应为15年；支路宜为10年～15年。

2 设计交通量预测年限的起算年应为该项目可行性研究报告中的计划通车年。

3.0.11 道路路线应避开泥石流、滑坡、崩塌、地面沉降、塌陷、地震断裂活动等自然灾害易发区；当不能避开时，必须采取保证道路安全运行的有效措施。

4 总体设计

4.1 一 般 规 定

4.1.1 快速路、主干路、大桥和特大桥、隧道、交通枢纽应进行总体设计，其他道路可根据相关因素、重要程度进行总体设计。

4.1.2 总体设计应贯穿于道路设计的各个阶段，应系统、全面地协调道路工程项目外部与内部各专业间的关系，确定本项目及其各分项的技术标准、建设规模、主要技术指标和设计方案，并应符合安全、环保、可持续发展的总体目标。

4.1.3 总体设计应包括下列主要内容：

1 制定设计原则；

2 明确道路性质、功能定位、服务对象；

3 确定技术标准、建设规模、主要技术指标；

4 确定工程范围、总体方案和道路用地，并协调与相邻工程的衔接；

5 提出交通组织设计方案；

6 落实节能环保、风险控制措施。

4.2 总体设计要点

4.2.1 路线走向应符合城市路网总体规划。确定工程起终点位置时，应有利于相邻工程及后续项目的衔接，或拟定具体实施设计方案。

4.2.2 设计速度应根据道路等级、功能定位和交通特性，并结合沿线地形、地质与自然条件等因素，经论证确定。当不同设计速度衔接时，路段前后的线形技术指标应协调与配合。

4.2.3 快速路、主干路应根据预测交通量进行通行能力和服务水平评价，并结合定性分析，确定机动车车道数规模。非机动车车道数、人行道宽度也可根据预测交通量和使用要求，按通行能力论证确定。

4.2.4 横断面布置应根据道路等级、红线宽度、交通组织和建设条件等，划分机动车道、非机动车道、人行道、分车带、设施带、绿化带等宽度，并应满足地下管线综合布置要求；特殊断面还应包括停车带、港湾式公交停靠站、路肩和排水沟的宽度。

4.2.5 高架路或隧道的设置应根据道路等级、相交道路或铁路的间距、交通组织以及道路用地、地形地质、沿线环境等实施条件，经多方案比选和技术经济论证，确定总体设计方案以及布设长度、横断面布置、匝道和出入口布置、结构形式、衔接段设计等。

4.2.6 交叉口节点设置应根据相交道路等级、使用要求、交通流量流向、车流运行特征、控制条件以及社会经济效益、环境等因素，合理确定交叉口的位置、间距、分类、选型、交通组织和交叉口用地范围等；并应在交叉口范围内提出行人、非机动车系统和公交站点的布置方案。

4.2.7 跨江、跨河桥梁应结合航道或水利部门提出的通航、排洪等控制要求，进行总体布置以及环境景观、附属设施的配套设计。

4.2.8 人行过街设施应根据道路等级、横断面形式、车流量、行人过街流量和流线确定，可分别采用人行横道、人行天桥或人行地道的形式，并应提出设置行人过街设施的规模及配套要求。

4.2.9 公共交通设施应结合公交线网规划设计，提出公交专用道、公交站点的布置形式。

4.2.10 道路设计应分别对路段、交叉口、出入口提出机动车、非机动车、行人以及客车、公交车、货车的交通组织设计方案。

4.2.11 交通安全和管理设施应按主体工程的技术标准、建设规模及项目交通特性，确定其相应的技术标准、设施等级、设置内容和设计方案，并应协调各设施间的衔接与配合。

4.2.12 分期修建的道路工程，应按远期规划的技术标准进行总体设计，并应制定分期修建的设计方案，应近远期工程相结合。

5 横断面设计

5.1 一 般 规 定

5.1.1 横断面设计应在城市道路规划红线宽度范围内进行，并应根据道路等级、控制要素和总体设计要点等合理布设。

5.1.2 横断面形式应根据设计速度、交通量、交通组成、交通组织方式等条件选择，并应满足设计年限内的交通需求。

5.1.3 横断面设计应与轨道交通线路、环保设施、地上杆线及地下管线布设等协调。

5.1.4 横断面设计应结合沿线地形、两侧建筑物及用地性质进行布置，并应分别满足机动车道、非机动车道、人行道、分车带等宽度的规定。

5.2 横断面布置

5.2.1 道路横断面可分为单幅路、双幅路、三幅路、四幅路四种布置形式（图 5.2.1），并应符合下列规定：

1 单幅路适用于交通量不大的次干路、支路以及用地不足、拆迁困难的旧城区道路。

2 双幅路适用于专供机动车行驶的快速路、非机动车较少的主干路或次干路；对横向高差较大的特殊地形路段，宜采用上下分行的双幅路。双幅路单向机动车车道数不应少于 2 条。

3 三幅路适用于机动车流量较大、车速较高、非机动车较多的主干路或次干路。

4 四幅路适用于机动车流量大、车速高、非机动车多的快速路或主干路。四幅路主路单向机动车车道数不应少于 2 条。

5 当路侧有路边停车时，应增加设置停车带的宽度。

5.2.2 高架路横断面可分为整体式和分离式两种布置形式（图 5.2.2），并应符合下列规定：

1 整体式高架路中，主路上下行车道间应设置中间防撞设施；辅路宜布置在高架路下的桥墩两侧。

2 分离式高架路中，地面辅路的布置宜与高架路或周围地形相适应，上下行两幅桥梁桥墩分开，辅路宜设在桥下两幅桥中间。

5.2.3 路堑式和隧道式横断面布置形式应符合下列规定：

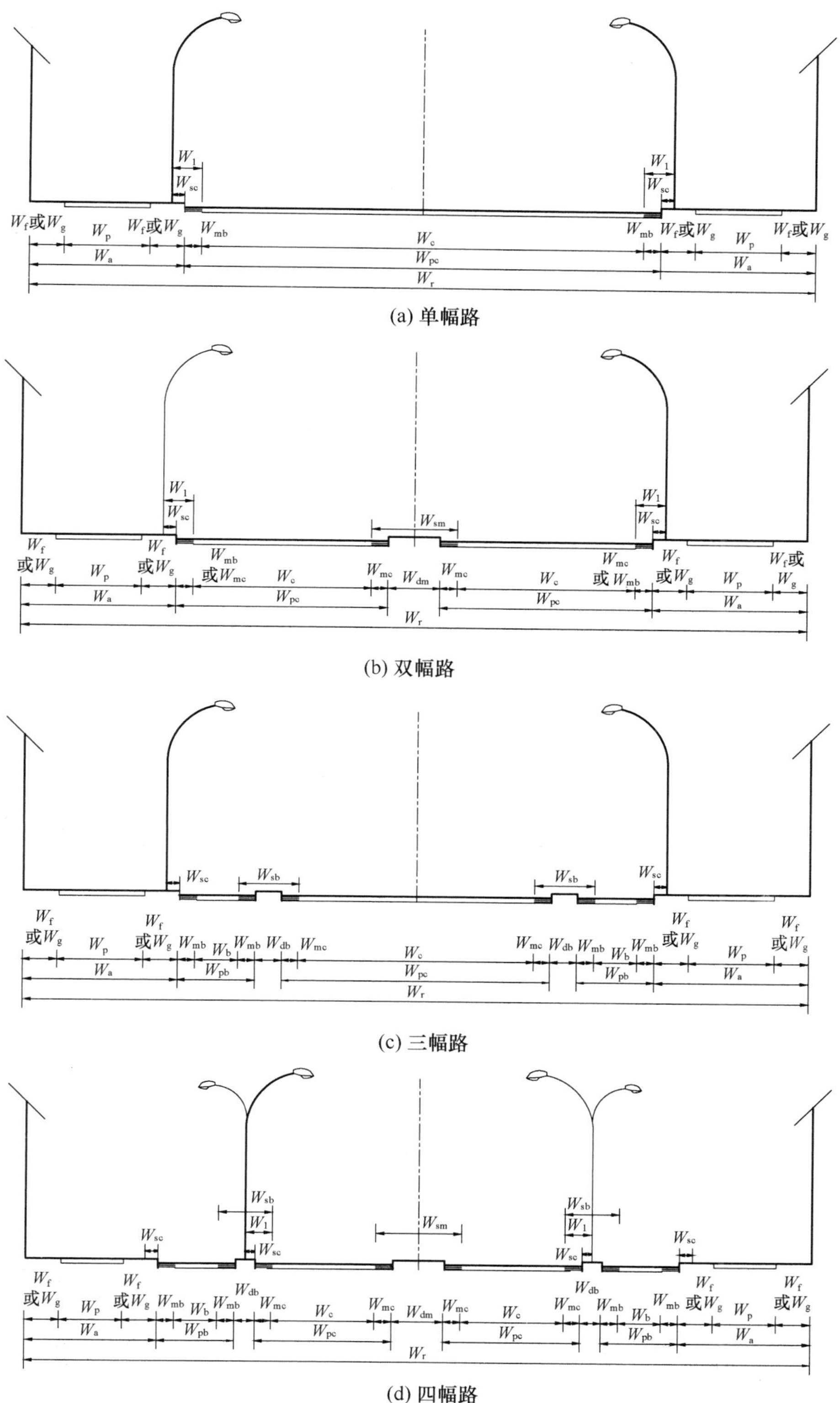

(a) 单幅路

(b) 双幅路

(c) 三幅路

(d) 四幅路

图 5.2.1　道路横断面布置形式

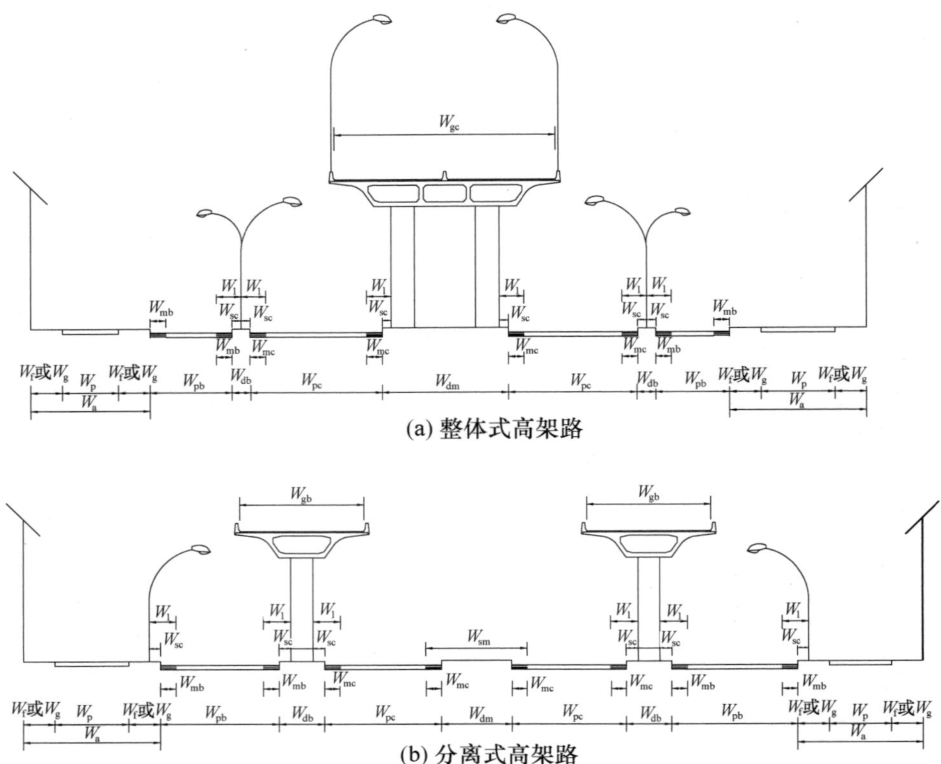

图 5.2.2　高架路横断面

1　路堑式横断面（图 5.2.3-1）中的地面以下路堑部分应为主路，地面两侧或一侧宜设置辅路。

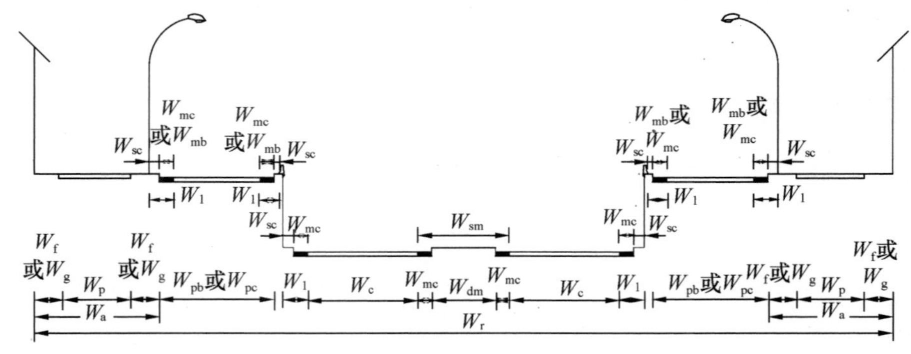

图 5.2.3-1　路堑式横断面

2　隧道式横断面（图 5.2.3-2）中的地面以下隧道部分应为主路，地面道路宜设置辅路。

5.2.4　设置主、辅路的道路横断面中，主路上下行车道间应设置中间带；主路与辅路之间应设置两侧带。

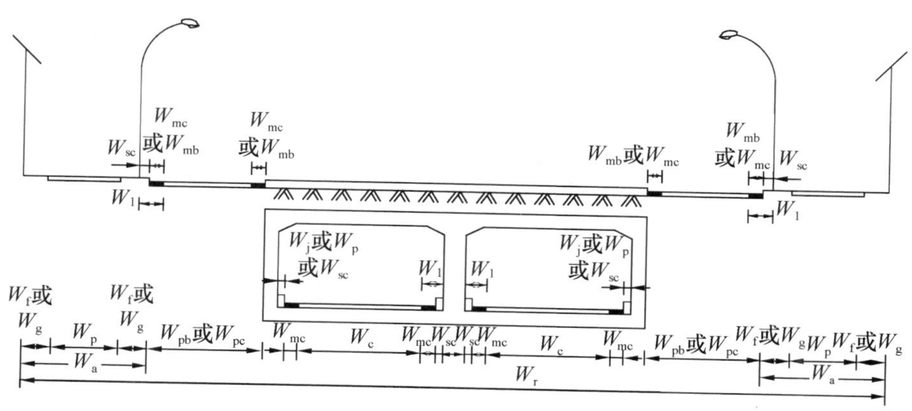

图 5.2.3-2 隧道式横断面

5.2.5 同一条道路宜采用相同形式的横断面布置。当道路横断面局部有变化时，应设置宽度过渡段；宜以交叉口或结构物为起终点。

5.2.6 道路横断面布置中，当单向机动车道为 3 车道及以上时，宜单辟 1 条公交专用车道或限时公交专用车道。当不设公交专用道时，主干路横断面布置应设置港湾式停靠站；当次干路单向少于 2 条车道时，宜设置港湾式停靠站；停靠站设置应符合本规范第 5.3.1 条第 5 款的规定。

5.2.7 桥梁横断面布置中车行道及路缘带宽度应与道路路段相同，特大桥、大桥、中桥的分隔带宽度可适当缩窄，其最小宽度应满足侧向净宽度及设置桥梁防护设施的要求。

5.2.8 隧道横断面布置应符合下列规定：

1 隧道的车行道及路缘带宽度应与道路路段相同。

2 当隧道两侧设置检修道或人行道时，可不设安全带宽度；当不设置检修道或人行道时，应设置不小于 0.25m 的安全带宽度。

3 中、长及特长隧道应设检修道，其最小宽度不应小于 0.75m。

4 当长、特长隧道单向车道数少于 3 条时，应在行车方向的右侧设置连续应急车道。当条件限制时，可采用港湾式应急停车道。每侧港湾式应急停车道间距不宜大于 500m，其宽度及长度宜按图 5.2.8 布设。

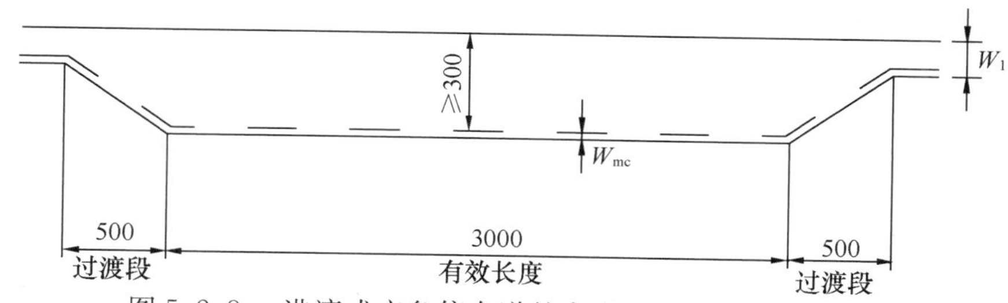

图 5.2.8 港湾式应急停车道的宽度及长度（单位：cm）

W_1—侧向净宽度；W_{mc}—机动车道路缘带宽度

5 不设检修道、人行道的隧道，应按 500m 间距交错设置人行横通道。

5.3 横断面组成宽度

5.3.1 机动车道宽度应符合下列规定：

1 一条机动车道最小宽度应符合表 5.3.1 的规定。

表 5.3.1 一条机动车道最小宽度

车型及车道类型	设计速度（km/h）	
	＞60	≤60
大型车或混行车道（m）	3.75	3.50
小客车专用车道（m）	3.50	3.25

2 机动车道路面宽度应为机动车道宽度及两侧路缘带宽度之和。

3 单幅路及三幅路采用中间分隔物或交通标线分隔对向交通时，机动车道路面宽度还应包括分隔物或交通标线的宽度。

4 快速公交专用道、常规公交专用道的单车道宽度均不应小于 3.50m。

5 公交港湾式停靠站可分为直接式和分离式两种。直接式公交停靠站的车道宽度不应小于 3.00m；分离式公交停靠站的车道总宽度应包括路缘带宽度，不应小于 3.50m。

5.3.2 非机动车道宽度应符合下列规定：

1 一条非机动车道最小宽度应符合表 5.3.2 的规定。

表 5.3.2 一条非机动车道最小宽度

车辆种类	自行车	三轮车
非机动车道宽度（m）	1.0	2.0

2 非机动车道数宜根据自行车设计交通量与每条自行车道设计通行能力计算确定，车道数单向不宜小于 2 条。

3 非机动车道路面宽度应为非机动车道宽度及两侧各 0.25m 路缘带宽度之和。

4 非机动车专用道路，单向车道宽不宜小于 3.5m，双向车道宽不宜小于 4.5m。沿道路两侧设置的单向非机动车道宽度不宜小于 2.5m。

5.3.3 路侧带可由人行道、绿化带、设施带等组成，路侧带设置应符合下列规定：

1 人行道最小宽度应符合表 5.3.3 的规定。

表 5.3.3 人行道最小宽度

项目	人行道最小宽度（m）	
	一般值	最小值
各级道路	3.0	2.0
商业或公共场所集中路段	5.0	4.0
火车站、码头附近路段	5.0	4.0
长途汽车站	4.0	3.0

2 绿化带宽度应符合现行行业标准《城市道路绿化规划与设计规范》CJJ 75 的相关要求。车行道两侧的绿化应满足侧向净宽度的要求，并不得侵入道路建筑限界和影响视距。

3 设施带宽度应满足设置护栏、照明灯柱、标志牌、信号灯、城市公共服务设施等的要求。设施带内各种设施应综合布置，可与绿化带结合，但不应相互干扰。

5.3.4 分车带设置应符合下列规定：

1 分车带按其在横断面中的不同位置与功能，可分为中间分车带（简称中间带）及两侧分车带（简称两侧带）；分车带应由分隔带及两侧路缘带组成（图 5.3.4）。

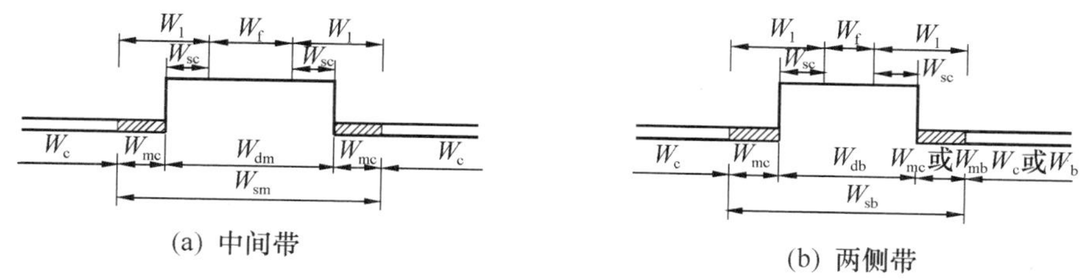

图 5.3.4 分车带

2 分车带最小宽度应符合表 5.3.4 的规定。

表 5.3.4 分车带最小宽度

类别		中间带		两侧带	
设计速度（km/h）		≥60	＜60	≥60	＜60
路缘带宽度 W_{mc} 或 W_{mb}（m）	机动车道	0.50	0.25	0.50	0.25
	非机动车道	—	—	0.25	0.25
安全带宽度 W_{sc}（m）	机动车道	0.25	0.25	0.25	0.25
	非机动车道	—	—	0.25	0.25
侧向净宽度 W_l（m）	机动车道	0.75	0.50	0.75	0.50
	非机动车道	—	—	0.50	0.50

续表 5.3.4

类　别	中间带		两侧带	
分隔带最小宽度（m）	1.50	1.50	1.50	1.50
分车带最小宽度（m）	2.50	2.00	2.50 （2.25）	2.00

注：1　侧向净宽度为路缘带宽度与安全带宽度之和。

2　括号内为一侧是机动车道，另一侧是非机动车道时的取值。

3　分隔带最小宽度值系按设施带宽度 1m 计的，具体设计应根据设施带实际宽度确定。

3　分隔带宜采用立缘石围砌，立缘石高度和形式应满足本规范第 5.5.2 条的规定。

5.3.5　变速车道应符合下列规定：

1　车辆驶出或驶入主路、立交匝道及集散车道出入口处均应设置变速车道。

2　变速车道的宽度应与主路车道宽度相同。

5.3.6　集散车道可为单车道和双车道，每条集散车道的宽度宜为 3.5m。与主路间设有分隔设施的集散车道，其车道数不应少于 2 条。

5.3.7　辅助车道的宽度应与主路车道宽度相同。

5.3.8　路肩应符合下列规定：

1　采用边沟排水的道路应在路面外侧设路肩。

2　路肩最小宽度应符合表 5.3.8 的规定。

表 5.3.8　路肩最小宽度

设计速度（km/h）	100	80	60	50	40
保护性路肩最小宽度（m）	0.75	0.75	0.75（0.50）	0.50	0.50
有少量行人时的路肩最小宽度（m）	—		1.50		

注：括号内为主干路保护性路肩最小宽度的取值。

3　路肩宽度应满足设置护栏、地上杆柱、交通标志基础的要求。

4　路肩可采用土质或简易铺装。

5.3.9　非机动车与行人共板的道路横断面形式可用于行人和非机动车较少、道路红线受限的路段，非机动车道与人行道之间宜采用分隔措施。

5.4　路拱与横坡

5.4.1　路拱设计坡度应根据路面宽度、路面类型、设计速度、纵坡及气候条件等确定，并应符合表 5.4.1 的规定。机动车道宜选用直线形路拱。

表 5.4.1 路拱设计坡度

<table>
<tr><th colspan="2">路面类型</th><th>路拱设计坡度 i（%）</th></tr>
<tr><td colspan="2">水泥混凝土</td><td rowspan="3">1.0～2.0</td></tr>
<tr><td colspan="2">沥青混凝土</td></tr>
<tr><td colspan="2">沥青碎石</td></tr>
<tr><td colspan="2">沥青贯入式碎（砾）石</td><td rowspan="2">1.5～2.0</td></tr>
<tr><td colspan="2">沥青表面处治</td></tr>
<tr><td rowspan="2">砌块路面</td><td>混凝土预制块</td><td rowspan="2">2.0</td></tr>
<tr><td>天然石材</td></tr>
</table>

注：1 快速路、降雨量大的地区路拱设计坡度宜取高值，可选 1.5%～2.0%。
2 纵坡度大时宜取低值，纵坡度小时宜取高值。
3 积雪冰冻地区、透水路面的路拱设计坡度宜采用低值。

5.4.2 非机动车路拱形式宜采用直线单面坡，横坡度宜按本规范表 5.4.1 的规定取值。

5.4.3 人行道横坡度宜采用单面坡，横坡度宜为 1.0%～2.0%。

5.4.4 保护性路肩应向道路外侧倾斜，横坡度可比路面横坡度加大 1.0%，宜为 3.0%。

5.5 缘　　石

5.5.1 缘石可采用立缘石和平缘石。

5.5.2 立缘石宜设置在中间分隔带、两侧分隔带及路侧带两侧。当设置在中间分隔带及两侧分隔带时，外露高度宜为 15cm～20cm；当设置在路侧带两侧时，外露高度宜为 10cm～15cm。

5.5.3 桥梁、隧道等构筑物的立缘石应符合现行行业标准《城市桥梁设计规范》CJJ 11 及相关隧道设计规范的规定。

5.5.4 在分隔带端头或交叉口小半径处，宜采用曲线立缘石。

5.5.5 设置缘石坡道范围内的立缘石应满足现行国家标准《无障碍设计规范》GB 50763 的相关规定。

5.5.6 人行道外侧设置的边缘石宜采用小型平缘石，缘石顶面高度宜与人行道高度相同。

6 平面设计

6.1 一 般 规 定

6.1.1 平面设计应符合城市道路网规划、道路红线、道路功能，并应综合技术经济、土地利用、征地拆迁、文物保护、环境景观以及航道、水利、轨道等因素。

6.1.2 平面设计应与地形地物、水文地质、地域气候、地下管线、排水等结合，与周围环境协调，并应符合各级道路的技术指标，满足线形连续、均衡的要求。

6.1.3 平面设计应协调直线与平曲线的衔接，合理设置圆曲线、缓和曲线、超高、加宽等。

6.1.4 平面设计应结合交通组织设计，合理布置交叉口、出入口、分隔带开口、公交停靠站、人行设施等。

6.2 直 线

6.2.1 两相邻平曲线间的直线段最小长度应大于或等于缓和曲线最小长度。

6.2.2 两圆曲线间以直线径向连接时，直线的长度宜符合下列规定：

1 当设计速度大于或等于 60km/h 时，同向圆曲线间最小直线长度（以 m 计）不宜小于设计速度（以 km/h 计）数值的 6 倍；反向圆曲线间最小直线长度（以 m 计）不宜小于设计速度（以 km/h 计）数值的 2 倍。

2 当设计速度小于 60km/h 时，可不受上述限制。

6.3 平 曲 线

6.3.1 路线转角处应设置平曲线。当受现状道路红线或建筑物控制，设计速度小于或等于 40km/h 的路线转角位于交叉口范围内时，可不设置平曲线，但应保证交叉口范围直行车道的连续、顺直。

6.3.2 圆曲线设置应符合下列规定：

1 圆曲线最小半径应符合表 6.3.2 的规定。当地形条件受限制时，可采用设超高圆曲线最小半径的一般值；当地形条件特别困难时，可采用设超高圆曲线最小半径的极限值。

表 6.3.2 圆曲线最小半径

设计速度（km/h）		100	80	60	50	40	30	20
不设超高圆曲线最小半径（m）		1600	1000	600	400	300	150	70
设超高圆曲线最小半径（m）	一般值	650	400	300	200	150	85	40
	极限值	400	250	150	100	70	40	20

2 当设计速度大于或等于 40km/h 时，采用本规范表 7.2.1 机动车最大纵坡的下坡段尽头，其圆曲线半径应大于或等于不设超高的最小半径。当受条件限制而采用设超高最小半径时，应采取防护措施。

6.3.3 缓和曲线设置应符合下列规定：

1 缓和曲线应采用回旋线。

2 直线与圆曲线或大半径圆曲线与小半径圆曲线之间应设置缓和曲线。当圆曲线半径大于表 6.3.3-1 不设缓和曲线的最小圆曲线半径时，直线与圆曲线可直接连接。

表 6.3.3-1 不设缓和曲线的最小圆曲线半径

设计速度（km/h）	100	80	60	50	40
不设缓和曲线的最小圆曲线半径（m）	3000	2000	1000	700	500

3 当设计速度大于或等于 40km/h 时，半径不同的同向圆曲线连接处应设置缓和曲线。当受地形限制并符合下列条件之一时，可采用复曲线：

1） 小圆半径大于或等于不设缓和曲线的最小圆曲线半径；

2） 小圆半径小于不设缓和曲线的最小圆曲线半径，但大圆与小圆的内移值之差小于或等于 0.1m；

3） 大圆半径与小圆半径之比值小于或等于 1.5。

4 当设计速度小于 40km/h 时，缓和曲线可采用直线代替，直线长度应满足缓和曲线最小长度的要求。

5 缓和曲线最小长度应符合表 6.3.3-2 的规定。当圆曲线按规定需设置超高时，缓和曲线长度还应大于超高缓和段长度。

表 6.3.3-2 缓和曲线最小长度

设计速度（km/h）	100	80	60	50	40	30	20
缓和曲线最小长度（m）	85	70	50	45	35	25	20

6 缓和曲线参数 A 宜根据线形要求和地形条件确定，并应与圆曲线半径相协调，宜满足 $R/3 \leqslant A \leqslant R$ 的要求。当圆曲线半径小于 100m 时，A 宜接近 R；当圆曲线半径大于 3000m 时，A 宜接近 $R/3$。

6.3.4 平曲线由圆曲线和两端缓和曲线组成，平曲线设置应符合下列规定：

1 平曲线与圆曲线最小长度应符合表 6.3.4-1 的规定。

表 6.3.4-1 平曲线与圆曲线最小长度

设计速度（km/h）		100	80	60	50	40	30	20
平曲线最小长度（m）	一般值	260	210	150	130	110	80	60
	极限值	170	140	100	85	70	50	40
圆曲线最小长度（m）		85	70	50	40	35	25	20

注：“一般值”为正常情况下采用值；“极限值”为条件受限时采用值。

2 道路中心线转角 α 小于或等于 7°时，设计速度大于或等于 60km/h 的平曲线最小长度还应符合表 6.3.4-2 的规定。

表 6.3.4-2 小转角平曲线最小长度

设计速度（km/h）	100	80	60
平曲线最小长度（m）	$1200/\alpha$	$1000/\alpha$	$700/\alpha$

注：表中的 α 为路线转角值（°），当 α 小于 2°时，按 2°计。

6.4 圆曲线超高

6.4.1 当圆曲线半径小于本规范表 6.3.2 中不设超高最小半径时，在圆曲线范围内应设超高，最大超高横坡度应符合表 6.4.1 的规定。当由直线段的正常路拱断面过渡到圆曲线上的超高断面时，必须设置超高缓和段。

表 6.4.1 最大超高横坡度

设计速度（km/h）	100，80	60，50	40，30，20
最大超高横坡度（%）	6	4	2

注：积雪或冰冻地区的道路应根据实际情况适当折减。

6.4.2 超高的过渡方式应根据横断面形式、结合地形条件等因素决定，并应利于路面排水。单幅路及三幅路横断面形式超高旋转轴宜采用中线，双幅路及四幅路宜采用中间分隔带边缘线，使两侧车行道成为独立的超高横断面（图 6.4.2）。

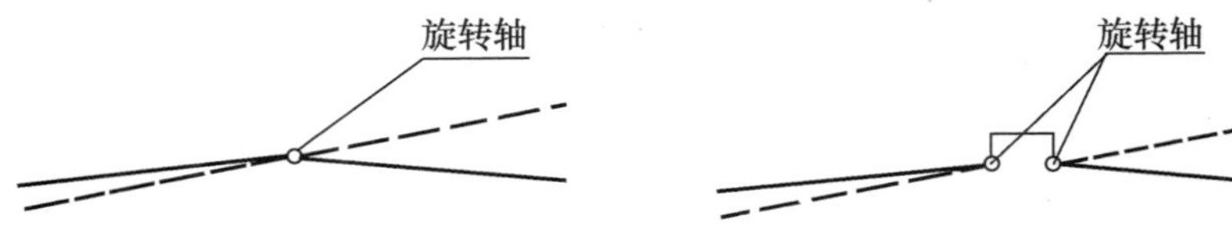

图 6.4.2 超高过渡方式

6.4.3 当由直线上的正常路拱断面过渡到圆曲线上的超高断面时，必须在其间设置超高缓和段。超高缓和段长度应按下式计算：

$$L_e = b \cdot \Delta i / \varepsilon \tag{6.4.3}$$

式中：L_e——超高缓和段长度（m）；

b——超高旋转轴至路面边缘的宽度（m）；

Δi——超高横坡度与路拱坡度的代数差（%）；

ε——超高渐变率，超高旋转轴与路面边缘之间相对升降的比率，应符合表 6.4.3 的规定。

表 6.4.3 最大超高渐变率

设计速度（km/h）		100	80	60	50	40	30	20
超高渐变率 ε	绕中线旋转	1/225	1/200	1/175	1/160	1/150	1/125	1/100
	绕边线旋转	1/175	1/150	1/125	1/115	1/100	1/75	1/50

6.4.4 超高缓和段应满足路面排水要求，超高缓和段的纵向渐变率不得小于 1/330。

6.4.5 超高缓和段应在缓和曲线全长范围内进行。当缓和曲线较长时，超高缓和段可设在缓和曲线的某一区段范围内进行。当设计速度小于 40km/h 时，超高缓和段可在直线段内进行。

6.4.6 超高缓和段长度与缓和曲线长度两者中应取大值作为缓和曲线的计算长度。

6.4.7 超高缓和段起终点处路面边缘应圆顺，不得出现竖向转折。

6.5 圆曲线加宽

6.5.1 当圆曲线半径小于或等于 250m 时，应在圆曲线范围内设置加宽，每条车道加宽值应符合表 6.5.1 的规定。

表 6.5.1 圆曲线每条车道的加宽值（m）

加宽类型	汽车前悬加轴距（m）	车型	圆曲线半径（m）								
			200＜R≤250	150＜R≤200	100＜R≤150	80＜R≤100	70＜R≤80	50＜R≤70	40＜R≤50	30＜R≤40	20≤R≤30
1	0.8+3.8	小客车	0.30	0.30	0.35	0.40	0.40	0.45	0.50	0.60	0.75
2	1.5+6.5	大型车	0.40	0.45	0.60	0.65	0.70	0.90	1.05	1.30	1.80
3	1.7+5.8+6.7	铰接车	0.45	0.60	0.75	0.90	0.95	1.25	1.50	1.90	2.75

6.5.2 圆曲线上的路面加宽应设置在圆曲线的内侧。当受条件限制时，次干路、支路可在圆曲线的两侧加宽。

6.5.3 圆曲线范围内的加宽应为不变的全加宽值，两端应设置加宽缓和段。

6.5.4 加宽缓和段的长度宜符合下列规定：

1 当设置缓和曲线或超高缓和段时，加宽缓和段长度应采用与缓和曲线或超高缓和段长度相同的数值。

2 当不设缓和曲线或超高缓和段时，加宽缓和段长度应按加宽侧路面边缘宽度渐变率为 1∶15～1∶30 计算，且长度不应小于 10m。

6.6 视　　距

6.6.1 各级道路的停车视距不应小于表 6.6.1 的规定值。

表 6.6.1　停车视距

设计速度（km/h）	100	80	60	50	40	30	20
停车视距（m）	160	110	70	60	40	30	20

6.6.2 积雪或冰冻地区的停车视距应适当增长，并应根据设计速度和路面状况计算取用。

6.6.3 当对向行驶的车辆有会车可能时，应采用会车视距，其值应为本规范表 6.6.1 中停车视距的 2 倍。

6.6.4 平曲线内侧的路堑边坡、挡墙、绿化、声屏障、防眩设施等构筑物或建筑物均不得妨碍视线。

6.6.5 对设置平纵曲线可能影响行车视距路段，应进行视距验算。

6.6.6 对以货运交通为主的道路，应验算下坡段货车的停车视距。下坡段货车的停车视距不应小于表 6.6.6 的规定值。

表 6.6.6　下坡段货车停车视距（m）

设计速度（km/h）		100	80	60	50	40	30	20
纵坡度（%）	0	180	125	85	65	50	35	20
	3	190	130	89	66	50	35	20
	4	195	132	91	67	50	35	20
	5	—	136	93	68	50	35	20
	6	—	—	95	69	50	35	20
	7	—	—	—	—	50	35	20
	8	—	—	—	—	—	35	20

6.7 分隔带及缘石开口

6.7.1 快速路宜在互通式立体交叉出口上游与入口下游、特大桥、隧道、道路路堑段两端、分离式路基的分离（汇合）处设置中间分隔带紧急开口。中间分隔带开口间距应视需要而定，最小间距不宜小于 2km；开口长度应视道路宽度及可通行车辆确定，宜采用 20m～30m；开口处应设置活动护栏。

6.7.2 主干路的两侧分隔带开口间距不宜小于 300m，开口长度应满足车辆出入安全的要求。路侧带缘石开口距交叉口间距应大于进出口道展宽段长度，道路两侧建筑物出入口宜设在横向支路或街坊内部道路。

7 纵断面设计

7.1 一 般 规 定

7.1.1 纵断面的设计高程宜采用道路设计中线处的路面设计高程；当有中间分隔带时可采用中间分隔带外侧边缘线处的路面设计高程。

7.1.2 纵断面设计应参照城市竖向规划控制高程，并适应临街建筑立面布置，确保沿线范围地面水的排除。

7.1.3 纵断面设计应根据道路等级，综合交通安全、建设期间的工程费用与运营期间的经济效益、节能减排、环保效益等因素，合理确定路面设计纵坡和设计高程。

7.1.4 纵坡应平顺、视觉连续，并应与周围环境协调。

7.1.5 机动车与非机动车混合行驶的车行道，宜按非机动车骑行的设计纵坡度控制。

7.1.6 纵断面设计应满足路基稳定、管线覆土、防洪排涝等要求。

7.2 纵 坡

7.2.1 道路最大纵坡应符合下列规定：

1 机动车道最大纵坡应符合表 7.2.1 的规定。

表 7.2.1 机动车道最大纵坡

设计速度（km/h）		100	80	60	50	40	30	20
最大纵坡	一般值（%）	3	4	5	5.5	6	7	8
	极限值（%）	4	5	6	6	7	8	8

2 新建道路应采用小于或等于最大纵坡一般值；对改建道路、受地形条件或其他特殊情况限制时，可采用最大纵坡极限值。

3 除快速路外的其他等级道路，受地形条件或其他特殊情况限制时，经技术经济论证后，最大纵坡极限值可增加 1.0%。

4 积雪或冰冻地区的快速路最大纵坡不应大于 3.5%，其他等级道路最大纵坡不应大于 6.0%。

5 海拔 3000m 以上高原地区城市道路的最大纵坡一般值可减小 1.0%，当最大纵坡折减后小于 4.0%时，仍可采用 4.0%。

7.2.2 道路最小纵坡应符合下列规定：

1 道路最小纵坡不应小于 0.3%；当特殊困难纵坡小于 0.3%时，应设置锯齿形偏沟或采取其他排水措施。

2 特大桥、大桥、中桥的桥面最小纵坡不宜小于 0.3%，且竖向高程最低点不应位于主桥范围内。

3 高架路的桥面最小纵坡不应小于 0.5%；困难时不应小于 0.3%，并应采取保证高架路纵横向及时排水的措施。

7.2.3 非机动车道最大纵坡不宜大于 2.5%；困难时不应大于 3.5%，并应按本规范表 7.3.3 规定限制坡长。

7.2.4 特大桥、大桥、中桥的桥面纵坡不宜大于 4.0%，桥头引道纵坡不宜大于 5.0%。

7.2.5 隧道内的道路最大纵坡不宜大于 3.0%，困难时不应大于 5.0%。隧道出入口外的接线道路纵坡宜坡向洞外。

7.3 坡　　长

7.3.1 道路纵坡长度应符合下列规定：

1 机动车道纵坡的最小坡长应符合表 7.3.1 的规定，且应大于相邻两个竖曲线切线长度之和。

表 7.3.1　机动车道最小坡长

设计速度（km/h）	100	80	60	50	40	30	20
坡段最小长度（m）	250	200	150	130	110	85	60

2 路线尽端道路起（讫）点一端可不受最小坡长限制。

3 当主干路与支路相交时，支路纵断面在相交范围内可视为分段处理，不受最小坡长限制。

4 对沉降量较大的加铺罩面道路，可按降低一级的设计速度控制最小坡长，且应满足相邻纵坡坡差小于或等于5‰的要求。

7.3.2 当纵坡大于本规范表7.2.1的一般值时，其最大坡长应符合表7.3.2的规定。道路连续上坡或下坡，应在不大于表7.3.2规定的纵坡长度之间设置纵坡缓和段。缓和段的坡度不应大于3.0%，其长度应符合本规范表7.3.1最小坡长的规定。

表7.3.2 机动车道最大坡长

设计速度（km/h）	100	80	60			50			40		
纵坡（%）	4	5	6	6.5	7	6	6.5	7	6.5	7	8
最大坡长（m）	700	600	400	350	300	350	300	250	300	250	200

7.3.3 当非机动车道的纵坡大于或等于2.5%时，其最大坡长应符合表7.3.3的规定。

表7.3.3 非机动车道最大坡长

纵 坡（%）		3.5	3.0	2.5
最大坡长（m）	自行车	150	200	300
	三轮车	—	100	150

7.4 合成坡度

7.4.1 在设有超高的平曲线上，超高横坡度与道路纵坡度的最大合成坡度应符合表7.4.1的规定。

表7.4.1 最大合成坡度

设计速度（km/h）	100，80	60，50	40，30	20
最大合成坡度（%）	7.0	7.0	7.0	8.0

注：积雪或冰冻地区道路的合成坡度应小于或等于6.0%。

7.4.2 在超高缓和段的变化处，当合成坡度小于0.5%时，应采取综合排水措施。

7.5 竖曲线

7.5.1 各级道路纵坡变更处应设置竖曲线，竖曲线宜采用圆曲线；机动车道竖曲线最小半径与竖曲线最小长度应符合表7.5.1的规定。当地形条件特别困难时，可采用极限值。

表 7.5.1 机动车道竖曲线最小半径与竖曲线最小长度

设计速度（km/h）		100	80	60	50	40	30	20
凸形竖曲线最小半径（m）	一般值	10000	4500	1800	1350	600	400	150
	极限值	6500	3000	1200	900	400	250	100
凹形竖曲线最小半径（m）	一般值	4500	2700	1500	1050	700	400	150
	极限值	3000	1800	1000	700	450	250	100
竖曲线最小长度（m）	一般值	210	170	120	100	90	60	50
	极限值	85	70	50	40	35	25	20

7.5.2 非机动车道变坡点处应设竖曲线，其竖曲线最小半径不应小于100m。非机动车与行人共板道路的竖曲线最小半径不应小于60m。

8 线形组合设计

8.1 一 般 规 定

8.1.1 道路线形设计应协调平面、纵断面、横断面三者间的组合，合理运用技术指标；并应适应地形地物和周边环境，满足行车安全、排水通畅等要求。

8.1.2 线形组合设计应符合下列规定：

1 设计速度大于或等于60km/h的道路应强调线形组合设计，保证线形连续、指标均衡、视觉良好、安全舒适、景观协调。

2 设计速度小于60km/h的道路在保证行驶安全的前提下，宜合理运用线形要素的规定值。

3 不同等级道路和不同设计速度的路段之间应衔接过渡。

8.1.3 具体路段平纵技术指标的选用及其组合设计，应分析对车辆实际运行速度的影响，同一车辆相邻路段的运行速度与设计速度之差不应大于20km/h。

8.2 平、纵、横的线形组合

8.2.1 线形组合设计应满足下列基本要求：

1 平、纵、横设计应分别满足各自规定值的要求，不应将最不利值进行组合。

2 平、纵、横组合设计应保持线形的视觉连续性，自然诱导驾驶员视线。

3 平曲线与竖曲线宜相互对应，且平曲线长度宜大于竖曲线长度（图 8.2.1）。

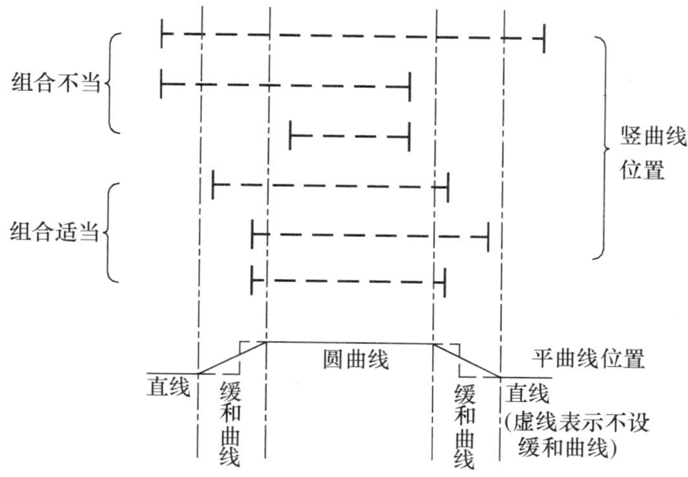

图 8.2.1 平曲线与竖曲线的位置组合

4 竖曲线半径宜为平曲线半径的 10 倍～20 倍。

8.2.2 平纵线形组合应符合下列规定：

1 在凸形竖曲线的顶部或凹形竖曲线的底部，不应插入急转的平曲线或反向平曲线。

2 长直线不宜与陡坡或半径小且长度短的竖曲线组合；长的竖曲线不宜与半径小的平曲线组合。

3 长的平曲线内不宜包含多个短的竖曲线；短的平曲线不宜与短的竖曲线组合。

4 纵断面设计不应出现使驾驶员视觉中断的线形。

8.3 线形与桥、隧的配合

8.3.1 桥梁及其引道的线形应满足下列基本要求：

1 桥梁及其引道的位置、线形应与路线线形相协调，各项技术指标应符合路线布设与总体设计的相关规定。

2 桥梁引道坡脚与平面交叉口停车线之间的距离宜满足交叉口信号周期内的车辆排队和交织长度。

3 桥面车行道宽度应与两端道路的车行道宽度相一致。当桥面宽度与路段的道路横断面总宽度不一致时，应在道路范围内设置宽度渐变段；路面边缘斜率可采用 1∶15～1∶30，折点处应圆顺。

8.3.2 隧道及洞口两端的线形应满足下列基本要求：

1 隧道的位置与隧道洞口连接段应与路线线形相协调，各项技术指标应符合路线布设与总体设计的相关规定。

2 隧道洞口内侧和外侧在不小于3s设计速度的行程长度范围内，均应保持一致的平纵线形。

3 当隧道洞门内外路面宽度不一致时，隧道洞口外与之相连接的路段应设置距洞口不小于3s设计速度的行程长度，且不应小于50m长度的、同隧道等宽的过渡段。

4 长、特长的双洞隧道，宜在洞口外的合适位置设置联络通道。

5 隧道洞内外应满足相应道路等级对视距的要求。当隧道洞口连接段设中间分隔带时，应采用停车视距；当无中间分隔带时，应采用会车视距。

8.4 线形与沿线设施的配合

8.4.1 道路线形和交叉口设计应与停车场、枢纽、公交停靠站等交通设施布置配合，并应满足交通组织设计和道路使用者的安全。

8.4.2 道路线形和交叉口设计应与标志标线等交通安全设施设计相互配合，应能准确反映路线设计意图；对路侧设计受限的路段，应合理设置防护设施。

8.4.3 互通立交处的照明设施应与道路线形相互配合、布设合理。

8.4.4 道路与沿线设施、街景应一体化设计，功能应相互补充。

8.5 线形与环境的协调

8.5.1 道路线形应利用地形、自然风景，宜保留原有的地貌、地形、树林、湖泊、建筑物等景观资源，使道路与自然融为一体，与沿线环境相协调。

8.5.2 路基防护应采用工程防护与植物防护相结合的措施，与景观相协调，恢复自然生态环境，防止水土流失。

8.5.3 道路两侧的绿化应满足道路视距及建筑限界的要求。

8.5.4 不同性质和景观要求的城市道路，宜运用道路空间尺度比例关系，调节并形成道路合适的空间氛围。

9 道路与道路交叉

9.1 一 般 规 定

9.1.1 道路交叉口位置应按城市道路网规划设置。

9.1.2 道路与道路交叉可分为平面交叉和立体交叉，交叉形式应根据相交道路的等级和功能、交通流量和流向、地形和地质等要求，进行技术、经济及环境效益的综合分析，合理确定。

9.1.3 道路交叉口设计应符合下列规定：

1 交叉口设计应安全、有序、畅通，满足道路使用者的需求。

2 交叉口通行能力应与路段、出入口及相邻交叉口的通行能力相匹配。

3 交叉口几何设计应与交通组织设计、交通管理方式和交通工程设施相协调，并应与其他交通方式相衔接。

4 交叉口设计应与周围环境相协调，合理确定用地规模。

5 当交叉口分期建设时，应近远期结合，前期工程为后期工程预留条件。

6 改扩建交叉口设计应结合原有交叉口情况，合理确定改建规模。

9.1.4 道路与道路交叉设计应符合现行行业标准《城市道路交叉口设计规程》CJJ 152 的规定。

9.2 平面交叉

9.2.1 平面交叉口按交通组织方式可分为信号控制交叉口、无信号控制交叉口和环形交叉口；按几何形状可分为十字形、T 形、Y 形、X 形、多叉形、错位及环形交叉。

9.2.2 平面交叉口应根据城市道路的布置、相交道路等级、交通组织等选择合适的类型，并应符合下列规定：

1 主干路与主干路、主干路与次干路、次干路与次干路相交，应采用信号控制交叉口。

2 主干路与支路，支路可采用右进右出的交通组织方式。

9.2.3 平面交叉口的间距应根据城市规模、路网规划、道路等级、设计速度、设计交通量及高峰期间最大阻车长度等确定，满足进出口道总长度要求，且不宜小于 150m。

9.2.4 平面交叉口设计范围应包括各条道路的相交部分、进出口道（展宽段和渐变段）以及非机动车道、人行道和过街设施所围成的区域。

9.2.5 平面交叉口设计内容应包括交叉口范围内的平面与竖向设计、进出口道展宽设计、交通组织、公交、行人与非机动车过街设施、附属设施等。

9.2.6 平面交叉口范围内的设计速度宜为路段的 0.5 倍～0.7 倍，直行车可取大值，转弯车可取小值。当验算视距三角形时，进口道直行车设计速度应与路段设计速度一致。

9.2.7 平面交叉口范围内的道路平面线形宜采用直线；当采用圆曲线时，其圆曲线半径宜大于不设超高的最小圆曲线半径。

9.2.8 平面交叉口范围内的道路纵坡不宜大于2.5%，困难情况下不应大于3.0%。山区城市道路等特殊情况，在保证行车安全的条件下可适当增加。

9.2.9 平面交叉口竖向设计应保持主要道路的纵坡度不变，次要道路纵坡度宜服从主要道路。

9.2.10 平面交叉口渠化设计应根据设计流量、流向及相交道路等级、功能分析、交通组织方式等因素，确定进出口车道数布置、展宽段和渐变段长度，划分车道功能，进行信号配时。

9.2.11 公交停靠站应设置在交叉口的出口道，并应保证候车乘客的安全，方便乘客换乘、过街，减少对横向道路右转车辆的影响。

9.2.12 平面交叉口均应设置行人和非机动车过街设施，并应与交叉口的几何特征、人流车流、交通组织方式等相协调，宜优先选用平面过街方式。当人行横道穿越机动车道部分的长度大于16m时，应设置行人二次过街安全岛。地面快速路上的过街设施必须采用人行天桥或人行地道；主干路上的重要交叉口宜修建人行天桥或人行地道。

9.3 立体交叉

9.3.1 立体交叉的设置应符合下列规定：

1 快速路与所有道路相交时，必须采用立体交叉。

2 主干路与主干路相交，当交通量较大，对平面交叉采取改善措施、调整交通组织仍不能满足通行能力要求时，宜设置立体交叉，并应妥善解决设置立体交叉后对邻近平面交叉口的影响。

9.3.2 立体交叉根据相交道路等级、交通流行驶特征、非机动车对机动车干扰等，可分为枢纽立交、一般立交和分离式立交。立交选型应符合下列规定：

1 快速路与快速路相交，应采用枢纽立交。

2 快速路与主干路相交，应采用一般立交。

3 快速路与次干路相交，应采用分离式立交。

4 主干路与主干路相交设置立体交叉时，宜采用一般立交。

9.3.3 相邻互通式立体交叉的最小间距应满足上游立交加速车道渐变段终点至下游立交减速车道渐变段起点之间的距离不得小于500m，且应满足设置交通标志的距离要求；市区范围立交最小间距不宜小于1.5km。

9.3.4 立体交叉设计范围应包括相交道路中线交点至各进出口变速车道渐变段的起终点间道路所围成的空间。

9.3.5 立体交叉设计内容应包括立交范围内主路、匝道和进出口、变速车道、集散车道、辅助车道以及立交范围内的辅路、公交、非机动车、人行系统及其附属设施。

9.3.6 立交范围的设计速度应根据主路设计速度、立交等级和匝道形式确定。主路应采用相应道路等级的设计速度，匝道及集散车道设计速度宜为主路的0.4倍～0.7倍，辅路设计速度宜为主路的0.4倍～0.6倍，平面交叉部分宜采用平面交叉口的设计速度。

9.3.7 互通式立体交叉范围内主路的平纵线形不应低于路段标准，并应具有良好的通视条件。主路分流鼻端之前的识别视距不应小于1.25倍的主路停车视距；匝道汇流鼻端前应满足通视三角区和匝道停车视距的要求。

9.3.8 立交匝道出入口处应设置变速车道。

9.3.9 立交范围内出入口间距应保证主路交通不受分合流交通的干扰，并应为分合流交通加减速及转换车道提供安全可靠的条件。当出入口间距不足时，应设置集散车道。

9.3.10 立交匝道分、合流处应保持车道数的平衡，相邻两段同一方向上的基本车道数每次增减不得多于一条；当不平衡时，应增设辅助车道。

9.3.11 设有辅路系统的道路相交，当交叉口设置为枢纽立交时，立交区域应设置与主路分行的辅路系统；当交叉口设置为具有集散作用的一般立交时，其辅路系统可与匝道布置结合。

9.3.12 立交区域的公共汽车交通系统应结合公交线网规划和车站设置，与路段一体进行综合设计。当公交停靠站设置在快速路主路时，停靠区出入口应满足出入口最小间距的规定，并应设置变速车道。

9.3.13 立交区域的非机动车及人行系统应保证连续性和有效宽度，应与周围相关非机动车和人行系统连通，并应减少绕行距离、多次上下及与机动车系统的交叉。

9.3.14 立交区域的行人系统设计应符合现行国家标准《无障碍设计规范》GB 50763的规定。

10 道路与轨道交通线路交叉

10.1 一般规定

10.1.1 道路与轨道交通线路交叉的位置及形式应符合城市总体规划。

10.1.2 道路与轨道交通线路交叉可分为平面交叉和立体交叉两种。交叉形式应根据道路和轨道交通线路的性质、等级、交通量、地形条件、安全要求以及经济、社会效益等因素确定，应优先采用立体交叉。

10.1.3 分期修建的道路与轨道交通线路交叉工程，应近远期结合。

10.1.4 道路与轨道交通线路交叉设计应符合国家关于安全、环保、卫生和抗震等有关标准的要求。

10.2 立 体 交 叉

10.2.1 道路与轨道交通线路交叉，符合下列条件之一者必须设置立体交叉：

1 快速路与轨道交通线路交叉；

2 主干路、次干路、支路与高速铁路、客运专线、铁路车站、铁路编组场的交叉；

3 行驶有轨电车或无轨电车的道路与铁路交叉；

4 主干路、次干路、支路与除有轨电车道外的城市轨道交通交叉。

10.2.2 道路与铁路交叉，符合下列条件之一者应设置立体交叉：

1 主干路、次干路、支路与路段旅客列车设计行车速度大于或等于120km/h的铁路交叉；

2 主干路、次干路、支路与道口交通量大或铁路调车作业繁忙的铁路相交；

3 当受地形等条件限制，采用平面交叉将危及行车安全的道口。

10.2.3 符合下列条件之一者宜设置立体交叉：

1 当道口的机动车流量不大，但非机动车和行人流量较大时，宜设置人行立体交叉或人非合用的立体交叉。

2 主干路与设置有轨电车的道路交叉，宜采用立体交叉。

10.2.4 立体交叉形式可采用道路上跨或下穿两种。按具体情况也可采用机动车道上跨、非机动车道下穿轨道交通的组合形式。

10.2.5 道路与轨道交通高架线路交叉时，宜利用桥跨净空采取道路下穿的形式。

10.2.6 道路与轨道交通立体交叉的建筑限界应符合下列规定：

1 轨道交通上跨道路时，轨道交通的桥下净高、道路侧向净宽应符合本规范第3.0.8条、第3.0.9条的规定。

2 道路上跨轨道交通时，道路桥跨的长度、净高应符合现行国家标准《标准轨距铁路建筑限界》GB 146.2要求及其城市轨道交通的有关规定；有双层集装箱运输要求的铁路，应满足双层集装箱运输限界的规定。

3 道路下穿时，轨道交通线路桥跨布置应满足道路对停车视距的要求。

4 轻轨及地铁地面线、高架线路的建筑限界，应根据采用的车辆类型及其设备限界、设备安装尺寸及安全间隙和有无人行通道、隔声屏障，以及供电制式、接触网柱结构设计尺寸等具体计算确定。

10.3 平面交叉

10.3.1 当次干路、支路与铁路支线、地方铁路、工业企业铁路交叉时，可设置平交道口。但车站内、桥梁、隧道两端及进站信号机外100m范围内不应设置平交道口，铁路曲线地段以及通视不良路段不宜设置平交道口。

10.3.2 无人值守或未设置自动信号的平交道口，机动车驾驶员的侧向最小瞭望视距应符合表10.3.2的规定（图10.3.2）。

表10.3.2 平交道口瞭望视距

铁路类别	铁路设计最高行车速度（km/h）	侧向最小瞭望视距 S_c（m）
国有铁路	140	470
	120	400
	100	340
	80	270
工业企业铁路	70	240
	55	190
	40	140

注：1 表中道口侧向视距系按道路停车视距50m计算的，道路停车视距大于50m时，应另行计算确定。

2 线间距小于或等于5m的双线铁路道口，机动车驾驶员侧向最小瞭望视距还应增加50m，多线铁路道口按计算确定。

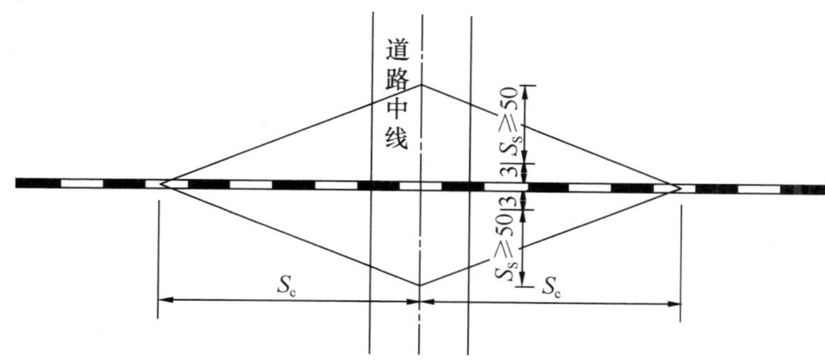

图10.3.2 道口视距三角形（单位：m）

10.3.3 道路与铁路平面交叉宜设计为正交，斜交时其交叉角应大于45°。

10.3.4 通过道口的道路平面线形应为直线。从最外侧钢轨外缘算起的道路直线段最小长度不应小于50m，困难条件下不得小于30m。

10.3.5 道口两侧应设平台，并应符合下列规定：

1 自最外侧钢轨外至最近竖曲线切点间的平台长度，通行铰接车和拖挂车的道口不应小于20m，通行普通汽车的道口不应小于16m。

2 平台纵坡度不应大于0.5%。

3 紧接道口平台两端的道路纵坡度不应大于表10.3.5的规定值。

表 10.3.5 紧接道口平台两端的道路纵坡度（%）

道路种类	机动车与非机动车混合车道	机动车道
一般值	2.5	3.0
极限值	3.5	5.0

10.3.6 次干路、支路与有轨电车道平面交叉道口应符合下列规定：

1 道路与有轨电车道交叉宜设计为正交，斜交时其交叉角应大于45°。

2 交叉道口处的通视条件应满足道路与道路平面交叉的规定。

3 交叉道口处的道路线形宜为直线，从外侧钢轨算起的直线最小长度不应小于30m。

4 道口有轨电车的轨面标高宜与道路路面标高一致，有轨电车道的纵断面宜保持不变。

5 平交道口的交通组织设计应与车流、人流相协调，合理布设人行道、车行道及有轨电车车站出入通道；并应按规定设置道口信号、行车标志、标线等交通管理设施。

6 交叉道口信号应按有轨电车优先的原则设置。

城市道路路线设计规范

CJJ 193－2012

条 文 说 明

3 基本规定

3.0.1 城市道路应以功能为主进行道路分级。本规范以城市道路在路网中的地位、交通功能为基础，同时考虑对沿线区域的服务功能，将城市道路分为快速路、主干路、次干路和支路四个等级。

在城市路网中具有大交通量、过境及中长距离交通功能，为机动车快速交通服务的道路应选用快速路。快速路应采用中间分隔、全部控制出入、控制出入口间距及形式，实现连续交通流，具有单向双车道或以上的多车道，并应设有配套的交通安全与管理设施；快速路两侧不应设置吸引大量车流、人流的公共建筑物的出入口。

在城市道路网中连接城市各主要分区，以交通功能为主的道路应选用主干路。主干路应采用机动车与非机动车分隔的形式，并控制交叉口间距；主干路两侧不宜设置吸引大量车流、人流的公共建筑物的出入口。

在城市道路网中与主干路结合组成干路网，以集散交通功能为主，兼有服务功能的区域性道路应选用次干路。次干路两侧可设置公共建筑物的出入口，但应设置在交叉口功能区之外，且相邻出入口的间距不宜小于 80m。

与次干路和居住区、工业区、交通设施等内部道路相连接，解决局部地区交通，以服务功能为主的道路应选用支路。支路两侧可设置公共建筑物的出入口，但宜设置在交叉口功能区之外。

道路等级一般在规划阶段确定。当遇特殊情况需变更道路等级时，应进行技术经济论证，并报规划审批部门批准。

当道路作为货运、防洪、消防、旅游等专用道路使用时，由于在道路的设计车辆、交通组成、功能要求等方面存在一些特殊性需求，除应满足相应道路等级的技术要求外，还应满足专用道路及通行车辆的特殊要求。

设计速度是城市道路设计时确定几何线形的最基本条件。它是具有中等驾驶技术水平的驾驶员，在气候良好、交通密度低、只受道路本身条件影响时驾驶车辆，能够安全、舒适行驶的最高速度，因此它与运行速度、运行安全有密切关系。

同一等级道路中，设计速度应根据功能定位、交通量，并结合地形和地质条件、城市发展和沿线土地利用状况、工程投资等因素，经论证确定。

城市规模大、地形条件好、交通功能强的道路可取设计速度的高值；中心城区道路、商业街、文化街以及改建道路，由于沿线区域开发较为成熟，控制条件较多，受条件限制可取设计速度的低值。

3.0.2 路线设计是设计方案的核心，应遵照统筹规划、合理布局、近远结合、综合利用的原则进行总体设计；并应综合协调各种关联工程的关系，按照兼顾发展与适度超前的原则，妥善处理已建工程和新建工程的布局，合理确定路线方案。

城市道路的路线走向首先应符合城市规划，包括沿线土地利用规划；在地形条件起伏、工程地质复杂的地区，应对自然条件和建设条件进行调查，对可行的路线走向进行必要的比选，合理确定路线线位和主要平纵线形技术指标。

当采用不同的设计速度、技术指标或设计方案对工程造价、征地拆迁、自然环境、文物保护、社会效益和经济效益等有明显差异时，应作同等深度的技术经济论证，对社会稳定风险和环境影响进行评价，提出技术可行、经济合理、安全适用、施工方便的设计方案。

道路线形设计的各单项技术指标是满足相应道路等级的设计速度规定的最小值。线形设计应根据地形、地质、地物、技术难度及其工程量大小等因素综合考虑，合理选择线形技术指标，进行组合设计和优化设计。

道路透视图是一种最有效、最丰富的表达语言。运用计算机进行的三维模型透视图及其图像处理技术，不仅可以对路线线形设计进行工程评价与检验，而且可以向公众展示项目建成后的效果，便于公众直观理解意图和意见反馈。因此，必要时可以运用道路透视图或三维设计对设计方案进行分析与评价。

3.0.3 加强环境保护和合理利用土地资源是重要的国策，应减少道路建设对周围环境的影响，妥善处理人、车、路、环境之间的关系，使社会、环境与经济效益协调统一。

3.0.4 城市道路从交通量发展、沿线土地开发程度、资金等综合因素考虑，采用分期修建是有可能的。但采用分期修建方案时，必须在综合论证的基础上，进行总体设计，制定分期修建方案和相应设计。

3.0.5 城市道路的改建往往是在交通流量大、路面状况不好等情况下进行的，应合理选择、灵活运用技术指标，因地制宜地提出道路工程改建方案。

3.0.6 设计车辆的外廓尺寸和交通组成是城市道路几何设计中的重要控制因素。设计车辆是道路设计所采用的有代表性的车型，其外廓尺寸、质量、运转特性等特征作为道路设计的依据。实际使用中设计车辆应根据道路功能和服务对象选定。

本规范机动车设计车辆及其外廓尺寸与《城市道路工程设计规范》CJJ 37-2012 的规定一致。

设计车辆中不包括超长、超宽、超高的车辆，通行上述车辆的道路应特殊考虑，以满足交通功能和运营安全。

3.0.7 本规范非机动车设计车辆及其外廓尺寸与《城市道路工程设计规范》CJJ 37-2012 的规定一致。

3.0.8 本条道路建筑限界规定是在《城市道路工程设计规范》CJJ 37-2012 基础上，图示中增加了缘石外露高度（h）和安全带宽度（W_{sc}）的表示，使道路建筑限界形成一个封闭的空间界线。侧向净宽度为路缘带宽度与安全带宽度之和；当缘石高度不能保证车辆行驶的侧向净宽度时，应考虑适当加宽侧向宽度。

3.0.9 本规范道路最小净高与《城市道路工程设计规范》CJJ 37-2012 的规定一致。最小净高是针对设计车辆制定的，对通行无轨电车、有轨电车、双层客车、或其他超长、超宽、超高特种车辆的道路，应根据实际通行的车辆类型确定道路净高，并应结合路网条件设置完善的交通管理和行车安全措施。

1 同一等级道路应采用相同的净高，目的是交通管理措施的一致性，如高架路系统、主干路系统应采用相同的净高标准。若道路系统内的部分节点有近、远期实施方案，可另行考虑。

2 虽然我国城市道路和公路规范设计车辆总高均为 4m，但在最小净高的规定上有差异。城市道路规范采用机动车为对象的最小净高为 4.5m；公路规范采用道路等级为对象的净高标准，高速公路、一级公路和二级公路的最小净高为 5.0m，三级公路、四级公路的最小净高为 4.5m。因此，与公路衔接的城市道路，当净高要求不一致时应衔接过渡，制定交通管理措施，保证行车安全。净高要求不同的城市道路之间，也应设置必要的限高标志和防撞设施等。

3 道路下穿宽度较宽或斜交角度较大的构筑物时，其路面距离构造物下缘任一点的高度均应满足道路净高要求。

3.0.10 设计交通量是确定道路规模、评价道路运行状态和服务水平的重要参数，预测时应考虑远期社会经济发展、城市规划、人口与岗位分布、出行总量、机动车增长、路网条件、出行方式的影响，为道路车道数的定量分析提供依据。在确定道路横断面车行道宽度时，远期设计交通量的预测年限作为道路设计年限的指标，与《城市道路工程设计规范》CJJ 37－2012 的规定一致。道路等级高的设计年限长，在设计年限内车行道的宽度应满足道路交通量增长的需求，保证车辆能够安全、舒适、通畅的行驶。

道路通行能力和服务水平的相关内容参见《城市道路工程设计规范》CJJ 37－2012 的规定。

3.0.11 该条为防灾要求，应对道路沿线的工程地质和水文地质进行深入调查、勘察，查清其对道路工程的影响程度。遇有不良工程地质路段应慎重对待，视其对路线的影响程度，对绕、避、穿等方案进行论证比选。当受到规划、用地等因素限制难以避开时，应采取有效的工程和管理措施。

4 总体设计

4.1 一般规定

4.1.1 快速路（如采用高架、隧道、路堑、地面等道路形式）、主干路（如采用主辅路断面布置、快捷路等）、大桥和特大桥、隧道、交通枢纽等项目，系统性强、涉及面广、协调量大、工程较复杂，项目各专业之间、与旁邻工程的关联性较强，该类工程应进行总体设计，做好总体布置方案，并要求在设计文件中以一定形式表达出来。其他道路若涉及与轨道交通、地下空间、大型地下管线、综合管沟、城市景观等的协调，以及需要分段、分期设计的道路，可按相关因素进行总体设计。

4.1.2 总体设计应贯穿于道路设计的全过程，完成各个阶段的主要任务。可行性研究阶段，应在充分调查研究、评价预测和必要的勘察工作基础上，对项目建设的必要性、经济合理性、技术可行性、实施可能性，进行综合性的研究和论证；确定道路等级、主要技术标准和建设规模；对不同建设方案进行比较，提出推荐建设方案。初步设计阶段，应明确设计原则和技术标准，在收集勘察资料和环评、风险等评估的基础上深化设计方案，确定拆迁、征地范围和数量，提出设计存在的问题、注意事项及有关建议，其深度应控制工程投资，满足编制施工图设计、主要设备订货、招标及施工准备的要求。施工图设计阶段，应能满足施工图预算、施工招标、施工安装与加工、材料设备订货的要求，并据以工程验收。

总体设计强调项目的系统性、全面性，设计人员应按各阶段设计方案的要求，协调本项目与外部项目、社会、环境之间的内外关系，处理道路与桥梁、隧道、管线、交通设施、照明、绿化景观等各专业之间的关系，合理确定本项目的工程范围、技术标准、建设规模、主要技术指标、道路形式、横断面布置和总体设计方案，提出外部关联工程的衔接条件、设置要求、设计界面、配套接口、会签认可、有关部门确认等内容，以便形成适合、可行的设计方案，满足城市道路“枢纽型、功能性、网络化”的发展要求。

在实现安全、环保、可持续发展的总体目标中应包括三个方面的内容，一是交通功能方面应达到舒适性、安全性、高效性和可达性等；二是环境保护方面要求道路建设应尽量减少对空气、声环境、生态及人类生活环境要素的负面影响（如采取降低噪声、减少废气排放、防止水土流失或采取地下道的结构形式等）；三是资源节约方面要求道路建设应能有效利用土地、能源、人力等资源（如节约用地、减少拆迁、少占耕土、降低能耗、原有道路或旧料利用等）。

4.1.3 规定了总体设计应完成的主要内容。

1 设计原则作为完成工程建设项目的指导思想以及对总体设计方案的评判标准，应从以下几方面加以阐述：

1） 对工程项目功能性品质追求的理念，如交通功能完善，满足应有的（或各种）交通方式的需求；坚持功能性技术标准，使工程项目具有高效合理的使用性能；

2） 满足规划思想，符合规划要求，使工程项目具有充分的规划依据；

3） 坚持工程设计“以人为本”的理念，最大程度满足各层次使用者的需求；

4） 注重环境保护，体现资源节约、环境友好的工程项目设计；

5） 坚持科学态度，积极采用新技术、新材料、新工艺、新设备，达到技术先进、经济合理、资源节省、安全可靠；

6） 根据需求逐渐增长的特点，采用近远期分步实施的方法，达到既满足使用要求，又减少近期投资，使项目具有最大的性价比；

7） 注重道路景观协调，符合生态文明建设要求；

8） 工程设计方案在征地拆迁、维持交通、施工方案等方面具有可实施性。

2 道路的功能定位、服务对象与道路等级、道路在路网中的地位和作用有关，可根据其所处的区位、交通特性、区域环境来确定。服务功能可分为交通性道路、生活性道路、商业性道路和景观性道路，服务对象可分为客运交通、货运交通、客货运交通等。

3 技术标准包括设计道路及相交道路的等级、设计速度、道路净高、铁路限界、航道等级与限界、设计荷载、结构设计使用年限、抗震设防标准、安全等级等，主要排水技术标准包括雨水设计重现期、径流系数、污水量等，并列出采用的规范及标准。建设规模应根据预测交通量和建设条件综合确定，满足交通发展需求。在确定工程技术指标时，应注意地区特性与差异，精心做好路线设计；必要时宜进行安全性评价，以保障行人和行车安全。因条件受限而采用规范的极限值或对快速路线形组合设计有难度的路段，可采用运行速度进行检验，并采取相应技术对策。

4 总体设计应进行多方案比选，经技术经济综合论证，提出推荐方案，设计方案内容包括路线走向、道路形式、横断面布置、路段和重要节点的设计方案等。路线设计应根据沿线地形地貌、主要建筑物、环境敏感点的处理，沿线相关的铁路、城市轨道交通、隧道、水系、河道、航空、管道、高压线的布局，自然资源状况等，确定路线走向、主要控制点和竖向控制要素；并根据相邻工程衔接，确定项目的起终点、工程范围和道路用地。并应协调项目外部与内部各专业之间的关系，划定设计界面与接口，相关配套内容、设计界面、接口、距离等应符合有关法规、标准、规范的规定，并征求社会公众和部门意见，落实相关控制措施。

5 交通组织设计是总体设计中的一个重要环节，有利于道路设计满足交通功能的要求。新建道路或改建道路应根据服务对象、交通需求和路网条件进行交通组织设计，满足各种交通方式安全、通畅、高效的使用要求。

6 应在查明工程沿线设施、自然环境、地形、地质等建设条件的基础上，认真研究路线方案或工程建设同生态环境、资源利用的关系，采取环境保护和节能降耗等技术措施，减少对生态环境的影响程度，加强恢复力度，最大限度地保护环境。对涉及社会稳定风险、工程质量安全的项目应开展科学、系统的预测、分析和评估，制定风险预控措施和应急预案，优化设计方案，使工程设计方案在线位、用地、征地拆迁、结构形式、维持交通、施工方案等方面具有可实施性，使项目能上马。

4.2 总体设计要点

快速路、主干路、大桥和特大桥、隧道设施与其他等级道路相比，不但主体的平纵线形指标高，而且相应增加了立体交叉、复杂平面交叉口、出入口、交通工程及沿线设施、管线设施、城市道路与公路衔接、道路与相邻工程衔接等诸多工程项目。这些工程项目无论设计或施工都较一般道路的工程项目复杂得多，所以从技术上必须加强对这些工程的总体设计，以确保诸多工程作用连贯、相互协调、布局合理。总体设计应在统筹布局的指导下系统地做好各项设计工作，合理衔接路线位置与各控制点、路线平纵线形与地形及各种构造物、路线交叉位置、各项沿线设施的设置位置及间距等方面，协调线形与横断面之间的关系，以及道路工程对周边环境的保护和协调，对分期修建工程进行总体布局及实施方案等内容。

4.2.1 城市道路路线走向一般以规划为依据，当规划滞后或规划未确定而存在不同路线走向的可能时，应进行不同路线走向方案的比选，并将推荐方案报规划部门审批。

4.2.2 根据规划的道路等级，论证道路功能定位，并结合服务对象和建设条件，合理选用设计速度和主要技术标准。

4.2.3 论证并确定机动车车道数规模和非机动车道、人行道宽度；定性分析主要根据道路性质及其在路网中的地位和使用要求确定；对于投资额巨大、交通条件复杂的工程项目，应对机动车道的通行能力进行深入论证，提出采用车道数的推荐意见。

4.2.4 横断面布置应进行多方案比选，论证并确定道路横断面布置形式，如采用单幅路、双幅路、三幅路、四幅路或其他特殊横断面设计，并应结合道路红线确定道路实施宽度。

4.2.5 应结合交通组织设计进行多方案比选，论证并确定道路敷设方式，如采用高架路、隧道、地面、路堑、路堤或老桥拓宽等总体布置方案，并确定桥梁、隧道等结构设计方案，以达到减少工程投资、缓解社会矛盾、改善环境的目的。

4.2.6 论证并确定各交叉点的布置位置、间距、交叉类别、交叉形式、各部分的基本尺寸和主要设计参数，确定交叉口用地范围；对于道路与铁路、城市轨道交通线路的交叉，应根据道路等级、轨道交通性质、交通量、地形条件、安全要求以及社会经济效益等因素，确定是否设置立交。

4.2.7 确定沿线河道桥梁的布置方案，满足航道及水利部门有关蓝线、桥下建筑限界的要求。

4.2.8 确定沿线人行过街设施设置方式，如人行横道、人行天桥或人行地道形式，并提出信号灯配置等要求。

4.2.9 确定沿线公交专用道布置形式，可采用路中专用道或路侧专用道；确定沿线公交站点位置、布置方式，可采用港湾式或路抛式的布置形式等。当有公交站点规划时，应按公交站点规划设置公交站点；当没有公交站点规划时，应根据道路沿线用地性质、公交换乘需要、站点距离适当的要求，以及道路条件，经征求公交部门意见后，提出公交站点设置方案及站点形式。

4.2.10 将交通组织设计纳入总体设计范畴，对路段、交叉口、出入口应分别进行交通组织设计方案。

1 路段上需说明各种交通方式在横断面上的安排，如不同车种在道路上单向行驶或双向行驶，道路中间是否隔离行驶，机、非隔离行驶或画线分行，公交车与其他机动车混行或采用公交专用道，非机动车与行人分板或共板，非机动车在公交站点处与公交车交织或不交织，路段上横向车辆出口封闭与否、开口间距，或允许进入非机动车道而不允许直接进入机动车道，调头车道间距，行人及非机动车横过道路的方式、间距、地点设置等。

2 交叉口处需说明各种交通方式通过交叉口的组织方式，如交叉口所有方向均允许通行或某些方向禁行，交叉口设信号灯组织交通或按通行优先权的不同组织交通；设信号灯组织交通时，信号灯组和信号相位如何安排，非机动车随机动车过交叉口还是随行人过交叉口，公交车有无优先通行权，公交车站与交叉口展宽是否一体化设计等。

4.2.11 应确定交通工程及沿线设施的建设规模、技术标准、设置内容和设计范围，并按交通设施布置要求进一步优化工程设计方案，满足功能、安全、服务的要求。

4.2.12 对拟分期修建的道路工程，应近远期结合，在远期总体设计的基础上制订分期修建方案，并应进行相应设计，满足交通功能需求。

5 横断面设计

5.1 一般规定

5.1.1 城市道路红线宽度由规划部门制定，道路设计应服从总体规划。城市道路的设计一般在规划道路红线内进行，并应符合规划控制要求；但对不能满足规划确定的道路技术标准而需要调整时，应与规划部门协商，并得到批准。

5.1.3 环保设施是指道路范围内的声屏障、防噪墙、隔声板等设施。

5.1.4 城市道路是路网构架，互相沟通，使城市交通四通八达，横断面布设特别是旧路改建，应考虑已有的地形地物条件，尽可能地利用已有构筑物和设施，而不是简单地套用路幅形式。横断面中的车行道宽度应依据设计速度、预测交通量、服务水平分析确定。

5.2 横断面布置

5.2.1 影响城市道路横断面形式与组成部分宽度的因素很多，如交通量、车辆类型与组成、设计速度、城市地理位置、地形条件、排除地面水的方法、地面结构物的位置等，应综合各类因素后确定。

1 单幅路灵活性较强，城市支路和旧城区道路使用较多，对商业区道路和具有游行、集会、大型活动场所等特殊使用要求的道路均可采用单幅路断面。

2 双幅路可减少对向机动车相互之间干扰，对绿化、照明、管线敷设也较有利。

经济开发区、风景区、高科技园区等区域性道路，具有非机动车较少的特点，非机动车可置于人行步道一侧，采用双幅路断面形式布置较为适宜。

双幅路断面形式也适用于分期修建的横断面布置。对于地势条件特殊的滨河路或丘陵路、横向高差大的道路，可利用地形优势采用分离式的双幅路断面形式。

3 三幅路实行机动车与非机动车分隔，可避免混行交通的干扰，保障行车安全，提高机动车的行车速度。单幅路和三幅路中，禁止跨越对向车行道分界线设置类型及宽度应满足现行国家标准《道路交通标志和标线 第3部分：道路交通标线》GB 5768.3 中关于“禁止跨越对向车行道分界线”的规定。

4 四幅路较适用于快速路、交通性主干路，四幅路的特点是车辆分向和分流行驶，不受沿线车辆的干扰，沿线车辆可先通过辅路再进出主路车道。快速路单向机动车道一般不应少于3条，主干路车道数单向机动车道不应少于2条。

5 原则上路边停车宜布置在支路或辅路上，不建议在主干路或次干路上布置路边停车，会影响道路通行能力。

5.2.2 高架路是城市快速路或主干路布置的一种形式。横断面设计时，根据不同地形条件和交通组织设计，可采用整体式、分离式、双层式或组合形式，应因地制宜选用，灵活掌握。

1 整体式高架路一般适用于城市建筑密集区、用地拆迁受限制、红线宽度较窄、交通流量大、路口间距较小的快速路或主干路，应按城市总体规划交通发展、用地范围、地形条件、立交设置、出入口设置，以及环境等因素，经技术经济综合比较后选用。

2 分离式高架路主路交通功能较好，上下行交通不在同一断面上，行车安全，可减少夜间眩光的干扰，有利于车辆快速疏解；两幅独立的桥位于地面道路两侧，两桥间留出采光空间，便于桥下辅路布设；但地面道路交通组织较复杂，需增加相应的交通设施引导交通。

5.2.3 当遇到无法动迁的障碍物，或敏感性地区以及特殊环保景观要求时，道路只能从地下以隧道形式穿越，且采用隧道式横断面；但其造价较高，采用时需进行经济技术比较。

5.2.5 同一条路宜采用相同形式的横断面布置，以保证行车安全及景观要求；当横断面有变化时，变化点宜设置在大型构筑物前或路口处，并留有足够的渐变段以保障司机的反应时间。

5.2.6 为落实“公交优先”政策，当达到设置公交专用道客流量时，对快速路、主干路单向机动车道数大于等于 3 车道的道路，宜单独设一条公交专用车道或限时公交专用车道，同时在横断面布置时应设公交停靠站；当快速公交专用道设在快速路主线两侧时，应与快速路出、入口的加减速车道综合考虑；当次干路单向车道数少于 2 条车道时，宜另设置港湾式公交停靠站，不影响其他车辆行驶。

限时公交专用车道可用于路面资源有限且交通拥挤的路段，在保证高峰时段公交车正常通行的情况下，允许社会车辆分时段使用，可有效利用道路资源，提高整条路段的通行能力，减轻主干路路面的交通压力。

公交专用车道的设置尚应满足《城市道路工程设计规范》CJJ 37 和《公交专用车道设置》GA/T 507 中的有关规定。

5.2.7 当桥梁跨径较小时，可与道路同宽，这样既保证行车安全，又不过多的增加工程投资。特大桥、大桥、中桥，如果整个横断面宽度与道路一致，势必过多的增加了投资；为保证行车安全，车行道宽度、路缘带宽度应与道路一致。但其分车带等宽度可适当缩窄，以节省桥梁结构及投资。设计速度小于等于 40km/h 的道路两侧带可采用交通标线分隔。

5.2.8 隧道内轮廓设计，除应符合隧道建筑限界的规定外，还应满足洞内路面、排水设施、装饰的需要，并为通风、照明、消防、监控、营运管理等设施提供安装空间。

1 道路等级和设计速度相同的一条道路上的隧道横断面组成宽度宜相同。

2 城市道路隧道内应设置检修道。检修道的路缘石可以阻止车辆冲上检修道，是检修步行者的安全限界，同时可保证隧道设备的安全限界；检修道的高度可按 20cm～80cm 取值，并综合考虑以下因素：

1）检修人员步行时的安全；

2）紧急情况时，方便驾乘人员拿取消防设备；

3）满足其下放置电缆、给水管等的空间尺寸要求。

当设置检修道时，可不考虑安全带宽度；当不设置检修道时，应设不小于 0.25m 的安全带宽度。

3 隧道可按其封闭段长度 L 分类，分类见表 1。

表 1 隧道分类

隧道分类	特长隧道	长隧道	中隧道	短隧道
封闭段长度 L（m）	$L>3000$	$3000\geqslant L>1000$	$1000\geqslant L>500$	$L\leqslant 500$

注：封闭段长度系指隧道两端洞口之间暗埋段的长度。

4 采用盾构施工工艺，可设置连续应急车道；采用明挖施工工艺，可采用连续或港湾式应急停车道。条件受限时，应通过技术论证、经综合比较后，确定是否设置应急车道。

5 人行横通道的主要功能是在紧急情况下疏散行人，用以进行紧急救援活动等。

5.3 横断面组成宽度

5.3.1 机动车道的宽度

1 机动车道的宽度较原《城市道路设计规范》CJJ 37－90 的规定值进行了调整，与修订的《城市道路工程设计规范》CJJ 37－2012 一致。

2 快速公交专用车道宽度一般为 3.50m，设物理分隔时若两侧路缘带最小宽度按 0.25m 计算，其总宽度最小为 4.00m。普通公交专用车道宽度应满足大型车车道宽度的要求，且不小于 3.50m。

5.3.2 非机动车道宽度

非机动车道主要供自行车、三轮车等行驶，非机动车宽度系根据非机动车外形尺寸及车辆横向净距（三轮车为 0.659m）计算而得。三轮车车道为 1.25m＋0.66m＝1.91m，三轮车载物宽度，左右不得超出车身 10cm，左右摆动按 20cm 计，计算得车道宽度三轮车为 1.85m（1.25m＋0.2m＋0.4m），因此三轮车车道宽度采用 2.0m。根据《中华人民共和国道路交通规则》规定，一条自行车的宽度为自行车车身宽度 0.6m 和行驶时左右各 0.2m 的摆幅宽度及两侧各 0.25m 的路缘带宽度之和；载物宽度不准超出车把 0.15m，考虑左右摆动，故一条自行车道宽度为 1.5m；以后每增加一条自行车道就增加 1.0m 的车道宽度。一般沿道路两侧设置的单向非机动车道不宜少于 2 条自行车道，宽度不宜小于 2.5m。

5.3.3 路侧带

1　人行道宽度取决于道路功能、沿街建筑物性质、人流密度，还应考虑在人行道下埋设地下管线等的要求。

表2　单侧人行道宽度与道路总宽度之比值参考表

道路等级	横断面形式			道路等级	横断面形式		
	单幅路	双幅路	三幅路		单幅路	双幅路	三幅路
快速路	—	1/6～1/8	—	次干路	1/4～1/6	—	1/4～1/7
主干路	1/5～1/7	—	1/5～1/8	支路	1/3～1/5	—	—

2　道路路侧一般种有树木或设置绿化带，为保证植物的正常生长，需要保证其合理的宽度。当种植单排行道树时，植树带最小宽度为1.5m。为保证行道树生长，绿化带和人行道总宽度不宜小于4.5m。

3　经调查我国各城市设置杆柱的设施带宽度多数为1.0m，有些城市为0.5m～1.5m，考虑有些杆线需做基座，则需宽度大些，但最小宽度不小于1.0m，最大不超过1.5m，设计时可根据实际情况选用。

地下管线应尽可能布置在路侧带下面，并要布置得紧凑和经济。当管线埋设在路侧带下面时，如管线种类较多，且管线间还应有安全距离，则路侧带的宽度需要较宽。

不同设施独立设置时占用宽度见表3。

表3　设施带宽度

项　　目	宽　　度（m）
行人护栏	0.25～0.50
灯柱	1.00～1.50
邮箱、垃圾箱	0.60～1.00
长凳、座椅	1.00～2.00
行道树	1.20～1.50

注：同时设置护栏与灯柱时，宜采用表中的大值。

现有城市道路中，人行道的宽度按规划设计为3.0m～5.0m宽，设施和绿化所占用的宽度不计入在内，设计时要明确行人、绿化、设施带各自合适的宽度。

5.3.4　分车带

1　分车带可分为中间带及两侧带。分隔带的作用是分隔主路上对向车辆、主路与辅路上同向车辆及辅路上机非车辆，其上可设置交通标志、公用设施与绿化等。此外，还可在路段上设置港湾式停靠站台。

中间带应由中间分隔带与两侧路缘带组成。分隔带以路缘石等设施分界，在构造上起到分隔双向交通的作用。

2 快速路上分车带的设置应按《城市快速路设计规程》CJJ 129 的规定执行。

中间带宽度仅规定了特殊情况下采用的最小值，在正常情况下应考虑绿化带、防撞护栏、安全带宽度等因素确定。中间带宽度一般情况下应保持等宽度；当中间带宽度因地形条件或其他特殊情况限制而减窄或增宽时，应设置宽度过渡段。

5.3.5 加速车道是为保证驶入主路的车辆，在进入主路车流之前，能安全加速以保证汇流所需要的距离而设置的变速车道。减速车道是为保证车辆驶出主路时安全减速而设置的变速车道。由于加、减速车道在不同地点使用，其特点和要求各不相同。使用中可根据具体情况，按不同要求进行设计。

5.3.6 集散车道

1 集散车道与主线车道间应采用分隔设施或标线分隔。集散车道的设计速度应与相接匝道相同，集散车道路面宽度为车行道宽度加两侧路缘带宽度。

当主线设计速度小于或等于 60km/h 时，主线车道与集散车道之间可不设分隔设施。

2 当快速路出入口间距不能满足《城市快速路设计规程》CJJ 129 最小间距规定时，应增设集散车道，其宽度不少于 2 条车道的宽度。

5.3.7 辅助车道应根据《城市道路交叉口设计规程》CJJ 152 的相关规定进行设置。

5.3.8 路肩宽度自路缘带外侧算起。当设计速度小于 60km/h 时，汽车摆动较小，可设 0.50m 宽的路肩；快速路的路肩宽度不应小于 0.75m，与设置波形护栏采用相应防撞等级的最小宽度是一致的。有少量行人时，路肩宽度为 1.50m。

5.3.9 非机动车道和人行道的分隔措施可以采用树穴、绿化带、分隔柱等物理分隔，也可采用不同铺装类型、平缘石及画标线等。

6 平面设计

6.3 平 曲 线

6.3.2 圆曲线

1 本规范规定了不设超高最小半径、设超高最小半径一般值、设超高最小半径极限值三类圆曲线最小半径，在工程设计中应结合具体情况合理选用。

圆曲线最小半径是以车辆在曲线上能安全又顺适地行驶为条件确定的，即车辆行驶在曲线部分时，所产生的离心力等横向力不超过轮胎与路面的摩擦力所允许的界限。圆曲线最小半径按下式计算。

$$R=\frac{V^2}{127\,(\mu+i)} \tag{1}$$

式中：R——圆曲线半径（m）；

V——设计速度（km/h）；

μ——横向力系数，取轮胎与路面之间的横向摩擦系数；

i——路面横坡或超高横坡。

在设计速度 V 确定的情况下，圆曲线最小半径 R 取决于横向力系数 μ 和横坡 i 的选值。横向力系数 μ 的选用不仅考虑汽车在弯道上行驶时的稳定性，还要考虑乘客的舒适性以及对燃料、轮胎消耗的影响。汽车在弯道上行驶时，不同的 μ 值对乘客的舒适感和对燃料、轮胎消耗的影响见表 4 和表 5。

表 4　汽车在弯道上行驶时对乘客的舒适感

μ	乘客舒适感
≤0.10	转弯时不感到有曲线存在，很平稳
0.15	转弯时略感到有曲线存在，尚平稳
0.20	转弯时已感到有曲线存在，略感到不平稳
0.35	转弯时明显感到有曲线存在，已感到不稳定
≥0.40	转弯时非常不稳定，站立不住而有倾倒危险

表 5　μ 值对燃料和轮胎消耗的影响

μ	燃料消耗（%）	轮胎消耗（%）
0	100	100
0.05	105	160
0.10	110	220
0.15	115	300
0.20	120	390

《公路工程技术标准》JTG B01－2003 中的 μ 值按 0.035～0.040 取用，计算得出公路不设超高圆曲线最小半径值。结合我国城市道路大型客、货车较多的特点，城市道路不设超高圆曲线最小半径按 $\mu=0.067$ 和 $i=-2\%$ 计算得出。设超高圆曲线最小半径一般值按 $\mu=0.067$ 和 $i=2\%\sim6\%$ 计算得出。城市道路由于非机动车的干扰，交叉口较多，一般车速偏低，

因此 μ 值可加大些。本规范中，设超高圆曲线最小半径极限值按不同的设计速度，μ=0.14～0.16，i=2%～6%计算得出。圆曲线半径理论计算值与规范采用值见表 6。

表 6 圆曲线半径计算表

设计速度（km/h）		100	80	60	50	40	30	20
不设超高最小半径（m）	横向力系数 μ	0.067	0.067	0.067	0.067	0.067	0.067	0.067
	路面横坡度 i	−0.02	−0.02	−0.02	−0.02	−0.02	−0.02	−0.02
	$R=\frac{V^2}{127(\mu+i)}$	1675	1072	603	419	268	151	67
	R 采用值	1600	1000	600	400	300	150	70
设超高最小半径一般值（m）	横向力系数 μ	0.067	0.067	0.067	0.067	0.067	0.067	0.067
	路面横坡度 i	0.06	0.06	0.04	0.04	0.02	0.02	0.02
	$R=\frac{V^2}{127(\mu+i)}$	620	397	265	184	145	81	36
	R 采用值	650	400	300	200	150	85	40
设超高最小半径极限值（m）	横向力系数 μ	0.14	0.14	0.15	0.15	0.16	0.16	0.16
	路面横坡度 i	0.06	0.06	0.04	0.04	0.02	0.02	0.02
	$R=\frac{V^2}{127(\mu+i)}$	394	252	149	104	70	39	17
	R 采用值	400	250	150	100	70	40	20

2 长直线下坡尽头接平曲线半径的线形组合在城市道路中较多，且较易产生交通事故，尤其在雨雪天等不利的气候条件下。对受条件限制时，可从提高路面抗滑性能、交通安全、交通管理等方面考虑采取防护措施。

6.3.3 缓和曲线

1 不设缓和曲线的最小圆曲线半径

直线和圆曲线之间插入缓和曲线后，与直线和圆曲线直接相连接比较，产生位移量 e。设置或不设置缓和曲线，以 20cm 的位移量为界限。位移量 e<20cm 可不设缓和曲线，位移量 $e\geqslant$20cm 时设缓和曲线。

则
$$e=\frac{1}{24}\cdot\frac{L_s^2}{R}=0.2 \tag{2}$$

而
$$L_s=\frac{V}{3.6}\cdot t \tag{3}$$

当 e=0.2m 及 t=3s 时，得出不设缓和曲线的最小圆曲线半径为：

$$R = 0.144V^2 \tag{4}$$

为不影响驾驶员在视觉和行驶上的顺适，不设缓和曲线的最小半径值为式（4）计算值的2倍，不设缓和曲线的最小圆曲线半径计算值见表7。

表7　不设缓和曲线的最小圆曲线半径

设计速度（km/h）	100	80	60	50	40
计算值（$R = 2 \times 0.144V^2$）(m)	2880	1843	1037	720	461
不设缓和曲线的最小圆曲线半径（m）	3000	2000	1000	700	500

对设计速度小于40km/h的支路，作为次干路与街坊路的连接线，以服务沿线地块、交通设施等为主，对其设置缓和曲线不做要求。

随着计算机辅助设计在道路几何设计中的应用，设计人员对于直线与圆曲线间或圆曲线与圆曲线间的连接都基本采用了缓和曲线的连接方式。因此，在低速状态下的直线与圆曲线或圆曲线与圆曲线的连接标准也可使用缓和曲线。

2　缓和曲线长度

车辆从直线段驶入圆曲线或从圆曲线驶入直线段，由大半径圆曲线驶入小半径圆曲线或由小半径圆曲线驶入大半径圆曲线，为了缓和行车方向和离心力的突变，确保行车的舒适和安全，在直线和圆曲线间或半径相差悬殊的圆曲线之间需设置符合车辆转向行驶轨迹和离心力渐变的缓和曲线。由离心力作为控制产生的缓和曲线最小长度应满足以下要求：

1）驾驶员易操作，乘客感觉舒适。汽车行驶在圆曲线上引起的离心力与缓和系数 α_p 有关，见式（5）。

$$\alpha_p = \frac{v^2}{Rt} = 0.0215\frac{V^3}{RL_s} \tag{5}$$

式中：α_p——检验缓和曲线的缓和性指标，α_p 一般采用 $0.3\text{m/s}^3 \sim 1.0\text{m/s}^3$，我国在道路设计中 α_p 采用 $0.6\ \text{m/s}^3$；

v——设计速度（m/s）；

V——设计速度（km/h）；

R——圆曲线半径（m）；

t——在缓和曲线 L_s 上行驶所需时间（s）。

则
$$L_s = 0.035\frac{V^3}{R} \tag{6}$$

2）行驶时间不宜过短，汽车在缓和曲线上行驶时，使驾驶员有足够的时间转动方向盘，以适应前方线形的改变，也使乘客感到舒适。缓和曲线上行驶时间采用3s，按式（7）计算。

$$L_s = vt = \frac{V}{3.6}t \tag{7}$$

缓和曲线最小长度按式（6）及式（7）两者计算取大值，缓和曲线最小长度计算值与采用值见表 8。

表 8　缓和曲线最小长度

设计速度（km/h）		100	80	60	50	40	30	20
缓和曲线最小长度（m）	$L_s = 0.035\frac{V^3}{R}$	87.5	71.7	50.4	43.8	32.0	23.6	14.0
	$L_s = \frac{3V}{3.6} = 0.833V$	83.3	66.6	50.0	41.7	33.3	25.0	16.7
	采用值	85	70	50	45	35	25	20

注：表中 R 采用设超高最小半径。

3　缓和曲线参数

调查表明，由于使用了长的缓和曲线，在视觉上线形变得自然平顺，行驶更加安全舒适，缓和曲线参数 A 值的灵活运用增加了线形设计的自由度，使得线形与地形更容易相适应。《公路路线设计规范》JTG D20－2006 规定了“缓和曲线参数宜依据地形条件及线形要求确定，并与圆曲线半径相协调。”即：

1） 当 R 小于 100m 时，A 宜大于或等于 R。

2） 当 R 接近于 100m 时，A 宜等于 R。

3） 当 R 较大或接近于 3000m 时，A 宜等于 $R/3$。

4） 当 R 大于 3000m 时，A 宜小于 $R/3$。

根据视觉要求，试验所得缓和曲线起点至终点切线角的变化宜控制在 3°～29°之间，即 $\beta = \frac{L_s}{2R} = \frac{A^2}{2R^2}$（代入 $\beta = 3°$ 及 $\beta = 29°$，β 以弧度计），则有 $R/3 \leqslant A \leqslant R$。

6.3.4　平曲线长度

1　平曲线指道路线形上的曲线部分，完整的平曲线包括一个圆曲线和两个缓和曲线。汽车在平曲线上行驶时，如曲线过短，驾驶员操纵方向盘时变动频繁，在高速行驶时感到危险，加上离心加速度变化率过大，使乘客感到不舒适。因此，必须确定不同半径与设计速度条件下的平曲线最小长度。《日本公路技术标准的解说与运用》中认为，汽车通过平曲线的时间 6s 较为合适；汽车通过平曲线中间一段圆曲线的时间 3s 较为合适。平曲线和圆曲线的最小长度按下式计算。

$$L_{\min}=\frac{1}{3.6}\cdot V\cdot t \tag{8}$$

式中：$L_{\min}$——平曲线长度（m）；

V——设计速度（km/h）；

t——汽车通过平曲线的时间（s），以6s计。

平曲线长度除应满足设置缓和曲线或超高、加宽过渡的需要外，还应保留一段圆曲线，以保证汽车行驶状态的平稳过渡。平曲线最小长度是按缓和曲线最小长度的2倍控制，实际上是一种极限状态，此时曲线为凸形缓和曲线，驾驶者会感到操作突变且视觉亦不舒顺。因此，建议最小平曲线长度取值按理论上至少应该不小于3倍缓和曲线最小长度，即保证设置最小长度的缓和曲线后，仍保留一段相同长度的圆曲线。

平曲线及圆曲线最小长度计算值与规范采用值计算见表9。

表9　平曲线及圆曲线最小长度计算表

设计速度（km/h）		100	80	60	50	40	30	20
平曲线最小长度（m）	计算值	167	133	100	83	67	50	33
	采用值	170	140	100	85	70	50	40
圆曲线最小长度（m）	计算值	83	67	50	42	33	25	17
	采用值	85	70	50	40	35	25	20

2　在地形条件许可的情况下路线转角争取尽可能小，才能达到路线顺直。但转角太小，容易引起驾驶员的错觉，把曲线长度误认为比实际的短，或认为道路急转弯，造成驾驶员感觉道路在顺适地转弯，这种现象转角越小越显著。所以转角越小越要插入长的曲线，必须使其产生道路在顺适转弯的感觉。在转角小的曲线部分为使驾驶员识别出是曲线，应适当加大外距；特别是连续流交通的道路，更应注重小转角的影响。

引起驾驶员错觉的道路转角临界值采用7°，以7°作为引起驾驶者错觉的临界角度也只是一种经验值，因为通过选择合适的圆曲线半径，或设置足够的长度的曲线可以改善视觉效果，这才提出小转角的最小曲线长度的限制问题。

而一般城市道路受规划红线、用地条件的限制，存在小转角的情况是比较普遍的。要取消小转角，往往需要增加较大的工程量和巨大的动拆迁。另外，城市道路车辆密度较大，变换车道也较频繁，同时由于沿线交叉口的存在，驾驶员的注意力一般较为集中，因小转角的存在而发生交通安全事故的概率较小。因此，本次对设计速度小于60km/h的地面道路，不再做小转角的规定，只要满足平曲线规定的最小长度即可。

6.4 圆曲线超高

在道路曲线部分汽车行驶时所承受的离心力被路面超高使汽车产生的横向力及路面与轮胎之间的摩擦力抵消，因而能保持横向稳定，顺利行驶。超高设计及超高率计算应考虑把横向摩擦力减至最低程度。对于确定的设计速度，最大超高值的确定主要取决于曲线半径、路面粗糙率以及当地气候条件。在潮湿多雨以及季节性冰冻地区，过大的超高易引起车辆向内侧滑移，尤其是当拥堵造成弯道车速低甚至停止的情况下，所以应对超高横坡度加以限制。

快速路上行驶的汽车为了克服行车中较大的离心力，超高横坡度可较一般规定值略高。处于市区的城市道路因受交叉口、非机动车以及街道两侧建筑的影响，不宜采用过大的超高横坡度。综合各方面的情况后，拟定最大超高横坡度如下：设计速度 100km/h、80km/h 为 6%，设计速度 60km/h、50km/h 为 4%，设计速度小于或等于 40km/h 为 2%。

对于通行大型货车比例较高的路段，如在高路堤、高架桥、跨线桥等曲线处，由于车辆超速行驶、集装箱车辆转锁装置未上锁，极易导致箱体滑脱、侧翻等甩箱情况的出现，对构筑物的曲线外侧或下方辅道或地面道路构成安全隐患。针对此类情况，可考虑提高一级设计速度进行超高值的验算，必要时应对道路平纵线形、横断面布置进行调整。

设超高时，应考虑超高渐变率，以确定超高缓和段长度。超高渐变率为旋转轴与路面边缘之间相对升降的比率。由于超高旋转轴、回转角速度以及车道数等因素不同，不可能做统一规定。

立交匝道无论圆曲线半径大小，均应设置超高。

非机动车道、人行道不宜设置超高，但应满足设置正常路拱横坡的要求。

6.5 圆曲线加宽

汽车在平曲线上行驶时，各车轮行驶的轨迹不同。靠曲线内侧后轮的行驶曲线半径最小，靠曲线外侧前轮的行驶曲线半径最大。因此，汽车在曲线上行驶时所占的车道宽度比直线段大。为保证汽车在转弯过程中不侵占相邻车道，圆曲线半径小于或等于 250m 时，应在圆曲线内侧加宽。

根据汽车在圆曲线上行驶时的相对位置关系所需的加宽值 b_{w1} 和不同车速情况下的汽车摆动偏移所需的加宽值 b_{w2}，每车道加宽值计算如下：

小客车、大型车的加宽值 b_w 为：

$$b_w = b_{w1} + b_{w2} = \frac{a_{gc}^2}{2R} + \frac{0.05V}{\sqrt{R}} \tag{9}$$

铰接车的加宽值 b'_w 为：

$$b'_w = b'_{w1} + b'_{w2} = \frac{a_{gc}^2 + a_{cr}^2}{2R} + \frac{0.05V}{\sqrt{R}} \tag{10}$$

式中：a_{gc} ——小客车、大型车轴距加前悬的距离，或铰接车前轴距加前悬的距离（m）；

a_{cr} ——铰接车后轴距的距离（m）；

V ——设计速度（km/h）；

R ——设超高最小半径（m）。

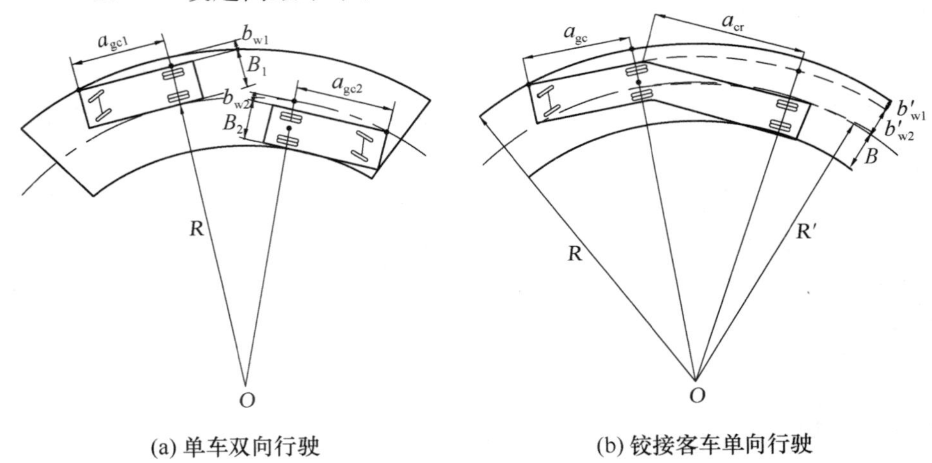

图 1 圆曲线上路面加宽示意

本规范每车道加宽值是根据《城市道路工程设计规范》CJJ 37－2012 中规定的车辆类型和上述公式计算得出的。加宽缓和段可采用线性加宽、抛物线加宽等方式。加宽缓和段的加宽值由直缓点（缓直点）加宽为零，按比例增加到缓圆点（圆缓点）全加宽值。

6.6 视 距

6.6.1 该条为强制性条文，主要是为了确保行车安全。当车辆行驶时，驾驶员一旦发现前方有障碍物，或迎面开来的车辆，应及时采取措施，防止车辆与障碍物或车辆与车辆相撞。完成此过程所需的最短行车距离称为停车视距。

停车视距由反应距离、制动距离及安全距离组成，按式（11）和式（12）计算：

$$S_s = S_r + S_b + S_a \tag{11}$$

式中：S_r ——反应距离（m）；

S_b ——制动距离（m）；

S_a ——安全距离，取 5m。

$$S_s = \frac{Vt}{3.6} + \frac{\beta_s V^2}{254(\mu_s \pm i)} + S_a \tag{12}$$

式中：V ——设计速度（km/h）；

t ——反应时间，取 1.2s；

β_s ——安全系数，取 1.2；

μ_s ——路面摩擦系数，取 0.4；

i ——纵坡度（%），上坡为“+”，下坡为“－”。

表 10 停车视距

设计速度（km/h）	S_r（m）	S_b（m）	S_a（m）	S_s 计算值（m）	S_s 采用值（m）
100	33.34	118.00	5	156.34	160
80	26.67	75.52	5	107.26	110
60	20.00	42.48	5	67.52	70
50	16.67	29.50	5	51.17	60
40	13.33	18.88	5	37.21	40
30	10.00	10.62	5	25.62	30
20	6.67	4.72	5	16.39	20

6.6.2 我国幅员辽阔，在东北、内蒙古、新疆以及西北、西南高原等大面积国土上，冬季都存在着不同程度的降雪和冰冻，冰雪路面的附着系数明显下降，车辆制动距离显著增加。

冰雪路面摩擦系数与车速及路面状况有关。路面摩擦系数随车速的增加而减小，《公路路线设计规范》JTG D20－2006 和《公路项目安全性评价指南》JTG/T B05－2004 中对小客车停车视距的计算与评价，根据 20km/h～100km/h 不同的设计车速，其路面摩擦系数取 0.44～0.30。

路面状况分为干燥、潮湿、冰雪等情况，而自然条件下的冰雪路面根据冰雪表态可以分为松软雪路面、压实雪路面和结冰路面等。冰雪路面的摩擦系数较干燥路面大大降低，根据有关研究，其摩擦系数一般为 0.15～0.30。《公路项目安全性评价指南》JTG/T B05－2004 中对货车停车视距评价，货车轮胎与路面的纵向摩擦系数，不论运行速度大小，一律取值为 0.17。考虑到积雪或冰冻地区路段行驶的车速会有较大幅度的降低，停车视距应根据实际运行速度和路面状况，选取合适的摩擦系数，按式（12）进行计算。

6.6.3 视距有停车视距、会车视距、错车视距和超车视距等。在城市道路设计中，主要考虑停车视距。如车行道上对向行驶的车辆有会车可能时，应采用会车视距，会车视距为停车视距的 2 倍。

6.6.4、6.6.5 视距是道路设计的主要技术指标之一，在道路的平面上和纵断面上都应保证必要的视距。如平面上挖方路段的弯道和内侧有障碍物的弯道，以及纵断面上的凸形变坡处、立交桥下凹形变坡处，均存在视距不足的问题，设计时应加以验算。验算时物高为 0.1m，凸形竖曲线时目高为 1.2m，凹形竖曲线时目高为 1.9m。

在平曲线范围内为使停车视距规定值得到保证，应将平曲线内侧横净距范围内的障碍物予以清除，根据视距线绘出包络线图进行检验。

6.6.6 货车存在空载时制动性能差、轴间荷载难以保证均匀分布、一条轴侧滑会引发其他车轴失稳、半挂车铰接刹车不灵等现象。尽管货车驾驶者因眼睛位置高，比小客车驾驶者看得更远，但仍需要比小客车更长的停车视距，尤其是在下坡路段，应按下坡段货车停车视距进行验算。

《公路路线设计规范》JTG D20－2006 停车视距计算参数采用运行车速，即按设计速度的 85％～90％，纵向摩擦系数采用路面处于潮湿状态下计算得出小客车的停车视距。在此基础上对货车在不同纵坡下的停车视距进行修正。以货运交通为主的城市道路，也应考虑货车交通特征，对货车通行可能存在视距和减速距离潜在危险的区段，尤其是下坡路段进行视距检验。本规范参照《公路路线设计规范》JTG D20－2006，对货车停车视距做了规定。

货车停车视距的物高为 0.1m，目高为 2.0m。下列路段可按货车停车视距进行检查：

1) 减速车道及出口端部；

2) 主线下坡路段且纵断面竖曲线半径小于一般值的路段；

3) 主线分、汇流处，车道数减少，且该处纵断面竖曲线半径小于一般值的路段；

4) 要求保证视距的圆曲线内侧，当圆曲线半径小于 2 倍一般值或路堑边坡陡于 1∶1.5 的路段；

5) 道路与道路、道路与铁路平面交叉口附近。

7 纵断面设计

7.2 纵　　坡

7.2.1 最大纵坡

为保证车辆能以适当的车速在道路上安全行驶，即上坡时顺利、下坡时不致发生危险的纵坡最大限制值为最大纵坡度。道路最大纵坡度的大小直接影响行车速度和安全、道路的行车使用质量、运输成本以及道路建设投资等问题，它与车辆的行驶性能有密切关系。

目前，许多国家都以单位载重量所拥有的马力数（HP/t），即比功率作为衡量汽车爬坡能力的指标，认为 HP/t 数值相同的汽车，其爬坡能力大致相同。

小汽车爬坡能力大，纵坡大小对小汽车影响较小，而载重汽车及铰接车的爬坡能力低，纵坡大小对其影响较大。如以小汽车爬坡能力为准确定最大纵坡，则载重汽车及铰接车均需降速行驶，使汽车性能不能充分发挥，是不经济的，而且还会降低道路通行能力。在汽车选型时，既要考虑现状又要考虑发展。根据我国的实际情况规范确定以东风 EQ140 载重汽车及 SK661 铰接车为代表车型，其发动机型号均为 EQ140，最大功率为 135HP。

本规范的最大纵坡一般值是根据汽车动力特征计算，并参照《公路路线设计规范》JTG D20－2006 及《日本公路技术标准的解说与运用》标准确定。设计最大纵坡应考虑各种机动车辆的动力性能、道路等级、设计速度、地形条件等选用规范中最大纵坡度一般值。当受条件限制纵坡度大于一般值时应限制坡长，但最大纵坡不得超过最大纵坡限制值。

7.2.2 最小纵坡

城市道路最小纵坡应能保证排水和防止管道淤塞所需要的最小纵坡，其值为 0.3%。若道路纵坡度小于最小纵坡值，则管道埋深势必随着管道长度的增加而加深，增加管道埋设的土石填挖量和施工难度。因此，城市道路的最小纵坡应控制在大于或等于 0.3%。如遇特殊困难，纵坡必须小于 0.3%时，则应设置锯齿形偏沟或其他综合排水设施，保证路面排水畅通。

对高架道路适当提高最小纵坡度，主要因为施工误差、容易形成凹面，即使雨停后也会积水；车速较快时，会将积水溅向高架桥下的地面道路，淋湿行人或车辆；仅靠横坡排水，难以及时将桥面水排除。同时，高架桥路侧在结构上也难以做成锯齿形偏沟。

7.2.3 非机动车道纵坡

在城市中非机动车主要是指自行车，在我国城市交通中占很大比例，是重要交通工具之一。自行车爬坡能力低，在与机动车混行的道路上，需按自行车爬坡能力控制纵坡。根据国内外资料综合分析，非机动车车道纵坡度大于或等于 2.5%时，应按规定限制坡长。

7.3 坡　　长

7.3.1　最小坡长

最小坡长的限制是从汽车行驶的平顺度、乘客乘坐的舒适性、视距与相邻两竖曲线布设等方面考虑的，坡长过短、起伏频繁将影响行车顺适与线形美观。通过一段坡长应有一定的时间，规范规定为10s，即最小坡长 $l_{\mathrm{j}}=\frac{10V}{3.6}$。另外，在一段坡长两端设置的两个竖曲线不得搭接（叠加）。

对于沉降量较大的改建道路，为降低工程投资、加快改建速度与减少施工期间的交通影响，可以适当降低标准。

沪杭高速公路在拓宽改建中，对于相邻桥梁结构较近，且路堤沉降较大的路段及特别困难地区采用了降低一级设计速度的纵坡坡长进行纵断面设计。

沪宁高速公路的拓宽改建，根据拟合纵断面线形的实际情况，对原纵断面设计变坡点间增设变坡点，在增加变坡点的转坡角（相邻纵坡坡差的绝对值）较小的前提下，适当突破最小纵坡的控制。具体标准见表11。

表11　最小坡长

设计速度（km/h）		120
最小坡长（m）	转坡角≤4‰	180
	4‰<转坡角≤6‰	200
	转坡角>6‰	300

深圳市对于改建道路纵断面设计，则在桥头引道处采用必要的调坡措施外，路段上基本为等厚加罩。

7.3.2　最大坡长

纵坡大于最大纵坡一般值时，应对纵坡坡长加以限制。纵坡坡长是根据汽车加、减速行程图求得，并参考《公路路线设计规范》JTG D20－2006与《日本公路技术标准的解说与运用》综合确定。根据不同设计速度、不同坡度规定坡长限制值。当设计速度小于40km/h时，由于车速低，爬坡能力大，坡长可不受限制。

7.4 合成坡度

纵坡与超高或横坡度组成的坡度称为合成坡度。将合成坡度限制在某一范围内的目的是尽可能地避免陡坡与急弯的组合对行车产生的不利影响。道路设计常以合成坡度控制，合成坡度按下式计算：

$$i_{H}=\sqrt{i_{N}^{2}+i_{Z}^{2}} \tag{13}$$

式中：i_H——合成坡度（%）；

i_N——超高横坡（%）；

i_Z——纵坡（%）。

7.5 竖 曲 线

当汽车行驶在变坡点时，为了缓和因运动变化而产生的冲击和保证视距，必须插入竖曲线。竖曲线形式为抛物线或圆曲线。经计算比较，圆曲线与抛物线计算值基本相同，为使用方便，规范采用圆曲线。竖曲线最小半径计算如下：

1 凸形竖曲线极限最小半径 R_v（m）用下式计算：

$$R_{v}=\frac{S_{s}^{2}}{2(\sqrt{h_{e}}+\sqrt{h_{o}})^{2}} \tag{14}$$

式中：S_s——停车视距（m）；

h_e——眼高，采用 1.2m；

h_o——物高，采用 0.1m。

2 凹形竖曲线极限最小半径 R_c（m）用下式计算：

$$R_{c}=\frac{V^{2}}{13a_{o}} \tag{15}$$

式中：V——设计速度（km/h）；

a_o——离心加速度，采用 $0.28m/s^2$。

竖曲线一般最小半径为极限最小半径的 1.5 倍，国内外均使用此数值。设计时根据不同道路等级，不同设计速度选用适当的竖曲线半径。

为了使驾驶员在竖曲线上顺适地行驶，竖曲线不宜过短，应在竖曲线范围内有一定的行驶时间，日本规定最小行驶时间为设计速度 3s 的行驶距离，规范“极限值”采用 3s，竖曲线最小长度按下式计算：

$$l_{v}=\frac{Vt}{3.6} \tag{16}$$

式中：l_v——竖曲线最小长度（m）；

V——设计速度（km/h）；

t——在竖曲线上的行驶时间（s）。

竖曲线最小长度“一般值”主要考虑行车安全与舒适；平原地区由于纵坡缓，若采用较长的竖曲线而引起纵向排水纵坡过小时，可以采用竖曲线最小长度的“极限值”。

8 线形组合设计

8.2 平、纵、横的线形组合

1 平、纵线形组合原则上应“相互对应”，且平曲线稍长于竖曲线，即所谓的“平包竖”。国内外研究资料表明，当平曲线半径小于2000m、竖曲线半径小于15000m时，平、竖曲线的相互对应对线形组合显得十分重要；随着平、竖曲线半径的增大，其影响逐渐减小；当平曲线半径大于6000m、竖曲线半径大于25000m时，对线形的影响显得不很敏感。因此，线形设计的“相互对应、且平包竖”的基本要求需视平、竖曲线的半径而掌握其符合的程度。

2 城市道路由于限制条件多，对于低等级道路不必强求平纵线形的相互对应。

3 纵断面设计若出现驼峰、暗凹、跳跃、断背、长直线或折曲等线形，容易使驾驶员视觉中断，或在驾驶员视线内出现两个或两个以上的平曲线或竖曲线，应加以避免。

8.3 线形与桥、隧的配合

8.3.1 桥梁及其引道与道路路线的衔接应保证行车安全与舒适，各项技术指标应符合路线总体布设的要求，使桥梁、桥头引道与路线的线形连续、均衡，视线诱导良好；而特大桥、大桥桥位应尽量顺直，满足通航和行洪要求，并方便桥梁结构设计。

纵坡大于3.0%的桥梁引道，其坡脚与平面交叉口停车线之间的最小安全距离宜满足50m长度，以保证车辆转弯对行人和辅道车辆的通行安全。

地面快速路主路上的桥梁设置防撞护栏的路段，由于道路与桥梁的护栏设置位置的差异，会导致平面上出现外凸或内凹的现象，不仅影响美观，也影响安全。故要求桥梁与道路的行车道、路缘带或中间分隔带等对应的宽度应保持一致，使设置的护栏其平面宜为同一条基准线。

8.3.2 隧道及其洞口两端的连接线应符合路线总体布设的要求，与路线线形相协调，保证行车安全与舒适。调查资料显示，隧道洞口内外是事故多发路段，为此对隧道洞口外连接线与隧道洞口内的平、纵线形应保持一致的长度作了相应规定。

8.4 线形与沿线设施的配合

8.4.2 城市道路交通设施设计应与道路主体工程的技术标准、建设规模及项目交通特性、交通组织设计相配合，应简明、准确地向道路使用者提供交通路权、行驶规则以及路径指示等信息，确定交通标志类型、版面大小、版面内容、支撑方式和交通标线颜色、类型和尺寸等，构建科学合理、舒适安全、和谐统一的道路环境。

8.4.3 互通立交处灯光夜间照明往往会误导行车视线，原则上立交处应采用高杆灯照明布置。

8.4.4 通常路面宽度、道路横断面布置是独立的，不会随两侧街景进行变化，难免倾向于单调化。现代设计强调城市的空间设计，要求道路功能与街景功能相互补充，进行一体化设计，利用空间使景观整齐美观。如道路人行道与两侧建筑前的广场铺装进行整体设计，人行道与两侧建筑进行整体规划等。

8.5 线形与环境的协调

1 同样的线形在不同的环境中给人的感觉不同。调查发现，由于线形与环境景观的不良配合，会给驾驶员造成精神压力或因错觉引发交通事故，所以线形与环境的协调首先应考虑交通安全。

2 道路空间尺度是指道路空间宽度 D（两侧建筑之间水平距离）与两侧建筑高度 H 的比值 D/H。

1）当 $0.7<D/H\leqslant 1$ 时，道路空间有亲切感，空间围合感较强，容易形成繁华热闹氛围，沿街建筑立面对人的景观感受影响较大，适用于一般生活性道路；当 $D/H\leqslant 0.7$ 时，则会产生压抑感。

2）当 $D/H=1\sim2$ 时，仍能保持亲切感和围合感，绿化对空间的影响作用开始明显加强，可增加绿化带宽度和树木高度以弥补空间的扩散感，适用于城区一般干路。

3）当 $D/H=2\sim3$ 时，视觉开始扩散，空间更为开阔，围合感较弱，热闹氛围被冲淡，适用于城郊结合部的城市干路和城区交通性干路；当 $D/H=3$ 时，一般为开阔空间，人们视线主要停留在建筑的群体关系以及建筑与环境的关系上。

10 道路与轨道交通线路交叉

10.2 立体交叉

10.2.1 该条为强制性条文，主要是明确城市道路与轨道交通线路相交，必须设置立体交叉的条件，目的是保证道路、轨道交通的行车和行人安全。

轨道交通线路包括铁路、城市轨道交通，城市轨道交通又分为地铁、轻轨、单轨、有轨电车、磁浮、自动导向轨道和市域快速轨道等七大系统。道路与轨道交通线路必须设置立体交叉的依据如下：

1 快速路交通功能强，服务水平高，交通量大，具有连续交通流、全部控制出入口的特点。如果采用平面交叉，当道口处于开放状态时，汽车通过道口需限速行驶，严重影响道路交通功能；当道口处于封闭状态时，会造成严重的交通堵塞。故规定必须采用立交。重要的主干路与铁路交叉，若交通流量大，部分控制出入口，也必须采用立交。

2 高速铁路（时速高达250km/h～350km/h）、客运专线，行车密度大（最小间隔时分可达2min～1.5min）均为全封闭运行；铁路市内车站旅客流量大，编组场作业繁忙，主干路、次干线、支路与它们交叉时，为保证道路畅通和各自的行车安全，均必须设置立体交叉。

3 有轨电车与铁路同为轨道交通，而轨道、结构各异，相交时必须是立交。无轨电车道虽无轨道，但其供电接触网、柱与铁路相冲突，也必须设置立体交叉。

4 除有轨电车外的城市轨道交通，如地铁、轻轨等，行车密度大、全封闭运行，故规定主干路、次干路、支路与除有轨电车外的城市轨道交通交叉必须设置立体交叉。

四、城镇道路路面设计规范

CJJ 169－2012

3　基本规定

3.1　一般规定

3.1.1　道路路面的面层、基层与垫层等各结构层应符合下列规定：

1　面层应具有足够的结构强度、稳定性和平整、抗滑、耐磨与低噪声等表面特性。

2　基层应具有足够的强度和扩散应力的能力。

3　垫层应具有一定的强度和良好的水稳定性。

3.1.2　道路路面设计应符合下列规定：

1　根据道路的地理地质条件、路基土特性、路基水文及气候环境状况，考虑强度、刚度、稳定性和耐久性因素，进行路基路面整体结构综合设计。

2　因地制宜、合理选材、降低能耗，充分利用再生材料。

3　应便于施工，利于养护并减少对周边环境及生态的影响。

4　交叉口进口道和公交车停靠站路段应进行特殊设计。

5　应具有行车安全、舒适和与环境、生态及社会协调的综合效益。

3.1.3　道路路面可分为沥青路面、水泥混凝土路面和砌块路面三大类，各面层类型及适用范围宜符合下列规定：

1　沥青路面面层类型包括沥青混合料、沥青贯入式和沥青表面处治。沥青混合料适用于各交通等级道路；沥青贯入式与沥青表面处治路面适用于中、轻交通道路。

2　水泥混凝土路面面层类型包括普通混凝土、钢筋混凝土、连续配筋混凝土与钢纤维混凝土，适用于各交通等级道路。

3　砌块路面适用于支路、广场、停车场、人行道与步行街。

3.2　设计要素

3.2.1　路面设计基准期应符合表 3.2.1 规定。

表 3.2.1 路面设计基准期

道路等级	路面类型		
	沥青路面	水泥混凝土路面	砌块路面
快速路	15 年	30 年	—
主干路	15 年	30 年	—
次干路	15 年	20 年	10 年（20 年）
支　路	10 年	20 年	

注：砌块路面采用混凝土预制块时，设计基准期为 10 年；采用石材时，设计基准期为 20 年。

3.2.2 标准轴载应符合下列规定：

1 路面设计应以双轮组单轴载 100kN 为标准轴载，以 BZZ-100 表示。标准轴载的计算参数应符合表 3.2.2 的规定。

表 3.2.2 标准轴载计算参数

标准轴载	BZZ-100
标准轴载 P（kN）	100
轮胎接地压强 p（MPa）	0.70
单轮传压面当量圆直径 d（cm）	21.30
两轮中心距（cm）	1.5d

2 设计交通量的计算应将不同轴载的各种车辆换算成 BZZ-100 标准轴载的当量轴次。大型公交车比例较高的道路或公交专用道的设计，可根据实际情况，经论证选用适当的轴载和计算参数。

3.2.3 沥青路面轴载换算和设计交通量应符合下列规定：

1 沥青路面以设计弯沉值、沥青层剪应力和沥青层层底拉应变为设计指标时，各种轴载换算成标准轴载 P 的当量轴次 N_a应按下式计算：

$$N_a = \sum_{i=1}^{K} C_1 \cdot C_2 n_i \left(\frac{P_i}{P}\right)^{4.35} \qquad (3.2.3\text{-}1)$$

式中：N_a——以设计弯沉值、沥青层剪应力和沥青层层底拉应变为设计指标时的当量轴次（次/d）；

n_i——被换算车型的各级轴载作用次数（次/d）；

P——标准轴载（kN）；

P_i——被换算车型的各级轴载（kN）；

C_1——被换算车型的轴数系数；

C_2——被换算车型的轮组系数，单轮组为 6.4，双轮组为 1.0，四轮组为 0.38；

K——被换算车型的轴载级别。

当轴间距大于或等于 3m 时，应按一个单独的轴载计算；当轴间距小于 3m 时，双轴或多轴的轴数系数应按下式计算：

$$C_1 = 1 + 1.2(m - 1) \tag{3.2.3-2}$$

式中：m——轴数。

2 当沥青路面以半刚性基层层底拉应力为设计指标时，各种轴载换算成标准轴载 P 的当量轴次 N_s应按下式计算：

$$N_s = \sum_{i=1}^{K} C'_1 C'_2 n_i \left(\frac{P_i}{P}\right)^8 \tag{3.2.3-3}$$

式中：N_s——以半刚性基层层底拉应力为设计指标时的当量轴次（次/d）；

C'_1——被换算车型的轴数系数；

C'_2——被换算车型的轮组系数，单轮组为 18.5，双轮组为 1.0，四轮组为 0.09。

以拉应力为设计指标时，双轴或多轴的轴数系数应按下式计算：

$$C'_1 = 1 + 2(m - 1) \tag{3.2.3-4}$$

3 应根据预测交通量，考虑各种车型的交通组成（或比例），将不同车型的轴载换算成标准轴载的当量轴次，求得营运第一年单向日平均当量轴次。

4 设计基准期内交通量的年平均增长率应在项目可行性研究报告等资料基础上，经研究分析确定。

5 沥青路面设计车道分布系数宜依据道路交通组成、交通管理情况，通过实地调查确定，也可按表 3.2.3 选定。当上下行交通量或重车比例有明显差异时，可区别对待，可按上下行交通特点分别进行厚度设计。

表 3.2.3　设计车道分布系数

车道特征	车道分布系数
单向单车道	1.00
单向两车道	0.65～0.95
单向三车道	0.50～0.80
单向四车道	0.40～0.70

6 沥青路面设计基准期内一个车道上的累计当量轴次应按下式计算：

$$N_e = \frac{[(1+\gamma)^t - 1] \times 365}{\gamma} \cdot N_1 \cdot \eta \qquad (3.2.3\text{-}5)$$

式中：N_e ——设计基准期内一个车道上的累计当量轴次（次/车道）；

t ——设计基准期（年）；

N_1 ——路面营运第一年单向日平均当量轴次（次/d）；

γ ——设计基准期内交通量的年平均年增长率（%）；

η ——设计车道分布系数。

3.2.4 水泥混凝土路面轴载换算和设计交通量应符合下列规定：

1 不同轴-轮型和轴载的作用次数换算为标准轴载的当量轴次应按下列公式计算：

$$N_c = \sum_{i=1}^{n} \delta_i N_i \left(\frac{P'_i}{100}\right)^{16} \qquad (3.2.4\text{-}1)$$

$$\delta_i = 2.22 \times 10^3 P_i^{-0.43} \qquad (3.2.4\text{-}2)$$

或 $$\delta_i = 1.07 \times 10^{-5} P_i^{-0.22} \qquad (3.2.4\text{-}3)$$

或 $$\delta_i = 2.24 \times 10^{-8} P_i^{-0.22} \qquad (3.2.4\text{-}4)$$

式中：N_c ——标准轴载的当量轴次；

P'_i ——单轴-单轮、单轴-双轮组或三轴-双轮组轴型 i 级轴载的总重（kN）；

n ——轴型和轴载级位数；

N_i ——各类轴型 i 级轴载的作用次数；

δ_i ——轴-轮型系数，单轴-双轮组时，$\delta_i = 1$；单轴-单轮时，按式（3.2.4-2）计算；双轴-双轮组时，按式（3.2.4-3）计算；三轴-双轮组时，按式（3.2.4-4）计算。

2 设计基准期内水泥混凝土面层临界荷位所承受的累计当量轴次应按下式计算：

$$N'_e = \frac{N'_1 \times [(1+\gamma)^t - 1] \times 365}{\gamma} \eta_s \qquad (3.2.4\text{-}5)$$

式中：N'_e ——水泥混凝土路面设计基准期内临界荷位所承受的累计当量轴次（次）；

N'_1 ——水泥混凝土路面设计车道使用初期的当量轴载日作用次数（次/d）；

η_s ——水泥混凝土路面临界荷位处的车辆轮迹横向分布系数，可按表 3.2.4 选用。

表 3.2.4 车辆轮迹横向分布系数（η_s）

道路等级		纵缝边缘处
快速路、主干路		0.17～0.22
次干路及以下道路	行车道宽＞7m	0.34～0.39
	行车道宽≤7m	0.54～0.62

注：行车道较宽或者交通量较大时，取高值；反之，取低值。

3.2.5 交通等级可根据累计轴次按表 3.2.5 的规定划分为 4 个等级。

表 3.2.5 交通等级

交通等级	沥青路面	水泥混凝土路面
	累计当量轴次 N_e（万次/车道）	累计当量轴次 N'_e（万次）
轻	＜400	＜3
中	400～1200	3～100
重	1200～2500	100～2000
特重	＞2500	＞2000

注：非机动车道、人行道及步行街路面结构应按轻型交通确定。

3.2.6 路面设计环境要素应符合下列规定：

1 沥青路面面层的使用性能气候分区应按本规范附录 A 确定。

2 水泥混凝土面层的最大温度梯度标准值（T_g），根据道路所在地的道路自然区划，可按表 3.2.6-1 选用。

表 3.2.6-1 最大温度梯度标准值（T_g）

道路自然区划	Ⅱ、Ⅴ	Ⅲ	Ⅳ、Ⅵ	Ⅶ
最大温度梯度（℃/m）	83～88	90～95	86～92	93～98

注：海拔高时，取高值；湿度大时，取低值。

3 在冰冻地区，沥青路面总厚度不应小于表 3.2.6-2 规定的最小防冻厚度；水泥混凝土路面总厚度不应小于表 3.2.6-3 规定的最小防冻厚度。

表 3.2.6-2 沥青路面最小防冻厚度（cm）

路基类型	道路冻深	黏性土、细亚砂土路床			粉性土路床		
		砂石类	稳定土类	工业废料类	砂石类	稳定土类	工业废料类
中湿	50～100	40～45	35～40	30～35	45～50	40～45	30～40
	100～150	45～50	40～45	35～40	50～60	45～50	40～45
	150～200	50～60	45～55	40～50	60～70	50～60	45～50
	＞200	60～70	55～65	50～55	70～75	60～70	50～65

续表 3.2.6-2

路基类型	道路冻深	黏性土、细亚砂土路床			粉性土路床		
		砂石类	稳定土类	工业废料类	砂石类	稳定土类	工业废料类
潮湿	60～100	45～55	40～50	35～45	50～60	45～55	40～50
	100～150	55～60	50～55	45～50	60～70	55～65	50～60
	150～200	60～70	55～65	50～55	70～80	65～70	60～65
	＞200	70～80	65～75	55～70	80～100	70～90	65～80

注：1 对潮湿系数小于 0.5 的地区，Ⅱ、Ⅲ、Ⅳ等干旱地区防冻厚度应比表中值减少 15%～20%；

2 对Ⅱ区砂性土路基防冻厚度应相应减少 5%～10%。

表 3.2.6-3 水泥混凝土路面最小防冻厚度

路基类型	路基土质	当地最大冰冻深度（m）			
		0.50～1.00	1.01～1.50	1.51～2.00	＞2.00
中湿	低、中、高液限黏土	0.30～0.50	0.40～0.60	0.50～0.70	0.60～0.95
	粉土，粉质低、中液限黏土	0.40～0.60	0.50～0.70	0.60～0.85	0.70～1.10
潮湿	低、中、高液限黏土	0.40～0.60	0.50～0.70	0.60～0.90	0.75～1.20
	粉土，粉质低、中液限黏土	0.45～0.70	0.55～0.80	0.70～1.00	0.80～1.30

注：1 冻深小或填方路段，或者基层、垫层为隔湿性能良好的材料，可采用低值；冻深大或挖方及地下水位高的路段，或者基层、垫层为隔湿性能较差的材料，应采用高值；

2 冻深小于 0.50m 的地区，可不考虑结构层防冻厚度。

3.2.7 路面可靠度设计标准应符合表 3.2.7 的规定。

表 3.2.7 路面可靠度设计标准

道路等级	快速路	主干路	次干路、支路
目标可靠度	95%	90%	85%
变异水平等级	低	低～中	中～高

3.2.8 路面抗滑性能应符合下列规定：

1 快速路、主干路沥青路面在质量验收时抗滑性能指标应符合表 3.2.8-1 的规定，次干路、支路、非机动车道、人行道及步行街可按表 3.2.8-1 执行。

表 3.2.8-1 沥青路面抗滑性能指标

年平均降雨量（mm）	质量验收值	
	横向力系数 SFC_{60}	构造深度 TD（mm）
>1000	≥54	≥0.55
500～1000	≥50	≥0.50
250～500	≥45	≥0.45

注：1 应采用测定速度为60km/h±1km/h时的横向力系数（SFC_{60}）作为控制指标；

2 路面宏观构造深度可用铺砂法或激光构造深度仪测定。

2 水泥混凝土路面抗滑性能在质量验收时，应符合表3.2.8-2的规定。

表 3.2.8-2 水泥混凝土面层的表面构造深度要求（mm）

道路等级	快速路、主干路	次干路、支路
一般路段	0.70～1.10	0.50～0.90
特殊路段	0.80～1.20	0.60～1.00

注：1 对快速路和主干路特殊路段系指立交、平交或变速车道等处，对于次干路、支路特殊路段系指急弯、陡坡、交叉口或集镇附近；

2 年降雨量600mm以下的地区，表列数值可适当降低；

3 非机动车道、人行道及步行街可按本表执行。

4 路基、垫层与基层

4.1 路 基

4.1.1 路基应稳定、密实、均质，具有足够的强度、稳定性、抗变形能力和耐久性。

4.1.2 路基设计应符合下列规定：

1 在不利季节，路基顶面设计回弹模量值，对快速路和主干路不应小于30MPa；对次干路和支路不应小于20MPa。当不能满足上述要求时，应采取措施提高路基的回弹模量。

2 路床应处于干燥或中湿状态。

4.1.3 岩石或填石路基顶面应铺设整平层，整平层可采用未筛分碎石和石屑或低剂量水泥稳定粒料，其厚度应根据路基顶面的不平整情况确定，宜为100mm～200mm。

4.2 垫　　层

4.2.1 在下述情况下，应在基层下设置垫层：

1 季节性冰冻地区的中湿或潮湿路段。

2 地下水位高、排水不良，路基处于潮湿或过湿状态。

3 水文地质条件不良的土质路堑，路床土处于潮湿或过湿状态。

4.2.2 垫层宜采用砂、砂砾等颗粒材料，小于 0.075mm 的颗粒含量不宜大于 5%。

4.2.3 排水垫层应与边缘排水系统相连接，厚度宜大于 150mm，宽度不宜小于基层底面的宽度。

4.3 基　　层

4.3.1 基层可采用刚性、半刚性或柔性材料。

4.3.2 基层类型宜根据交通等级按表 4.3.2-1 选用，各类基层最小厚度应符合表 4.3.2-2 的规定。

表 4.3.2-1　适宜各交通等级的基层类型

交通等级	基　层　类　型
特重	贫混凝土、碾压混凝土、水泥稳定粒料、石灰粉煤灰稳定粒料、水泥粉煤灰稳定粒料
重	水泥稳定粒料、沥青稳定碎石基层、石灰粉煤灰稳定粒料、水泥粉煤灰稳定粒料
中或轻	沥青稳定碎石基层、水泥稳定类、石灰稳定类、水泥粉煤灰稳定类、石灰粉煤灰稳定类或级配粒料基层

表 4.3.2-2　各类基层最小厚度

基层类型		最小厚度（mm）
刚性基层	贫混凝土或碾压混凝土基层	150
	多孔混凝土排水基层	150
半刚性基层	水泥稳定类基层	150
	石灰稳定类基层	150
	水泥粉煤灰稳定类基层	150
	石灰粉煤灰稳定类基层	150

续表 4.3.2-2

<table>
<tr><th colspan="3">基层类型</th><th>最小厚度（mm）</th></tr>
<tr><td rowspan="10">柔性基层</td><td rowspan="3">沥青稳定碎石基层（ATB）</td><td>ATB-25</td><td>80</td></tr>
<tr><td>ATB-30</td><td>90</td></tr>
<tr><td>ATB-40</td><td>120</td></tr>
<tr><td rowspan="2">半开级配沥青碎石基层（AM）</td><td>AM-25</td><td>80</td></tr>
<tr><td>AM-40</td><td>120</td></tr>
<tr><td rowspan="3">沥青稳定碎石排水基层（ATPB）</td><td>ATPB-25</td><td>80</td></tr>
<tr><td>ATPB-30</td><td>90</td></tr>
<tr><td>ATPB-40</td><td>120</td></tr>
<tr><td colspan="2">级配碎石</td><td>80</td></tr>
<tr><td colspan="2">级配砾石</td><td>80</td></tr>
</table>

4.3.3 半刚性基层应符合下列规定：

1 半刚性基层应具有足够的强度和稳定性、较小的温缩和干缩变形及较强的抗冲刷能力，在冰冻地区应具有一定的抗冻性。

2 在冰冻、多雨潮湿地区，石灰粉煤灰稳定类材料宜用于特重、重交通的下基层。石灰稳定类材料宜用于各类交通等级的下基层以及中、轻交通的基层。

3 用作上基层的半刚性材料宜选用骨架密实型级配，应具有一定的强度、抗疲劳开裂性能与抗冲刷能力。

4 各类半刚性材料的压实度和7d龄期无侧限抗压强度代表值应符合表4.3.3-1～表4.3.3-4的规定。

表 4.3.3-1 水泥稳定类材料的压实度与7d龄期抗压强度

<table>
<tr><th rowspan="2">层位</th><th rowspan="2">稳定类型</th><th colspan="2">特重交通</th><th colspan="2">重、中交通</th><th colspan="2">轻交通</th></tr>
<tr><th>压实度（%）</th><th>抗压强度（MPa）</th><th>压实度（%）</th><th>抗压强度（MPa）</th><th>压实度（%）</th><th>抗压强度（MPa）</th></tr>
<tr><td rowspan="2">上基层</td><td>集料</td><td>≥98</td><td>3.5～4.5</td><td>≥98</td><td>3～4</td><td>≥97</td><td rowspan="2">2.5～3.5</td></tr>
<tr><td>细粒土</td><td>—</td><td>—</td><td>—</td><td>—</td><td>≥96</td></tr>
<tr><td rowspan="2">下基层</td><td>集料</td><td>≥97</td><td rowspan="2">≥2.5</td><td>≥97</td><td rowspan="2">≥2.0</td><td>≥96</td><td rowspan="2">≥1.5</td></tr>
<tr><td>细料土</td><td>≥96</td><td>≥96</td><td>≥95</td></tr>
</table>

表 4.3.3-2 水泥粉煤灰稳定类材料的压实度与7d龄期抗压强度

层位	类别	特重、重、中交通		轻交通	
		压实度（%）	抗压强度（MPa）	压实度（%）	抗压强度（MPa）
上基层	集料	≥98	1.5～3.5	≥97	1.2～1.5
下基层	集料	≥97	≥1.0	≥96	≥0.6

表 4.3.3-3 石灰粉煤灰稳定类材料的压实度与7d龄期抗压强度

层位	稳定类型	特重、重、中交通		轻交通	
		压实度（%）	抗压强度（MPa）	压实度（%）	抗压强度（MPa）
上基层	集料	≥98	≥0.8	≥97	≥0.6
	细粒土	—	—	≥96	
下基层	集料	≥97	≥0.6	≥96	≥0.5
	细料土	≥96		≥95	

表 4.3.3-4 石灰稳定类材料的压实度与7d龄期抗压强度

层位	类别	重、中交通		轻交通	
		压实度（%）	抗压强度（MPa）	压实度（%）	抗压强度（MPa）
上基层	集料	—	—	≥97	≥0.8
	细粒土	—		≥95	
下基层	集料	≥97	≥0.8	≥96	≥0.7
	细料土	≥95		≥95	

注：1 对于轻交通道路，在低塑性土（塑性指数小于10）地区，石灰稳定砂砾土和碎石土的7d龄期抗压强度应大于0.5MPa；

2 轻交通支路，压实机具有困难时，石灰稳定细料土压实度可降低1%。

4.3.4 刚性基层应符合下列规定：

1 刚性基层适用于重交通、特重交通及港区等的道路工程。

2 贫混凝土基层材料的强度要求应符合表4.3.4-1的规定。

表 4.3.4-1 贫混凝土基层材料的强度要求（MPa）

试验项目	特重、重交通	中交通
7d龄期抗压强度	9.0～15.0	7.0～12.0
28d龄期抗压强度	12.0～20.0	9.0～16.0
28d龄期抗弯拉强度	2.5～3.5	2.0～3.0

3 多孔混凝土基层材料的强度要求应符合表 4.3.4-2 的规定。

表 4.3.4-2 多孔混凝土基层材料的强度要求（MPa）

试验项目	特重	重
7d 龄期抗压强度	5.0～8.0	3.0～5.0
28d 龄期抗弯拉强度	1.5～2.5	1.0～2.0

4 刚性基层应设置横缝和纵缝，并应灌入填缝料，其上应设置粘结层。

4.3.5 柔性基层应符合下列规定：

1 热拌沥青碎石宜用于重交通及以下道路的基层；级配碎石可用于中、轻交通道路的下基层及轻交通道路的基层；级配砾石可用于轻交通道路的下基层。

2 密级配沥青稳定碎石（ATB）、半开级配沥青碎石（AM）和开级配沥青稳定碎石（ATPB），混合料配合比设计技术要求应符合表 4.3.5 的规定。

表 4.3.5 沥青稳定碎石马歇尔试验配合比设计技术要求

试验项目	单位	密级配沥青稳定碎石（ATB）		半开级配沥青碎石（AM）	开级配沥青稳定碎石（ATPB）
公称最大粒径	mm	26.5	≥31.5	≥26.5	≥26.5
马歇尔试件尺寸	mm	ϕ101.6×63.5	ϕ152.4×95.3	ϕ152.4×95.3	ϕ152.4×95.3
击实次数（双面）	次	75	112	112	75
空隙率①	%	3～6		12～18	≥18
稳定度	kN	≥7.5	≥15	—	—
流值	mm	1.5～4	实测	—	—
沥青饱和度	%	55～70		—	—
沥青膜厚度	μm	—		>12	—
谢伦堡沥青析漏试验的结合料损失	%	—		≤0.2	—
肯塔堡飞散试验的混合料损失或浸水飞散试验	%	—		≤20	—

续表 4.3.5

试验项目	单位	密级配沥青稳定碎石（ATB）	半开级配沥青碎石（AM）	开级配沥青稳定碎石（ATPB）
密级配基层 ATB 的矿料间隙率不小于（%）	设计空隙率（%）	ATB-40	ATB-30	ATB-25
	4	11	11.5	12
	5	12	12.5	13
	6	13	13.5	14

注：① 在干旱地区，可将密级配沥青稳定碎石基层的空隙率适当放宽到 8%。

4.3.6 旧路面再生混合料应符合下列规定：

1 应在对旧路面材料充分调查分析的基础上，根据工程要求、道路等级、气候条件、交通情况，充分借鉴成功经验，进行再生混合料设计。

2 热再生沥青混合料的技术要求应符合热拌沥青混合料技术要求的规定。

3 用作道路基层时，使用乳化沥青、泡沫沥青的冷再生沥青混合料技术要求应符合表 4.3.6-1 的规定；使用无机结合料稳定旧路面沥青混合料技术要求应符合表 4.3.6-2 的规定。

表 4.3.6-1 乳化沥青、泡沫沥青冷再生沥青混合料的技术要求

试验项目		乳化沥青	泡沫沥青
	空隙率（%）	9～14	—
15℃劈裂试验	劈裂强度（MPa）	≥0.4	≥0.4
	干湿劈裂强度比（%）	≥75	≥75
40℃马歇尔试验	马歇尔稳定度（kN）	≥5.0	≥5.0
	浸水马歇尔残留稳定度（%）	≥75	≥75
冻融劈裂强度比（%）		≥70	≥70

注：宜使用劈裂试验作为设计要求。

表 4.3.6-2 无机结合料稳定旧沥青混合料技术要求

试验项目		水泥		石灰	
		特重、重	中、轻	重	中、轻
7d 龄期抗压强度（MPa）	上基层	3.0～5.0	2.5～3.0	—	≥0.8
	下基层	1.5～2.5	1.5～2.0	≥0.8	0.5～0.7

5 沥青路面

5.1 一 般 规 定

5.1.1 沥青路面设计应包括交通量预测与分析，材料选择，混合料配合比设计，设计参数的测试和确定，路面结构组合设计与厚度计算，路面排水系统设计。

5.1.2 沥青路面在设计基准期内应具有足够的抗车辙、抗裂、抗疲劳的品质和良好的平整、抗滑、耐磨与低噪声性能等使用功能要求。

5.2 面层类型与材料

5.2.1 应根据使用要求、气候特点、交通荷载与结构层功能要求等因素，结合沥青层厚度和当地经验，合理地选择各结构层的沥青混合料类型，宜符合下列规定：

1 表面层宜选用 SMA、AC-C 和 OGFC 沥青混合料。

2 在各个沥青层中至少有一层应为密级配沥青混合料。

5.2.2 热拌沥青混合料应符合下列规定：

1 主要类型应符合表 5.2.2-1 的规定。根据集料在关键性筛孔上的通过百分率，将密级配 AC 混合料可分为粗型和细型两类。关键性筛孔尺寸以及在该筛孔上通过百分率应符合表 5.2.2-2 的规定。

表 5.2.2-1 热拌沥青混合料类型

沥青混合料类型		混合料代号	最大粒径（mm）	公称最大粒径（mm）
密级配沥青混凝土（AC）	AC-5	砂粒式	9.5	4.75
	AC-10	细粒式	13.2	9.5
	AC-13		16	13.2
	AC-16	中粒式	19	16
	AC-20		26.5	19
	AC-25	粗粒式	31.5	26.5
沥青玛瑞脂碎石混合料（SMA）	SMA-10	细粒式	13.2	9.5
	SMA-13		16	13.2
	SMA-16	中粒式	19	16
	SMA-20		26.5	19

续表 5.2.2-1

沥青混合料类型		混合料代号	最大粒径（mm）	公称最大粒径（mm）
开级配沥青磨层（OGFC）	OGFC-10	细粒式	13.2	9.5
	OGFC-13		16	13.2
半开级配沥青碎石（AM）	AM-13	细粒式	16	13.2
	AM-16	中粒式	19	16
	AM-20		26.5	19

表 5.2.2-2　粗型和细型密级配沥青混凝土的关键性筛孔通过率

混合料类型	用以分类的关键性筛孔（mm）	粗型密级配		细型密级配	
		名称	关键性筛孔通过率（%）	名称	关键性筛孔通过率（%）
AC-10	2.36	AC-10C	<45	AC-10F	>45
AC-13	2.36	AC-13C	<40	AC-13F	>40
AC-16	2.36	AC-16C	<38	AC-16F	>38
AC-20	4.75	AC-20C	<45	AC-20F	>45
AC-25	4.75	AC-25C	<40	AC-25F	>40

2　宜根据本规范附录 B 表 B.1 级配范围或实践经验采用马歇尔试验法进行配合比设计，应选用实体工程的原材料。

3　性能技术要求应符合下列规定：

1） 高温稳定性应采用车辙试验的动稳定度来评价。按交通等级、结构层位和温度分区的不同，应分别符合表 5.2.2-3 的要求。对交叉口进口道和公交车停靠站路段及长大陡纵坡路段的沥青混合料，应提高一个交通等级进行设计。

表 5.2.2-3　热拌沥青混合料动稳定度技术要求（次/mm）

交通等级	结构层位	温度分区			
		1-1、1-2、1-3、1-4	2-1	2-2、2-3、2-4	3-2
轻、中	上	≥1500	≥800	≥1000	≥800
	中、下	≥1000	≥800	≥800	≥800
重	上、中	≥3000	≥2000	≥2500	≥1500
	下	≥1200	≥800	≥800	≥800

续表 5.2.2-3

交通等级	结构层位	温度分区			
		1-1、1-2、1-3、1-4	2-1	2-2、2-3、2-4	3-2
特重	上、中	≥5000	≥3000	≥4000	≥2000
	下	≥1500	≥1000	≥1500	≥800

2）水稳定性技术要求应符合表 5.2.2-4 的规定。

表 5.2.2-4 热拌沥青混合料水稳定性技术要求

年降水量（mm）	≥500	<500
冻融劈裂强度比（%）	≥75	≥70
浸水马歇尔残留稳定度（%）	≥80	≥75

注：对多雨潮湿地区的重交通、特重交通等道路，其冻融劈裂强度比的指标值可增加至 80%。

3）应根据气候条件检验密级配沥青混合料的低温抗裂性能，热拌沥青混合料低温性能技术要求宜符合表 5.2.2-5 的规定。

表 5.2.2-5 热拌沥青混合料低温性能技术要求

气候条件及技术指标	年极端最低气温（℃）			
	<－37.0	－21.5～－37.0	－9.0～－21.5	>－9.0
普通沥青混合料极限破坏应变（10^{-6}）	≥2600	≥2300	≥2000	
改性沥青混合料极限破坏应变（10^{-6}）	≥3000	≥2800	≥2500	

5.2.3 沥青表面处治设计应符合下列规定：

1 沥青表面处治分为单层、双层、三层，单层厚度宜为 10mm～15mm、双层厚度宜为 15mm～25mm、三层厚度宜为 25mm～30mm。

2 沥青表面处治采用道路石油沥青或乳化沥青作为结合料，集料的规格与用量应符合本规范附录 B 表 B.2 的规定。

5.2.4 稀浆罩面设计应符合下列规定：

1 稀浆罩面分为微表处和稀浆封层，所用集料的级配组成应符合本规范附录 B 表 B.3 的规定。

2 微表处混合料类型、稀浆封层混合料类型、单层厚度要求及其适用性应符合表 5.2.4-1 的规定。

表 5.2.4-1　微表处与稀浆封层类型及其适用性

封层类型	材料规格	单层厚度（mm）	适　用　性
微表处	MS-2 型	4～7	中交通等级快速路和主干路的罩面
	MS-3 型	8～10	重交通快速路、主干路的罩面
稀浆封层	ES-1 型	2.5～3	支路、停车场的罩面
	ES-2 型	4～7	轻交通次干路的罩面，以及新建道路的下封层
	ES-3 型	8～10	中交通次干路的罩面，以及新建道路的下封层

3　微表处混合料与稀浆封层混合料的技术要求应符合表 5.2.4-2 的规定。

表 5.2.4-2　微表处混合料和稀浆封层混合料技术要求

试验项目		微表处	稀浆封层	
			快开放交通型	慢开放交通型
可拌合时间（s）	25℃	≥120	≥120	≥180
黏聚力试验（N·m）	30min 60min	≥1.2 ≥2.0	≥1.2 ≥2.0	— —
负荷车轮粘附砂量（g/m²）		≤450	≤450①	
湿轮磨耗损失（g/m²）	浸水 1h 浸水 6d	≤540 ≤800	≤800 —	
轮辙变形试验的宽度变化率（%）②		≤5	—	

注：① 用于轻交通量道路的罩面和下封层时，可不要求粘附砂量指标。

② 微表处混合料用于修复车辙时，应进行轮辙试验。

5.2.5　沥青面层用材料包括沥青材料、集料、填料、纤维和各类外加剂，应符合下列规定：

1　沥青材料品种与标号的选择应根据道路等级、气候条件、交通量及其组成、面层结构与层次、施工工艺等因素，结合当地使用经验确定，并应符合表 5.2.5-1 的规定。

表 5.2.5-1　沥青材料的适用范围

沥青材料类型	适　用　范　围
道路石油沥青	中交通的表面层、重交通的中下面层以及特重交通的下面层

续表 5.2.5-1

沥青材料类型	适 用 范 围
改性沥青	特重交通、重交通、交叉口进口道、公交车专用道与停靠站、长大纵坡、气候严酷地区的沥青路面
乳化沥青	透层、粘层、稀浆封层、冷拌沥青混合料与表面处治
改性乳化沥青	交通量较大或重要道路的粘层、稀浆封层、桥面铺装的粘层、表面处治、冷拌沥青混合料、微表处等
液体石油沥青	透层、表面处治或冷拌沥青混合料
泡沫沥青	厂拌冷再生混合料、就地冷再生混合料

2 粗集料可选用碎石或轧制的碎砾石，支路可选用经筛选的砾石，并应符合下列规定：

1) 粗集料规格应符合本规范附录B表B.4的规定。

2) 沥青表面层所用粗集料的磨光值技术要求应符合表5.2.5-2的规定。

表 5.2.5-2 粗集料磨光值（PSV）的技术要求

年降雨量（mm）	快速路与主干路	次干路	支 路
>1000	≥42	≥40	≥38
500～1000	≥40	≥38	≥36
250～500	≥38	≥36	—
<250	≥36	—	—

3) 对年平均降雨量在1000mm以上地区的快速路和主干路，表面层所用粗集料与沥青的粘附性应达到5级；其他情况粘附性不宜低于4级。

3 细集料可选用机制砂、天然砂、石屑，并应符合下列规定：

1) 细集料应洁净、无杂质、干燥、无风化，并应具有一定棱角性，应符合本规范附录B表B.5的规定。

2) 天然砂宜选用中砂、粗砂，天然河砂不宜超过细集料总质量的20%。

3) 在SMA混合料和OGFC混合料中不宜使用天然砂。

4 矿粉应采用石灰石等碱性石料磨细的石粉。

5 纤维稳定剂应根据混合料类型与使用要求合理选用。

5.3 路面结构组合设计

5.3.1 沥青面层结构应符合下列规定：

1 双层式沥青面层结构分为表面层、下面层。

2 三层式沥青面层结构分为表面层、中面层、下面层。

3 单层式面层应加铺封层，或者铺筑微表处作为抗滑磨耗层。

5.3.2 面层各层的混合料类型应与交通荷载等级以及使用要求相适应，并应符合下列规定：

1 表面层应选用优质混合料铺设，并根据道路交通等级选择。

1）轻交通道路，宜选用密级配细型 AC-F 混合料。

2）中交通道路，宜选用密级配粗型 AC-C 混合料。

3）特重交通和重交通道路，应选用 SMA 混合料或密级配粗型 AC-C 混合料，结合料应使用改性沥青。

4）支路可选用沥青表面处治、沥青封层或沥青贯入式。

5）交通量小的支路可选用冷拌沥青混合料。

2 中面层和下面层应采用密级配 AC 混合料。在特重交通和重交通道路上，宜使用 SMA 混合料或改性沥青密级配 AC 混合料。

3 在年平均降雨量大于 800mm 的地区，快速路宜选用开级配沥青混合料 OGFC 作为沥青表面磨耗层或者排水路面的表面层。

5.3.3 各类沥青面层的厚度应与混合料最大公称粒径相匹配，沥青混合料一层的最小压实厚度宜符合下列规定：

1 AC 混合料路面厚度不宜小于混合料公称最大粒径的 3 倍。

2 SMA 混合料和 OGFC 混合料路面厚度不宜小于混合料公称最大粒径的 2.5 倍。

3 沥青混合料的最小压实厚度与适宜厚度宜符合表 5.3.3-1 的规定，沥青贯入式、沥青表面处治的压实厚度与适宜厚度宜符合表 5.3.3-2 的规定。

表 5.3.3-1 沥青混合料的最小压实厚度及适宜厚度

沥青混合料类型	最大粒径（mm）		公称最大粒径（mm）	符号	最小压实厚度（mm）	适宜厚度（mm）
密级配沥青混合料（AC）	砂粒式	9.5	4.75	AC-5	15	15～30
	细粒式	13.2	9.5	AC-10	20	25～40
		16	13.2	AC-13	35	40～60

续表 5.3.3-1

沥青混合料类型	最大粒径（mm）		公称最大粒径（mm）	符号	最小压实厚度（mm）	适宜厚度（mm）
密级配沥青混合料（AC）	中粒式	19	16	AC-16	40	50～80
		26.5	19	AC-20	50	60～100
	粗粒式	31.5	26.5	AC-25	70	80～120
沥青玛瑞脂碎石混合料（SMA）	细粒式	13.2	9.5	SMA-10	25	25～50
		16	13.2	SMA-13	30	35～60
	中粒式	19	16	SMA-16	40	40～70
		26.5	19	SMA-20	50	50～80
开级配沥青磨耗层（OGFC）	细粒式	13.2	9.5	OGFC-10	20	20～30
		16	13.2	OGFC-13	30	30～40
半开级配沥青碎石（AM）	细粒式	16	13.2	AM-13	35	40～60
	中粒式	19	16	AM-16	40	50～70
		26.5	19	AM-20	50	60～80

表 5.3.3-2 沥青贯入式、沥青表面处治压实最小厚度与适宜厚度

结构层类型	最小压实厚度（mm）	适宜厚度（mm）
沥青贯入式	40	40～80
沥青表面处治	10	10～30

5.3.4 特重交通道路应适当加厚面层或采取措施提高沥青混合料的抗剪强度。

5.3.5 应减少半刚性基层沥青路面收缩开裂和反射裂缝，可选择采取下列措施：

1 适当增加沥青层的厚度。

2 在半刚性材料层上设置沥青稳定碎石或级配碎石等柔性基层。

3 在半刚性基层上设置应力吸收层或铺设经实践证明有效的土工合成材料等。

5.3.6 沥青路面各结构层之间应保持紧密结合，并应符合下列规定：

1 各个沥青层之间应设粘层。

2 各类基层上宜设透层。

3 快速路、主干路的半刚性基层上应设下封层。

5.3.7 非机动车道、人行道与步行街采用沥青路面铺装时，沥青混合料面层厚度不应小于 30mm，沥青石屑、沥青砂面层厚度不应小于 20mm。

5.4　路面结构设计指标与要求

5.4.1　沥青路面结构设计应满足结构整体刚度、沥青层或半刚性基层抗疲劳开裂和沥青层抗变形的要求。应根据道路等级与类型选择路表弯沉值、柔性基层沥青层层底拉应变、半刚性材料基层层底拉应力和沥青层剪应力作为沥青路面结构设计指标，并应符合下列规定：

1　快速路、主干路和次干路应采用路表弯沉值、半刚性材料基层层底拉应力、沥青层剪应力或柔性基层沥青层层底拉应变作为设计指标。

2　支路可仅采用路表弯沉值为设计指标。

3　可靠度系数可根据当地相关研究成果选择；当无资料时可按表 5.4.1 取用。

表 5.4.1　可靠度系数

变异水平等级	目标可靠度（%）		
	95	90	85
低	1.05～1.10	1.03～1.06	1.00～1.03
中	—	1.06～1.10	1.03～1.06
高	—	—	1.06～1.10

5.4.2　沥青路面结构设计的各项设计指标应符合下列规定：

1　轮隙中心处路表计算的弯沉值应小于或等于路表的设计弯沉值，应满足下式要求：

$$\gamma_a l_s \leqslant l_d \tag{5.4.2-1}$$

式中：γ_a——沥青路面可靠度系数，可按本规范第 5.4.1 条规定的方法确定；

l_s——轮隙中心处路表计算的弯沉值（0.01mm），可按本规范第 5.5.2 条的规定进行计算；

l_d——路表的设计弯沉值（0.01mm），可按本规范第 5.4.3 条规定的方法确定。

2　柔性基层沥青层层底计算的最大拉应变应小于或等于材料的容许拉应变，应满足下式要求：

$$\gamma_a \varepsilon_t \leqslant [\varepsilon_R] \tag{5.4.2-2}$$

式中：ε_t——柔性基层沥青层层底计算的最大拉应变，可按本规范第 5.5.3 条的规定进行计算；

$[\varepsilon_R]$——沥青层材料的容许拉应变，可按本规范第 5.4.4 条规定的方法确定。

3　半刚性材料基层层底计算的最大拉应力应小于或等于材料的容许抗拉强度，应满足下式要求：

$$\gamma_a \sigma_m \leqslant [\sigma_R] \tag{5.4.2-3}$$

式中：σ_m——半刚性材料基层层底计算的最大拉应力（MPa），可按本规范第5.5.4条规定的方法计算；

$[\sigma_R]$——半刚性材料的容许抗拉强度（MPa），可按本规范第5.4.5条规定的方法确定。

4　沥青面层计算的最大剪应力应小于或等于材料的容许抗剪强度，应满足下式要求：

$$\gamma_a \tau_m \leqslant [\tau_R] \tag{5.4.2-4}$$

式中：τ_m——沥青面层计算的最大剪应力（MPa），可按本规范第5.5.5条的规定进行计算；

$[\tau_R]$——沥青面层的容许抗剪强度（MPa），可按本规范第5.4.6条规定的方法确定。

5.4.3　沥青路面路表设计弯沉值应根据道路等级、设计基准期内累计当量轴次、面层和基层类型按下式计算确定：

$$l_d = 600 N_e^{-0.2} A_c A_s A_b \tag{5.4.3}$$

式中：A_c——道路等级系数，快速路、主干路为1.0，次干路为1.1，支路为1.2；

A_s——面层类型系数，沥青混合料为1.0，热拌、温拌或冷拌沥青碎石、沥青贯入式和沥青表面处治为1.1；

A_b——基层类型系数，无机结合料类（半刚性）基层为1.0，沥青类基层和粒料基层为1.6。

5.4.4　沥青路面材料的容许拉应变$[\varepsilon_R]$应按下列公式计算确定：

$$[\varepsilon_R] = 0.15 E_m^{-1/3} 10^{M/4} Ne_e^{-1/4} \tag{5.4.4-1}$$

$$M = 4.84\left(\frac{V_b}{V_b + V_a} - 0.69\right) \tag{5.4.4-2}$$

式中：M——沥青混合料空隙率与有效沥青含量的函数；

E_m——沥青混合料20℃动态回弹模量（MPa）；

V_b——有效沥青含量，以体积比计，（%）；

V_a——空隙率（%）。

5.4.5　半刚性材料的容许抗拉强度应按下式计算：

$$[\sigma_R] = \frac{\sigma_s}{K_s} \tag{5.4.5-1}$$

式中：σ_s——对水泥稳定类材料，为 90d 龄期的劈裂强度；对二灰稳定类和石灰稳定类材料，为 180d 龄期的劈裂强度；对水泥粉煤灰稳定材料，为龄期 120d 龄期的劈裂强度（MPa）；

K_s——抗拉强度结构系数，应依据结构层的混合料类型按下列要求进行计算：

1）无机结合料稳定集料类的抗拉强度结构系数应按下式计算：

$$K_{sr} = 0.35N_e^{0.11}/A_c \tag{5.4.5-2}$$

2）无机结合料稳定细粒土类的抗拉强度结构系数应按下式计算：

$$K_{st} = 0.45N_e^{0.11}/A_c \tag{5.4.5-3}$$

5.4.6 沥青混面层材料的容许抗剪强度应按下式计算：

$$[\tau_R] = \frac{\tau_s}{K_r} \tag{5.4.6}$$

式中：τ_s——沥青面层材料的 60℃抗剪强度（MPa），可按附录 C 表 C.1 或附录 D 试验确定；

K_r——抗剪强度结构系数，对一般行驶路段 $K_r = 1.2/A_c$；对交叉口和公交车停车站缓慢制动路段 $K_r = 0.39N_p^{0.15}/A_c$；

N_p——公交车停车站或交叉口设计基准期内同一位置停车的累计当量轴次。

5.4.7 路面质量验收时，应对沥青路面弯沉进行检测和验收，并应符合下列规定：

1 应在不利季节采用 BZZ-100 标准轴载实测轮隙中心处路表弯沉值，实测弯沉代表值应按下式计算：

$$l_0 = (\overline{l_0} + Z_a S)K_1 K_3 \tag{5.4.7-1}$$

式中：l_0——路段内实测路表弯沉代表值（0.01mm）；

$\overline{l_0}$——路段内实测路表弯沉平均值（0.01mm）；

S——路段内实测路表弯沉标准差（0.01mm）；

Z_a——与保证率有关的系数，快速路、主干路 $Z_a = 1.645$，其他等级道路沥青路面 $Z_a = 1.5$；

K_1——季节影响系数，可根据当地经验确定；

K_3——温度修正系数，可根据当地经验确定。

2 应按最后确定的路面结构厚度与材料模量，计算道路表面弯沉检测标准值 l_a，实测弯沉代表值应满足下式要求：

$$l_0 \leqslant l_a \tag{5.4.7-2}$$

式中：l_a——路表面弯沉检测标准值（0.01mm），按最后确定的路面结构厚度与材料模量计算的路表面弯沉值。

3 检测代表弯沉值应用标准轴载 BZZ-100 的汽车实测路表弯沉值，若为非标准轴载应进行换算。对半刚性基层结构宜采用 5.4m 的弯沉仪；对柔性结构可采用 3.6m 的弯沉仪测定。检测时，当沥青厚度小于或等于 50mm 时，可不进行温度修正；其他情况下均应进行温度修正。若在非不利季节测定，应考虑季节修正。

4 测定弯沉时应以 1km～3km 为一评定路段。检测频率视道路等级每车道每 10m～50m 测一点，快速路、主干路每公里检测不少于 80 个点，次干路及次干路以下等级道路每公里检测不少于 40 个点。

5.5 路面结构层的计算

5.5.1 新建沥青路面结构设计应采用双圆垂直均布荷载作用下的弹性层状连续体系理论进行计算。路面荷载与计算点如图 5.5.1 所示。

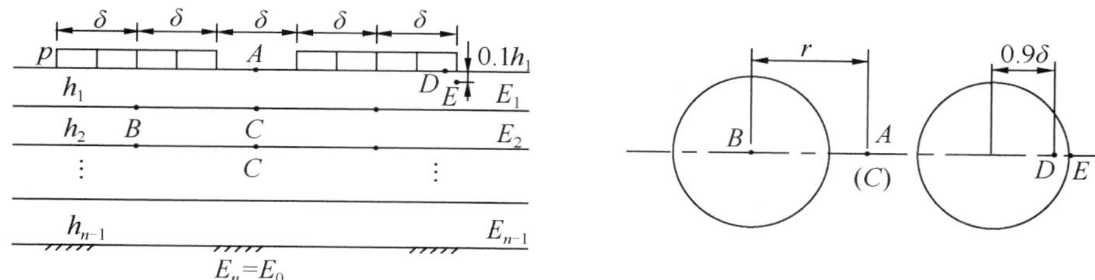

图 5.5.1 路面荷载与计算点

5.5.2 路表弯沉值计算点位置应为双轮轮隙中心点 A，计算弯沉值应按下列公式计算：

$$l_s = 1000\frac{2p\delta}{E_1}\alpha_w \cdot F \quad (5.5.2\text{-}1)$$

$$\alpha_w = f\left(\frac{h_1}{\delta},\frac{h_2}{\delta},\cdots\frac{h_{n-1}}{\delta},\frac{E_2}{E_1},\frac{E_3}{E_2},\cdots\frac{E_0}{E_{n-1}}\right) \quad (5.5.2\text{-}2)$$

$$F = 1.63\left(\frac{l_s}{2000\delta}\right)^{0.38}\left(\frac{E_0}{p}\right)^{0.36} \quad (5.5.2\text{-}3)$$

式中：p——标准轴载下的轮胎接地压强（MPa）；

δ——当量圆半径（cm）；

α_w——理论弯沉系数；

E_0——路基抗压回弹模量值（MPa）；

E_1、E_2……E_{n-1}——各层材料抗压回弹模量值（MPa）；

h_1、h_2……h_{n-1}——各结构层设计厚度（cm）；

F——弯沉综合修正系数。

5.5.3 柔性基层沥青层层底拉应变的计算点位置应为沥青层底面单圆中心点 B 或双圆轮隙中心点 C，并应取较大值作为层底拉应变。柔性基层沥青层层底的最大拉应变应按下列公式计算：

$$\varepsilon_t = \frac{p}{E_m}\bar{\varepsilon}_t \tag{5.5.3-1}$$

$$\bar{\varepsilon}_t = \left(\frac{h_1}{\delta},\frac{h_2}{\delta},\cdots\frac{h_{n-1}}{\delta},\frac{E_{m2}}{E_{m1}},\frac{E_{m3}}{E_{m2}},\cdots\frac{E_{m0}}{E_{mn-1}}\right) \tag{5.5.3-2}$$

式中：$\bar{\varepsilon}_t$——理论最大拉应变系数；

E_{m1}、E_{m2}……E_{mn-1}——各层材料动态抗压回弹模量值（MPa）；

E_{m0}——路基动态抗压回弹模量值（MPa）。

5.5.4 半刚性材料基层层底拉应力的计算点应为半刚性基层层底单圆荷载中心处 B 或双圆轮隙中心 C，并取较大值作为层底拉应力。层底最大拉应力应按下列公式计算：

$$\sigma_m = p\bar{\sigma}_m \tag{5.5.4-1}$$

$$\bar{\sigma}_m = f\left(\frac{h_1}{\delta},\frac{h_2}{\delta},\cdots\frac{h_{n-1}}{\delta},\frac{E_2}{E_1},\frac{E_3}{E_2},\cdots\frac{E_0}{E_{n-1}}\right) \tag{5.5.4-2}$$

式中：$\bar{\sigma}_m$——理论最大拉应力系数；

E_1、E_2……E_{n-1}——各层材料抗压回弹模量值（MPa）。

5.5.5 沥青面层剪应力最大值计算点位置应取荷载外侧边缘路表距单圆荷载中心点 0.9δ 的点 D 或离路表 $0.1h_1$ 距单圆荷载中心点 δ 的点 E，并取较大值作为面层剪应力，应按下列公式计算：

$$\tau_m = p\bar{\tau}_m \tag{5.5.5-1}$$

$$\bar{\tau}_m = f\left(f_h,\frac{h_1}{\delta},\frac{h_2}{\delta},\cdots\frac{h_{n-1}}{\delta},\frac{E_2}{S_m},\frac{E_3}{E_2},\cdots\frac{E_0}{E_{n-1}}\right) \tag{5.5.5-2}$$

式中：$\bar{\tau}_m$——理论最大剪应力系数；

S_m——沥青表面层材料 60℃抗压回弹模量值（MPa）；

E_2、E_3……E_{n-1}——各层材料抗压回弹模量值（MPa）；

f_h——水平力系数，对于一般行驶路段为 0.5；对于公交车停车站、交叉口等缓慢制动路段为 0.2。

5.5.6 路面设计抗压回弹模量、劈裂强度和抗剪强度等设计参数应根据道路等级和设计阶段的要求确定，并应符合下列规定：

1 可行性研究阶段可按本规范附录 C 确定设计参数。

2 快速路、主干路初步设计或次干路（含）以下道路施工图设计时，可借鉴本地区已有的试验资料或工程经验确定。

3 快速路、主干路施工图设计时，设计参数应通过试验确定。当采用新材料时，必须实测设计参数。

5.5.7 材料设计参数的确定应符合下列规定：

1 计算路表弯沉时，设计参数应采用抗压回弹模量，沥青层模量取20℃时的抗压回弹模量。计算路表弯沉值时，抗压回弹模量设计值 E 应按下式计算：

$$E = \overline{E} - Z_\alpha S \tag{5.5.7-1}$$

式中：$\overline{E}$——各试件模量的平均值（MPa）；

S——各试件模量的标准差；

Z_α——保证率系数，取2.0。

2 计算柔性基层沥青层层底拉应变时，沥青层模量采用20℃回弹模量，可按本规范附录C表C.3或附录E试验确定；半刚性基层的模量设计值，可按本规范附录C表C.3取值，松散粒料与土基模量可采用下式计算确定：

$$E_{m0} = 17.63(CBR)^{0.64} \tag{5.5.7-2}$$

式中：E_{m0}——松散粒料与土基回弹模量（MPa）；

CBR——加州承载比（%）。

3 计算半刚性基层层底拉应力时，设计参数应采用抗压回弹模量，沥青层模量取15℃时的抗压回弹模量。

半刚性材料应在规定的龄期下测试抗压回弹模量，水泥稳定类材料的龄期为90d、二灰稳定类和石灰稳定类材料的龄期为180d、水泥粉煤灰稳定材料的龄期为120d。

计算层底拉应力时应考虑模量的最不利组合。在计算层底拉应力时，计算层以下各层的模量应采用式（5.5.7-1）计算其模量设计值；计算层及以上各层模量应采用式（5.5.7-3）计算其模量设计值。

$$E = \overline{E} + Z_\alpha S \tag{5.5.7-3}$$

4 计算沥青层剪应力时，设计参数采用抗压回弹模量，沥青上面层取60℃的抗压回弹模量，可按本规范附录C表C.1取用，模量设计值采用式（5.5.7-1）计算，中下沥青面层取20℃的抗压回弹模量，模量设计值采用式（5.5.7-3）计算。

5 路基回弹模量应在不利季节用标准承载板实测确定；当受条件限制时，可在土质与水文条件相近的临近路段测定，亦可现场取土样在室内测定。

5.5.8 沥青路面结构设计宜按下列主要步骤进行：

1 根据道路等级、使用要求、交通条件、投资水平、材料供应、施工技术等确定路面等级、面层类型，初拟路面结构整体结构类型；

2 根据土质、水文状况、工程地质条件、施工条件等，将路基分段，确定土基回弹模量；

3 收集调查交通量，计算设计基准期内一个方向上设计车道的累计当量轴次；

4 进行路面结构组合设计，确定各层材料设计参数；

5 根据道路等级和基层类型确定设计指标（设计弯沉、容许抗拉强度、容许抗剪强度、容许拉应变），根据面层类型、道路等级和变异水平等级确定可靠度系数；

6 进行路面结构厚度设计，路面结构设计应满足各设计指标要求；

7 对于季节性冰冻地区应验算防冻厚度；

8 按全寿命周期费用分析的理念进行技术经济对比，确定路面结构方案。

5.6 加铺层结构设计

5.6.1 沥青路面加铺层设计应符合下列规定：

1 应调查旧路面现状，分析路面损坏原因，对路面破损程度进行分段评价。旧路面的主要调查分析宜包括下列主要内容：

1）调查破损情况包括裂缝率、车辙深度、修补面积等。

2）评价旧路面结构承载能力。

3）进行分层钻孔取样和试验，采集沥青混合料和基层、路基的样品，分析破坏原因，判断其破坏层位和利用的可能性。

4）钻孔取样调查路床范围内路基土的分层含水量与土质类型及承载力等，分析路基的稳定性、强度以及路基路面范围内排水状况等。

2 设计应根据下列情况将全线划分为若干段。分段时，应符合下列规定：

1）将旧路面的破损形态、弯沉值、破损原因相近的划分为一个路段。

2）在同一路段内，若局部路段弯沉值很大，可先修补处理再进行补强，此时，该段计算代表弯沉时可不考虑个别弯沉值大的点。

3）宜按 1km 为单位对路况进行评价。在水文、土质条件复杂或需要特殊处理的路段，其分段最小长度可视实际情况确定。

3 各路段的计算弯沉代表值 l'_0 应按下式计算：

$$l'_0 = (\overline{l_0} + Z_\alpha S)K_1K_2K_3 \tag{5.6.1-1}$$

式中：l'_0——旧路面的计算弯沉代表值（0.01mm）；

$\overline{l_0}$——旧路面的计算弯沉平均值（0.01mm）；

K_2——湿度影响系数，根据当地经验确定。

4 旧沥青路面处理应符合下列规定：

1）沥青路面整体强度基本符合要求，车辙深度小于10mm，轻度裂缝而平整度及抗滑性能差时，可直接加铺罩面，恢复表面使用功能。

2）对中度、重度裂缝段宜视具体情况铣刨路面，否则，应进行灌缝、修补坑槽等处理，必要时采取防裂措施后再加铺沥青层。对沥青层网裂、龟裂或沥青老化的路段应进行铣刨并清除干净，并设粘层沥青后，再加铺沥青层。

3）对整体强度不足或破损严重的路段，视路面破损程度确定挖除深度、范围以及加铺层的结构和厚度。

5 可用沥青混合料罩面、表面处治或其他预防性养护措施改善提高沥青表面层的服务功能。一般单层沥青混合料罩面厚度可为30mm～50mm；超薄磨耗层厚度宜为20mm～25mm。也可选用稀浆封层、微表处或养护剂等处治措施。

6 旧路面当量回弹模量的计算应符合下列规定：

1）各路段的当量回弹模量应根据各路段的计算弯沉值，按下式计算：

$$E_t = 1000\frac{2p\delta}{l'_0}m_1 m_2 \qquad (5.6.1\text{-}2)$$

式中：E_t——旧路面的当量回弹模量（MPa）；

m_1——用标准轴载的汽车在旧路面上测得的弯沉值与用承载板在相同压强条件下所测得的回弹变形值之比，即轮板对比值，应根据各地的对比试验结果论证确定，在没有对比试验资料的情况下，可取m_1＝1.1进行计算；

m_2——旧路面当量回弹模量扩大系数。计算与旧路面接触的补强层层底拉应力时，m_2按下式计算；计算其他补强层层底拉应力、拉应变及弯沉值时，m_2＝1.0。

$$m_2 = e^{0.037\frac{h'}{\delta}\left(\frac{E_{n-1}}{p}\right)^{0.25}} \qquad (5.6.1\text{-}3)$$

式中：E_{n-1}——与旧路面接触层材料的抗压模量（MPa）；

h'——各补强层换算为与旧路面接触层E_{n-1}相当的等效总厚度（cm）。

2）等效总厚度按下式计算：

$$h' = \sum_{i=1}^{n-1} h_i\,(E_i/E_{n-1})^{0.25} \qquad (5.6.1\text{-}4)$$

式中：E_i——第 i 层补强层材料的抗压回弹模量（MPa）；

h_i ——第 i 层补强层的厚度（cm）；

$n-1$——补强层层数。

7 加铺层结构设计应符合下列规定：

1） 当强度不足时应进行补强设计，设计方法与新建路面相同。

2） 加铺层的结构设计，应根据旧路面综合评价，道路等级、交通量，考虑与周围环境相协调，结合纵、横断面调坡设计等因素，选用直接加铺或开挖旧路至某一结构层位，采取加铺一层或多层沥青补强层，或加铺半刚性基层、贫混凝土基层等结构层设计方案。

8 加铺层设计宜符合下列步骤：

1） 计算旧路面的当量回弹模量。

2） 拟定几种可行的结构组合及设计层，并确定各补强层的材料参数。

3） 根据加铺层的类型确定设计指标，当以路表回弹弯沉为设计指标时，弯沉综合修正系数宜按下式计算：

$$F = 1.45\left(\frac{l_s}{2000\delta}\right)^{0.61}\left(\frac{E_t}{p}\right)^{0.61} \tag{5.6.1-5}$$

4） 采用弹性层状体系理论设计程序计算设计层的厚度或进行结构验算。对季节性冰冻地区的中、潮湿路段还应验算防冻厚度。

5） 根据各方案的计算结果，进行技术经济比较，确定补强设计方案。

5.6.2 水泥混凝土路面加铺沥青路面应符合下列规定：

1 旧水泥混凝土路面调查内容如下：

1） 调查破碎板块、开裂板块、板边角的破损状况，计算每公里断板率。调查纵、横向接缝拉开宽度、错台位置与高度，计算错台段的平均错台高度；调查板底脱空位置等。

2） 用落锤式弯沉仪或贝克曼弯沉仪进行测定旧水泥混凝土路面承载能力、接缝传荷能力与板底脱空状况。

3） 选择典型路面状况，分层钻芯取样，测定旧混凝土强度、模量等，分析破坏原因。

2 旧路面接缝传荷能力的评价应符合下列规定：

1） 横向接缝两侧板边的弯沉差宜按下式计算：

$$\Delta_w = w_l - w_u \tag{5.6.2-1}$$

式中：Δ_w——弯沉差（0.01mm）；

w_u——未受荷板接缝边缘处的弯沉值（mm）；

w_l——受荷板接缝边缘处的弯沉值（mm）。

2）测定横向接缝两侧板边的弯沉时，宜用平均弯沉值评价混凝土板的承载能力，并区分不同情形对旧板进行处治。平均弯沉值应按下式计算：

$$\overline{w} = \frac{w_u + w_l}{2} \tag{5.6.2-2}$$

式中：$\overline{w}$——平均弯沉值（0.01mm）。

3 根据破损调查和承载能力测试资料，旧水泥混凝土路面加铺层设计宜符合表 5.6.2 的规定。若路面结构承载能力不满足现有交通要求，应采取补强层措施。

4 沥青加铺层可设单层、双层或三层沥青面层，应根据具体情况增加调平层或补强层等。在稳定的旧水泥混凝土板上加铺沥青层时，对快速路、主干路厚度不宜小于 100mm，其他道路不宜小于 70mm。

表 5.6.2 不同路面破损条件下旧水泥混凝土路面处理方法

旧路面状况	评价等级	平均弯沉值（0.01mm）	修补方法
路面破损状况	优和良	20～45	局部处理：更换破碎板、修补开裂板块、脱空板灌浆，使处治后的路段代表弯沉值低于 20（0.01mm），然后加铺沥青层
	中及中以下	＞45	采取打裂或各种碎石化技术将混凝土板打碎，压实，然后加铺
接（裂）缝传荷能力不足	—	$\Delta_w \geqslant 6$	压浆填封，或增加传力杆，或采取打裂工艺消除垂直、水平方向变形，然后加铺沥青层
板底脱空	—	—	灌浆或打裂工艺、压实，消除垂直、水平方向变形，使路面稳定，然后加铺沥青层

5 在旧水泥混凝土路面上加铺沥青层时宜采用热沥青、改性乳化沥青或改性沥青做粘层。宜设置 20mm～25mm 厚的聚合物改性沥青应力吸收层、橡胶沥青应力吸收层，或铺设长纤维无纺聚酯类土工织物等。

6 路面状况评价等级为中等及以下的旧水泥混凝土沥青加铺设计宜符合下列规定：

1）当旧路面板接缝或裂缝处平均弯沉大于 45（0.01mm），小于或等于 70（0.01mm）时，宜采取打裂措施，消除旧混凝土板脱空，与基层紧密结合稳定后，再加铺结构层。

2）当旧路面板接缝或裂缝处平均弯沉大于70（0.01mm）或旧混凝土板破碎严重时，可采用碎石化技术将旧路面板破碎成小块或碎石，作为下基层或垫层用。

6 水泥混凝土路面

6.1 一 般 规 定

6.1.1 水泥混凝土路面设计方案，应根据交通等级，结合当地气候、水文、土质、材料、施工技术、环境保护等，通过技术经济分析确定。水泥混凝土路面设计应包括结构组合与厚度、材料组成、接缝构造和钢筋配置等。

6.1.2 水泥混凝土路面结构应按规定的安全等级和目标可靠度，承受预期的交通荷载作用，并与所处的自然环境相适应，满足预定的使用性能要求。

6.2 设计指标与要求

6.2.1 材料性能和面层厚度的变异水平可分为低、中和高三级。各变异水平等级主要设计参数的变异系数变化范围应符合表6.2.1的规定。

表6.2.1 变异系数（c_v）的变化范围

变异水平等级	低　级	中　级	高　级
水泥混凝土弯拉强度、弯拉弹性模量	$c_v \leqslant 0.10$	$0.10 < c_v \leqslant 0.15$	$0.15 < c_v \leqslant 0.20$
基层顶面当量回弹模量	$c_v \leqslant 0.25$	$0.25 < c_v \leqslant 0.35$	$0.35 < c_v \leqslant 0.55$
水泥混凝土面层厚度	$c_v \leqslant 0.04$	$0.04 < c_v \leqslant 0.06$	$0.06 < c_v \leqslant 0.08$

6.2.2 水泥混凝土路面结构设计应以行车荷载和温度梯度综合作用产生的疲劳断裂作为设计的极限状态，应满足下式要求：

$$\gamma_c(\sigma_{pr} + \sigma_{tr}) \leqslant f_r \qquad (6.2.2)$$

式中：γ_c ——水泥混凝土路面可靠度系数，根据所选目标可靠度及变异水平等级按表6.2.2确定；

σ_{pr} ——行车荷载疲劳应力（MPa）；

σ_{tr} ——温度梯度疲劳应力（MPa）；

f_r ——28d 龄期水泥混凝土弯拉强度标准值（MPa）。

表 6.2.2 可靠度系数

变异水平等级	目标可靠度（%）		
	95	90	85
低	1.20～1.33	1.09～1.16	1.04～1.08
中	1.33～1.50	1.16～1.23	1.08～1.13
高	—	1.23～1.33	1.13～1.18

注：变异系数在本规范表 6.2.1 所示的变化范围的下限时，可靠度系数取低值；上限时，取高值。

6.2.3 不同轴-轮型和轴载的作用次数，应按本规范第 3.2.4 条换算为当量轴次。

6.2.4 水泥混凝土路面所承受的轴载作用，应按设计基准期内设计车道所承受的标准轴载累计作用次数分为 4 级，分级范围应符合本规范表 3.2.5 的规定。

6.2.5 水泥混凝土的强度应以 28d 龄期的弯拉强度控制。水泥混凝土弯拉强度标准值不得低于表 6.2.5 的规定。

表 6.2.5 水泥混凝土弯拉强度标准值

交通等级	特重、重	中	轻
水泥混凝土的弯拉强度标准值（MPa）	5.0	4.5	4.5
钢纤维混凝土的弯拉强度标准值（MPa）	6.0	5.5	5.0

6.2.6 在季节性冰冻地区的中湿、潮湿路段的路面结构总厚度不应小于本规范表 3.2.6-3 规定的最小防冻厚度，当不满足时，其差值应设垫层补足。过湿路段在对路基处理后也应按潮湿路段的要求设置垫层。

6.2.7 设计基准期内水泥混凝土面层的最大温度梯度标准值 T_g 宜采用各地实测值。当无实测资料时，可根据按本规范表 3.2.6-1 选用。

6.3 结构组合设计

6.3.1 路基、垫层和基层的设计应符合本规范第 4 章的规定。

6.3.2 面层宜采用设置接缝的普通混凝土。当面层板的平面尺寸较大或形状不规则，路面结构下埋有地下设施，高填方、软土地基、填挖交界段的路基等有可能产生不均匀沉降时，应采用设置接缝的钢筋混凝土面层。面层类型应按表 6.3.2 选择。

表 6.3.2　面层类型选择

面 层 类 型	适 用 条 件
连续配筋混凝土面层	特重交通的快速路、主干路
碾压混凝土面层	次干路以下道路、停车场、广场
钢纤维混凝土面层	标高受限制路段、收费站、混凝土加铺层和桥面铺装
普通水泥混凝土路面	各级道路、停车场、广场

6.3.3　普通混凝土、钢筋混凝土、碾压混凝土或钢纤维混凝土面层板宜采用矩形。其纵向和横向接缝应垂直相交，纵缝两侧的横缝不得相互错位。

6.3.4　纵向接缝的间距应按路面宽度在 3.0m～4.5m 范围内确定，不宜设置在轮迹带上。碾压混凝土、钢纤维混凝土面层在全幅摊铺时，可不设纵向缩缝。

6.3.5　横向接缝的间距宜符合表 6.3.5 规定。

表 6.3.5　横向接缝间距表

<table>
<tr><th>面层类型</th><th>横向接缝间距（m）</th></tr>
<tr><td>钢筋混凝土面层</td><td>6～15</td></tr>
<tr><td>碾压混凝土面层</td><td rowspan="2">6～10</td></tr>
<tr><td>钢纤维混凝土面层</td></tr>
<tr><td>普通水泥混凝土路面</td><td>宜为 4～6，面层板的长宽比不宜超过 1.30，平面尺寸不宜大于 25m²</td></tr>
</table>

6.3.6　普通混凝土、钢筋混凝土、碾压混凝土与连续配筋混凝土面层所需的厚度，可按表 6.3.6 所列范围并满足计算要求。

表 6.3.6　水泥混凝土面层厚度的参考范围

<table>
<tr><td>交通等级</td><td colspan="4">特　重</td><td colspan="4">重</td></tr>
<tr><td>道路等级</td><td>快速</td><td colspan="2">主干</td><td>次干</td><td>快速</td><td colspan="2">主干</td><td>次干</td></tr>
<tr><td>变异水平等级</td><td>低</td><td>中</td><td>低</td><td>中</td><td>低</td><td>中</td><td>低</td><td>中</td></tr>
<tr><td>面层厚度（mm）</td><td>≥260</td><td>≥250</td><td colspan="2">≥240</td><td>≥240</td><td>≥230</td><td colspan="2">≥220</td></tr>
<tr><td>交通等级</td><td colspan="4">中</td><td colspan="2">轻</td></tr>
<tr><td>道路等级</td><td colspan="2">次干</td><td>支路</td><td>支路</td><td colspan="2">支路</td></tr>
<tr><td>变异水平等级</td><td>高</td><td>中</td><td>高</td><td>中</td><td>高</td><td>中</td></tr>
<tr><td>面层厚度（mm）</td><td>≥210</td><td colspan="2">≥200</td><td>≥200</td><td>≥180</td><td>≥180</td></tr>
</table>

6.3.7 钢纤维混凝土面层的厚度应按钢纤维掺量确定，当钢纤维体积率为0.6%～1.0%时，其厚度宜为普通混凝土面层厚度的0.65倍～0.75倍。特重或重交通时，其最小厚度宜为180mm；中或轻交通时，其最小厚度宜为160mm。

6.3.8 水泥混凝土面层的计算应力应满足本规范式（6.2.2）的要求。荷载疲劳应力应按本规范第6.5.1条计算，温度疲劳应力应按本规范第6.5.2条计算。面层设计厚度应依计算厚度按10mm向上取整。

当采用碾压混凝土或贫混凝土做基层时，宜将基层与混凝土面层视作分离式双层板进行应力分析。上、下层板在临界荷位处的荷载疲劳应力和温度疲劳应力应按本规范第6.5.3条与第6.5.4条计算。上、下层板的计算应力应分别满足本规范式（6.2.2）的要求。

6.3.9 路面表面构造应采用刻槽、压槽、拉槽或拉毛等方法制作。构造深度在使用初期应满足本规范表3.2.8-2的要求。

6.3.10 非机动车道、人行道、步行街采用水泥混凝土铺装时，面层厚度不应小于120mm，水泥混凝土28d龄期的弯拉强度不应低于3.5MPa。

6.3.11 停车场水泥混凝土面层28d龄期的弯拉强度不应低于5.0MPa，人行广场面层28d龄期的弯拉强度不应低于3.5MPa，并且在有纵横向交通的广场上，宜采用正方形混凝土板块，接缝宜布置成两个方向均能传递荷载的形式。接缝设传力杆时，一个方向的接缝宜采用普通传力杆，另一个方向的接缝宜采用滑动传力杆。

6.4 面层材料

6.4.1 面层材料组成应符合下列规定：

1 水泥混凝土所用集料公称最大粒径不应大于31.5mm。砂的细度模数不宜小于2.5。

2 对重交通及以上交通等级道路、城市快速路、主干路应采用强度等级42.5级以上的道路硅酸盐水泥或普通硅酸盐水泥；中、轻交通等级的道路可采用矿渣水泥，其强度等级不宜低于32.5级。最小单位水泥用量应满足表6.4.1-1的规定。对冰冻地区，混凝土中必须掺加引气剂，抗冻等级应达到F200。

表6.4.1-1 路面混凝土最小单位水泥用量

道路等级		快速、主干路	次干路	支路
非冰冻地区最小单位水泥用量（kg/m^3）	42.5级水泥	300	300	290
	32.5级水泥	310	310	305

续表 6.4.1-1

道路等级		快速、主干路	次干路	支路
冰冻地区最小单位水泥用量（kg/m³）	42.5 级水泥	320	320	315
	32.5 级水泥	330	330	325

3 厚度大于 280mm 的普通混凝土面层，当分上下两层连续铺筑时，上层宜为总厚度的 1/3，可采用高强、耐磨的混凝土材料，集料公称最大粒径宜为 19mm。

4 钢纤维混凝土集料公称最大粒径宜为钢纤维长度的1/2～2/3，对于铣削型钢纤维不宜大于 26.5mm，对于剪切型或熔抽型钢纤维不宜大于 19mm。钢纤维的抗拉强度标准值不宜小于 600 级（600MPa～1000MPa），以体积率计的钢纤维掺量宜为 0.6%～1.0%。最小单位水泥用量应满足表 6.4.1-2 的规定。

表 6.4.1-2 路面钢纤维混凝土最小单位水泥用量

非冰冻地区最小单位水泥用量（kg/m³）	42.5 级水泥	360
	32.5 级水泥	370
冰冻地区最小单位水泥用量（kg/m³）	42.5 级水泥	380
	32.5 级水泥	390

5 碾压混凝土面层混凝土的集料公称最大粒径不宜大于 19.0mm，非冰冻地区水泥用量不得少于 280kg/m³，冰冻地区水泥用量不得少于 310kg/m³。

6.4.2 材料性质参数确定应符合下列规定：

1 路床土和路面各结构层混合料的各项性质参数，应按国家相关现行标准确定，其标准值应按概率分布的 0.85 分位值确定。

2 当受条件限制而无试验数据时，混凝土弯拉弹性模量以及路床土和垫层、基层混合料的回弹模量标准值，可按本规范附录 F 结合工程经验分析确定。

3 混凝土配合比设计时的混凝土试配 28d 龄期弯拉强度的均值应按下式确定：

$$f_{rm} = \frac{f_r}{1 - 1.04c_v} + t_c s \tag{6.4.2}$$

式中：f_{rm} ——混凝土试配 28d 龄期弯拉强度的均值（MPa）；

c_v ——混凝土 28d 龄期弯拉强度的变异系数；

s ——混凝土 28d 龄期弯拉强度试验样本的标准差；

t_c ——保证率系数，按表 6.4.2 确定。

表 6.4.2 保证率系数

道路等级	判别概率 p	样本数 n（组）				
		3	6	9	15	20
快速路	0.05	1.36	0.79	0.61	0.45	0.39
主干路	0.10	0.95	0.59	0.46	0.35	0.30
次干路	0.15	0.72	0.46	0.37	0.28	0.24
支路	0.20	0.56	0.37	0.29	0.22	0.19

6.5 路面结构计算

6.5.1 单层混凝土板荷载应力分析应按下列步骤进行：

1 选取混凝土板的纵向边缘中部作为产生最大荷载和温度梯度综合疲劳损坏的临界荷位。

2 标准轴载在临界荷位处产生的荷载疲劳应力应按下式确定：

$$\sigma_{pr} = k_r k_f k_c \sigma_{ps} \tag{6.5.1-1}$$

式中：σ_{pr}——标准轴载在临界荷位处产生的荷载疲劳应力（MPa）；

σ_{ps}——标准轴载在四边自由板的临界荷位处产生的荷载应力（MPa）；

k_r——考虑接缝传荷能力的应力折减系数，纵缝为设拉杆的平缝时，k_r＝0.87～0.92（刚性和半刚性基层取低值，柔性基层取高值）；纵缝为不设拉杆的平缝或自由边时，k_r＝1.0；纵缝为设拉杆的企口缝时，k_r＝0.76～0.84；

k_f——考虑设计基准期内荷载应力累计疲劳作用的疲劳应力系数，按式（6.5.1-4）计算；

k_c——考虑偏载和动载等因素对路面疲劳损坏影响的综合系数，按表 6.5.1 确定。

表 6.5.1 综合系数 k_c

道路等级	快速路	主干路	次干路	支路
k_c	1.30	1.25	1.20	1.10

3 标准轴载在四边自由板临界荷位处产生的荷载应力应按下列公式确定：

$$\sigma_{ps} = 0.077 \times r^{0.60} \times h^{-2} \tag{6.5.1-2}$$

$$r = 0.537h\left(\frac{E_c}{E_t}\right)^{1/3} \tag{6.5.1-3}$$

式中：r——单层混凝土板的相对刚度半径（m）；

h——混凝土板的厚度（m）；

E_c——水泥混凝土的弯拉弹性模量（MPa）；

E_t——基层顶面的当量回弹模量（MPa）。

4 设计基准期内的荷载疲劳应力系数应按下列公式计算确定：

$$k_f = N'^{v}_{e} \tag{6.5.1-4}$$

$$\nu = 0.053 - 0.017\rho_f \frac{l_f}{d_f} \tag{6.5.1-5}$$

式中：ν——与混合料性质有关的指数，普通混凝土、钢筋混凝土、连续配筋混凝土，ν=0.057；碾压混凝土和贫混凝土，ν=0.065；钢纤维混凝土，ν 按式（6.5.1-5）计算确定；

ρ_f——钢纤维的体积率（%）；

l_f——钢纤维的长度（mm）；

d_f——钢纤维的直径（mm）。

5 新建道路的基层顶面当量回弹模量可按下列公式计算确定：

$$E_t = ah_x^b E_0 \left(\frac{E_x}{E_0}\right)^{1/3} \tag{6.5.1-6}$$

$$E_x = \frac{h_1^2 E_1 + h_2^2 E_2}{h_1^2 + h_2^2} \tag{6.5.1-7}$$

$$h_x = \left(\frac{12D_x}{E_x}\right)^{1/3} \tag{6.5.1-8}$$

$$D_x = \frac{E_1 h_1^3 + E_2 h_2^3}{12} + \frac{(h_1 + h_2)^2}{4}\left(\frac{1}{E_1 h_1} + \frac{1}{E_2 h_2}\right)^{-1} \tag{6.5.1-9}$$

$$a = 6.22\left[1 - 1.51\left(\frac{E_x}{E_0}\right)^{-0.45}\right] \tag{6.5.1-10}$$

$$b = 1 - 1.44\left(\frac{E_x}{E_0}\right)^{-0.55} \tag{6.5.1-11}$$

式中：E_t——基层顶面的当量回弹模量（MPa）；

E_0——路床顶面的回弹模量（MPa）；

E_x——基层或垫层的当量回弹模量（MPa）；

E_1、E_2——基层或垫层的回弹模量（MPa）；

h_x——基层或垫层的当量厚度（m）；

D_x——基层或垫层的当量弯曲刚度（MN·m）；

h_1、h_2——基层或垫层的厚度（m）；

a、b——与 E_x/E_0 有关的回归系数。

6 在旧柔性路面上铺筑水泥混凝土面层时，旧柔性路面顶面的当量回弹模量可按下式计算确定：

$$E_t = 13739 w_0^{-1.04} \tag{6.5.1-12}$$

式中：w_0——以后轴载 100kN 的车辆进行弯沉测定，经统计整理后得到的旧路面计算回弹弯沉值（0.01mm）。

6.5.2 单层混凝土板温度应力分析应按下列步骤进行：

1 在临界荷位处的温度疲劳应力应按下式确定：

$$\sigma_{tr} = k_t \sigma_{tm} \tag{6.5.2-1}$$

式中：σ_{tr}——临界荷位处的温度疲劳应力（MPa）；

σ_{tm}——最大温度梯度时混凝土板的温度翘曲应力（MPa）；

k_t——考虑温度应力累计疲劳作用的疲劳应力系数。

2 最大温度梯度时混凝土板的温度翘曲应力按式（6.5.2-2）计算。

$$\sigma_{tm} = \frac{\alpha_c E_c h T_g}{2} B_x \tag{6.5.2-2}$$

$$B_x = 1.77 e^{-4.48h} C_x - 0.131(1 - C_x) \tag{6.5.2-3}$$

$$C_x = 1 - \frac{\sinh t \cos t + \cosh t \sin t}{\cos t \sin t + \sinh t \cosh t} \tag{6.5.2-4}$$

$$t = l/3r \tag{6.5.2-5}$$

式中：α_c——混凝土的线膨胀系数（1/℃），可取为 1×10^{-5}/℃；

T_g——最大温度梯度，查本规范表 3.2.6-1 取用；

h——面层板的厚度（m）；

B_x——综合温度翘曲应力和内应力作用的温度应力系数，按式（6.5.2-3）计算确定；

C_x——混凝土面层板的温度翘曲应力系数，按式（6.5.2-4）计算确定；

t——与面层板尺寸有关的参数；

r——面层板的相对刚度半径（m）；

l——板长，即横缝间距（m）。

3 温度疲劳应力系数可按下式计算：

$$k_t = \frac{f_r}{\sigma_{tm}} \left[a \left(\frac{\sigma_{tm}}{f_r} \right)^c - b \right] \tag{6.5.2-6}$$

式中：a、b、c——回归系数，按所在地区的道路自然区划查表 6.5.2 确定。

表 6.5.2 回归系数 a、b 和 c

系 数	道路自然区划					
	Ⅱ	Ⅲ	Ⅳ	Ⅴ	Ⅵ	Ⅶ
a	0.828	0.855	0.841	0.871	0.837	0.834
b	0.041	0.041	0.058	0.071	0.038	0.052
c	1.323	1.355	1.323	1.287	1.382	1.270

6.5.3 双层混凝土板荷载应力分析应按下列步骤进行：

1 双层混凝土板的临界荷位为板的纵向边缘中部。标准轴载在临界荷位处产生的上层和下层混凝土板的荷载疲劳应力 σ_{pr1} 和 σ_{pr2}，分别按式（6.5.1-1）计算确定；但结合式双层板仅需计算下层板的荷载疲劳应力 σ_{pr2}。其中，应力折减系数、荷载疲劳应力系数和综合系数的确定方法，与单层混凝土板完全相同。

2 标准轴载在临界荷位处产生的分离式双层板上层和下层的荷载应力或者结合式双层板下层的荷载应力，应按下列公式计算：

$$\sigma_{pr1} = 0.077 r_g^{0.60} \frac{E_{c1} h_{01}}{12 D_g} \qquad (6.5.3\text{-}1)$$

$$\sigma_{pr2} = 0.077 r_g^{0.60} \frac{E_{c2}(0.5h_{02} + h_x k_u)}{6 D_g} \qquad (6.5.3\text{-}2)$$

式中：σ_{pr1}、σ_{pr2}——双层混凝土板上层和下层的荷载应力（MPa）；

E_{c1}、E_{c2}——双层混凝土板上层和下层的弯拉弹性模量（MPa）；

h_{01}、h_{02}——双层混凝土板上层和下层的厚度（m）；

h_x——下层板中面至结合式双层板中性面的距离（m）；

k_u——层间结合系数，分离式时，$k_u=0$；结合式时，$k_u=1$；

D_g——双层混凝土板的截面总刚度（MN·m）；

r_g——双层混凝土板的相对刚度半径（m）。

3 下层板中面至结合式双层板中性面的距离可按下式计算：

$$h_x = \frac{E_{c1} h_{01}(h_{01} + h_{02})}{2(E_{c1} h_{01} + E_{c2} h_{02})} \qquad (6.5.3\text{-}3)$$

4 双层混凝土板的截面总刚度为上层板和下层板对各自中面的弯曲刚度以及由截面轴向力所构成的弯曲刚度三者之和，应按下式计算：

$$D_g = \frac{E_{c1} h_{01}^3}{12} + \frac{E_{c2} h_{02}^3}{12} + \frac{E_{c1} h_{01} E_{c2} h_{02}(h_{01} + h_{02})^2}{4(E_{c1} h_{01} + E_{c2} h_{02})} k_u \qquad (6.5.3\text{-}4)$$

5 双层混凝土板的相对刚度半径应按下式计算：

$$r_g = 1.23\left(\frac{D_g}{E_t}\right)^{1/3} \quad (6.5.3\text{-}5)$$

6.5.4 双层混凝土板温度应力分析应按下列步骤进行：

1 双层混凝土板上层和下层的温度疲劳应力 σ_{tr1} 和 σ_{tr2} 分别按本规范式（6.5.2-1）计算确定，但分离式双层板仅需计算上层板的温度疲劳应力 σ_{tr1}，结合式双层板仅需计算下层板的温度疲劳应力 σ_{tr2}。其中，温度疲劳应力系数的确定方法与单层混凝土板相同。

2 分离式双层混凝土板上层的最大温度翘曲应力应按下列公式计算：

$$\sigma_{tm1} = \frac{\alpha_c E_{c1} h_{01} T_g}{2} B_x \quad (6.5.4\text{-}1)$$

$$B_x = 1.77 e^{-4.48 h_{01}} C_x - 0.131(1 - C_x) \quad (6.5.4\text{-}2)$$

$$C_x = 1 - \left(\frac{1}{1+\xi}\right)\frac{\sinh t \cos t + \cosh t \sin t}{\cos t \sin t + \sinh t \cosh t} \quad (6.5.4\text{-}3)$$

$$t = l/3r_g \quad (6.5.4\text{-}4)$$

$$\xi = -\frac{(k_n r_g^4 - D_{01}) r_\beta^3}{(k_n r_\beta^4 - D_{01}) r_g^3} \quad (6.5.4\text{-}5)$$

$$r_\beta = \left[\frac{D_{01} D_{02}}{(D_{01} + D_{02}) k_n}\right]^{\frac{1}{4}} \quad (6.5.4\text{-}6)$$

$$k_n = \frac{1}{2}\left(\frac{h_{01}}{E_{c1}} + \frac{h_{02}}{E_{c2}}\right)^{-1} \quad (6.5.4\text{-}7)$$

$$D_{01} = \frac{E_{c1} h_{01}^3}{12(1 - \nu_{c1}^2)} \quad (6.5.4\text{-}8)$$

$$D_{02} = \frac{E_{c2} h_{02}^3}{12(1 - \nu_{c2}^2)} \quad (6.5.4\text{-}9)$$

式中：σ_{tm1}——分离式双层混凝土板上层的最大温度翘曲应力（MPa）；

B_x——上层混凝土板的温度应力系数，按式（6.5.4-2）计算确定；

C_x——混凝土板的温度翘曲应力系数，按式（6.5.4-3）计算确定；

t——与面层板尺寸有关的参数，按式（6.5.4-4）计算确定；

ξ——与双层板结构有关的参数，按式（6.5.4-5）计算确定；

r_β——层间接触状况参数，按式（6.5.4-6）计算确定；

k_n——面层与基层之间竖向接触刚度，上下层之间不设沥青混凝土夹层或隔离层时按式（6.5.4-7）计算确定，设沥青混凝土夹层或隔离层时，k_n取3000MPa/m；

D_{01}——上层板的截面弯曲刚度（MN·m），按式（6.5.4-8）计算确定；

D_{02}——下层板的截面弯曲刚度（MN·m），按式（6.5.4-9）计算确定；

ν_{c1}——上层板的泊松比；

ν_{c2}——下层板的泊松比。

3 结合式双层混凝土板下层的最大温度翘曲应力应按下列公式计算确定：

$$\sigma_{tm2}=\frac{\alpha_c E_{c2}(h_{01}+h_{02})T_g}{2}\xi_2 B_x \qquad (6.5.4\text{-}10)$$

$$\xi_2=1.77-0.27\ln\left(\frac{h_{01}E_{c1}}{h_{02}E_{c2}}+18\frac{E_{c1}}{E_{c2}}-2\frac{h_{01}}{h_{02}}\right) \qquad (6.5.4\text{-}11)$$

$$B_x=1.77e^{-4.48(h_{01}+h_{02})}C_x-0.131(1-C_x) \qquad (6.5.4\text{-}12)$$

式中：σ_{tm2}——结合式双层混凝土板下层的最大温度翘曲应力（MPa）；

ξ_2——结合式双层混凝土板的最大温度应力修正系数，按式（6.5.4-11）计算确定；

B_x——混凝土板的温度应力系数，按式（6.5.4-12）计算确定；

C_x——混凝土板的温度翘曲应力系数，按式（6.5.4-3）计算确定；

6.5.5 混凝土板厚度计算宜符合下列规定：

1 应依据所设计的道路技术等级，确定路面结构的设计安全等级以及相应的设计基准期、目标可靠度和变异水平等级。

2 调查采集交通资料，应包括初始年日交通量、日货车交通量、方向和车道分配系数、各类货车的轴载谱、设计基准期内交通量年平均增长率等。

3 应将各级轴载作用次数换算为标准轴载的作用次数，并计算设计车道的初始年日标准轴载作用次数；应依据道路等级和车道宽度，选定车辆轮迹横向分布系数；应根据设计基准期内设计车道上的标准轴载累计作用次数，确定设计车道的交通等级。

4 应依据施工技术、管理和质量控制的预期水平，选定路面材料性能和结构尺寸的变异水平等级，并依据所要求的目标可靠度，确定可靠度系数。

5 应根据道路等级和交通等级，并按设计道路所在地的路基土质、温度和湿度状况、路面材料供应条件和材料性质以及当地已有路面使用经验，进行结构层组合设计，初选各结构层的材料类型和厚度。

6 应根据交通等级，选取水泥混凝土的最低抗弯拉强度标准值，确定混合料试配弯拉强度的均值，进行混凝土混合料组成设计；并应通过试验或经验数值确定相应的混凝土弹性模量。

7 应对所选基层和垫层材料类型，进行混合料配合比设计，通过试验或经验数值确定各类混合料的回弹模量标准值。

8 对新建道路，应依据土组类型和道路所在地的自然区划按经验值确定路床顶面的回弹模量标准值。将路床顶面以上和基层顶面以下的各结构层转化成单层后，计算确定基层顶面的当量回弹模量值。对改建道路，应通过弯沉测定确定旧路面的计算回弹弯沉值后，计算确定旧路面顶面的当量回弹模量值。

9 应按道路等级选定综合系数，按纵缝类型和基层情况选取应力折减系数，应按设计基准期内标准轴载累计所用次数计算荷载疲劳应力系数，计算标准轴载产生的荷载应力。

10 应按道路所在地的自然区划确定最大温度梯度，确定温度应力系数，计算最大温度应力，计算温度疲劳应力系数，确定温度疲劳应力值。

11 当荷载疲劳应力同温度疲劳应力之和与可靠度系数乘积小于且接近混凝土弯拉强度标准值，则初选厚度可作为混凝土面层的计算厚度。否则，应改选面层厚度，重新计算，直到满足要求为止。面层设计厚度应为计算厚度按 10mm 向上取整。

6.6 面层配筋设计

6.6.1 特殊部位配筋布置应符合下列规定：

1 混凝土面层自由边缘下基础薄弱或接缝为未设传力杆的平缝时，可在面层边缘的下部配置钢筋。宜选用 2 根直径为 12mm～16mm 的螺纹钢筋，置于面层底面之上 1/4 厚度处，并不应大于 50mm，间距宜为 100mm，钢筋两端向上弯起。

2 承受特重交通的胀缝、施工缝和自由边的面层角隅及锐角面层角隅，宜配置角隅钢筋。宜选用 2 根直径为 12mm～16mm 的螺纹钢筋，置于面层上部，距顶面不应小于 50mm，距边缘宜为 100mm。

3 当混凝土面层下有箱形构造物横向穿越，其顶面至面层底面的距离 H 小于 400mm 或嵌入基层时，在构造物顶宽及两侧各（$H+1$）m 且不小于 4m 的范围内，混凝土面层内应布设双层钢筋网，上下层钢筋网各距面层顶面和底面 1/4～1/3 厚度处。当构造物顶面至面层底面的距离在 400mm～1200mm 时，则在上述长度范围内的混凝土面层中应布设单层钢筋网。钢筋网设在距顶面 1/4～1/3 厚度处。钢筋直径宜为 12mm，纵向钢筋间距宜为 100mm，横向钢筋间距宜为 200mm。配筋混凝土面层与相邻混凝土面层之间应设置传力杆缩缝。

4 当混凝土面层下有圆形管状构造物横向穿越，其顶面至面层底面的距离小于 1200mm 时，在构造物两侧各（$H+1$）m 且不小于 4m 的范围内，混凝土面层内应设单层钢筋网，钢筋网设在距面层顶面 1/4～1/3 厚度处。钢筋尺寸和间距及传力杆接缝设置与本规范第 6.6.1 条第 3 款相同。

5 雨水口和检查井周围应设置工作缝与混凝土板完全分开，并应在 1.0m 范围内，距混凝土板顶面和底面 50mm 处布设双层防裂钢筋网，钢筋直径 12mm，间距 100mm。

6.6.2 钢筋混凝土面层配筋应符合下列规定：

1 钢筋混凝土面层的配筋量应按下式确定：

$$A_s = \frac{16L_s h\mu}{f_{sy}} \tag{6.6.2}$$

式中：A_s——每延米混凝土面层宽（或长）所需的钢筋面积（mm^2）；

L_s——纵向钢筋时，为横缝间距（m）；横向钢筋时，为无拉杆的纵缝或自由边之间的距离（m）；

h——面层厚度（mm）；

μ——面层与基层之间的磨阻系数，基层为水泥、石灰或沥青稳定粒料时，可取 1.8；基层为无结合料的粒料时，可取 1.5；

f_{sy}——钢筋的屈服强度（MPa），宜按表 6.6.2-1 选用。

表 6.6.2-1 钢筋强度和弹性模量参考值

钢筋种类	钢筋直径 d（mm）	屈服强度 f_{sy}（MPa）	弹性模量 E_s（MPa）
HPB235	8～20	235	2.1×10^5
HRB335	6～50	335	2.0×10^5
HRB400	6～50	400	2.0×10^5
KL400	8～40	400	2.0×10^5

2 纵向和横向钢筋宜采用相同或相近的直径，其直径差不应大于 4mm。钢筋的最小直径和最大间距，应符合表 6.6.2-2 的规定。钢筋的最小间距应为集料最大粒径的 2 倍。

表 6.6.2-2 钢筋最小直径和最大间距（mm）

钢筋类型	最小直径	纵向最大间距	横向最大间距
光面钢筋	8	150	300
螺纹钢筋	12	350	750

3 钢筋布置应符合下列规定：

1） 纵向钢筋应设在面层顶面下 1/3～1/2 厚度范围内，横向钢筋应位于纵向钢筋之下；

2） 纵向钢筋的搭接长度不宜小于 35 倍钢筋直径，搭接位置应错开，各搭接端连线与纵向钢筋的夹角应小于 60°；

3） 边缘钢筋至纵缝或自由边的距离宜为 100mm～150mm。

6.6.3 连续配筋混凝土面层配筋应遵循以下原则：

1 连续配筋混凝土面层的纵向和横向钢筋应采用螺纹钢筋，其直径宜为 12mm～20mm。

2 钢筋布置应符合下列规定：

1） 纵向钢筋设应在面层表面下 1/3～1/2 厚度范围内，横向钢筋应位于纵向钢筋之下；

2） 纵向钢筋的间距不应大于 250mm，不应小于 100mm 或集料最大粒径的 2.5 倍；

3） 横向钢筋的间距不应大于 800mm；

4） 纵向钢筋的焊接长度宜不小于 10 倍（单面焊）或 5 倍（双面焊）钢筋直径，焊接位置应错开，各焊接端连线与纵向钢筋的夹角应小于 60°；

5） 边缘钢筋至纵缝或自由边的距离宜为100mm～150mm。

3 连续配筋混凝土面层的纵向配筋率应按允许的裂缝间距（1.0m～2.5m）、缝隙宽度（小于 1mm）和钢筋屈服强度确定，宜为 0.6%～0.8%。最小纵向配筋率，冰冻地区为宜 0.7%，一般地区宜为 0.6%。横向钢筋的用量，应按本规范第 6.6.2 条第 1 款计算确定。

4 连续配筋混凝土面层的纵向配筋设计应符合下列规定：

1） 混凝土面层横向裂缝的平均间距宜为 1.0m～2.5m；

2） 裂缝缝隙的最大宽度宜为 1.0mm；

3） 钢筋拉应力不应超过钢筋屈服强度。

5 横向裂缝平均间距应按下列公式计算确定：

$$L_{\mathrm{d}}=\frac{2b}{\sqrt{\frac{4k_{\mathrm{s}}}{d_{\mathrm{s}}E_{\mathrm{s}}}(1+\varphi)}} \tag{6.6.3-1}$$

$$\varphi=\rho\frac{E_s}{E_c} \tag{6.6.3-2}$$

$$\lambda_c=\frac{f_t}{E_c(\alpha_c\Delta T+\varepsilon_{sh})} \tag{6.6.3-3}$$

式中：L_d——横向裂缝平均间距（m）；

φ——钢筋刚度贡献率（%）；

ρ——配筋率（%）；

E_s——钢筋弹性模量（MPa），可按本规范表 6.6.2-1 取用；

d_s——钢筋直径（mm）；

k_s——粘结刚度系数（MPa/mm），可按表 6.6.3-1 取用；

b——随系数 φ 和 λ_c 而变的系数，可按表 6.6.3-2 取用；

λ_c——混凝土温缩应力系数，由式（6.6.3-3）计算确定；

f_t——混凝土抗拉强度标准值（MPa），可按表 6.6.3-1 取用；

α_c——混凝土线膨胀系数，通常取为 1×10^{-5}/℃；

ΔT——设计温差，为混凝土的平均养护温度与设计最低温度之差，可近似取为所在地区的日平均最高气温与最低气温之差；

ε_{sh}——连续配筋混凝土干缩应变，可按表 6.6.3-1 取用。

表 6.6.3-1　连续配筋混凝土纵向配筋计算参数经验参考值

混凝土强度等级	C30	C35	C40
混凝土抗拉强度标准值 f_t（MPa）	3.0	3.2	3.5
粘结刚度系数 k_s（MPa/mm）	30	32	34
连续配筋混凝土干缩应变 ε_{sh}	0.00045	0.0003	0.0002

表 6.6.3-2　系数 b 的取值

φ 值	λ_c 值									
	0.03	0.05	0.10	0.15	0.20	0.25	0.30	0.35	0.40	0.45
0.02	2.0	3.0	5.6	8.5	12.0	—	—	—	—	—
0.03	—	2.2	3.9	6.0	8.0	11.0	12.5	—	—	—
0.04	—	2.0	3.2	4.7	6.2	8.2	10.6	13.0	—	—
0.05	—	2.0	2.6	3.8	5.1	6.6	8.5	10.7	13.0	—
0.06	—	1.7	2.3	3.3	4.3	5.7	7.2	9.1	11.2	13.0
0.07	—	—	2.0	2.9	3.8	4.9	6.2	7.7	9.4	11.5

6　裂缝缝隙宽度可按下式计算确定：

$$b_j=(\alpha_c\Delta T+\varepsilon_{sh})\lambda_b L_d \tag{6.6.3-4}$$

式中：b_j——裂缝缝隙宽度（mm）；

λ_b ——裂缝宽度系数，由钢筋刚度贡献率 φ 值和 b 值按表 6.6.3-3 取用。

表 6.6.3-3 裂缝宽度系数 λ_b 的取值

φ 值	b 值										
	2	3	4	5	6	7	8	9	10	11	12
0.02	0.98	0.96	0.94	0.92	0.91	0.89	0.88	0.86	0.85	0.84	0.83
0.03	0.97	0.94	0.92	0.89	0.87	0.85	0.83	0.81	0.79	0.77	0.76
0.04	0.95	0.93	0.89	0.87	0.84	0.81	0.78	0.76	0.74	0.72	0.70
0.05	0.94	0.91	0.87	0.84	0.81	0.77	0.75	0.72	0.70	0.68	0.65
0.06	0.93	0.89	0.86	0.82	0.78	0.75	0.72	0.69	0.66	0.64	0.61
0.07	0.92	0.87	0.84	0.79	0.75	0.71	0.68	0.66	0.63	0.60	0.58

7 钢筋应力可按下式计算：

$$\sigma_s = E_s(\alpha_c \Delta T \lambda_{st} + \alpha_s \Delta T) \tag{6.6.3-5}$$

式中：σ_s ——钢筋应力（MPa）；

λ_{st} ——钢筋温度应力系数，由钢筋刚度贡献率 φ 值和 b 值按表 6.6.3-4 取用；

α_s ——钢筋线膨胀系数，宜取为 9×10^{-6}/℃。

表 6.6.3-4 钢筋温度应力系数 λ_{st} 的取值

φ 值	b 值										
	2.00	3.00	4.00	5.00	6.00	7.00	8.00	9.00	10.00	11.00	12.00
0.02	1.20	2.00	3.00	3.80	4.70	5.40	6.20	6.90	7.50	8.20	9.00
0.03	1.20	1.95	2.80	3.50	4.30	5.10	5.70	6.40	7.00	7.50	8.00
0.04	1.20	1.90	2.60	3.30	4.00	4.70	5.30	5.90	6.40	6.80	7.20
0.05	1.20	1.85	2.50	3.10	3.70	4.40	5.00	5.50	5.90	6.40	6.80
0.06	1.20	1.80	2.40	3.00	3.50	4.10	4.70	5.20	5.60	6.00	6.20
0.07	1.20	1.70	2.30	2.90	3.40	4.00	4.50	5.00	5.40	5.70	5.90

8 纵向配筋率的计算宜按下列步骤进行：

1） 初拟配筋率 ρ，按式（6.6.3-2）计算钢筋刚度贡献率 φ。

2） 按式（6.6.3-3）计算混凝土温缩应力系数 λ_c。

3） 根据 φ 和 λ_c 查表 6.6.3-2 得系数 b，按式（6.6.3-1）计算裂缝间距 L_d。当 L_d＞2.5m 或 L_d＜1.0m 时，应增大或减小配筋率，重复上述计算至符合要求。

4） 由钢筋刚度贡献率 φ 值和 b 值，查表 6.6.3-3 得到裂缝宽度系数 λ_b，按式（6.6.3-4）计算裂缝缝隙宽度 b_j。当 $b_j \leqslant$1mm 时，

满足要求；否则应增大配筋率，重复上述计算至符合要求。

5）由钢筋刚度贡献率 φ 值和 b 值，查表 6.6.3-4 得到钢筋温度应力系数 λ_{st}，按式（6.6.3-5）计算钢筋应力 σ_s。当 $\sigma_s \leqslant f_{sy}$ 时，满足要求；如不满足要求应增大配筋率，重复上述计算至符合要求。

6）综合上述 5 项计算结果，确定配筋率，并进一步确定钢筋根数。在满足纵向钢筋间距要求的条件下，宜选用直径较小的钢筋。

6.7 接缝设计

6.7.1 纵向接缝设计应符合下列规定：

1 纵向接缝的布设应符合下列规定：

1）当一次铺筑宽度小于路面宽度时，应设置纵向施工缝。纵向施工缝宜采用平缝形式，上部应锯切槽口，深度宜为 30mm～40mm，宽度宜为 3mm～8mm，槽内应灌塞填缝料（图 6.7.1-1）；

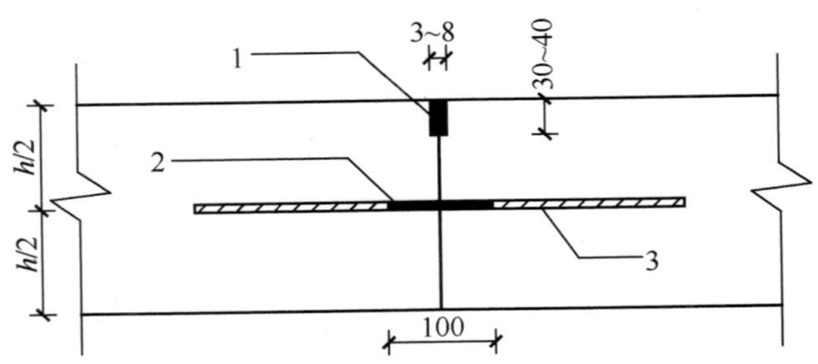

图 6.7.1-1 纵向施工缝构造（尺寸单位：mm）

1—填缝料；2—防锈涂料；3—拉杆

2）当一次铺筑宽度大于 4.5m 时，应设置纵向缩缝。纵向缩缝宜采用假缝形式，锯切的槽口深度应大于施工缝的槽口深度。当采用粒料基层时，槽口深度应为板厚的 1/3；当采用半刚性基层时，槽口深度应为板厚的 2/5（图 6.7.1-2）。

2 纵缝应与路线中线平行。在路面等宽的路段内或路面变宽路段的等宽部分，纵缝的间距和形式应保持一致。路面变宽段的加宽部分与等宽部分之间，应以纵向施工缝隔开。加宽板在变宽段起终点处的宽度不应小于 1m。

3 拉杆应采用螺纹钢筋，宜设在板厚中央，应对拉杆中部 100mm 范围内进行防锈处理。拉杆的直径、长度和间距，可按表 6.7.1 选用。当施

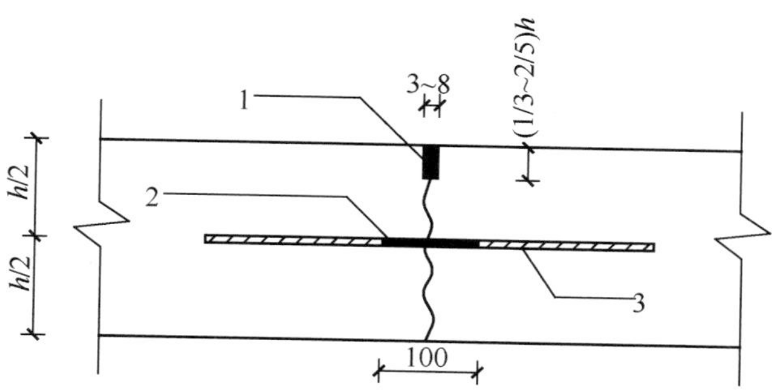

图 6.7.1-2 纵向缩缝构造（尺寸单位：mm）
1—填缝料；2—防锈涂料；3—拉杆

工布设时，拉杆间距应按横向接缝的实际位置予以调整，最外侧的拉杆距横向接缝的距离不得小于100mm。

表 6.7.1 拉杆直径、长度和间距

面层厚度（mm）	拉 杆	到自由边或未设拉杆纵缝的距离（m）					
		3.00	3.50	3.75	4.50	6.00	7.50
180～250	直径（mm）	14	14	14	14	14	14
	长度（mm）	700	700	700	700	700	700
	间距（mm）	900	800	700	600	500	400
260～300	直径（mm）	16	16	16	16	16	16
	长度（mm）	800	800	800	800	800	800
	间距（mm）	900	800	700	600	500	400

4 连续配筋混凝土面层的纵缝拉杆可由板内横向钢筋延伸穿过接缝代替。

6.7.2 横向接缝布置应符合下列规定：

1 每日施工结束或因临时原因中断施工时，必须设置横向施工缝，其位置应选在缩缝或胀缝处。设在缩缝处的施工缝，应采用传力杆的平缝形式；设在胀缝处的施工缝，其构造与胀缝相同。当有困难需设在缩缝之间，施工缝应采用设拉杆的企口缝形式。

2 横向缩缝可等间距或变间距布置，应采用假缝形式。快速路和主干路、特重和重交通道路、收费广场以及邻近胀缝或自由端部的3条缩缝，应采用设传力杆假缝形式。其他情况可采用不设传力杆假缝形式。

3 横向缩缝顶部应锯切槽口，深度宜为面层厚度的1/5～1/4，宽度宜为3mm～8mm，槽内应填塞填缝料。快速路的横向缩缝槽口宜增设深20mm、宽6mm～10mm的浅槽口，缝内设置可滑动的传力杆。

4 在邻近桥梁或其他固定构造物处或与其他道路相交处、板厚改变处、小半径平曲线处应设置横向胀缝。设置的胀缝条数，应视膨胀量大小而定。低温浇筑混凝土面层或选用膨胀性高的集料时，应酌情确定是否设置胀缝。胀缝宽20mm，缝内应设置填缝板和可滑动的传力杆。

5 传力杆应采用光面钢筋。其尺寸和间距可按表6.7.2选用。最外侧传力杆距纵向接缝或自由边的距离宜为150mm～250mm。

表6.7.2 传力杆尺寸和间距（mm）

面层厚度	传力杆直径	传力杆最小长度	传力杆最大间距
180～220	28	400	300
230～240	30	400	300
250～260	32	450	300
270～280	35	450	300
290～300	38	500	300

6.7.3 交叉口接缝布设应符合下列规定：

1 当两条道路正交时，各条道路应保持本身纵缝的连贯。相交路段内各条道路的横缝位置应按相对道路的纵缝间距作相应变动，两条道路的纵横缝应垂直相交。当两条道路斜交时，主要道路的直道部分应保持纵缝的连贯，相交路段内的横缝位置应按次要道路的纵缝间距作相应变动，保证与次要道路的纵缝相连接。相交道路弯道加宽部分的接缝布置，应不出现或少出现错缝和锐角板。当出现错缝和锐角板时，应按本规范第6.6.1条第2款加设防裂钢筋或角隅钢筋。

2 混凝土板分块不宜过小，最小边长不应小于1.5m，与主要行车方向垂直的边长不应大于4.0m。

3 在次要道路弯道加宽段起终点断面处的横向接缝，应采用胀缝形式。膨胀量大时，应在直线段连续布置2条～3条胀缝。

6.7.4 端部处理应符合下列规定：

1 当混凝土路面与固定构造物相衔接的胀缝无法设置传力杆时，可在毗邻构造物的板端部内配置双层钢筋网；或在长度约为6倍～10倍板厚的范围内逐渐将板厚增加20%。

2 当混凝土路面与桥梁相接，桥头设有搭板时，应在搭板与混凝土面层板之间设置长6m～10m的钢筋混凝土面层过渡板。后者与搭板间的横缝采用设拉杆平缝形式，与混凝土面层间的横缝采用设传力杆胀缝形式。膨胀量大时，应连续设置2条～3条设传力杆胀缝。当桥梁为斜交时，钢筋混凝土板的锐角部分应采用钢筋网补强。

桥头未设搭板时，宜在混凝土面层与桥台之间设置长 10m～15m 的钢筋混凝土面层板；或设置由混凝土预制块面层或沥青面层铺筑的过渡段，其长度不小于 8m。

3 水泥混凝土路面与沥青混凝土路面相接时，其间应设置不少于 3m 长的过渡段。过渡段的路面采用两种路面呈阶梯状叠合布置，其下面铺设的变厚度混凝土过渡板的厚度不得小于 200mm。过渡板与混凝土面层相接处的接缝内设置直径 25mm、长 700mm、间距 400mm 的拉杆。混凝土面层毗邻该接缝的1 条～2 条横向接缝应设置胀缝。

4 连续配筋混凝土面层与其他类型路面或构造物相连接的端部，应设置锚固结构。端部锚固结构可采用钢筋混凝土地梁或宽翼缘工字钢梁接缝等形式：

1) 钢筋混凝土地梁宜采用 3 个～5 个，梁宽宜为400mm～600mm，梁高宜为 1200mm～1500mm，间距宜为 5m～6m；地梁与连续配筋混凝土面层宜连成整体；

2) 宽翼缘工字钢梁的底部应锚入钢筋混凝土枕梁内，枕梁长宜为 3m、厚宜为 200mm；钢梁腹板与连续配筋混凝土面层端部间应填入胀缝材料。

6.7.5 接缝填料应选用与混凝土接缝槽壁粘结力强、回弹性好、适应混凝土板收缩、不溶于水、不渗水、高温时不流淌、低温时不脆裂、耐老化的材料；胀缝接缝板应选用能适应混凝土板膨胀收缩、施工时不变形、水稳定性好、复原率高和耐久性好的材料，并应经防腐处理。

6.8 加铺层结构设计

6.8.1 加铺层结构设计应符合下列规定：

1 在进行旧混凝土路面加铺层设计之前，应调查下列内容：

1) 道路修建和养护技术资料：路面结构和材料组成、接缝构造及养护历史等；

2) 路面损坏状况：损坏类型、轻重程度、范围及修补措施等；

3) 路面结构强度：路表弯沉、接缝传荷能力、板底脱空状况、面层厚度和混凝土强度等；

4) 已承受的交通荷载及预计的交通需求：交通量、轴载组成及增长率等；

5) 环境条件：沿线气候条件、地下水位以及路基和路面的排水状况等。

2 加铺层应根据使用要求及旧混凝土路面的状况，选用分离式或结合式水泥混凝土加铺结构，或沥青混凝土加铺结构，经技术经济比较后选定。

3 地表或地下排水不良路段，应采取措施改善或增设地表或地下排水设施；旧混凝土路面结构排水不良路段，应增设路面边缘排水系统。

4 加铺层设计应包括施工期间维持通车的设计方案。

5 旧混凝土面层损坏状况等级为差时，宜将混凝土板破碎成小于400mm的小块，用作新建路面的下基层或垫层，并应按新建混凝土路面或沥青路面类型进行设计。

6.8.2 路面损坏状况调查评定应符合下列规定：

1 旧混凝土路面的损坏状况应采用断板率和平均错台量两项指标评定。

2 路面损坏状况分为4个等级，各个等级的断板率和平均错台量的标准应按表6.8.2分级。

表 6.8.2 路面损坏状况分级标准

等　级	优　良	中	次	差
断板率（%）	≤5	6～10	11～20	>20
平均错台量（mm）	≤5	6～10	11～15	>15

6.8.3 接缝传荷能力与板底脱空状况调查评定应符合下列规定：

1 旧混凝土面层板的接缝传荷能力和板底脱空状况应采用弯沉测试法调查评定。弯沉测试宜采用落锤式弯沉仪，也可采用梁式弯沉仪，其支点不得落在弯沉盆内。

2 测定接缝传荷能力的试验荷载应接近于标准轴载的一侧轮载（50kN）。荷载应施加在邻近接缝的路面表面。接缝的传荷系数应按下式计算：

$$k_j = \frac{w_u}{w_l} \times 100(\%) \tag{6.8.3}$$

式中：k_j——接缝传荷系数；

w_u——未受荷板接缝边缘处的弯沉值；

w_l——受荷板接缝边缘处的弯沉值。

3 旧混凝土面层的接缝传荷能力应按表6.8.3分为4个等级。

表 6.8.3 接缝传荷能力分级标准

等级	优良	中	次	差
接缝传荷系数 k_j（%）	>80	56～80	31～55	<31

4 板底脱空可根据面层板角隅处的多级荷载弯沉测试结果，并综合考虑唧泥和错台发展程度以及接缝传荷能力进行判别。

6.8.4 旧混凝土路面结构参数调查应符合下列规定：

1 旧混凝土面层厚度的标准值可根据钻孔芯样的量测高度按下式计算确定：

$$h_e = \overline{h}_e - 1.04 s_h \tag{6.8.4-1}$$

式中：h_e——旧混凝土面层量测厚度的标准值（mm）；

$\overline{h}_e$——旧混凝土面层量测厚度的平均值（mm）；

s_h——旧混凝土面层厚度量测值标准差（mm）。

2 旧混凝土面层弯拉强度的标准值可采用钻孔芯样的劈裂试验测定结果按下列公式计算确定：

$$f'_r = 0.621 f_{sp} + 2.64 \tag{6.8.4-2}$$

$$f_{sp} = \overline{f}_{sp} - 1.04 s_{sp} \tag{6.8.4-3}$$

式中：f'_r——旧混凝土弯拉强度标准值（MPa）；

f_{sp}——旧混凝土劈裂强度标准值（MPa）；

$\overline{f}_{sp}$——旧混凝土劈裂强度测定值的均值（MPa）；

s_{sp}——旧混凝土劈裂强度测定值的标准差（MPa）。

3 旧混凝土的弯拉弹性模量标准值可按下式计算：

$$E'_c = \frac{10^4}{0.0915 + \frac{0.9634}{f'_r}} \tag{6.8.4-4}$$

式中：E'_c——旧混凝土的弯拉弹性模量标准值（MPa）。

4 旧混凝土路面基层顶面的当量回弹模量标准值，宜采用标准荷载100kN和承载板半径150mm的落锤式弯沉仪量测板中荷载作用下的弯沉曲线，按下列公式确定：

$$E'_t = 100e^{(3.60+24.03w_0^{-0.057}-15.63SI^{0.222})} \tag{6.8.4-5}$$

$$SI = \frac{w_0 + w_{300} + w_{600} + w_{900}}{w_0} \tag{6.8.4-6}$$

式中：E'_t——基层顶面的当量回弹模量标准值（MPa）；

SI——路面结构的荷载扩散系数；

w_0——荷载中心处弯沉值（μm）；

w_{300}、w_{600}、w_{900}——距离荷载中心300mm、600mm和900mm处的弯沉值（μm）。

当采用落锤式弯沉仪的条件受到限制时，可选择在清除断裂混凝土板后的基层顶面进行梁式弯沉测量后按下式反算，或根据基层钻芯的材料组成及性能情况依经验确定。

$$E_t = 13739 w_0^{-1.04} \tag{6.8.4-7}$$

式中：w_0——以后轴载 100kN 的车辆进行弯沉测定，经统计整理后得到的旧混凝土路面基层顶面的计算回弹弯沉值（0.01mm）。

6.8.5 分离式混凝土加铺层结构设计应符合下列规定：

1 当旧混凝土路面的损坏状况和接缝传荷能力评定等级为中或次，或者新旧混凝土板的平面尺寸不同、接缝形式或位置不对应或路拱横坡不一致时，应采用分离式混凝土加铺层。加铺层铺筑前应更换破碎板，修补裂缝，磨平错台，压浆填封板底脱空，清除夹缝中失效的填缝料和杂物，并重新封缝。

2 在旧混凝土面层与加铺层之间应设置隔离层。隔离层材料可选用沥青混合料、沥青砂或油毡等，不宜选用砂砾或碎石等松散粒料。沥青混合料隔离层的厚度不宜小于 25mm。

3 分离式混凝土加铺层的接缝形式和位置，应按新建混凝土面层的要求布置。

4 加铺层可采用普通混凝土、钢纤维混凝土、钢筋混凝土和连续配筋混凝土。普通混凝土、钢筋混凝土和连续配筋混凝土加铺层的厚度不宜小于 180mm；钢纤维混凝土加铺层的厚度不宜小于 140mm。

5 加铺层和旧混凝土面层应力分析，应按分离式双层板进行，计算方法应符合本规范第 6.5.3、6.5.4 条的规定。旧混凝土板的厚度、混凝土的弯拉强度和弹性模量标准值以及基层顶面当量回弹模量标准值，应采用旧混凝土路面的实测值，并应按本规范第 6.8.4 条的规定确定。加铺层混凝土的弯拉强度标准值应符合本规范表 6.2.5 的规定。加铺层的设计厚度，应按加铺层和旧混凝土板的应力分别满足本规范式（6.2.2）的要求确定。

6.8.6 结合式混凝土加铺层结构设计应符合下列规定：

1 当旧混凝土路面的损坏状况和接缝传荷能力评定等级为优良，面层板的平面尺寸及接缝布置合理，路拱横坡符合要求时，可采用结合式混凝土加铺层。加铺层铺筑前应更换破碎板，修补裂缝，磨平错台，压浆填封板底托空，清除接缝中失效的填缝料和杂物，并重新封缝。

2 应采用铣刨、喷射高压水或钢珠、酸蚀等方法，打毛清理旧混凝土面层表面，应在清理后的表面涂敷胶粘剂。

3 加铺层的接缝形式和位置应与旧混凝土面层的接缝完全对齐，加铺层内可不设拉杆或传力杆。加铺层的最小厚度宜为 25mm。

4 加铺层和旧混凝土板的应力分析，应按结合式双层板进行，计算方法应符合本规范第 6.5.3、6.5.4 条的规定。旧混凝土板的厚度、混凝土土的弯拉强度和弹性模量标准值以及基层顶面当量回弹模量标准值，应采用旧混凝土路面的实测值，按本规范第 6.8.4 条规定的方法确定。加铺层的设计厚度，应按旧混凝土板的应力满足式（6.2.2）的要求确定。

7 砌块路面

7.1 一 般 规 定

7.1.1 砌块路面设计应包括交通量预测与分析，材料选择，设计参数的测试和确定，路面结构组合设计与厚度计算，路面排水系统设计。

7.1.2 砌块路面表面应平整、防滑、稳固、无翘动，缝线直顺、灌缝饱满，无反坡积水现象。

7.1.3 砌块路面应按车行道和人行道的不同使用要求进行设计，并应符合下列规定：

1 人行道荷载应按人群荷载 5kPa 或 1.5kN 的竖向集中力作用在一块砌块上，分别计算，取其不利者。

2 车行道荷载应以标准轴载 BZZ-100 控制。

3 机动车停车场可分别按停车泊位区和行车道进行设计，泊位区宜采用绿植与透水设计。

4 自行车停车场应按人群荷载进行设计，宜采用绿植与透水设计。

7.2 砌块材料技术要求

7.2.1 砌块路面根据材料类型可分为混凝土预制砌块路面和天然石材路面，混凝土预制砌块可分为普通型与连锁型。砌块材料的尺寸与外观应符合下列规定：

1 天然石材的尺寸允许偏差应符合表 7.2.1-1 的规定。

2 天然石材的外观质量应符合表 7.2.1-2 的规定。

3 混凝土预制砌块尺寸与外观质量允许偏差应符合表 7.2.1-3 的规定。

表 7.2.1-1 天然石材尺寸允许偏差

项 目	允许偏差（mm）	
	粗面材	细面材
长、宽	0 −2	0 −1.5

续表 7.2.1-1

项　目	允许偏差（mm）	
	粗面材	细面材
厚（高）	+1 −3	±1
对角线	±2	±2
平面度	±1	±0.7

表 7.2.1-2　天然石材外观质量

项目	单位	允许值	备　　注
缺棱	个	1	面积不超过 5mm×10mm，每块板材
缺角	个		面积不超过 2mm×2mm，每块板材
色斑	个		面积不超过 15mm×15mm，每块板材
裂纹	个	1	长度不超过两端顺延至板边总长度的 1/10（长度小于 20mm 不计），每块板材
坑窝	—	不明显	粗面板材的正面出现坑窝

表 7.2.1-3　混凝土预制砌块尺寸与外观质量允许偏差

项目		单位	允许偏差
长度、宽度		mm	±2
厚度			±3
厚度差			≤3
平整度			≤2
垂直度			≤2
正面粘皮及缺损的最大投影尺寸			≤5
缺棱掉角的最大投影尺寸			≤10
裂纹	非贯穿裂纹最大投影尺寸		≤10
	贯穿裂纹	—	不允许
分层			不允许
色差、杂色			不明显

7.2.2　砌块材料的力学性能应符合下列规定：

1　石材砌块的饱和极限抗压强度不应小于 120MPa，饱和抗折强度不应小于 9MPa。

2　普通型混凝土砌块的强度应符合表 7.2.2-1 的规定。当砌块边长与厚度比小于 5 时应以抗压强度控制，边长与厚度比不小于 5 时应以抗折强度控制。

表 7.2.2-1 普通型混凝土砌块的强度

道路类型	抗压强度（MPa）		抗折强度（MPa）	
	平均最小值	单块最小值	平均最小值	单块最小值
支路、广场、停车场	40	35	4.5	3.7
人行道、步行街	30	25	4.0	3.2

3 连锁型混凝土砌块的强度应符合表 7.2.2-2 的规定。

表 7.2.2-2 连锁型混凝土砌块的强度

道路类型	抗压强度（MPa）	
	平均最小值	单块最小值
支路、广场、停车场	50	42
人行道、步行街	40	35

7.2.3 砌块材料的物理性能应符合下列规定：

1 石材砌块材料的物理性能应符合表 7.2.3-1 的规定。

表 7.2.3-1 石材砌块材料的物理性能要求

项　目	单位	物理性能要求
体积密度	g/cm^3	≥2.5
吸水率	%	<1
抗冻性	—	冻融循环 50 次，无明显损伤（裂纹、脱皮）
磨耗率（狄法尔法）	%	<4
坚固性（硫酸钠侵蚀）	%	质量损失≤15
硬度（莫氏）	—	≥7.0
孔隙率	%	<3

2 混凝土砌块材料物理性能应符合表 7.2.3-2 的规定。

表 7.2.3-2 混凝土砌块材料物理性能

项目	单位	物理性能要求
吸水率	%	≤8
磨坑长度	mm	≤35
抗冻性	—	经 25 次冻融试验的外观质量应符合本规范表 7.2.1-3 的规定；经 5 次冻融试验的质量损失率不应大于 3%；强度损失不得大于 20%

7.3 结构层与结构组合

7.3.1 砌块路面结构应包括面层、基层和垫层。

7.3.2 基层和垫层材料、厚度和设计应满足本规范第4章的相关规定。

7.3.3 砌块路面面层包括砌块、填缝材料和整平层材料。

7.3.4 采用砌块铺装车行道、广场、停车场时宜采用连锁型混凝土砌块，连锁型混凝土砌块可包括四面嵌锁和两面嵌锁的长条形状，最小宽度不应小于80mm，最大宽度不应大于120mm，长宽比宜为1.5～2.3。连锁型混凝土砌块最小厚度宜符合表7.3.4的规定。

表7.3.4 连锁型混凝土砌块最小厚度

道路类型	最小厚度（mm）
大型停车场	100
支路、广场、停车场	80
人行道、步行街	60

7.3.5 人行道和步行街宜采用普通型混凝土砌块，普通型混凝土砌块的最小厚度宜符合表7.3.5的规定。

表7.3.5 普通型混凝土砌块最小厚度（mm）

道路类型	常用尺寸			
	250×250	300×300	100×200	200×300
支路、广场、停车场	100	120	80	100
人行道、步行街	50	60	50	60

7.3.6 石材砌块的适用性及其最小厚度宜符合表7.3.6的规定。

表7.3.6 石材砌块适用性及最小厚度（mm）

道路类型	常用尺寸					
	100×100	300×300	400×400 300×500	500×500 400×600	600×600 400×800	500×1000 600×800
支路、广场、停车场	80	100	100	140	140	140
人行道、步行街	50	60	60	80	—	—

7.3.7 砌块面层与基层之间应设置整平层，整平层可采用粗砂，厚度宜为30mm～50mm。

7.3.8 砌块路面面层接缝应符合下列规定：

1 普通型混凝土砌块接缝缝宽不应大于5mm，应采用水泥砂灌实。

2 连锁型混凝土砌块接缝缝宽不应大于5mm，应用粗砂灌实。

3 石材砌块路面接缝缝宽不应大于5mm，应采用水泥砂灌实。有特殊防水要求时，缝下部应用水泥砂灌实，上部应用防水材料灌缝。当缝宽小于2mm时，可不进行灌缝。

4 砌块路面面层勾缝时，应设置胀缝，胀缝间距宜为20m～50m，接缝填料可采用沥青、橡胶类材料。

7.4 结构层计算

7.4.1 砌块路面的结构计算可采用等效厚度法，应根据基层材料的不同按沥青路面或水泥路面设计方法进行修正后计算。

7.4.2 对半刚性基层和柔性基层的砌块路面，应采用沥青路面设计方法，以设计弯沉值为路面整体强度的设计指标，并应核算基层底的弯拉应力。对反复荷载应考虑疲劳应力，对静止荷载应考虑容许应力。在确定沥青混凝土层厚度后，应按下式计算确定：

$$h_s = h_1 \cdot a \tag{7.4.2}$$

式中：h_s——砌块路面块体厚度（mm）；

h_1——沥青混凝土层厚度（mm）；

a——换算系数，可取0.7～0.9，道路等级较高、交通量较大、砌块面积尺寸较大时取高值，砌块抗压强度较高、砌块面积尺寸较小时取低值。

7.4.3 对水泥混凝土基层的砌块路面，应按水泥混凝土路面设计方法，在确定水泥混凝土板厚度后，应按下式计算：

$$h_s = h_h \cdot b \tag{7.4.3}$$

式中：h_s——砌块路面块体厚度（mm）；

h_h——水泥混凝土板厚度（mm）；

b——换算系数，可取0.50～0.65，采用的砌块面积尺寸较小时取低值，采用的砌块面积尺寸较大时取高值。

9 路面排水

9.1 一般规定

9.1.1 路面排水应接入城镇排水系统。在城镇排水系统未建立时，应按临时排水设计。

9.1.2 应根据道路所在区域和道路等级，结合路基、桥涵结构物进行排水设计，合理选择排水方案，布置排水设施，形成完整、畅通的排水体系。

9.1.3 路面雨水管渠暴雨强度设计重现期应符合表 9.1.3 的规定。

表 9.1.3 城市道路排水设计重现期

<table>
<tr><td rowspan="2">城市级别</td><td colspan="6">道路等级</td></tr>
<tr><td>快速路</td><td>主干路</td><td>次干路</td><td>支路</td><td>广场、停车场</td><td>立体交叉</td></tr>
<tr><td>大城市设计重现期（年）</td><td rowspan="2">2～5</td><td>1～3</td><td>0.5～2</td><td>0.5～1</td><td>1～3</td><td>3～5</td></tr>
<tr><td>中、小城市设计重现期（年）</td><td>0.5～2</td><td>0.5～1</td><td>0.33～0.5</td><td colspan="2">1～3</td></tr>
</table>

9.2 路面排水设计

9.2.1 路面排水设计应符合下列规定：

1 路面排水设计包括路表、分隔带及路面结构内部排水。路面排水设施有：雨水口、排水管渠、检查井、边沟、蓄水池、涵洞、出水口等。

2 路面应设置双向或单向横坡，坡度宜为 1.0%～2.0%。

9.2.2 路面排水采用管道或边沟形式。路面排水应综合两侧建筑物散水或街坊排水，并应处理好与城市防洪的关系。

9.2.3 道路排水管道的设置应符合下列规定：

1 排水干管不应埋设在快速路范围内。

2 对地基松软和不均匀沉降地段，管道基础应采取加固措施。

3 隧道口应有防止路面雨水流入隧道的工程措施。隧道内宜设置渗漏水的排出设施。

9.2.4 雨水口的设置应符合下列规定：

1 道路汇水点、人行横道上游、沿街单位出入口上游、街坊或庭院的出入口等处均应设置雨水口。道路低洼和易积水地段应根据需要适当增加雨水口。人行道与车行道之间设有连续绿化带时，人行道内侧宜增设雨水口。

2 雨水口形式分为平箅式、立箅式等，平箅式雨水口分为有缘石平箅式和地面平箅式。缘石平箅式雨水口用于有缘石的道路。地面平箅式可用于无缘石的路面、广场、地面低洼聚水处等。立箅式雨水口可用于有缘石的道路。

3 平箅式雨水口的箅面应低于附近路面 10mm～20mm；立箅式雨水口进水孔底面应低于附近路面 10mm。

4 雨水口的间距宜为 25m～50m。

5 雨水口的泄水能力应经计算确定。

9.2.5 锯齿形偏沟设计应符合下列规定：

1 当道路边缘线纵坡度小于 0.3%时，可在道路两侧车行道边缘 0.3m 宽度范围内设锯齿形偏沟。锯齿形偏沟的缘石外露高度，在雨水口处宜为 180mm～200mm，在分水点处宜为 100mm～120mm，雨水口处与分水点处的缘石高差宜控制在 60mm～100mm 范围内。

2 缘石顶面纵坡宜与道路中心线纵坡平行。锯齿形偏沟的沟底纵坡可通过边沟范围内的道路横坡变化调整。条件困难时，可调整缘石顶面纵坡度。

3 锯齿形偏沟的分水点和雨水口应按下式计算：

$$S = (h_c - h_w)/(j_c - j) \tag{9.2.5-1}$$

$$S_c - S = (h_c - h_w)/(j + j_c') \tag{9.2.5-2}$$

式中：S_c——相邻雨水口的间距（mm）；

S、$S_c - S$——分水点至雨水口的距离（mm）；

j——道路中心线纵坡度；

j_c——S 段偏沟底的纵坡度；

j_c'——$S_c - S$ 偏沟底的纵坡度；

h_c——雨水口处缘石外露高度（mm）；

h_w——分水点处缘石外露高度（mm）。

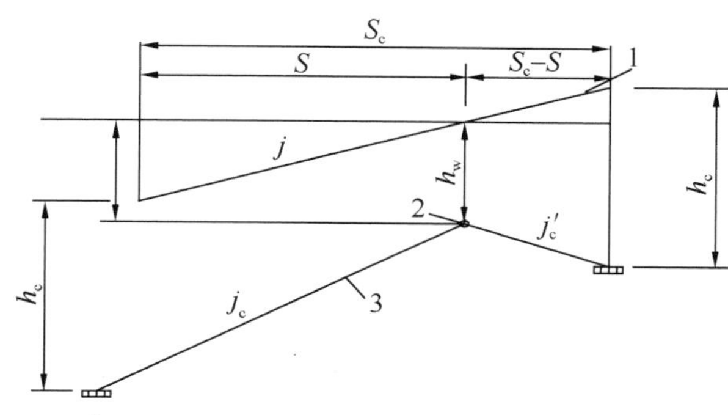

图 9.2.5 锯齿形偏沟计算

1—缘石顶线；2—分水点；3—路面边缘线

9.3 路面内部排水

9.3.1 对年降水量为 600mm 以上，路基土渗透系数小于 10^{-4}mm/s 的地区的快速路、主干路，宜设置路面内部排水系统。

9.3.2 当车行道路面结构设置排水基层或垫层时，应在排水基层或垫层外侧边缘人行道下设置纵向集水沟、带孔集水管以及横向出水管等，并沿纵向间隔一定距离将水引入市政排水总管、渠。

9.3.3 路面内部排水系统由透水性填料集水沟、纵向排水管、横向出水管和过滤织物组成。各个组成部分应符合下列规定：

1 纵向排水管管径应按设计流量由水力计算确定，宜在70mm～150mm范围内选用。排水管的埋设深度，应保证不被车辆或施工机械压裂，并应超过当地的冰冻深度。在非冰冻地区，新建路面时，排水管管底宜与基层底面齐平；改建路面时，管中心应低于基层顶面。排水管的纵向坡度宜与路线纵坡相同，并不得小于0.25%。

2 横向出水管径间距和安设位置应由水力计算并考虑邻近地面高程和道路纵横断面情况确定。出水管的横向坡度不宜小于5%。

3 集水沟底面的最小宽度，对新建路面，不应小于300mm；对改建路面，应保证排水管两侧各有至少50mm宽的透水填料。

9.3.4 集水沟的宽度宜为300mm。集水沟的深度应能保证集水管管顶低于排水层底面，并应有足够厚度的回填料使集水管不被施工机械压裂。沟内回填料宜采用与排水基层或垫层相同的透水性材料，或不含细料的碎石或砾石粒料。回填料与沟壁间应铺设无纺反滤织物。

9.3.5 集水沟的纵坡宜与路线纵坡相同，并不得小于0.25%。

9.3.6 排水基层应符合下列规定：

1 所用集料应选用洁净、坚硬而耐久的碎石，快速路、主干路压碎值不应大于26%，其他等级道路压碎值不应大于30%。最大粒径可为19mm或26.5mm，并不得超过层厚的1/3。4.75mm粒径以下细料的含量不应大于10%。集料级配应满足渗透系数不得小于300m/d的透水性要求。

2 骨架空隙型水泥处治碎石的7d浸水抗压强度不得低于3MPa～4MPa；开级配沥青碎石的沥青用量宜为集料质量的2.5%～4.5%。

3 排水基层的厚度应按所需排放的水量和基层材料的渗透系数通过水力计算确定，宜为100mm～150mm，其最小厚度对于沥青稳定碎石不得小于60mm，对于水泥稳定碎石不得小于100mm。其宽度应超出面层宽度300mm～900mm。

9.3.7 纵向集水沟可设在面层边缘外侧，集水沟中的填料应与排水基层相同。集水沟的下部应设置带槽口或圆孔的纵向排水管，并应间隔适当距离设置不带槽孔的横向出水管。

9.3.8 排水基层的下卧层应选用不透水的密级配混合料。

9.3.9 排水垫层可直接设置在路基顶面，并应配置纵向集水沟、排水管和出水管。排水垫层应选用砂或砂砾石等集料组成开级配混合料，其级配应符合下列规定：

1 当垫层用集料在通过率为15%时，粒径不应小于路基土在通过率为15%时的粒径的5倍；

2 当垫层用集料在通过率为15%时，粒径不应大于路基土在通过率为85%时的粒径的5倍；

3 当垫层用集料在通过率为50%时，粒径不应大于路基土在通过率为50%时的粒径的25倍；

4 垫层集料的不均匀系数不应大于20。

9.4 分隔带排水

9.4.1 当分隔带内设置纵向排水渗沟时，应间隔40m～80m设置横向排水管，渗沟周围应包裹土工布等反滤织物。渗沟上的回填料与路面结构的交界处应铺设防水土工布。

9.4.2 当分隔带封闭后，可不设内部排水系统。

9.5 交叉口范围路面排水

9.5.1 平面交叉口应按竖向设计布设雨水口，并应采取措施防止路段的雨水流入交叉口。

9.5.2 立体交叉范围的路面排水应符合下列规定：

1 当纵坡大于2%时，应在最低点集中收水，雨水口数量应按立体交叉范围内的设计流量计算确定。

2 下穿式立体交叉引路两端纵坡的起点处，应设倒坡，并在道路两侧采取截水措施。

9.6 桥 面 排 水

9.6.1 桥面水应通过横坡和纵坡排入泄水口，并应汇集到竖向排水管排出。

9.6.2 桥面宜在铺装边缘设置渗沟，渗沟与泄水口相接。

城镇道路路面设计规范

CJJ 169 - 2012

条 文 说 明

3 基本规定

3.1 一 般 规 定

3.1.1 道路路面的基本结构层一般为面层、基层、垫层三个主要层次。当路面各层的厚度较大时，又再细分为若干个层次，如面层分为表层（上面层）、中面层和下面层，基层分为上基层和下基层等。

面层直接承受汽车车轮的作用并直接受阳光、雨雪、冰冻等温度和湿度及其变化的作用，应具有足够的结构强度、高温稳定性、低温抗裂性、抗疲劳、抗水损害；为保证交通安全和舒适性，面层应有足够的抗滑能力及良好的平整度。

基层主要起承重作用，应具有足够的强度和扩散荷载的能力并具有足够的水稳定性。

垫层的主要作用为改善土基的湿度和温度状况，保证面层和基层的强度稳定性和抗冻胀能力，扩散由基层传来的荷载应力，以减小土基所产生的变形。垫层应具有一定的强度和良好的水稳定性。

3.1.2 路面承受汽车车轮的作用并受阳光、雨雪、冰冻等温度和湿度及其变化的作用，路面结构层的组合与地质条件、路基土特性、路基水文及气候环境状况、交通量与交通组成密切相关，进行路基路面整体结构强度、刚度、稳定性、耐久性综合设计合理的结构组合，才能获得运行安全舒适并与环境、生态、社会协调的综合效益。

路面材料直接影响路面质量与耐久性，要求对使用的材料（如沥青、集料、矿粉）进行认真选择，有充分的耐久性，包括水稳定性、温度稳定性、抗老化性及抗疲劳性能保证。路面材料的选择应结合各地的实际，因地制宜，认真做好路用各种材料的调查，并取样试验，根据试验结果选定路面各结构层所需的材料。提倡使用城市建筑废料、工业废料及旧路面铣刨翻挖材料。积极使用节约能耗、减少排放的材料及结构，如温拌沥青混合料、乳化沥青混合料、泡沫沥青混合料等。

城市道路交叉口是城市交通的枢纽位置，由于受交通信号灯的管制，交叉口进口道上车辆刹车、启动频繁集中；一些大城市主干道交通车辆状况也在发生着很大的变化，出现了“多轴数、重轴载、高轮压的非均布性”的特点。城市道路交叉口区域沥青路面早期产生壅包、推挤和车辙等病害非常严重和普遍。应针对城市道路交叉口路段的行车状况特殊性，及其路面破坏的发生形式、发展规律，进行特殊设计。

3.1.3 道路路面分沥青路面、水泥混凝土路面和砌块路面三大类。沥青路面包括沥青混合料路面、沥青贯入式路面和沥青表面处治等。水泥混凝土路面包括普通混凝土、钢筋混凝土、连续配筋混凝土、钢纤维混凝土路面。

沥青混凝土路面表面平整无接缝、柔性好、噪声小，具有明显的行车舒适性、耐磨性等优点，但受到沥青材料感温性的限制，沥青面层结构的强度受温度变化影响较大；水泥混凝土路面刚度大，扩散荷载能力强、稳定性好、抗压、抗折性能好，耐久、使用寿命长，但是它也有着不可忽视的缺点：接缝较多，噪声大、影响行车舒适性；同时，抗滑、表面耐磨性能的构造和保持技术难度大。

由于沥青加铺层能有效地改善旧水泥混凝土路面的使用性能，同时可以充分利用旧水泥路面，造价低，施工方便，并且对交通、环境影响小，因此，在国内外旧水泥混凝土路面改造工程中广泛应用。

3.2 设 计 要 素

3.2.2 近年来，城市载货汽车与大客车以双轮组单轴 80kN～115kN 轴载的车型为主，路面设计以双轮组单轴载 100kN 为标准轴载符合我国城市汽车交通实际。

3.2.3 有关研究显示，沥青路面弯沉、弯拉应力曲线随轴重的增加呈非线性增加，轴重 50kN～130kN 为线性，轴重大于 130kN 呈非线性。考虑非线性特点，当轴重大于 130kN 时按弯沉设计的轴载换算公式 n 值可达 5.0～5.8，推荐 n 值为 5.0，弯拉应力的轴载换算公式 n 值为 9.0。

用拉应力等效模式的轴载换算公式，对贫混凝土基层疲劳方程做的工作不多，长安大学的研究结果为 12.79 次方，法国和澳大利亚为 12 次方，本规范建议贫混凝土基层用 12 次方计算。

规范编制组对上海市、成都市、大同市的代表性道路的车道分布系数进行了调查。对于两车道城市道路，单向单车道，车道分布系数为100%，对于多车道城市道路，载货汽车与大客车一般较多地行驶在外侧车道上，所以，以外侧车道作为设计车道。车道分布系数的大小与交通量有关，交通量小，车道分布系数大。调查结果与Dater等在1982年～1985年对美国6个州所做的129次统计所得到的多车道公路的车辆分布情况较为接近。

3.2.5 一般在进行路面材料与混合料的设计、路面结构设计等工作时，均会考虑道路等级性质。因为累计当量标准轴次不能代表对路面表面性能的要求。路面设计应该在考虑路面交通等级、累计当量标准轴次同时，也考虑道路等级性质，有必要增加以货车及大客车为主的划分交通强度等级的划分。将城市道路交通等级划分为四级，分为轻、中、重、特重交通等级。

3.2.6 环境因素的变化严重影响路面的性能，温度对沥青路面的承载能力和使用性能都有显著影响。沥青路面的车辙、裂缝等损坏，也直接或间接地与路面温度的分布状况有关。水对沥青混合料的性能也有重要的影响，雨水渗入路面使沥青与集料的粘附性下降、土基强度变小，在荷载作用下产生剥离、坑槽、网裂等损坏。由于温度、降水具有显著的季节性变化的特点，所以沥青路面材料及土路基的力学特性也具有明显的季节性变化的特点。

“八五”国家科技攻关项目“道路沥青及沥青混合料使用性能气候区划的研究”，根据我国不同地区与不同气候的条件对沥青质量及沥青混合料性质提出不同的要求，提出沥青混合料使用性能气候区划标准。按不同的气候要求，使路面具有较强的高温抗车辙能力、低温抗裂性能和水稳定性，并延长路面的使用寿命，是路面设计的重要问题。路面设计应选择与温度变化相适应的材料并按照最高或最低温度进行沥青混合料高温稳定性和低温稳定性设计。

3.2.7 目标可靠度和可靠指标的确定需要综合考虑工程安全度与工程经济性等方面的因素。目标可靠度值高，结构的安全度相应提高，但结构造价相应增大；反之，目标可靠度低，结构破坏的危险性增大，工程费用则低。路面结构的目标可靠度是在满足各等级道路路面不同安全度要求（限制路面的破坏概率）的前提下，主要考虑路面初建费用、结合考虑养护费用与用户费用对目标可靠度的影响确定的。

目前确定路面结构目标可靠度的方法有三种，即校准法、经济分析法和表面使用性能法。校准法的实质是一种反算法，也就是通过计算现有结构的隐含理论可靠度，再针对结构使用情况、现状服务水平、现状耐久性和安全性作出定性和定量评价。综合考虑这两方面的结果，归纳出合理的可靠度作为路面设计的目标可靠度。这种方法实际上是校准现行设计方法的隐含可靠度，继承按现行设计规范设计的道路结构的可靠度水平，这种方法体现了多年工程设计的经验。目前国内外大多数规范采用校准法来确定结构的目标可靠度，本规范目标可靠度是结合国内外的分析数据、水泥混凝土和沥青路面的隐含可靠度后制定的。

5 沥青路面

5.1 一 般 规 定

5.1.1 沥青路面设计应根据道路等级与使用要求遵循因地制宜、合理选材、环境保护、资源节约和利于养护的原则。各结构层的组合设计与当地的气候环境条件、交通量和交通组成等密切相关，合理的结构组合设计应使得路面获得经济、耐久的效果。厚度计算与材料设计参数取值直接相关，没有实测的材料参数，厚度计算缺乏依据。因此，设计人员应重视材料调查，选用符合技术要求、经济合理的路用材料，避免简单地套用路面结构，将路面结构设计变成单纯的结构厚度计算。

设计工作包括以下具体内容：

1 调查与收集交通量及其组成资料，积极开展轴载谱分布的调查、测试，分析预测设计交通量；

2 收集当地气候、水文资料，了解沿线地质、路基填挖及干湿状况，通过试验确定路基回弹模量；

3 认真作好各种路用材料的调查，并取样试验，根据试验结果选定路面各结构层所需的材料；

4 施工图设计阶段应进行混合料的目标配合比设计，并测试、确定材料的设计参数。当条件不允许时，可以委托科研单位进行该项工作；

5 拟定路面结构组合，采用专用程序计算厚度；

6 认真作好路面排水、路面结构内部排水和中央分隔带排水系统设计，使路面排水通畅，路面结构内部无积水滞留。

5.2 面层类型与材料

5.2.1 近年来各地都进行了沥青混合料的研究与工程实践，出现了很多新的混合料设计方法，并根据工程实践总结了一些适合不同条件的级配类型，虽然有的级配名称不同，但基本原理相似。因此，为了区分各种沥青混合料的特点，首先按空隙率大小将沥青混合料分为密级配、半开级配、开级配三大类。密级配，又可分粗型（AC-C）和细型（AC-F）。不同级配类型适用于不同条件。

AC 型混合料以及骨架型混合料 SMA 均属于密级配混合料，设计空隙率在 3%～5%。在 AC 型混合料中，F 型是细集料含量多于粗集料的一种连续级配；C 型混合料以粗集料为主，具有构造深度较大、抗车辙变形的性能好等特点，适用于多雨炎热、交通量较大地区的表面层。中、下面层也可用 C 型沥青混合料，以增强抗车辙能力，但施工时应注意加强压实。F 型混合料因细集料较多，施工和易性较好，水稳定性、低温抗裂性及抗疲劳开裂性能较好。但是其表面致密，构造深度较小，可用于抗疲劳结构层或干旱少雨、交通量较少、气候严寒地区的道路。

热拌沥青碎石（AM）是一种半开级配混合料，设计空隙率在 8%～15%，由于它的空隙率大，渗水严重，应设密级配上封层。当采用单层式沥青路面时，应适当增加细集料，控制空隙率不大于 10%。若拌合设备条件允许，应尽量选用密级配沥青混合料。

开级配磨耗层（OGFC）是开级配沥青混合料，在欧美多称开级配抗滑磨耗层 OGFC，在日本称为排水路面。混合料的设计空隙率宜为 18%～24%，用作沥青路面表层具有排水、减少水膜厚度、防止水漂及抗滑功能，又可降低噪声作为减噪表面层。

5.2.2 沥青混合料类型选择与配合比设计是保证沥青路面质量和使用功能的关键。

2 在我国，热拌沥青混合料配合比设计主要采用马歇尔试验方法，AC 混合料、SMA 混合料以及 OGFC 混合料均可参照《公路沥青路面施工技术规范》JTG F40 进行配合比设计。目前，我国在一些重大工程引进美国 Superpave 方法和 GTM 法等方法进行密级配沥青混合料的配合比设计，使用效果较好，因此在有条件的地方也可以使用这些方法，同时需要马歇尔试验进行验证。

根据工程实践经验推出各种沥青混合料级配表（见附录 B 表 B.1），其中 AC 混合料的级配范围较宽，应结合当地具体情况和使用经验选择级配曲线和范围。最好选择 2 条～3 条级配曲线，通过混合料配合比试验，结合各地经验确定油石比，并对混合料进行路用性能检验；根据各项技术指标，综合当地实际情况，择优选定沥青混合料级配。更重要的是通过试拌试铺，检验配合比设计的合理性，经业主、设计、监理、施工共同确认质量合格才能正式摊铺。

3 在进行沥青混合料配合比设计后，应根据气候条件和交通荷载特征对混合料的高温稳定性、水稳定性和低温抗裂性进行检测。

1）沥青混合料高温稳定性的评价方法，目前在国际上尚无统一的、公认的评价方法和指标体系，试验设备也不同。我国在“七五”科技攻关时引进了日本轮迹试验设备和动稳定度评价指标。本次编写中仍用车辙试验所获得的动稳定度反映沥青混合料的高温稳定性。

在《公路沥青路面施工技术规范》JTG F40 中，采用车辙试验的动稳定度指标评价沥青混合料的抗永久变形性能，并根据沥青混合料类型、沥青类型和沥青路面气候分区，给出沥青混合料车辙试验评价指标的技术要求，见表 1。

该体系对相同气候分区下的普通沥青混合料、改性沥青混合料以及 SMA 混合料提出不同的技术要求。这与特定的使用条件对路面材料性能的唯一性要求不一致，例如，对于位于 1-1 分区中特定交通条件下的路段，如果普通沥青混合料动稳定度 DS＝800 次/mm 能够满足要求，没有理由要求改性沥青混合料或 SMA 混合料的动稳定度必须达到 2400 次/mm 或 3000 次/mm。

表 1　沥青混合料车辙试验动稳定度技术要求

气候条件及技术指标		动稳定度要求（次/mm）								
七月平均最高气温及气候分区		＞30℃				20℃～30℃				＜20℃
		夏炎热区				夏热区				夏凉区
		1-1	1-2	1-3	1-4	2-1	2-2	2-3	2-4	3-2
普通沥青混合料		800		1000		600	800			600
改性沥青混合料		2400		2800		2000	2400			1800
SMA 混合料	非改性	1500								
	改性	3000								
OGFC 混合料		1500（一般交通路段）、3000（重交通路段）								

该评价体系中的另一个关键问题在于强调了对不同材料的性能要求，忽略了不同交通荷载对性能的不同需求。在高温性能方面，当前相关规范并没有告知材料设计究竟应该选择普通材料、改性材料还是 SMA 混合料，也缺少不同交通量对材料高温性能的不同需求。道路交通量不仅是路面结构设计的关键参数，也是材料设计的重要依据。在相同的气候条件下，能够满足轻交通量道路使用的材料未必能够满足重交通量道路的要求。如果在车辙试验评价标准中不引入交通量参数，无法较好地指导材料设计，势

必造成结构设计与材料设计相互脱节，可能导致材料性能设计标准的选择具有一定随意性。日本道路公团的技术标准就体现了交通量对材料高温性能的差别性要求，见表2。

表2　日本道路公团对沥青混合料动稳定度的要求

交通量等级	一方向大型车交通量（辆/d）	动稳定度（次/mm）	
		一般地区	低磨耗地区
轻交通量	1500以下	800	500
中交通量	1500～3000	1000	800
重交通量	3000～15000	1200	1000
超重交通量	15000以上	3000～5000	

在2005年～2008年交通部科技项目“沥青路面设计指标和参数研究”中，对沥青混合料和沥青面层抗永久变形进行了研究，基于车辙试验提出了与道路交通等级、沥青路面气候分区、结构层次等相关联的沥青混合料车辙试验评价体系。在这个体系中对于高速公路和一级公路，取路表容许车辙深度为15mm。在年等效温度下对路面结构进行力学分析后，得出表5.2.2-3中的技术指标要求。在分析过程中所考虑的主要因素如下：

①交通等级：《公路沥青路面设计规范》JTG D50根据设计基准期内的累计当量轴次将交通划分为4个等级：轻交通小于3×10^6ESAL（累计标准轴次），中交通小于1.2×10^7ESAL，重交通小于2.5×10^7ESAL，特重交通不小于2.5×10^7ESAL。随着我国基年交通量的剧增以及年增长率的提高，设计基准期15年的重交通及其以上交通等级的高等级公路大、中修一般发生在8年～10年。工程实践表明：中、上沥青面层的实际寿命一般无法达到路面结构的设计基准期，因此材料性能设计的交通分级不完全等同于结构设计的交通分级，其分级上限主要受主抗车辙区既定温度条件下材料的承载极限制约。在某些苛刻条件下，材料性能设计的适用交通等级上限将低于结构设计上限。对于此种情形，当路面结构未达到设计寿命时，允许对面层的主抗车辙区进行铣刨重铺，保持下面层尤其是基层与地基的继续使用。

②气候分区：在《公路沥青路面施工技术规范》JTG F40中，采用30年间的年最热月平均日最高气温的平均值作为气候分区的高温指标，以高温指标作为一级区划指标，将全国划分为三个区；以低温指标作为二级区划指标，将全国分为4个区。选择不同气候分区中的代表地区，见表5.2.2-3，其中：1-1、1-2区选择吐鲁番，1-3区选择武汉，1-4区选择海口和福州，2-1区选择富蕴，2-2区选择沈阳，2-3区选择大连，2-4区选择武

都，3-2 区选择西宁。在选择不同气候分区的代表地区时，需要比较各个代表地区的月平均气温以及车辙等效温度，通过对车辙等效温度计算以及月平均温度比较，将西宁和拉萨由 2-2 区和 2-3 区移至 3-2 区。代表地区的温度分区见表 3。与海口环境相近地区主要有吐鲁番、广州与南宁等少数特殊地域。

表 3 不同气候分区的典型地区与代表地区

气候分区	典型地区								代表地区
1-1、1-2									吐鲁番
1-3	成都	西安	长沙	合肥	郑州	南京	济南	南昌	武汉
	杭州	上海							
1-4	广州	桂林	南宁	温州	福州	沙坪坝	澜沧		海口/福州
2-1	呼玛	锡林浩特	海拉尔						富蕴
2-2	大同	乌鲁木齐	兰州	酒泉	银川	哈尔滨	太原	北京	沈阳
	榆林	呼和浩特	长春	承德	天津	石家庄			
2-3	威海								大连
2-4	贵阳	昆明							武都
3-2	拉萨	理塘	德钦						西宁

③沥青混合料类型：沥青路面材料设计，究竟该选取普通沥青混合料、改性沥青混合料、SMA 混合料或新开发的沥青类材料，取决于哪类材料能够满足沥青层抗车辙性能要求。由于特定的交通和气候条件对沥青混合料的抗力需求是一致的，因此，性能合格的材料都是备选方案，而不分改性沥青混合料与普通沥青混合料，此时性价比优越的材料才是设计方案。

④面层结构层：沥青面层一般是由不同材料组成的 2 层或者 3 层的复合体系。根据外力在结构内的扩散效应，不同层位将贡献不同的变形。2002 年夏天，全国普遍出现持续高温，无论在南方或在北方部分省份，在爬坡路段，重车、超载车多的路段，沿车行道轮迹带上，出现了不同程度的车辙，有的路段出现较严重推移流动和变形。据现场调查，沥青混合料的推移、变形主要是产生在中面层，少数下面层也产生流动。

⑤车速：在长大纵坡上车速较慢，可以简化为提高一个交通等级进行设计。

沥青混合料高温性能需求计算方法：通过大量室内车辙试验以及现场 ALF 加速加载试验的标定建立了包含高温性能经验评价参数的沥青层永久

变形；同时由该永久变形公式和容许车辙深度以及分层容许永久变形分配方法可以推出沥青混合料高温性能需求计算方法，见式（1）。

$$PRD_i = \frac{100[H_i]}{\left(\frac{T_{ei}}{T_0}\right)^{t}\left(\frac{P_i}{P_0}\right)^{P}\left(\frac{k_N \cdot N}{N_0}\right)^{n} d_i}\% \quad (1)$$

式中：PRD_i——第 i 沥青亚层的相对变形参数，即材料性能参数（%）；

$[H_i]$——第 i 沥青亚层的容许永久变形（mm）；

T_{ei}——第 i 沥青层等效温度（℃）；

P_i——第 i 沥青层顶压应力；

N——累计当量标准轴次；

k_N——试验室加载与现场加载次数的修正系数；

d_i——沥青亚层厚度；

T_0、P_0、N_0——试验室标准车辙试验条件。其中试验温度 T_0＝60℃，接触压力 P_0＝0.7MPa，试验加载次数 N_0＝2520 次。

根据沥青混合料动稳定度和相对变形的回归关系式（2），由永久变形抗力参数 PRD 值可以推导出动稳定度评价指标的计算值，并参照《公路沥青路面施工技术规范》JTG F40 中沥青混合料车辙试验动稳定度技术要求进行适当调整，给出动稳定度评价指标的建议值。

$$DS = 29633 \times PRD^{-1.48} (R^2 = 0.94, \text{样本数 } 117) \quad (2)$$

由于实际应用主要针对城市快速干道，因此参照高速公路标准，即按 180mm 沥青层厚度进行考虑。对于两层式城市道路沥青面层结构，主要适用于 0～100mm 内标准。

2）评价沥青路面水稳定性除采用沥青与集料间的粘附性指标外，还采用了浸水马歇尔残留稳定度及冻融劈裂强度比指标。根据“八五”攻关成果的建议，冻融劈裂试验仅限于在年最低气温低于－21.5℃的寒冷地区使用。但是，通过近年来的工程实践，该方法是以严酷试验条件评价沥青混凝土的水稳定性，南方多雨地区都采用该指标评价沥青混凝土的水稳定性，取得良好效果。因此，将冻融劈裂试验作为评价混合料水稳定性的必要指标，以保证沥青混合料具备良好的水稳定性，防止路面出现早期水损害现象。

若沥青混合料的水稳定性指标不能满足表 5.2.2-4 的要求，应采取措施改善沥青混合料的水稳定性，如掺入消石灰或水泥，或其他抗剥落材料。一般可在沥青混合料中掺入占总质量 1.5%～2%的消石灰或 2%～2.5%的水泥代替矿粉，但由于各地所用集料的材质不同，具体掺入剂量应由试验确定，不宜照搬。

3）沥青混凝土路面的低温抗裂性能，受到广泛的重视。根据国内科研成果和近年来的试验研究成果，提出了沥青混合料低温弯曲试验破坏应变作为评价指标。该指标仅用于评价沥青混凝土路面的低温抗裂性能，对夏凉区、寒冷地区是一个参考性指标。

5.2.4 稀浆罩面分为微表处和稀浆封层，可用于新建道路的磨耗层或保护层，也可作下封层，这在我国已有了成功的经验，尤其是对于缺乏优质石料作抗滑层的地区，可以节省造价。稀浆罩面的混合料中乳化沥青及改性乳化沥青的用量应通过配合比设计确定。混合料的质量应符合有关规范的技术要求。

稀浆罩面应选择坚硬、粗糙、耐磨、洁净的集料，不得含有泥土、杂物。粗集料应满足热拌沥青混合料所使用的粗集料质量技术要求，表观相对密度、压碎值、磨耗值等指标可使用较粗的集料或原石料进行试验。当采用与结合料黏附性达不到4级以上的酸性石料时必须掺加消石灰或抗剥离剂。细集料宜采用洁净的优质碱性石料生产的机制砂、石屑，小于4.75mm部分细集料的砂当量应符合有关规范的要求，且不得使用天然砂。如发现集料中有超规格的大粒径颗粒时，必须在运往摊铺机前将集料过筛，混合料各筛孔的通过率必须在设计标准级配的允许波动范围内波动，所得级配曲线应尽量避免出现锯齿形。有实际工程证明，使用的级配能够满足稀浆罩面使用要求，并具有足够的耐久性时，经过专家论证，得到主管部门认可，也可使用。

MS-3型微表处采用彩色结合料时，可用于城市广场、停车场、人行道、商业街、文化街。

5.2.5 路用材料质量是保证沥青混合料质量的关键，应根据工程所在地的料源、气候条件、工程性质、交通量情况等进行综合论证后确认。

1 沥青标号和沥青技术指标的选择与工程所在地的气候、道路交通量、结构类型与层位密切相关。

沥青标号可按气候分区并结合工程实践经验选择，气候分区划为夏炎热区，对夏季持续高温较长、重载车较多的道路，纵坡大、长坡路段可选用稠度高、60℃黏度大的沥青、改性沥青等。交通量大、重载车较多的路段应选择较硬的沥青。改性沥青的基质沥青、表面处治和贯入式碎石宜选稠度较低的沥青。

由于沥青的气候分区是以最热月份每天最高气温的平均值表示，但该值往往低于最热月份连续7d的最高气温平均值，而车辙则是最容易发生在这最热的几天，因此有的地区在选择沥青标号和沥青技术指标时，参考了美国 Superpave 沥青胶结料规范中沥青 PG 分级方法，用历年最高月气温中连续 7d 高温的平均值和 98%保证率，并考虑气温与路面温度的相关关系，计算路面最高温度，以此选择沥青高温等级。以历年极限最低气温选择沥青低温等级。这个方法已经在部分省份的工程实践中得以应用。

以下情况可采用改性沥青，以改善沥青混合料的路用性能：

1） 当拌制的沥青混合料的高温稳定性、水稳定性、低温抗裂性能达不到技术指标要求时，可采用改性沥青；

2） 对特重交通、重交通或重要道路，大桥、特大桥桥面铺装等的沥青表面层应选用改性沥青，并视具体情况，中面层也可选用改性沥青或稠度更高的沥青；

3） 温差变化较大、高温或低温持续时间较长的严酷气候条件的道路可采用改性沥青；

4） 铺筑 SMA 混合料、超薄罩面层、开级配抗滑面层、彩色路面等特殊结构时可采用改性沥青；

5） 路线线形处于连续长纵坡、陡坡及半径较小匝道，制动、启动频繁，停车场等路段以及有特殊要求的道路可采用改性沥青。

目前，国内各种改性剂或改性沥青品种较多，同一改性剂因剂量不同或添加剂不同，获得的改性沥青的质量也有差异，应通过掺配试验和混合料性能试验进行技术经济论证和比选，选择施工方便、质量稳定、改性效果好的改性剂。加强质量检测工作，严格控制改性沥青的生产质量。

2 常用的石料有玄武岩、安山岩、片麻岩、辉绿岩、砂岩、花岗岩、闪长岩、硅质石灰岩以及经轧制破碎的砾石等。

1） 路面的行驶安全性取决于路表的横向力系数，而横向力系数与沥青混合料的石料品质、构造深度及集料的级配密切相关。因此，应认真调查沥青路面表面层所用粗集料，选择强度较高、磨光值大、耐磨耗、符合石料磨光值 PSV 要求的碎石。次干路及以下道路所用的粗集料，可掺入一定量的石灰岩碎石或其他磨光值较小的碎石。

2） 为提高沥青与集料的粘附性，可在沥青中采取掺入耐高温、耐水性持久的抗剥离剂或采用改性沥青等措施；同时为提高沥青混合料的水稳定性，应掺入一定的消石灰或水泥代替矿粉。并检验沥青混合料的水稳定性，使其达到本规范第 5.2.2 条中有关水稳定性指标的要求。沥青与集料的粘附性试验及分级标准参照《公路工程沥青及沥青混合料试验规程》JTG E20 中的相关规定。

5 在SMA混合料中掺入木质素纤维、聚酯纤维、矿物纤维等稳定剂，已广泛地应用于工程实践。近年来有些特大桥梁或交通量繁重的公路的中面层，采用SBS改性沥青混凝土中掺入合成纤维如聚丙烯腈纤维、聚酯纤维或矿物纤维等，取得较好的路用效果，明显提高了动稳定度。选择纤维稳定剂应考虑使用要求和技术经济比较，宜选择性价比高的材料。纤维质量宜符合交通部发布《路桥用材料标准九项》（JT/T 531～538、589）中有关木质素纤维、沥青路面用聚合物纤维的技术要求，掺配剂量应通过试验确定，一般为0.25％～0.40％。

5.3 路面结构组合设计

5.3.1 国外一般将沥青面层分为表面层（亦称磨耗层）、联结层或整平层，当联结层较厚时，再分为两层。我国习惯上将半刚性基层沥青路面中的三层都称为面层，分别称为上面层（表面层）、中面层和下面层。

作单层式面层时，加铺沥青封层或者铺筑微表处作为抗滑磨耗层的目的是防止水分下渗，提高路表的平整度。

表面层应具有平整密实、抗滑耐磨、稳定耐久的服务功能，同时应具有高温抗车辙、低温抗开裂、抗老化等品质。旧路面可加设磨耗层以改善表面服务功能。中、下面层应密实、基本不透水，并具有高温抗车辙、抗剪切、抗疲劳的力学性能。

5.3.2 沥青路面各层组合应与路面使用要求相适应，在各沥青层中至少有1层～2层的沥青混合料应为密级配型。面层混合料类型应与道路等级、使用要求以及交通荷载等级相适应。

1 沥青路面的表面层应具有密实均匀、抗滑耐磨的功能，对气候炎热、多雨潮湿地区，路线平纵线形不良路段，宜选用表面粗糙的抗滑面层（AC-C、SMA）。沥青混合料的级配与沥青层的厚度相匹配。当表面层厚度为40mm时，可选用AC-13C、SMA-13等级配类型。长大纵坡段、弯道或重车多的路段，气候严寒地区的表面层厚度宜为45mm～50mm，可选用AC-16C、SMA-16等级配类型。

2 根据对车辙路段的调查，车辙变形主要产生在中面层，这与我国沥青路面的中面层设计主要考虑防止渗水而采用细集料较多的密级配有关。2002年，在我国的一些长、陡纵坡段、重车多的路段上出现较为严重的车辙现象后，中、下面层开始选用粗级配，使混合料向骨架密实型级配发展，以提高其高温稳定性和水稳性，如选用AC-20C、Sup-19或SMA-20等级配类型。

下面层可选择沥青混凝土AC-25或密级配沥青碎石ATB-25、LSM-25

做柔性基层。

5.3.3 沥青混合料一层压实的最小厚度主要是考虑沥青层的厚度与沥青混合料的公称最大粒径相适应，并结合实践经验提出，以便于辗压密实，提高其耐久性、水稳性。最小厚度是从施工角度考虑可以施工的最小厚度限制，但并不是适宜的厚度。因此，根据工程实践经验提出沥青混合料一层压实的常用厚度。

5.3.5 对本条说明如下：

1 为了防止半刚性基层沥青路面的反射裂缝，各地应根据工程实践，提出相应的技术措施。

2 快速路、主干路上采用级配碎石作为过渡层或基层时，应先修筑试验路，注意抓好材料规格、施工工艺管理、工程质量过程控制，总结经验，不宜盲目推广。尤其在交通量大、重车多的道路上应慎重使用。

3 沥青应力吸收层、聚酯土工布粘层等具有防止反射裂缝和加强层间结合的作用。

沥青应力吸收层是采用粘结力大、弹性恢复能力很强的改性沥青做成砂粒式或细粒式沥青混凝土的薄层结构，一般为20mm～25mm。该薄层结构具有空隙率小、不渗水、变形能力大、抗疲劳能力强的特征，具有较好地防止反射裂缝的效果。

聚酯土工布粘层是在洒热沥青或改性沥青、改性乳化沥青后，布设长丝无纺聚酯土工布，经轮胎压路机辗压使沥青向上浸渍而形成具有减裂、防水、加强层间结合的作用的粘结层。沥青的洒布量宜通过试验确定，一般用量为0.8kg/m^2～1.4kg/m^2。

5.3.6 沥青层间结合状态对结构层的受力状态和沥青路面的耐久性均有显著影响，必须重视。

1 各沥青层之间应洒布粘层沥青。一般新建沥青面层之间可洒布乳化沥青，在旧沥青路面或水泥混凝土路面及桥面板上洒布粘层沥青时，宜洒布热沥青或改性沥青，也可洒布改性乳化沥青。

3 下封层设在半刚性基层表面上，为了保护基层不被施工车辆破坏，利于半刚性材料养护，同时也为了防止雨水下渗到基层以下结构层内，以及加强面层与基层之间结合而设置的结构层。

目前工程中经常用到封层结构为洒布改性沥青或橡胶沥青，然后洒布单一粒径的预拌碎石或碎石。碎石洒布量以洒布沥青面积达60%～70%、不满洒、不重叠为宜。这种封层也可用于桥面铺装、沥青表层与中面层之间。

5.4 路面结构设计指标与要求

5.4.1 沥青路面设计方法可分为理论法或经验法。经验法主要是通过试验路或使用性能调查、分析而得，如CBR法、AASHTO法、英国道路29号指示第1版～第3版，以及德国、法国的典型结构方法。理论法实际上是理论与经验相结合的半经验半理论法，多数是以弹性层状体系理论为基础并通过实践验证而提出的，如比利时，壳牌石油公司、英国运输部、澳大利亚、南非、美国沥青协会。也有用理论分析法与经验相结合方法，如法国、日本、美国联邦公路局等。本规范借鉴公路沥青路面设计方法采用理论法。

目前国外及我国公路水泥路面设计都采用了可靠度设计，本规范吸收了交通部"沥青路面结构的可靠性研究"课题的科研成果在沥青路面设计中引入了可靠度设计的理念。沥青路面结构的可靠度设计是以现行的双圆均布荷载作用下的多层弹性层状体系理论的力学计算和各个设计参数的变异性为基础，利用概率统计的有关理论和沥青路面的实际情况建立的一种概率型设计方法。

《工程结构可靠性设计统一标准》GB 50153 对结构可靠度的定义为：在规定的条件和规定的时间内完成预定功能的概率。沥青路面结构可靠度的定义为对于正常设计、正常施工和正常使用的路面结构，在路面达到规定的设计累计标准轴载作用次数的时间内，表面最大弯沉、半刚性基层层底最大拉应力、面层最大剪应力和面层底面最大拉应变分别不超过其容许值的概率。

可靠度系数定义为抗力均值与应力均值的比值，是目标可靠度及设计参数变异水平等级和相应的变异系数的函数。在可靠度设计中，各项参数通常都选用均值作为标准值。考虑到目前路面结构设计参数取值是考虑了一定保证率的数值，已有一定的工程实践基础，在可靠度系数的推演中考虑了这些因素的影响。

5.4.2 在公路沥青路面设计规范中，结构设计指标为路表弯沉值、沥青层、半刚性材料基层的抗弯拉应力，考虑到城镇道路行车条件以及路面受力特征（交叉口、公共汽车停靠站等），本规范增加沥青层最大剪应力和沥青层层底拉应变指标。

在国外设计方法中，大多采用沥青层的弯拉疲劳应变，路基顶面压应变，主要是国外路面以柔性结构为主。对有半刚性基层的国家，稳定类材料结构层多采用拉应力。另外，对柔性路面结构还考虑永久变形指标，以此控制路面车辙。

1 路表弯沉是路面结构层和路基在标准轴载作用下产生的总位移，它代表着路基路面结构的整体刚度，反映了路面和路基的承载能力大小，是车辆荷载作用下弹性层状体系理论计算的一个指标，它与路基顶面压应变有密切关系。路表回弹弯沉是路面各结构层的变形与土基回弹变形之和，且土基回弹变形占路表总回弹变形的比例一般在90%以上，因此路表回弹变形能够反映土基的工作状态，弯沉值的大小表征了路面整体刚度的弱强，即路面结构扩散荷载应力的能力。路表弯沉值可以简单地用贝克曼梁量测，操作简便，真实可靠，廉价，易于推广。而压应变指标测试很困难，且无法用于工程质量检验与旧路面承载力评价，暂不建议采用土基压应变指标。

2 关于弯拉应变和弯拉应力指标

沥青层层底在车辆荷载作用下产生拉应变或拉应力，在轮荷载反复作用下导致路面疲劳开裂。我国现行《公路沥青路面设计规范》JTG D50采用弯拉应力指标来控制沥青层底的疲劳破坏，而在国外的相关技术规范中，多以弯拉应变指标来控制沥青层底的疲劳破坏。目前相关理论分析结果表明，对于半刚性基层或贫混凝土基层沥青路面，基层上的沥青层无论层间连续还是滑动，可能处于压应力和拉应变状态，在重载作用下拉应变会放大，可能会出现沥青层疲劳开裂状况，另外沥青层底拉应变对柔性基层沥青路面起控制作用。因此，以沥青层底的拉应变指标来控制其疲劳破坏更为合理。鉴于此，本规范借鉴了美国沥青协会（AI）的沥青混合料疲劳方程，并根据AASHTO的研究和修正，利用最新的AASHTO沥青路面力学—经验设计方法中提出的沥青面层混合料的疲劳方程来计算沥青面层底部的容许拉应变，以控制沥青层的疲劳开裂。

3 关于剪应力指标

随着社会经济的发展，重车不断增多，超载越来越严重。城市道路在夏季持续高温季节交叉口进口道、公交车停靠站、弯道、匝道等路段上易出现车辙。剪切指标与沥青混合料的热稳定性密切相关，高温时沥青混合料的粘结力和内摩阻力有明显变化。根据我国气候环境考虑最不利温度情况，选择路面60℃的剪应力指标进行路表剪应力计算。

在《城市道路设计规范》CJJ 37－1990中，是采用闭式三轴试验测定c和ϕ值，通过$\tau=c+\sigma_{\alpha}\tan\varphi$求得抗剪强度$\tau$，式中$\sigma_{\alpha}$为破坏面上的法向应力。

$$\sigma_{\alpha}=\sigma_{1}-\tau_{max}(1+\sin\phi) \quad (3)$$

式中：σ_1、τ_{max}——分别为最大主应力和最大剪应力 。

然后与路面可能产生的剪应力$\tau_{\alpha}=\tau_{max}\cos\phi$相平衡。《城市道路设计规范》CJJ 37－1990 设计方法中沥青路面剪应力验算力学概念清晰，但是使用起来太过复杂，不便于普及应用。

国家863科技项目（2006AA11Z107）研究采用贯入试验，通过抗剪强度参数求得 τ_{max}、σ_1 和 σ_3 再辅以单轴试验，从摩尔圆求得 c 和 ϕ 值，以取代三轴试验。研究认为由于过去三轴试验只能求得 c 和 ϕ 值，而不能直接得到抗剪强度 τ_m，只好按以上方法转化。贯入试验可以直接求得抗剪强度 τ_R，那就可以与路面上产生的最大剪应力 τ_m 直接取得平衡，而无需再通过 c 和 ϕ 值转化了。

规范编制组吸取了这些研究成果，进行了本次面层剪应力验算的修订编制工作。

5.4.3 沥青路面表面设计弯沉值是路表弯沉值的设计标准，它是以路面在车辆荷载反复作用下出现纵向裂缝为临界状态，以纵向网裂为破坏状态，它主要反映在车辆荷载作用下路面结构整体，包括结构层部分应力与抗力对比失衡状态时的表观特征。

设计弯沉值与材料、路面结构类型及厚度有直接关系。在控制路基容许压应变相同的条件下，可以选择不同结构组合的路面形式，而在不同结构组合下路表弯沉值有所不同。因此以路表弯沉值为设计指标时，其设计弯沉标准必须考虑不同路面结构的影响，这个影响是通过路面结构类型系数加以考虑的。对于半刚性基层沥青路面结构与柔性基层沥青路面结构，路面结构系数取值参照公路沥青路面的设计方法；对于采用柔性结构层和半刚性基层组合而成混合式基层的路面，是从柔性向半刚性过渡的结构，设计弯沉值应介于二者之间，路面结构系数 A_b 可采用内插的方法处理。即半刚性基层或底基层上柔性结构层总厚度小于180mm时为半刚性基层结构，路面结构系数 A_h 为1.0；柔性结构层大于300mm，路面结构系数 A_h 为1.6；柔性结构层为180mm～300mm之间，路面结构系数 A_b 可线性内插。对于交通量较大的柔性基层沥青路面结构，目前尚处于研究阶段，缺乏工程实践经验，因此采用柔性基层沥青路面结构时，应结合国外经验和国内实际，慎重为之。

5.4.4 疲劳开裂是沥青混凝土路面破坏的主要形式。已有研究认为，重复荷载引起拉应力和剪应力，开裂首先出现在临界拉应变和拉应力发生处。临界拉应变的大小和位置取决于路面的刚度以及荷载的构成。沥青层疲劳破坏通常是以拉应变和混合料刚度（模量）为函数的模型。疲劳模型的常用数学关系为：

$$N_f = Ck_1\left(\frac{1}{\varepsilon_t}\right)^{k_2}\left(\frac{1}{E}\right)^{k_3} \tag{4}$$

式中：N_f——疲劳开裂重复作用次数；

ε_t——临界位置拉应变；

E——材料刚度（动态回弹模量）；

k_1、k_2、k_3——试验回归系数。

AASHTO 2002 采用了美国沥青协会（AI）的疲劳开裂预测模型：

$$N_f = 0.00432 \cdot K_1' \cdot \left(\frac{1}{\varepsilon_t}\right)^{3.291} \cdot 10^M \cdot \left(\frac{1}{E}\right)^{0.854} \tag{5}$$

$$M = 4.84\left(\frac{V_b}{V_b + V_a} - 0.69\right) \tag{6}$$

式中：K_1'——沥青层厚度的函数；

M——沥青混合料空隙率与有效沥青含量的函数；

E——20℃沥青混合料的回弹模量（psi）；

V_b——有效沥青含量（%）；

V_a——空隙率（%）。

对于从下向上的开裂：

$$K_1' = \frac{1}{0.000398 + 0.003602\left[1 + e^{(11.02 - 1.374h)}\right]^{-1}} \tag{7}$$

式中：h——沥青层总厚度（cm）。当 $h \geqslant 15$cm 时，$K_1' = 0.004$。

为保证柔性基层沥青路面在设计基准期内不发生沥青层疲劳开裂，以沥青层层底拉应变为设计指标，规范组借鉴了美国 AASHTO2002 沥青路面设计方法和 AI 沥青协会的疲劳开裂预测模型（5），建立了沥青层容许拉应变与设计基准期内累计当量轴次的关系，并根据国内外的研究成果，对公式中各回归系数进行了分析修正，得到沥青层容许拉应变预估公式。

其中，美国规范中沥青混合料动态回弹模量的试验温度为华氏 70 ℉，换算摄氏度为 21.1℃，本规范采用了试验温度 20℃。对于加载频率，考虑到 10Hz 的加载频率相当于路面车辆行驶速度为 60km/h～65km/h，与我国现行城市道路的设计行车速度一般为 40km/h～100km/h 相当，故一般采用 10Hz 加载速率。沥青混合料动态回弹模量测定方法详见附录 E。

5.4.6 单轴贯入抗剪强度试验方法的理论基础是基于单圆均布荷载作用下弹性半无限体的最大剪应力。通过力学分析得到了本试验方法的剪应力参数，并用大量的室内试验证明了本试验得到的剪切强度与三轴试验的数值和规律是一致的。

此外，国内一些研究机构采用同轴剪切进行了沥青混合料的剪切强度测定，理论分析表明中空圆柱体沥青混合料试件的内侧面受力模式与沥青路面表面层在垂直荷载和水平荷载综合作用下的受力模式比较相近。其试验结果也与单轴贯入剪切试验和三轴剪切试验的数值和规律一致。基于试验误差的考虑，本规范以单轴贯入抗剪强度为基准，有条件的单位也可以进行同轴剪切试验，建立与单轴贯入试验的关联。

同轴剪切试验方法如下：

1 用旋转压实或静压法成型混合料试件，试件尺寸应符合直径150mm±2mm的要求，并在报告中注明试件成型方法，试件的密度应符合马歇尔标准密度的100%±1%。

2 采用钻芯机对ϕ150mm×100mm的圆柱体试件钻芯取样，最后可得内径ϕ55mm外径ϕ150mm，高100mm的中空圆柱体试件。

3 采用切割机对中空式圆柱体的两端进行切割，去掉多余部分，可得内径55mm±2mm，外径150mm±2mm，高50mm±2mm的中空圆柱体试件。用于同轴剪切抗剪强度试验的试件不少于3个。

图1 试验用中空圆柱体试件

4 按相关试验方法测定试件的密度、空隙率等各项相关物理指标。

5 制备同轴剪切试验试件采用环氧树脂把中空圆柱体试件粘贴在内径ϕ160mm，高80mm，壁厚5mm的钢筒内；然后把ϕ50mm×80mm的钢柱体用环氧树脂固定在中空圆柱体试件的腔体内。为了把试件粘牢，钢筒内壁是螺纹且钢柱体的外壁也是螺纹。在用环氧树脂固定时，必须确保在同一界面上试件的圆心、钢柱体的圆心和钢筒的圆心重合在一点上。

图2 同轴剪切试验试件

6 将试件在60℃的烘箱中保温6h。

7 使试验机环境保温箱温度达到要的试验温度。

8 将试件从烘箱中取出，立即置于压力机试验台座上，以1mm/min

的加载速率均匀加载直至破坏，读取荷载峰值，准确值 100N。

9 同轴剪切得到的沥青混合料抗剪强度见式（8）。

$$\tau_s = 0.121 \times F \tag{8}$$

式中：F——试件破坏时的最大荷载（N）。

路面的剪切破坏往往是在多次承受车辆启动、制动的状况下产生的，所以要计入轴载重复作用的影响。K_r 即为考虑轴载重复作用影响的抗剪强度结构系数，它与行车荷载状况有关。经调查整理，在停车站、交叉口车辆都是有准备的缓慢制动停车，K_r 与该处停车站或交叉口在设计基准期内停车的当量轴载累计数及道路等级有关；而对于一般路段的偶然紧急制动时，虽然水平系数较大，但却不会出现在同一个点，故 K_r 计算时不考虑累计轴载的作用。

停车站在设计基准期内的累计当量轴次 N_P 可按该公交站点经过的公交车班次，每班公交车每天的发车次数、该站点每年增加的班次来综合考虑。一般情况下，同一停车站处每年不会增加太多班次，可按该公交站点最多可容纳的班车次来考虑即可。统计分析设计站点所经过的公交车班次 i 以及每班车的每日发车班次 n_i，按照公式（3.2.3-1）换算为当量轴次 N_a，则设计基准期内该停车站累计当量轴次 $N_P = N_a \times 365 \times$ 设计基准期（次）。

交叉口范围内在设计基准期内的累计当量轴次 N_P，可根据交叉口的红绿灯间隔时间，以停车次数最多车道的日平均当量轴次来考虑。如某城市道路交叉口信号周期时长为 t_s（s），某一行车道在交叉口同一位置处平均每分钟停车一次，每天按 18h（6：00～24：00）考虑，统计分析不同车型日均作用次数，并根据公式（3.2.3-1）计算得到同一位置停车的单日平均当量轴次 N_{PD}。则设计基准期内的累计当量轴次为：

$$N_P = N_{PD} \cdot T \cdot 365 \tag{9}$$

式中：N_P——交叉口设计基准期内同一位置停车的累计当量轴次（次）；

T——设计基准期（年）；

N_{PD}——交叉口同一位置停车的单日平均当量轴次（次/d）。

该预估公式是对交叉口设计基准期内同一位置停车处的累计当量轴次的统计和预估，推荐使用实际调查数据，则更为准确、可靠。

5.4.7 路面质量验收时，需要在路表面检测路表弯沉值。因半刚性基层的强度、刚度与龄期有关，设计厚度时采用了标准龄期的材料模量值。若在施工工程中，检测各结构层的弯沉值时，应根据检测时半刚性基层、底基层的实际龄期对应的材料模量值、施工厚度来计算各结构层的表面弯沉，以此作为计算各结构层的标准弯沉值。

当没有 BZZ-100 标准车测定时，可采用其他轴载的车辆测定。若用其他非标准轴载（轴载 80kN～130kN）的车辆测定时，应按照公式（10）将非标准轴载测得到弯沉值换算为标准轴载下的弯沉值。

$$\frac{l_{100}}{l_i}=\left(\frac{P_{100}}{P_i}\right)^{0.87} \tag{10}$$

式中：P_{100}、l_{100}——100kN 标准轴载及与其相对应的弯沉值；

P_i、l_i——非标准轴载及与其相对应的弯沉值。

当弯沉在非不利季节测定时，应根据当地经验考虑季节影响系数 K_1。

对于季节影响系数和湿度系数，近年来未统一进行新的调研工作，各地区可根据本地区调查成果积累数据。

路表弯沉值以 20℃ 为测定的标准状态，当沥青面层厚度小于或等于 50mm 时，不需要进行温度修正；当路面温度在 20℃±2℃ 范围内时，也不进行温度修正；其他情况下测定弯沉值均应进行温度修正。温度修正可参考以下方法进行：

1 测定时沥青路面的平均温度按照公式（11）计算：

$$T=a+bT_0 \tag{11}$$

式中：T——测定时沥青面层的平均温度（℃）；

a——系数，$a=-2.65+0.52h$；

b——系数，$b=0.62-0.008h$；

T_0——测定时路表温度与前 5d 日平均温度的平均值之和（℃）；

h——沥青面层厚度（cm）。

2 沥青路面弯沉的温度修正系数 K_3 按照公式（12）计算：

$$K_3=\frac{l_{20}}{l_{\mathrm{T}}} \tag{12}$$

式中：l_{20}——换算为 20℃时沥青路面的弯沉值（0.01mm）；

l_{T}——测定沥青面层内平均温度为 T 时的弯沉值（0.01mm）。

当 $T\geqslant 20$℃时，$K_3=e^{\left(\frac{1}{T}-\frac{1}{20}\right)h}$；

当 $T\leqslant 20$℃时，$K_3=e^{0.002(20-\mathrm{T})\mathrm{h}}$。

温度修正系数也可以采用《公路路基路面现场测试规程》JTG E60 相应的温度修正系数方法进行确定。

5.5 路面结构层的计算

5.5.2 弹性层状理论是在一定假设条件下（半无限空间体、材料各向同性、均质体且不计自重）经过复杂的力学、数学推演的理论体系，假设条件与路面实际条件不完全相符，这是导致理论与实际不一致的原因之一。

规范中通过试验路的铺筑测试，资料分析仍然引入公路沥青路面规范中给出的弯沉综合修正系数 F，将理论弯沉值进行修正，使计算弯沉值与实测弯沉值趋于接近实际。

1997 年公路规范修订时，又扩大了试验，通过七条试验路铺筑的 49 种结构，路面总厚度在 490mm～930mm。在实测表面弯沉值为 3～88（0.01mm）、多数弯沉值为 10～50（0.01mm）、土基模量大多为 30MPa 的条件下，对测试资料进行分析，提出弯沉综合修正系数 F，使计算弯沉值与实测弯沉值趋于接近实际。

5.5.5 为防止路面面层出现车辙、波浪、推移和自上而下开裂等破坏，应控制沥青层的最大剪应力小于面层材料的容许剪应力。

温度是影响沥青混合料抗剪性能的重要因素，考虑我国的气候条件，抗剪性能适合研究的区间是 30℃～60℃。考虑最不利环境温度，选取 60℃作为沥青表面层混合料抗剪试验温度和力学分析时的模量取值温度。在第三届沥青路面结构设计国际会议“The modulus of asphalt layers at high temperature：comparison of laboratory measurements under simulated traffic conditions with theory”一文中采用室内环道试验，实测了路面结构在表面层加热到 60℃温度下轮载作用的变形及力学响应，并以黏弹性层状体系理论和弹性层状体系理论分别进行计算，结果表明在 60℃高温情况下沥青层采用相应温度的抗压回弹模量，则弹性层状体系理论计算仍然是适用的。

对于最不利条件下的剪应力计算时模量取值，表面层温度为 60℃，应选择 60℃抗压回弹模量，而中下面面层温度在 40℃～50℃之间，因此计算时中下面层模量应采用 40℃～50℃时的模量，但是不同温度下的模量应用给设计带来了很大麻烦，因此编制组对比了中下面层取不同温度、模量下的剪应力计算结果，结果表明，中下面层模量变化对剪应力结果影响很小，采用 20℃与 50℃模量计算剪应力结果相差在 5%以内，因此为了方便设计应用，中下面层采用 20℃时的抗压回弹模量。

秉承《城市道路设计规范》CJJ 37－1990，规范编制组采用双圆均布荷载，针对不同路面结构形式、不同厚度、不同水平力系数等对沥青层最大剪应力及其位置进行计算分析。结果表明，路面结构形式、厚度对沥青层最大剪应力的数值影响相对较小，水平力系数 f_h 对最大剪应力的影响最大；当有水平力存在时，其最大剪应力基本位于路表轮迹外边缘处。结合《城市道路设计规范》CJJ 37－1990 和规范编制组在对不同路面结构、不同厚度以及不同水平力系数的情况下路面结构内最大剪应力计算的基础上，提出计算点水平位置选取了路表距单圆荷载中心 0.9δ 靠近荷载外边缘处与距路表 0.1h_1（h_1 为表面层厚度）荷载外侧边缘处两点。通过计算并选取两个点处的较大剪应力值，得到沥青层的理论计算最大剪应力。

关于水平力的大小，在正常行驶和思想有准备的制动、启动时，水平力系数一般小于 0.17，故设计公交车停车站、交叉口等路段时 f_h 以 0.2 计算。但在紧急制动时水平力系数可高达 0.5 左右，最大值接近于路面的摩擦系数，鉴于高温时路面摩擦系数较标准状态略低，故设计时 f_h 以 0.5 计算。而紧急制动有可能发生在车行道的任何一个部位，所以一般路段按水平力系数为 0.5 取值。

5.5.6 材料设计参数是进行混合料设计、路面结构设计中的重要内容。长期以来，沥青路面设计人员忽视材料设计参数测定，造成路面设计仅仅是抄录规范参数进行厚度计算的局面，因此，我国路面设计参数的资料积累非常少。为了加强这一工作，根据不同的道路等级、设计阶段提出了路面设计参数测试与取值要求。

5.5.7 材料设计参数的测定方法对试验结果有较大影响，如成型方法、仪具、温度控制、加载方式等。设计参数应根据路面的损坏类型、受力模式采用不同方法测定相应的参数。对于弯拉应力计算，考虑到弯拉模量测试试验繁琐、数据离散性大的问题，曾在《公路沥青路面设计规范》JTJ 014－1997 修订时简化了材料参数的试验方法，提出了用抗压模量代替弯拉模量、劈裂强度代替弯拉强度的方法，并专题研究了以抗压模量代替弯拉模量、劈裂强度代替弯拉强度的可行性，同时对弯拉疲劳与劈裂疲劳结果进行了对比分析。从对比分析结果来看，采用抗压模量代替弯拉模量、劈裂强度代替弯拉强度在取值上是偏于保守的，对于半刚性基层，弯拉模量与抗压模量比值一般在 2～3 左右，弯拉强度与劈裂强度的比值一般在 1.1～1.7 左右。这个结果表明，所推荐的抗压模量远远低于弯拉模量，劈裂强度小于弯拉强度，且两者显然不是同比例变化的。因此，从统一设计指标与计算参数的角度出发，采用弯拉模量与弯拉强度更合理。然而，目前实测弯拉模量与弯拉强度数据较少，希望各省份根据当地材料制件测试计算参数。在没有充足的试验资料前，仍采用抗压回弹模量与劈裂强度作为弯拉应力计算的参数。

计算沥青层层底拉应变时，需采用各层材料的动态回弹模量值，目前我国测定动态回弹模量的单位较少，实测材料动态回弹模量将较为繁琐，半刚性基层的模量设计值，按照附录 C.3 中材料参数取值，粒料与土基模量可采用公式 5.5.7-2 计算确定。对于沥青层模量，沥青混凝土动态回弹模量可按 3 个水平确定。

第 1 水平：按照标准的试验方法，在一定荷载频率和温度下，实际测定沥青混合料的动态回弹模量。

沥青混合料抗压动态回弹模量的标准试验方法主要有以下几个：美国材料与试验协会（ASTM）的沥青混合料动态回弹模量标准试验方法（ASTM D3497-79）、美国各州公路和运输官员协会（AASHTO）的热拌沥青混合料动态回弹模量标准试验方法（AASHTO TP62-03）以及美国国家公路合作研究项目（NCHRP）的两个研究项目（NCHRP 9-19/9-29）。这几个标准试验方法的试验原理基本一致，但在试件制备、试验温度和频率、位移传感器的安置、加载时间、试件破坏判定以及模量计算等方面存在差异。ASTM D3497-79 中规定试验试件的高径比为 2∶1，且试件的最小直径为 4in.（101.6mm），试验温度为 5℃、25℃、40℃，试验频率为 1Hz、4Hz、16Hz，试验过程中沿试件圆周等间距安放 2 个位移传感器，试验加载时间为 30s～45s，混合料的模量计算是采用最后 3 个加载循环的应力幅值和应变幅值，并且该标准没有给出试件破坏的判定标准；AASHTO TP62-03 中规定试件的尺寸是直径为 100mm，高度为 150mm，试验温度为－10℃、4.4℃、21.1℃、37.8℃、54.4℃，测试频率为 0.1Hz、0.5Hz、1Hz、5Hz、10Hz、25Hz，沿试件圆周等间距安放 3 个位移传感器，加载时间的规定是根据试验频率的不同给出相应的加载循环次数，混合料的模量计算是采用最后 5 个加载循环的应力幅值和应变幅值，试件破坏的判定是以累计塑性变形是否超过 1500 微应变为标准；NCHRP 9-19/9-29 除了要求的试验温度和模量的计算方法（采用最后 10 个加载循环来计算）与 AASHTO TP62-03 有所不同外，其余的规定基本一致。

在考虑国外各种沥青混合料抗压动态回弹模量标准试验方法的差异性和优缺点的基础上，结合我国室内沥青混合料试验的现状，给出了沥青混合料单轴压缩动态回弹模量测试方法，详见附录 E——沥青混合料单轴压缩动态回弹模量试验方法。

第 2 水平：无需进行动态回弹模量室内试验，而是使用动态回弹模量预估方程获得。目前由于预估方程种类较多，样本数据存在差异性和局限性，因此暂时没有推荐使用。

第 3 水平：不需要试验和预估方程确定沥青混合料的动态回弹模量，而是采用推荐的材料参数值，见附录 C。

建议和提倡在路面设计过程中，采用标准试验方法实测沥青混合料的动态回弹模量。

5.5.8 沥青路面厚度可以采用基于多层弹性体系理论的设计程序计算，

如 PDS-CJJ 169 等设计程序。沥青路面结构设计流程见图 3。

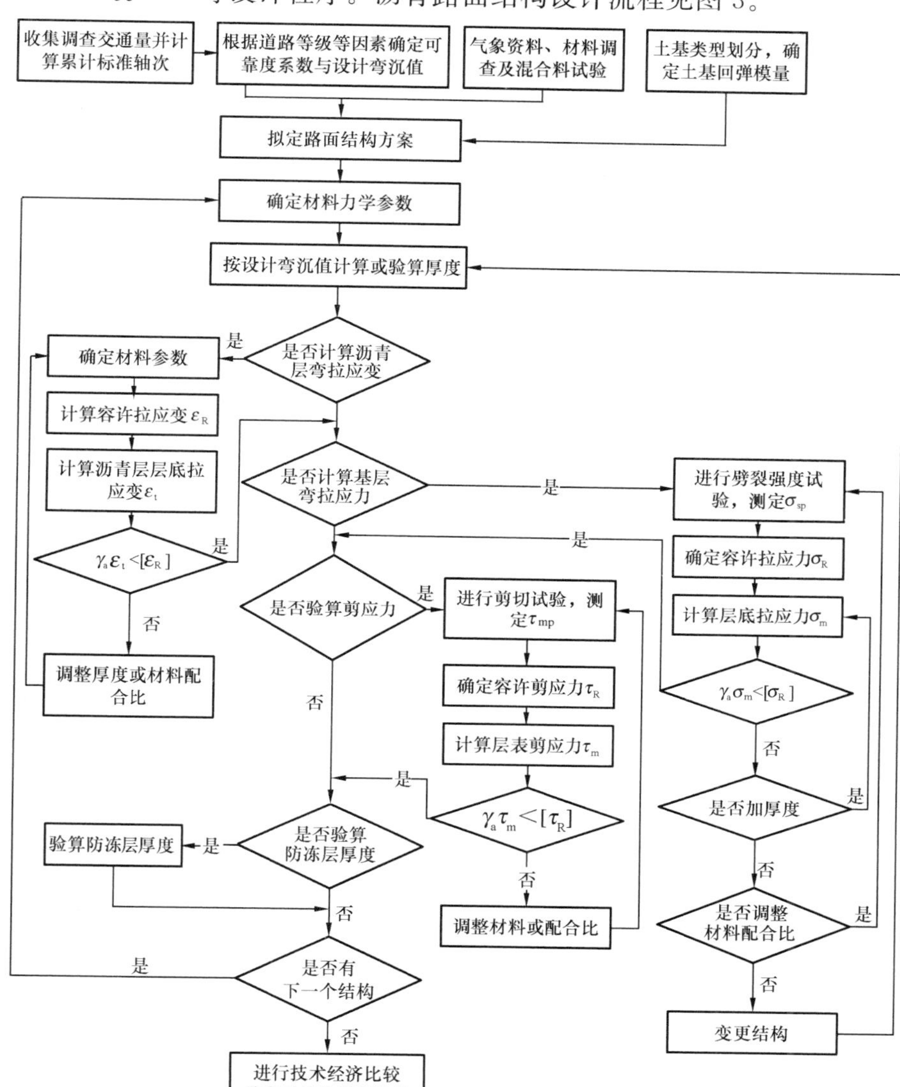

图 3 沥青路面结构设计流程图

新建沥青路面结构层厚度计算示例：

1 基本资料

1） 自然地理条件

新建快速路和支路所在城市地处 1-4-1 区，属于夏炎热冬温湿润地区，道路所处沿线地质为中液限黏性土，填方路基，属于中湿状态；年降雨量在 1100mm 左右，年平均气温在 20℃左右。主干路为双向六车道，拟采用沥青路面结构；支路为双向两车道，拟采用沥青路面结构。

2） 土基回弹模量的确定

设计路段路基处于中湿状态，主干路路基土回弹模量设计值为40MPa，支路路基土回弹模量设计值为25MPa。

3）设计轴载

主干路沥青路面设计基准期15年，以设计弯沉值为设计指标时等效换算的累计当量轴次为1800万次，半刚性基层层底拉应力为设计指标时等效换算的累计当量轴次为2200万次。根据工程可行性研究报告，预测该主干路交通量年增长率为5%。

支路沥青路面设计基准期10年，以设计弯沉值为设计指标时等效换算的累计当量轴次为250万次，半刚性基层层底拉应力为设计指标时等效换算的累计当量轴次为300万次。根据工程可行性研究报告，预测该支路年交通量年增长率为3%。

2 初拟路面结构

根据本地区的路用材料，结合已有的工程经验与典型结构，初拟路面结构组合方案。根据结构层的最小施工厚度、材料、水文、交通量等因素，初拟路面结构组合和各层厚度如表4所示。

表4 主干路和支路结构方案

主干路路面结构	支路路面结构
4cm SMA-13（SBS改性沥青）	4cm细粒式沥青混凝土（AC-13）
5cm中粒式沥青混凝土（AC-20）	5cm中粒式沥青混凝土（AC-20）
7cm粗粒式沥青混凝土（AC-25）	16cm水泥稳定碎石
18cm水泥稳定碎石	水泥稳定碎石（计算层）
水泥稳定碎石（计算层）	15cm砾石砂
15cm砾石砂	土基
土基	

3 材料参数确定

各种材料的设计参数见表5～表8。

表5 主干路沥青层材料设计参数

材料名称	20℃抗压模量（MPa）		15℃抗压模量（MPa）		15℃劈裂强度（MPa）	60℃抗压模量（MPa）	
	均值 E_p	标准差 σ	均值 E_p	标准差 σ		均值 E_p	标准差 σ
SMA-13	1600	100	1800	100	1.7	320	20
AC-20	1400	100	1600	100	1.0	—	—
AC-25	1100	50	1200	50	0.8	—	—

表 6 主干路半刚性材料及其他材料设计参数

材料名称	抗压回弹模量(MPa)				劈裂强度(MPa)
	均值 E_p	标准差 σ	$E_p-2\sigma$	$E_p+2\sigma$	
水泥稳定碎石	2850	675	1500	4200	0.5
水泥稳定碎石	2450	575	1300	3600	0.4
砾石砂	200	0	200	200	—
土基	40	0	40	40	—

表 7 支路沥青层材料设计参数

材料名称	20℃抗压模量（MPa）		15℃抗压模量（MPa）		60℃抗压模量（MPa）	
	均值 E_p	标准差 σ	均值 E_p	标准差 σ	均值 E_p	标准差 σ
AC-13	1600	100	1800	100	320	20
AC-20	1400	100	1600	100	—	—

表 8 支路半刚性材料及其他材料设计参数

材料名称	抗压回弹模量(MPa)			
	均值 E_p	标准差 σ	$E_p-2\sigma$	$E_p+2\sigma$
水泥稳定碎石	2550	525	1500	3600
水泥稳定碎石	1900	300	1300	2500
砾石砂	200	0	200	200
土基	25	0	25	25

4 路面结构层厚度计算

1） 主干路结构层厚度计算

根据表 3.2.7 和表 5.4.1，确定该主干路路面结构设计满足目标可靠度 90%的可靠度系数 γ_α 按 1.10 考虑。

①以弯沉为设计指标

该主干路结构为半刚性基层，采用公式（5.4.3）计算设计弯沉，主干路 A_c 取 1.0，沥青混凝土面层 A_s 取 1.0，半刚性基层沥青路面 A_b 取 1.0，因此，

$$\begin{aligned} l_d &= 600N_e^{-0.2}A_cA_sA_b \\ &= 600\times(1.8\times10^7)^{-0.2}\times1.0\times1.0\times1.0 \\ &= 21.24(0.01\text{mm}) \end{aligned}$$

$$F = 1.63\left(\frac{l_s}{2000\delta}\right)^{0.38}\left(\frac{E_0}{0.7}\right)^{0.36} = 0.506$$

利用 PDS-CJJ169 设计程序计算出满足设计弯沉指标要求的水泥稳定碎石下基层厚度为 29.0cm，路表计算弯沉为 37.91（0.01mm），$1.10l_s = 1.10\times37.91\times0.506=21.10$（0.01mm）。

$1.10l_s<l_d$，满足设计要求。

②以半刚性基层层底拉应力为设计指标

半刚性材料容许拉应力采用公式（5.4.5-1）计算，满足容许拉应力的水泥稳定碎石下基层厚度计算结果见表 9。

水稳碎石上基层层底容许拉应力：$\sigma_R=\sigma_s/K_{sr}=0.5/(0.35N_e^{0.11}/A_c)=0.222(MPa)$

水稳碎石下基层层底容许拉应力：$\sigma_R=\sigma_s/K_{sr}=0.4/(0.35N_e^{0.11}/A_c)=0.178(MPa)$

表 9　计　算　结　果

材　料	劈裂强度（MPa）	容许拉应力 σ_R（MPa）	层底最大拉应力 σ_m（MPa）	$\gamma_a\sigma_m$（MPa）	水稳碎石下基层厚度（cm）
水稳碎石上基层	0.5	0.222	0.200	0.220	19.0
水稳碎石下基层	0.4	0.178	0.159	0.175	29.0

利用 PDS-CJJ 169 设计程序计算出满足半刚性基层层底拉应力要求的水泥稳定碎石下基层厚度为 29.0cm。满足设计弯沉指标的水稳碎石下基层厚度为 29.0cm。考虑施工要求，设计厚度取水稳碎石下基层 30.0cm。路表计算弯沉为 37.48（0.01mm）；水稳碎石上基层层底最大拉应力为 0.021MPa，水稳碎石下基层层底最大拉应力为 0.154MPa，此时 $1.10\sigma_m<\sigma_R$，满足设计要求。

③以沥青层剪应力为设计指标

采用公式（5.4.6）计算沥青混合料结构层容许抗剪强度。K_r为抗剪强度结构系数。

根据现场统计分析，设计基准期内该路某大型交叉口同一位置停车的累计当量轴次为 3.78×10^6，某大型公交停靠站累计当量轴次为 1.92×10^6。则：

交叉口：$K_r=0.39N_p^{0.15}/A_c=0.39\times(3.78\times10^6)^{0.15}/1.0=3.78$

停靠站：$K_r=0.39N_p^{0.15}/A_c=0.39\times(1.92\times10^6)^{0.15}/1.0=3.42$

对于突然紧急制动点，$K_r=1.2/1.0=1.2$。

设计水泥稳定碎石下基层厚度确定为 30.0cm 时，利用 PDS-CJJ 169 设计程序计算出不同水平力系数下沥青层最大剪应力计算结果（表 10）。

表 10　不同水平力系数时沥青层最大剪应力（一）

路　　段	缓慢制动		一般行驶
	交叉口	停靠站	
沥青层最大剪应力 τ_m(MPa)	0.2492	0.2492	0.4181
$\tau_m \cdot K_r$	0.94	0.85	0.50
$\gamma_a \cdot (\tau_m \cdot K_r)$	1.034	0.935	0.55

考虑最不利情况，交叉口、停靠站容易发生剪切疲劳破坏，因此沥青混合料抗剪强度在 1.04MPa 以上才能满足抗剪强度要求；对于一般行驶路段，沥青表面层混合料的抗剪强度也应在 0.55MPa 以上才能满足设计要求。本主干路采用的改性沥青 SMA-13 抗剪强度在 0.8MPa 以上，可满足一般路段的抗剪性能要求。

根据计算结果，并考虑施工要求，设计厚度取水稳碎石下基层 30.0cm。一般路段沥青上面层采用 SMA-13（SBS 改性沥青）可行。建议大型交叉口、公交停靠站作为特殊路段进行特殊设计，确保沥青路面满足抗剪性能要求。

2）支路结构层厚度计算

根据表 3.2.7 和表 5.4.1，确定该支路路面结构设计满足目标可靠度 85%的可靠度系数按 1.06 考虑。

①以弯沉为设计指标

该支路结构为半刚性基层，采用公式（5.4.3）计算设计弯沉，支路 A_c 取 1.2，沥青混凝土面层 A_s 取 1.0，半刚性基层沥青路面 A_b 取 1.0，因此，

$$
\begin{aligned}
l_d &= 600N_e^{-0.2}A_cA_sA_b \\
&= 600 \times (2.5 \times 10^6)^{-0.2} \times 1.2 \times 1.0 \times 1.0 \\
&= 37.82(0.01\text{mm})
\end{aligned}
$$

$$
F = 1.63\left(\frac{l_s}{2000\delta}\right)^{0.38}\left(\frac{E_0}{0.7}\right)^{0.36} = 0.532
$$

利用 PDS-CJJ 169 设计程序计算出满足设计弯沉指标要求的水泥粉煤灰碎石下基层厚度为 19.0cm，路表计算弯沉为 66.11（0.01mm），$1.06l_s = 1.06 \times 66.11 \times 0.532 = 37.28$（0.01mm）。

$1.06\,l_s < l_d$，满足设计要求。

设计厚度取水泥粉煤灰碎石层为 19.0cm。

②以沥青层剪应力为设计指标

采用公式（5.4.6）计算沥青混合料容许抗剪强度。K_r 为抗剪强度结

构系数。

根据现场调查统计，设计基准期内该路某交叉口同一位置停车的累计当量轴次为 1.34×10^6，某公交停靠站累计当量轴次为 5.11×10^5。则：

对于交叉口，$K_r=0.39N_a^{0.15}/A_c=0.39\times(1.34\times10^6)^{0.15}/1.2=2.69$

停靠站，$K_r=0.39N_a^{0.15}/A_c=0.39\times(5.11\times10^5)^{0.15}/1.2=2.33$

对于突然紧急制动点，$K_r=1.2/1.2=1.0$。

设计水泥粉煤灰碎石下基层厚度确定为 19.0cm 时，利用 PDS-CJJ 169 设计程序计算出不同水平力系数下沥青层最大剪应力计算结果（表 11）。

表 11　不同水平力系数时沥青层最大剪应力（二）

路　段	缓慢制动		一般行驶
	交叉口	停靠站	
沥青层最大剪应力 τ_m（MPa）	0.245	0.245	0.415
$\tau_m\cdot K_r$	0.66	0.57	0.415
$\gamma_\alpha\cdot(\tau_m\cdot K_r)$	0.70	0.60	0.44

根据分析，交叉口、停靠站容易发生剪切疲劳破坏，因此沥青混合料抗剪强度在 0.7MPa 以上才能满足抗剪强度要求，建议交叉口、停靠站路段可采用 SBS 改性沥青混合料；一般行驶路段，沥青表面层混合料的抗剪强度应要求达到 0.44MPa，本支路采用的 AC-13 混合料采用普通沥青时抗剪强度最高可达 0.6MPa，可满足一般路段设计要求。

综合分析，设计厚度取水泥粉煤灰碎石下基层 19.0cm。一般路段沥青上面层采用普通沥青 AC-13 混合料可行；建议交叉口、停靠站路段上面层采用改性沥青 AC-13 混合料，并确保满足沥青路面抗剪性能要求。

5.6　加铺层结构设计

5.6.1　根据原路面检测资料，按《城市道路养护技术规范》CJJ 36 的规定，对路面破损状况、行驶质量、强度及抗滑性能进行质量评价，并根据使用要求参考养护对策进行罩面或加铺层设计。

薄层罩面是提高旧沥青面层服务功能的措施。用于旧沥青路面时，旧路面应较平整、车辙深度小于 10mm，且路面无结构性破坏（如纵、横向裂缝、网裂）时才宜使用。对于快速路、主干道，路面抗滑标准在良以下（不包括良）；次干路及次干路以下道路，路面抗滑标准在中以下（不包括中）时，应采取加铺罩面层等措施来提高路表面的抗滑能力。选用薄层罩面时，应保证其厚度不得小于最小施工层厚度。施工时应严格控制摊铺碾压温度，保证罩面层压实度及与下层的层间结合。磨耗层是一种构造深度较大、抗滑性能较好的薄层结构，超薄磨耗层一般厚度为20mm～25mm。

旧路补强设计不同于新建路面设计，其设计目的是为满足一定时间内的交通需要，因此旧路补强设计应根据道路等级、交通量、改扩建规划和已有经验确定适当的设计基准期。

当旧路面有较多裂缝时，为减缓反射裂缝，可以在调平层上或补强层之间铺设土工合成材料，起到加筋、减裂、隔离软弱夹层等作用。土工合成材料之上，应有等于或大于70mm的沥青层，常用土工合成材料有玻璃纤维格栅、耐高温的聚酯土工织物。玻璃纤维格栅网孔尺寸宜为其上铺筑的沥青层材料最大粒径的0.5倍～1.0倍。玻璃纤维格栅有自粘式和定钉式，聚酯无纺土工织物有针刺、烧毛土工布和普通土工布。设计人员应考虑使用施工质量可靠、施工工艺简便、有较好实绩的产品，以保证工程质量。

5.6.2 旧水泥混凝土路面加铺沥青层厚度设计，应考虑沥青加铺层破坏，包括加铺层反射裂缝、层间剪切破坏。

加铺层反射裂缝主要由交通荷载和温度荷载引起。为防止温度荷载引起沥青加铺层反射裂缝，目前主要限制接（裂）缝处板边位移。鉴于对沥青混合料温度疲劳开裂的研究尚不成熟，并且在工程实践中不易检测板边水平位移，因此暂不考虑温度荷载对加铺层反射裂缝的影响。实际上，在对旧板进行破碎情形下，较小尺寸的板所产生的水平位移一般不足以引起沥青加铺层开裂。

根据交通荷载下旧水泥混凝土板上沥青加铺层的疲劳损伤断裂力学分析，在旧水泥混凝土板接（裂）缝处平均弯沉、弯沉差满足相关规定条件下，预测沥青加铺层疲劳开裂寿命。通过大量计算，获得了不同基础支承条件、接（裂）缝传荷能力、不同沥青加铺层厚度等条件下引起沥青加铺层疲劳损伤断裂的标准轴载累计当量次数。由于理论分析方法以及相关结果还有待实践进一步验证，因此对理论分析结果考虑足够的安全系数，结合工程实际，特别是旧水泥混凝土路面板上沥青加铺层厚度的变异性，本规范中只提出的沥青加铺层厚度仅是最低要求。沥青加铺层间剪切破坏的验算，由于缺乏足够的层间剪切疲劳实验数据，目前主要从材料设计角度提高沥青混合料抗剪强度和高温稳定性。

五、城市道路路基设计规范

CJJ 194－2013

3 基本规定

3.0.1 路基设计应与城市规划和沿线自然景观相协调，有效利用原有地形，避免高填深挖，防止诱发地质灾害，并应充分评估对沿线重要建筑、市政设施和历史古迹的影响。

3.0.2 路基设计应保证路基足够的强度、整体稳定性、抗变形能力和耐久性。

3.0.3 路基设计前应进行调查和勘察，获取路基设计所需的各项水文、地质、气象资料和岩土物理力学参数。

3.0.4 路基土的分类应采用统一分类法，并应符合现行行业标准《公路土工试验规程》JTG E40 的规定。

3.0.5 岩质边坡的岩体分类应符合现行国家标准《建筑边坡工程技术规范》GB 50330 的规定。

3.0.6 路基排水设计应按所在排水系统的规划要求，并应符合现行国家标准《室外排水设计规范》GB 50014 的规定。

3.0.7 快速路的机动车道内严禁设置管道检查井。

3.0.8 路基防护应根据当地水文、气象、地形、地质条件及筑路材料分布情况，合理采取植物防护或（和）工程防护措施，防治路基病害。条件许可时，宜优先采用有利于生态环境保护的防护措施。

4 一般路基

4.1 一般规定

4.1.1 路基土石方的取、弃应结合当地城市规划，兼顾土石方用量、土石质类型、用地情况及运输条件等因素，合理选择取、弃地点。

4.1.2 路基设计应因地制宜，合理利用当地材料、工业废渣与建筑渣土。生活垃圾不得用于路基填筑。

4.2 路基干湿类型

4.2.1 路基干湿类型可采用分界稠度划分，并应符合表 4.2.1-1 的规定；当缺少资料时，也可根据路基相对高度，按表 4.2.1-2 确定。路基临界高度可按本规范附录 A 进行划分。

表 4.2.1-1 路基干湿状态的分界稠度值

土质类别	干湿状态			
	干燥	中湿	潮湿	过湿
	$w_c \geqslant w_{c1}$	$w_{c1} > w_c \geqslant w_{c2}$	$w_{c2} > w_c \geqslant w_{c3}$	$w_c < w_{c3}$
土质砂	$w_c \geqslant 1.20$	$1.20 > w_c \geqslant 1.00$	$1.00 > w_c \geqslant 0.85$	$w_c < 0.85$
黏质土	$w_c \geqslant 1.10$	$1.10 > w_c \geqslant 0.95$	$0.95 > w_c \geqslant 0.80$	$w_c < 0.80$
粉质土	$w_c \geqslant 1.05$	$1.05 > w_c \geqslant 0.90$	$0.90 > w_c \geqslant 0.75$	$w_c < 0.75$

注：w_{c1}、w_{c2}、w_{c3}分别为干燥和中湿、中湿和潮湿、潮湿和过湿状态路基的分界稠度，w_c为路床顶面以下 80cm 深度内的平均稠度。

表 4.2.1-2 路基干湿状态的路基相对高度判定标准

路基干湿类型	路基相对高度 H	一般特征
干燥	$H \geqslant H_1$	路基干燥、稳定，路面强度和稳定性不受地下水和地表积水的影响
中湿	$H_2 \leqslant H < H_1$	路基上部土层处于地下水或地表积水影响的过渡带区内
潮湿	$H_3 \leqslant H < H_2$	路基上部土层处于地下水或地表积水毛细影响区内
过湿	$H < H_3$	路基上部土层处于地下水或地表积水毛细影响区内

注：H_1、H_2、H_3为路基干燥与中湿、中湿与潮湿、潮湿与过湿分界状态对应的临界高度。

4.2.2 对快速路和主干路，路基应处于干燥或中湿状态；对次干路和支路，路基宜处于干燥或中湿状态。否则，应采取翻晒、换填、改良或设置隔水层、降低地下水位等措施。

4.3 填方路基

4.3.1 填方路基应优先选用级配较好的砾类土、砂类土等粗粒土作为填料，填料最大粒径应小于 150mm。

4.3.2 强膨胀土、泥炭、淤泥、有机质土、冻土（及含冰的土）、易溶盐超过允许含量的土以及液限大于50%、塑性指数大于26的细粒土等，不得直接用于填筑路基。

4.3.3 浸水路基应选用渗水性良好的材料填筑，不宜采用粉质土填筑。当采用细砂、粉砂作填料时，应避免振动液化。

4.3.4 当采用细粒土填筑路基时，填料最小强度应符合表4.3.4的规定。当不能满足要求时，可采用石灰、水泥或其他稳定材料进行处治。

表 4.3.4 填方路基填料最小强度

路床顶面以下深度（m）	填料最小强度（CBR）（%）		
	快速路、主干路	次干路	支路
0.8～1.5	4	3	3
>1.5	3	2	2

4.3.5 当采用石料填筑路基时，最大粒径应小于摊铺层厚的2/3，过渡层碎石料粒径应小于150mm。易溶性岩石、膨胀性岩石、崩解性岩石、盐化岩石等均不得用于路堤填筑。

4.3.6 当采用粉煤灰填筑路基时，应预先调查料源并进行必要的室内试验。用于快速路和主干路的粉煤灰烧失量宜小于20%、含硫量宜小于3%，超过标准的粉煤灰应做对比试验，经分析论证后方可采用。

4.3.7 当填方路基的地质条件良好，边坡高度不大于20m时，边坡设计应符合下列规定：

1 填土路基的边坡坡率不宜大于表4.3.7-1的规定值。

表 4.3.7-1 填土路基边坡坡率

填料类别	边坡坡率	
	上部高度（H≤8m）	下部高度（H≤12m）
细粒土	1∶1.5	1∶1.75
粗粒土	1∶1.5	1∶1.75
巨粒土	1∶1.3	1∶1.5

2 填石路基的边坡坡率不宜大于表4.3.7-2的规定值。中硬和硬质石料的填石路基应进行边坡码砌，码砌石块应采用强度大于30MPa、尺寸不小于300mm的规则石块。填高小于5m时，码砌厚度不应小于1m；填高为5m～12m时，码砌厚度不应小于1.5m；填高大于12m时，码砌厚度不应小于2m。

表 4.3.7-2　填石路基边坡坡率

填石料类型	边坡坡率	
	上部高度（$H \leqslant 8$m）	下部高度（$H \leqslant 12$m）
硬质岩石	1∶1.1	1∶1.3
中硬岩石	1∶1.3	1∶1.5
软质岩石	1∶1.5	1∶1.75

3　吹（填）砂和粉煤灰路基的边坡应采取土质坡（包边土）保护措施，土质坡厚度不宜小于 1m。

4.3.8　填方路基地基表层处理应符合下列规定：

1　当地基顶面存在滞水时，应根据积水深度及水下淤泥层的范围和厚度，采取排水疏干、挖除淤泥、抛石挤淤或砂砾石等处理措施。

2　当地面横坡缓于 1∶5 时，在清除地表草皮、腐殖土后，可直接在天然地面上填筑路基。

3　当地面横坡为 1∶5～1∶2.5 时，原地面应开挖台阶，台阶宽度不宜小于 2m，并应设置 2%的反向坡；当基岩面上的覆盖层较薄时，宜先清除覆盖层再开挖台阶；当覆盖层较厚且稳定时，可予保留。

4　当地下水影响路堤稳定时，应采取拦截、引排地下水或在路堤底部设置渗水性好的隔断层等措施。

5　地基表层应碾压密实。在一般土质地段，快速路和主干路基底的压实度（重型）不应小于 90%；次干路和支路不应小于 85%。路基填土高度小于路面和路床总厚度时，应将地基表层土进行超挖并分层回填压实，压实度不得小于本规范表 4.6.2 中“零填及挖方路基”的规定值。

4.3.9　对边坡高度超过 20m 或地面坡率陡于 1∶2.5 的斜坡上的填方路基，以及不良地质、特殊地段的填方路基，应按本规范第 6.2 节的规定，进行稳定、变形计算和个别设计。

4.4　挖 方 路 基

4.4.1　土质挖方路基的边坡形式及坡率应根据实际工程地质与水文地质条件、边坡高度、排水措施和施工方法，并根据当地同类稳定自然山坡和人工边坡的调查及力学分析结果综合确定。对边坡高度不大于 20m 的土质挖方边坡，坡率不宜大于表 4.4.1 的规定值。

表 4.4.1 土质挖方路基边坡坡率

土的类别		边坡坡率
细粒土		1∶1.0
中密以上的中砂、粗砂、砾砂		1∶1.5
卵石土、碎石土、圆砾土、角砾土	胶结和密实	1∶0.75
	中　密	1∶1.0

注：黄土、红黏土、高液限土、膨胀土等特殊路基挖方边坡形式及坡率应按本规范第7章的有关规定确定。

4.4.2 岩质挖方路基边坡的形式及坡率应根据现场工程地质与水文地质条件、地形地貌、边坡高度、岩性、岩体结构、结构面产状、风化程度和施工方法，并参考当地稳定岩质自然边坡和人工边坡的调查结果综合确定。必要时可采用稳定性分析方法予以检算。对高度不大于30m且无外倾软弱结构面的岩质挖方边坡，其坡率可按表4.4.2确定。

表 4.4.2 岩质挖方路基边坡坡率

边坡岩体类型	风化程度	边坡坡率	
		H<15m	15m≤H<30m
Ⅰ	未风化、微风化	1∶0.1～1∶0.3	1∶0.1～1∶0.3
	弱风化	1∶0.1～1∶0.3	1∶0.3～1∶0.5
Ⅱ	未风化、微风化	1∶0.1～1∶0.3	1∶0.3～1∶0.5
	弱风化	1∶0.3～1∶0.5	1∶0.5～1∶0.75
Ⅲ	未风化、微风化	1∶0.3～1∶0.5	—
	弱风化	1∶0.5～1∶0.75	—
Ⅳ	弱风化	1∶0.5～1∶1	—
	强风化	1∶0.75～1∶1	—

注：1　有可靠的资料和经验时，可不受本表限制；
　　2　Ⅳ类强风化包括各类风化程度的极软岩。

4.4.3 高度超过20m的土质挖方边坡，有外倾软弱结构面或坡顶边缘附近有较大荷载或边坡高度超过本规范表4.4.2适用范围的岩质挖方边坡，应根据本规范第6.2节的规定，进行稳定性分析和个别设计。

4.4.4 当挖方边坡较高时，可根据不同的土质、岩质和稳定要求开挖成折线形或台阶形边坡。边沟外侧应设置碎落台，其宽度不宜小于1.0m；台阶形边坡中部应设置边坡平台，其宽度不宜小于2.0m。

4.4.5 边坡坡顶、坡面、坡脚和边坡中部平台应设置地表排水系统。当边坡有积水湿地、地下水渗出或地下水露头时，应根据实际情况设置地下渗沟、边坡渗沟或仰斜式排水孔，或在上游沿垂直地下水流向设置拦截地下水的排水隧洞等设施。

4.5 路 床

4.5.1 路床顶面横坡应与路拱横坡一致。

4.5.2 路床填料最大粒径应小于100mm，最小强度应符合表4.5.2的规定。

表4.5.2 路床填料最小强度

路床顶面以下深度（m）	填料最小强度（CBR）（%）		
	快速路、主干路	次干路	支路
0～0.3	8	6	5
0.3～0.8	5	4	3

4.5.3 路床顶面设计回弹模量值，对快速路和主干路不应小于30MPa；对次干路和支路不应小于20MPa。当不满足上述要求时，应进行处治。回弹模量测定方法宜符合本规范附录B的规定。

4.5.4 路床处治应根据路床土质、含水率、降水条件、地下水类型及埋藏深度、加固材料来源等，经比选，采用就地碾压、外来材料改善、土质改良、加强地下排水、土工合成材料加筋等措施。

4.6 路基压实

4.6.1 路基应分层压实、均匀密实。

4.6.2 土质路基压实度不应低于表4.6.2的规定。对以下情形，可通过试验路检验或综合论证，在保证路基强度和稳定性的前提下，适当降低路基压实度标准：

1 特殊干旱或特殊潮湿地区，路基压实度可比表4.6.2的规定降低1%～2%；

2 专用非机动车道、人行道，可按支路标准执行。

表4.6.2 路基压实度要求

项目分类	路床顶面以下深度（m）	压实度（%）			
		快速路	主干路	次干路	支路
填方路基	0～0.8	96	95	94	92
	0.8～1.5	94	93	92	91
	＞1.5	93	92	91	90

续表 4.6.2

项目分类	路床顶面以下深度（m）	压实度（%）			
		快速路	主干路	次干路	支路
零填及挖方路基	0～0.3	96	95	94	92
	0.3～0.8	94	93	—	—

注：表中数值均为重型击实标准。

4.6.3 当采用细粒土作填料时，土的压实含水率应控制在最佳含水率±2%范围内。

4.6.4 填石路基应通过铺筑试验路段合理确定分层填筑的厚度、压实工艺及压实控制标准。宜采用孔隙率与施工参数同时作为压实质量控制指标，并应按表 4.6.4 的规定执行。

表 4.6.4 填石路基压实质量控制标准

石料类型	路基顶面以下深度（m）	摊铺厚度（mm）	孔隙率（%）
硬质石料	0.8～1.5	≤400	≤23
	1.5 以下	≤600	≤25
中硬石料	0.8～1.5	≤400	≤22
	1.5 以下	≤500	≤24
软质石料	0.8～1.5	≤300	≤20
	1.5 以下	≤400	≤22

4.7 特殊部位的路基填筑与压实

4.7.1 与相邻路基存在显著刚度差异或不均匀连续的特殊部位，路基应充分压实，使其在一定范围内与周边路基的强度和刚度基本一致。

4.7.2 沟槽回填与压实应符合下列规定：

1 管道沟槽回填土的压实度应符合本规范第 4.6.2 条的规定。当沟槽回填压实确有困难时，上路床以下的回填土可按相关管道设计或施工规范的规定执行。

2 沟槽底至管顶以上 0.5m 范围内宜采用渗水性好、容易密实的砂、砾等填料，填料最大粒径应小于 50mm。

3 当回填细粒土含水率较高且不具备降低含水率条件、难以达到压实要求时，应采用石灰、水泥、粉煤灰等无机结合料进行处治。

4.7.3 管道检查井部位的处理应符合下列规定：

1 市政公用管线检查井位置宜避开机动车轮迹带。

2 管道检查井周边回填土的压实度应符合本规范第 4.6.2 条的规定。

3 管道检查井周边路基回填应采用渗水性好、容易密实的砂、砾等填料。

4 软土地区主干路和次干路的机动车道范围内的管道检查井，宜设置具有卸荷作用的防沉降井盖。

4.7.4 掘路工程中的路基回填修复应符合下列规定：

1 路基回填修复应遵循整体性原则，在保证交通安全和施工安全的条件下进行，并宜缩短修复周期，减少掘路修复对交通的影响。对于城市爆管、过街掘路，以及特别重要或交通特别繁忙的路段，应实施快速修复。

2 回填路基的回弹模量应达到与新建道路相同的标准。

3 路基回填宜选用强度高、级配良好、水稳定性好、便于获取和压实的材料，亦可采用经过处治的钢渣、矿渣等工业废渣。对于应急掘路的快速修复，应采用沉陷量小，易于压实或结硬，或者自密实的材料回填。

4 回填路基的压实度应符合表 4.7.4 的规定。

5 路基回填时，应采取设置台阶、铺设加筋材料等措施，保证开挖与非开挖区域路基接触面的良好结合。

表 4.7.4 回填路基压实度标准

<table>
<tr><th colspan="3" rowspan="2">路床顶以下深度（cm）</th><th colspan="4">压实度（%）</th></tr>
<tr><th>快速路</th><th>主干路</th><th>次干路</th><th>支路</th></tr>
<tr><td rowspan="4">填方</td><td>上路床</td><td>0～30</td><td>95/</td><td>95/98</td><td rowspan="2">93/95</td><td rowspan="2">90/93</td></tr>
<tr><td>下路床</td><td>30～80</td><td>95/98</td><td>95/98</td></tr>
<tr><td>上路堤</td><td>80～150</td><td>93/95</td><td>93/95</td><td rowspan="2">90/93</td><td rowspan="2">87/90</td></tr>
<tr><td>下路堤</td><td>>150</td><td>90/93</td><td>90/93</td></tr>
<tr><td colspan="2">零填及挖方</td><td>0～30</td><td>95/</td><td>95/98</td><td>93/95</td><td>90/93</td></tr>
</table>

注：表中数字，/线左侧为重型击实标准，/线右侧为轻型击实标准。

4.7.5 城市高架桥梁承台周边的路基填筑与压实应符合下列规定：

1 承台在平面布置时不宜伸入地面道路的机动车道范围。当受条件限制时，承台应深埋，埋深不宜小于 1.5m。

2 在机动车道范围内的承台基坑回填应采用渗水性好、易密实的填料，并应符合路基压实度要求。

4.7.6 桥涵台背的路基填筑与压实应符合下列规定：

1 路堤与桥台、横向构筑物（箱涵、地道）的连接处应设置过渡段，并应依据填料强度、地基处理、台背防排水系统等进行综合设计。过渡段长度宜按2倍～3倍路基填土高度确定，路基压实度不应小于96%。

2 桥涵台背、挡土墙墙背应选用渗水性好、易密实的填料。当采用细粒土填筑时，宜采用石灰、水泥、粉煤灰等无机结合料进行处治。

4.7.7 路基填挖交界的处理应符合下列规定：

1 填方区应符合本规范第4.3节的规定，挖方区应符合本规范第4.4节的规定。

2 对于半填半挖路基，当挖方区为土质时，填方区应优先采用渗水性好的材料填筑，并应对挖方区进行超挖回填碾压；当挖方区为坚硬岩石时，填方区宜采用填石路基。

3 纵向填挖交界处应设置过渡段，土质地段过渡段可采用级配较好的砾类土、砂类土或无机结合料处治土填筑，岩质地段过渡段可采用填石路基。

4 有地下水出露时，宜在填挖之间设置横向或纵向渗沟。

4.7.8 地铁等浅埋结构物上方路基的回填应符合下列规定：

1 地铁等浅埋结构上方的路基设计，应符合结构物的承载力和变形控制要求。

2 路基附加荷载大于浅埋结构物要求时，应采用轻质材料置换。

3 地铁浅埋结构上方路基回填部分压实度应符合本规范第4.6.2条的规定，否则应采取处理措施。

4 路床顶面以下60cm范围内不宜有基坑维护等坚硬的结构物，否则应采取处理措施。

5 路基排水

5.1 一般规定

5.1.1 路基排水设计应采取排、疏、防相结合的原则，并应与路面排水系统、边坡防护、地基处理等其他措施相互协调，保证路基稳定，避免道路水损害。

5.1.2 路基排水设施应与道路工程同步设计、同步实施。

5.1.3 路基施工临时性排水设施，应与永久性排水设施相结合。各类排水设施的设计应满足使用功能要求，且应结构安全可靠，便于施工、检查和养护维修。

5.2 地表水

5.2.1 城市建成区内道路宜采用管道、偏沟、雨水口和连接管等排水设施；郊区道路可采用边沟、排水沟、截水沟、急流槽和涵洞等排水设施。

5.2.2 地表排水设施的布设应充分利用城市排水系统、天然水系和地形，选择和处理进出口位置，并应使水流顺畅，不宜出现堵塞、淤积、冲刷、溢流、渗漏、冻结等。

5.2.3 排水沟管排放的水流不得直接排入饮用水水源。

5.2.4 当道路雨水以自流的形式排放时，排水管出水口应设护坡等防冲刷措施，并根据需要设置标志。当出水口跌水较大时，应设计消能措施。

5.2.5 地表水的雨水径流量应按设计暴雨强度进行计算。暴雨强度的重现期应根据排水方式、道路类别和重要程度等因素确定。当采用管道排水方式时，重现期取值应满足表5.2.5-1的要求；当采用边沟排水方式时，重现期取值应满足表5.2.5-2的要求。当地表排水设施服务于周边地块时，重现期取值还应符合地块规划要求。

表5.2.5-1 管道排水暴雨强度设计重现期（年）

城市级别＼道路等级	快速路	主干路	次干路	支路
大城市	3～6	2～4	1～2	0.5～1
中小城市		1～3	0.5～1	0.5

表5.2.5-2 边沟排水暴雨强度设计重现期（年）

道路等级	快速路	主干路	次干路	支路
设计重现期	15	15	10	10

5.2.6 排水设施的泄水能力应满足地表排水的要求；各种沟管和泄水口的泄水能力，其断面形状和尺寸应满足排泄设计流量的要求；沟管内水流的最大和最小流速应在允许流速范围内。

5.2.7 当采用边沟排水方式时，应符合下列规定：

1 在路线纵坡平缓、汇水量不大、路基较低，且边坡不会受到冲刷的情况下，填方路基边坡可采取横向漫流方式排水；其他情况应在外侧设置拦水带，汇集路面表面水，然后通过泄水口和急流槽排除。

2 边沟沟底纵坡不宜小于0.3%。困难情况下不宜小于0.1%。出水口间距多雨地区不宜大于300m，一般地区不宜大于500m。

5.2.8 分隔带、人行道的绿化带排水设计应符合下列规定：

1 分隔带表面水的防排水设计应根据所在地区降雨量、道路等级及分隔带宽度等因素综合考虑，防止雨水进入路基内部。

2 分隔带部分被连续高架桥遮挡的路段可不设置分隔带排水设施。

3 绿化带宜设置横坡，坡率不宜小于2%。

5.3 地 下 水

5.3.1 当路基范围内地下水位较高、路基干湿状态不满足要求，且路基标高受限时，应采用地下排水设施，以降低地下水位或将地下水引至路基范围外。

5.3.2 路基地下排水可采用暗沟（管）、渗沟、排水隔离层等设施。地下排水设施的类型、位置及尺寸应根据工程地质和水文地质条件确定，并应与地表排水设施相协调。

5.3.3 当地下水排入雨水管道时，其流量应单独计算。接入部分构筑物的设计应符合现行国家标准《室外排水设计规范》GB 50014 的规定。

5.3.4 地下排水设施的沟（管）底纵坡，应保证水流通畅，不得淤积，也不得引起冲刷。

5.3.5 当路基范围内有泉水或承压水时，应将水流引至路基范围外。当不能设置明沟时，应设置暗沟或暗管。暗沟或暗管的设计应符合下列规定：

1 暗沟的沟底纵坡不应小于1%，当采用暗管排水时，管底纵坡不宜小于0.5%。

2 暗沟或暗管顶应敷设反滤层，出口处水位应高于排入水体最高水位20cm以上，防止倒灌。

3 泉水流量可根据丰水季节流量观测或历史流量记录确定。

4 暗沟或暗管的结构强度应保证路基的稳定，暗沟或暗管顶面的埋深不应小于50cm。冰冻地区暗沟应埋置于当地冰冻线以下的土层中或采取保温措施。

5.3.6 当道路所经地段有潜水、层间水，挖方路基底部出现地下水，或地下水位较高，影响路基或路堑稳定时，可修建渗沟将水排除。渗沟的设计应符合下列规定：

1 渗沟的构造可根据水量选用填石渗沟、管式渗沟或洞式渗沟。

2 用于截断地下水的渗沟的轴线宜与渗流方向垂直布置。

3 渗沟的流量可根据含水层厚度、渗沟内的水流深度、含水层材料的渗透系数、地下水位降落曲线等因素计算确定。

4 填石渗沟可用于流量不大、流程不长的路段，其纵坡不应小于1%，一般可采用5%。沟内可采用石质坚硬的较大粒料填充，填充高度不应小于0.3m，并应高出原地下水位。

5 管式渗沟可用于地下引水较长的地段，但渗沟过长时应加设横向渗沟。管径由水力计算确定，内径不宜小于 20cm。纵坡宜为 1%～3%，且不应小于 0.5%。管道可采用陶土、混凝土、石棉或聚氯乙烯带孔塑料管等材料。冬季管内水流结冰的地段，可采用较大直径的水管，并应加设保温层。

6 洞式渗沟可在地下水流量较大的路段或缺乏管材时使用。洞身大小应依据水流量确定。洞身应设在不透水层内，纵坡宜为 1%～3%，且不应小于 0.5%，有条件时可采用较大纵坡。

7 渗沟的基底应埋入不透水层，沟壁迎水一侧应设反滤层汇集水流。当含水层较厚，沟底不能埋入不透水层时，沟壁两侧均应设反滤层。

8 渗沟排水层（或管、洞）与沟壁之间应设置反滤层。

9 渗沟的埋置深度应根据路基冻结深度、毛细水上升高度、路基范围内地下水的降落曲线等因素确定。

10 每隔 30m～50m 或在平面转折和坡度由陡变缓处宜设置检查井。

5.3.7 当挖方路基部分地下水进入路基时，可采用将两侧混凝土支挡结构与防水地板相结合的混凝土 U 形槽。U 形槽沿道路的纵向设置范围宜满足地下水位的最高历史纪录和远景年的估计最高水位的要求。混凝土 U 形槽的结构设计及防水设计应符合混凝土结构相关规范的要求。

5.3.8 在承压地下水或地下水丰富的地区修筑路基时，可在原地面与路基交界处设排水隔离层，也可在路基内部设排水隔离层，将地下水引出路基外或将由路面渗透而来的水隔离。用于排水的隔离层应符合下列规定：

1 隔离层的土工织物最小抗拉强度不应小于 50kN/m，土工织物搭接长度宜为 100cm。

2 隔离材料可选用矿渣、碎石或砾石，其最大粒径宜为 30cm，通过 20mm 筛孔的材料不得大于 10%，通过 0.074mm 筛孔的材料其塑性指数不得大于 6%。

3 排水隔离层顶面应高出设计地下水位 30cm 或 30cm 以上。

6 路基防护与支挡

6.1 一 般 规 定

6.1.1 路基坡面防护工程应在稳定的边坡上设置。对路基稳定性不足和存在不良地质因素的路段，应进行路基边坡防护与支挡加固的综合设计。

6.1.2 在地下水较为发育的路段，应进行边坡防护与地下防排水措施的综合设计。在多雨地区，用砂类土、细粒土等填筑的路基，应采取坡面防护和防排水的综合措施。

6.1.3 路基支挡结构设计应满足各种设计荷载组合下支挡结构的稳定、坚固和耐久；支挡结构的类型选择及位置确定应符合安全可靠、经济合理、便于施工养护等要求。

6.1.4 路基支挡结构和防护工程宜与相邻建筑物相协调。

6.1.5 路基施工过程中的边坡临时防护工程宜与永久防护工程相结合。

6.1.6 高填方路基、深挖方路基及不良地质和特殊地段的路基，应进行重点路段的路基稳定和变形的监测设计。

6.2 路基稳定与变形计算

6.2.1 高度超过20m或地面斜坡坡率大于1：2.5的填方路基及不良地质、特殊地段的填方路基，稳定性验算应符合下列规定：

1 填方路基稳定性、填方路基和地基的整体稳定性宜采用简化毕肖普法进行分析计算。软土地基上的路基稳定性验算应符合本规范第7.2.3条的规定。

2 填方路基沿斜坡地基或软弱层滑动的稳定性可采用不平衡推力法进行分析计算。

6.2.2 填方路基稳定性分析的强度参数取值应符合现行行业标准《公路路基设计规范》JTG D30的规定。

6.2.3 填方路基稳定安全系数不得小于表6.2.3的规定。

表6.2.3 填方路基稳定安全系数

<table>
<tr><th>分析内容</th><th>地基情况</th><th>采用的地基平均固结度及强度指标</th><th>稳定安全系数</th></tr>
<tr><td>填方路基稳定性</td><td>—</td><td>—</td><td>1.35</td></tr>
<tr><td rowspan="4">填方路基和地基的整体稳定性</td><td rowspan="2">地基土渗透性差、排水条件不好</td><td>取U=0，采用直剪固结快剪或三轴固结不排水剪指标</td><td>1.20</td></tr>
<tr><td>按实际固结度，采用直剪固结快剪或三轴固结不排水剪指标</td><td>1.40</td></tr>
<tr><td rowspan="2">地基土渗透性好、排水条件良好</td><td>取U=1，采用直剪固结快剪或三轴固结不排水剪指标</td><td>1.45</td></tr>
<tr><td>取U=1，采用快剪指标</td><td>1.35</td></tr>
<tr><td>填方路基沿斜坡地基或软弱层滑动的稳定性</td><td>—</td><td>采用直剪快剪或三轴不排水剪指标</td><td>1.30</td></tr>
</table>

6.2.4 对边坡高度大于 20m 的土质挖方路基、边坡高度超过本规范表 4.4.2 适用范围或有外倾软弱结构面的岩质挖方边坡、坡顶边缘附近有较大荷载的边坡，宜综合采用工程地质类比法、图解分析法、极限平衡法和数值分析法进行稳定性评价。定量计算方法应根据边坡可能的破坏形式，按下列方法确定：

1 对规模较大的碎裂结构岩质边坡和土质边坡宜采用简化毕肖普法计算。

2 对可能产生直线形破坏的边坡宜采用平面滑动面解析法进行计算。

3 对可能产生折线形破坏的边坡宜采用不平衡推力法计算。

4 对结构复杂的岩质边坡，可配合采用赤平投影法和实体比例投影法分析及楔形滑动面法进行计算。

5 当边坡破坏机制复杂时，宜结合数值分析法进行分析。

6.2.5 挖方路基边坡稳定性计算的强度参数取值应符合现行国家标准《建筑边坡工程技术规范》GB 50330 的规定。

6.2.6 挖方路基边坡稳定安全系数不得小于表 6.2.6 的规定，并可按下列工况划分：

1 正常工况：边坡处于天然状态下的工况。

2 非正常工况Ⅰ：边坡处于暴雨或连续降雨状态下的工况。

3 非正常工况Ⅱ：边坡处于地震等荷载作用状态下的工况。

表 6.2.6 挖方路基边坡稳定安全系数

道路等级	工　况	稳定安全系数
快速路、主干路	正常工况	1.20～1.30
	非正常工况Ⅰ	1.10～1.20
	非正常工况Ⅱ	1.05～1.10
次干路、支路	正常工况	1.15～1.25
	非正常工况Ⅰ	1.05～1.15
	非正常工况Ⅱ	1.02～1.05

注：表中稳定安全系数取值应与计算方法对应。

6.2.7 对高度超过 20m 或不良地质、特殊地段的填方路基，应进行路基变形计算，并应符合下列规定：

1 不良地质和特殊地段的地基沉降计算应符合本规范第 7 章的规定。

2 高填方路基工后压缩变形可根据当地实际经验确定。

6.2.8 路基容许工后变形应符合表 6.2.8 的规定。

表 6.2.8 路基容许工后变形

道路等级 \ 工程位置	桥台与路堤相邻处	涵洞、通道处	一般路段
快速路、主干路	≤0.10m	≤0.20m	≤0.30m
次干路、支路	≤0.20m	≤0.30m	≤0.50m

注：1 当路基中有其他管线及构造物时，应按管线等构造物的沉降要求进行设计，并应与相邻路基良好过渡；

2 对主辅路并行且主辅路间设侧分带的路基，可按主辅路相应的等级分别进行工后变形控制。

6.3 路基防护

6.3.1 坡面防护设计应符合下列规定：

1 对受自然因素作用易产生破坏的边坡坡面，应根据边坡的土质、岩性、水文地质条件、坡率、高度，以及环境保护与水土保持要求等，选用适宜的防护措施。

2 软硬岩层相间的挖方边坡应根据岩层情况采用全部防护或局部防护措施。

3 采用植物或喷护、挂网喷护等防护措施的，以及年平均降水量大于400mm地区较高的土质挖方边坡路段，宜在坡脚处设高1m～2m浆砌片石护坡或护墙。

4 当浆砌片石护墙高度大于12m、浆砌片石护坡和骨架护坡高度大于15m时，宜在适当高度处设平台，平台宽度不宜小于2m。

5 浆砌片石护墙、护坡的基础应埋置在路肩线以下不小于1m，并不应高于侧沟砌体底面；当地基为冻胀土时，应埋置在冻结深度以下不小于0.25m。

6 封闭式的坡面应在防护砌体上设泄水孔和伸缩缝。当坡面有地下水出露时，应采取措施将水引排。

7 土质和易风化岩石的挖方高边坡，宜在坡脚处设置挡土墙。当挡土墙墙顶上方坡面设有浆砌片石护墙、护坡时，墙顶应设置边坡平台，平台宽度不宜小于2m。

6.3.2 沿河路基防护设计应符合下列规定：

1 沿河路基应根据河流特性、水流性质、沿河地貌、地质等因素，结合路基位置，选用适宜的坡面防护、导流或改河工程。

2 防护工程基底应埋设在冲刷深度以下不小于1m或嵌入基岩内。冲刷深度应根据公式计算、河床地层冲淤分析和类似工程的实践资料综合分析确定。当冲刷深度较深、水下施工困难时，可采用桩基、沉井基础或适宜的平面防护或与设桥方案进行比较。

3 冲刷防护工程应与上下游岸坡平顺连接、端部嵌入岸壁足够深度。

4 当改移河道时，应根据河流特性及其演变规律，因势利导，慎重对待，并应与设桥方案进行经济比较。改河的起点和终点应与原河床顺接。在改河入口处加大纵坡并设置拦河坝或顺坝。新河槽断面应按设计洪水频率的流量计算确定。

6.4 支挡加固

6.4.1 当受地形、地物或占地等限制而需收缩坡脚，采用较陡的边坡，或为保证路基边坡稳定性而需采取措施以增加抗滑力时，应设置边坡支挡结构。

6.4.2 城市道路路基边坡的支挡工程设计，应查明路基边坡和支挡结构地基的工程地质、水文地质条件及环境条件等，并取得设计必要的岩土物理力学参数。

6.4.3 支挡工程的安全等级的确定，应符合下列规定：

1 当保护对象主要为路基，边坡滑塌影响范围无重要建（构）筑物、管线或人群密集的使用场地时，应根据支挡工程损坏后可能造成的破坏后果的严重性和边坡高度等因素，按表 6.4.3 确定安全等级。

表 6.4.3 城市路基边坡支挡工程安全等级

破坏后果	边坡高度 H	安全等级
很严重	$H \geqslant 15m$（岩质边坡），$H \geqslant 8m$（土质边坡）	一级
	$H < 15m$（岩质边坡），$H < 8m$（土质边坡）	二级
严重	$H \geqslant 25m$（岩质边坡），$H \geqslant 15m$（土质边坡）	一级
	$15m \leqslant H < 25m$（岩质边坡），$8m \leqslant H < 15m$（土质边坡）	二级
	$H < 15m$（岩质边坡），$H < 8m$（土质边坡）	三级
不严重	$H \geqslant 25m$（岩质边坡），$H \geqslant 15m$（土质边坡）	二级
	$H < 25m$（岩质边坡），$H < 15m$（土质边坡）	三级

注：1 一个城市路基边坡支挡工程的各段，可根据实际情况采用不同的安全等级；

2 对危害性极严重、环境和地质条件复杂的特殊边坡支挡工程，其安全等级应根据工程情况适当提高。

2 当保护对象主要为邻近的建（构）筑物，或保护范围内有管线或人群密集时，安全等级的确定应符合现行国家标准《建筑边坡工程技术规范》GB 50330 的规定。

6.4.4 应根据工程地质、水文地质、冲刷深度、荷载情况、边坡高度、支挡结构受力特点、环境条件、施工条件及工程造价等因素，合理选择路基边坡支挡与加固措施。

6.4.5 支挡结构应采用以极限状态设计的分项系数法为主的设计方法，构件承载能力极限状态设计宜满足下式要求：

$$\gamma_0 S \leqslant R\left(\frac{R_k}{\gamma_f}, \alpha_d\right) \tag{6.4.5}$$

式中：S——作用效应的组合设计值（kN）；

$R(\cdot)$——支挡结构结构抗力函数（kN）；

R_k——抗力材料的强度标准值（kPa）；

γ_f——结构材料、岩土体性能的分项系数；

α_d——结构或结构构件几何参数的设计值，当无可靠数据时，可采用几何参数标准值；

γ_0——结构重要性系数，按表 6.4.5 的规定采用。

表 6.4.5 结构重要性系数 γ_0

支挡工程安全等级	结构重要性系数 γ_0
一级	≥1.1
二级	≥1.0
三级	≥1.0

6.4.6 作用于支挡结构上的荷载计算应符合下列规定：

1 应根据作用于支挡结构上的荷载确定作用效应的组合设计值，支挡结构上的作用应符合表 6.4.6-1 的规定。

表 6.4.6-1 支挡结构上的作用

作用分类	作 用 名 称
永久作用	支挡结构重力
	填土（包括基础襟边以上土）重力
	填土侧压力
	墙顶上的有效永久荷载
	墙顶与第二破裂面之间的有效荷载
	计算水位的浮力及静水压力
	预加力
	混凝土收缩及徐变
	基础变位影响力
	邻近建（构）筑物传来的永久荷载

续表 6.4.6-1

<table>
<tr><th colspan="2">作用分类</th><th>作 用 名 称</th></tr>
<tr><td rowspan="9">可变作用</td><td rowspan="3">基本可变作用</td><td>车辆荷载引起的侧压力</td></tr>
<tr><td>人群荷载、人群荷载引起的侧压力</td></tr>
<tr><td>邻近建（构）筑物传来的可变荷载（使用活荷载和风荷载等）</td></tr>
<tr><td rowspan="5">其他可变作用</td><td>水位退落时的动水压力</td></tr>
<tr><td>流水压力</td></tr>
<tr><td>波浪压力</td></tr>
<tr><td>冻胀压力和冰压力</td></tr>
<tr><td>温度影响力</td></tr>
<tr><td>施工荷载</td><td>与各类型挡土墙施工有关的临时荷载</td></tr>
<tr><td colspan="2" rowspan="3">偶然作用</td><td>地震作用力</td></tr>
<tr><td>滑坡、泥石流的冲击作用力</td></tr>
<tr><td>作用于墙顶护栏上的车辆碰撞力</td></tr>
</table>

2 对一般地区，可只采用永久作用和基本可变作用的组合；浸水地区、地震动峰值加速度值不小于 0.2g 的地区及产生冻胀力的地区，作用组合还应计取其他可变作用和偶然作用，作用组合可按表 6.4.6-2 确定。

表 6.4.6-2 作 用 组 合

组合	荷 载
Ⅰ	挡土墙结构重力、墙顶上的有效永久荷载、填土重力、填土侧压力及其他永久荷载组合
Ⅱ	组合Ⅰ与基本可变荷载相组合
Ⅲ	组合Ⅱ与其他可变荷载、偶然荷载相组合

注：组合时，不同时考虑洪水与地震力的组合，冻胀力、冰压力与流水压力或波浪压力的组合，以及车辆荷载与地震力的组合。

3 当支挡结构上受地震力作用时，应符合现行行业标准《公路桥梁抗震设计细则》JTG/T B02－01 的规定。

4 作用于支挡结构上的土压力的计算应符合现行国家标准《建筑边坡工程技术规范》GB 50330 的规定。一般情况下，支挡结构前的被动土压力可不计算，当基础埋置较深且地层稳定、不受水流冲刷和扰动破坏时，可计入被动土压力。

5 车辆荷载作用在挡土墙墙背填土上所引起的附加土体侧压力，可按下式换算成等代均布土层厚度：

$$h_0 = \frac{q}{\gamma} \tag{6.4.6}$$

式中：h_0——换算土层厚度（m）；

q——车辆荷载附加荷载强度（kN/m²），当墙高小于2m时，取20kN/m²；墙高大于10m时，取10kN/m²；墙高为2m～10m之间时，采用线性内插法计算；

γ——墙背填土的重度（kN/m³）。

6 作用于墙顶或墙后填土上的人群荷载强度应根据实际情况确定，可取3kN/m²；作用于挡墙栏杆顶的水平推力可采用0.75kN/m；作用于栏杆扶手上的竖向力可采用1kN/m。

7 当浸水挡土墙墙背为岩块和粗粒土（除粉砂外）时，可不计墙身两侧静水压力和墙背动水压力。

8 墙身所受浮力，应根据地基地层的浸水情况按下列原则确定：

1） 砂类土、碎石类土和节理很发育的岩石地基，按计算水位的100%计算。

2） 岩石地基按计算水位的50%计算。

9 当按承载能力极限状态设计时，除另有规定外，常用作用分项系数可按表6.4.6-3的规定采用。

表6.4.6-3 承载能力极限状态作用分项系数

情况		荷载增大对挡土墙结构起有利作用时		荷载增大对挡土墙结构起不利作用时	
组合		Ⅰ，Ⅱ	Ⅲ	Ⅰ，Ⅱ	Ⅲ
分项系数	垂直恒载 γ_G	0.90		1.20	
	恒载或车辆荷载、人群荷载的主动土压力 γ_{Q1}	1.00	0.95	1.40	1.30
	被动土压力 γ_{Q2}	0.30		0.50	
	水浮力 γ_{Q3}	0.95		1.10	
	静水压力 γ_{Q4}	0.95		1.05	
	动水压力 γ_{Q5}	0.95		1.20	

6.4.7 支挡结构基础稳定性计算与设计应符合下列规定：

1 支挡结构宜采用明挖基础。当基底位于坡度大于5%的纵向斜坡上时，基底应设计为台阶式。当基础位于横向斜坡地面上时，墙趾埋入地面的深度和距地表的水平距离应满足表 6.4.7-1 的要求。

表 6.4.7-1 斜坡地面基础埋置条件

土层类别	最小埋入深度 h（m）	距地表水平距离 L（m）
较完整的硬质岩石	0.25	0.25～0.50
一般硬质岩石	0.60	0.60～1.50
软质岩石	1.00	1.00～2.00
土质	≥1.00	1.50～2.50

2 支挡结构基础应有一定埋置深度，可根据地基岩土特性、承载能力、冻结深度、水流冲刷情况和岩石风化程度等因素确定，并应符合下列规定：

1） 一般地区，基础最小埋置深度，对土质地基不应小于 1m，对软质岩石地基不应小于 0.8m。在风化层不厚的硬质岩石地基上，基底应置于基岩表面风化层以下。

2） 季节性冰冻地区，当冻结深度小于或等于 1m 时，基底应在冻结线以下不小于 0.25m，且基础埋置深度不应小于 1m。当冻结深度超过 1m 时，基底最小埋置深度不得小于 1.25m，还应将基底至冻结线以下 0.25m 深度范围的地基土换填为冻胀或弱冻胀材料。

3） 当受水流冲刷时，应按路基设计洪水频率计算冲刷深度，基底应置于局部冲刷线以下，且基础埋置深度不应小于 1m。

4） 路堑式挡土墙基础顶面应低于挖方路基边沟底面不小于 0.5m。

3 支挡结构地基稳定性计算中，各类作用组合下作用效应组合设计值中的作用分项系数，除被动土压力分项系数 γ_{Q2} 可取 0.3 外，其余作用的分项系数应取 1。

4 基底合力的偏心距 e_0，对土质地基不应大于基底宽度 B 的1/6倍；对岩石地基不应大于基底宽度 B 的 1/4 倍。

5 基底压应力不应大于基底的容许承载力［f_a］；［f_a］的取值应符合现行行业标准《公路桥涵地基与基础设计规范》JTG D63 的规定。

6 支挡结构的抗滑动和抗倾覆稳定安全系数不宜小于表 6.4.7-2 的规定值。对设置于不良土质地基、表土下为倾斜岩质地基或斜坡上的支挡结构，尚应对支挡结构地基及填土的整体稳定性进行验算，其稳定安全系数不应小于 1.25。

表 6.4.7-2 支挡结构抗滑动和抗倾覆的稳定安全系数

荷载情况	验算项目	稳定安全系数	
荷载组合Ⅰ、Ⅱ	抗滑动	K_c	1.3
	抗倾覆	K_0	1.5
荷载组合Ⅲ	抗滑动	K_c	1.3
	抗倾覆	K_0	1.3
施工阶段验算	抗滑动	K_c	1.2
	抗倾覆	K_0	1.2

6.4.8 支挡结构和加固结构的设计计算及构造要求应符合现行行业标准《公路路基设计规范》JTG D30 的规定。

6.5 路基监测

6.5.1 对高填方路基和特殊地基上的填方路基，应实行填筑过程中和填筑以后的变形监测。设计应明确监测路段、监测项目（内容）、监测点的数量及其布设，并应确定路基稳定和变形的监测控制标准。

6.5.2 对路基挖方高边坡及不良地质、特殊岩土地段的挖方边坡，应提出施工方案的特殊要求和监测要求，且应根据边坡变形与稳定监测的反馈信息，及时对原设计进行校核、修改和调整，并应符合下列规定：

1 监测的内容可包括：边坡变形及不稳定的范围，位移的方向、大小和历时特征，地下水位及其变化，爆破震动，支挡结构和加固设施的受力与变形等。

2 监测周期应根据道路等级、边坡及其支挡结构的特点、变形及其发展情况确定。对快速路重点高边坡，监测周期应从边坡开挖开始，至道路建成营运后不少于一年。

6.5.3 在既有城市道路下进行暗挖施工时，道路顶面位移不应大于道路构筑物的允许沉降，且应保证行车安全。应根据工程地质及水文地质条件、暗挖施工结构及其埋深、道路等级及管线情况以及监测工作的经济性，进行路表变形监测。监测工作应符合下列规定：

1 监测范围应根据道路情况、土层特性和结构埋深等确定，宜为暗挖结构物外沿两侧各 30m 范围内。

2 测点可根据工程性质确定，每个道路监测横断面上的测点不宜少于 7 个。

3 监测频率不宜低于表 6.5.3 的规定。

表 6.5.3 路基顶面位移监测频率

阶 段	频 率
掘进面距监测断面小于或等于 20m	(1 次～2 次)/天
掘进面距监测断面大于 20m，小于或等于 50m	1 次/2 天
掘进面距监测断面大于 50m	1 次/7 天
根据数据分析确定沉降稳定后 3 个月内	1 次/30 天

7 特殊路基

7.1 一 般 规 定

7.1.1 特殊路基设计应进行综合地质勘察，查明具体的特殊条件及特殊岩土或地质体的性质、参数、成因、规模、稳定状况及趋势。特殊路基设计所需的物理力学参数，宜采用原位测试数据，并应结合室内试验资料综合分析确定。

7.1.2 特殊路基设计应明确地质和环境等因素对路基的影响，遵循以防为主、防治结合的原则，采取合理的整治方案和工程措施。

7.2 软土地区路基

7.2.1 软土的鉴别宜符合表 7.2.1 的规定。

表 7.2.1 软土鉴别指标

<table>
<tr><th>土 类</th><th colspan="2">天然含水率
(%)</th><th>天然
孔隙比</th><th>直剪
内摩擦角
(°)</th><th>十字板剪
切强度
(kPa)</th><th>压缩系数
$a_{0.1\sim0.2}$
(MPa^{-1})</th></tr>
<tr><td>黏质土、
有机质土</td><td>≥35</td><td rowspan="2">≥液限</td><td>≥1.00</td><td><5°</td><td rowspan="2"><35</td><td>>0.5</td></tr>
<tr><td>粉质土</td><td>≥30</td><td>≥0.90</td><td><8°</td><td>>0.3</td></tr>
</table>

7.2.2 软土地区路基设计宜包含路基稳定验算、路基沉降计算、地基处理措施及路基监测设计等内容。

7.2.3 软土地区路基的稳定验算应符合下列规定：

1 宜采用瑞典圆弧滑动法中的固结有效应力法或改进总强度法，有条件时也可采用简化毕肖普法、简布普遍条分法。

2 验算时应按施工期和营运期的荷载分别计算稳定安全系数。施工期的双荷载应包括路堤自重及施工机械荷载，营运期的荷载应包括路堤自重、路面结构荷载及行车荷载。营运期的行车荷载宜换算为静止的当量土柱作用。

3 稳定验算中的水平向地震力应符合现行行业标准《公路桥梁抗震设计细则》JTG/T B02－01的规定。

4 稳定安全系数不应小于表7.2.3的规定，否则应针对稳定性进行地基处理。

表7.2.3 稳定安全系数

安全系数　验算方法 指标选取	固结有效应力法		改进总强度法		简化毕肖普法、简布法
	不考虑固结	考虑固结	不考虑固结	考虑固结	
直接快剪	1.1	1.2	—	—	—
静力触探、十字板剪	—	—	1.2	1.3	—
三轴有效剪切指标	—	—	—	—	1.4

注：当需考虑地震力时，表中稳定安全系数可减少0.1。

7.2.4 软土地基沉降计算应符合下列规定：

1 主固结沉降S_c应采用分层总和法计算。

2 总沉降宜按下式计算确定：

$$S = m_s S_c \tag{7.2.4-1}$$

式中：S——总沉降（m）；

m_s——沉降系数，与地基条件、荷载强度、加荷速率等因素有关，取值范围1.1～1.7，应根据现场沉降观测资料和当地经验确定；

S_c——主固结沉降（m）。

3 总沉降也可由瞬时沉降S_d、主固结沉降S_c及次固结沉降S_s，按下式计算确定：

$$S = S_d + S_c + S_s \tag{7.2.4-2}$$

4 任意时刻地基的沉降量可按下式计算确定：

$$S_t = (m_s - 1 + U_t)S_c \tag{7.2.4-3}$$

或

$$S_t = S_d + S_c U_t + S_s \tag{7.2.4-4}$$

式中：U_t——t时间的地基平均固结度，天然地基采用太沙基一维固结理论解计算；对砂井、塑料排水板等竖向排水体处理的地基，固结度宜按巴隆给出的太沙基-伦杜立克固结理论轴对称条件固结方程在等应变条件下的解来计算。

5 软土地基沉降计算的土层深度应以其底面附加应力与自重应力之比值不大于15%确定。

6 软土地基上的低填路基，当重载车型较多时，还应计入行车荷载产生的路基永久变形。

7 软土地基路基工后变形应符合本规范第6.2.8条的规定，否则应按变形控制对地基进行处理。

7.2.5 软土地基路基填筑应符合下列规定：

1 当填方路基为中湿、潮湿状态时，底部宜设置透水垫层，厚度宜为0.50m，并宜设2%～3%的横坡。

2 特别软弱地基上的路基或软土地基上的高路基，可采用粉煤灰、泡沫聚苯乙烯（EPS）块等轻质材料填筑，并应符合下列规定：

1）采用粉煤灰填筑时，应采取黏土包边等措施防止粉煤灰流失。粉煤灰材料应符合本规范第4.3.6条的规定。

2）采用泡沫聚苯乙烯（EPS）填筑时，应验算堤身的压缩变形和抗浮稳定性，且顶层EPS的密度不宜小于0.3kN/m^3。

3 路基加筋应采用抗拉强度大于50kN/m、延伸率小于10%、耐老化的土工合成材料。

4 不宜采用反压护道。采用反压护道时，其高度不宜超过路基高度的1/2，宽度应通过稳定验算确定。

7.2.6 对软土层厚度小于3m、埋深较浅的软土地基，宜采用无机结合料浅层拌合、挖除换填、抛石挤淤等浅层地基处理措施，并应符合下列规定：

1 当采用水泥、石灰等无机结合料拌合处理措施时，应根据试验确定无机结合料的掺入量。

2 浅层地基换填宜采用透水性较好的碎石或中粗砂等粒料，换填料应高出地下水位以上不小于0.50m、宽出路基两侧不小于0.50m。

3 抛石挤淤的抛石高度应高出软土、淤泥层顶及地表水位不小于0.50m，宽出路基两侧0.50m～1.00m；抛石顶面应采用粒径小于10cm的块石或级配碎石填平、碾压密实。抛石挤淤不宜用于快速路和主干路的路基工程。

7.2.7 软土层较厚、路基填土高度超过地基极限填土高度时，应采用排水固结法、粒料桩、加固土桩、刚性桩等深层地基处理措施。

7.2.8 排水固结法设计应符合下列规定：

1 可用于淤泥、淤泥质黏土及充填土等饱和软土。

2 应根据软土性质、填土高度、沉降计算与稳定验算结果、施工工期等，确定采用砂垫层、塑料排水板、砂井、堆载预压、真空预压和真空联合堆载预压等措施。

3 预压期应根据允许工后沉降量或要求的地基固结度确定，不宜小于6个月。

4 采用真空联合堆载预压法时，应在地基中设置塑料排水板或砂井等竖向排水体，真空预压密封膜下的真空度不宜小于75kPa。

5 排水固结法设计不应对周围重要建筑物、管线等造成影响。

6 桥头引道采用排水固结法处理时，应先预压，再开挖施工桥梁桩基和承台。

7.2.9 粒料桩法应符合下列规定：

1 振冲粒料桩可用于十字板抗剪强度大于15kPa的地基；沉管粒料桩可用于十字板抗剪强度大于10kPa的地基。

2 粒料桩的直径、深度和间距应经稳定、沉降验算后确定，对较薄的软土层，应贯穿；相邻桩净距不应大于4倍桩径。

3 计算设有粒料桩复合地基的路基整体滑动稳定安全系数时，复合地基内滑动面上的抗剪强度应采用复合地基抗剪强度，并应按下列公式计算：

$$\tau_{ps} = m\tau_p + (1-m)\tau_s \tag{7.2.9-1}$$

$$\tau_p = \sigma\cos\alpha\tan\varphi_c \tag{7.2.9-2}$$

$$m = 0.907\left(\frac{D}{B}\right)^2 \tag{7.2.9-3}$$

$$m = 0.785\left(\frac{D}{B}\right)^2 \tag{7.2.9-4}$$

式中：τ_{ps}——复合地基抗剪强度（kPa）；

τ_p——粒料桩抗剪强度（kPa）；

τ_s——桩间土抗剪强度（kPa）；

σ——滑动面处桩体的竖向应力（kPa）；

φ_c——粒料桩的内摩擦角，桩料为碎石时可取38°，桩料为砂砾时可取35°；

m——桩对土的置换率，桩在平面上按等边三角形布置时，按式（7.2.9-3）计算确定；桩在平面上按正方形布置时，按式（7.2.9-4）计算确定；

α——滑动面倾角（°）；

D_p——桩的直径（m）；

B_p——桩间距（m）。

4 粒料桩桩长深度内地基的沉降应按下列公式计算：

$$S_z = \mu_s S \tag{7.2.9-5}$$

$$\mu_s = \frac{1}{1+m(n-1)} \tag{7.2.9-6}$$

式中：S_z——桩长深度内复合地基的沉降（m）；

S——粒料桩桩长深度内未加固地基（天然地基）的沉降（m）；

μ_s——桩间土应力折减系数；

n——桩土应力比；宜经工程试验确定。当无资料时，n 可取 2～5，当桩底土质好、桩间土质差时取高值，否则取低值。

7.2.10 加固土桩法应符合下列规定：

1 深层搅拌法可用于加固十字板抗剪强度不小于 10kPa 的软土地基。用于处理有机质土、泥炭土、塑性指数大于 25 的黏土，以及地下水具有腐蚀性的地基时，应通过现场试验确定其适用性。

2 当采用粉喷桩法加固软土地基时，深度不应超过 14m，并应评估对周围环境污染的影响。当地基天然含水率小于 30%、大于 70%或地下水的 pH 值小于 4 时不宜采用粉喷桩法。

3 加固土桩的直径、深度和间距应经稳定性验算确定，并应满足工后沉降的要求，对较薄的软土层，应贯穿。相邻桩的净距不应大于 4 倍桩径。

4 计算设有加固土桩复合地基的路基整体滑动稳定安全系数时，复合地基内滑动面上的抗剪强度应采用复合地基抗剪强度，并应按下列公式计算：

$$\tau_{ps} = m\tau_p + (1-m)\tau_s \tag{7.2.10-1}$$

式中：τ_{ps}——复合地基抗剪强度（kPa）；

τ_p——加固土桩抗剪强度（kPa）；

τ_s——桩间土抗剪强度（kPa）。

5 加固土桩的抗剪强度宜以 90d 龄期的强度为标准强度，可按钻取试验路段的原状试件所测无侧限抗压强度的 1/2 计取；也可按设计配合比由室内制备的加固土试件测得的无侧限抗压强度的 0.3 倍计取。

6 加固土桩复合地基的沉降量应按复合地基加固区的沉降量和加固区下卧层的沉降量两部分来计算。加固区的沉降量应采用复合地基压缩模量法计算；下卧层的沉降量宜采用压缩模量法计算。复合地基压缩模量应按下列公式计算：

$$E_{ps} = mE_p + (1-m)E_s \tag{7.2.10-2}$$

式中：E_{ps}——复合地基压缩模量（MPa）；

E_p——桩体压缩模量（MPa），可根据无侧向抗压强度按经验公式取值；

E_s——土体压缩模量（MPa）。

7.2.11 刚性桩法应符合下列规定：

1 刚性桩适用于深厚软土地基上荷载较大、变形要求较严格的高填方路堤段、桥头引道或通道与路堤的衔接部位、新老路堤拼接的拓宽区域。

2 刚性桩桩顶应设置托板、加筋垫层。

3 刚性桩的设置深度和间距应经稳定性、工后沉降验算后确定。

4 当计算刚性桩复合地基的路堤整体抗剪稳定安全系数时，复合地基滑动面上的抗剪强度应采用复合地基抗剪强度，计算方法同加固土桩法。

5 刚性桩处理地基的最终沉降量计算，可不考虑桩间土压缩变形对沉降的影响，并应按下式计算：

$$S = \psi_P \sum_{j=1}^{m} \sum_{i=1}^{n_j} \frac{\sigma_{j,i} \Delta h_{j,i}}{E_{sj,i}} \tag{7.2.11}$$

式中：S——最终沉降量（mm）；

m——桩端平面以下压缩量范围内土层总数；

$E_{sj,i}$——桩端平面下第 j 层土第 i 个分层在自重应力至自重应力加附加应力作用段的压缩模量（MPa）；

n_j——桩端平面下第 j 层土的计算分层数；

$\Delta h_{j,i}$——桩端平面下第 j 层第 i 分层的厚度（m）；

$\sigma_{j,i}$——桩端平面下第 j 层第 i 分层的竖向附加应力（kPa），采用明德林应力公式计算，按现行国家标准《建筑地基基础设计规范》GB 50007 的规定执行；

ψ_P——桩基沉降计算经验系数，应根据当地的工程实测资料统计对比确定。

6 当采用锤击法沉桩时，不应因振动造成对周围建筑物的影响。

7.2.12 软土地基路基横断面设计应符合下列规定：

1 预压期结束时，路基高度不宜小于其设计高度，即实际路基填筑高度应等于路基设计高度与预压期间的沉降量之和。

2 预压填方路基底面宜加宽，每侧的加宽量应按下列公式计算：

$$\Delta d = mS_f \tag{7.2.12-1}$$

式中：Δd——一侧的加宽量（m）；

m——软基路堤的设计边坡值（坡率的倒数）；

S_f ——路堤坡脚处预压期末的沉降量（m）。

3 预压填方路基的边坡值应按下列公式计算：

$$n=\left(1-\frac{S_j}{H+S_f}\right)m \tag{7.2.12-2}$$

式中：n ——预压填方路基的边坡值；

S_j ——路肩处预压期末的沉降量（m）；

H ——路基中心高度（m）。

7.2.13 高填方路基或桥头引道应按本规范第 6.5.1 条的规定，进行路基稳定与变形监测设计，路基填土速率应符合下列规定：

1 填筑时间不应小于地基抗剪强度增长所需要的固结时间。

2 路基中心沉降量每昼夜不得大于 10mm～15mm，边桩位移量每昼夜不得大于 5mm。

7.2.14 路面铺筑应在沉降稳定后进行，采用双标准控制，即要求推算的工后沉降量符合本规范第 6.2.8 条的规定；同时要求连续 2 个月观测的沉降量每月不超过 5mm。

7.3 红黏土与高液限土地区路基

7.3.1 红黏土与高液限土地区的路基设计，应查明沿线红黏土或高液限土的分布范围、成因类型、土体结构、湿度状态及其垂直分带、土体中裂隙分布特征、地下水分布情况、物理力学性质及胀缩性等。

1 红黏土的结构可按表 7.3.1-1 的规定进行分类，复浸水特性可按表 7.3.1-2 的规定进行分类。

2 当红黏土与高液限土具有明显膨胀性时，应按膨胀土路基进行设计。

表 7.3.1-1 红黏土的结构分类

土体结构	裂隙发育特征	S_t
致密状结构	偶见裂隙（<1 条/m）	>1.2
巨块状结构	较多裂隙（1～2 条/m）	0.8～1.2
碎块状结构	富裂隙（>5 条/m）	<0.8

注：S_t为红黏土的天然状态与保湿扰动状态土样的无侧限抗压强度之比。

表 7.3.1-2 红黏土的复浸水特性分类

类别	I_r与I'_r关系	复浸水特性
Ⅰ	$I_r \geq I'_r$	收缩后复浸水膨胀，能恢复到原位
Ⅱ	$I_r < I'_r$	收缩后复浸水膨胀，不能恢复到原位

注：$I_r = w_L/w_p$，$I'_r = 1.4 + 0.0066\,w_L$；w_L—液限；w_p—塑限。

7.3.2 红黏土与高液限土地区填方路基应符合下列规定：

1 当红黏土用作路基填料时，其最小强度应满足本规范表 4.3.4 的规定，否则应进行处治。压缩系数大于 0.5MPa^{-1}的红黏土路基不得用于填筑路基。

2 满足最小强度要求但未经处理的红黏土填筑路基高度不宜大于 10m。

3 高液限土不宜直接作为路基填料。当利用挖方路段的挖方高液限土填筑路基时，应进行处治。

4 高度小于 10m 的填方路基边坡坡率宜为 1∶1.5～1∶1.75，当边坡高度大于 6m 时，宜设置边坡平台，其宽度不宜小于 2m。当边坡高度超过 10m 时，应按高边坡设计，并应通过路基稳定性分析计算确定路堤横断面形式、边坡坡度及路堤加固与防护措施等。

5 在确定路基土的最佳含水率和最大干密度时，宜采用湿土法重型击实试验。

6 路基基底应设置排水隔离垫层，厚度宜为 0.50m，应采用渗水性良好的砂砾或碎石填筑，其顶面应设置反滤层。

7 经改性处理的红黏土或高液限土路基，或者用黏土外包封闭的路基可按一般路基进行防护设计。

7.3.3 红黏土与高液限土地区挖方路基应符合下列规定：

1 应分析复浸水Ⅰ类红黏土的开挖面土体干缩导致裂隙发展及复浸水使土质产生变化的不利影响。边坡稳定性计算宜采用饱水剪切试验和重复慢剪试验等强度指标，对裂隙发育的土应采用三轴剪切试验或无侧限抗压强度试验指标，必要时可进行收缩试验和复浸水试验。

2 挖方边坡高度不宜超过 20m，边坡坡率及平台宽度可按表 7.3.3 确定，当边坡高度超过 6m 时，挖方路基宜采用台阶式断面。若地形允许，宜放缓边坡。

表 7.3.3 红黏土与高液限土挖方边坡坡率

边坡高度（m）	边坡坡率	边坡平台宽度（m）
＜6	1∶1.25～1∶1.5	—
6～10	1∶1.25～1∶1.5	2.0
10～20	1∶1.5～1∶1.75	≥2.0

3 应根据红黏土或高液限土的工程性质、道路等级，对路床顶面下 0.80m 范围内的红黏土或高液限土进行超挖，并应换填渗水性良好的砂砾、碎石土或采用石灰、水泥等无机结合料进行处治。

4 应进行路基防排水系统的综合设计。

5 挖方边坡的坡面防护与支挡加固应综合设计。

7.4 膨胀土地区路基

7.4.1 膨胀土地区的路基设计应查明沿线膨胀土的分布范围、成因类型、土体结构、地下水分布与赋存条件，以及膨胀土的矿物成分、物理力学性质和胀缩特性等。

7.4.2 膨胀土地区的路基设计应以防止水分侵蚀、防止风化、保持路基湿度稳定为主，结合坡面防护，降低边坡高度，分段连续施工，及时封闭路床和坡面。道路与建筑、广场之间的绿化带和坡面，应采取半封闭的相对保湿、防渗透措施。道路先于建筑实施时，应对城市道路沿线两侧一定范围内未开发土地采取临时保湿、防渗、排水措施。

7.4.3 膨胀土地区路基的边坡及其防护加固应符合下列规定：

1 当可能发生浅层破坏时，宜采取半封闭的保湿防渗措施。

2 当可能发生深层破坏时，应采取边坡稳定加固措施，并应进行边坡防护。

3 膨胀土强度指标应采用低于峰值强度值，可采用反算和经验指标。

4 支挡结构基础埋深应大于气候影响层深度，反滤层应适当加厚。

5 防护工程宜采用柔性结构。

7.4.4 膨胀土地区的填方路基设计应符合下列规定：

1 当路基填土高度小于路面与路床的总厚度，基底为膨胀土时，宜挖除地表 0.30m～0.60m 的膨胀土，并应将路床换填成非膨胀土或作掺灰处理。若为强膨胀土，挖除深度应达到大气影响深度。大气影响深度的确定应符合现行国家标准《膨胀土地区建筑技术规范》GB 50112 的规定。

2 强膨胀土不得作为路基填料。中等膨胀土应经改良处理后方可用于路基填筑。当采用弱膨胀土作为路堤填料，胀缩总率不超过 0.7%时，可直接填筑，但应采取防水、保温、封闭、坡面防护等措施；否则，应按道路等级、气候、水文特点、填土层位等具体情况，结合实践经验对弱膨胀土进行处治。

3 膨胀土填筑的路基，应及时碾压密实，路基压实度应符合本规范第 4.6.2 条的规定。在确定路堤填筑的最佳含水率和最大干密度时，宜采用湿土法重型击实试验。

4 路基边坡坡率应根据路堤边坡的高度、填料重塑后的性质、区域气候特点和既有的路基工程经验综合确定。路基高度不宜大于 6m。对边坡高度不大于 10m 的路基边坡，其坡率和边坡平台的设置可按表 7.4.4-1

确定。

表 7.4.4-1 膨胀土填方路基边坡坡率和边坡平台宽度

膨胀性 边坡高度（m）	边坡坡率		边坡平台宽度（m）	
	弱膨胀	中等膨胀	弱膨胀	中等膨胀
<6	1∶1.5	1∶1.5～1∶1.75	可不设	
6～10	1∶1.75	1∶1.75～1∶2.0	2.0	≥2.0

5 路堤边坡的防护应根据工程地质条件及填土高度，按表 7.4.4-2 确定。

表 7.4.4-2 膨胀土填方路基边坡防护措施

边坡高度（m）	弱膨胀土	中膨胀土
≤6	植物	骨架植物
>6	植被防护，骨架植物	支撑渗沟加拱形骨架植物

7.4.5 膨胀土地区的挖方路基设计应符合下列规定：

1 边坡坡率应根据边坡土体的性质、软弱层和裂隙的组合关系、气候特点、水文地质条件，以及当地自然山坡、人工边坡的稳定坡率等综合确定。

2 边坡设计应放缓坡率、设置平台。边坡坡率及平台宽度可按表 7.4.5-1 确定。边坡高度大于 10m 时应进行个别设计。

表 7.4.5-1 膨胀土边坡坡率和平台宽度

膨胀土类别	边坡高度（m）	边坡坡率	边坡平台宽度（m）	碎落台宽度（m）
弱膨胀土	<6	1∶1.5	—	1.0
	6～10	1∶1.5～1∶2.0	1.5～2.0	1.5～2.0
中等膨胀土	<6	1∶1.5～1∶1.75	—	1.0～2.0
	6～10	1∶1.75～1∶2.0	2.0	2.0
强膨胀土	<6	1∶1.75～1∶2.0	—	2.0
	6～10	1∶2.0～1∶2.5	≥2.0	≥2.0

3 应对路床 0.80m 范围内的膨胀土进行超挖换填，或采取土质改良等措施。对强膨胀土、地下水发育、运营中处理困难的挖方路基，换填深度应加深至 1.0m～1.5m，并应采取地下防排水措施。

4 边坡应设置完善的排水系统，及时引排地面水和地下水。

5 挖方边坡的防护和加固类型依据工程地质条件、环境因素和边坡高度可按表 7.4.5-2 及表 7.4.5-3 确定，边坡开挖后应及时防护封闭。边坡植物防护时，不应采用阔叶树种。圬工防护时，墙背应设置缓冲层。

表 7.4.5-2 膨胀土挖方路基边坡防护措施

边坡高度（m）	弱膨胀土	中等膨胀土
≤6	植物	骨架植物
＞6	骨架植物、植物防护、浆砌片石护坡	拱形骨架植物、支撑渗沟加拱形骨架植物

表 7.4.5-3 膨胀土挖方路基边坡加固措施

边坡高度（m）	弱膨胀土	中等膨胀土	强膨胀土
≤6	不设	坡脚墙	护墙、挡土墙
＞6	护墙、挡土墙	挡土墙、抗滑桩	桩基承台挡土墙、抗滑桩、边坡锚固

7.5 黄土地区路基

7.5.1 黄土地区路基设计应查明沿线黄土的分布范围、厚度及其变化、成因类型和地层特征，各种不同地层黄土的物理、力学性质、湿陷性类型和湿陷等级，以及路线所处的地貌单元及地表水、地下水等情况，并应符合下列规定：

1 黄土塬梁地区，当路基遇到有滑坡、崩塌、陷穴群、冲沟发育、地下水出露的塬梁边缘和斜坡地段，应有充分依据和切实可行的工程措施，对该区域进行综合治理，消除路基危害。

2 位于冲沟沟头和陷穴附近的路基，应分析评价其发展趋势及对路基的危害程度和对路基稳定性的影响。

3 湿陷性黄土地区的路基宜设在湿陷性轻微、湿陷土层较薄、排水条件较好的地段。

4 饱和黄土地基，应按软土地区路基的有关要求进行路基设计和地基处理。

7.5.2 黄土地区路基设计应加强排水，并应采取拦截、分散的措施，宜设置防冲刷、防渗漏和有利于水土保持的综合排水设施及防护工程。

7.5.3 黄土地区填方路基设计应符合下列规定：

1 当地基情况良好或经过处理、边坡高度不大于 20m 时，断面形式及边坡坡率可按表 7.5.3 选用。

2 当边坡高度大于 20m 时，应按照本规范第 6.2 节的规定进行个别设计，并宜与桥梁方案相比较。

3 对高度大于 20m 的路基，应按工后沉降量预留路基顶面加宽值；工后沉降量可按路堤高度的 0.7%～1.5%进行估算。

表 7.5.3 黄土填方路基断面形式及边坡坡率

断面形式	路基以下边坡分段坡率		
	$0<H\leqslant8$m	$8<H\leqslant15$m	$15<H\leqslant20$m
折线形	1∶1.5	1∶1.75	1∶2.0
台阶形	1∶1.5	1∶1.75	1∶1.75

注：台阶形断面适用于年降水量大于 500mm 的地区；在边坡高 15m 处设宽为 2.0m～2.5m 的平台。边坡平台宜设截水沟，并作防渗加固处理。

7.5.4 黄土地区挖方路基设计应符合下列规定：

1 边坡形式应根据黄土类别、均匀性及边坡高度按表 7.5.4-1 确定。边坡小平台应根据年平均降水量设置。年平均降水量小于 300mm 的地区应每高 12m 设一级，300mm～500mm 的地区应每高 10m 设一级，500mm～700mm 的地区应每高 8m 设一级。边坡大平台宜设在边坡的中部。非均质土层平台或变坡点的位置应结合不同土层分界面和钙质结核层的位置综合确定。边坡平台宽应根据稳定性计算确定，小平台宽度宜为 2.0m～2.5m，大平台宽度宜为 4.0m～6.0m。年平均降水量大于 250mm 的地区，边坡平台应设截水沟，其底宽及深度均不应小于 0.4m，并应采取防护措施。

表 7.5.4-1 黄土挖方路基边坡形式及适用条件

边坡形式		适　用　条　件
直线形		1）均质土层，Q_4、Q_3 黄土边坡高度 $H\leqslant15$m；Q_2、Q_1 黄土边坡高度 $H\leqslant20$m； 2）非均质土层，边坡高度 $H\leqslant10$m
折线形（上缓下陡）		非均质土层，边坡高度 $H\leqslant15$m
台阶形	小平台	1）均质土层，Q_4、Q_3 黄土边坡高度 $15\text{m}<H\leqslant30$m；Q_2、Q_1 黄土边坡高度 $20\text{m}<H\leqslant30$m； 2）非均质土层，边坡高度 $15\text{m}<H\leqslant30$m
	大平台	边坡高度 $H>30$m

2 当挖方边坡高度不大于 30m 时，边坡坡率应根据黄土的地貌单元、时代成因、构造节理、地下水分布、降雨量、边坡高度、施工方法，并结合当地自然或人工稳定边坡坡率按表 7.5.4-2 确定。

3 当挖方边坡高度超过30m时，应按本规范第6.2节的规定进行个别设计，并宜与隧道方案作比较。

4 对设有大平台的深挖方路基，必须对高边坡作整体稳定验算，并应对大平台毗邻的上下分段边坡作局部稳定验算。

5 在有地下水活动的挖方路段，应采取截排地下水及防止地面水渗漏等措施，并应设置必要的防护工程。

表7.5.4-2 黄土挖方边坡坡率

<table>
<tr><th rowspan="2">分区</th><th rowspan="2" colspan="2">分　类</th><th colspan="4">边坡高度（m）</th></tr>
<tr><th>≤6</th><th>6～12</th><th>12～20</th><th>20～30</th></tr>
<tr><td rowspan="4">Ⅰ
东南区</td><td rowspan="2">新黄土 Q_3
Q_4</td><td>坡积</td><td>1∶0.5</td><td>1∶0.5～
1∶0.75</td><td>1∶0.75～
1∶1.0</td><td>—</td></tr>
<tr><td>洪积</td><td>1∶0.2～
1∶0.3</td><td>1∶0.3～
1∶0.5</td><td>1∶0.5～
1∶0.75</td><td>1∶0.75～
1∶1.0</td></tr>
<tr><td colspan="2">新黄土 Q_3</td><td>1∶0.3～
1∶0.5</td><td>1∶0.4～
1∶0.6</td><td>1∶0.6～
1∶0.75</td><td>1∶0.75～
1∶1.0</td></tr>
<tr><td colspan="2">老黄土 Q_2</td><td>1∶0.1～
1∶0.3</td><td>1∶0.2～
1∶0.4</td><td>1∶0.3～
1∶0.5</td><td>1∶0.5～
1∶0.75</td></tr>
<tr><td rowspan="5">Ⅱ
中部区</td><td rowspan="2">新黄土 Q_3
Q_4</td><td>坡积</td><td>1∶0.5</td><td>1∶0.5～
1∶0.75</td><td>1∶0.75～
1∶1.0</td><td>—</td></tr>
<tr><td>洪积、
冲积</td><td>1∶0.2～
1∶0.3</td><td>1∶0.3～
1∶0.5</td><td>1∶0.5～
1∶0.75</td><td>1∶0.75～
1∶1.0</td></tr>
<tr><td colspan="2">新黄土 Q_3</td><td>1∶0.3～
1∶0.4</td><td>1∶0.4～
1∶0.5</td><td>1∶0.5～
1∶0.75</td><td>1∶0.75～
1∶1.0</td></tr>
<tr><td colspan="2">老黄土 Q_2</td><td>1∶0.1～
1∶0.3</td><td>1∶0.2～
1∶0.4</td><td>1∶0.3～
1∶0.5</td><td>1∶0.5～
1∶0.75</td></tr>
<tr><td colspan="2">红色黄土 Q_1</td><td>1∶0.1～
1∶0.2</td><td>1∶0.2～
1∶0.3</td><td>1∶0.3～
1∶0.4</td><td>1∶0.4～
1∶0.6</td></tr>
<tr><td rowspan="4">Ⅲ
西部区</td><td rowspan="2">新黄土 Q_3
Q_4</td><td>坡积</td><td>1∶0.5～
1∶0.75</td><td>1∶0.75～
1∶1.0</td><td>1∶1.0～
1∶1.25</td><td>—</td></tr>
<tr><td>洪积、
冲积</td><td>1∶0.2～
1∶0.4</td><td>1∶0.4～
1∶0.6</td><td>1∶0.6～
1∶0.75</td><td>1∶0.75～
1∶1.0</td></tr>
<tr><td colspan="2">新黄土 Q_3</td><td>1∶0.4～
1∶0.5</td><td>1∶0.5～
1∶0.75</td><td>1∶0.75～
1∶1.0</td><td>1∶1.0～
1∶1.25</td></tr>
<tr><td colspan="2">老黄土 Q_2</td><td>1∶0.1～
1∶0.3</td><td>1∶0.2～
1∶0.4</td><td>1∶0.3～
1∶0.5</td><td>1∶0.5～
1∶0.75</td></tr>
</table>

续表 7.5.4-2

分区	分类		边坡高度（m）			
			≤6	6～12	12～20	20～30
Ⅳ北部区	新黄土 Q_3 Q_4	坡积	1∶0.5～1∶0.75	1∶0.75～1∶1.0	1∶1.0～1∶1.25	—
		洪积、冲积	1∶0.2～1∶0.4	1∶0.4～1∶0.6	1∶0.6～1∶0.75	1∶0.75～1∶1.0
	新黄土 Q_3		1∶0.3～1∶0.5	1∶0.5～1∶0.6	1∶0.6～1∶0.75	1∶0.75～1∶1.0
	老黄土 Q_2		1∶0.1～1∶0.3	1∶0.2～1∶0.4	1∶0.3～1∶0.5	1∶0.5～1∶0.75
	红色黄土 Q_1		1∶0.1～1∶0.2	1∶0.2～1∶0.3	1∶0.3～1∶0.4	1∶0.4～1∶0.6

注：表内边坡值为设平台后的平均值。

6 边坡防护类型应根据城市规划的景观要求，结合土质、降雨量、气候条件、边坡高度及坡度、防护材料来源等经方案比选，选择合理、经济、美观的边坡防护类型。

7.5.5 湿陷性黄土地基处理应符合下列规定：

1 黄土地基湿陷类型和湿陷等级的判定，以及地基沉降计算和稳定性验算，应符合现行国家标准《湿陷性黄土地区建筑规范》GB 50025 的规定。

2 当地基沉降计算值不符合本规范第 6.2.8 条的规定时，应采取减少或消除湿陷性的处理措施。

3 湿陷性黄土地基的处理深度应通过验算确定。填方路段的处理宽度应至坡脚排水沟外侧不小于 1m；挖方路段应为路基的整个开挖面；非自重湿陷性黄土地基的挡土墙路段应处理至挡土墙基础底面外侧不小于 1m，自重湿陷性黄土地基的挡土墙路段应处理至挡土墙基础底面外侧不小于 2m。

4 黄土地基的湿陷性处理，应按现行国家标准《湿陷性黄土地区建筑规范》GB 50025 的规定，根据地基特征、处理深度、施工设备、材料来源和对周围环境的影响等因素，处理措施选择，必要时可通过试验确定其可行性、设计参数和施工工艺。当采用强夯法时，应评估其对周边沉降和环境的影响。

5 对危害路基稳定的陷穴应进行处理。对外露的陷穴，在路堤坡脚或路堑坡顶线外上方侧50m以内，下方侧10m～20m内，应全部处理，处理深度自地面至陷穴底。对横穿路基隐蔽的暗穴，自路堤坡脚或路堑坡脚向外侧按（$45^\circ+\varphi/2$）向下扩展至需处理的暗穴底。对流向陷穴的地面水，应采取拦截引排措施；对路堑坡顶附近的裂缝和积水洼地，应填平夯实。

7.6 盐渍土地区路基

7.6.1 盐渍土地区路基设计应查明沿线盐渍土的分布范围、含盐特征及地下水与地表水等情况，分析可能产生的路基病害。盐渍土根据含盐性质可按表7.6.1-1的规定分类，盐渍化程度可按7.6.1-2的规定分类。

表7.6.1-1 盐渍土按含盐性质分类

盐渍土名称	离子含量比值	
	Cl^-/SO_4^-	$(CO_3^-+HCO_3^-)/(Cl^-+SO_4^-)$
氯盐渍土	＞2	—
亚氯盐渍土	1～2	—
亚硫酸盐渍土	0.3～＜1.0	—
硫酸盐渍土	＜0.3	—
碳酸盐渍土	—	＞0.3

注：离子含量以1kg土中离子的毫摩尔数计（mmol/kg）。

表7.6.1-2 盐渍土按盐渍化程度分类

盐渍土名称	细粒土 土层的平均含盐量 （%）		粗粒土 通过10mm筛孔土的平均含盐量 （%）	
	氯盐渍土及亚氯盐渍土	硫酸盐渍土及亚硫酸盐渍土	氯盐渍土及亚氯盐渍土	硫酸盐渍土及亚硫酸盐渍土
弱盐渍土	0.3～＜1.0	0.3～＜0.5	2.0～＜5.0	0.5～＜1.5
中盐渍土	1.0～＜5.0	0.5～＜2.0	5.0～＜8.0	1.5～＜3.0
强盐渍土	5.0～8.0	2.0～5.0	8.0～10.0	3.0～6.0
过盐渍土	＞8.0	＞5.0	＞10.0	＞6.0

注：离子含量以100g干土内的含盐总质量计。

7.6.2 盐渍土地区路基宜为填方路基。当受高程条件限制采用挖方时，应根据当地水文条件适当超挖，并应回填渗水性填料或设置隔断层。

7.6.3 盐渍土地区路基必须进行路基排水设计，并进行现场调查和核对，排水应畅通。

7.6.4 盐渍土地区填方路基应符合下列规定：

1 路基高度应在满足城市规划高程基础上，使路床处于干燥或中湿状态。路基相对高度不应低于表 7.6.4-1 的规定，否则应采取换填、设置隔断层等措施。

表 7.6.4-1 盐渍土地区最小路基相对高度

土质类别	高出地面（m）		高出地下水位或地表长期积水位（m）	
	弱、中盐渍土	强、过盐渍土	弱、中盐渍土	强、过盐渍土
砾类土	0.4	0.6	1.0	1.1
砂类土	0.6	1.0	1.3	1.4
黏质土	1.0	1.3	1.8	2.0
粉质土	1.3	1.5	2.1	2.3

注：快速路、Ⅰ级主干路按表中值(1.5～2)倍计；Ⅱ级主干路、Ⅰ级次干道按（1.2～1.5）倍计。

2 盐渍土用作路堤填料的可用性，应根据不同道路等级和路堤填筑部位以及当地气候特征、水文地质条件，按表 7.6.4-2 确定，否则应外掺石灰等材料处治合格后方可利用。当采用碳酸盐渍土作路基填料时，碳酸盐含量不应超过 0.50%。

表 7.6.4-2 盐渍土作路基填料的可用性

土类及盐渍化程度 ＼ 填土层位 ＼ 道路等级		快速路、主干路			次干路			支路	
		0～0.80m	0.80m～1.50m	1.50m以下	0～0.80m	0.80m～1.50m	1.50m以下	0～0.80m	0.80m～1.50m
粗粒土	弱盐渍土	×	○	○	△[1]	○	○	○	○
	中盐渍土	×	△[1]	○	△[1]	○	○	△[3]	○
	强盐渍土	×	×	△[1]	×	△[2]	△[3]	×	△[1]
	过盐渍土	×	×	×	×	×	△[2]	×	△[2]
细粒土	弱盐渍土	×	△[1]	○	△[1]	○	○	△[1]	○
	中盐渍土	×	×	△[1]	×	△[1]	○	×	△[4]
	强盐渍土	×	×	×	×	×	△[2]	×	△[2]
	过盐渍土	×	×	×	×	×	△[2]	×	×

注：○：可用；△：部分可用；×：不可用；△[1]：氯盐渍土及亚氯盐渍土可用；△[2]：强烈干旱地区的氯盐渍土及亚氯盐渍土经过论证可用；△[3]：粉土质（砂）、黏土质（砂）不可用；△[4]：水文地质条件差时的硫酸盐渍土及亚硫酸盐渍土不可用。

3 当基底为过湿地段时，应排除积水，挖除表层湿土后换填，换填厚度不应小于 0.50m；受地面水或地下毛细水影响的路基，应设置隔断层；软弱地基应作特殊处理设计。

4 隔断层设置层位应高出地面和地表长期积水位且不应小于 0.20m，可采用砾（碎）石、风积砂、河砂、复合隔水土工膜等材料。

5 盐渍土地区路堤边坡坡率，应根据填筑材料的土质和盐渍化程度，按表 7.6.4-3 确定。

表 7.6.4-3 盐渍土地区路堤边坡坡率

土质类别	填料盐渍化程度	
	弱、中盐渍土	强盐渍土
砾类土	1∶1.5	1∶1.5
砂类土	1∶1.5	1∶1.5～1∶1.75
粉质土	1∶1.5～1∶1.75	1∶1.75～1∶2.00
黏质土	1∶1.5～1∶1.75	1∶1.75～1∶2.00

7.7 季节性冰冻地区路基

7.7.1 季节性冰冻地区路基设计应调查道路沿线的水文和水文地质状况，调查宜于冰冻前进行，调查宜包括下列主要内容：

1 对路基产生影响的地表常年积水距路面的距离及水深。

2 地下水位及其随季节变化情况。

3 道路施工期及建成后可能对路基路面造成冻害的各种水源。

7.7.2 季节性冻土地区各级道路的路基设计除满足路基强度要求外，最不利时期路基容许总冻胀值不应超过表 7.7.2 所列的数值。

表 7.7.2 满足道路平整度要求的路基容许总冻胀值 Z_y（mm）

道路等级 \ 路面类型	现浇水泥混凝土	沥青混凝土
快速路、主干路	20	50
其他道路	30	60

7.7.3 路基总冻胀值可根据路基冻深（道路冻深减去路面厚度）和土的冻胀率，按下列公式计算：

$$Z_j = \sum_{i=1}^{n} h_i \eta_i \tag{7.7.3}$$

式中：Z_j——路基冻胀值（mm）；

h_i——路基冻深内不同土层的厚度（mm）；

η_i——路基不同土层土的冻胀率；

n——不同土层数。

7.7.4 路基土冻深范围内各层土质填料应根据路基高度、干湿类型、冻土区划、容许总冻胀值及路面结构类型等因素选取，宜采用干燥的砂砾、碎石、砂性土或矿渣、炉渣、粉煤灰等抗冻性良好的材料。

7.7.5 强冻胀土路基距地下水或地表常年积水的高度不应小于冻土路基临界高度。路基临界高度可按式（7.7.5）计算确定。否则应采用降排水、换填、设置保温层或隔断层等措施。

$$h_{\tau}=Z_{\max}+h_{\varepsilon} \tag{7.7.5}$$

式中：h_{τ}——冻胀土路基临界高度（m）；

$Z_{\max}$——道路多年最大冻深（m）；

h_{ε}——冻结水上升高度（m），如无实际观测值，可按表7.7.5确定。

表 7.7.5　各种土质的冻结水上升高度（m）

土质类别	含细粒土砾石、含细粒土砂	细粒土质砾、黏土质砂	粉土质砂	粉质土	黏质土
冻结水上升高度	0.6～0.8	0.7～0.9	0.8～1.0	1.2～1.5	2.0～2.5

7.7.6 冻胀土路段应及时排出浸入水及春融期路基中的融化水，季冻地区道路凹形竖曲线的底部、低洼路段、平曲线超高段宜作特殊排水设计。

7.7.7 冻胀土路基可设置防冻隔温层。防冻隔温层应根据路面结构强度、路基土质和干湿类型确定，并应满足结构强度和耐久性要求。

7.8 岩溶地区路基

7.8.1 岩溶地区的路基设计应采用遥感、物探、钻探及其他有效方法进行综合勘察，取得岩溶地貌、岩溶发育程度、发展规律、溶洞围岩分级以及地面水、地下水活动规律等方面的资料。

7.8.2 隐伏岩溶对路基工程的危害程度，应按下列规定进行判别：

1 当顶板岩层未被节理裂隙切割，或虽被切割但胶结良好时，溶洞顶板的安全厚度可按厚跨比法确定。当厚度与路基跨越溶洞长度之比值大于0.8时，溶洞的顶板岩层可不做处理。

2 当岩溶地貌位于路基两侧时，可根据坍塌扩散角，按式（7.8.2）

计算确定其岩溶影响范围；地下溶洞顶板岩层上有覆盖土层，可自土层底部采用表7.8.2中所列角度或者统一采用45°角向上绘斜线，求出其与地面的交点以确定影响范围。路基坡脚处于溶洞坍塌扩散的影响范围之外时，该溶洞可不作处理。

$$L = H_{\mathrm{k}} \cot \beta \qquad (7.8.2\text{-}1)$$

$$\beta = \frac{45° + \frac{\varphi}{2}}{K_{\mathrm{s}}} \qquad (7.8.2\text{-}2)$$

式中：L——溶洞坍塌时的影响范围（m）；

H_{k}——溶洞顶板厚度（m）；

β——坍塌扩散角（°）；

K_{s}——安全系数，取1.10～1.25（快速路、主干路应取大值）；

φ——岩石内摩擦角（°）。

表7.8.2 覆盖土层稳定（休止）角

覆盖土层土组	细粒土质砂	黏质土	碎石土
覆盖土层稳定（休止）角	35°～45°	35°～55°	40°～55°

7.8.3 岩溶处治设计应符合下列规定：

1 路基上方的岩溶泉和冒水洞，宜采用排水沟将水截流至路基外。对路基基底的岩溶泉和冒水洞，宜设置集水明沟或渗沟，将水排出路基。

2 对位于路基基底的开口干溶洞，当其体积不大，深度较浅时，宜回填夯实；当其体积较大或深度较深时，宜采用构造物跨越。对有顶板但顶板强度不足的干溶洞，可炸除顶板后进行回填，或设置构造物跨越。

3 通过溶洞围岩分级或计算判断隐伏溶洞有坍塌可能时，宜采用下列方法进行加固：

1） 对洞径大、洞内施工条件好的无充填溶洞，宜采用干砌片石、浆砌片石或钢筋混凝土支撑垛、支撑墙、支撑柱进行加固。

2） 对溶洞较深而直径较小，不便于洞内加固时，宜采用石盖板或钢筋混凝土盖板跨越可能的破坏区。

3） 对顶板较薄的溶洞，当采取地表构造物跨越有困难或不经济时，可炸除顶板，按明洞的方式进行处理。

4） 对有填充物的溶洞，宜采用注浆法、旋喷法等进行加固；当不能满足设计要求时宜采用构造物跨越。

5） 当需保持洞内流水通畅时，应设置排水通道。

4 对路基范围内的土洞应先判明土洞的发展状况。对已停止发展的土洞可按一般地基进行评价，需加固时宜采用注浆、复合地基等方法进行处理；对还在发展中的土洞，宜采用构造物跨越。

8 路基改建与扩建

8.1 一 般 规 定

8.1.1 城市道路路基改建与扩建设计，应根据既有道路路基路面的性状，结合沿线的地形、地貌、工程地质与水文地质条件、街区和邻近建筑物情况等，采取合理的技术方案和工程措施。

8.1.2 城市道路路基的改建与扩建，路基路面应协调设计；拓宽路基与既有路基之间应衔接良好，并应采取措施减小拓宽路基与既有路基之间的差异沉降和变形。

8.1.3 当规划建设的快速路和主干路近期交通量不大、初期建设资金不足时，可按一次设计、分期修建的原则进行设计，但整体式路基不宜采用分幅分期修建方案。

8.2 既有路基性状调查与评价

8.2.1 既有路基调查应采取资料收集、现场调查和勘探试验相结合的综合方法。

8.2.2 路基改建与扩建设计前，应收集既有道路的地基及路基勘察、设计、施工、竣工、运营和维护等方面的资料。

8.2.3 既有路基现场调查与勘探试验应符合下列规定：

1 应根据既有道路的路况进行分段，对各段选择代表性断面，对道路各结构层及地基进行勘探试验。

2 应选择有代表性的路段，进行路基几何尺寸、弯沉、承载板测试，确定其回弹模量。

3 应对既有填方路基和挖方路基的路床土进行基本物理、力学试验，包括含水率、密度、土粒相对密度、粒径组成、液限、塑限、重型击实、加州承载比、直接快剪等，为设计提供可靠的物理力学性质指标。

4 应调查既有路基支挡结构的基础形式、地基地质条件和使用状况，必要时应对支挡结构地基进行勘探试验。

8.2.4 既有路基的分析评价应符合下列规定：

1 应确定既有路基的填料强度和压实度，并与本规范第 4.3.4 条、第 4.6.2 条中路基填料最小强度和路基压实度既有要求作对比分析。

2 应确定既有路基的干湿状态，并与本规范第 4.2.2 条的要求作对比分析。

3 应分析评价路基边坡的稳定状态、各种防护排水设施的有效性及改进措施。

4 应分析评价既有路基病害的类型、分布范围、规模、成因，以及既有路基病害整治工程设施的效果，并提出路基病害整治措施。

8.2.5 软土地区既有路基的分析评价除应符合本规范第 8.2.4 条的规定外，还应符合下列规定：

1 应确定既有路基下各种地基处理路段的软土地基固结度、固结系数、压缩变形发展规律，分析各路段软土地基的固结度和剩余沉降量。

2 应分析评价既有软土地基处理方法的效果及其改进措施。

3 应分析评价拓宽改建路基与既有路基之间的稳定性和差异沉降、对既有路基沉降和稳定的影响程度，确定扩建或改建路基的地基处理措施。

8.3 既有路基利用与处治

8.3.1 路基改扩建工程，应根据既有路基病害的类型、特征、成因及危害程度，结合当地水文、水文地质、工程地质等条件，选择合理、有效、经济的病害处治方案。

8.3.2 既有路基的利用应与既有路面的利用和加铺设计相结合，应根据路基病害的成因及对拓宽结构的影响程度，采取针对性的处治措施，并应符合下列规定：

1 当既有路基回弹模量不满足新建路基的要求，但既有路面未出现破损且拓宽后通过加铺设计可满足路面设计要求时，宜充分利用既有路基。

2 当既有路基回弹模量不满足新建路基的要求，且路面出现严重破损时，可根据含水率、压实度和填料类型的分析评价，分别采取改善排水措施、补充碾压、换填处治等措施。

3 当条件受限不能翻挖既有路基时，可采取注浆等路基补强措施。

8.3.3 当路基填筑高度受限，干湿状态不能满足本规范第 4.2.2 条的要求时，应增设排水垫层或布设地下排水设施等。

8.4 路 基 拓 宽

8.4.1 城市道路路基的拓宽改建应根据道路等级和技术指标，结合沿线地形、地质、水文、街区和邻近建筑物情况选择适宜的路基横断面形式。

8.4.2 拓宽路基的地基处理、路基基底处理、路基填料的最小强度和压实度等应满足改建后相应等级道路的技术要求。

8.4.3 填方路基拓宽应符合下列规定：

1 路基填料宜选用与既有路基相同、且符合要求的填料，或较既有路基渗水性更强的填料。当采用细粒土填筑时，应进行新老路基之间的排水设计，必要时，可设置横向排水盲沟。

2 应对既有路基边坡开挖台阶，台阶宽度不宜小于1.0m，当加宽拼接宽度小于0.75m时，可采取超宽填筑或翻挖既有路基等工程措施。

3 拓宽路堤边坡形式和坡率应按本规范第4.3节的规定选用。

8.4.4 挖方路基拓宽应符合下列规定：

1 挖方路基拓宽时，挖方边坡形式与坡率可按本规范第4.4节规定或按原有挖方路基稳定边坡确定。

2 对原有挖方边坡经多年整治病害已经稳定的路段，改建时宜减少拆除工程，不宜触动原边坡。

8.4.5 软土地基上的路基拓宽除应符合本规范第8.4.3条的规定外，还应符合下列规定：

1 既有路基与拓宽路基拼接时，差异沉降引起的工后路拱坡度增大值不应大于0.5%。

2 当原软土地基采用排水固结法处理时，路基拓宽不得降低既有路基下的地下水位；对水塘、河流、水库等路段进行排水清淤时，必须采取防渗和隔水措施后方可降水。

3 拓宽路基与既有路基拼接时，路基拓宽范围的软土地基处理宜采用复合地基，不宜采用排水固结法、强夯法。

4 当新老路基分离设置，且距离小于20m时，可采取隔离措施或对新建路基的地基进行处理。

8.4.6 对既有路基结构物的处理应符合下列规定：

1 因抬高或降低路基、改移中线而需改动既有支挡结构物的路段，当既有支挡结构物无明显损坏且强度及稳定性满足改建要求时，应全部利用既有支挡结构物；当既有支挡结构物部分损坏或不满足改建要求时，可加固利用、改建或拆除重建。

2 加固利用的既有路基结构物，新、旧混凝土或砌体应紧密连接，形成整体。

8.4.7 当快速路、主干路拓宽施工期间不能封闭交通时，路基拓宽设计应采取行车安全和施工安全的保障措施。岩石挖方路段，宜采用光面爆破或预裂爆破方法，并应采取相关防护措施。

附录 A 路基临界高度

表 A.0.1 路基临界高度

土组 / 路床面至各水位 / 临界水深(m) / 自然区划	细粒土质砂								
	地下水			地面长期积水			地面临时积水		
	H_1	H_2	H_3	H_1	H_2	H_3	H_1	H_2	H_3
Ⅱ$_1$									
Ⅱ$_2$									
Ⅱ$_3$	1.9~2.2	1.3~1.6							
Ⅱ$_4$									
Ⅱ$_5$	1.1~1.5	0.7~1.1							
Ⅲ$_1$									
Ⅲ$_2$	1.3~1.6	1.1~1.3	0.9~1.1	1.1~1.3	0.9~1.1	0.6~0.9	0.9~1.1	0.6~0.9	0.4~0.6
Ⅲ$_3$	1.3~1.6	1.1~1.3	0.9~1.1	1.1~1.3	0.9~1.1	0.6~0.9	0.9~1.1	0.6~0.9	0.4~0.6
Ⅲ$_4$									

续表 A.0.1

自然区划 \ 路床面至各水位临界水深(m) \ 土组	细粒土质砂								
	地下水			地面长期积水			地面临时积水		
	H_1	H_2	H_3	H_1	H_2	H_3	H_1	H_2	H_3
Ⅲ$_{1a}$									
Ⅲ$_{2a}$	1.4～1.7	1.0～1.3							
Ⅳ$_1$、Ⅳ$_{1a}$									
Ⅳ$_2$									
Ⅳ$_3$									
Ⅳ$_4$	1.0～1.1	0.7～0.8							
Ⅳ$_5$									
Ⅳ$_6$	1.0～1.1	0.7～0.8							
Ⅳ$_{6a}$									
Ⅳ$_7$				0.9～1.0	0.7～0.8	0.6～0.7			
Ⅴ$_1$	1.3～1.6	1.1～1.3	0.9～1.1	1.1～1.3	0.9～1.1	0.6～0.9	0.9～1.1	0.6～0.9	0.4～0.6
Ⅴ$_2$、Ⅴ$_{2a}$(紫色土)									
Ⅴ$_3$									
Ⅴ$_2$、Ⅴ$_{2a}$（黄壤土、现代冲积土）									

续表 A.0.1

土组 / 路床面至各水位临界水深 (m) / 自然区划	细粒土质砂								
	地下水			地面长期积水			地面临时积水		
	H_1	H_2	H_3	H_1	H_2	H_3	H_1	H_2	H_3
V_4、V_5、V_{5a}									
VI_1	(2.1)	(1.7)	(1.3)	(1.8)	(1.4)	(1.0)	0.7	0.3	
VI_{1a}	(2.0)	(1.6)	(1.2)	(1.7)	(1.3)	(1.0)	(1.0)	(0.5)	
VI_2	1.4～1.7	1.1～1.4	0.9～1.1	1.1～1.4	0.9～1.1	0.6～0.9	0.9～1.1	0.76～0.9	0.4～0.6
VI_3	(2.1)	(1.7)	(1.3)	(1.9)	(1.5)	(1.1)			
VI_4	(2.2)	(1.8)	(1.4)	(1.9)	(1.5)	(1.2)	0.8		
VI_{4a}	(1.9)	(1.5)	(1.1)	(1.6)	(1.2)	(0.9)	(0.5)		
VI_{4b}	(2.0)	(1.6)	(1.2)	(1.7)	(1.3)	(1.0)			
VII_1	(2.2)	(1.9)	(1.6)	(2.1)	(1.6)	(1.3)	(0.8)	(0.4)	
VII_2									
VII_3	1.5～1.8	1.2～1.5	0.9～1.2	1.2～1.5	0.9～1.2	0.6～0.9	0.9～1.2	0.7～0.9	0.4～0.6
VII_4	(2.1)	(1.6)	1.3	(1.8)	(1.4)	1.0	(0.9)		
VII_5	(3.0)	(2.4)	1.9	(2.4)	(2.0)	1.6	(1.5)	(1.1)	(0.5)
VII_{6a}									

续表 A.0.1

土组 / 路床面至各水位临界水深(m) / 自然区划	黏质土								
	地下水			地面长期积水			地面临时积水		
	H_1	H_2	H_3	H_1	H_2	H_3	H_1	H_2	H_3
Ⅱ$_1$	2.9	2.2							
Ⅱ$_2$	2.7	2.0							
Ⅱ$_3$	2.5	1.8							
Ⅱ$_4$	2.4～2.6	1.9～2.1	1.2～1.4						
Ⅱ$_5$	2.1～2.5	1.6～2.0							
Ⅲ$_1$									
Ⅲ$_2$	2.2～2.75	1.7～2.2	1.3～1.7	1.75～2.2	1.3～1.75	0.9～1.3	1.3～1.75	0.9～1.3	0.45～0.9
Ⅲ$_3$	2.1～2.5	1.6～2.1	1.2～1.6	1.6～2.1	1.2～1.6	0.9～1.2	1.2～1.6	0.9～1.2	0.55～0.9
Ⅲ$_4$									
Ⅲ$_{1a}$									
Ⅲ$_{2a}$									

续表 A.0.1

土组 / 路床面至各水位临界水深(m) / 自然区划	黏质土								
	地下水			地面长期积水			地面临时积水		
	H_1	H_2	H_3	H_1	H_2	H_3	H_1	H_2	H_3
$Ⅳ_1$、$Ⅳ_{1a}$	1.7～1.9	1.2～1.3	0.8～0.9						
$Ⅳ_2$	1.6～1.7	1.1～1.2	0.8～0.9						
$Ⅳ_3$	1.5～1.7	1.1～1.2	0.8～0.9	0.8～0.9	0.5～0.6	0.3～0.4			
$Ⅳ_4$	1.7～1.8	1.0～1.2	0.8～1.0						
$Ⅳ_5$	1.7～1.9	1.3～1.4	0.9～1.0	1.0～1.1	0.6～0.7	0.3～0.4			
$Ⅳ_6$	1.8～2.0	1.3～1.5	1.0～1.2	0.9～1.0	0.5～0.6	0.3～0.4			
$Ⅳ_{6a}$	1.6～1.7	1.1～1.2	0.7～0.8						
$Ⅳ_7$	1.7～1.8	1.4～1.5	1.1～1.2	1.0～1.1	0.7～0.8	0.4～0.5			
$Ⅴ_1$	2.0～2.4	1.6～2.0	1.2～1.6	1.6～2.0	1.2～1.6	0.8～1.2	1.2～1.6	0.8～1.2	0.45～0.8
$Ⅴ_2$、$Ⅴ_{2a}$(紫色土)	2.0～2.2	0.9～1.1	0.4～0.6						
$Ⅴ_3$	1.7～1.9	0.8～1.0	0.4～0.6						

续表 A.0.1

自然区划 \ 路床面至各水位临界水深(m) \ 土组	黏质土								
	地下水			地面长期积水			地面临时积水		
	H_1	H_2	H_3	H_1	H_2	H_3	H_1	H_2	H_3
V_2、V_{2a}（黄壤土、现代冲积土）	1.7～1.9	0.7～0.9	0.3～0.5						
V_4、V_5、V_{5a}	1.7～1.9	0.9～1.1	0.4～0.6						
VI_1	(2.3)	(1.9)	(1.6)	(2.1)	(1.7)	(1.3)	0.9	0.5	
VI_{1a}	(2.2)	(1.9)	(1.5)	(2.0)	(1.6)	(1.2)	(0.9)	(0.5)	
VI_2	2.2～2.75	1.65～2.2	1.2～1.65	1.65～2.2	1.2～1.65	0.75～1.2	1.2～1.65	0.75～1.2	0.45～0.75
VI_3	(2.4)	(2.0)	(1.6)	(2.1)	(1.7)	(1.4)	(0.8)	(0.6)	
VI_4	2.4	2.0	1.6	(2.2)	(1.7)	(1.3)	1.0	0.6	
VI_{4a}	(2.2)	(1.7)	(1.4)	(1.9)	(1.4)	(1.1)	0.7		
VI_{4b}	(2.3)	(1.8)	(1.4)	(2.0)	(1.6)	(1.2)	(0.8)		
VII_1	2.2	(1.9)	(1.5)	(2.1)	(1.6)	(1.2)	(0.9)	(0.5)	
VII_2	(2.3)	(1.9)	(1.6)	1.8	1.4	1.1	0.8	0.4	
VII_3	2.3～2.85	1.75～2.3	1.3～1.75	1.75～2.3	1.3～1.75	0.75～1.3	1.3～1.75	0.75～1.3	0.45～0.75
VII_4	(2.1)	(1.6)	(1.3)	(1.8)	(1.4)	(1.1)	(0.7)		
VII_5	(3.3)	(2.6)	(2.1)	(2.4)	(2.0)	(1.6)	(1.5)	(1.1)	(0.5)
VII_{6a}	(2.8)	2.4	1.9	2.5	2.0	1.6	1.4	(0.8)	

续表 A.0.1

土组 / 路床面至各水位 / 临界水深（m） / 自然区划	粉质土								
	地下水			地表长期积水			地表临时积水		
	H_1	H_2	H_3	H_1	H_2	H_3	H_1	H_2	H_3
Ⅱ$_1$	3.8	3.0	2.2						
Ⅱ$_2$	3.4	2.6	1.9						
Ⅱ$_3$	3.0	2.2	1.6						
Ⅱ$_4$	2.6～2.8	2.1～2.3	1.4～1.6						
Ⅱ$_5$	2.4～2.9	1.8～2.3							
Ⅲ$_1$	2.4～3.0	1.7～2.4							
Ⅲ$_2$	2.4～2.85	1.9～2.4	1.4～1.9	1.9～2.4	1.0～1.9	1.0～1.4	1.4～1.9	1.0～1.4	0.5～1.0
Ⅲ$_3$	2.3～2.75	1.8～2.3	1.4～1.8	1.8～2.3	1.4～1.8	1.0～1.4	1.4～1.8	1.0～1.4	0.55～1.0
Ⅲ$_4$	2.4～3.0	1.7～2.4							
Ⅲ$_{1a}$	2.4～3.0	1.7～2.4							
Ⅲ$_{2a}$	2.4～3.0	1.7～2.4							

续表 A.0.1

土组 / 路床面至各水位临界水深(m) / 自然区划	粉质土								
	地下水			地表长期积水			地表临时积水		
	H_1	H_2	H_3	H_1	H_2	H_3	H_1	H_2	H_3
Ⅳ$_1$、Ⅳ$_{1a}$	1.9～2.1	1.3～1.4	0.9～1.0						
Ⅳ$_2$	1.7～1.9	1.2～1.3	0.8～0.9						
Ⅳ$_3$	1.7～1.9	1.2～1.3	0.8～0.9	0.9～1.0	0.6～0.7	0.3～0.4			
Ⅳ$_4$									
Ⅳ$_5$	1.79～2.1	1.3～1.5	0.9～1.1						
Ⅳ$_6$	2.0～2.2	1.5～1.6	1.0～1.1						
Ⅳ$_{6a}$	1.8～2.0	1.3～1.4	0.9～1.1						
Ⅳ$_7$									
Ⅴ$_1$	2.2～2.65	1.7～2.2	1.3～1.7	1.7～2.2	1.3～1.7	0.9～1.3	1.3～1.7	0.9～1.3	0.55～0.9
Ⅴ$_2$、Ⅴ$_{2a}$(紫色土)	2.3～2.5	1.4～1.6	0.5～0.7						
Ⅴ$_3$	1.9～2.1	1.3～1.5	0.5～0.7						

续表 A.0.1

土组 / 路床面至各水位临界水深(m) / 自然区划	粉质土								
	地下水			地表长期积水			地表临时积水		
	H_1	H_2	H_3	H_1	H_2	H_3	H_1	H_2	H_3
V_2、V_{2a}（黄壤土、现代冲积土）	2.3～2.5	1.4～1.6	0.5～0.7						
V_4、V_5、V_{5a}	2.2～2.5	1.4～1.6	0.5～0.7						
VI_1	(2.5)	(2.0)	(1.6)	(2.3)	(1.8)	(1.3)	(1.2)	0.7	0.4
VI_{1a}	(2.5)	(2.0)	(1.5)	(2.2)	(1.7)	(1.2)	0.6		
VI_2	2.3～2.15	1.85～2.3	1.4～1.85	1.85～2.3	1.4～1.85	0.9～1.4	1.4～1.85	0.9～1.4	0.5～0.9
VI_3	(2.6)	(2.1)	(1.6)	(2.4)	(1.8)	(1.4)	(1.3)	(0.7)	
VI_4	(2.6)	(2.2)	1.7	2.4	1.9	1.4	1.3	0.8	
VI_{4a}	(2.4)	(1.9)	1.4	2.1	1.6	1.1	1.0	0.5	

续表 A.0.1

自然区划 \ 路床面至各水位临界水深 (m) \ 土组	粉质土								
	地下水			地表长期积水			地表临时积水		
	H_1	H_2	H_3	H_1	H_2	H_3	H_1	H_2	H_3
Ⅵ$_{4b}$	(2.5)	1.9	1.4	(2.2)	(1.7)	(1.2)	1.0	0.5	
Ⅶ$_1$	(2.5)	(2.0)	(1.5)	(2.4)	1.8	1.3	1.1	0.6	
Ⅶ$_2$	(2.5)	(2.1)	(1.6)	(2.2)	(1.6)	(1.1)	0.9	0.4	
Ⅶ$_3$	2.4～3.1	2.0～2.4	1.6～2.0	(2.0～2.4)	(1.6～2.0)	(1.0～1.6)	(1.6～2.0)	1.0～1.6	0.55～1.0
Ⅶ$_4$	(2.3)	(1.8)	(1.3)	(2.1)	(1.6)	(1.1)			
Ⅶ$_5$	(3.8)	(2.2)	(1.6)	(2.9)	(2.2)	(1.5)		(1.3)	(0.5)
Ⅶ$_{6a}$	(2.9)	(2.5)	1.8	(2.7)	2.1	1.5	1.6	1.1	

注：1　Ⅵ、Ⅶ区有横线者，表示实测资料较少；有括号者，表示没有实测资料，根据规律推算的；

　　2　缺少资料的二级区，可在论证基础上参考相邻二级区数值，并调研积累本地区的资料。

城市道路路基设计规范

CJJ 194－2013

条 文 说 明

3 基本规定

3.0.2 城市道路路基由路基本体与路基附属设施组成。路基本体是指路面结构下路基工作区深度的岩土结构物；路基附属设施是指为确保路基本体的稳定性和抗变形能力而采用的必要的附属工程设施，包括边坡、排水设施、防护、支挡与加固设施。路基是路面的基础，需要足够的强度和模量为路面提供良好的支撑条件；必须确保路基长期稳定，防止产生病害影响路面使用性能。因此，必须避免将路基工程当成一般土石方工程的简单化概念，真正将路基工程视为与路面、桥隧工程同等重要的结构工程。

3.0.3 详细的调查是路基设计的重要基础。调查是为了查明公路沿线及临近地段的地貌特征和地质现象，并配合勘察工作收集其他地质资料，对道路路线和其他重要人工构造物的稳定性和适宜性作出评价。详细调查包括：

1 查明沿线的岩土类别，并确定其分布范围。取代表性土样测定其颗粒组成、天然含水率及液限、塑限；判断岩石的成因、风化程度、破碎程度及节理发育程度和裂隙走向。

2 调查该地区不良地质现象（滑坡、泥石流、地震），查明不良地质体范围、性质和分布特征。

3 查明沿线被掩埋的古湖盆、古河道、古池塘、古冲沟、古坟场、生活垃圾与建筑垃圾填埋场的分布情况及其对路基均匀性的影响。

4 调查沿线地表水来源、有无地表积水和积水时期长短，以及沿河道路的河道水位、河床坡度和河流冲淤情况。

5 调查沿线浅层地下水类型、地下水位及其变化规律，判断地下水对路基的影响程度。

6 调查本地区气温、降水、蒸发量、湿度、冰冻深度、冻结与融化时间，确定路基强度的不利季节。

7 调查临近地区原有道路路基的实际情况，作为新建道路路基设计的借鉴。

8 调查沿线地下工程和有关管线的位置、埋深。

3.0.4 《土的工程分类标准》GB/T 50145 适用于土的基本分类。《公路土工试验规程》JTG E40 在前者的基础上，针对公路岩土工程制订了专门分类标准，尤其包含了特殊土的鉴别和分类方法。因此，条文中规定按照《公路土工试验规程》JTG E40 的方法执行。

3.0.7 管道检查井部位的病害是困扰城市道路建设的顽疾。其病害主要表现为检查井及周围路面开裂或沉陷、井盖松动或破损、井室结构脆弱，以及井体下沉等。受施工操作面的限制，检查井周边的路基压实质量一般难以得到保证；经车辆荷载反复作用，该部位易发生局部沉陷，影响行车舒适性；同时，车辆高速经过时，不平整所产生的瞬间冲击也将加速路面破损。因此，路基设计中应按照本规范的要求，对检查井周边的路基提出明确的压实要求，或者采用渗水性好、容易密实的填料。对于设计车速较高的快速路，井盖松动更是行车安全的潜在威胁，故条文中明确禁止在行车道范围内设置检查井。

4 一般路基

4.1 一般规定

4.1.2 城市建设和旧城区改造都会产生大量建筑渣土，如何科学有效地利用建筑渣土已成为城市建设中的一项难题。利用建筑渣土作为城市道路路基填筑填料，不仅可以减少废弃污染，而且可以保护土地资源、降低工程造价。上海市已明确规定建筑渣土经适当筛选或处治后可用于各种等级道路路基。但是各地的建筑渣土在材料组成、压实性能等方面差异明显，应在试验或修筑试验路的基础上，借鉴已有工程经验，论证使用，并不断总结成功经验。同时，建筑渣土和工业废渣的利用，不得对周边环境产生污染。

生活垃圾压缩性大、强度低，且可能污染环境，故不得用于路基填筑。当路基必须经过垃圾填埋场时，可视之为软弱地基，进行换填或采取其他措施进行处理。

4.2 路基干湿类型

4.2.1 路基土湿度状况并非路基压实时的含水率，而是路基使用期间受自然环境影响而趋于平衡时的含水率，应在最不利季节测定计算。最不利季节为一个地区一年中路基湿度最大的时期，此时路基稠度最小，偏于安全。如当地有非不利季节与最不利季节的路基湿度换算关系，则可在非不利季节测定路基稠度，再换算为最不利季节的稠度值。原《城市道路设计规范》CJJ 37－90 中，路基干湿类型分界稠度值与土质类型无关。考虑到近十几年来我国城市道路快速发展，客观上对路基变形与稳定性提出了更高的要求，条文规定依据《公路沥青路面设计规范》JTG D50 制订。

4.3 填方路基

4.3.4 原《城市道路设计规范》CJJ 37－90 并未对路基填料作出强度要求，目前也存在 *CBR* 测试饱水状态与路基实际干湿状态不符的争议。考虑到 *CBR* 作为路基填料选择的重要依据，对保证路基填筑质量起到重要作用，本规范参考国外以及我国公路行业标准，对路基填料最小强度（CBR）提出了规定要求。*CBR* 实质上表征的是土或粒料抵抗局部压入变形的能力，因而间接反映了填料在一定应力级位上的抗变形能力和局部抗剪强度。国内外大量研究也表明，*CBR* 与动态回弹模量具有良好的相关性。在相同试验条件下，*CBR* 值作为填料选型的判定指标是合理的。*CBR* ＜3 的土，一般属于特殊土。

4.3.5 一些填石路堤工程病害调查表明，易溶性岩石、膨胀性岩石、崩解性岩石、盐化岩石等填筑的路基，后期稳定性较差，工程性质也很容易因外界环境改变和时间推移而发生不利变化，所以，本规范规定上述岩石不得应用于路堤填筑。

4.3.6 粉煤灰是火力发电厂煤粉燃烧后回收的一种粉末，在道路工程中的应用广泛。公路行业对粉煤灰作出了烧失量不宜超过 20％的规定。有工程实践和文献表明，近年来部分电厂的生产流程中增加了环保脱硫工艺，且将脱硫后的灰渣重新拌入粉煤灰中，导致含硫量显著高于未实行环保工艺的普通粉煤灰，遇水后可发生显著膨胀。因此，进行粉煤灰选材时尚需考虑含硫量对路基体积稳定和强度的影响。

4.3.7 条文中，填石料的类型系根据公路行业的标准进行分类，如表 1 所示。

表1　岩石分类表

类型	单轴饱和抗压强度（MPa）	代表性岩石
硬质岩石	≥60	1　花岗岩、闪长岩、玄武岩等岩浆岩类； 2　硅质、铁质胶结的砾岩及砂岩、石灰岩、白云岩等沉积岩类； 3　片麻岩、石英岩、大理岩、板岩、片岩等变质岩类
中硬岩石	30～60	
软质岩石	5～30	1　凝灰岩等喷出岩类； 2　泥砾岩、泥质砂岩、泥质页岩、泥岩等沉积岩类； 3　云母片岩或千枚岩等变质岩类

4.3.8　地基顶面的滞水和淤泥，不利于施工压实与质量控制，并将影响路基的整体稳定和长期性能，需要进行处理。快速路、主干路路基范围内的淤泥应全部处理；次干路、支路等级的道路应根据地质条件、路基填土高度、交通荷载及经济性综合分析是否处理。采用开挖回填处理的淤泥路段，应将淤泥清除干净，回填压实度不应低于本规范表4.6.2的要求。

路基填土高度小于路面和路床总厚度时，应将地基表层土进行超挖并分层回填压实。一般而言，超挖回填深度为重型汽车荷载作用的工作区深度。城市道路标高受城市规划限制，路基多采用零填或低填路基，以工作区深度作为超挖回填深度将显著增大工程量，并且在潮湿地区开挖后常面临基底土体含水率更高甚至饱和的情况，增加了处理难度；同时，城市道路的交通荷载水平相对较小，故条文中结合本规范第4.6.2条，规定快速路和主干路必须对路床范围内进行超挖回填，而其他道路可仅处理上路床部分。

4.6　路 基 压 实

4.6.2　路基压实度是选好路基填料后控制路基性能的重要指标。在路基工作区范围内，压实度越高，回弹模量越高，行车荷载作用下的永久变形越小；对填方路基而言，压实度越高，路堤自身的压密变形越小。调研表明，目前各城市交通荷载特征较20世纪80年代有了较大的改变，且行驶车速的增加对道路平整度和抗变形能力的要求显著提高。因此，条文在原《城市道路设计规范》CJJ 37－90的基础上，取消了轻型击实方法，并提高了压实标准。

另外，为增强条文的适用性和经济性，考虑了以下三方面因素：（1）路基处于特殊气候地区，以及存在管线保护要求等而使压实受限时，标准实施确有困难。条文规定在不影响路基基本性能的前提下，本着操作可行、经济可靠的原则，适当放宽重型击实的标准。(2) 专用非机动车道和人行道的荷载水平相对较低，故压实度标准可按支路的规定执行，但必须避免不同部位压实度差异可能造成的稳定性隐患或者不均匀变形。(3) 对于零填方、挖方以及填方高度小于80cm路段，在整个路床（0～80cm）范围内按照一个压实度标准来控制压实，操作难度大或者不经济，考虑车辆荷载沿路基深度的分布特征，建议采用“过渡性压实”的方法来控制不同深度的路基压实标准，下路床部分的压实标准比上路床部分略有降低。

4.6.4 条文关于填石路基的压实质量控制标准参考《公路路基设计规范》JTG D30制订。实际工程中，还常采用沉降差、沉降率、石料最大粒径、分层填筑厚度等指标控制填石路基压实质量。压实沉降差为采用施工碾压时的重型振动压路机（14t以上）按规定碾压参数（强振，4km/h以下速度）碾压两遍后各测点的高程差。大量工程实践表明，压实沉降差与碾压遍数以及填石料的压实干密度有较好的相关关系，而且测点能够在压实层表面随机布置，较好反映了压实层整体密实情况。《公路路基设计规范》JTG D30建议的压实沉降差标准为平均值不大于5mm，标准差不大于3mm。但必须注意的是，压实沉降差应与施工参数同时进行控制，才能有效地控制填石路堤的压实质量。沉降率指标是以路基压实层沉降量与层厚的比值来评价填石路基压实效果，但在保证良好压实效果的前提下，沉降率的合理控制范围如何制定，目前尚无定论。

4.7 特殊部位的路基填筑与压实

4.7.2 城市道路路基范围内的管线一般有电力排管、给水管、照明电缆、雨水管、污水管、电信管道、燃气管道等。这些管线分属不同的建设单位。设计单位和施工单位也不同，且管线沟槽回填的压实要求也不尽一致，给道路路基施工及施工质量的保证带来了困难。《通信管道与通道工程设计规范》GB 50373、《通信管道工程施工及验收规范》GB 50374和《给水排水管道工程施工及验收规范》GB 50268等规范对管道沟槽的回填压实要求均低于本规范表4.6.2的要求。因此，为保证城市道路的路基性能，对于路基范围内的各种管线，应向各管线设计提出沟槽回填压实度要求，尤其要求确保上路床的压实质量。由于管道受压能力有限，柔性管道管顶以上碾压困难而不能满足压实度要求时，可采用水泥混凝土外包，提高管道受压能力。外包厚度可由计算确定。

4.7.4 路基修复区域与临近区域的横向联系比较薄弱，受行车荷载作用更易出现损坏，故要求路基回弹模量按新建路基标准，以恢复路基的整体性能。受压实条件的限制，修复材料应易于密实。利用工矿企业产生的工业废渣修筑路基，既可解决筑路材料的来源问题，又可解决工矿企业废物排放问题，但不应采用膨胀性强、易对环境造成污染的材料。工业废渣种类很多，各地应根据其化学成分确定相应的处治方法。经过处治的工业废渣用于路基回填修复时，应具有较高的强度、刚度，且整体性和水稳性较好。

回填路基压实标准系综合《给水排水管道工程施工及验收规范》GB 50268 和《城市道路掘路修复技术标准》SZ-C-D03－2007 的相关规定编写的。《给水排水管道工程施工及验收规范》GB 50268 规定：管道两侧和管顶以上 50cm 范围内，应采用轻夯压实。因此本规范在规定重型击实标准的同时，亦制定了轻型击实标准。

管线两侧的回填路基，一直是机械压实的难点，易留下较大空隙，路基修复中可沿着接触界面向两侧贯入水泥净浆，形成水泥处治土，提高界面摩阻力。对于大深度开挖采用钢板支撑的情况，在回填钢板桩留下的空隙时，可灌入水泥浆或水泥砂浆，以利黏结周边的回填料，增强开挖界面摩阻力，提高路基强度。

4.7.5 一些工程实践表明，伸入地面机动车道路基的高架承台部位，在运行一段时间后出现凸起，影响车辆行车安全和舒适性，也影响城市道路形象。其主要成因是高架承台桩基深，沉降很小，而承台周边基坑的回填压实困难，工后沉降较大；同时，承台埋深较浅，承台部位的路基强度、刚度远大于承台外路段。加大承台埋深，可减少承台范围内外路基强度和刚度的差异，并通过一定厚度压实良好的填土发挥土拱效应，减少路基顶面差异变形。另外，在保证承台埋深的条件下，桥梁承台顶面也可以采用斜面设计，斜面顺着机动车行车方向，可进一步改善路面凸起的曲率，减缓车辆行驶过程中的冲击效应。

5 路基排水

5.1 一 般 规 定

5.1.1 水是影响路基性能最为重要的环境因素，路基的失稳和各种变形绝大多数是由地表水和地下水的冲刷、渗入或浸湿引起的。为了保证路基的稳定性，提高路基的抗变形能力，必须采取相应的防排水措施。路基排水的根本目的就是消除或减轻地表水和地下水的危害，使路基湿度状况处于工程容许的范围内。路基排水设计包括路界范围内的绿化带排水、路基坡面防排水、可能进入路界的其他地表水的排除，以及由地表渗入路基地表水和地下水的排除。

5.2 地 表 水

5.2.5 城市建成区的路基边坡，在填方边坡底部一般会适当设置边沟等排水设施排除坡面地表水，挖方边坡顶部必要时也会设置截水沟拦截边坡外的地表水。考虑到雨水冲刷、入渗对路基边坡稳定的影响程度更高，故条文中对于采用边沟排水方式的暴雨强度重现期，参考了《公路排水设计规范》JTG/T D33，并规定了较高的取值。

5.2.8 分隔带的排水措施可根据表2和表3进行选取。

表2 分隔带雨水防排措施

方式类型	设置措施
A	设置纵向排水渗沟或排水沟（明沟、暗沟），并隔40m～80m的间距通过横向排水管将沟内的水排引出
B	采用现浇混凝土或预制混凝土块等方式封闭分隔带表面，采用向两侧外倾的横坡排水，避免雨水进入路基内部
C	在分隔带内铺设防渗土工布，防止雨水渗入路基
D	在分隔带表面植草或植树等，减少雨水渗入路基内部

表3 分隔带雨水防排方式的选择

地区类型	道路等级	分隔带宽度（m）	方式的选择	
			推荐方式	可选方式
多雨地区	快速路、主干路	≥2.0	A	B
	次干路、支路		—	A、B、C
	快速路、主干路	<2.0	B	A、C
	次干路、支路		D	B、C
一般地区	快速路、主干路	≥3.0	A	B
	次干路、支路		—	A、B、C
	快速路、主干路	<3.0	B	A、C
	次干路、支路		D	B、C

5.3 地 下 水

5.3.1 城市道路的水损害，除来自地表降雨外，地下水的侵害往往不容忽视，尤其是南方多雨地区。在北方，立交区域的下挖道路，常常也要考虑地下水的损害。设计前应进行充分的地质勘探，当土质路床位于毛细水上升高度范围内时，应考虑抬高道路纵断面或设计地下排水设施。

5.3.4 地表排水系统一般按降雨强度、流域面积、排除时间等计算，与地下水排水的流量计算完全是两个体系，所以不能因为地下水流量小而忽略地下排水设施的流量与水力计算。宜将地下排水出水管与地表排水的出水管进行综合设计，以减少工程造价。

5.3.6 渗沟的流量计算分三种情形：

（1）当渗沟的基底埋入不透水层，且不透水层顶面横向坡度较小时（图1），可按下式计算每延米长渗沟由一侧壁流入渗沟的流量：

$$Q_s = \frac{k(H_c^2 - h_g^2)}{2r_s} \tag{1}$$

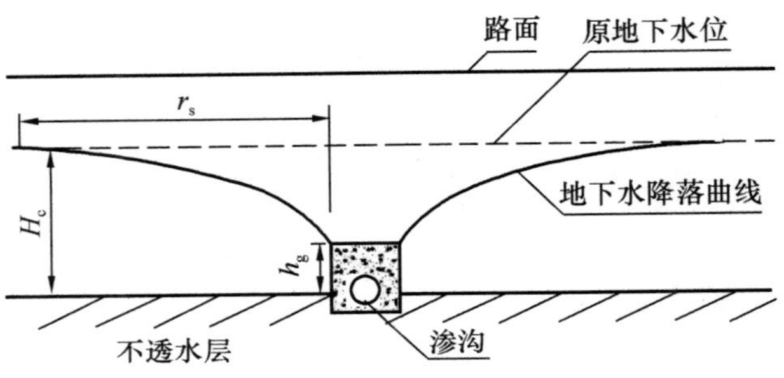

图1　不透水层顶面坡度平缓的渗沟

式中：

$$h_g = \frac{I_0}{2 - I_0} H_c \tag{2}$$

$$r_s = \frac{H_c - h_g}{I_0} \tag{3}$$

$$I_0 = \frac{1}{3000\sqrt{k}} \tag{4}$$

式中：Q_s——每延米长渗沟由一侧沟壁渗入的流量［m^3/（s·m）］；

H_c——含水层厚度（m）；

h_g——渗沟内的水流深度（m）；

k——含水层材料的渗透系数（m/s）；

r_s——地下水位受渗沟影响而降落的水平距离（m）；

I_0——地下水位降落曲线的平均坡度。

（2）当不透水层较厚时（图2），单位长度渗沟的流量可按下式计算：

$$Q_s = \frac{\pi k H_g}{2\ln\left(\frac{2r_s}{r_g}\right)} \tag{5}$$

式中：r_g——两相邻渗沟间距之半（m）；

H_g——渗沟位置处地下水的下降幅度（m）。

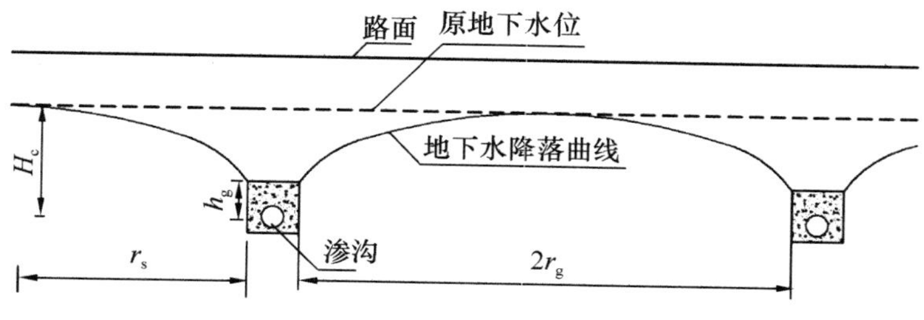

图 2　不透水层较厚时的渗沟

（3）当不透水层顶面坡度较陡时（图 3），可按下式计算每延米长渗沟由一侧沟壁流入渗沟的流量：

$$Q_s = k i_h H_g \qquad (6)$$

式中：i_h——不透水层顶面的横向坡度。

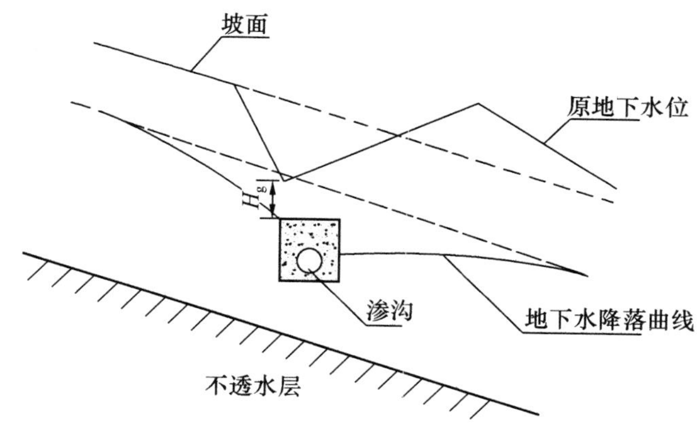

图 3　不透水层顶面坡度较陡时的渗沟

5.3.7　U 形槽的设置长度宜满足远景年的估计最高水位的要求，是为了避免丰水年水位高过 U 形槽底板时，水越过 U 形槽端部，沿道路纵向侵入路面结构。实际上，远景年最高水位的估计并不准确，因此，U 形槽的设置长度还需综合考虑经济性和可靠性等因素来确定。

6　路基防护与支挡

6.2　路基稳定与变形计算

6.2.1　简化毕肖普法稳定安全系数 F_s 按下式计算确定，计算图示如图 4：

$$F_s = \frac{\Sigma K_i}{\Sigma(W_i + Q_i)\sin\alpha_i} \qquad (7)$$

式中：F_s——稳定安全系数；

W_i——第 i 土条重力；

α_i——第 i 土条底滑面的倾角；

Q_i——第 i 土条垂直方向外力；

K_i——第 i 土条的抗滑力，根据土条滑弧所在位置分别按式（8）和式（9）计算确定。

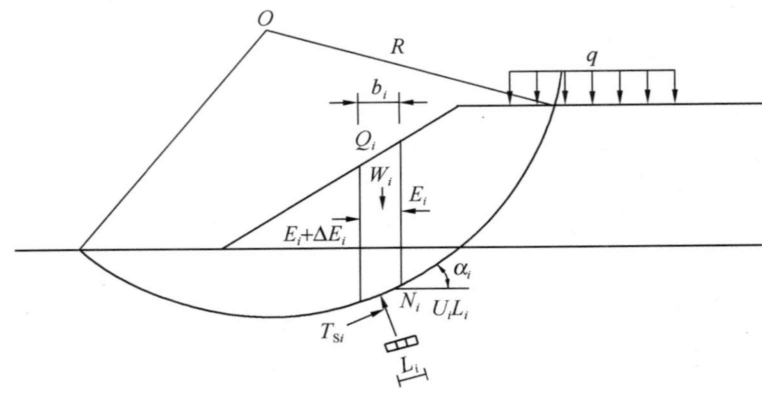

图 4　简化毕肖普法计算图示

当土条 i 滑弧位于地基中时

$$K_i = \frac{c_{di}b_i + W_{di}\tan\varphi_{di} + U(W_{ti} + Q_i)\tan\varphi_{di}}{m_{\alpha i}} \tag{8}$$

式中：W_{di}——第 i 土条地基部分的重力；

W_{ti}——第 i 土条填方路基部分的重力；

b_i——第 i 土条宽度；

U——地基平均固结度；

c_{di}、φ_{di}——第 i 土条滑弧所在地基土层的粘结力和内摩擦角；

$m_{\alpha i}$——系数，按式（10）计算确定。

当土条 i 滑弧位于路基中时

$$K_i = \frac{c_{ti}b_i + (W_{ti} + Q_i)\tan\varphi_{ti}}{m_{\alpha i}} \tag{9}$$

式中：c_{ti}——第 i 土条滑弧所在路基土的粘结力；

φ_{ti}——第 i 土条滑弧所在路基土的内摩擦角。

$$m_{\alpha i} = \cos\alpha_i + \frac{\sin\alpha_i \tan\varphi_i}{F_s} \tag{10}$$

式中：φ_i——第 i 土条滑弧所在土层的内摩擦角，滑弧位于地基中时取地基土的内摩擦角，滑弧位于路基中时取路堤土的内摩擦角。

不平衡推力法先按规定要求选取稳定安全系数 F_s，按式（11）和式

（12）从 1 到 n 逐条计算剩余下滑力，计算图示见图 5，当第 n 土条的剩余下滑力为负时，表明路基稳定性满足要求，否则路基稳定性不满足要求。

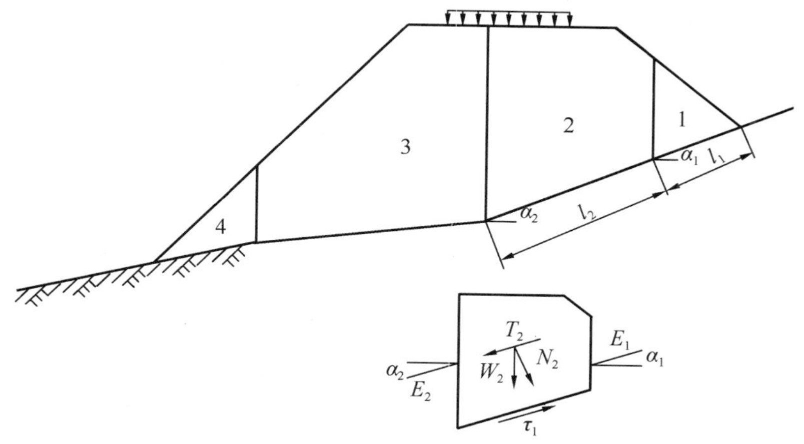

图 5 不平衡推力法计算图示

$$E_i = W_{Qi}\sin\alpha_i - \frac{c_i l_i + W_{Qi}\cos\alpha\tan\varphi_i}{F_s} + E_{i-1}\psi_{i-1} \tag{11}$$

$$\psi_{i-1} = \cos(\alpha_{i-1} - \alpha_i) - \frac{\tan\varphi_i}{F_s}\sin(\alpha_{i-1} - \alpha_i) \tag{12}$$

式中：E_i——第 i 土条传递给第 $i+1$ 土条的剩余下滑力；

E_{i-1}——第 $i-1$ 土条传递给第 i 土条的剩余下滑力；

F_s——稳定安全系数；

W_{Qi}——第 i 土条的重力与外加竖向力之和；

α_{i-1}、α_i——第 i 土条底滑面的倾角；

c_i、φ_i——第 i 土条底的粘结力和内摩擦角；

l_i——第 i 土条底滑面的长度。

6.2.3 以极限平衡理论为基础的各种条分法是路基稳定性分析最为经典的基本方法，不同的分析方法所得到的安全系数有所差异。但相对于分析方法，对分析结果影响更为显著的是抗剪强度。因此，以表 6.2.3 所列的稳定安全系数为标准进行边坡稳定分析与评价时，应按要求选取相应的验算方法和强度指标确定方法。

6.2.6 与填方路基边坡稳定性分析相同，挖方路基边坡稳定安全系数的计算结果因所采用的计算方法不同而存在一定差异。一般情况下，简化毕肖普法计算结果比不平衡推力法计算结果大5%～10%；数值分析法计算结果与简化毕肖普法计算结果较接近；平面滑动面解析法计算结果比不平衡推力法计算结果大 8%～16%。因而规定，依据稳定安全系数评价边坡稳定性状时，应与计算方法对应。

《公路路基设计规范》JTG D30 结合我国三峡工程边坡稳定性的计算工况划分，给出了挖方边坡稳定性定量计算工况划分的原则，本规范予以采纳。计算分析中应根据工程所在地区的气候条件、地震烈度条件以及其他特殊荷载条件，选择合适的计算工况。边坡岩土体计算参数也应根据计算工况区别对待：按正常工况计算时，应采用天然状态下的参数；按非正常工况Ⅰ计算时，应采用饱水状态下的参数；按非正常工况Ⅱ计算时，应采用饱水状态下的参数，同时应考虑地震等特殊荷载。

6.2.7、6.2.8 随着现代交通对行车舒适与安全要求的提高，路基的变形控制日益重要；同时，大量工程实践表明，诸多路面结构的损坏均与过量的路基变形或者不均匀变形有关。因此，条文中增加了对路基变形计算的要求，并参照《公路路基设计规范》JTG D30，对工后变形控制标准进行了明确规定。

路基变形主要包括地基沉降变形、路基自身压缩变形和行车荷载引起的累积塑性变形。对于地基沉降、特别是软土路基的地基沉降，国内外已开展了大量的理论研究和工程实证，成果集中体现在原《公路软土地基路堤设计与施工技术规范》JTJ 017 中，后为《公路路基设计规范》JTG D30 所采纳。

对于高填方路基，在自重荷载作用下填土自身的压缩较为显著，且受路基高度、填料类型、排水条件、压实条件及预压时间等众多因素的影响。目前，关于高路堤自身压缩变形的相关理论分析尚不成熟，尤其是非饱和粗粒土和巨粒土的变形计算和预估。利用工程类比和统计分析方法建立的经验模型主要包括两类。第一类是以路基高度为变量进行预估分析，如西班牙在对 20 多处铁路路基的工后沉降进行跟踪观测后得出，工后沉降约为路基高度的 0.4%～1.0%；我国机场高填方工后沉降可按填方高度的 0.01‰～0.10‰估计；我国西部交通建设科技项目“高填路堤沉降变形规律研究及压实技术”根据砂岩、泥岩填料试验资料，对 10m 至 35m 范围内的路堤进行了自身沉降计算，认为典型填料自身沉降与填方高度之间符合直线关系；《公路路基设计规范》JTG D30 提出高填黄土路基工后沉降约为填高的 0.7%～1.5%；德国和日本提出的工后沉降估算公式见式（13），及劳斯和列特斯公式，见式（14）等。

$$S = H^2/3000 \tag{13}$$

$$S = 0.001H^{3/2} \tag{14}$$

式中：S——路基工后沉降量（m）；

H——路基高度（m）。

第二类是以路基高度和变形模量为变量进行预估分析。如我国水利部门提出了根据已建坝原型监测成果来估算新坝坝顶的沉降值，见式（15）；谢春庆等对贵州和云南等高填方地基沉降观测资料的分析研究后，提出了高填方地基工后沉降预估公式，见式（16）。

$$S_2 = \left(\frac{H_2}{H_1}\right)^2 \cdot \left(\frac{E_1}{E_2}\right) \cdot S_1 \tag{15}$$

式中：S_1——待建坝的预计沉降值（m）；

S_2——已建坝原型观测的坝顶沉降值（m）；

E_1——已建坝的变形模量（MPa）；

E_2——待建坝的变形模量（MPa），可参考类比工程选用；

H_2、H_1——分别为待建和已建坝的坝高（m）。

$$S = H^2/\sqrt[3]{E^2} \tag{16}$$

比较上述两种方法可以看出，仅以 H 为自变量的预估方法适用性较为有限，需要具备相似的路基填料类型、相似的压实程度等条件，如铁路路基和机场地基的预估系数相差极大，就在于铁路路基的填料及压实控制远没有机场地基那样严格。而以 H 和 E 为变量的预估方法，则既考虑了填方自身高度的影响，又能反映不同压缩体刚度差异对变形的影响。另外，从变形产生的机理分析，变形与压缩体的应力和压缩层厚均成正比，应力主要取决于自重，它和层厚都是路基高度的函数，可见高填方路基压缩变形量应接近于 H^2 的函数，故采用后一种经验预估方法从理论上讲更为合理。但由于现有城市道路高填方路基工后变形观测数据积累的缺乏，各地需要根据实际情况选用。

6.3 路基防护

6.3.1、6.3.2 坡面防护和沿河路基防护工程类型众多，设计选型可参考表4、表5进行。

表4　坡面防护工程常用类型及适用条件

防护类型	结构形式	适用条件	注意事项
植物防护	种草或液压喷播植草	土质边坡。坡率缓于1∶1.25	当边坡较高时，可用土工网、土工网垫与种草结合防护
	铺草皮	土质和强风化、全风化的岩石边坡。坡率不陡于1∶1	草皮可为天然草皮，亦可为人工培植的土工网草皮

续表 4

防护类型	结构形式	适用条件	注意事项
植物防护	种植灌木	土质、软质岩和全风化的硬质岩石边坡。坡率不陡于1∶1.5	树种应为根系发达、枝叶茂盛、适合当地迅速生长之低矮灌木
	喷混植生	漂石土、块石土、卵石土、碎石土、粗粒土和强风化、弱风化的岩石挖方边坡。坡率不陡于1∶0.75	种植基材应通过配合比试验或小范围工程试验确定，边坡高度不宜大于10m
	客土植生	漂石土、块石土、卵石土、碎石土、粗粒土和强风化的软质岩及强风化、全风化的硬质岩石挖方边坡，或由其弃渣填筑的填方边坡，坡率不陡于1∶1	边坡高度不宜大于8m
喷护	喷混凝土，厚度≥8cm，材料为砂、水泥、砾石	易风化但未遭强风化、全风化的岩石挖方边坡。坡率不陡于1∶0.5	选好材料配合比和水灰比，一般应通过试喷
挂网喷护	锚杆铁丝网（或土工格栅）喷混凝土或喷浆。锚固深度为（1.0～2.0）m，网距为（20～25）cm，其他同喷护	喷混凝土或喷浆防护的岩石边坡。当坡面岩体破碎时，为加强防护的稳定性而采用	锚孔深度应比锚固深度深20cm，其他同喷护
干砌片石护坡	一般厚度为30cm，其下设≥10cm厚砂砾石垫层	土质填方边坡；有少量地下水渗出的局部挖方边坡；局部土质挖方边坡嵌补。坡率不陡于1∶1.25	基础应选用较大的石块，应自下而上地进行栽砌，接缝要错开，缝隙要填满塞紧
浆砌片石护坡	厚度为（30～40）cm，水泥砂浆砌筑	易风化的岩石边坡和土质边坡。坡率不陡于1∶1	

续表 4

防护类型	结构形式	适用条件	注意事项
浆砌片石或混凝土骨架护坡	骨架宜用带排水槽的拱形骨架，也可采用人字形、方格形。骨架内铺草皮、液压喷播植草或干砌片石等	土质和全风化的岩石边坡，当坡面受雨水冲刷严重或潮湿时。坡率不陡于1∶1	护坡四周需用浆砌片石或混凝土镶边，混凝土骨架视情况在节点处加锚杆，多雨地区采用带排水槽的拱形骨架，骨架埋深不小于0.4m
浆砌片石护墙	等截面厚度为50cm；变截面顶宽为40cm，底宽视墙高而定	土质和易风化剥落的岩石边坡。坡率不陡于1∶0.5	等截面护墙高不宜超过6m，当坡度较缓时，不宜超过10m。变截面护墙，单级不宜超过12m，超过时宜设平台、分级砌筑

表 5 冲刷防护工程常用类型及适用条件

防护类型	结构形式	适用条件	
		容许流速(m/s)	水流方向、河道地貌等
植物防护	铺草皮	1.2～1.8	水流方向与线路近乎平行；不受各种洪水主流冲刷的浅滩地段路堤边坡防护
	种植防护林、挂柳		有浅滩地段的河岸冲刷防护
干砌片石护坡	单层厚（0.25～0.35）m；双层厚：上层(0.25～0.35)m，下层0.25m	2～3	水流方向较平顺的河岸滩地边缘；不受主流冲刷的路堤边坡；无漂浮物和滚石的河段
浆砌片石护坡	厚（0.3～0.6）m	4～8	主流冲刷及波浪作用强烈处的路堤边坡
混凝土护坡	厚（0.08～0.2）m		
抛石	石块尺寸根据流速、波浪大小计算，不宜小于0.3m	3	水流方向较平顺，无严重局部冲刷的河段；已浸水的路堤边坡与河岸

续表 5

防护类型	结构形式	适用条件	
		容许流速（m/s）	水流方向、河道地貌等
石笼	镀锌钢丝制成箱形或圆形，笼内装石块	4～5	受洪水冲刷但无滚石河段和大石料缺少地区
大型砌块	2m×2m×2m 3m×3m×2m	5～8	受主流冲刷严重的河段
浸水挡土墙		5～8	峡谷急流和水流冲刷严重的河段

6.4 支挡加固

6.4.4 综合考虑地质条件、边坡重要性及安全等级、施工可行性和经济性，选择合理的支挡设计方案是关键。表 6 为边坡支挡结构的常用类型及其适用条件。

表 6 边坡支挡结构常用类型及适用条件

支挡结构类型	适用条件
重力式挡墙	适用于一般地区、浸水地区和地震地区的路肩、路堤和路堑等支挡工程。墙高不宜超过 12m，干砌挡土墙的高度不宜超过 6m。场地允许，坡顶无重要建（构）筑物。土方开挖后边坡稳定较差时不应采用
半重力式挡墙	适用于不宜采用重力式挡土墙的地下水位较高或较软弱的地基上。墙高不宜超过 8m
悬臂、扶壁式挡墙	适用于石料缺乏、地基承载力较低的填方路段采用。挡墙高度对悬臂式挡墙不宜超过 6m，对扶壁式挡墙不宜超过 12m。土层较差或对挡墙变形要求较高时也不宜采用。不良地质地段或地震动峰值加速度不小于 0.2g 的地区边坡不应采用
板肋式或格构式锚杆挡墙	适用于边坡高度较大的岩质边坡。可采用单级或多级支挡，每级高度不宜大于 8m，多级的上、下级支挡结构之间应设置宽度不小于 2m 的平台。坡高较大或稳定性较差时宜采用逆作法施工。对挡墙变形有较高要求的土质边坡，宜采用预应力锚杆
桩板式挡墙	适用于坡顶建（构）筑物需要保护且场地狭窄、表土及强风化层较薄的岩质地基、施工开挖可能失稳的岩土边坡以及工程滑坡。桩的悬臂长度不宜超过 15m。当桩悬臂长、边坡推力较大且有锚固条件时或对挡墙变形有较高要求的土质边坡，桩可与锚杆（索）联合使用

续表 6

支挡结构类型	适 用 条 件
锚定板挡墙	适用于石料缺乏、地基承载力较低的路肩墙或路堤式挡土墙，不应用于滑坡、坍塌、软土及膨胀土地区。可采用肋柱式或板壁式，墙高不宜超过 10m。肋柱式锚定板挡土墙可采用单级墙或双级墙，每级墙高不宜大于 6m，上、下级挡墙之间应设置宽度不小于 2m 的平台。上、下两级墙的肋柱宜交错布置
加筋土挡墙	适用于一般地区的路肩式挡土墙、路堤式挡土墙，不应修建在滑坡、水流冲刷、崩塌等不良地质地段（受水浸泡及冲刷以及边坡变形控制严格时不应采用）。快速路和主干路挡墙高度不宜大于 12m，次干路及支路不宜大于 20m。当采用多级墙时，每级墙高不宜大于 10m，上、下级墙体之间应设置宽度不小于 2m 的平台。可与其他支挡结构联合使用
岩石锚喷支护	适用于整体稳定性的岩质边坡。边坡高度，对Ⅰ、Ⅱ类岩质边坡不宜大于 30m，对Ⅲ类岩质边坡宜小于 15m。膨胀性岩石的边坡和具有严重腐蚀性的边坡不应采用锚喷支护
土钉支护	适用于高度不大于 18m 的硬塑或坚硬的黏性土、胶结或弱胶结的粉土、砂土、砾石、软岩和风化岩层等挖方边坡的临时支护和永久支护。标贯击数 $N<9$、相对密度 $D_r<0.3$ 的松散砂土，液性指数大于 0.5 的软塑、流塑黏性土，以及含有大量有机物或工业废料的低强度回填土、新填土、强腐蚀性土，不宜设置永久土钉支护

6.4.5、6.4.6 支挡结构超过某一特定状态，致使不能正常使用或在正常维护下不能达到正常使用要求，该特定状态称为功能的极限状态。极限状态分为承载能力极限状态和正常使用极限状态。

承载能力极限状态是指对应于结构、结构构件达到最大承载能力或出现不适于继续承载的变形或变位的状态。当结构或结构构件出现下列状态之一时，应认为超过了承载能力极限状态：1）结构或结构的一部分作为刚体失去平衡；2）结构、结构构件或其连接因超过材料强度而破坏，或因过度的塑性变形而不能继续承载；3）结构转变为机动体系；4）结构或结构构件丧失稳定。

正常使用极限状态是指对应于结构或结构构件达到正常使用或耐久性的某项限值的状态。当结构或结构构件出现下列状态之一时，应认为超过了正常使用极限状态：1）影响正常使用或外观的变形；2）影响正常使用或耐久性的局部损坏；3）影响正常使用的振动；4）影响正常使用的其他特定状态。

本规范参考公路行业标准，根据支挡结构的荷载效应组合特点，列出了按承载能力极限状态设计时的设计表达式，未列入结构正常使用极限状态的设计表达式，而后者主要用于钢筋混凝土的构件计算。

6.4.7 路基支挡结构地基稳定性计算与设计的条文中，考虑地基设计可靠性分析的技术储备尚不成熟。事实上仍以容许承载力法为基础，仅采用极限状态设计表达式的形式与术语，即规定除被动土压力分项系数 γ_{Q2} 取 0.3 外，其余作用的分项系数规定均等于 1，据此验算偏心距、基底压力，以及抗滑动和抗倾覆稳定系数。

抗滑动稳定系数 K_c 可按下式计算：

$$K_c = \frac{[N + (E_x - E'_p)\tan\alpha_0]\mu_f + E'_p}{E_x - N\tan\alpha_0} \tag{17}$$

式中：N ——作用于基底上合力的竖向分力（kN），浸水挡土墙应计浸水部分的浮力；

E'_p ——墙前被动土压力水平分量的 0.3 倍（kN）；

E_x ——墙后主动土压力的水平分量（kN）；

α_0 ——基底倾斜角（°），基底为水平时，$\alpha_0=0$；

μ_f ——基底与地基间的摩擦系数，当缺乏可靠试验资料时，可按表 7采用。

表 7 基底与地基间的摩擦系数 μ_f

地基土的分类	摩擦系数 μ_s
软塑黏土	0.25
硬塑黏土	0.30
砂类土、黏砂土、半干硬的黏土	0.30～0.40
砂类土	0.40
碎石类土	0.50
软质岩石	0.40～0.60
硬质岩石	0.60～0.70

挡墙的抗倾覆稳定系数 K_0 可按下式计算：

$$K_0 = \frac{GZ_G + E_y Z_x + E'_p Z_p}{E_x Z_y} \tag{18}$$

式中：Z_G ——为墙身重力、基础重力、基础上填土的重力及作用于墙顶的其他荷载的竖向力合力重心到墙趾的距离（m）；

Z_x ——为墙后主动土压力的竖向分量到墙趾的距离（m）；

Z_y ——为墙后主动土压力的水平分量到墙趾的距离（m）；

Z_p ——为墙前被动土压力的水平分量到墙趾的距离（m）。

6.5 路基监测

6.5.1 高填方路基稳定和沉降观测可参考表 8 进行设计。

表 8 高填方路基稳定和沉降观测

观测项目	仪具名称	观测目的
地表水平位移量及隆起量	地表水平位移桩（边桩）	用于稳定监控，确保路基施工安全和稳定
地下土体分层水平位移量	地下水平位移计（测斜管）	用于稳定监控与研究，掌握分层位移量，推定土体剪切破坏位置。必要时采用
路基顶沉降量	地表沉降计（沉降板或桩）	用于工后沉降监控，预测工后沉降趋势，确定路面施工时间

6.5.2 挖方路基边坡或滑坡监测可参考表 9 进行设计，预应力锚固工程原位监测内容和项目见表 10。

表 9 挖方路基边坡或滑坡监测

监测内容		监测方法	监 测 目 的
地表监测	水平位移监测	全站仪、光电测距仪	观测地表位移、变形发展情况
	垂直变形监测	水准仪	
	裂缝监测	标桩、直尺或裂缝计	观测裂缝发展情况
地下位移监测		测斜仪	探测相对于稳定地层的地下岩体位移，证实和确定正在发生位移的构造特征，确定潜在滑动面深度，判断主滑方向，定量分析评价边（滑）坡的稳定状况，评判边（滑）坡加固工程效果
地下水位监测		人工测量	观测地下水位变化与降雨关系，评判边坡排水措施的有效性
支挡结构变形、应力		测斜仪、分层沉降仪，压力盒、钢筋应力计	支挡构造物岩土体的变形观测，支挡构造物与岩土体间接触压力观测

表 10 预应力锚固工程原位监测内容和项目

预应力锚杆工作阶段	监测对象	监测内容	监测项目
施工阶段	锚杆体材料	锚杆的工作状态 锚杆的施工质量	锚杆张拉力； 锚杆伸长值； 预应力损失
	锚固对象	加固效果	被锚固体的位移和变形
工程运营阶段	锚杆体	锚杆的工作状态	预应力值变化
	锚固对象	锚固工程安全状况	被锚固体的位移与地下水状态

6.5.3 近年来，我国城市轨道交通已进入快速发展时期，北京、上海、南京等城市的地铁线路已投入运营，杭州、成都等地正在加紧地铁建设的施工，全国还有多个城市申请建设地铁工程。另外，现有道路下面的管道顶进法施工在各城市也十分普遍。地铁的浅埋暗挖法、盾构法和管道顶进法施工过程中，上方道路的变形控制成为工程中的关键环节之一。由于监控一般由地铁施工单位实施，所以地铁设计过程中，应对下穿现有道路的地段提出变形预测与评估报告，对暗挖工程影响范围内路基土的稳定、沉降情况做出评价。本条文实际上是道路专业对暗挖工程提出的要求。

7 特殊路基

7.1 一 般 规 定

7.1.1 特殊路基包括特殊土（岩）路基、不良地质地段的路基，以及其他特殊条件下的路基。

7.2 软土地区路基

7.2.4 通常情况下，行车荷载对路基变形的影响可不予考虑。但对于软弱地基上的低路基，国内一些城市快速路的工程实践表明，由于车辆载重的增加和路基高度的降低，部分软弱地基已处于路基工作区范围以内，行车荷载反复作用下可产生显著的动力变形，并导致严重车辙、局部沉陷和路面开裂。

目前，路基永久变形的主流估算方法是根据永久应变与荷载作用次数的关系，采用分层总和法进行计算。永久应变与荷载作用次数的关系以经验公式为主，具有代表性的经验公式如下：

$$\varepsilon_{\mathrm{p}} = AN^{b} \tag{19}$$

式中：ε_{p}——永久应变（%）；

N——荷载作用次数；

A、b——回归得到的材料参数，综合反映了土的应力状态、物理状态和土的类型等因素的影响。

$$\varepsilon_{\mathrm{p}} = a\left(\frac{q_{\mathrm{d}}}{q_{\mathrm{f}}}\right)^{m} N^{b} \tag{20}$$

式中：q_{d}——行车荷载引起的动偏应力；

q_{f}——静力破坏偏应力；

a、b、m——材料参数。

$$\varepsilon_{\mathrm{p}} = a\left(\frac{q_{\mathrm{d}}}{q_{\mathrm{f}}}\right)^{m}\left(1+\frac{q_{\mathrm{s}}}{q_{\mathrm{f}}}\right)^{n} N^{b} \tag{21}$$

式中：　q_{s}——初始静偏应力；

a、b、m、n——材料参数。

由以上经验公式可以看出，荷载应力水平对永久变形的累积具有显著影响。一般而言，城市道路交通中货车占的比例小，而小汽车荷载作用下产生的地基永久变形问题并不严重，因此条文中规定仅当重载车型较多时，需重视行车荷载产生的路基变形问题。另外，不管采用何种经验公式，为准确预估行车荷载作用下的永久变形，都需要进行室内重复动三轴试验以获取公式中的材料参数。

值得注意的是，行车荷载作用于湿软路基，往往由于交通荷载在横断面上分布的不均匀性，且路床部分的路基含水率偏高，极易形成显著的不均匀变形，进而引发严重的车辙、局部沉陷和路面开裂。因此，对于重载交通的城市快速路，应加强路基排水、地基处理和路基处治的设计。规范条文也作了明确规定，即路基填土高度小于路面和路床总厚度时，应将地基表层土进行超挖并分层回填压实，压实度不得小于零填及挖方路基的规定值。

7.2.5　EPS不仅可以用于填筑轻质路基，而且可用于置换浅层软土地基，以减小地基中的附加应力。但条文对EPS轻质路基最顶层EPS材料的最小密度作了规定；因为最上一层EPS所受荷载较大，且与混凝土板存在介质突变，若施工不当，易产生应力集中，如果EPS密度不高，易产生压密变形甚至碎裂。另外，EPS 的弹性模量与密度存在良好的相关性，JohnS. Horvath、Megnan、Eriksson、凌建明等人提出的 EPS 弹性模量与密度的相关关系分别如式（22）～式（25）所示。因此，为保证路基具有足够的顶面当量回弹模量，在路基顶面宜填筑高密度的 EPS，而底部 EPS 密度可适当降低。

$$E = 0.45\rho - 3.0 \tag{22}$$

$$E = 0.479\rho - 2.875 \tag{23}$$

$$E = 0.0097\rho^2 - 0.014\rho + 1.8 \tag{24}$$

$$E = 0.36\rho - 1.1 \tag{25}$$

式中：E——EPS 弹性模量（MPa）；

ρ——EPS 密度（kg/m^3）。

EPS 轻质材料具有较好的耐压性，压缩强度随密度而变化，通常情况下，材料弹性范围内的压缩强度可达 $60kN/m^2 \sim 140kN/m^2$。日本工业标准 JISK7220 规定：以应变 $\varepsilon=5\%$时的压应力作为 EPS 的抗压强度；当$\varepsilon=2\%\sim4\%$时，材料已经进入塑性变形状态；$\varepsilon\leqslant1\%$时，材料处于弹性状态，并以 $\varepsilon=1\%$时的压应力作为允许压应力。EPS 处于弹性状态时，即使在荷载反复作用下，也不会出现蠕变变形。所以 EPS 路堤堤身的压缩变形基本可以忽略。

由于 EPS 填料属超轻质材料，当 EPS 板材处于地下水位以下时，必须进行抗浮稳定性验算。抗浮稳定性系数 F_s宜大于 1.1～1.5，若不能满足，应变更 EPS 铺设厚度，增加填土的重量，或采取降排水措施。

7.2.7 考虑到强夯施工会产生强烈的震动和噪声，从而对周边建筑物和沿线居民生活造成严重影响，因此未在条文中推荐采用强夯法。

7.2.8 排水固结法易引起道路周边的地基沉降，因而措施选择和方案设计时需充分评估道路地基排水固结对附近区域（20m 左右）的影响。当附近区域内存在对沉降要求较为严格的重要建筑或管线时，不宜采用。

7.2.10 在《公路路基设计规范》JTG D30 及《建筑地基处理技术规范》JGJ 79 中，均采用 90d 龄期的强度作为加固土标准强度。从当前的施工情况看，在加固土桩完成后 90d，设计荷载一般也不会完全施加，所以采用 90d 龄期强度进行稳定计算仍是偏安全的。为了与其他相关标准统一，条文也规定采用 90d 龄期强度作为标准强度。但实际上，选用 90d 龄期强度作为标准强度，给室内试验和现场检测带来一定的困难。目前普遍的解决方法是根据短龄期（7d 或 28d）的试验、检测数据，按强度增长经验公式推测 90d 的强度值。一些水泥加固土的强度-龄期经验关系式如表 11 所示。

表 11　不同地区水泥加固土强度与龄期的关系式

代表地区和资料来源	关系式	备注
天津、福建、连云港、南通地区第一公路设计院	$q_{u28}=2.37q_{u7}-0.19$ $(r=0.87, n=12)$ $q_{u90}=1.14q_{u28}+0.85$ $(r=0.79, n=15)$	q_{u7}、q_{u28}、q_{u90}分别表示7d、28d和90d无侧限抗压强度。 r、S、n分别表示相关系数、标准差和统计组数
《粉体喷搅法加固软弱土层技术规范》TB 10113－96	$q_{u28}=1.49q_{u7}$；$q_{u90}=1.97q_{u7}$； $q_{u90}=1.33q_{u28}$	
天津地区 天津港湾工程研究所“水泥鉴别土工程特性研究”（研究报告）	淤泥：$q_{u7}=0.364q_{u90}$ $q_{u28}=0.652q_{u90}$ 淤泥质黏土：$q_{u7}=0.262q_{u90}$ $q_{u28}=0.485q_{u90}$	
上海地区 《地基处理》叶书麟	$q_{u7}=0.56q_{u28}$ $(r=0.98, S=0.059, n=15)$ $q_{u90}=1.63q_{u28}$ $(r=0.98, S=0.143, n=9)$	

7.2.11　相对于其他地基处理措施，刚性桩法造价较高，但具有施工速度快、总沉降量和工后沉降小的优势，适用于施工周期有限、对沉降控制要求高的情形。刚性桩法在路基工程地基处理中的应用普遍基于“复合地基”原理，因而强调桩与桩间土共同受力、协调变形。考虑到刚性桩的刚度较大，为增大桩体承担荷载的比例、充分利用桩体的承载潜能，应在桩顶设置桩托和（加筋）垫层。另外，如果刚性桩进入持力层较多，桩体沉降很小，会使桩顶部和桩间土产生较大的差异沉降，因此刚性桩的设置深度宜通过沉降计算确定。桩和桩间土的差异沉降一方面可以通过桩托和垫层缓解，另一方面为避免路面“蘑菇状”突起，还要求在桩顶以上填筑有足够厚度的填土。

7.2.13　高填方路基或桥头引道应进行沉降与稳定监测设计，以保证路基填筑施工的安全。特别是当填土高度超过软土地基的极限填土高度时，必须控制填土速率，保证地基固结时间，以提高地基土的抗剪强度和路基的稳定性。填筑速率常常以边桩位移速率和地面沉降速率进行控制，边桩位移量每昼夜不得大于5mm，路基中心沉降量每昼夜不得大于10mm～15mm，并应结合位移和沉降发展趋势进行综合分析。在现场施工过程中，对于一般路堤，在极限填土高度以内，填筑速率一般应小于 1.5m/月；大于极限填土高度时，若采用排水固结法处理地基，则应控制原地面沉降速率小于 10mm/昼夜；若采用水泥搅拌桩等复合地基进行处理，则应控制地面沉降速率小于 15mm/昼夜；若采用刚性桩进行处理，应控制原地面沉降速率小于 5mm/昼夜。

7.3 红黏土与高液限土地区路基

7.3.1～7.3.3 红黏土和高液限土具有渗透性差、吸水膨胀、失水收缩、施工压实难度大等特性。这类地区的许多新建道路在施工过程中就出现各种工程问题，有的路段一边施工开挖，一边溜塌、坍塌。

坍塌是由于边坡浅层高液限土体，在湿胀干缩效应与风化作用影响下形成裂隙切割，兼之水的入渗，导致土体强度衰减，丧失稳定。因此条文中规定了较缓的边坡坡率，对于挖方路基，宜采用更缓的边坡坡率。

另外，边坡浅表强风化层内的土体，吸水过饱和，在重力与渗透压力作用下，将沿坡面向下产生溜塌。溜塌常发生在雨季，可以在边坡浅表的任何部位发生，与边坡坡率无关，需要进行路基排水和边坡防护的综合设计，及时引排地表水和地下水。

7.4 膨胀土地区路基

7.4.2、7.4.3 膨胀土地区路堑边坡的破坏形式多样，但根据破坏的深度，可划分为浅层破坏和深层破坏两大类。浅层破坏是指发生在大气影响层内的变形，超过这一厚度的边坡变形和破坏即为深层破坏。在进行边坡稳定分析和防护加固设计时，应该针对这两种破坏类型区分对待。

浅层边坡的膨胀土特性主要是受气候变化、风化程度、裂隙发育程度等因素影响，其抗剪强度明显低于深层土体。在边坡整体设计中，如果不需要边坡加固，则需按浅层土质特征进行边坡防护设计；如果边坡需要加固，则浅层工程地质问题已基本得到解决，主要按深部地层强度设计边坡坡度。因此，膨胀土边坡设计应做好防水、排水、保湿、防风化等，并结合浅层和深层土体特征，采取防护、支挡及减少开挖面等措施。

7.5 黄土地区路基

7.5.2 黄土地区路基排水与防护工程的设计要以防冲刷、防渗、有利于水土保持和环境保护为原则，“早接远送”是措施，而处理好进出水口则是关键。否则会引起土体滑坍、坡面冲沟、地基湿陷等病害。

7.6 盐渍土地区路基

7.6.4 一些滨海地区的道路建设常遇到氯盐或亚氯盐弱盐渍土，这类盐渍土的盐胀和溶蚀问题均较轻，因此，在缺乏其他优质填料的情况下，通过相关实验论证，可以直接或经石灰等处治后用于路基甚至路床部位的填筑。

7.7 季节性冰冻地区路基

7.7.1 温度在0℃以下，且含有冰的土（岩石）称为冻土。天然条件下，地面以下这种冻结不融的状态保持三年或三年以上者，称为多年冻土；而每年冬季冻结，春季融化且冻结状态持续1个月以上的冻土称为季节性冻土。我国的季节性冻土地区分布广阔，遍布长江以北的十余个省份，约占国土面积的53.5%。季节性冻土地区道路路基的冻胀、翻浆融沉等病害严重影响道路的使用性能和使用寿命，给交通安全带来隐患，所以应充分重视。

7.7.2 季节性冻土地区路基不同土层土的冻胀率由试验测定，无冻胀实测数据时，按下式确定：

$$\eta=\left(\frac{R_m}{R}\times W-W_0\right)\lambda+2 \tag{26}$$

式中：η——土的平均冻胀率（%）；

W——调查时土的含水率（%）；

R_m——近10年最大年降水量（mm）；

R——调查年份降水量（mm）；

W_0——起始冻胀含水率（%），可取（0.80～0.84）W_p（土的塑限含水率）或按表12选用；

λ——系数，细粒土取0.25，粗粒土取0.28。

表12 不同土质的起始冻胀含水率（%）

土的名称	黏质土	粉质土	粉土质砂	细粒土质砾、黏土质砂	含细粒土质砾（砂）
土的起始冻胀含水率 W_0（%）	12～17	10～14	9～11	8～10	6～8

根据土的平均冻胀率，可按表13，将土分为五类：

表13 土的冻胀性分类

冻胀类型	不冻胀土	弱冻胀土	冻胀土	强冻胀土	特强冻胀土
土的平均冻胀率 η	$\eta\leqslant1$	$1<\eta\leqslant3.5$	$3.5<\eta\leqslant6$	$6<\eta\leqslant12$	$\eta>12$

7.7.6 挖方路段，低洼路段常常排水不畅，季节性冻土地区的路基春融期间含水率增大，强度和模量显著下降，边坡也易产生局部滑塌，故须足够重视，并应采取换填、加强排水、保护坡面等措施。

7.8 岩溶地区路基

7.8.1 岩溶是水对可溶性岩石进行以溶蚀作用为主的综合地质作用及由此形成的各种地质现象的总称。岩溶地区路基勘察方法应根据岩溶发育程度、地形条件、勘察阶段要求的内容和深度、所勘察的道路等级、工程规模及其工作难易程度的不同进行选择和布置。岩溶勘察应重点关注以下几点：

1 重视工程地质分析。要查明岩溶形态，不能只依赖于勘探手段，必须注重对岩溶发育规律的工程地质分析，在工作程序上应以工程地质调查和测绘为先导。

2 岩溶发育规律研究和勘探工作布置，应遵循从面到点、先地表后地下、先定性后定量、先控制后一般、先疏后密的工作准则。

3 应有针对性地选择勘探手段。如勘察场地的岩溶发育规律、基岩埋深等可采用综合物探；勘察浅层岩溶可采用槽探；勘察土洞可用钎探；勘察深埋土洞可采用静力触探；勘察岩溶洞穴可用钻探等。

4 提倡综合物探，用多种方法相互印证，不宜以未经验证的物探成果作为路基设计以及地基处理的依据。

7.8.2、7.8.3 岩溶评价与处治对道路路基工程和安全运营至关重要，特别是隐状岩溶。有的岩溶经查明，其危害性很小或其影响范围有限不会危及路基安全，则可以不作处理；在岩溶发育程度和溶蚀强度很高的地区，岩溶的影响和危害情况往往不易查清，因而可以遵循避重就轻，防害兴利的原则，在选线时根据岩溶发育的规律和岩溶带的分布情况，通过路线的合理布局进行绕避，以减少岩溶的影响；当很难完全绕避时，可经技术经济比较后，采用适宜的处治措施。

对路基有显著影响的岩溶不均匀性只表现在一定尺寸范围内。不同尺度的岩溶形态带来的病害性质和危害程度不一，因此病害防治措施手段也不尽相同。表14是根据实际工程经验得到的不同尺度岩溶的危害性和处治对策。

表14 不同尺度岩溶的危害性和处治对策

岩溶尺度规模等级	平面尺寸 R	深径比 h/R 范围			
小	$0\leqslant R<1$m	0～1	大于1	—	—
中等	$1\text{m}\leqslant R<6$m	0～0.1	0.1～1	大于1	—

续表 14

岩溶尺度规模等级	平面尺寸 R	深径比 h/R 范围			
大	6m≤R<20m	0～0.05	0.05～0.25	大于 0.25	—
巨大	20m≤R<50m	0～0.03	0.03～0.1	0.1～1	大于 1
危害性大小		无	一般	大	非常严重
对应不同尺度的处治对策		不处理	一般处理	重点处理	无法处理

注：R 为岩溶形态平面影响范围，取病害易于处理的方向上的长度，如溶洞的直径、溶槽的宽度；深径比 h/R 为岩溶形态起伏尺寸与其平面尺寸的比值，如溶沟（或揭穿后溶洞）的深度与其宽度比值，石牙高与基底宽度比，反映了岩溶不均匀性的大小，深径比越大，不均匀性也就越强，危害性也越高，但不同规模的岩溶形态划分危害性的深径比范围也不同。

8 路基改建与扩建

8.1 一 般 规 定

8.1.1 城市道路路基改建或扩建设计前的野外调查、勘探和必要的测试是道路勘测的重要组成部分，应重点收集既有道路的地基、路基填料及处治措施，以便在改扩建设计中采取适宜的工程处治方案，保证道路路基改建或扩建后的整体使用性能。

8.1.2 既有道路地基在路堤荷载和车辆荷载作用下，地基沉降已基本稳定。路堤拓宽后，新老路基之间存在特性差异。为避免新老路基差异沉降引起路基纵向开裂，应对新拼接道路的地基进行处治，减小地基沉降，同时应注意路堤本身的压实，以减小路堤自身压密变形。

8.2 既有路基性状调查与评价

8.2.4 如何评价老路路基是既有设施利用与处治的前提。原则上要求既有路基满足改扩建后相应等级路基的技术标准。已建公路路基土的含水率调查结果表明，经过干湿循环、冻融循环后，路基土的含水率比竣工时含水率普遍偏高，回弹模量和压实度明显降低。若沿用新建路基的回弹模量标准，往往需要进行大规模翻挖和处治。因此，可根据工程实际特点，与路面利用和加铺设计相结合，并根据路基病害的产生原因和对拓宽结构的影响程度，采取针对性的处治措施。

8.4 路基拓宽

8.4.1 拓宽改建道路的路基横断面形式应根据道路等级，本着“技术可行、经济合理”的原则，结合道路沿线的地形、地貌、水文、地质、填筑情况来确定是单侧拓宽还是双侧拓宽。拓宽的路基和改线新建道路路基的设计标准均按新建道路的标准执行。

8.4.3 老路边坡开挖台阶的基本形式包括标准式台阶、内倾式台阶、竖倾式台阶和内挖式台阶，如图 6、表 15 所示。《公路路基设计规范》JTG D30 第 6.3.4 条规定台阶宽度不应小于 1.0m。从已有的一些公路拓宽工程来看，台阶开挖的高度、宽度、倾角等几何形状存在很大差异，见表 16。关于台阶面上的内倾角，国内高速公路扩建工程中大多采用 2%～4%的内倾角，出发点是利用内倾角的嵌锁作用增强新老路基的衔接，但是沪宁高速公路江苏段建议不设置内倾角，理由是内倾角的存在影响台阶面的压实效果，且不利于排水，故采用竖倾式台阶。鉴于城市道路施工平台较为有限，条文中规定台阶的宽度不宜小于 1.0m。

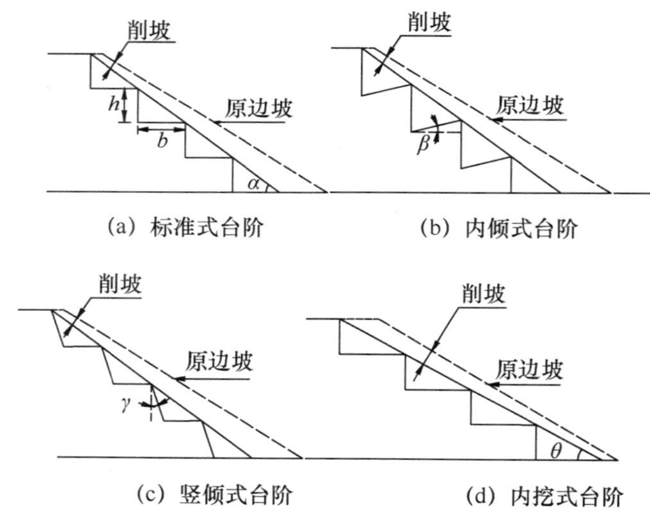

图 6 台阶的基本形式

表 15 各种台阶形式的优缺点

台阶形式	优　点	缺　点
标准式台阶	开挖施工方便，台阶压实效果较好	开挖效果受路基边坡坡度影响较大
内倾式台阶	增加新老路基的嵌锁作用，增强新老路基的衔接	影响台阶面的压实效果，内侧角隅部位容易积水，施工难度有所增加

续表 15

台阶形式	优　　点	缺　　点
竖倾式台阶	便于台阶内侧角隅部位的压实，特别适于不加筋台阶	相同条件下减少了锚固长度，施工难度也有所增加
内挖式台阶	可以同时满足拼接部位填土的压实要求和格栅锚固长度的要求	开挖工程量有所增大

表 16　既有公路改扩建工程台阶拼接设计方案

扩建工程名称	台阶拼接设计方案
广佛高速	粉喷桩地基处理路段：第一阶段按 1∶0.8 坡率开挖，第二阶段按 1∶0.5 坡率开挖；旋喷桩地基处理路段：按 1∶0.5 坡率开挖
沪杭甬高速	按 1∶1.2 的坡度削坡，内倾式台阶，高度(0.9～1.0)m，宽度不小于 1.0m，顶面内倾 2%～4%
沈大高速	按 1∶0.5 的坡度削坡，内倾式台阶，高度不大于 0.8m，顶面内倾 3%
沪宁高速江苏段	内倾式台阶，高(0.6～0.7)m，宽大于 1.0m，顶部台阶尺寸为 1.0m×1.5m；粉煤灰、粉土等路基采用高度为 0.6m×0.9m 的竖倾式小台阶，坡比为 10∶1
武汉绕城与京珠公路拼接段	按 1∶1.75 的坡度削坡，内倾式＋竖倾式台阶，宽度 2.0m，顶面内倾 5%，台阶竖面向内倾斜
南京绕城高速	高度 80cm，宽度(100～200)cm
沪宁—锡澄高速公路拼接段	内倾式台阶，高度 0.8m，宽度 1.2m，顶面内倾 2%
海南环岛东线高速	内倾式台阶，高度(1.0～1.5)m，宽度(2.0～3.0)m，顶面内倾 2%～4%
叶信高速东段	内倾式台阶，高度不小于 1.0m，宽度不小于 2.0m，顶面内倾 3%
石黄高速	内倾式台阶，高度(30～60)cm
安阳至新乡高速	内倾式台阶，高度 100cm，宽度 150m，顶面内倾 3%

新拼接路基宜选用透水性好、强度高、级配良好的粗粒土作为路基填料，当采用细粒土作为填料时，应满足路基土最小强度的要求，并加强路基内部，特别是新老路基结合部的排水。必要时，可设置横向排水盲沟，排除路基内部积水。

为保证拓宽路基的压实度，当拓宽路基的宽度不足一个压实宽度时，应采用超宽填筑或翻挖既有路基等措施，当路基填筑、压实施工完毕后，再进行削坡处理，形成最终的路基断面，严禁出现贴坡现象。

8.4.5 对于软土地基上的路基拓宽改建，在拓宽路基荷载作用下，原路基的地基将产生新的附加应力，并对原有路基路面产生一定影响。由于拓宽路基填筑过程中发生的沉降将直接影响原有路基的沉降变形，因此排水固结法不再适用。强夯法由于在施工过程中会对既有路基的性状和稳定造成影响，故条文中也不予推荐。另外，当拓宽路基位于水塘、河流、水库等路段，需要排水清淤时，必须采取防渗和隔水措施后方可降水，以免使既有地基产生附加沉降从而导致路面开裂。

六、城市道路交叉口设计规程

CJJ 152－2010

4 平面交叉

4.2 交通组织与进出口道设计

4.2.1 平面交叉口机动车设计交通量应区分直行及左右转交通量。确定进口道车道数等平面设计时，应采用高峰小时内信号周期平均到达车辆数。当确定渠化及信号相位方案时，应当用信号配时时段的高峰小时内高峰15min的到达车辆数。

4.2.2 平面交叉口非机动车设计交通量的确定方法与机动车相同。平面交叉口行人过街设计交通量应采用高峰小时内的信号周期平均到达量。

4.2.3 应根据交通量、相交道路等级、交叉口所处的区域位置及用地条件合理确定交叉口的通行能力和服务水平。

4.2.4 应根据道路网、交通流量与流向及用地条件等进行交通组织设计。交通组织设计应遵循人车分隔、机非分隔、各行其道；以人为本、公交优先；安全畅通、减少延误的原则。

4.2.5 平面交叉口可采用机动车左、直、右转专用车道、非机动车右转专用车道、进口道展宽、进口道中线偏移、压缩进口道中央分隔带宽度、机动车左转超前候驶、行人二次过街、交通信号控制相位方案、交通标志标线、交通分隔与导流设施等方法和措施来提高通行能力。

4.2.6 全无管制及让行交叉口进口道必须布设行人横道线，并设让行标志。视距不能改善的全无管制交叉口应改为停车让行交叉口或布设限速标志。

4.2.7 让行交叉口次要道路进口道宜展宽成两条车道，一条右转车道，一条直左混行车道（四岔交叉口）或左转车道（三岔交叉口）。主要道路进口道不设停止线，车道条数可与路段一样。当两条车道时，四岔交叉口可分别设直右、直左混行车道，三岔交叉口可分别设直行车道、直行与转弯混行车道；当三条车道时，四岔交叉口可分别设直右、直行、直左混行车道，三岔交叉口可分别设两条直行车道、一条直行与转弯混行车道。

4.2.8 信号控制交叉口应根据交通流量、流向确定进口道车道数。进口道车道数应大于上游路段的车道数，有条件时宜分设各流向的专用车道，并应满足其交通量所需的车道数要求。

4.2.9 平面交叉口一条进口车道的宽度宜为 3.25m，困难情况下最小宽度可取 3.0m；当改建交叉口用地受到限制时，一条进口车道的最小宽度可取 2.80m。转角导流交通岛右侧右转专用车道应按设计速度及转弯半径大小设置车道加宽。

4.2.10 当高峰 15min 内每信号周期左转车平均流量达 2 辆时，宜设左转专用车道；当每信号周期左转车平均流量达 10 辆，或需要的左转专用车道长度达 90m 时，宜设两条左转专用车道。左转交通量特别大且进口道上游路段车道数为 4 条或 4 条以上时，可设 3 条左转专用车道。

4.2.11 进口道左转专用车道设置可采用下列方法：

1 展宽进口道，以便新增左转专用车道。

2 压缩较宽的中央分隔带，新辟左转专用车道，但压缩后的中央分隔带宽度对于新建交叉口至少应为 2m，对改建交叉口至少应为 1.5m，其端部宜为半圆形［图 4.2.11（a）］。

3 道路中线偏移，以便新增左转专用车道［图 4.2.11（b）］。

4 在原直行车道中分出左转专用车道。

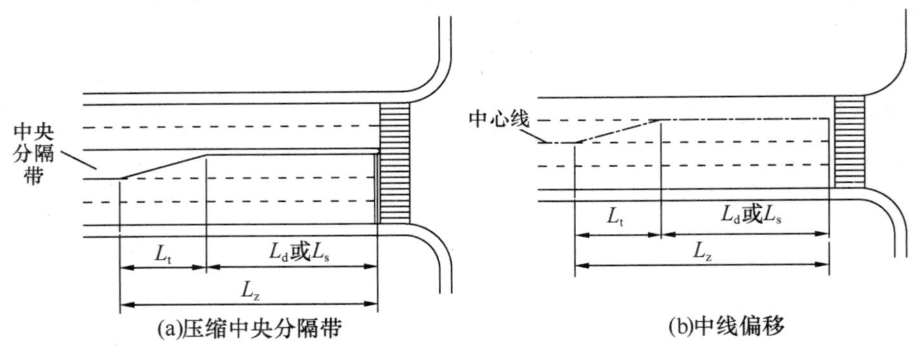

图 4.2.11　左转专用道设置

L_t —变换车道所需的渐变段长度（m）；L_d —减速车道长度（m）；

L_s —相邻候驶车辆排队长度（m）；L_z —专用左转车道最小长度（m）

4.2.12 进口道右转专用车道设置可采用下列方法：

1 展宽进口道，新增右转专用车道（图 4.2.12）。

2 在原直行车道中分出右转专用车道。

确因需要在向右展宽的进口道上设置公交停靠站时，应利用展宽段的延伸段设置港湾式公交停靠站，并应增加站台长度。

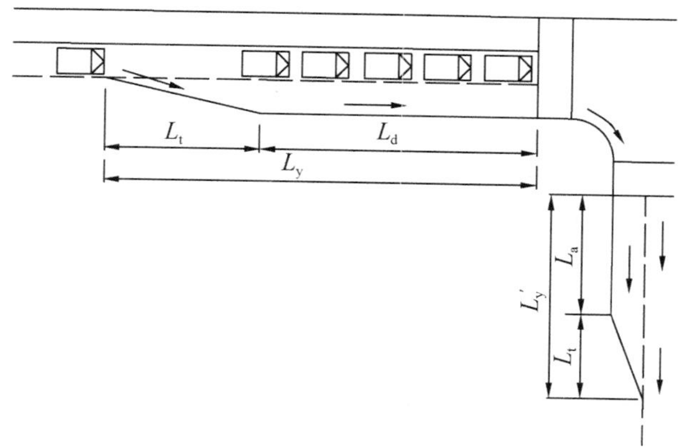

图 4.2.12 展宽设置右转专用道

L_t —渐变段长度（m）；L_d —展宽段长度，不小于相邻候驶车队长度（m）；
L_a —车辆加速所需距离（m）；L_y —展宽右转专用车道长度（m）；
$L_{y'}$ —展宽加速车道长度（m）

4.2.13 进口道长度由展宽渐变段长度（L_t）与展宽段（L_d）组成（图 4.2.12）。渐变段长度（L_t）按车辆以 70％路段设计车速行驶 3s 横移一条车道时来计算确定。渐变段最小长度不应少于：支路 20m，次干路 25m，主干路 30m～35m。展宽段最小长度应保证左转或右转车不受相邻候驶车辆排队长度的影响。相邻候驶车辆排队长度（L_s）可由下式确定：

$$L_s = 9N \quad (4.2.13)$$

式中：N——高峰 15min 内每信号周期的左转或右转车的排队车辆数。

当需设两条转弯专用车道时，展宽段长度可取一条专用车道长度的 60％。无交通量资料时，展宽段最小长度不应小于：支路 30m～40m，次干路 50m～70m，主干路 70m～90m，与支路相交取下限，与主干路相交取上限。

4.2.14 出口道车道数应与上游各进口道同一信号相位流入的最大进口车道数相匹配。条件受限的改建交叉口，流入最大进口车道数可减少一条。相邻进口道设有右转专用车道时，出口道应展宽一条右转专用出口车道。

4.2.15 出口道每条车道宽度不应小于路段车道宽度，宜为 3.50m，条件受限的改建交叉口出口道每条车道宽度不宜小于 3.25m。

4.2.16 出口道长度由出口道展宽段和展宽渐变段组成（图 4.2.12）。展宽段最小长度不应小于 30m～60m，交通量大的主干路取上限，其他可取下限；当设置公交停靠站时，应再加上站台长度。渐变段最小长度不应小于 20m。

4.2.17 改建交叉口附近地块或建筑物出入口应满足下列要求：

1 主干路上，距平面交叉口停止线不应小于100m，且应右进右出。

2 次干路上，距平面交叉口停止线不应小于80m，且应右进右出。

3 支路上，距离与干路相交的平面交叉口停止线不应小于50m，距离同支路相交的平面交叉口不应小于30m。

4.2.18 高架道路的桥墩（台）及地道进出口构筑物的布设应保证平面交叉口的视距条件、交通组织及行车安全。

4.2.19 高架道路、地道或互通立交的出口匝道，靠近平面交叉口时，宜按下列要求布设：

1 出口匝道在信号交叉口上游时，交叉口进口道的展宽应满足地面道路与匝道车流的双重要求。

2 出口匝道左转交通量大时，宜布置在靠近平面交叉口进口道左转车道与直行车道之间的位置上；反之，则宜布置在靠近右转车道与直行车道之间的位置上。

3 出口匝道近地面段宜分成2条车道以上，按车辆出匝道后左转、右转及直行交通量的大小划分出口段的车道功能。

4 出口匝道的端部离下游平面交叉口进口道展宽渐变段起点应大于红灯期间车辆排队长度与匝道车流与干路车流所需交织长度之和，宜大于100m；当不足100m且使匝道车流与干路车流交织困难时，可在交叉口进口道分别设置地面进口道展宽和匝道延伸部分的展宽，并设置干路左转车道、直行车道、右转车道，匝道延伸部分的左转车道、直行车道和右转车道，但此类交叉口的信号相位必须采用双向左转专用相位。

4.2.20 高架道路，地道或互通立交的入口匝道靠近平面交叉口时，宜按下列要求布设：

1 进入匝道的车辆中来自上游交叉口的左转交通量大时，入口匝道宜布置在靠近左转车来向与直行车来向之间的位置上；反之，则宜布置在右转车来向与直行车来向之间的位置上。

2 入口匝道的入口端宜布置在交叉口出口道展宽渐变段的下游，且最小距离不宜小于80m。

4.3 平面与竖向设计

4.3.1 平面交叉口范围内道路中线宜采用直线；当需采用曲线时，其曲线半径不宜小于不设超高的最小圆曲线半径。

4.3.2 平面交叉口转角处缘石宜为圆曲线或复曲线，其转弯半径应满足机动车和非机动车的行驶要求，可按表4.3.2选定。当平面交叉口为非机动车专用路交叉口时，路缘石转弯半径可取5m～10m。

表 4.3.2 路缘石转弯半径

右转弯设计速度（km/h）	30	25	20	15
无非机动车道路缘石推荐半径（m）	25	20	15	10

注：有非机动车道时，推荐转弯半径可减去非机动车道及机非分隔带的宽度。

4.3.3 平面交叉口视距三角形范围内（图 4.3.3），不得有任何高出路面 1.2m 的妨碍驾驶员视线的障碍物。交叉口视距三角形要求的停车视距应符合表 4.3.3 的规定。

表 4.3.3 交叉口视距三角形要求的停车视距

交叉口直行车设计速度（km/h）	60	50	45	40	35	30	25	20	15	10
安全停车视距 S_s（m）	75	60	50	40	35	30	25	20	15	10

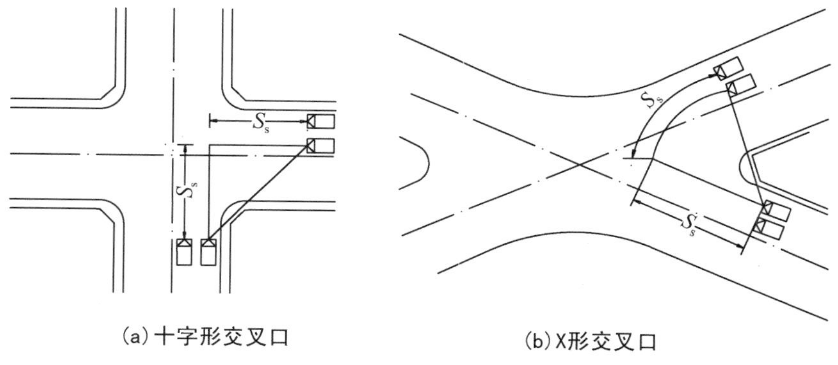

(a)十字形交叉口 (b)X形交叉口

图 4.3.3 视距三角形

4.3.4 平面交叉进口道的纵坡度，宜小于或等于 2.5%，困难情况下不宜大于 3%。山区城市等特殊情况，在保证行车安全的条件下，可适当增加。

4.3.5 交叉口竖向设计应综合考虑行车舒适、排水畅通、与周围建筑物标高协调等因素，合理确定交叉口设计标高。宜以相交道路中线交点的标高作为控制标高。相交道路中主要道路的纵坡度宜保持不变，次要道路纵坡度服从主要道路；若有需要，在不影响主要道路行车舒适性的前提下，可适当调整主要道路纵坡，兼顾次要道路的行车舒适性。

4.3.6 交叉口竖向设计宜采用控制网等高线法。交叉口人行横道上游、交叉口低洼处应设置雨水口，不得积水。

4.4 公交停靠站与专用道的设置

4.4.1 交叉口附近设置公交停靠站应保证候车乘客的安全，方便乘客换乘、过街，方便公共汽（电）车停靠进出，减少对其他类型交通的影响。

4.4.2 交叉口附近设置的公交停靠站间的换乘距离，同向换乘不应大于50m，异向换乘不应大于150m，交叉换乘不应大于150m，特殊情况下不得大于250m。

4.4.3 公交停靠站应设置在交叉口的出口道。改建交叉口在出口道布设公交停靠站确有困难时，可将直行或右转公交线路的停靠站设在进口道。

4.4.4 交叉口公交停靠站的纵坡度不应大于2%，冰雪地区不应大于1.5%；山区城市地形条件困难时，纵坡度不应大于3%，个别地段地形条件特别困难时，不得大于4%。

4.4.5 当公交停靠站设置在进口道，且进口道右侧有展宽增加的车道时，停靠站应设在该车道展宽段之后不少于20m处，并将公交站台与展宽车道作一体化设计；当进口道右侧无展宽增加的车道时，停靠站应在右侧车道最大排队长度再加20m处布设。

4.4.6 当公交停靠站设置在出口道，且出口道右侧展宽增加车道时，停靠站应设在展宽段向前不少于20m处；当出口道右侧无展宽时，停靠站在干路上距对向进口车道停止线不应小于50m，在支路上不应小于30m。

4.4.7 公交停靠站按其设置的位置分为路中式停靠站和路侧式停靠站两种，按几何形状分为港湾停靠站和直线式停靠站，公交停靠站的布设应符合下列规定：

1 有中央分隔带的道路可采用路中式停靠站。

2 干路交叉口应采用港湾式停靠站，支路交叉口宜采用港湾式停靠站，条件受限时可采用直线式停靠站。

3 有机动车与非机动车分隔带的道路宜沿分隔带设置港湾式停靠站，当分隔带宽度不足4m而人行道较宽时，可适当压缩人行道宽度，但该段人行道宽度缩减比例不得超过40%，并不得小于3m。

4 无机动车与非机动车分隔带的道路，可沿人行道设置港湾式停靠站，该段人行道宽度缩减不得超过40%，并不得小于3m。

4.4.8 公共汽（电）车港湾式停靠站（图4.4.8）应符合下列规定：

1 停靠站候车站台的高度宜为0.15m～0.20m；站台宽度不应小于2.0m，条件受限制时，不得小于1.5m。

2 停靠站候车站台的长度可按下式确定：

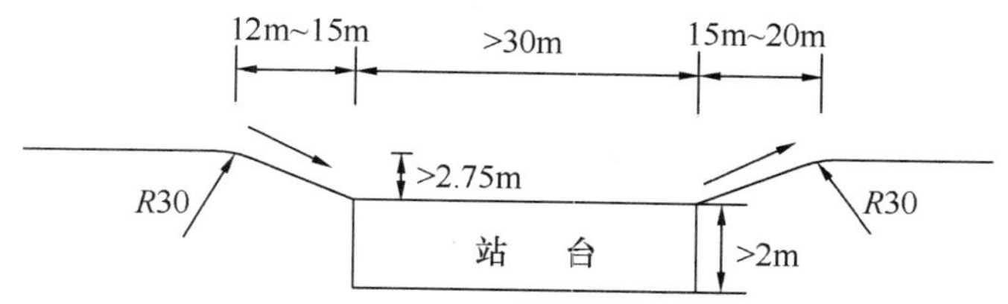

图 4.4.8 港湾式停靠站

$$L_b = n(l_b + 2.5) \tag{4.4.8}$$

式中：L_b ——公共汽（电）车停靠站站台长度（m）；

n——同时在站台停靠的公交车辆数，无实测数据时，取 n=公交线路数+1；

l_b ——公交车辆长度，一般为 15m～20m。

3 停靠站车道宽度应为 3.00m，条件限制时，不应小于 2.75m；公交车道与相邻车道之间应设置专用标线。

4.4.9 当无轨电车与公共汽车在同一车道设站时，应将电车停靠站台布置在公共汽车停靠站台的前方。

4.4.10 当多条公交线路合并设站时，应根据公交车到站频率、站台长度及通行能力确定线路数，不宜超过 5 条，特殊情况下不应超过 7 条。当线路数超过上述要求时，应分开设站，站台间距不应小于 25m。

4.4.11 快速公交站台应与常规公交站台分开设置，应采用港湾式停靠站，其几何尺寸根据车辆选型而定。双向停靠站台宽度不应小于 5m，单向停靠站台宽度不应小于 3m。

4.4.12 交叉口附近立交桥匝道出入口段不得设置公交停靠站。

4.4.13 当进口道公交车流量较大时，宜增设公交专用车道，其宽度不应小于 3m，长度不应小于 25m，公交专用道可设置于机动车道的外侧或内侧，并应符合下列原则：

1 当无右转机动车流时，公交专用车道可直接设置至停止线。

2 当有右转机动车流且流量不大时，公交专用车道设置至进口道右转车道末段的交织段后，交织段长度宜大于 40m。右转车受信号灯控制时，右转车道长度不应小于右转车最大排队长度加上交织段长度。无流量资料时，右转车道长度应大于 50m。

3 当右转车流较大时，公交专用车道可布设在右转车道左侧并直接设置至停止线。

4 当相邻交叉口间距无法满足右转车道车辆与公交车交织长度要求时，公交专用车道可直接设置至停止线。

4.4.14 出口道公交专用车道宽度不应小于 3.50m，其起点距对侧进口道停止线延长线的距离，应大于进入该出口道的右转车变换车道所需的距离加上交织段长度。变换车道所需距离可取30m～50m，交织段长度宜取40m。

4.4.15 公交专用车道系统应在交叉口实行公交优先信号控制，保证公交专用车道公交车在交叉口有优先通行权。在公交车流量大的交叉口，宜延长公交专用车道的绿灯时间。

4.4.16 有快速公交通过的交叉口，必须设置公交优先信号控制，保证快速公交优先通行。

4.5 行人与非机动车过街设施

4.5.1 行人过街设施布设应遵循下列原则：

1 应保障行人安全、便捷过街；宜优先选用平面过街方式；同一交叉口的过街方式应协调一致。

2 行人过街设施的位置，应与交叉口周围公交站、轨道车站、大型公建等人流集散点紧密结合，并应在过街设施附近设置必要的交通引导设施和交通安全设施。

4.5.2 两条干路交叉，当采用立体过街设施时，根据交叉口形状，宜采用圆形、口字形、X形、T形、Y形、冂形的布置形式；当采用平面过街设施时，根据交叉口形状，宜采用口字形、冂形的布置形式。

4.5.3 行人立体过街设施设置应满足以下要求：

1 人行天桥或地道的梯道或坡道占用人行道宽度时，应局部拓宽人行道，保持人行道原有宽度；条件受限时，应保证原有人行道40%的宽度，且不得小于3m。

2 当设置人行天桥或地道时，应符合现行行业标准《城市人行天桥与人行地道技术规范》CJJ 69的规定。

4.5.4 人行横道设置应符合下列规定：

1 应设置在驾驶员容易看见的位置，宜与车行道垂直，平行于路段路缘石的延长线并适当后退，在右转车辆易与行人发生冲突的交叉口，宜后退3m～4m，人行横道间的转角部分长度不应小于6m。人行横道两侧沿路缘石30m～120m范围内，应设置分隔栏等隔离设施，主干路取上限，支路取下限。

2 有中央分隔带的道路，人行横道应设置在分隔带端部向后1m～2m处。

3 人行横道宽度应根据过街行人数量、行人信号时间等确定，顺延干路的人行横道宽度不宜小于5m，顺延支路的人行横道宽度不宜小于

3m，宜以 1m 为单位增减。

4 当人行横道长度大于 16m 时，应在人行横道中央设置行人二次过街安全岛，其宽度不应小于 2m，困难情况下不得小于 1.5m。可通过减窄转角交通岛、利用转角曲线范围内的扩展空间、缩减进出口车道宽度等措施设置行人二次过街安全岛。因条件限制宽度不够时，安全岛两侧人行横道可错开设置。安全岛两端的保护岛应设反光装置。

5 当平面交叉口附近高架路下设置人行横道时，桥墩不应遮挡行人视线，并宜设置行人二次过街安全岛和专用信号。

6 无信号管制及让行管制交叉口必须设置条纹状人行横道，并在人行横道线上游设置“让行人先行”禁令标志。对右转车无信号控制时，应在右转专用车道上游设置减速让行线，人行道边应设置“让行人先行”禁令标志。

7 环形交叉口的人行横道宜设置在交通岛上游，并采用定时信号或按钮信号控制。环形交叉口的中心岛上不得设置人行道。

4.5.5 人行横道与人行道或交通岛的交接处应做成坡道，且应符合现行行业标准《城市道路和建筑物无障碍设计规范》JGJ 50 的规定。

4.5.6 穿越主、次干路的行人流量较大，可设行人过街专用信号相位，其绿灯时长应根据行人安全过街所需时间而定，绿灯信号相位间隔不宜超过 70s。

4.5.7 非机动车流量较大时，宜在交叉口设置独立的非机动车进出口道，并与机动车道间用设施分隔。非机动车独立进出口道宜采用与机动车一起过街的交通组织方式。

4.5.8 左转非机动车流量较大且交叉口用地条件许可时，可采用非机动车二次过街方式，左转非机动车待行区的面积应满足非机动车停车需要，位置应保证非机动车的安全并符合其行驶轨迹的要求，且不影响其他各类交通流的通行。

4.6 环形交叉口

4.6.1 环形交叉口适用多路交汇或转弯交通量较均衡的交叉口，相邻道路中心线间夹角宜大致相等。常规环形交叉口不宜用于城市干道交叉口。坡向交叉口的道路，纵坡度大于或等于 3%时，不宜采用环形平面交叉。

4.6.2 中心岛的形状根据交通条件可采用圆形、椭圆形、圆角菱形、卵形等。中心岛最小半径（或当量半径）应同时满足环道设计速度和最小交织长度的要求，并应符合下列要求：

1 满足环道设计速度中心岛最小半径可由下式确定：

$$R_1=\frac{V^2}{127(\mu \pm i)}-\frac{b_i}{2} \tag{4.6.2-1}$$

式中：V——环道设计速度（km/h）；环道设计速度应按相交道路中最大设计速度的 50%～70%计取，车速较大的，宜取较小的系数值；

μ——横向摩阻力系数，取 0.14～0.18；

i——路面横坡，取 1.5%～2%；

b_i——内侧车道宽（含车道加宽），可取 5.5m（大型车）。

中心岛最小半径与相应的环道设计速度应符合表 4.6.2-1 的规定。

表 4.6.2-1 环道设计速度与中心岛最小半径

环道设计速度（km/h）	20	25	30	35	40
中心岛最小半径（m）	20	25	35	50	65

2 最小交织长度不应小于以环道设计速度行驶 4s 的距离，行驶铰接车时，最小交织长度应不小于 30m。最小交织长度应符合表 4.6.2-2 的规定。

表 4.6.2-2 最小交织长度

环道设计速度（km/h）	20	25	30	35	40
最小交织长度（m）	25	30	35	40	45

满足相邻两条道路交角间的交织段长度对应的中心岛圆弧半径 R_2 可由下式确定：

$$R_2=\frac{360 l_g}{2\pi\omega} \tag{4.6.2-2}$$

式中：ω——相邻两条相交道路间的交角（°）；

l_g——最小交织长度（m）。

4.6.3 环道的车道数、宽度、断面布置应符合下列规定：

1 环道的机动车道数宜为 2～3 条。对现有大型环形交叉的改建或具有特殊要求的可放宽要求。

2 环道上每条车道宽度为正常车道宽度加上弯道上车道加宽的宽度。环道上车道加宽值应符合表 4.6.3 的规定。

表 4.6.3 环道上车道加宽值（m）

中心岛半径（m）		$10<R\leqslant 15$	$15<R\leqslant 20$	$20<R\leqslant 30$	$30<R\leqslant 40$	$40<R\leqslant 50$	$50<R\leqslant 60$
车型	小型车	0.80	0.70	0.60	0.50	0.40	0.40
	大型车	3.00	2.40	1.80	1.30	1.00	0.90

3 非机动车道宽度不应小于交汇道路中的最大非机动车道的宽度，也不宜大于 6m。

4 根据交通流的情况，环道可布置为机动车与非机动车混行或分行。分行时可用分隔带、分隔物或标线分隔，分隔带宽度不应小于 1m。

5 中心岛上不应布设人行道。环道外侧人行道宽度不应小于与该段环道相邻的相交道路路段上人行道宽度。

6 环道横断面宜设计成以环道中线为路拱脊线的两面坡，中心岛四周低洼处应布设雨水口；环道纵坡度不宜大于 2%。

4.6.4 环道外缘宜设计成直线；出口缘石半径应大于或等于进口缘石半径；进口缘石半径的要求可与一般平面交叉口相同，但不应大于中心岛的设计半径；进口缘石半径相差不应过大。

4.6.5 环形平面交叉应采用交通岛、路面标线、交通标志进行渠化设计。在环道进出口上各向车辆行驶迹线的盲区范围，可设计成三角形的交通岛，交通岛中布置绿化或交通设施时，不得阻挡行车视线。

4.6.6 中心岛上不宜布置开放式绿地。中心岛上的绿化不得阻挡行车视线，应保证环道上绕行车辆的行车视距要求。

4.6.7 环形交叉口在同地下设施相配合或地形有利的情况下，宜设置行人地下通道。

4.7 附属设施

4.7.1 平面交叉口交通管理及有关附属设施应包括交通信号灯、交通岛、标志、标线、隔离设施、排水、照明、绿化、景观及环保设施等。附属设施应与交叉口同步设计。

4.7.2 信号控制交叉口交通信号灯应按现行国家标准《道路交通信号灯设置规范》GB 14886 规定设置。有转弯专用车道且用多相位信号控制的道路上，按各流向车道分别设置车道信号灯。当自行车交通流可与行人交通流同样处理时，可设自行车、行人共用信号灯。

4.7.3 当环形交叉口交通流量较大时，可采用交通信号灯控制进、出环车辆在环道交织段上的通行权。

4.7.4 交通岛可分为导流岛和安全岛。交通岛不应设在竖曲线顶部。交通岛面积不宜小于 7.0m^2，面积窄小时，可用路面标线表示。转角交通岛兼作行人过街安全岛时，面积（包括岛端尖角标线部分）不宜小于 20m^2。

4.7.5 导流岛间导流车道的宽度应适当，以避免因过宽而引起车辆并行、抢道。当需设右转专用车道而布设转角交通岛时，右转专用车道曲线半径应大于 25m，并应按设计车速及曲线半径大小设置车道加宽，加宽后的车道宽度应符合表 4.7.5 的规定。

表 4.7.5　右转专用车道加宽后的宽度（m）

设计车辆 曲线半径（m）	大型车	小型车
25～30	5.0	4.0
＞30	4.5	3.75

4.7.6　导流岛端部应醒目，并在外形上能诱导车辆前进方向，必要时可兼作行人过街安全岛。导流岛的偏移距、内移距及端部圆曲线半径（图 4.7.6-1）最小值可按表 4.7.6-1 取用。导流岛各部分要素（图 4.7.6-2）最小值可按表 4.7.6-2 取用。

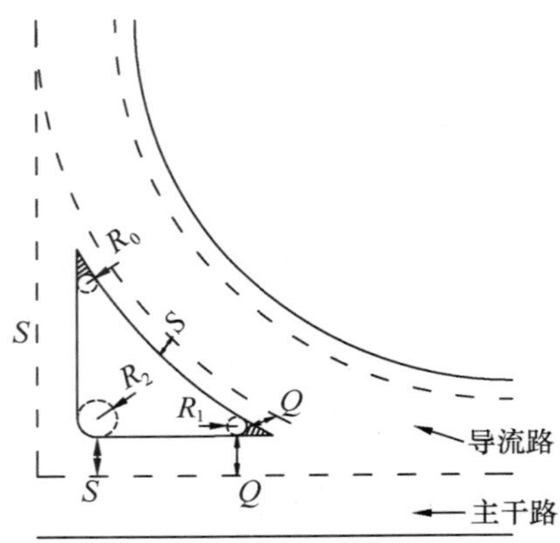

图 4.7.6-1　偏移距、内移距及端部圆曲线半径最小值

表 4.7.6-1　导流岛偏移距、内移距、端部圆曲线半径最小值

设计速度（km/h）	偏移距 S（m）	内移距 Q（m）	R_0（m）	R_1（m）	R_2（m）
≥50	0.50	0.75	0.5	0.5～1.0	0.5～1.5
＜50	0.25	0.50			

表 4.7.6-2　导流岛各要素的最小值（m）

图示	(a)			(b)			(c)	
要素	W_a	L_a	R_a	W_b	L_b	R_b	W_c	L_c
最小值（m）	3.0	5.0	0.5	3.0	(b+3)	1.0	(D+3)	5.0

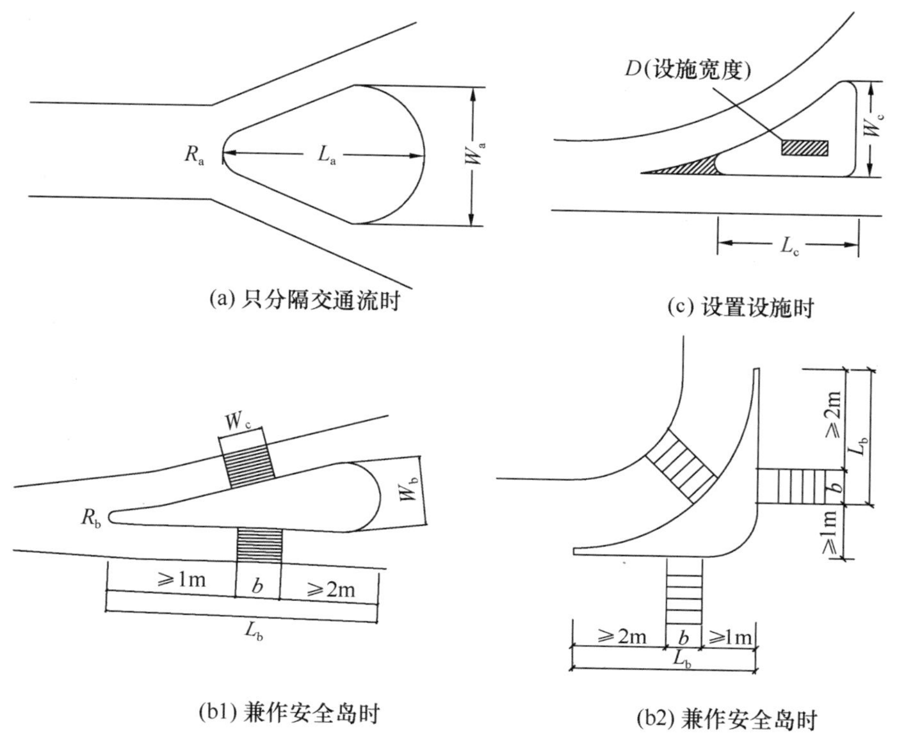

图 4.7.6-2 导流岛各部分要素

4.7.7 交叉口范围内的交通标志和标线设计应符合现行国家标准《道路交通标志和标线》GB 5768 的规定。

4.7.8 当进口道横断面中线偏移（图 4.7.8）时，应采用过渡区标线加以渠化。渠化长度（l_d）可按展宽条件下确定左右转道的渐变段长度的方法确定；l_2不应小于 2m。

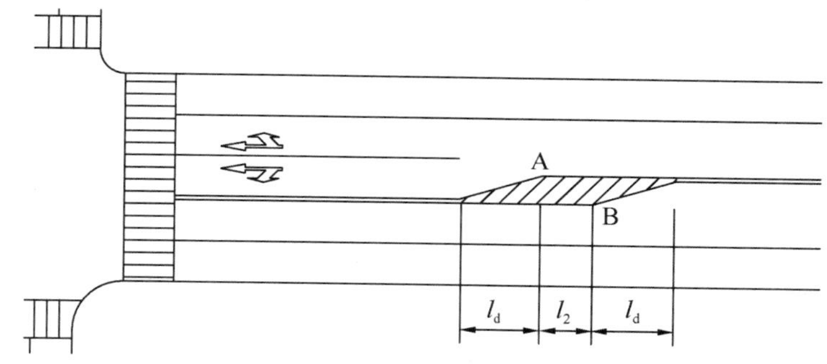

图 4.7.8 进口道横断面中线偏移时的过渡区标线

4.7.9 当进口道向右侧展宽而左转车道直接从直行车道引出（图 4.7.9）时，应采用鱼肚形标线加以渠化。渠化长度 l_{d1} 和 l_{d2} 可按展宽条件下确定左右转车道的渐变段长度的方法确定。

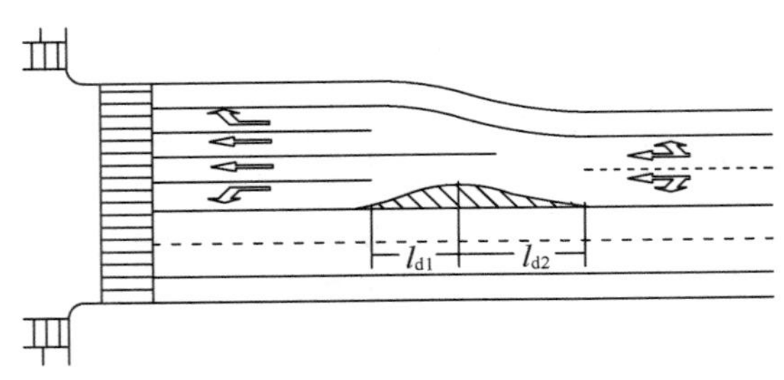

图 4.7.9　进口道的鱼肚形标线

4.7.10　平面交叉口可根据用地条件设置越过行人横道线的左转车超前候驶区，候驶区前端位置以不影响相邻道路直行车流为原则。

4.7.11　有交通信号控制或停车让行标志的平面交叉口进口道处必须设置停止线。停止线宜垂直于车道中心线。有人行横道时，停止线宜在其后1m～2m处设置。畸形交叉口或特殊需要时，停止线应后退更大的距离。

4.7.12　平面交叉口应防止路段的雨水流入交叉口、防止雨水流过行人过街横道、防止交叉口积水，其排水设计应符合国家现行标准《室外排水设计规范》GB 50014 及《城市道路设计规范》CJJ 37 的规定。

4.7.13　平面交叉口的照明应满足平均照度、照度均匀度和眩光限制三项指标，照度应高于每一条相交道路的照度；照明设施应有良好的诱导性。平面交叉口照明设计应符合现行行业标准《城市道路照明设计标准》CJJ 45 的规定。

4.7.14　平面交叉口的绿化应起到夏季遮阳、交通诱导、防护隔离、吸尘降噪、美化环境的作用，其设计应符合现行行业标准《城市道路绿化规划与设计规范》CJJ 75 的规定。

4.8　高架路下的平面交叉

4.8.1　高架路下的平面交叉，由于受高架桥墩、柱的影响，通视条件较差，应通过交通组织和交通标志、标线布设，确保视距和行车安全。

4.8.2　在交叉口处设有高架路上下匝道时，应根据上下匝道交通量情况对相关进出口道路进行拓宽。

5　立体交叉

5.1　主线横断面

5.1.1　立交主线横断面可由车行道、路缘带、分车带、路侧带、集散车道、变速车道以及防撞设施等部分组成。车行道宽度应能满足交通量要求；路缘带宽度同路段；集散车道、变速车道的车道宽应符合本规程第5.5节的规定。

5.1.2 主线横断面车行道布置宜与主线路段相同。当设集散车道时，集散车道布置在主线机动车道右侧，其间宜设分车带。主线变速车道路段的横断面应根据变速车道平面设计形式确定。

5.3 匝 道

5.3.1 立交匝道横断面应由车道、路缘带、停车带和防撞护栏或路肩组成，并应符合下列规定：

1 匝道横断面布置宜符合表5.3.1-1中的图示要求。匝道横断面形式单向交通应采用单幅式断面，双向交通应采用双向分离式断面。在匝道范围内，路、桥同宽，中央分车带困难路段可采用分隔物（钢护栏和混凝土护栏）。

表 5.3.1-1 匝道横断面布置（m）

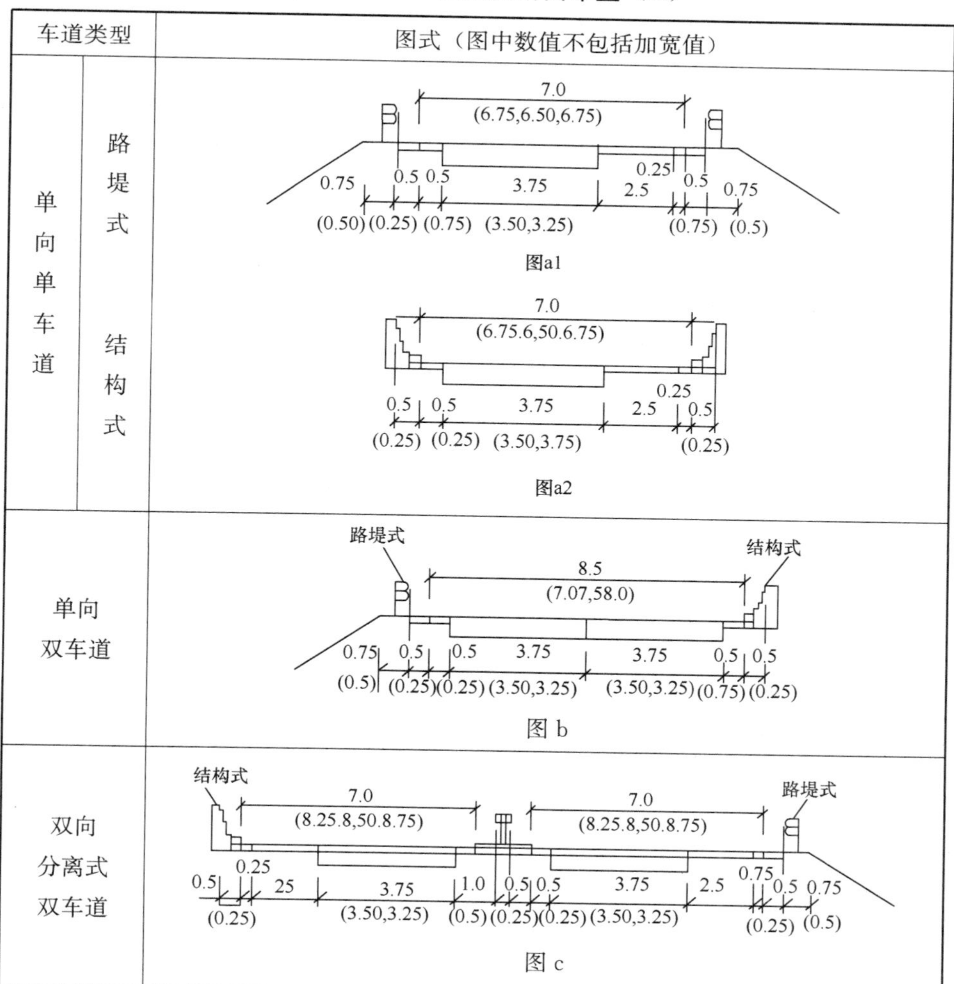

车道类型		图式（图中数值不包括加宽值）
单向单车道	路堤式	图a1
	结构式	图a2
单向双车道		图 b
双向分离式双车道		图 c

2 车行道宽应根据车道数、车型及设计速度确定，机动车车道宽度应符合表 5.3.1-2 所列数值。单车道匝道必须设停车带，停车带含一侧路缘带宽度应为 2.75m；当为小型汽车专用匝道时可为 2.0m。

表 5.3.1-2 机动车车道宽度

车型及行驶状态	设计速度(km/h)	车道宽度(m)
大型汽车或大小型汽车混行	≥60	3.75
	<60	3.5(3.25)
小型汽车专用道	≥60	3.5
	<60	3.25(3.0)

注：括号内数值为设计速度不超过 40km/h 时，或在困难情况下可采用的最小宽度值。

3 匝道横断面组成中，分隔带、路缘带、侧向净宽、安全带、分车带最小宽度及匝道建筑限界（图 5.3.1-1）应符合表 5.3.1-3 的要求，最小限高 h 值应符合本规程表 3.4.1 的规定。

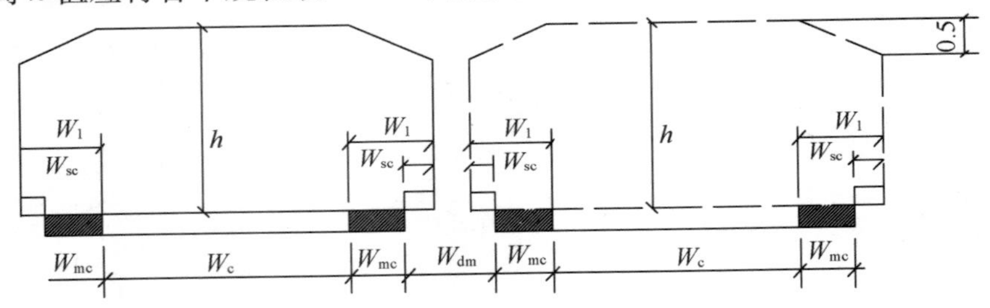

图 5.3.1-1 匝道横断面组成

W_c—车行道宽度（m）；W_{mc}—机动车道路缘带宽度（m）；W_1—侧向净宽（m）；W_{dm}—中间分隔带宽度（m）；W_{sc}—安全带宽度（m）

表 5.3.1-3 分车带最小宽度

分车带类别	中间带			两侧带		
设计速度 V（km/h）	80～70	60～50	≤40	80～70	60～50	≤40
分隔带最小宽度 W_{dm}（m）	1.5	1.5	1.5	1.5	1.5	1.5
路缘带最小宽度 W_{mc}（m）	0.5	0.5	0.25	0.5	0.5	0.25
安全带最小宽度 W_{sc}（m）	0.5	0.25	0.25	0.25	0.25	0.25
最小侧向净宽 W_1（m）	1	0.75	0.5	0.75	0.75	0.5
分车带最小宽度 W_{sm}（m）	2.5	2.5	2	—	—	—

注：分车带由分隔带及两侧路缘带组成。

机非混行匝道车行道宽应增加非机动车车道宽度，一般机动车道与非机动车道应采用物理分隔。

4　双车道匝道设置应符合下列条件：

1） 交通量超过单车道匝道设计通行能力时。

2） 在单车道匝道和匝道出入口通行能力满足交通量要求，但遇以下情况之一仍应采用双车道匝道，且宜采用画线方式控制出入口为一车道：

① 匝道长度大于 300m。

② 预计匝道上或匝道和街道连接处的管制（如信号灯控制）可能形成车辆排队，需增加蓄车空间。

③ 纵坡采用极限值的陡坡匝道。

5　匝道在曲线弯道处应设置加宽，每条车道加宽值应符合表 5.3.1-4 所列值。曲线加宽的过渡应按主线加宽的方式执行。

表 5.3.1-4　圆曲线每条车道的加宽值（m）

圆曲线半径(m) / 车型	200<R≤250	150<R≤200	100<R≤150	60<R≤100	50<R≤60	40<R≤50	30R≤40	20<R≤30	15<R≤20
小型汽车	0.28	0.30	0.32	0.35	0.39	0.40	0.45	0.60	0.70
普通汽车	0.40	0.45	0.60	0.70	0.90	1.00	1.30	1.80	2.40
铰接车	0.45	0.55	0.75	0.95	1.25	1.50	1.90	2.80	3.50

6　匝道主曲线路面加宽的设置，应在内侧进行，当内侧加宽有困难，或加宽后对几何线形设计有较大影响时，可在内、外侧均等分配加宽值。在外侧加宽时，其加宽值宜小于车道中心线的缓和曲线内移值。

7　设缓和曲线时，加宽缓和段和超高缓和段长度宜采用回旋曲线全长。加宽缓和段的过渡方法可采用以下三种：

1） 曲线加宽值在整个缓和曲线全长上作线性分配（图 5.3.1-2），并应符合下式要求：

$$b_{x} = kb \qquad (5.3.1\text{-}1)$$

$$k = L_{x}/L \qquad (5.3.1\text{-}2)$$

式中：b_{x}——加宽缓和段上任一点 A 的加宽值（m）；

L_{x}——加宽缓和段 A 点处到加宽缓和段起点距离（m）；

L——加宽缓和段全长（m）；

b——匝道圆曲线部分路面加宽值（m）。

2） 曲线加宽值在整个缓和曲线全长按高次抛物线分配，匝道曲线加宽值较大，计算过渡曲线不顺适时，可采用下式计算：

$$b_{x} = (4k^{3} - 3k^{4})b \qquad (5.3.1\text{-}3)$$

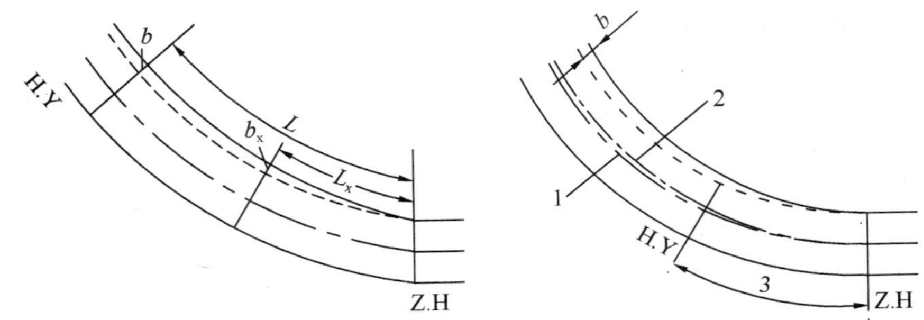

图 5.3.1-2　加宽过渡方式

1—原中心线；2—设回旋线后中心线；3—回旋线

3）在市内主要交叉口及设有桥梁、隧道、挡土墙及设有各种安全防护设施的路段，可采用插入回旋曲线的方法。

5.3.2　立交匝道平面线形设计应符合下列规定：

1　匝道的圆曲线最小半径值应符合表 5.3.2-1 的规定。

表 5.3.2-1　匝道圆曲线最小半径（m）

匝道设计速度（km/h）		80	70	60	50	40	35	30	25	20
积雪冰冻地区		—	—	240	150	90	70	50	35	25
一般地区	不设超高	420	300	200	130	80	60	45	30	20
	$i_{max}=0.02$	315	230	160	105	65	50	35	25	20
	$i_{max}=0.04$	280	205	145	95	60	45	35	25	15
	$i_{max}=0.06$	255	185	130	90	55	40	30	25	15

注：不设缓和曲线的匝道圆曲线极限最小半径与不设超高情况相同。积雪冰冻地区超高不大于 4%。

2　匝道平面线形中，直线与圆曲线或大半径圆曲线与小半径圆曲线之间应设缓和曲线，缓和曲线最小长度应符合表 5.3.2-2 的规定。缓和曲线应采用回旋曲线，回旋曲线的计算应符合下式规定：

$$R \cdot L = A^2 \quad (5.3.2)$$

式中：A——回旋曲线的参数（m），$A \leqslant 1.5R$ 并应符合表 5.3.2-3 的规定；

R——回旋曲线终端曲线半径（m）；

L——回旋曲线曲线长（m）。

表 5.3.2-2　匝道缓和曲线最小长度

匝道设计速度（km/h）	80	70	60	50	40	35	30	25	20
缓和曲线最小长度（m）	75	70	60	50	45	40	35	25	20

表 5.3.2-3 匝道回旋曲线参数

匝道设计速度（km/h）	80	70	60	50	40	35	30	25	20
回旋曲线参数 *A*（m）	135	110	90	70	50	40	35	25	20

反向曲线间的两个回旋线，其参数宜相等，不相等时其比值应小于1.5。

回旋线的长度还应满足超高过渡的需要。

3 匝道平曲线可由一条圆曲线及两条缓和曲线组成，也可由两条缓和曲线直接衔接，平曲线与圆曲线长度应大于或等于表 5.3.2-4 的规定。

表 5.3.2-4 匝道平曲线、圆曲线最小长度

匝道设计速度（km/h）	80	70	60	50	40	35	30	25	20
平曲线最小长度（m）	150	140	120	100	90	80	70	50	40
圆曲线最小长度（m）	70	60	50	45	35	30	25	20	20

4 匝道停车视距不应小于表 5.3.2-5 的规定。

表 5.3.2-5 匝道停车视距

匝道设计速度（km/h）	80	70	60	50	40	35	30	25	20
停车视距（m）	110	90	70	55	40	35	30	25	20

5 匝道平曲线内侧宜采用视距包络线作为视距界限。

5.3.3 立交匝道纵断面设计应符合下列规定：

1 立交匝道最大纵坡不应大于表 5.3.3-1 的规定值。

表 5.3.3-1 匝道最大纵坡（%）

匝道设计速度（km/h）	80	70	60	50	≤40
一般地区	5	5.5	6	7	8
积雪冰冻地区	4		4	4	4

2 各种设计速度的匝道所对应的最小竖曲线半径及竖曲线长度应符合表 5.3.3-2 的规定。

表 5.3.3-2 匝道竖曲线最小半径及长度

匝道设计速度(km/h)			80	70	60	50	40	35	30	25	20
竖曲线最小半径（m）	凸形	一般值	4500	3000	1800	1200	600	450	400	250	150
		极限值	3000	2000	1200	800	400	300	250	150	100
	凹形	一般值	2700	2025	1500	1050	675	525	375	255	165
		极限值	1800	1350	1000	·700	450	350	250	170	110
竖曲线最小长度（m）		一般值	105	90	75	60	55	45	40	30	30
		极限值	70	60	50	40	35	30	25	20	20

3 在设计匝道纵断面线形中，应符合下列规定：

1） 匝道纵断面线形应平缓，不宜采用断背纵坡线（两同向竖曲线间隔一短直线段）。机非混行匝道纵坡应满足非机动车行驶纵坡要求。

2） 匝道驶入（出）主线附近的纵断面，宜与主线有适当长度的平行段。

4 对凸形竖曲线和在立交桥下的凹型竖曲线应校核行车视距。验算时物高宜为 0.1m；目高在凸型竖曲线上宜为 1.2m，在凹型竖曲线宜采用 2.2m。

5.3.4 立交匝道横坡与超高应符合下列规定：

1 立交匝道路拱横坡应满足最低路表排水要求。路拱（双向坡和单向坡）横坡不应大于 2%。

2 设计速度条件下，当匝道平曲线半径引起的离心力不能由正常路拱横坡和正常轮胎摩阻力所平衡时，应取消反向横坡，应采用单向路拱和设置超高横坡。

3 最大超高横坡的取值应根据当地气候、地形、地区性质和交通特点来确定。一般地区最大超高横坡不应超过 6%，积雪冰冻地区不应超过 3.5%。

4 设计超高横坡度根据容许最大超高横坡度、最大横向摩阻力系数、圆曲线半径和设计速度，应按下式计算：

$$i=\frac{V^2}{127R}-\mu_{max} \tag{5.3.4-1}$$

式中：i——设计超高横坡度（%）；

R——圆曲线半径（m）；

μ_{max}——最大容许横向摩阻力系数，可按表 5.3.4-1 取用；

V——设计速度（km/h）。

表 5.3.4-1 最大容许横向摩阻力系数

匝道设计速度（km/h）	80	70	60	50	45	40	35	30	25	20
横向摩阻力系数 μ_{max}	0.14	0.15	0.16	0.17	0.175	0.18	0.18	0.18	0.18	0.18

5 正常路拱与全超高路段之间应设置超高缓和段，其长度可按下式计算：

$$L_{\varepsilon}=\frac{b\times\Delta i}{\varepsilon} \tag{5.3.4-2}$$

式中：L_{ε}——超高缓和段长度（m），不少于 2s 的设计速度行驶距离；

b——超高旋转轴至路面边缘的宽度（m）；

Δi——超高横坡度与正常路拱坡度的代数差（%）；

ε——超高渐变率，超高旋转轴与路面边缘之间相对升降的比率，可按表 5.3.4-2 取值。

表 5.3.4-2 超高渐变率

匝道设计速度（km/h）	20	30	40	50	60	70	80
超高渐变率 $\varepsilon_{中}$	1/100	1/125	1/150	1/160	1/175	1/185	1/200
超高渐变率 $\varepsilon_{边}$	1/50	1/75	1/100	1/115	1/125	1/135	1/150

6 坡道上平曲线设置超高，必须考虑纵坡对实际超高的不利影响。合成坡度一般地区最大不应超过 8%，冰雪冰冻地区不应超过 6%。合成坡度应按下式计算：

$$i_{H}=\sqrt{i_{N}^{2}+i_{Z}^{2}} \tag{5.3.4-3}$$

式中：i_{H}——合成坡度（%）；

i_{N}——超高横坡（%）；

i_{Z}——纵坡（%）。

7 缓和曲线长度实际取值为超高缓和段长度和平曲线缓和段长度两者中的大值。

8 超高设置方式可根据地形状况、车道数、景观要求、排水需要在下述方式（图 5.3.4）中选择：

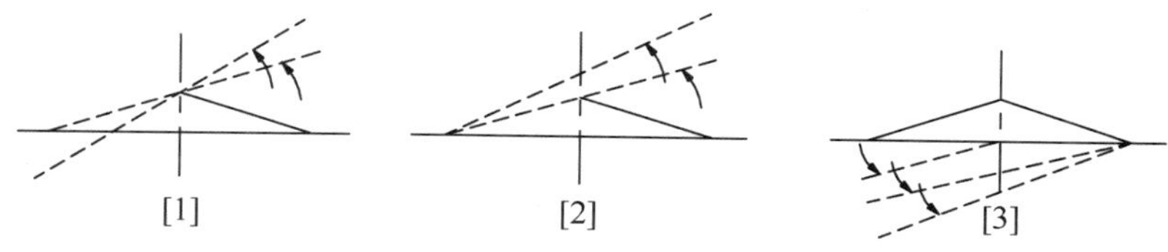

图 5.3.4 超高设置方式

1）车道绕中心线旋转；

2）车道绕内侧边缘线旋转；

3）车道绕外侧边缘线旋转。

5.3.5 匝道端部出入口设计应符合下列规定：

1 匝道端部出入口应包括匝道渐变段、变速车道。

2 匝道端部出入口宜设置在主线行车道右侧；且宜设置在跨线桥等构造物前，或凸形竖曲线上坡道上。

3 匝道端部出入口宜设在主线下坡路段，应保持充分的视距（图 5.3.5-1）。

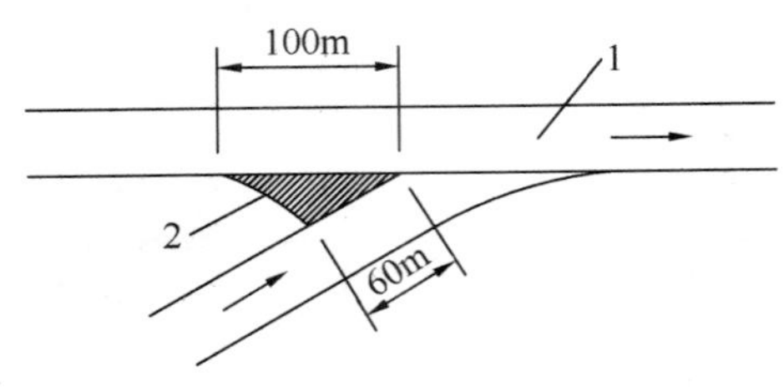

图 5.3.5-1 匝道入口端部视距

1—主线；2—确保通视区域

4 驶出匝道出口端部，在减速车道终点，应设置缓和曲线（图 5.3.5-2）。

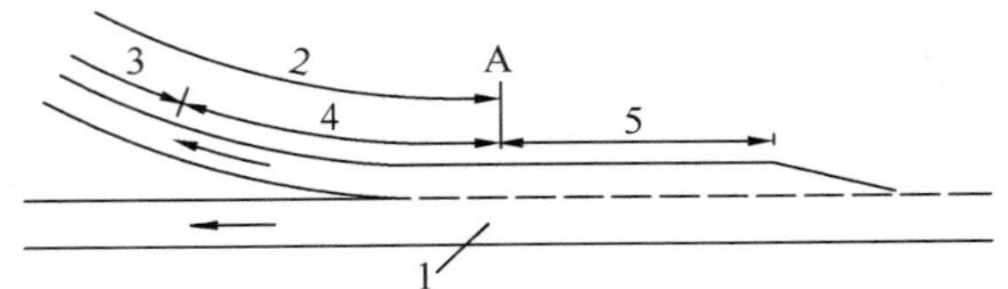

图 5.3.5-2 匝道出口端部缓和曲线

1—主线；2—匝道；3—圆曲线；

4—回旋线；5—减速车道；A—分流点

分流点的曲率半径与回旋线参数应符合表 5.3.5-1 的规定。

表 5.3.5-1 分流点的曲率半径与回旋线参数

主线设计速度 (km/h)	分流点的行驶速度 (km/h)	分流点的最小曲半径 (m)	回旋参数 A（m）	
			一般值	低限值
120	80	250	110	100
	60	150	70	65
100	55	120	60	55
80	50	100	50	45
60	≤40	70	35	30

5 立 A_1 类立交主线与驶出匝道的出口分流点处，当需给误行车辆提供返回余地时，行车道边缘宜设偏置加宽，并应采用圆弧连接主线和匝道路面的边缘（图 5.3.5-3）。偏置加宽值和楔形端部鼻端半径应符合表 5.3.5-2 的规定。高架结构段可不设偏置加宽。

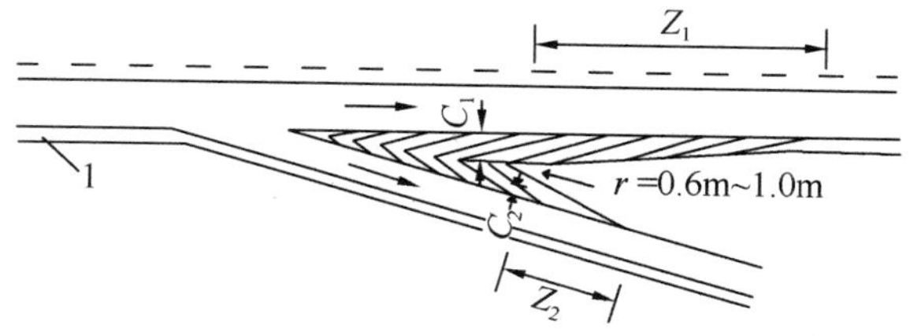

(a) 驶出匝道出口硬路肩较窄时

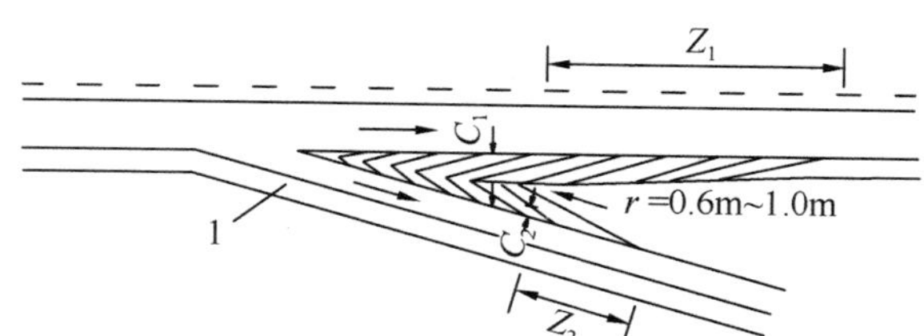

(b) 驶出匝道出口硬路肩较宽时

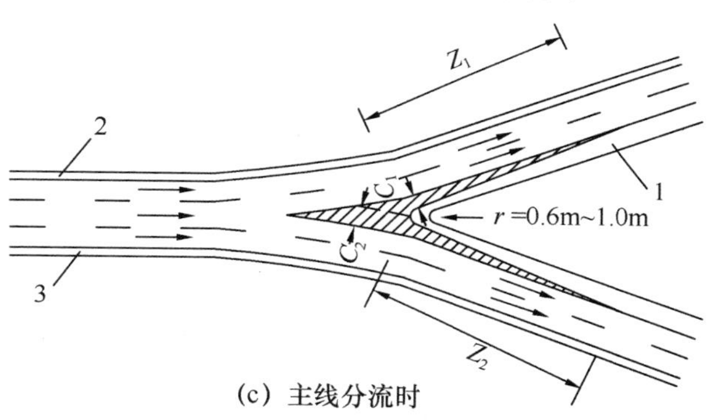

(c) 主线分流时

图 5.3.5-3 分流点处楔形端布置

1—硬路肩；2—左路肩；3—右路肩

表 5.3.5-2 分流点处偏置值与端部半径

分流方向	主线偏置值 C_1（m）	匝道偏置值 C_2（m）	鼻端半径 r（m）
驶离主线	≥3.0	0.6～1.0	0.6～1.0
主线相互分岔	1.8		0.6～1.0

楔形端端部后的过渡长度 Z_1、Z_2应根据表 5.3.5-3 的渐变率计算。

表 5.3.5-3 分流点处楔形端的渐变率

设计速度（km/h）	120	100	80	60	≤40
渐变率	1/12	1/11	1/10	1/8	1/7

当主线硬路肩宽度能满足停车宽度要求时，偏置值可采用该硬路肩宽度，渐变段部分硬路肩应铺成与行车道路面相同的结构。

6 相邻匝道出入口之间的最小净距 L（图 5.3.5-4）应符合表 5.3.5-4 的要求。

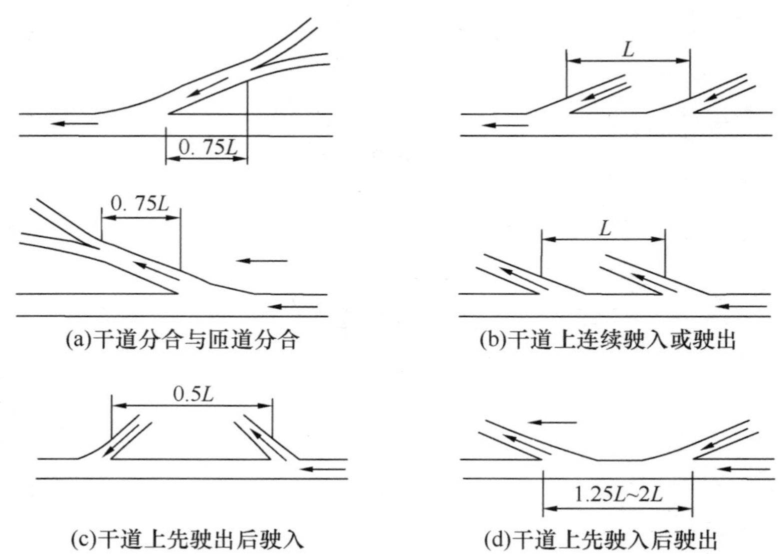

图 5.3.5-4 匝道口最小净距

表 5.3.5-4 相邻匝道口最小净距 L

干道设计速度（km/h） 距离 L（m）	120	100	80	60	50	40
极限值	165	140	110	80	70	55
一般值	330	280	220	160	140	110

注：图 5.3.5-4 中的（b）、（d）情况不宜采用极限值。

匝道出入口之间最小净距还应满足下列要求：

1）相邻驶入或驶出匝道之间的间距还应考虑变速道长度及标志之间需要的距离，并按最长需要距离决定取用值。

2）驶入匝道紧接着有驶出匝道的情况下［图 5.3.5-4（d）］，枢纽立交匝道间距取上限，一般立交取下限；并应根据交织交通量计算其交织所需长度，按最长需要距离决定取用值。对于延伸交织长度不能达到足够通行能力或是苜蓿叶立交相邻环形匝道，应设置集散车道。

7 单车道出入口按交通流线分直接式出入口（图 5.3.5-5、图 5.3.5-7）和平行式出入口（图 5.3.5-6、图 5.3.5-8）二类，并应符合下列规定：

1）单车道直接式入口应按 1∶40～1∶20（横纵比）均匀的渐变率和主线连接，汇合点设定在主线直行车道右侧边缘 3.5m（一条车道）处，汇合点后方为加速段，汇合点前方为过渡段。

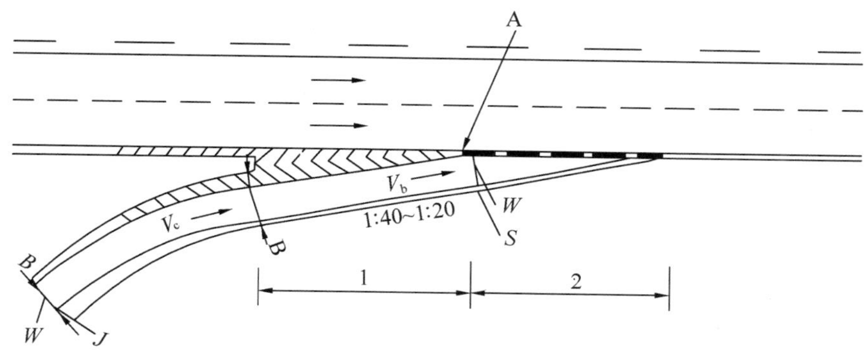

图 5.3.5-5 单车道直接式入口

A—合流点；B—单车道匝道宽度；W——车道宽；S—路缘带宽；J—紧急停车带宽；1—加速段；2—渐变段

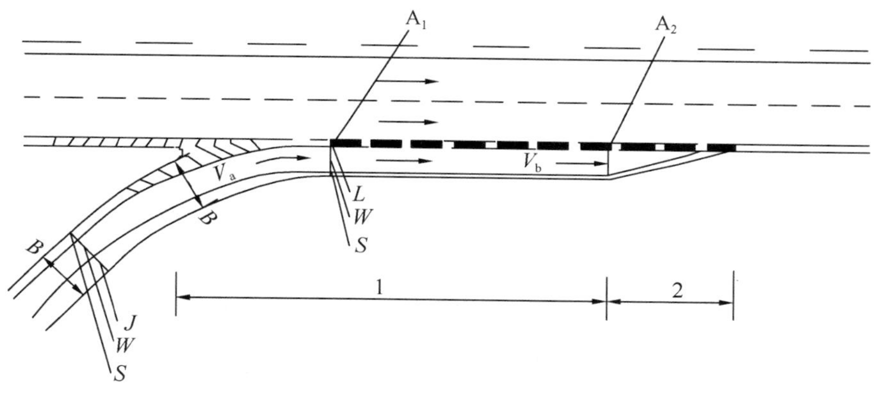

图 5.3.5-6 单车道平行式入口

A_1—并流点；A_2—汇合点；B—单车道匝道宽度；W——车道宽；S—路缘带宽；J—紧急停车带宽；L—出入口标线宽；1—加速段；2—渐变段

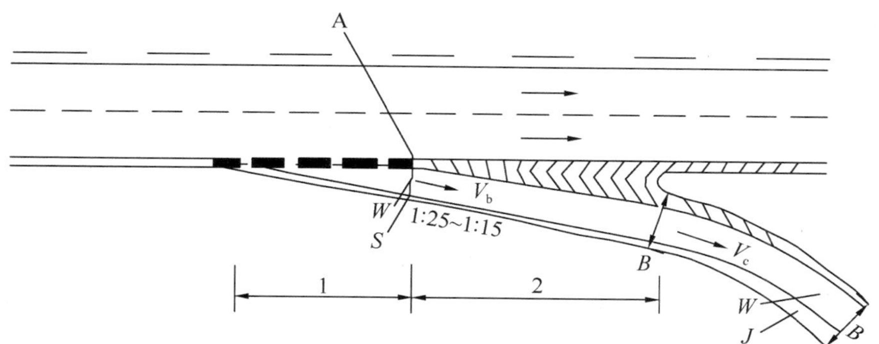

图 5.3.5-7 单车道直接式出口

A—分流点；B—单车道匝道宽度；W——车道宽；S—路缘带宽；J—紧急停车带宽；1—渐变段；2—减速段

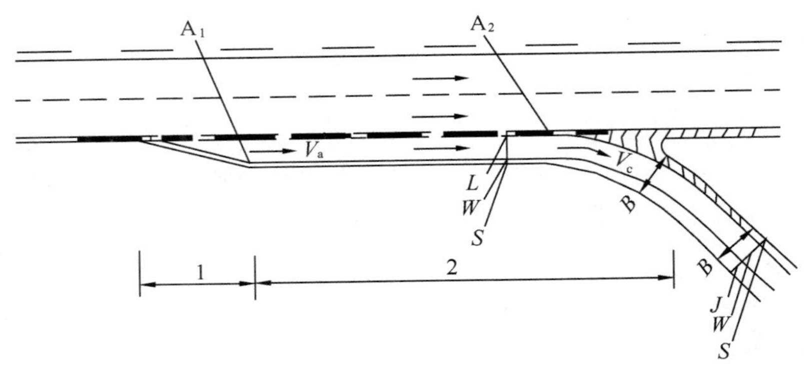

图 5.3.5-8　单车道平行式出口

A1—分离点；A2—分流点；B—单车道匝道宽度；W——车道宽；S—路缘带宽；J—紧急停车带宽；L—出入口标线宽；1—渐变段；2—减速段

2）单车道平行式入口是在汇流点处起，提供一条附加变速车道，并在其末端设置过渡渐变段，供车辆驶入。

3）直接式出口线形应符合行车轨迹，其出口横纵比应按1∶25～1∶15均匀的渐变率和主线相接，分散角宜为 2°～5°。

4）平行式出口线形其渐变段及减速车道线形特征应明显，能提供驾驶员注目的出口区域，以防止主线车辆误驶出主线。

8　多车道出入口除和单车道出入口一样根据交通流线分两类外，还应按功能分类：一种是按出入口进行设计，适应于一般立交匝道的出入口设计；另一种按主要岔口分、合流进行设计，适应于城市主干道和更高级别道路在立交范围内岔口的分、合流设计，并应符合下列规定：

1）一般双车道匝道出入口应符合下列规定：

① 双车道匝道直接式出入口，布置形式和单车道一样，第二条变速车道加在第一条变速车道右侧，内侧车道加减速段长是单车道规定值的 80%（图 5.3.5-9、图 5.3.5-10）。

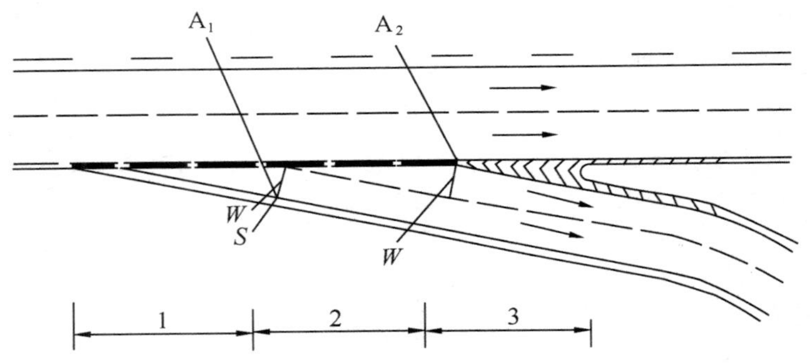

图 5.3.5-9　双车道匝道直接式出口

A1—分离点；A2—分流点；W——车道宽；S—路缘带宽；1—渐变段；2—减速段；3—0.8×减速段

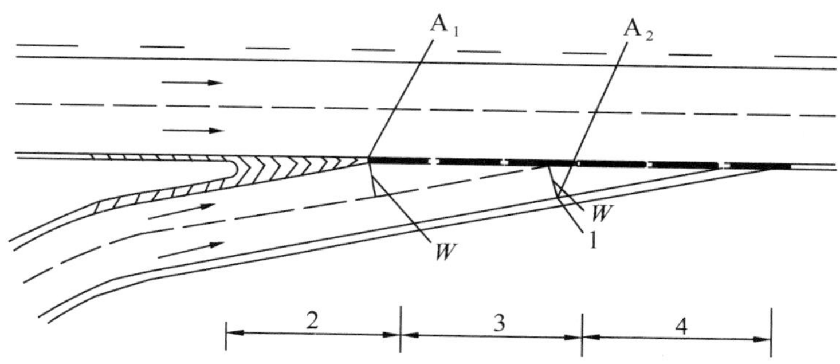

图 5.3.5-10 双车道匝道直接式入口

A_1—汇流点；A_2—汇合点；W——车道宽；

1—路缘带；2—0.8×加速段；3—加速段；4—渐变段

② 双车道平行式出入口，形式和单车道一样布置，第二条车道加在第一条车道右侧，右侧变速车道较左侧第一车道短一个渐变段长度（图 5.3.5-11、图 5.3.5-12）。

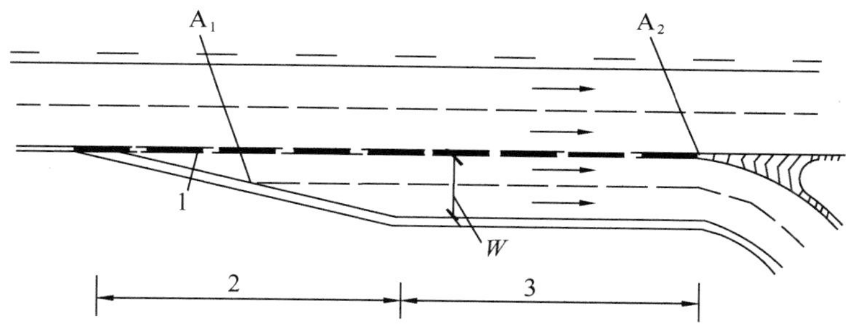

图 5.3.5-11 双车道匝道平行式出口

A_1—分离点；A_2—分流点；W—双车道宽；

1—路缘带；2—渐变段；3—减速段

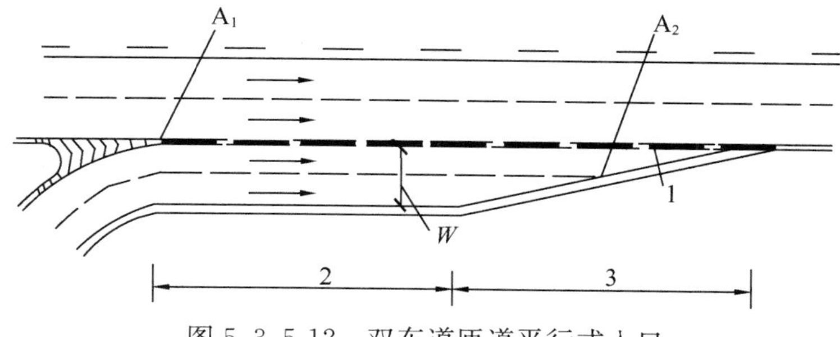

图 5.3.5-12 双车道匝道平行式入口

A_1—汇流点；A_2—汇合点；W—双车道宽；

1—路缘带；2—加速段；3—渐变段

2）增设辅助车道双车道匝道出入口（图 5.3.5-13）

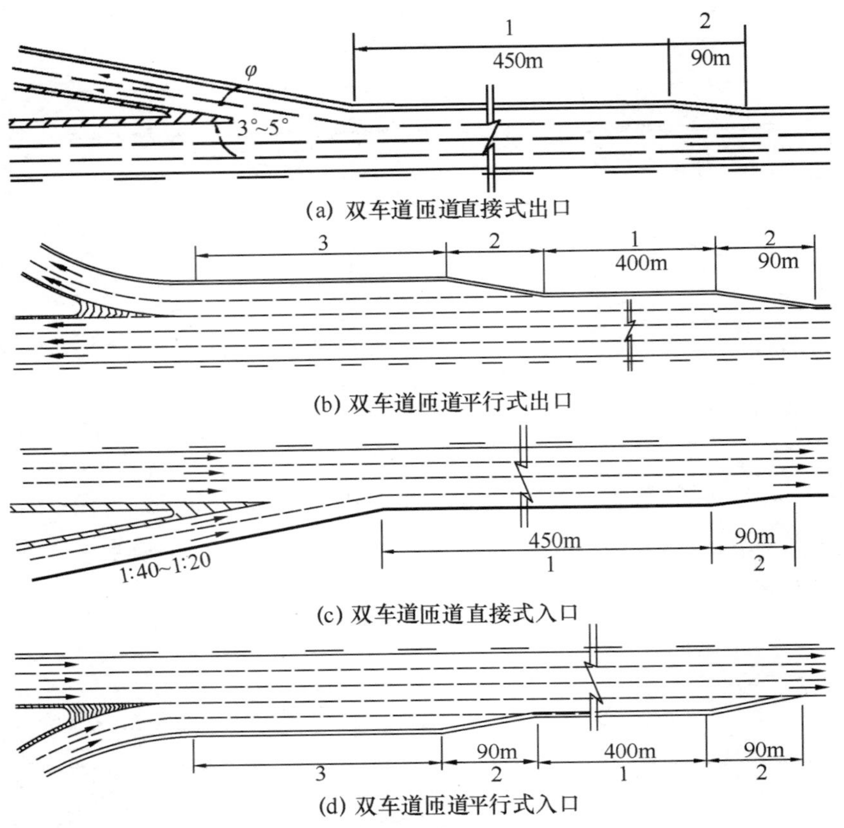

图 5.3.5-13　设辅助车道双车道匝道出入口

φ—分离角；1—辅助车道；2—渐变段；3—减速段

一般位于枢纽立交的定向匝道，当出入口交通量很大时，双车道出入口应在下行方向按车道数平衡、基本车道数连续两条原则，增设辅助车道。

3）主要岔口分流、合流应符合下列规定：

① 枢纽立交处，为能在与主线车速基本相同行驶条件下实现大交通量的分流、合流和路线的转换，道路分岔端部［图 5.3.5-14 (a)］应按分岔方式保证主线基本车道数连续和主线车道数的平衡，必要时增设辅助车道。其中，相对较次要分岔流向应靠右侧进出。

② 高速公路或城市快速路在起讫点处可分成两条定向多车道，与类似的高等级道路相衔接。大交通量的分、合流或路线间交通流转换期间车速基本保持不变。多车道岔口分流、合流端部可按图 5.3.5-14（b）所示方式主线进行设计。

③ 枢纽立交的主要岔口除了按车道数平衡原则进行设计外，还应按树枝状分岔，以每两个流向分别进行分流、合流设计[图 5.3.5-14(c)]。

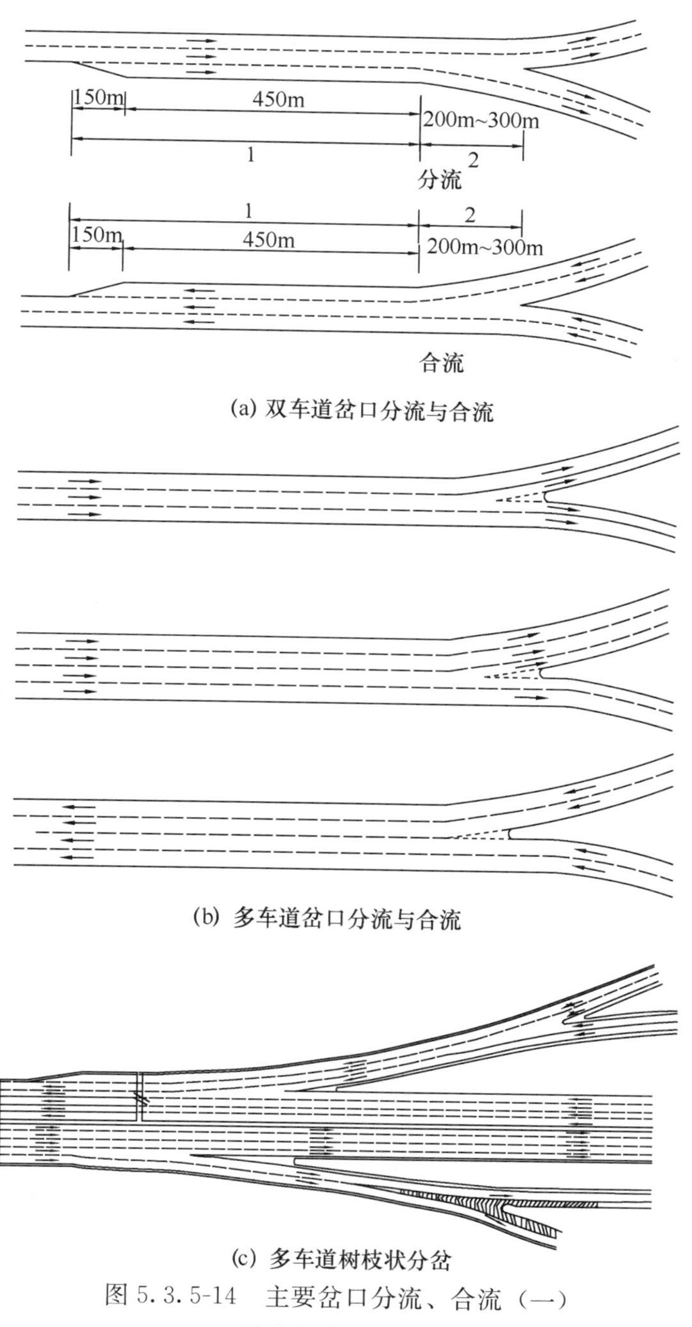

(a) 双车道岔口分流与合流

(b) 多车道岔口分流与合流

(c) 多车道树枝状分岔

图 5.3.5-14 主要岔口分流、合流（一）

1—辅助车道；2—变化段

5.4 辅 助 车 道

5.4.1 辅助车道用于互通式立交分、合流段。辅助车道的宽度应与直行车道相同。

5.4.2 在城市快速路的全长或较长的路段内基本车道数应保持一致，相邻两段同一方向的增减必须符合基本车道数连续和车道数平衡原则，每次增减不得多于一条，分、合流处（图 5.4.2）应按下式进行计算：

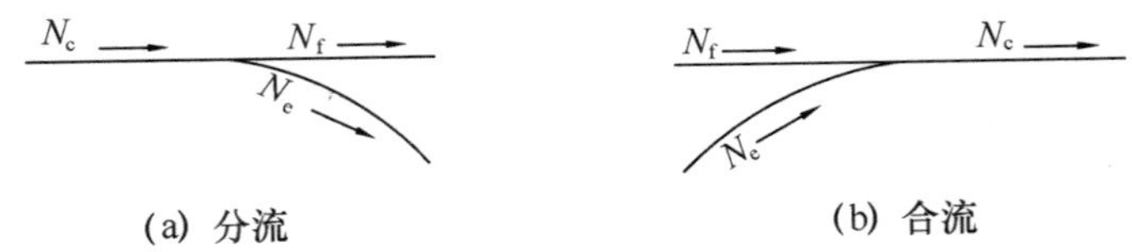

图 5.4.2　车道数平衡

$$N_c \geqslant N_f + N_e - 1 \quad (5.4.2)$$

式中：N_c——分流前或合流后的主线车道数；

N_f——分流后或合流前的主线车道数；

N_e——匝道车道数。

5.4.3　在设置双车道匝道的分、合流处，应增设辅助车道［图 5.4.3(a)］。辅助车道长度（包括渐变段）在分流端宜为 1000m，且不得小于 600m，在合流端宜为 600m。辅助车道过渡段渐变率应大于等于 1/50。当前一个互通式立体交叉的加速车道末端至下一个互通式立体交叉的减速车道的起点之间的距离小于 500m 时，应设辅助车道并连接［图 5.4.3(b)］。

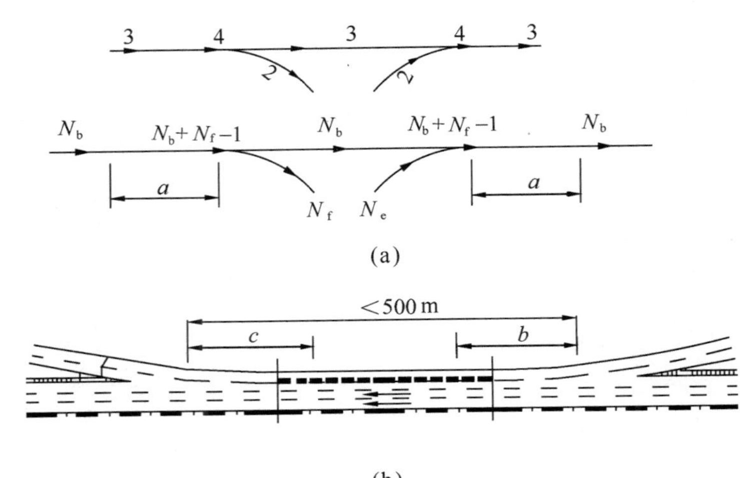

图 5.4.3　主线分流、合流处

N_b—基本车道数；a—辅助车道；b—加速道；c—减速道

5.5　变速车道和集散车道

5.5.1　在互通式立交匝道出入口处，应设置车辆变速车道。

5.5.2　变速车道分为直接式和平行式两种（图 5.5.2-1、图 5.5.2-2）。减速车道宜采用直接式，加速车道宜采用平行式。

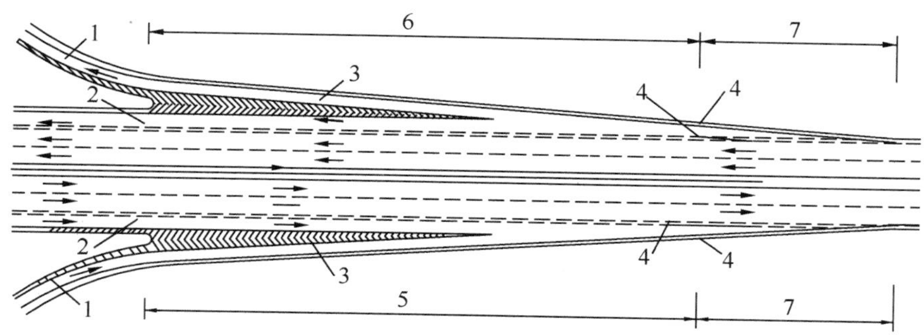

图 5.5.2-1 直接式变速车道

1—匝道；2—集散车道；3—变速车道；4—路缘带；
5—加速段；6—减速段；7—渐变段

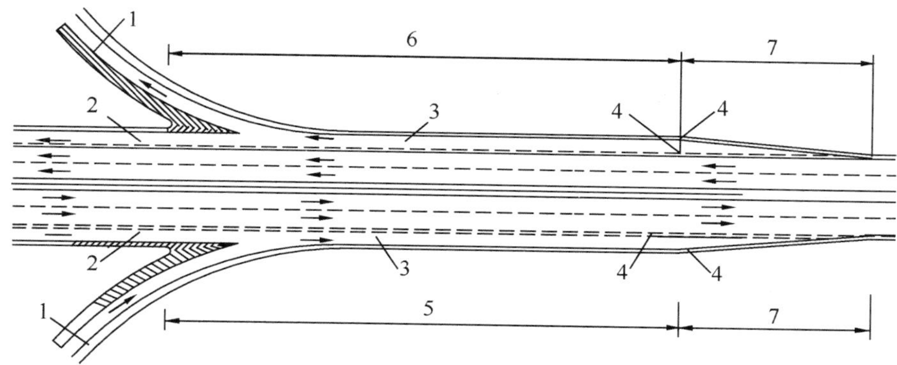

图 5.5.2-2 平行式变速车道

1—匝道；2—集散车道；3—变速车道；4—路缘带；
5—加速段；6—减速段；7—渐变段

5.5.3 主线为曲线时的变速车道分为两种，并应符合下列要求：

1 对平行式变速车道（图 5.5.3-1），主线为曲线时，平行式变速车道线形宜与主线曲线平行。平行式变速车道同匝道曲线连接应符合下列规定：

1）当为同向时，可采用卵形回旋线或复合形回旋线连接；当主线圆曲线半径 $R_1>1500$m 时，可视 $R_1\approx\infty$ 而直接作回旋线的起点。

2）当为反向时，可采用 S 形回旋线连接；当主线圆曲线半径 $R_1>2000$m 时，可视 $R_1\approx\infty$ 而直接作为回旋线的起点。

2 对直接式变速车道（图 5.5.3-2）线形，可采用与主线为直线时相同的宽度渐变率，顺主线线性变宽接出或接入，也可采用内切圆法曲线接入或接出主线（图 5.5.3-2）。当主线位于回旋线范围内时，变速车道

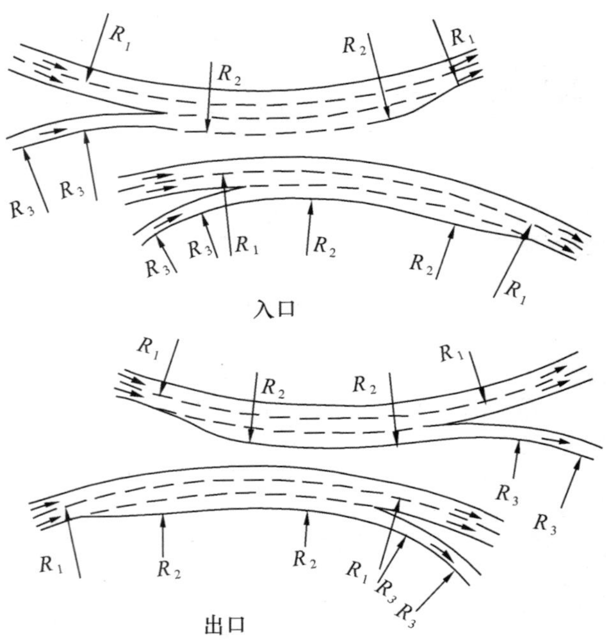

图 5.5.3-1　曲线上的平行式变速车道

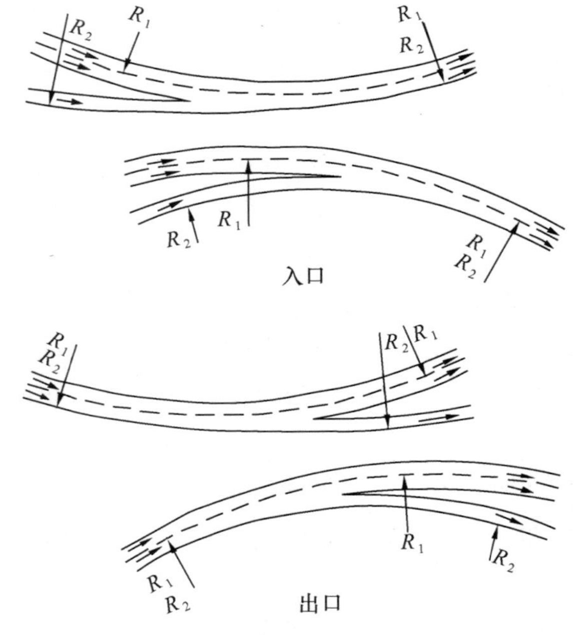

图 5.5.3-2　曲线上的直接式变速车道

亦可采用同一参数的回旋线，但宽度渐变率应符合表 5.5.3-1 和表 5.5.3-2 的规定。直接式变速车道与匝道曲线连接，可按平行式变速车道的连接方式处理。

3 变速车道长度为加速或减速车道长度与过渡段长度之和，应根据主线设计速度采用大于表 5.5.3-1 所列值。

表 5.5.3-1 变速车道长度及出、入口渐变率

主线设计速度（km/h）		120	100	80	60	50	40
除宽度缓和部分外的减速车道规定长度（m）	1 车道	100	90	80	70	50	30
	2 车道	150	130	110	90	—	—
除宽度缓和部分外的加速车道规定长（m）	1 车道	200	180	160	120	90	50
	2 车道	300	260	220	160	—	—
宽度缓和路段长（m）	1 车道	70	60	50	45	40	40
出口角度	1 车道 2 车道	1/25		1/20	1/15		
入口角度	1 车道 2 车道	1/40		1/30	1/20		

下坡路段的减速车道和上坡路段的加速车道，其长度应按表 5.5.3-2 所列修正系数予以修正。

表 5.5.3-2 变速车道长的修正系数

纵坡度（%）	$0<i\leqslant 2$	$2<i\leqslant 3$	$3<i\leqslant 4$	$4<i\leqslant 6$
下坡减速车道修正系数	1.00	1.10	1.20	1.30
上坡加速车道修正系数	1.00	1.20	1.30	1.40

4 变速车道横断面位置应自主线的路缘带外侧算起，一条变速车道宽度应为 3.5m。变速车道外侧应另加路缘带（图 5.5.3-3），当与高速公路相接时为紧急停车带。

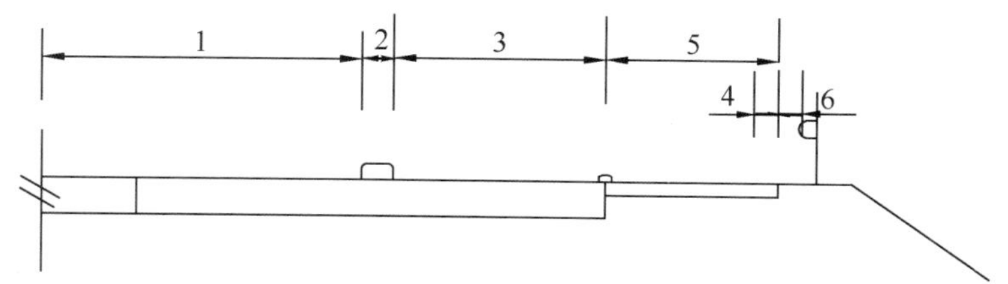

图 5.5.3-3 变速车道横断面

1—主线；2—主线路缘带；3—变速车道；4—路缘带；5—停车带；6—安全道

5.5.4 集散车道应符合下列规定：

1 当有下列情况之一，可考虑设置集散车道：

1）通过车道交通量大，需要分离。

2）两个以上出口分流岛端部靠得很近。

3）三个以上出入口分流岛端部靠得近。

4）所需要交织长度得不到保证。

5）因交通标志密集而不能用标志诱导。

2 集散车道可为单车道或双车道，每条车道宽应为 3.5m。在主线出入口处应保持车道平衡，对集散道路可不作规定。

5.6 服务水平与通行能力

5.6.1 立交通行能力分为可能通行能力和设计通行能力，设计通行能力等于可能通行能力（N_p）乘以相应设计服务水平“交通量/通行能力”比率（α）。

5.6.2 立交主线一条车道可能通行能力可采用表 5.6.2-1 的数值。

表 5.6.2-1 主线一条车道可能通行能力（N_p）

设计速度（km/h）	40	50	60	70	80	100	120
可能通行能力（pcu/h）	2020	2050	1950	1870	1800	1760	1720

立交匝道一条车道可能通行能力可采用表 5.6.2-2 的数值。

表 5.6.2-2 匝道一条车道可能通行能力（N_p）

设计速度（km/h）	20～25	30	40	50	60
可能通行能力（pcu/h）	1550 （1400～1250）	1650 （1550～1450）	1700	1730	1750

注：括号内为机非立交（其直行非机动车流量为 1000 辆/h～2000 辆/h），考虑非机动车影响时的取值。当非机动车流量＜1000 辆/h 时，可在括号内上限值与机非分行值之间内插求得；当流量为 3000 辆/h～5000 辆/h 时，每增加 1000 辆/h，括号内下限值应再降低 7%。

若当地有可靠的平均车头时距观测值，也可由下式计算主线或匝道一条车道的可能通行能力：

$$N_p = 3600/t_i \tag{5.6.2}$$

式中：N_p——一条车道可能通行能力（pcu/h）；

t_i——连续小客车车流平均车头时距（s/pcu）。

5.6.3 立交主线及其匝道的服务水平可划分为四个等级，服务水平标准分级应符合表 5.6.3 的规定。

表 5.6.3 立交服务水平标准

等级		交通运行特征	（服务交通量/可能通行能力）比率 α						
			设计速度（km/h）						
			100	80	60	50	40	30	20
Ⅰ	Ⅰ1	自由流，行车自由度大	0.33	0.29	0.26	0.24	—	—	—
	Ⅰ2	自由流，行车自由度适中	0.56	0.50	0.43	0.40	0.37	—	—
Ⅱ	Ⅱ1	接近自由流，变换车道或超车自由度受到一定限制	0.76	0.69	0.62	0.58	0.55	0.51	—
	Ⅱ2	行车自由度受限，车速有所下降	0.91	0.82	0.75	0.71	0.67	0.63	0.59
Ⅲ		饱和车流，行车没有自由度	1.00						
Ⅳ		拥塞状况，强制车流	无意义						

5.6.4 立 A_1、立 A_2类立交宜采用服务水平Ⅱ1级，立B类立交服务水平可采用Ⅱ2级。一般匝道服务水平宜采用Ⅱ2级，定向匝道服务水平宜采用Ⅱ1级。对个别线形受限制的立 A_2、立B类立交的匝道，经论证确有困难时，可采用Ⅲ级。

5.6.5 立交设计通行能力应为组成该立交的主线直行车道、转向匝道设计通行能力的组合值，与服务水平采用等级相关。不同形式的立交宜符合下列规定：

1 苜蓿叶立交设计通行能力

1） 直行车道无附加车道情况：

$$N=(n_1-2)N_{S1}+(n_2-2)N_{S2}+4N_R \qquad (5.6.5\text{-}1)$$

式中：N——立交总的设计能行能力（pcu/h）；

N_{S1}、N_{S2}——立交两条相交道路各自一条直行车道设计通行能力（puc/h）；

n_1、n_2——立交两条相交道路各自进入立交的车道条数；

N_R——一条匝道设计通行能力（puc/h）。

2） 直行车道设有附加车道情况：

$$N=n_1N_{S1}+n_2N_{S2} \qquad (5.6.5\text{-}2)$$

2 环形立交设计通行能力

1） 一方向直行车道穿越(或跨越)环道时(无附加车道)：

$$N=(m-2)N_{S1}+N_r \qquad (5.6.5\text{-}3)$$

式中：m ——穿越（或跨越）环道的直行车道车道数；

N_{S1} ——穿越（或跨越）环道的直行车道一条车道设计通行能力（puc/h）；

N_r ——环道设计通行能力（puc/h）。

机非分行的环道设计通行能力取 2000puc/h～2700puc/h，车道为 4 条时，取上限值，车道为 3 条时，取下限值。

2）两方向直行车道分别上跨、下穿环道时（无附加车道）：

$$N = (n_1 - 2)N_{S1} + (n_2 - 2)N_{S2} + N_r \quad (5.6.5\text{-}4)$$

3）一方向直行车道穿越（或跨越）环道时（有附加车道）：

$$N = n_1 N_{S1} + N_r \quad (5.6.5\text{-}5)$$

4）两方向直行车道分别上跨、下穿环道时（有附加车道）：

$$N = n_1 N_{S1} + n_2 N_{S2} \quad (5.6.5\text{-}6)$$

3 喇叭形立交设计通行能力

1）无附加车道（A、B 面进入立交的直行车道无附加车道）：

$$N = (n - m_1)N_S + m_1 N_R \quad (5.6.5\text{-}7)$$

式中：n——直行车道数；

m_1——C 面进口车道数；

N_S ——一条直行车道设计通行能力（puc/h）；

N_R ——一条匝道设计通行能力（puc/h）。

2）有附加车道（C 面进口车道数大于 A、B 面附加车道数）：

$$N = (n - m_1 - m_2)N_S + (m_1 - m_2)N_S \quad (5.6.5\text{-}8)$$

式中：m_2——附加车道数。

3）有附加车道（C 面进口车道数小于或等于 A、B 面附加车道数）：

$$N = nN_S \quad (5.6.5\text{-}9)$$

5.7 附 属 设 施

5.7.1 交通标志和标线应符合现行国家标准《道路交通标志和标线》GB 5768 的规定。

5.7.3 防眩设施主要分为防眩板、防眩网和密集植树三大类，并应符合下列规定：

1 符合下列情况之一者，宜设置防眩设施：

1）立交主线或匝道上较小平曲线或竖曲线，对驾驶员造成严重眩目影响路段；

2）从匝道或连接道驶入立交主线时，使对向驾驶员有严重眩目影响的主线路段；

3）无照明或照明不良高架跨线桥或下穿道路上。

2 防眩设施的设置应考虑设施的连续性，并应与周围环境协调。

3 防眩设施与各种护栏配合设置时，应针对不同地区，结合防风、防雪、防眩的综合要求，考虑组合结构的合理性。

4 防眩设施高度宜为 1.7m。防眩设施在凸形或凹形竖曲线上设置时，应对防眩设施高度变化进行验算，避免出现漏光现象。

5 防眩设施在平曲线半径较小弯道上设置时，应验算相应的停车视距。

6 当中央分隔带为 3m～7m 宽时，可采用高度为 1.7m 的密集植树方式进行防眩。但在无封闭设施的路段，宜优先考虑采用防眩板或防眩网形式。

7 防眩板（或防眩网）与中央分隔带护栏配合设置时，结构形式应符合本规程附录 B 的要求。

5.7.4 隔声设施主要分为声屏障和绿化带二大类。当立交主线或匝道经过居民住宅区、学校或医院以及办公大楼，且噪声超过所在城市规定的声级标准时，宜设置隔声设施，并应符合下列规定：

1 声屏障可与各种护栏配合设置，并应结合环境，采用合理结构形式。声屏障结构形式应符合本规程附录 B 的要求。

2 声屏障应采用吸声材料，同时又要便于清洗，以减少灰尘对材料性能及美观的影响。

3 声屏障安装高度应适当，不宜小于 4m。当道路经过高层建筑时，可采用弧形结构，或在垂直形结构顶端增设吸声筒。

4 立交主线或匝道外侧宜布置绿化带。

5.7.5 城市道路立交的排水设计应在城市总体排水规划指导下进行，并应符合现行国家标准《室外排水设计规范》GB 50014 的规定。如城市道路交叉所处地区无排水规划，应先作出规划再进行设计，并应符合下列规定：

1 城市道路立交范围内的排水，应与相交道路的排水统一设计，其排水设计应包括雨水管、雨水口和连接管的布设，特别是竖直方向连接管的布设，并与地面排水系统沟通。城市道路立交的路面水应排泄迅速。

2 城市道路立交排水设计重现期应符合现行行业标准《城市道路设计规范》CJJ 37 的规定。路面雨水径流量应按现行国家标准《室外排水设计规范》GB 50014 执行。

3 在下穿式立体交叉引道两端纵坡的起点处应设倒坡，并在道路两侧采取截水措施，减少坡底聚水量。纵坡大于 2%的坡段内，不宜设雨水口，应在凹形曲线最低点道路两侧集中设置并联雨水口，其数量应按设计流量计算确定。

4 城市道路立交地面水排除的其他规定以及立交的地下水排除应按现行行业标准《城市道路设计规范》CJJ 37 执行。

5.7.6 城市道路立交照明设施应安全可靠、经济合理、节省能源、维修方便、技术先进，具有良好的诱导性，并应符合下列规定：

1 城市道路立交照明应符合下列规定：

1） 应为驾驶员提供良好的视线引导性。

2） 应照明道路本身，并提供不产生干扰眩光的环境照明。

3） 在交叉口、出入口、曲线路段、坡道等交通复杂路段的照明应适当加强。

4） 一般立交可采用常规照明，但不宜设置太多的光源灯具。采用常规照明时，平面交叉、曲线路段、坡道、上跨道路和下穿地道等的照明应符合现行行业标准《城市道路照明设计标准》CJJ 45 中道路及与其连接的特殊场所照明有关要求。

5） 枢纽立交宜优先采用高杆照明，采用高杆照明时应符合现行行业标准《城市道路照明设计标准》CJJ 45 的有关要求。

6） 立体交叉的照明除应为路面提供足够的照度外，还应考虑下穿道路的灯具在下穿道路上产生的光斑和上跨道路的灯具在下穿道路上产生的光斑衔接协调，使该处的照明均匀度不低于规定值，并防止下穿道路的灯具在上跨道路上造成眩光。

2 照明标准应按现行行业标准《城市道路照明设计标准》CJJ 45 有关条款执行。

3 照明供电、控制以及节能措施均应按现行行业标准《城市道路照明设计标准》CJJ 45 有关条款执行。

5.7.7 互通式立体交叉范围的环境绿化应符合下列规定：

1 互通式立体交叉范围内栽植树木时，应栽植不同树种以作为该互通式立体交叉的特征标志。在出、入口处，应栽植引导视线的树木。在出口一侧可栽植灌木以缩小视野，间接引导驾驶者减低车速。

匝道转弯处所构成的三角区内只可种植花、草。平曲线内侧栽植灌木（图 5.7.7-1）时，应满足视距要求，并起诱导驾驶的作用。

2 应对边坡进行修整，保持坡面规则、坡脚顺适。填方段匝道的边坡，在接近原地面的一定高度内应逐渐减缓，使其整齐、美观。坡面可只修饰匝道包围的区域（图 5.7.7-2）。

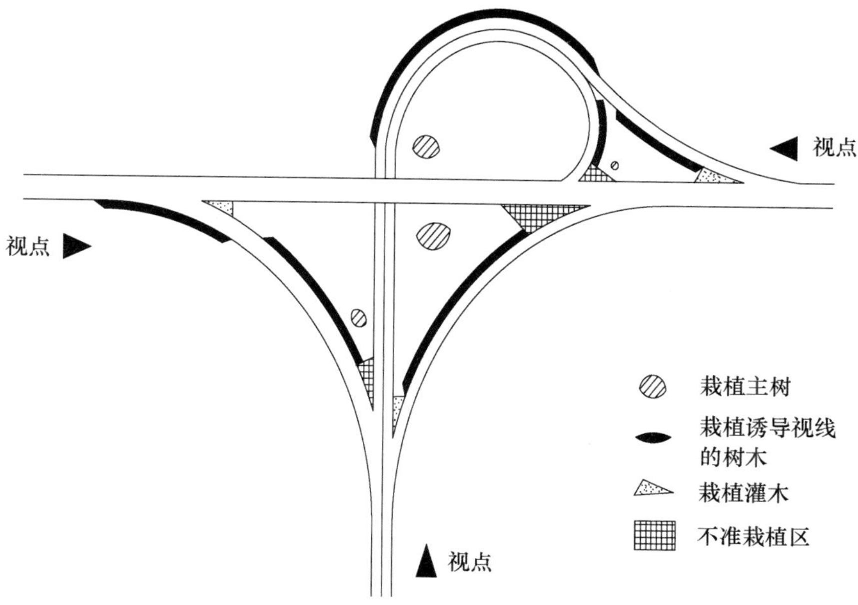

图 5.7.7-1 绿化布置

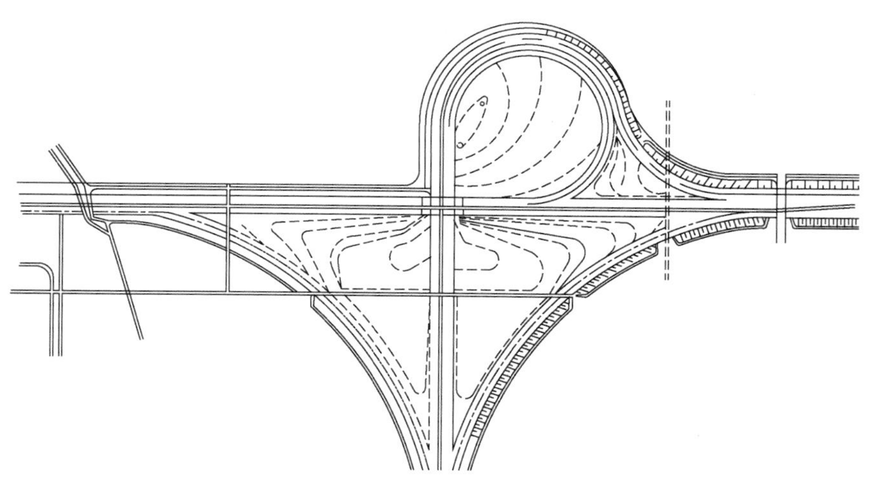

图 5.7.7-2 坡面修饰

环境绿化其他要求可按现行行业标准《城市道路绿化规划与设计规范》CJJ 75 及《城市道路设计规范》CJJ 37 中道路绿化有关条款执行。

附录 A 立交方案评价

A.0.1 立交方案评价可按下列原则进行：

1 应根据相交道路性质按本规程表 3.1.4 确定立交类型。

2 立交工程应多方案比选。在比选过程中先对各方案进行经济评价，然后从技术、经济、社会、环境四个方面对各方案进行综合评价，从中选优作为推荐方案。

A.0.2 立交方案评价宜采用下述方法：

1 立交方案经济评价方法可采用国民经济评价方法。

2 经济效益，只计直接经济效益。

3 立交的综合评价，宜采用系统工程的层次分析法(AHP)，按层次分析模型进行计算，应做到理论和实际相结合、定性和定量相结合，以计算的定量值确定最优方案。综合评价层次分析模型宜符合表 A.0.2-1 的规定。

表 A.0.2-1 层次分析模型

目标层 A	城市道路立交方案 A													
准则层 B	技术评价 B_1				经济评价 B_2			社会评价 B_3			环境评价 B_4			
子准则层 C	C1 主线匝道设计车速	C2 通行能力及解决总交通量百分比	C3 安全度	C4 线型标准主线匝道及平纵线形	C5 总造价	C6 拆迁征地	C7 经济效益净现值回收期内部收益率	C8 施工方案工期难易	C9 影响交通程度	C10 与周围建筑单位居民影响程度	C11 绿化面积率	C12 立交造型	C13 照明方式及条件	C14 噪声污染
方案层 D	方案 1　方案 2　方案 3　方案 4													

4 层次分析模型中准则层各层权重标准值宜按表 A.0.2-2 中数值选取。

表 A.0.2-2 准则层权重值表（%）

准则层 / 权重 / 城市类型	技术评价	经济评价	社会评价	环境评价	总值
特大城市	40～45	25～30	15～10	20～15	100
大型城市	35～40	30～35	15～10	20～15	100
中等城市	30	40	15	15	100
小城市	35～30	40～45	10～15	15～10	100

城市道路交叉口设计规程

CJJ 152－2010

条 文 说 明

4 平面交叉

4.2 交通组织与进出口道设计

4.2.9 进口道车道宽度应比路段车道宽度窄，这是因为车辆驶入进口道时，车速较路段明显降低，同时也可防止车辆在进口道内因车道过宽而发生抢道现象。

4.2.13 进口道长度应以交叉口转角缘石曲线的端点算起，渐变段长度引用日本文献推荐值。

4.3 平面与竖向设计

4.3.5 交叉口竖向设计时要考虑以下情况：

1 交叉口竖向设计的形式取决于和地形相适应的相交道路的设计纵、横断面。可采用以下六种基本形式：

1）凸形交叉口 相交道路纵坡均由中心向外倾斜。

2）凹形交叉口 相交道路纵坡均由外向中心倾斜。

3）脊形交叉口 主路纵坡方向不变，其相交道路纵坡由中心向外倾斜。

4）谷形交叉口 主路纵坡方向不变，其相交道路纵坡由外向中心倾斜。

5）斜坡交叉口 相交道路纵坡均保持不变。

6）鞍形交叉口 对向相交路纵坡自外向内倾斜，另一对向相交路纵坡自内向外倾斜。

4.4 公交停靠站与专用道的设置

4.4.3 公交站点设在进口道时，公交车常常因遇红灯而二次停车，影响交叉口的通行能力。公交站点设在出口道可消除公交车的二次停车对交通的影响。

4.4.5 公交停靠站设在进口道时，其位置不应影响进口道车辆的正常排队；公交停靠站设在出口道时，其位置不应影响出口道车辆正常加速变换车道的要求。当实际条件不满足规程要求时，公交停靠站离停车线的最小距离应根据实际情况验算确定。

5 立体交叉

5.3 匝 道

5.3.5 第1款，在匝道端部汽车要作变速、分流、合流等复杂运动是互通式立交易发生交通事故部位，故设计时应给予特别注意。

第2款，在互通式立交设计中应尽量避免左侧入口和出口，即使在主要分岔口与支线连接情况下的次要道路也宜在右侧出入。左侧匝道设置会破坏整条路线上互通式立交出入位置的统一性，尤其是在市区互通式立交间距密集，只能在短距离内指示立交出口，左出口、右出口混用会引起驾驶混乱，引起主线直行车辆行驶迟疑不决，破坏了路线的连续性。

路线的连续性是指沿指定路线全长（一般指一条命名的主线全长）的定向行驶轨迹的保证，路线的连续性是一条道路连续应具备的主要技术指标，用路线连续原理可以减少车道变化，特别是为对路况陌生的驾驶员提供了一条连续快速不受干扰行驶的路线，运行过程中其他车辆均位于其右侧。同时简化了交通标志设置，减少了驾驶员对标志的寻找时间（出入口标志均设在右侧，易于寻找）从而简化了驾驶工作，可充分保障行车安全。

在实施道路连续性设计过程中（图4），尤其是主线为绕过城市环线时互通式立交设计除出入口设置在右侧外还要有利于保持路线车辆运行方向连续，在设计中直行主要交通流向可用设有平缓曲线（大半径）的定向匝道，使车辆在其上行驶仍具有相当于直线上行驶的特征措施，以保持主线行驶连续。

匝道出入口端部位置应明显，出口匝道端部必须使主线行驶车辆的驾驶员从很远就能识别，至少在500m以外，能清楚地识别出变速车道的宽度渐变路段的起点。对于驾驶员来说，目的是在接近互通式立交的同时需要预先判断出从哪一个出口驶出，从何处开始减速较合适，所以必须很早就能识别出匝道的驶入点。减速车道的路面标线必须明显和主线区分，使

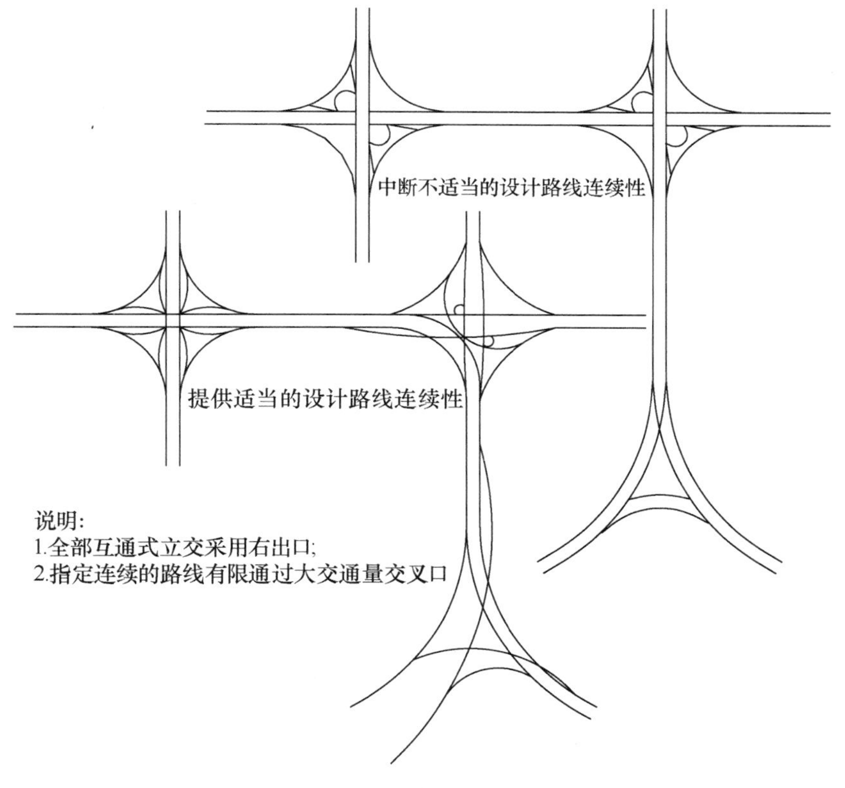

图 4 保持路线的连续性

之很容易区别出减速车道，并能防止主线车辆误入减速车道。把出口端部设置在构造物前面或跨线桥后 150m，目的是防止跨线桥结构的阻碍，看清出口匝道的起点和匝道平曲线方向。同样为保证不受凸形竖曲线视距影响，避免视距不足产生凸形竖曲线后突然出现匝道小半径平曲线弯道，应将竖曲线设计长些，使驾驶员能在行驶中较早发现凸形竖曲线下坡道处匝道平曲线起点及方向。

匝道入口端部处为了能有充分的视距有利于车辆插入主线，匝道及其入口汇合处纵断面应接近主线车道纵断面，入口端部一侧的匝道宜设计成平行主线纵断面的长约为 60m 的平台，使驾驶员能够在平行主线的直行车道上前后左右通视。

在主线出口匝道范围，驾驶员还没有摆脱在主线上快速行驶的高速感（行驶惯性），即使在减速车道上也不能完全减到匝道设定圆曲线半径适应的设计车速，所以出口匝道不宜突然出现小半径，而应设有一定的缓和行驶路程。为了保证有足够的缓和行程，有必要在减速车道终点处设置一段使驾驶员能够适应车速变化的缓和路段，此段范围内随车速的降低而逐渐减小曲线半径，以确保交通安全。

先求出从端部通过的速度降低到最小半径匝道时速度所需缓和路段长度，据此计算缓和曲线的参数，进而规定了端部附近曲率半径最小值计算公式。

$$V_0^2 - V_1^2 = 2aL$$

$$L = (V_0^2 - V_1^2)/2a$$

$$A^2 = R \cdot L$$

式中：L——缓和路段长（m）；

R——匝道最小曲线半径（m）；

A——回旋曲线参数值（m）；

V_0——通过分流点的行驶速度（m/s）；

V_1——通过匝道最小半径设计速度（m/s）；

a——减速度（m/s^2），取 $1m/s^2$。

分流点最小半径计算公式：

$$R = V^2/[127(i+\mu)]$$

其中：i=0.02～0.06，μ=0.18。

分流点的曲率半径与回旋线参数见表 3。

表 3　分流点的曲率半径与回旋线参数

主线设计速度(km/h)	匝道最小曲线半径设计速度(km/h)	分流点的行驶速度(km/h)	匝道最小曲线半径一般值(m)	匝道最小曲线半径最小值(m)	减速度(m/s^2)	分流点最小曲线半径(m)	缓和曲线长(m)	回旋曲线参数计算值		回旋曲线参数采用值	
								最小值(m)	一般值(m)	最小值(m)	一般值(m)
120	40	80	65	55	1	(250) 251.97	185.2	100.9	110.0	100	110
		60				(150) 141.73	77.17	65.15	70.82	65	70
100	35	55	50	40	1	(120) 119.09	69.45	52.71	58.93	55	60
80	30	50	35	30	1	(100) 98.43	61.73	43.03	46.48	45	50
60	25	≤40	30	25	1	(70) 62.99	37.62	30.67	33.59	30	35

注：匝道最小曲线半径一般值采用 i=0.02 计算值；匝道最小曲线半径最小值采用 i=0.06 计算值。括号中的分流点最小曲线半径值为规定值。

在枢纽立交主线分流的出口匝道处，匝道行驶车速较高，汽车误行的机会较多，必须在安全上加以考虑，为了减少汽车对端部撞击，一般推荐采用车道边缘留出端点余宽的方法，并在楔形端点后方的干道侧通过一定渐变率，做成楔形分隔带，保证错误驶近减速车道一边的过境交通车辆，能安全回到主线一边，并在楔形端点后一定范围设置缘石使其轮廓醒目，易于识别。

第 6 款，立交邻近匝道出入口之间最小间距是指匝道端点（导流岛端部）之间距离，最小净距是以美国各州公路工作者协会对驾驶员辨认标志引起反应所需时间及汽车移向邻近车道所需时间合计规定为 5s～10s，《城市道路设计规范》CJJ 37 设计 5s 值实际应用中偏短，现推荐用一般值，困难条件采用极限值。如车辆驶入后又紧接着驶出情况，还应计算交织长度的最大值。

第 7 款，对单车道匝道出入口作出规定。

1） 单车道直接式入口行车特点是在变速车道上驾驶员能直接看见并利用主线交通流合适的间隙直接插入。行车轨迹顺畅，车辆可在汇流点处经加速段加速后进入主线。

2） 单车道平行式入口行车特点是车辆在汇流点之后开始加速，驶入加速车道后驾驶员能利用侧视镜和后视镜有效地观察后面的主线车辆运行情况，利用空档插入主线。其有较长的平行插入区段，与直接式入口相比，能适应较大的交通量。

3） 研究表明，直接式出口大部分驶出车辆都能以比较高的车速驶离主线，从而减少了由于车辆在主线上开始减速而引起车辆追尾事故发生的可能。一旦离开主线车道，沿过渡段驶入变速车道就能进行必要的减速，是一种比较合理的出口形式。

4） 平行式出口，驾驶员会在靠近附加减速车道起点驶出，然后变速。行驶轨迹是一条 S 形反向曲线，行驶舒适性较差，在主线驶出交通量少情况下，驾驶员为避免作反向曲线行驶而直接以直接驶出的轨迹驶向分流点，这种运行方式会导致在主线车道上开始减速，易发生车辆追尾事故。

第 8 款，对多车道匝道出入口作出规定。

1） 按出入口形式设计：

①由于驶入驶出匝道通行能力要求而需设置多车道端部，常见是双车道出入口，对于双车道直接式入口，驾驶员倾向于使用内侧车道。当驶入车辆达不到驶入速度或是在主线上没有驶入空档间隙，车辆可以很自然的向外侧车道行驶。如在内侧车道采用单车道

的规定长度，从实际情况看似乎偏长，故内侧车道取其0.8折减。

双车道直接式出口驾驶员倾向右侧车道，可尽快驶离主线。

②平行式双车道入口，来自匝道的大部分车辆会使用左侧车道，左侧车道紧靠主线，便于插入。右侧车道上只有在左侧车道车辆已经驶入主线，出现空当后右侧车道的车辆才能进入主线。

双车道平行式出口，驶出主线的驾驶员倾向于用内侧车道，为了使用外侧车道，在主线上需要变换二个车道，降低了行驶舒适性。

2）按增设辅道双车道出入口布置。枢纽立交多数是二条或多条高速公路、快速道路交叉，其重要出入口为适应大交通量运行，形成多车道端部。匝道一般为定向匝道，行驶车速较高，为了提高运行效率并保持车流行驶的连续性、保障交通安全、充分提高出入口通行能力，在出入口处按分、合流原理进行设计。在分、合流处必须保持车道数平衡和基本车道数连续，为了使车道数的平衡和保持主线车道的基本车道数两者要求不产生矛盾，在设计中应考虑附加足够长度的辅助车道。

3）在多车道端部为了使出入口有明显的导向同时简化交通标志的设置，提高设置标志的交通导向清晰性，最大限度地提供驾驶员明确的行车方向，避免过多的方向目标而造成驾驶员操作上的迟疑及驾驶混乱。在多车道端部应以树枝状分岔，避免车辆在分流处丧失方向。在合流处过多的变换车道易造成多重交织行驶，引起交通混乱，降低了出入口通行能力，严重时将造成重大交通事故，影响整个枢纽立交的交通正常运行。

5.4 辅助车道

5.4.1 属于干线的道路（高速公路、一级公路、城市快速路）应在相当长的路段或全线保持一定的基本车道数，基本车道数是以道路相当长路段内设计的交通量与通行能力服务水平分析为依据。除在陡坡段车辆变速影响主线通行能力外，在短路段上交通量骤增高于一般路段，以及立交枢纽的匝道存在从左侧插入和驶出的出入口时，需将匝道出入口设计成分流、合流岔口形式。以上情况均需设置辅助车道，用来平衡交通负荷和维持道路上均匀的服务水平以及改善出入口的转向交织车流交通行驶状况，以达到保持车流交通行驶的连续性。

5.4.2 在立交枢纽中交通量大的双车道出入交通量在干线分流合流行驶均需满足主线基本车道数连续和车道数平衡，才能保证交通畅通有序。

图5这种布置形式，对直行交通可能会引起混乱和运行错误。驶出匝道虽然分流了穿过互通式立交的交通量，但同时因驶出交通量略有变化等情况或主线道路上车道的减少（因事故或养护施工操作）都会产生明显的瓶颈路段。

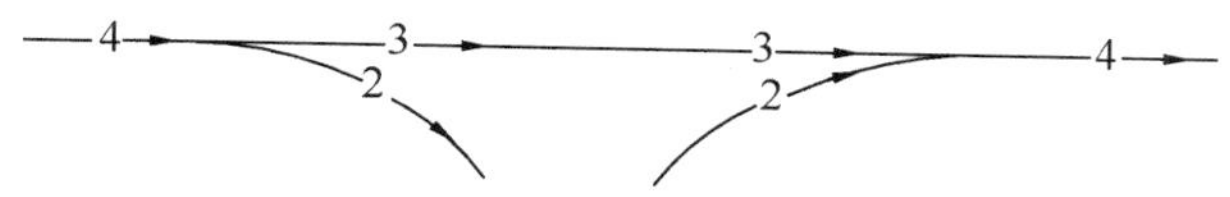

图5　车道数平衡、基本车道数不连续

图6这种布置形式，保证了基本车道数的连续性，但不符合车道平衡原则，对需要双车道的大量出入交通量在干线分流或合流时都会有困难。

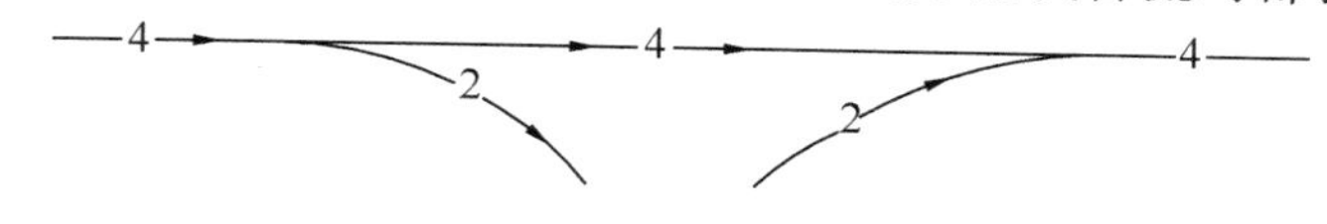

图6　车道数不平衡、基本车道数连续

5.4.3　根据使用经验，不论是分流处或合流处，辅助车道长度最小约600m，如果能达到1000m则可使交通流畅无阻，并能充分发挥其通行能力。特别是分流处由于标志的辨认、心理上的准备、车道间平移、反应时间等关系，需要较长的辅助车道将多种因素和快速路的标志体系设置最小距离联系起来考虑。分合流处辅助车道长度（包括通过过渡段长度）一般希望在600m～1000m。

5.5　变速车道和集散车道

5.5.1　驾驶员在互通式立交处，离开主线并经匝道转向需要减速行驶以适应匝道的设计车速；而从匝道进入主线，驾驶员需要加速行驶直至达到主线车速或与主线合流所需达到的速度，参考日本实测结果见表4。

表4　与主线合流所需达到的速度

主线设计速度（km/h）	120	100	80	60	50	40
要达到的速度（km/h）	70	65	63	60	50	40

车辆行驶过程中变速幅度很大，必须增设变速车道，以保证加、减速行程能在变速车道内完成（变速车道亦具有辅道的一种功能），以减少匝道驶入车辆对主线交通的干扰，避免车辆在主线减速而引起后车追尾事故的发生。

5.5.2　变速车道通常设计成直接式和平行式，直接式是根据直接以平缓的角度出入主线原理进行设计；而平行式是以增设一条平行主线的变速车道的方式构成。

不论哪一种形式，只要适当地对交通量及主线线形进行分析，并进行合理的设计，均能满足变速运行的要求。我国交通部主张出口使用直接式，入口则用平行式；当变速车道为双车道时，加、减速车道均应采用直接式。根据国内城市快速路实际使用情况，城市立交匝道交通量比公路大，故双车道入口一般也采用平行式，有利于加速车道车辆有更多机会插入主线。直接式变速车道能提供驾驶员合适的直接驶离主线的行车轨迹，研究表明，大部分车辆都能以比较高的速度驶离直行车道，从而减少了由于在直行主线车道上开始减速而引起尾部碰撞事故的发生，故较为广泛地用于减速车道。

直接式变速车道因其行驶轨迹平顺，在加速车道中采用，车辆能仅通过较小的速度调整，直接驶入主线交通流中车辆间隙。当主线直行方向交通量较少时，为提供舒适的行车轨迹，也可在加速车道处采用直接式。

平行式变速车道其行驶轨迹是一条S形曲线，可能导致减速车道车辆在直行主线上减速而发生追尾冲突，故一般在加速车道采用。它除了提供车辆加速功能外，还能提供等候主线车流空档以使车辆顺利插入的功能。普遍认为平行式加速车道能给汇流车辆提供更多的时间和机会去寻找直行交通车流中间隙，故加速车道一般采用平行式。

平行式变速车道的渐变段和附加车道的“作用”很明显，主线和渐变段起点轮廓线的转折明显，能防止直接式长的渐变段会诱导直行车辆误入减速车道现象，故主线直行交通流量大时，在减速车道也可采用平行式。

5.5.4 集散车道（图 10）：

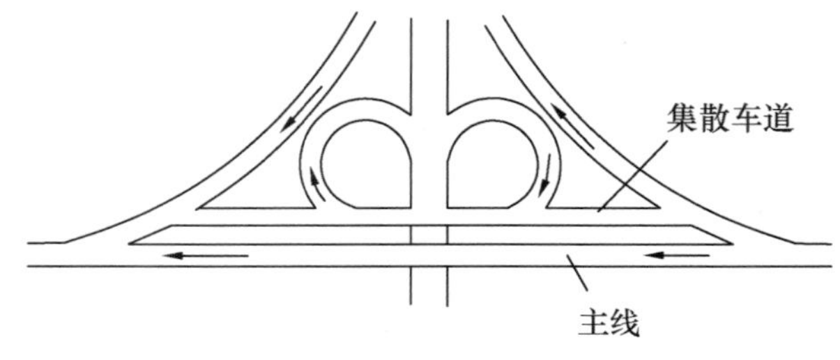

图 10　集散车道

1 在互通式立交内使用集散车道的特点是将交织点移出主线道路，并将多出入口形成单一出入口，所有主线出口都在互通立交之前，从而保持统一的出口线形。苜蓿叶形互通式立交中两条环形匝道的交通流就是典型实例，用集散车道将交织车流和主线车流分离，保证主线大交通量的正常运行。

苜蓿叶形互通式立交的环道在靠近外侧直行车道处构成交织段，在直行车道中产生相当大的加速和减速行驶使用集散车道，可将多出口形成单一出口，并将交织段转移到集散道路上。苜蓿叶形互通立交的第二出口（环道出口）往往是隐蔽在凸形竖曲线之后，视距不易保证，采用单出口设计，出口出现在上坡道上，因而视距得到充分保证。

2 设置集散型车道后，交织运行转移至集散车道，集散车道车速较主线低，交织运行在减速状态下进行，故集散车道宽度仅取决于通行能力需求。但出入口处应按辅助道路的车道平衡原则才能保证交通畅通有序。

七、城市地下道路工程设计规范

CJJ 221－2015

3 基本规定

3.1 城市地下道路分类

3.1.1 城市地下道路根据服务对象可分为机动车专用地下道路和机动车与行人非机动车共用地下道路。

3.1.2 城市地下道路根据服务车型可分为混行车地下道路和小客车专用地下道路。

3.1.3 城市地下道路可按主线封闭段长度分为4类，并应符合表3.1.3的规定。

表 3.1.3 城市地下道路长度分类

分类	特长距离地下道路	长距离地下道路	中等距离地下道路	短距离地下道路
长度 L（m）	$L>3000$	$3000 \geqslant L>1000$	$1000 \geqslant L>500$	$L \leqslant 500$

注：L 为主线封闭段的长度。

3.1.4 城市地下道路可根据主线封闭段长度及交通情况，按防火设计要求分为4类，并应符合表3.1.4的规定。

表 3.1.4 城市地下道路防火设计分类

用　途	一类	二类	三类	四类
可通行危险化学品等机动车	$L>1500$	$500<L \leqslant 1500$	$L \leqslant 500$	—
仅限通行非危险化学品等机动车	$L>3000$	$1500<L \leqslant 3000$	$500<L \leqslant 1500$	$L \leqslant 500$

注：L 为主线封闭段的长度（m）。

3.2 设 计 原 则

3.2.1 城市地下道路设计应符合现行行业标准《城市道路工程设计规范》CJJ 37的规定，并应符合下列规定：

1 加强对基础资料调研；

2 与城市路网合理衔接，与区域路网规划、区域地下空间规划相结合；

3 符合城市地下空间规划确定的深度分层、限界；

4 处理好与地面交通、城市历史风貌、城市空间环境的关系；

5 处理好与市政管线、轨道交通设施、综合管廊及地下文物等其他地下基础设施关系，合理安排集约化利用地下空间。

3.2.2 城市地下道路线形设计中的平面、纵断面和横断面应进行综合设计，保证视距安全，确保行车安全与舒适。

3.2.3 地下道路应做好出入口位置、间距和形式的综合设计及出入口交通组织，协调与地面交通的衔接，保证地下道路主线通畅，进出交通有序，与周边路网衔接顺畅。

3.2.4 城市地下道路交通设施设计应加强安全行车引导，交通设施应简洁、可视性好、易识别。

3.2.5 城市地下道路路面结构应满足耐久性和稳定性的要求，采用沥青混凝土路面应具有阻燃性好、噪声低的性能。

3.2.6 城市地下道路设计应根据结构与通风、供电、照明、监控、防灾等设施之间的协调进行综合设计。

3.2.7 城市地下道路排水应与地面排水系统综合设计。

3.2.8 城市地下道路设计应符合国家环保政策、法规，注重环境保护和资源节约，应在满足安全、经济、可靠的原则下，体现节能环保，宜选用高效、低能耗的设备系统，对通风、照明等能耗较大的设备应采取全面的节能设计。

3.2.9 城市地下道路设计应开展景观设计，洞口、洞内装饰以及风亭等美化设计应与周围城市环境相协调。

3.2.10 城市地下道路设计应根据工程地质与周边环境，从技术、经济、工期、环境影响等方面综合比较，选择合理的结构形式和施工方法。

3.2.11 城市地下道路结构应分别对施工阶段和使用阶段按承载能力极限状态及正常使用极限状态进行设计。

3.2.12 城市地下道路设计应根据规划预留必要的实施条件。

3.3 设计速度

3.3.1 城市地下道路设计速度取值宜与两端衔接的地面道路采用相同的设计速度，条件困难时，可降低一个等级，并应符合表3.3.1的规定。

表3.3.1 各级城市地下道路的设计速度

道路等级	快速路			主干路			次干路			支路		
设计速度（km/h）	100	80	60	60	50	40	50	40	30	40	30	20

注：除短距离地下道路外，设计速度不应大于80km/h。

3.3.2 地下车库联络道的设计速度应为20km/h。

3.3.3 城市地下道路匝道的设计速度宜为主线的0.4倍~0.7倍。

3.3.4 城市地下道路的线形标准应根据实际运行速度的要求，与相邻路段运行速度协调。

3.4 设计年限

3.4.1 城市地下道路的沥青路面结构设计使用年限不应小于15年，水泥混凝土路面结构设计使用年限不应小于30年。

3.4.2 城市地下道路主体结构设计使用年限应为100年。

3.5 建筑限界

3.5.1 城市地下道路建筑限界应为道路净高线和两侧侧向净宽边线组成的空间界线（图3.5.1）。建筑限界顶角宽度（E）不应大于机动车道或非机动车道的侧向净宽度。建筑限界组成最小值应符合表3.5.1的规定。

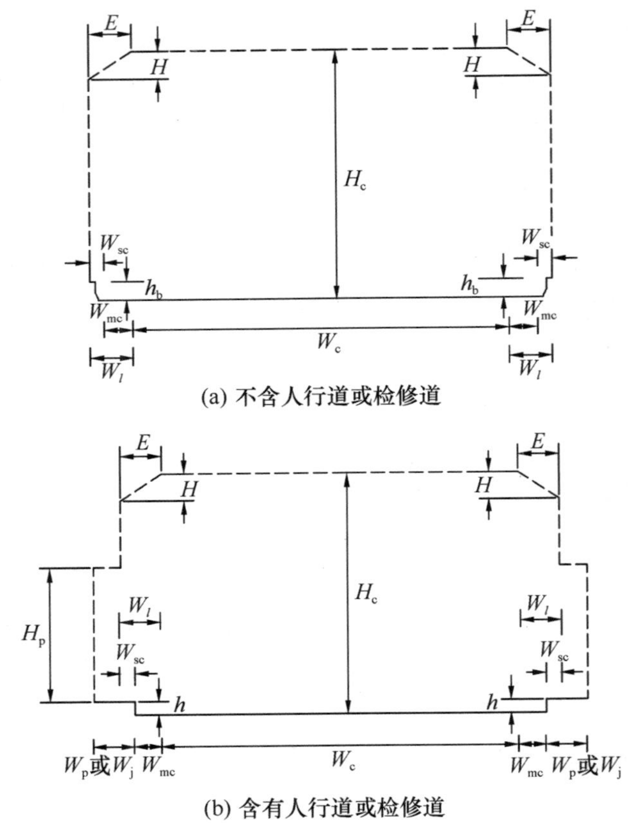

图3.5.1 城市地下道路建筑限界（一）

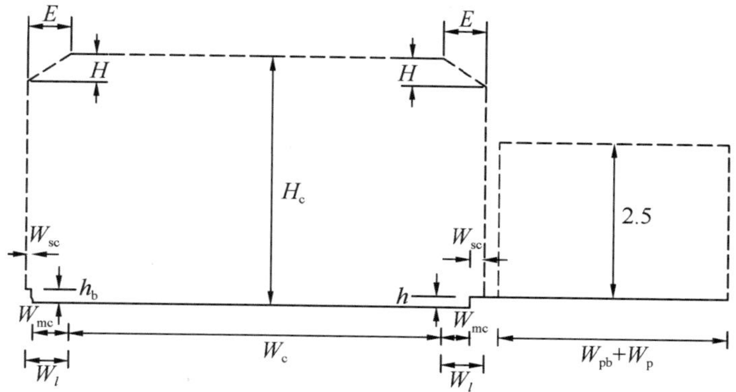

(c) 含有非机动车道和人行道（情况一）

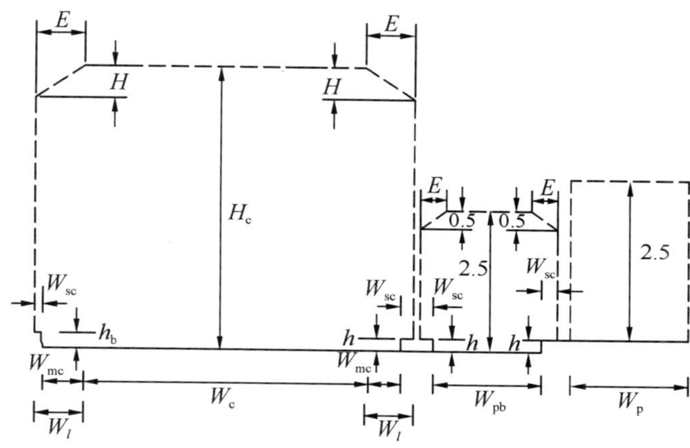

(d) 含有非机动车道和人行道（情况二）

图 3.5.1 城市地下道路建筑限界（二）

表 3.5.1 建筑限界组成最小值

建筑限界组成	路缘带宽度（W_{mc}）		安全带宽度（W_{sc}）	检修道宽度（W_j）	缘石外露高度（h）	建筑限界顶角高度（H）	
	设计速度≥60km/h	设计速度＜60km/h				H_c＜3.5m	H_c≥3.5m
取值（m）	0.50	0.25	0.25	0.75	0.25～0.40	0.20	0.50

注：1 当两侧设置人行道或检修道时，可不设安全带宽度。

2 非机动车道路面宽度（W_{pb}）或人行道宽度（W_p）应符合现行行业标准《城市道路工程设计规范》CJJ 37 的规定。

3.5.2 城市地下道路最小净高应符合表 3.5.2 的规定。小客车专用道最小净高应采用一般值；条件受限时可采用最小值。

表 3.5.2　城市地下道路最小净高

道路种类	行驶交通类型	净高（m）	
机动车道	小客车	一般值	3.5
		最小值	3.2
	各种机动车	4.5	
非机动车道	非机动车	2.5	
人行或检修道	人	2.5	

3.5.3　城市地下道路建筑限界内不得有任何物体侵入。

3.5.4　不同净高的地下道路之间衔接应做好过渡，同时应设置必要的指示、引导标志及防撞设施等。

4　横断面

4.1　一 般 规 定

4.1.1　城市地下道路横断面设计在满足建筑限界条件下，应为通风、给排水、消防、供电照明、监控、内饰装修等配套附属设施和安全疏散设施提供安装空间，通过合理布置充分利用空间，同时应预留结构变形、施工误差、路面调坡等余量。设备空间设计应满足下列原则：

1　满足各自设备工艺要求；

2　设备布置不得侵入建筑限界；

3　应方便设备的安装和维护保养；

4　设备管线宜集中布置，可设置专用管廊。

4.1.2　城市地下道路横断面宜与相连地面道路一致，当条件受限，经技术经济论证后可压缩断面，并应符合下列规定：

1　应设置宽度渐变段，渐变段长度应符合现行国家标准《道路交通标志和标线》GB 5768 的规定；

2　洞口外的 3s 行程内断面与地下道路内的断面应保持一致；

3　当主线交通采用小客车专用道部分下穿时，两侧地面道路或周边路网应保证其他车辆分流要求，并应做好相应的交通引导和管理。

4.2　横断面布置

4.2.1　城市地下道路的典型横断面宜由机动车道、路缘带等组成，根据需要可设置人行道及非机动车道，特殊断面还应包括紧急停车带以及检修道等。

4.2.2 城市地下道路按道路用地和交通运行特征可选用单层式横断面或双层式横断面。

4.2.3 城市地下道路不宜采用在同一通行孔布置双向交通。当断面布置困难时，对设计速度大于或等于 50km/h 的短距离城市地下道路，可在同一通行孔布置双向交通，但必须采用中央防撞设施进行隔离；对设计速度小于 50km/h 的城市地下道路，当在同一通行孔布置双向交通时，应采用中央安全隔离措施；同时，应满足运营管理安全可靠的要求。

4.3 横断面组成及宽度

4.3.1 城市地下道路机动车道的宽度应符合现行行业标准《城市道路工程设计规范》CJJ 37 的规定。当采用小客车专用道时，车行道宽度可适当压缩，应符合表 4.3.1 规定，一般情况下应采用一般值，条件受限时可采用最小值。

表 4.3.1 小客车专用地下道路的一条机动车道宽度

设计速度（km/h）		>60	≤60
车道宽度（m）	一般值	3.50	3.25
	最小值	3.25	3.00

4.3.2 城市地下快速路严禁在同孔内设置非机动车道或人行道。

4.3.3 城市地下道路除快速路外，当同孔内设置非机动车或人行道时，应符合下列规定：

1 非机动车道与人行道宜采取隔离措施；

2 地下道路长度不宜超过 500m，且不得大于 1000m；

3 地下道路内部空气环境应满足行人安全的要求，符合现行国家相关标准的规定。

4.3.4 当城市地下主干路、次干路和支路同孔内需设置非机动车道或人行道时，必须在机动车道外侧设置隔离护栏。

4.3.5 当城市地下道路检修道兼作人行道或非机动车道时，其宽度应符合现行行业标准《城市道路工程设计规范》CJJ 37 对人行道或非机动车道的规定。

4.3.6 当城市地下道路内部不设检修道时，侧墙下部必须设置防撞设施，防撞设施的设置应符合现行国家标准《城市道路交通设施设计规范》GB 50688 的规定。

4.3.7 城市地下道路的连续式紧急停车带宽度应根据设计速度、设计车型、使用功能、经济成本以及工程可实施性等方面综合论证确定。

4.3.8 长或特长单向 2 车道城市地下道路宜在行车方向的右侧设置连续式紧急停车带，单向 2 车道的城市地下快速路应在行车方向的右侧设置连续式紧急停车带，连续式紧急停车带的最小宽度宜符合表 4.3.8 的规定。

表 4.3.8 连续式紧急停车带最小宽度

车型及车道类型	一般值（m）	最小值（m）
大型车或混行车道	3.0	2.0
小客车专用车道	2.5	1.5

4.3.9 当设置连续式紧急停车带困难时，宜设置应急停车港湾（图 4.3.9），并应符合下列规定：

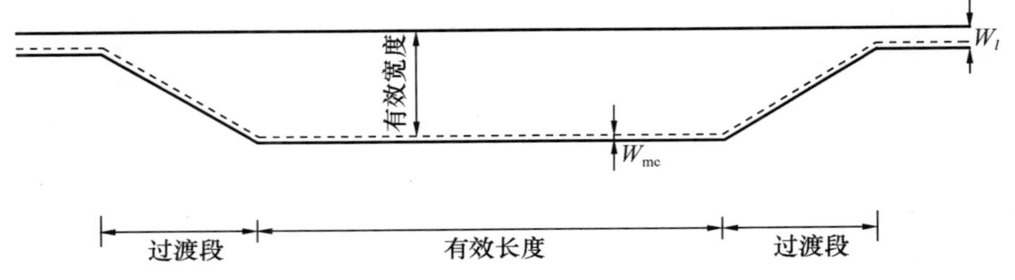

图 4.3.9 应急停车港湾

1 位置不宜设置在曲线内侧等行车视距受影响路段；

2 间距宜为 500m；

3 有效宽度不应小于 3.0m；

4 有效长度不应小于 30m，过渡段长度不应小于 5m。

4.3.10 单向单车道的城市地下道路主线或匝道应设置连续式紧急停车带，宽度不应小于本规范表 4.3.8 规定的一般值。

5 平面及纵断面

5.1 一 般 规 定

5.1.1 城市地下道路平面线形布置应符合城市总体规划及路网规划要求，综合地面道路、地形地物、地质条件、地下设施、障碍物及施工方法等确定。

5.1.2 城市地下道路纵断面线形布置应根据路网规划控制高程、道路净高、地质条件、地下管网等设施布置、道路排水、覆土厚度等要求，综合交通安全、施工工艺、建设期间工程费用与运营期间的经济效益、节能环保等因素合理确定。

5.1.3 城市地下道路平纵横线形组合设计应满足行车视距的要求，并保持视线的连续性。

5.2 平面及纵断面设计

5.2.1 城市地下道路的直线、平曲线、缓和曲线、超高、加宽等平面设计应符合现行行业标准《城市道路路线设计规范》CJJ 193 的规定。

5.2.2 城市地下道路纵坡宜平缓，机动车道最大纵坡度应符合表 5.2.2 的规定，并应符合下列规定：

表 5.2.2 地下道路机动车道最大纵坡

设计速度（km/h）	80	60	50	40	30	20
一般值（%）	3	4	4.5	5	7	8
最大值（%）	5			6	8	

注：除快速路等级外，受地形条件或其他特殊情况限制，经技术经济论证后，最大纵坡最大值可增加 1%。

1 积雪和冰冻地区承担快速路功能的城市地下道路洞口敞开段最大纵坡不应大于 3.5%，其他等级道路最大纵坡不应大于 6%，否则应在洞口敞开段采取相应措施确保路面不积雪结冰；

2 城市地下道路最小纵坡不宜小于 0.3%；当条件受限纵坡小于 0.3%时，应采取排水措施；

3 对长度小于 100m 的城市地下道路纵坡可与地面道路相同；

4 设置非机动车道的城市地下道路纵坡应符合现行行业标准《城市道路路线设计规范》CJJ 193 中非机动车道要求。

5.2.3 城市地下道路匝道最大纵坡应符合现行行业标准《城市道路交叉口设计规程》CJJ 152 的规定。

5.2.4 城市地下道路坡长设置应符合现行行业标准《城市道路路线设计规范》CJJ 193 的规定。

5.2.5 城市地下道路洞口应在接地口处宜设置反坡形成排水驼峰，排水驼峰高度应根据排水重现期、地形、道路功能等级等综合确定。

5.2.6 城市地下道路洞口内外各 3s 设计速度行程长度范围内的平纵线形应一致。当条件困难时，应采取安全措施。

5.3 停车视距

5.3.1 城市地下道路停车视距应符合现行行业标准《城市道路路线设计

规范》CJJ 193 的规定。

5.3.2 进出城市地下道路洞口处的停车视距宜采用主线路段的 1.5 倍。当条件受限时，应对洞口光过渡段进行处理。

5.3.3 城市地下道路设置平曲线及凹型竖曲线路段，必须进行停车视距验算。

6 出入口

6.1 一般规定

6.1.1 城市地下道路的出入口位置、间距及形式，应满足主线车流稳定、分合流处行车安全的要求，还应根据围岩等级及稳定性、地质条件等综合确定。

6.1.2 城市地下道路的出入口应设置在主线车行道右侧，当条件受限时，入口可设置在主线左侧，并应设置辅助车道。

6.2 出入口间距

6.2.1 城市地下道路的出入口间距应能保证主路交通不受分合流交通的干扰，并应为分合流交通加减速及转换车道提供安全可靠条件。

6.2.2 城市地下道路路段上相邻两出入口端部之间的最小间距应符合表 6.2.2 规定。

表 6.2.2 城市地下道路出入口最小间距（m）

设计速度（km/h）	出-出	出-入	入-入	入-出
80	610	210	610	1020
60	460	160	460	760
50	390	130	390	640
40	310	110	310	510

6.2.3 地下道路入口匝道与出口匝道之间路段宜设置辅助车道，当出入口端部间距不符合本规范表 6.2.2 要求时，应设置辅助车道，并应保证辅助车道长度满足交织要求。

6.2.4 地下车库联络道应在有地块接入侧设置辅助车道，地块车库联系的出入口在接入侧布有辅助车道后，接入间距不应小于 30m（图 6.2.4）。

6.2.5 地下车库联络道与地块车库联系的出入口不应设置在进出地下车

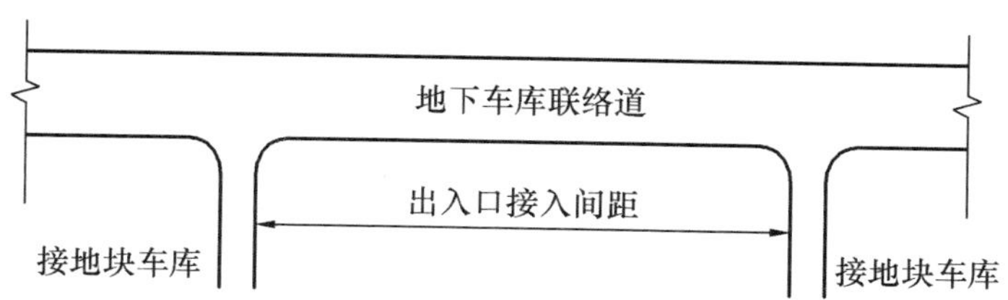

图 6.2.4 地下车库联络道出入口接入间距

库联络道的匝道上，与匝道坡道起止线距离不宜小于 50m。

6.3 分 合 流 端

6.3.1 城市地下道路出入口的分合流端宜设置在平缓路段，不应设置在平纵组合不良路段，分合流端附近主线的平曲线、竖曲线应采用较大半径。

6.3.2 城市地下道路主线分流鼻前的识别视距不宜小于 2 倍的主线停车视距，条件受限时不应小于 1.5 倍的主线停车视距。

6.3.3 城市地下道路主线汇流鼻前的识别视距不应小于 1.5 倍的主线停车视距。

6.3.4 匝道接入主线入口处从汇流鼻端开始应设置与主线直行车道的隔离段，隔离段长度不应小于主线的停车视距值，隔离设施不应遮挡视线（图 6.3.4）。

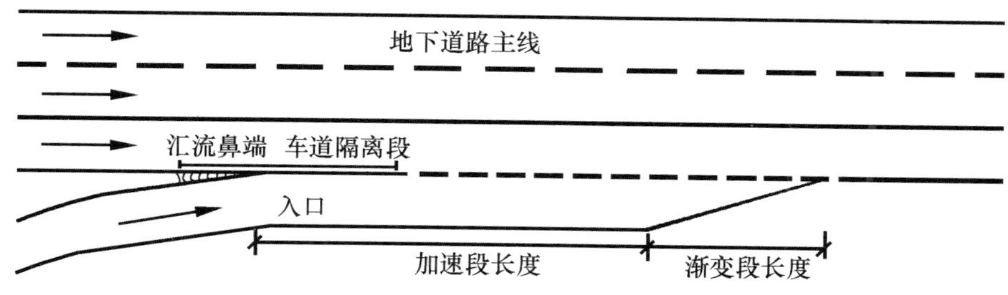

图 6.3.4 车道隔离段长度

6.3.5 城市地下道路设计不应在驾驶人进入地下道路后的视觉变化适应范围内设置合流点，合流段的汇流鼻端与洞口的距离不应小于表 6.3.5 的规定（图 6.3.5）。

表 6.3.5 城市地下道路洞口与汇流鼻端最小距离

设计速度（km/h）	最小间距（m）
80	165

续表 6.3.5

设计速度（km/h）	最小间距（m）
60	85
50	60
≤40	35

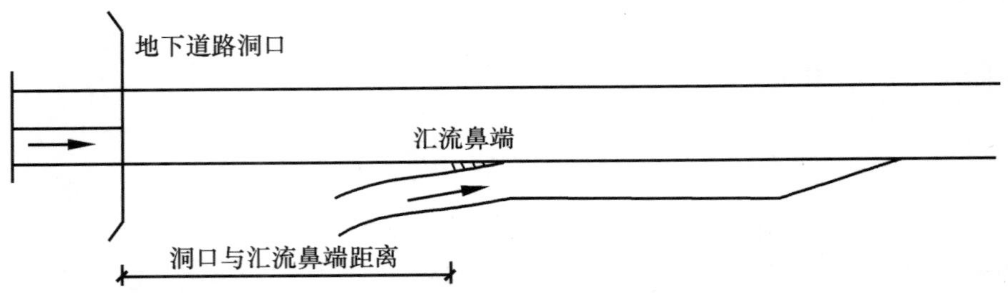

图 6.3.5 地下道路洞口与汇流鼻端距离

6.4 变 速 车 道

6.4.1 城市地下道路单车道加减速车道长度不应小于表 6.4.1 的规定。

表 6.4.1 城市地下道路单车道的加减速车道长度

主线设计速度（km/h）	80	60	50	40
减速车道长度（m）	80	70	50	30
加速车道长度（m）	220	140	100	70

6.4.2 双车道的变速车道长度宜为单车道变速车道规定长度的 1.2 倍～1.5 倍。

6.4.3 下坡路段减速车道和上坡路段加速车道的长度应按现行行业标准《城市道路交叉口设计规程》CJJ 152 规定的修正系数进行修正。

6.4.4 平行式变速车道渐变段的长度应符合现行行业标准《城市道路交叉口设计规程》CJJ 152 的规定。

6.5 地下道路与地面道路衔接

6.5.1 城市地下道路出口接地点处与下游地面道路平面交叉口距离应符合下列规定：

1 与无信号控制平面交叉口的停车线距离不宜小于 2 倍停车视距。当视线条件好、具有明显标志时，不应小于 1.5 倍停车视距；

2 与信号控制交叉口的停车线距离不宜小于 1.5 倍停车视距，条件受限时不得小于1倍停车距离。

6.5.2 城市地下道路出洞口与邻接地面道路出口匝道减速车道渐变段起点的距离应满足设置出口预告标志的需要。当条件受限时，不应小于1.5倍主线停车视距，并应在地下道路内提前设置预告标志（图6.5.2）。

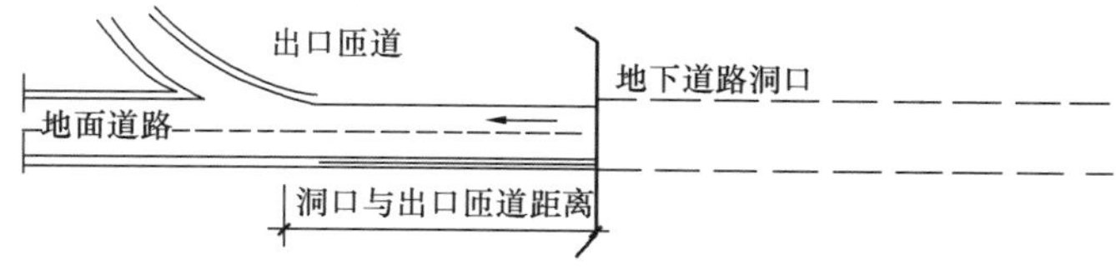

图6.5.2 地下道路出口与地面道路匝道距离

6.5.3 当城市地下道路接地后与平面交叉口衔接时，出入口与接地点的布置应符合下列要求：

1 出入口引道布置可根据条件集中布置在地面道路的中央或两侧，离路口展宽段距离较近应按转向拓宽分车道渠化；

2 接地点至地面交叉口停车线距离除应满足视距要求外，应根据红灯期间车辆排队长度以及匝道与地面道路转换车道所需的交织段长度综合确定。

7 交通设施

7.1 一 般 规 定

7.1.1 城市地下道路交通设施设计应符合现行国家标准《城市道路交通设施设计规范》GB 50688相关规定。

7.1.2 当城市地下道路交通标志设置在小半径平曲线或竖曲线等路段时，应满足标志的识别要求，不得被侧墙、顶板、附属设施等遮挡。

7.1.3 城市地下道路的交通标志宜采用主动发光或照明式标志。标志宜体薄量轻、便于悬挂，亮度应衰减慢、便于长期工作；标志可采用单面发光或双面发光、主动发光和被动反光相结合方式。

7.1.4 当城市地下道路内部空间受限时，交通标志尺寸和位置可根据地下道路内空间状况适当缩减和调整，但应符合国家现行标准的要求，并不得侵入道路建筑限界。

7.1.5 城市地下道路应设置反光交通标线，交通标线表面抗滑性能不应低于所在路段路面。

7.2 交通标志

7.2.1 城市地下道路应根据道路功能、等级设置入口引导标志，并应符合下列规定：

1 对于地下快速路和主干道，除下穿路口的地下通道外，应在入口周边 2km 范围内设置入口引导标志，其余还应符合现行国家相关标准的规定；

2 对于地下车库联络道应在入口周边 1km 范围内设置入口引导标志；

3 入口引导标志应设置在与地下道路连接的道路，以及周边的主干路、次干路的各主要交叉口，且不少于 2 个主要交叉口；

4 入口引导标志宜单独设置，除快速路以外的其他类型地下道路，也可结合指路标志以及可变信息标志综合设置。

7.2.2 城市地下道路入口前应设置交通标志，并应符合下列规定：

1 在地下道路入口前至少 50m 处，宜设置地下道路指示标志；

2 宜设置开车灯行驶标志，可与地下道路指示标志合并设置；

3 根据交通管理需求，在入口处前应设置限速、限重、限高、限制车型、禁止停车等禁令标志；

4 针对限高有特殊要求的城市地下道路，入口前应连续设置 3 次限高警告，条件受限时，不应小于 2 次。各次警告之间应保持一段距离，并应能保证超高车辆及时分流，最后一次应为硬杆型的防撞门架，门架前应设置分流超高车辆的容错车道。

7.2.3 城市地下道路在下列位置应设置主动发光或照明式指示标志：

1 设置应急停车港湾时，应在应急停车港湾前 5m 设置应急停车港湾指示标志，宜采用双面显示；

2 消火栓上方应设置消防设备指示标志；

3 紧急电话上方应设置紧急电话指示标志。

7.2.4 地下车库联络道内应设置停车库指路标志及停车库入口标志，宜设置停车库空车位数预告标志。

7.2.5 当城市地下道路出口与地面道路交叉口间的距离较短或地下道路为多点进出时，应在地下道路内设置指路标志。

7.2.6 多点进出的城市地下道路出口指路标志应分级指引，应对前方出口名称、方向、距离进行预告，并应符合下列规定：

1 设计车速大于等于 60km/h 的城市地下道路出口预告设置应符合国家现行相关标准要求；

2 设计车速小于 60km/h 的地下道路，除地下车库联络道外，应分别在减速车道的渐变段起点前 1km 、500m、250m 和起点处设置 1km 、500m、250m 出口预告标志和出口预告（行动点）标志。当间距小于 1km 时，可取消 1km 处出口预告标志；

3 地下车库联络道应对前方出口地面道路名称、地块停车库名称、方向、距离进行预告，出口预告标志不宜小于 2 级，并应在出口分流端设置出口确认标志。

7.2.7 多点进出的城市地下道路出口分流端应设置当前出口标志和下一出口预告标志。

7.2.8 城市地下道路主线合流点前应设置注意合流标志，并宜设置振荡标线配合标志使用。

7.2.9 城市地下道路主线、匝道线形变化较大路段处，应设置引导行驶方向的线形诱导标志，每处设置数量不应小于 3 块，诱导标志宜采用主动发光式标志。

7.3 交通标线

7.3.1 城市地下道路出入口的洞口内及洞外 50m～100m 范围内宜设置实线车道分界线。

7.3.2 城市地下道路连续弯道、视距不良等危险路段宜设置实线车道分界线。

7.3.3 城市地下道路主线以及地下匝道等车行道两侧应连续设置轮廓标，轮廓标设置应符合现行国家标准《城市道路交通设施设计规范》GB 50688 的规定。

7.3.4 城市地下道路洞门、洞内紧应急停车港湾的迎车面端部宜设置立面标记。

7.3.5 小半径、急弯、陡坡、长大下坡、合流段等地下道路事故易发路段前，应设置减速振荡标线等相应减速措施以及危险警告标志。

7.3.6 当设置限制车行道的行驶速度、控制车行道行驶车辆的类型或指定车行道前进方向、提示出口信息时，可设置相应的路面文字标记。

7.3.7 标线涂料宜采用热熔型反光涂料。

7.4 交通防护设施

7.4.1 城市地下道路防护设施的设计应符合现行国家标准《城市道路交通设施设计规范》GB 50688 的规定。

7.4.2 城市地下道路的主线分流端部应设置防撞设施。

7.4.3 城市地下道路出入口敞开段的护栏端部应采取安全性处理措施。

7.5 交通控制及诱导设施

7.5.1 交通信号控制及诱导设施主要包括车辆检测器、交通信号灯、车道指示器、可变信息标志、可变限速标志以及交通区域控制单元等外场设备。

7.5.2 交通信号灯的设置以及技术要求应符合下列规定：

1 在城市地下道路入口处应设置红、黄、绿组成的交通信号灯，可结合城市地下道路入口前的防撞门架设置；

2 交通信号灯应显示清晰，尺寸、光学性能等应符合现行国家标准《道路交通信号灯》GB 14887 的规定。

7.5.3 车道指示器的设置应符合下列规定：

1 应设置在城市地下道路各车道中心线上方，不得侵入道路建筑限界内；

2 在城市地下道路内车行横洞处应设一组车道指示器；

3 当设置在直线路段时，间距宜为 500m，曲线路段间距宜适当减少；

4 车道指示器宜由红色叉形灯及绿色箭头灯组成；

5 车道指示器尺寸、光学性能等应符合现行国家标准《道路交通信号灯》GB 14887 的规定，安装位置应位于车道正上方，安装高度应满足地下道路净高要求；

6 双面显示车道指示器不得同时显示绿色箭头灯。

7.5.4 可变信息标志的设置应符合下列规定：

1 可变信息标志应主要显示地下道路交通状态等交通信息和管理信息；

2 可变信息标准宜设置在进入地下道路前或地下道路内分流匝道出口前；

3 可变信息标志显示内容应简洁，文字的字体、字高、间距等应保证视认性；

4 可变信息标志的颜色应符合现行国家标准《城市道路交通设施设计规范》GB 50688 的规定。

8 安全与运营管理设施

8.1 一 般 规 定

8.1.1 城市地下道路总体布置、附属用房、隧道安全运营管理设施等设置应满足地下道路正常运营、管理维护、防灾救援等综合需要。

8.1.2 城市地下道路设备系统设计应安全可靠、技术先进、经济合理、环保节能，并应满足防尘、防潮、防腐蚀、防雷等要求。

8.1.3 城市地下道路应根据需要，配置相应的通风、供电、照明、通信、给排水、监控、防灾与救援疏散等安全与运营管理设施。

8.2 机电及其他设施

8.2.1 城市地下道路的通风设计应综合下列因素，统一设计：

1 道路等级、工程规模、设计交通量、车种构成与有害气体排放量；

2 设计速度、道路平纵横线形、环保要求、火灾烟气控制和运营费用等；

3 特长地下道路的温升。

8.2.2 短距离城市地下道路宜采用自然通风方式。

8.2.3 城市地下道路内部通风标准应符合下列规定：

1 当采用纵向通风时，CO 设计浓度应符合表 8.2.3-1 的规定；当采用全横向通风和半横向通风方式时，CO 设计浓度可比表中规定值降低 50ppm；

表 8.2.3-1 CO 设计浓度

交通状况	设计浓度（ppm）
正常交通	150
阻滞交通	200

2 当采用钠灯光源时，烟雾设计浓度应符合表 8.2.3-2 的规定；当采用荧光灯光源时，烟雾设计浓度应提高一级；

表 8.2.3-2 烟雾设计浓度（钠灯光源）

设计速度（km/h）	80	60	40
烟雾设计浓度 K（m^{-1}）	0.0070	0.0075	0.0090

3 城市地下道路空气中异味稀释应符合下列规定：

1） 地下道路内空间不间断换气次数宜为 3 次/h ～5 次/h；

2） 当采用纵向通风时，地下道路内换气风速不应低于 2.5m/s。

8.2.4 城市地下道路给水系统的选择应符合下列规定：

1 给水水源应优先采用城市给水管网供水；

2 应采用生产、生活、消防分开的给水系统；

3 给水系统应满足地下道路各项用水对水量、水质、水压的要求；

4 寒冷地区的给水、消防管道应有防冻措施。

8.2.5 城市地下道路排水系统的选择应符合下列规定：

1 排水应采取分类集中，采用高水高排、低水低排互不连通的系统就近排放；

2 排水系统的选择应根据污水、废水的性质，并结合室外排水体制确定；

3 冲洗废水、结构渗入水和消防废水应集中合并排放，雨水与污水应分类排放；

4 排水系统宜采用强排措施，并宜在管道出口采取防倒灌措施；

5 城市地下道路敞开段的暴雨重现期不应小于20年，集流时间宜为5min～10min。

8.2.6 城市地下道路的供配电设计应符合国家节能和环保要求及现行的有关标准规定。供配电设施的构成应简单明确，电能损失小，便于管理和维护，并根据负荷容量和分布，合理选择供电方案，配变电室及变压器宜靠近用电负荷中心。

8.2.7 城市地下道路的电力负荷应分级，根据设施重要程度分为下列三级：

1 应急照明、道路基本照明、主动发光或照明式标志、交通监控设施、环境检测及设备监控设施、通信设施、有线广播设施、视频监控设施、火灾自动报警及消防联动设施、中央控制设施、消防水泵、排烟风机、雨（废）水泵、变电所自用电设施应为一级负荷，其中应急照明、主动发光或照明式标志、交通监控设施、环境检测及设备监控设施、通信设施、有线广播设施、视频监控设施、火灾自动报警及消防联动设施、中央控制设施应为特别重要负荷；

2 设备机房及管理用房内的照明、通风风机、电梯等负荷应为二级负荷；

3 停电后不影响地下道路正常运行的负荷，包括空调设备、检修电源等应为三级负荷。

8.2.8 城市地下道路照明设计应根据设计速度、设计交通量、交汇流、洞外亮度、工程环境及气候条件等因素选择照明设计参数，并应满足地下道路不同运营工况的照明要求。

8.2.9 城市地下道路照明应由入口段照明、过渡段照明、中间段照明、出口段照明、洞外引道段照明、洞口接近段减光设施以及应急照明组成。对双向交通可不设出口段照明。

8.2.10 城市地下道路分合流端照明的平均亮度应比主线基本路段高 50%～100%。

8.2.11 城市地下道路照明应选择高效、节能型的光源及灯具，照明功率密度值的确定应符合国家现行标准《建筑照明设计标准》GB 50034 和《城市道路照明设计标准》CJJ 45 的有关规定。

8.2.12 城市地下道路弱电设计应根据工程环境条件、工程设计、交通状况、设备系统运行方式、运营管理、应急救援等因素确定，并应满足地下道路安全运营的要求。

8.2.13 城市地下道路弱电系统的设计应由交通监控、环境检测及设备监控、火灾自动报警及消防联动、视频监控、通信、有线广播系统、中央控制管理等子系统设计组成。各弱电系统的设计应符合国家现行有关标准规定，并应满足地下道路的监控、防灾和管理要求。

8.2.14 城市地下道路应设置无线通信系统。

8.2.15 城市地下道路的供配电系统和弱电系统的接地和防雷技术设计应符合现行国家标准《建筑物防雷设计规范》GB 50057 和《建筑物电子信息系统防雷技术规范》GB 50343 的规定。

8.2.16 长及特长距离城市地下道路宜设置运营管理中心，中等及短距离城市地下道路可按需要设置监控、应急事件处理管理所。

8.2.17 运营管理中心应设置在城市地下道路引道出入口附近，并应符合日常维护管理及应急处置要求。

8.2.18 运营管理中心应符合交通管理、电力供给、防灾报警、设备监控，以及应急处理和全线信息的集散与交换等的要求。

8.2.19 位置较近的不同城市地下道路宜集中布置运营管理中心，并应符合下列规定：

1 监控系统设备应同时满足多条城市地下道路的总体监控功能、运营管理需求以及可靠性要求；

2 救援线路长度和救援时间应控制在合理范围内，并应满足应急救援要求。

8.2.20 运营管理中心建筑应符合节约用地、布局实用、功能明确、规模合理、与周围环境相协调、独立进出的要求。

8.3 防灾设计

8.3.1 城市地下道路应设置预防火灾、交通事故、水淹、地震、台风等灾害事故的设施。

8.3.2 城市地下道路防灾设计应针对灾害类型，结合地下道路功能、环境条件等因素制定设防标准。防灾系统设计应进行行车安全、灾害报警、交通控制、防灾通风与排烟、安全疏散与救援、防灾供电、应急照明、消防给水与灭火、防淹排水、防灾通信与监控、灾害时的结构保护等措施设计。

8.3.3 城市地下道路防火灾设计，应符合下列规定：

1 同一条城市地下道路内宜按同一时间发生一次火灾考虑。

2 应根据交通功能、预测交通流量、交通组成状况，确定最大火灾热释放功率，并应据此进行火灾通风排烟设计，最大火灾热释放功率可按表 8.3.3 的规定取值。

表 8.3.3 最大火灾热释放功率

车辆类型	小轿车	货车	集装箱车、长途汽车、公共汽车	重型车
火灾热释放功率（MW）	3～5	10～15	20～30	30～100

3 城市地下道路、地下附属设备用房、地面风井、出入口的耐火等级应为一级。地面重要设备用房、运营管理中心耐火等级不应低于二级。其他地面附属设备用房的耐火等级应为二级。

4 地下道路内附属设备用房、管廊、专用疏散通道应与车道孔之间采取防火分隔。

5 城市地下道路承重结构的耐火极限应符合现行国家标准《建筑设计防火规范》GB 50016 的规定。

6 城市地下道路内装修材料除嵌缝材料外，应采用不燃材料。

7 特长城市地下道路应作防灾专项设计。

8.3.4 城市地下道路救援疏散设施设计应根据环境、排烟方式、管养模式等因素，设置疏散救援设施及应急救援站。应急救援站可就近设置，对于长距离地下道路不宜少于一处。

8.3.5 城市地下道路人员安全疏散设计应符合下列规定：

1 一、二、三类通行机动车的双孔地下道路应设置人行横通道或人行疏散通道。人行横通道间距及地下道路通向人行疏散通道的入口间距，宜为 250m～300m。疏散净宽不应小于 2.0m，净高不应小于 2.2m。

2 双层地下道路或人行疏散通道与车道孔不在同层的单层地下道路，宜设置封闭楼梯间，楼梯净宽度不应小于 0.8m，坡度不应大于 60°。当人行疏散通道仅用作安全疏散时，净宽度不应小于 1.2m，净高度不应小于 2.1m。

3 地下道路与人行横通道或人行疏散通道的连通处应采取防火分隔

措施。当人行疏散通道兼做救援通道时，宜根据救援流线、救援车辆类型，确定空间尺寸。

4 下滑逃生口可作为辅助疏散设施，滑道净高不应小于 1.5m。

8.3.6 一、二、三类通行机动车的城市地下道路，车辆安全疏散设计应符合下列规定：

1 非水底地下道路应设置车行横通道或车行疏散通道，车行横通道间隔及通向车行疏散通道的入口间距宜为 200m～500m。

2 位于水底的地下道路宜设置车行横通道或车行疏散通道，车行横通道间隔及地下道路通向车行疏散通道的入口间距宜为 500m～1500m。

3 当地下道路内设置横向或半横向排烟设施、自动灭火设施时，车辆疏散通道的间距可根据实际情况确定。

4 车行横通道和车行疏散通道的净宽不应小于 4.0m，净高不应小于地下道路的建筑限界高度。

5 地下道路与车行横通道或车行疏散通道的连接处及地下道路与其他地下空间连接处，应采取防火分隔措施。

8.3.7 城市地下道路防灾通风设计应符合下列规定：

1 火灾排烟系统应能及时有效控制烟气流动、排除烟气、减少烟气的影响范围。当火灾通风系统与正常通风系统合用时，应具备在火灾工况下的快速转换功能；

2 应根据地下道路长度、服务车型、通行状况等条件选择排烟方式，并应符合下列规定：

1） 长度小于 500m 且仅限通行非危险化学品等机动车的地下道路可采用自然排烟；

2） 双向通行、人车混行或长距离且易发生交通阻塞的地下道路宜采用重点排烟；

3） 单向通行且交通顺畅的地下道路可根据地下道路长度选择采用纵向通风控制烟气流动或重点排烟；

3 当采用纵向通风排烟时，纵向气流的速度应大于临界风速。

4 当采用重点排烟时，排烟量应根据火灾释热量计算确定，排烟口应设置在地下道路顶部。

8.3.8 城市地下道路的消防给水设计应符合下列规定：

1 消防给水系统应与生产生活给水系统分开设置；

2 消防灭火设施应根据地下道路的功能等级、服务车型、长度、交通量等设置；

3 同一城市地下道路的消防用水量应按同一时间内发生一次火灾

考虑；

4　当城市供水管网的水量、水压不能满足消防用水量、水压要求时，应设置消防泵房。

8.3.9　城市地下道路防灾通信设计应符合下列规定：

1　运营管理中心、地下道路区域均应设置消防专用电话、手动报警按钮和对讲电话插孔；

2　地下道路内紧急电话设置间距宜为100m；

3　应设置引入公安、消防无线信号，应满足公安、消防统一调度要求，运营管理中心应设置防灾无线调度通信台。

8.3.10　城市地下道路火灾自动报警设计应符合下列规定：

1　地下道路应设置火灾自动及手动报警系统，报警系统应能实时探测并输出报警，实时联动相关消防设备消灾；

2　消防联动灭火系统应具备良好的灭火、控火功能；

3　在地下道路入口前100m～150m处，应设置发生火灾事故提示车辆禁止进入的报警信号装置。

8.3.11　城市地下道路应设置主动发光或照明式安全疏散指示标志，并应符合下列规定：

1　地下道路车道两侧侧墙上应每隔50m设置疏散指示标志，安装净空高度不应大于1.3m；

2　安全通道、楼梯转角处的墙、柱上应设置疏散指示灯，安装部位距地面高度不应大于1.0m，间距不应大于15m；

3　人员安全疏散出口应设置安全出口标志灯，其安装高度距地面不应低于2.0m；

4　人行横洞及车行横洞处应分别设置人行横洞指示标志及车行横洞指示标志，并应双面显示。

8.3.12　城市地下道路应设置应急照明，并应符合下列规定：

1　除中短距离地下道路，启用应急照明时，洞内亮度不应小于中间段正常亮度的10%和0.2cd/m^2；

2　横向人行通道、楼梯间、地面最低平均照度不应小于5lx；

3　配电室、消防水泵房、防排烟机房以及在发生火灾时仍需工作的房间，其应急照明照度应与正常照明照度值一致。

8.3.13　应急照明及疏散指示标志的供电宜采用集中式供电方式。

8.3.14　应急照明系统应设置EPS，保证照明中断时间不超过0.3s。长及特长距离地下道路连续供电时间不宜少于3h；中等距离地下道路连续供电时间不应少于1.5h；短距离地下道路连续供电时间不应少于0.5h。

8.3.15 城市地下道路设置的疏散标志和消防应急照明灯具，除应符合本规范外，还应符合现行国家标准《消防安全标志》GB 13495 和《消防应急照明和疏散指示系统》GB 17945 的规定。

8.3.16 运营管理中心应设置防灾广播控制台。

城市地下道路工程设计规范

CJJ 221－2015

条 文 说 明

3 基本规定

3.1 城市地下道路分类

3.1.1 根据服务对象城市地下道路分为机动车专用和人、非及机动车共用类型，当人、非及机动车共用横断面形式时，具体的横断面布置形式多样，可根据实际情况确定。

3.1.2 城市地下道路根据服务车型可分为混行车地下道路和小客车专用地下道路，混行车是指大、小型车混合行驶，即对服务车辆通常不作限制，这与《城市道路工程设计规范》CJJ 37 用词保持一致。由于城市道路交通以小型车为主，同时考虑到工程经济性、安全性以及实施条件制约等因素，越来越多的城市地下道路采用专项技术标准，以小客车为服务对象，形成小客车专用地下道路，将超高的车辆通过地面道路或者周边路网绕行分流。

3.1.3 国内外相关规范对地下道路按长度进行规模分类时，长度是指封闭段长度。多点进出的地下道路封闭段除主线外还包括地下匝道，本规范对多点进出的地下道路规模分类仍按主线的封闭段长度确定。对于长或特长地下道路，若在主线上设置一段敞口段，虽然对通风排烟有一定作用，但对于机电系统、安全疏散、防火分隔、结构保护，给排水消防等防灾系统的其他部分影响不大，所以从整个防灾系统来看，地下道路的长度规模还是应按主线两端洞口的距离确定，还属于长或特长地下道路。

3.2 设 计 原 则

3.2.1 城市地下空间在交通设施、市政设施、商业设施、文化娱乐设施、防灾设施、储存设施、生产设施、教育科研设施等方面均有广泛应用。城市地下空间资源宝贵、开发具有不可逆性，需要协调发展，统一规划。因此，在城市地下道路设计时，应重点处理好与其他地下设施关系，特别是有些省，地下文物非常丰富，文物层厚，应注意保护。同时，合理开发地下空间，做到资源节约化，在城市地下空间资源的综合开发利用中统一协调之间形态关系，使之处于平面上不同的位置和垂直层面上的不同层次，最终形成一个整体性强、与城市形态协调性好、综合性强、社会综合效益最佳的地下空间开发利用形态。

3.2.2 城市地下道路线形设计应对平面、纵断面和横断面进行综合设计，保证前后线形均衡协调。考虑到地下道路行车环境以及行车视距受两侧侧墙等因素影响，城市地下道路线形设计时更应注重对视距的检验，尤其是线形技术标准较低的平曲线和凹曲线路段以及交通状况复杂的路段，例如出入口分合路段端等，要保证足够的行车视距，提高行车安全。

3.2.3 本条强调了地下道路出入口的设置以及与地面道路衔接的交通组织的重要性。不合理的出入口设置和交通组织会使地下道路交通对周边地区路网产生冲击，导致交通瓶颈产生，影响地下道路与周边道路交通功能发挥。地下道路出入口的设置需综合考虑周边地面路网情况，做好出入口的交通组织，最大限度地保证出入口与周边路网的交通顺畅。地下道路出入口的交通组织一般原则有：①与地下道路衔接的外部地面道路，其等级宜与地下道路相同或相近，地下道路也可与等级相差比较大的低等级道路相接，但要采取设置过渡段等措施，保证低等级道路的疏散能力。②最大限度地保证地下道路的交通通畅，发挥地下道路应有的交通功能。③出入口交通组织设计应满足周边地区交通的需求，减少地下道路交通对周边地区的交通冲击，保证地区交通畅通。④出入口处的车道划分遵循车道平衡原则。⑤一对进出匝道，宜采取先出后进的布置方式，如因周边路网设置等条件的限制而采取先进后出的布置方式，则进出口之间的间距应满足最小距离要求，必要时还应设置辅助车道。

3.2.5 城市地下道路路面可采用沥青混凝土路面和水泥混凝土路面，应具有足够的结构强度、稳定性和耐久性，面层还应满足平整、抗滑要求。直接铺设在结构底板上方的沥青混凝土面层应具有与水泥混凝土面板粘结牢固，阻燃性能好、噪声低的性能，并应与水泥混凝土面板之间设置有效的粘结防水层。

此外，城市地下道路路面设计应做好与不同类型的路面衔接过渡。地下道路的路面施工宜采用温拌法，拌合温度界于热拌与冷拌之间，可节省燃油，减少温室气体及沥青烟尘等有害气体产生，应用越来越广泛。

3.2.6 与地面道路相比，地下道路由于空间封闭，易造成洞内空气污染、洞内外亮度差异悬殊、噪声高以及火灾难于控制等一系列严重影响运行安全的问题。完善的地下道路交通设施及附属设施的设计是确保道路正常、安全、有序运营的重要保证，具体包括交通标志标线、交通监控、通风、照明、安全防灾等。

3.2.8 与地面道路不同，城市地下道路通车运营后需要长期开启照明、通风、监控等大量附属设施设备来保障正常运营，因此，城市地下道路总体设计应重视对节能环保的考虑，优先选用高效、低能耗的设备系统，对通风、照明等能耗较大的设备应采取全面节能设计。照明控制宜采用可根据交通流量情况调整的节能控制方式。城市地下道路的给水设计应符合综合利用、节约用水要求。各类水泵宜具备智能控制功能，可根据条件变化自动启停水泵，降低能耗。城市地下道路在设计、施工过程中对废气、噪声、污水以及固体废弃物等应采取全面污染防治设计。废气、噪声、污水以及固体废弃物处置，应符合环境保护要求。

3.2.9 城市地下道路及其地面附属设施景观设计应与周边环境、景观相协调，穿越名胜古迹、风景区时，应保护原有自然状态和重要历史文化遗产。

洞内装饰设计应符合下列要求：特长地下道路洞内装饰设计，宜采取降低行车视觉疲劳的措施；内装饰材料与构造，应具有良好的防火、耐腐蚀、防潮、抗重复风压、耐久性等性能，便于清洗；在正常使用及高温下不得分解出有毒、有害气体。侧墙的装饰材料还应避免眩光。

3.3 设计速度

3.3.1 设计速度是指在气候条件良好，车辆行驶只受道路本身条件影响时，具有中等驾驶技术水平的人员能够安全、舒适驾驶车辆的速度。设计速度是决定道路几何线形的基本依据，如平曲线、竖曲线的半径、超高、视距、车道宽度等技术指标都直接或间接与设计速度相关。

设计速度、功能等级宜与两端接线的地面道路相同，具体设计速度的选择应根据交通功能、通行能力、工程造价、运营成本、施工风险、控制条件以及工程建设性质等因素综合论证确定。

短距离的城市地下道路应采用与两端接线地面道路一致的设计速度，否则需要车辆在短距离范围内改变运行速度，不利于行车安全。此外，距离较短给过渡段和交通标志的设置等也带来了困难。

除短距离的地下道路外，建设条件受限制时，考虑到工程经济性和行车安全，可以采用与两端接线道路不同的设计速度，可降低一个等级，但之间应设置足够长度的过渡段，速度差不宜大于 20km/h。目前，国内外许多已运营的道路隧道，考虑到隧道内行车安全和后期运营成本等原因，设计速度都比衔接道路的设计速度降低一个等级。世界道路协会（PIARC）认为，绝大多数国家的隧道设计速度比所在路段低 10km/h ~ 20km/h，这有利于经济性和安全保障。

但考虑到城市地下交通长远发展需求、建设成本大、建成后再改造或改建难度较大以及使用年限长，同时，为充分发挥地下道路高容量、高速、安全和舒适的特点，需要地下道路必须具备良好的道路几何线形条件和行车条件，因此，地下道路不宜采用较低的设计速度，尤其对于两端接线道路设计速度较低的道路，在隧道路段不应再降低设计速度标准。

地下道路设计速度也不宜过高，过高的设计速度直接关系到地下道路的横断面大小、平纵线形标准、经济合理性以及施工风险和结构安全，将大大增加工程建设难度和造价，同时今后运营费用也将增大，如日本东京湾海底隧道曾做过详细比较，如其他参数相同，仅是车速由 80km/h 提高到 100km/h，其结果照明设备费提高 60%～61%，营运电耗提高 63%～66%。从目前国内外已运营的城市地下道路设计速度来看，一般都不大于 80km/h，见表 1。采用 80km/h 的设计速度能够满足未来一定时间内的交通需求，保证一定的服务水平。

表 1 部分国家城市地下道路设计速度

国家/地区	道路名称	设计速度（km/h）
新加坡	KPE 地下高速公路	70
澳大利亚	悉尼 The Cross City Link	80
澳大利亚	布里斯班 AirPort Link	80
马来西亚	吉隆坡 SMART 地下道路	60
美国	西雅图阿拉斯加大道地下道路	80
瑞士	The Southern Link	70
日本	东京中央环状新宿线	60
法国	A86 西线快速路	70
德国	易北河隧道	80
中国	上海外滩隧道	40
中国	上海外环隧道	80

3.3.2 地下车库联络道具有实现车库资源共享，净化地面交通等功能。在连接地面道路和车库时，地面道路设计车速一般为 30km/h～40km/h（次干路、支路设计车速标准），而地下车库内部限速一般为 5km/h，因此，地下车库联络道的设计速度应介于上述两者之间。

由于地下车库联络道上接入车库的出入口较多，过高运行速度会带来较大的行车安全隐患。此外，在具体布置连接地下车库的车行通道时，通常需要在有限区域空间内将各地块车库串联起来，设计速度过大会造成道路线形展线困难，难以满足工程建设需求。综合考虑行车安全和工程建设可行性等多方面因素，本规范将地下车库联络道的设计速度规定为 20km/h。我国北京金融街、无锡锡东新城高铁商务区以及武汉王家墩商务区等地下车库联络道设计速度都为 20km/h。

当然如果条件允许，接入出入口较少时，经技术论证比较，可以适当提高设计速度，一般不超过 30km/h。

3.3.3 与《城市道路工程设计规范》CJJ 37 第 3.2.3 条规定保持一致。

3.3.4 设计速度对一特定路段而言是一固定值，这一值作为基础参数用于规定一个路段的最低设计标准，但在实际运行中，驾驶人很难自始至终地严格去恪守设计速度这一固定值，也不可能做到以恒定的设计速度行驶，实际车辆运行速度是驾驶人根据道路线形、车辆动力性能、路侧环境状况、交通管理控制以及驾驶人自身预期期望等条件综合确定，并随着这些条件的变化而改变，与道路设计速度没有直接联系。设计速度的选择要与车辆实际运行速度相适应，从而提高道路使用者的行车安全和舒适性。

通过对国内多条城市地下道路的运行速度调研，由于地下道路内横向干扰少，连续流交通，运行速度通常都很高。尤其对于低设计速度的地下道路，其运行速度远高于设计速度，如上海大连路隧道、复兴路隧道等设计速度为 40km/h，但实测数据表明平均运行速度一般都在 60km/h 以上。

道路安全设计的相关理论研究表明当运行速度与设计速度相差较大时，容易造成安全隐患。国内外道路安全评价分析时，普遍采用运行速度协调性来检验道路几何线形设计一致性，通过评价速度的连续性来达到评价道路线形特征是否出现突变的目的。运行速度协调性表现在两个方面：一是运行速度与道路设计速度之间协调，即设计速度与运行速度差值进行评价，见表 2；另一方面是相邻路段间的协调性，对路段进行划分，分别预测各路段运行速度值，计算相邻路段运行速度之差，将差值和预定阈值作比较，评价道路设计一致性水平。根据美国对运行速度与事故统计分析的研究表明，速度一致性评价指标是衡量道路安全性的重要指标，设计速度与运行速度相差大于 20km/h 时，线形协调性差，安全隐患大。

表 2　速度协调性评价标准

设计一致性状态	好	一般	差
设计指标（km/h）	$\lvert v_{85}-v_{设计}\rvert \leqslant 10$	$10 \leqslant \lvert v_{85}-v_{设计}\rvert \leqslant 20$	$\lvert v_{85}-v_{设计}\rvert \geqslant 20$

综上所述城市地下道路采用较低的设计速度容易造成设计速度与实际运行速度相差过大，增大了事故发生概率。建议宜通过调研本地区已运营的比较相似的地下道路的实际运行速度，以此作为确定设计指标取值重要依据。

为避免设计速度与预期运行速度相差较大，不协调，出现设计的线形指标与实际运行速度所需的线形标准相脱节，城市地下道路设计应注意道路实际运行速度，尽可能保证线形指标与实际运行速度相匹配，减少不同路段之间的运行速度相差，保证相邻路段之间的速度协调性。

鉴于当前还缺乏城市地下道路的运行速度预测模型，设计时无法开展城市地下道路运行速度检验。但城市地下道路设计可对道路线形进行“容错性检验”，即在设计速度基础上，分别提高不同速度等级，将其假设为道路实际运行速度，检验设计能否满足不同运行速度的要求。通过检验，对具有一定长度、能够满足较高运行速度的路段可以在未来适当提高运营速度，允许较高的运行速度运行，并将所采用的检验速度值作为运营速度管理依据。对于不同运行速度之间的路段，应设置足够长度过渡段，并通过严格交通工程措施做好提醒警告，保证运营安全，不同路段之间速度级差不超过 20km/h。

3.4 设计年限

3.4.1 地下道路内受自然影响较小、地基强，路面使用寿命比地面道路可以适当延长，因此，城市地下道路的路面结构设计使用年限应至少与城市地面道路的路面结构设计使用年限相同。故比照地面道路路面结构的设计使用年限，本规范对城市地下道路的路面设计使用年限统一为：沥青混凝土路面不小于 15 年，水泥混凝土路面不小于 30 年。

3.5 建筑限界

3.5.1 本条规定了设置及不设置检修道或人行道时的城市地下道路建筑限界。给出了限界中路缘带宽度、安全带宽度、人行道或检修道宽度等最小值规定。

其中，对于小客车专用地下道路，在缘石外露高度选取时，还应考虑失控车辆与缘石碰撞造成的危害，高的路缘石会使高速行驶的汽车一旦驶入将产生飞跃、爆胎甚至翻车等副作用，因此其高度不宜过高，宜取范围的下限值。

3.5.2 城市地下道路建设条件复杂，工程经济成本高，若采用与地面道路相当的技术标准容易影响工程可实施性，地下道路设计应该在充分满足绝大部分车辆出行的需求和行车安全前提下，尽量降低设计净高。采用较低净空，还可以采用单孔双层布置断面，将双向交通布置于同一洞内，这将给工程建设带来很大便利。同时在市区通常限定了大型车的行驶范围，中小型车占绝大部分比例，低净空的地下道路能够满足绝大部分车辆的通行需求。

北京、上海等城市已出现了限高 2.5m、3m、3.2m、3.5m 等道路工程实例。在已运营的地下道路方面，很多也采用了较低设计净高，如上海外滩隧道设计净高为 3.2m，限高为 3.0m；上海复兴东路隧道上层净高仅为 2.6m，限高为 2.4m；北京市正在筹划的两条特长地下道路，其中东二环特长地下道路的设计净高进行了专门技术论证，拟采用 3.2m 最小净高，限高 3.0m；法国 A86 城市地下道路设计净高为 2.55m，限速为 70km/h；马来西亚吉隆坡 SMART 地下道路，设计净高 2.55m，在实际运营中，限速 60km/h，限高 2m。这些已运营的地下道路经验表明通过采取必要的交通工程和管理措施，限定净高，严格控制超限尺寸车辆驶入，可以保证低净空下运营安全。

国外相关技术标准方面，日本从 1994 年提出并开始研究小型车专用道路的课题，2002 年提出了小型车专用道路技术标准，2003 年修订了《道路构造令》，正式发布“小型汽车专用道路技术指标”，其建筑界限净高规定为 3.0m。

本规范通过广泛调研各汽车厂商提供的车辆基本外廓尺寸，统计数据表明，除特殊改装类型的车辆外，小型车高度基本都在 1.8m 以下，部分 SUV 以及一些高级轿车类型高度在 1.8m～2m，总体都在 3m 以下，不含云梯的消防车辆高度也基本在 3m 以下，救护车和警车高度最高也不超过 3.0m。因此，综合考虑以 3m 作为车辆限高值。由于地下道路结构内部空间相对固定，不受雨雪等外部气候条件影响，在 3.0m 基础上主要考虑车辆竖向运动，增加 0.2m，最终将小客车专用地下道路的设计净高最小值规定为 3.2m，能够保证小客车和应急救援车辆的通行。

检修道可以用于保证地下道路管理人员、使用者等与正常车行交通互不干扰的情况下进行紧急事件的处理。检修道应设置一定的高度，可以阻止失控车辆爬上人行道，有利于提高人员步行安全，同时，也是保护地下道路设备的安全限界。但高度也不宜过高，过高则会影响车辆的行车视距，我国公路隧道中设置检修道或人行道时一般高出路面 20cm ～40cm。日本在隧道内设置人行道时，将人行道高出路面 1m。本规范采用我国公路隧道的规定，为 20cm ～ 40cm。一般情况下，除其他因素，只考虑设计速度，设计速度越高时，检修道高度宜越高。不同设计速度对应的检修道高度范围可参考《公路隧道设计规范》JTG D70。检修道的设置还应综合考虑检修人员步行安全、满足其下布置管线空间尺寸的要求等多方面因素。

在同孔内布置非机动车和人行道时，建筑限界有两种情况，如本规范图3.5.1（c）和图3.5.1（d）：图3.5.1（c）是指非机动车与行人布置在一起，图中与机动车建筑限界之间间隙表示设置的隔离设施，实际工程中有些采用护栏隔离，也有些采用柱子隔离，具体宽度应根据所采取的隔离设施确定。图3.5.1（d）是指非机动车与机机动车布置在一起，而行人单独设置。图中机动车、非机动车及行人的建筑限界之间的间隙，表示设置的隔离设施，同样其宽度也应根据所采取的隔离设施确定。

3.5.3 该条列为强制性条文是为了避免任何物体侵入建筑限界，确保道路使用者安全，车辆能够在道路上安全、畅通行驶；行人能够安全通行，不受干扰。同时也是为保证地下道路结构、附属设施设备及交通工程设施等安全。

3.5.4 不同净高衔接主要针对两种情况：一种是地下道路与地面道路的衔接采用不同的净空标准，这种情况比较常见；另外一种是地下道路与地下道路之间，如主线隧道采用高的净空，但直接通过匝道与低净空的地下车库联络道等衔接，这种情况也有出现，因此，对于不同净高之间的衔接应严格做好过渡措施，标志引导，充分提供超高车辆分流的条件。

4 横断面

4.1 一般规定

4.1.1 城市地下道路的横断面布置应综合考虑道路功能定位、设计速度、交通量、交通组成、交通设施、地形等因素。由于城市地下道路建设经济成本高、既有地下设施影响制约因素多、施工条件复杂，任何横断面要素的微小变化对工程的经济建设成本和可实施性都具有重要影响，因此，城市地下道路设计时应对横断面总体布置作充分研究，从经济、技术等方面对横断面布置方案进行综合比选，确定最优方案。

城市地下道路的横断面布置还应综合考虑通风、给排水、消防、监控通讯、安全疏散设施及其他附属设施的布置需要。在满足建筑限界情况下，合理利用地下道路空间布置运营设备和安全疏散设施，设施布置应充分利用空间，不得侵入建筑限界，同时还要便于运营维护。车行空间与设备空间之间应保留一定的额外距离，如英国隧道设计对车行空间与设备空间之间的距离控制规定：竖向距离 A 为 0.25m，横向距离 B 为 0.60m，见图 1。

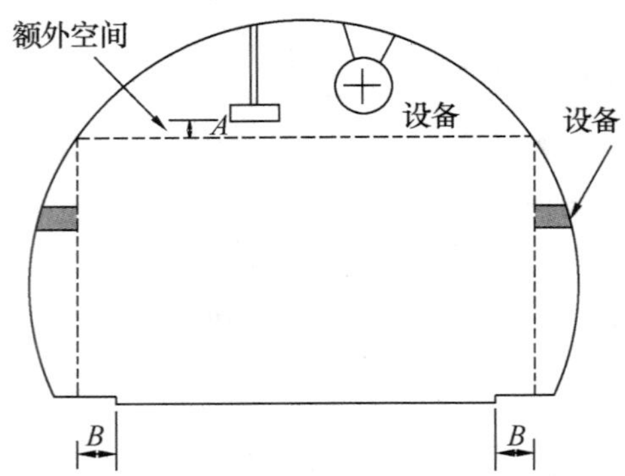

图 1　英国隧道设计中车行空间与设备空间关系

4.1.2　本条规定了城市地下道路横断面与两端接线道路横断面的关系，从行车安全、交通流连续性等来看，两种断面形式宜保持一致性和连续性，但考虑到建设条件、工程造价、施工特点复杂等原因，地下道路内横断面形式在特殊情况下可以适当减低标准。从国内外实际工程经验以及相关规范、研究成果来看，一般建议城市地下道路内的横断面布置应因地制宜，如采用与两端接线道路不同标准，主要针对两种情况：

1）地下道路的横断面相关组成宽度取值适当降低，如路缘带、安全带宽度等。这种情况下应设置足够长度的过渡段，并通过设置预先警告标志等交通工程措施，让驾驶人有个逐渐适应过程。

在《欧洲道路网隧道安全统一规定》（On minimum safety requirements for tunnels in the Trans-European Road Network）中指出当隧道与接线道路两端采用不同的车道数时，车道数变化的起点至洞口距离至少应满足车辆 10s 运行速度的距离，当条件受限制时，采取其他措施保证行车安全。我国《公路隧道设计规范》JTG D 70 规定当隧道的建筑限界宽度小于两端接线道路宽度时，应设有 4s 设计速度行程的过渡段与隧道洞口衔接，以保持隧道洞口内外横断面顺适过渡。

2）在净高方面等也进行了适当降低，直接采用小客车专用标准，将大车从地面分流，如在日本，即使是下穿一条道路的短距离城市地下道路也允许采用局部下穿形成小客车专用通道，大车从地面或周边路网分流，这样可以有效节约了施工周期和成本，见图 2。这种情况下首先应满足交通通行的需求，地面上应具有保证大车能够通行的条件；且在分流前直至通过路口后全过程应设置完善的标志引导系统等，及时指引大车分流，引导其从两侧地面道路或绕行道路通过。

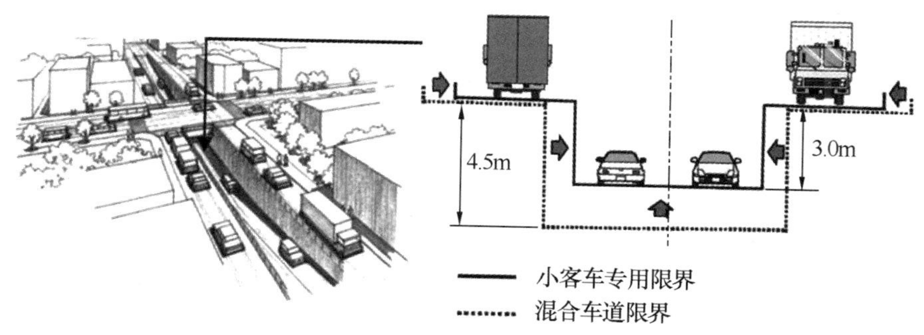

图 2 短距离的小客车专用城市地下道路（日本）

当设计中需要考虑压缩断面，进行经济技术论证时，首先应从经济上论证压缩断面的必要性以及经济节约效益，进行不同方案的工程造价比较。其次，在技术论证上，需要充分结合道路的功能等级、设计速度、服务对象，从行车安全、行车舒适性等方面综合分析，并还应考虑两端接线道路有否改、扩建提升道路等级的可能，压缩断面较大会造成地下道路成为交通拥堵的瓶颈路段。

4.2 横断面布置

4.2.2 根据不同的地形条件，城市地下道路横断面形式可因地制宜确定，同时，地下道路的横断面形式还受施工方法影响，如采用盾构开挖时，目前，现有的盾构机最大直径决定了采用盾构法施工的地下道路横断面的最大尺寸。根据国内外已建设的城市地下道路横断来看，总体分为单层式和双层式两种布置方式。

单层式地下道路是指在同层布置供车辆行驶，设置单层车道板，下部和上部的空间用于提供设备布线、通风孔道和疏散逃生设施的布置，内部空间利用率相对较低，通常采用双孔实现双向交通通行，对城市地下空间侵占较多。

双层式地下道路是指采用上下双层布置供车辆行驶，在同一断面上布置两层车道板，分别满足上下行方向交通通行，利用隧道内行车道的上下空间布置排风道，侧壁空间布设管线和逃生设施，空间利用紧凑，对城市地下空间资源侵占小。从空间利用角度来看，双层式优于单层式，尤其是对于城市地下空间极其有限情况，应紧凑布局，尽量减少占用地下资源。

上海延安东路隧道、大连路隧道、南京长江公路隧道、武汉长江隧道、钱塘江隧道等为单层形式，见图 3；法国 A86 隧道、马来西亚

SMART 隧道、上海外滩隧道等采用双层形式，见图 4 和图 5。上海复兴东路隧道为双孔双层隧道，双层布置同向交通，上层为两条小车专用道、下层为一条大车道和一条应急车道。

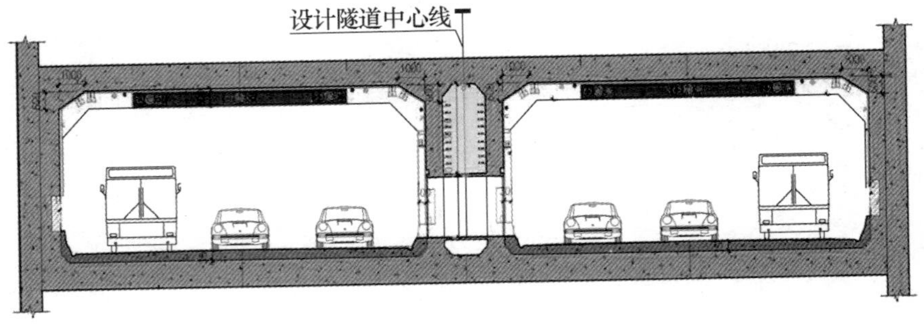

图 3　上海长江隧道横断面布置（明挖段）

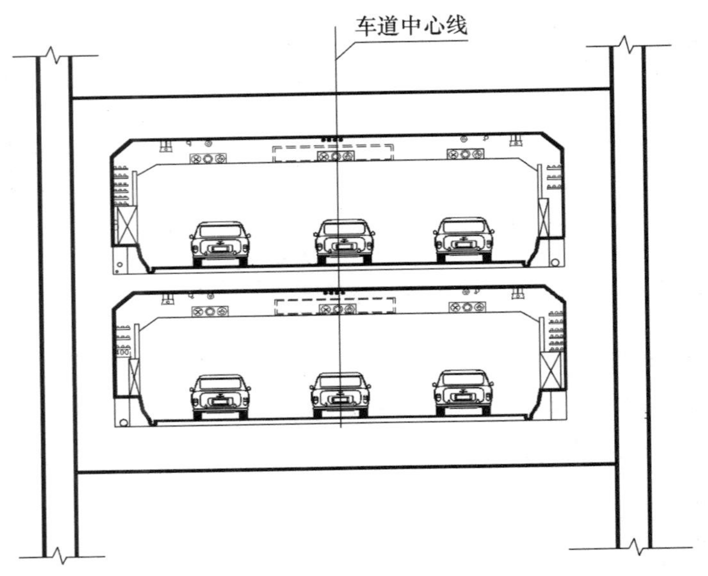

图 4　上海外滩隧道横断面（明挖段）

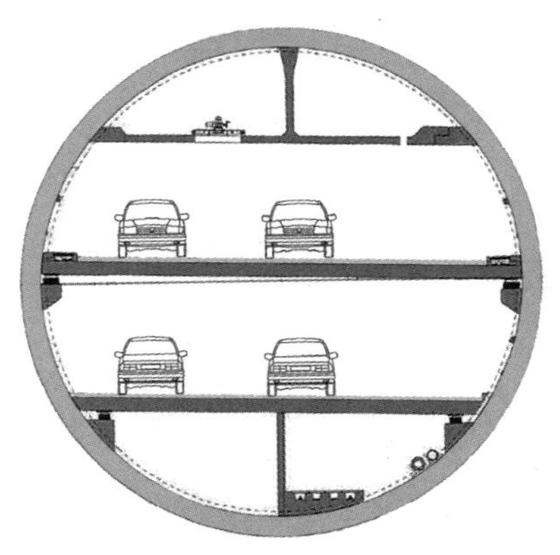

图 5　法国 A86 地下道路横断面

根据空间是否封闭，城市地下道路横断面可分为敞开式和封闭式两种形式。敞开式的地下道路是指交通通行限界全部位于地表以下，顶部打开的形式，其中顶部打开包含两种形式，一种是顶部全部敞开；另外一种是顶部局部敞开。对于单层式地下道路，敞开式和封闭式示意图分别见图6和图7。

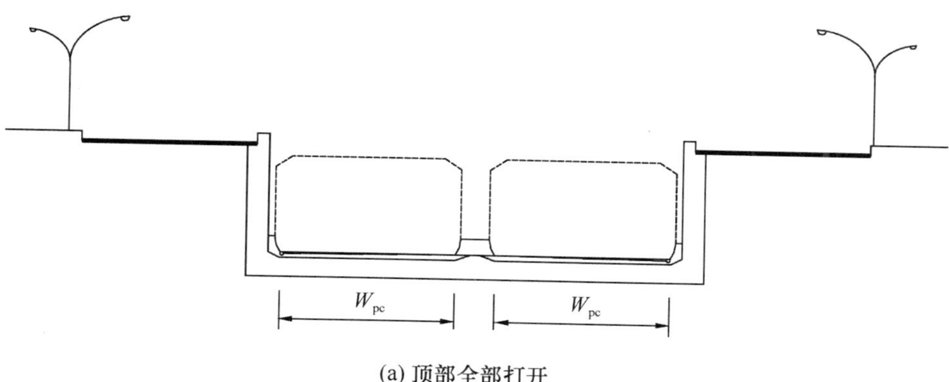

(a) 顶部全部打开

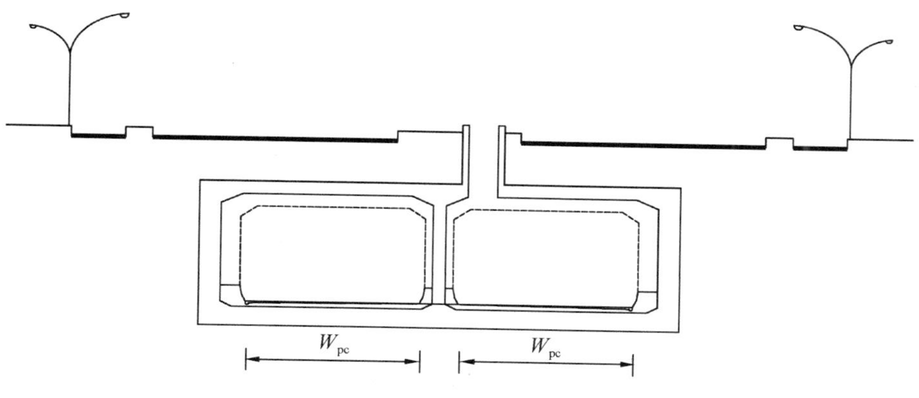

(b) 顶部局部打开

图6 敞开式地下道路

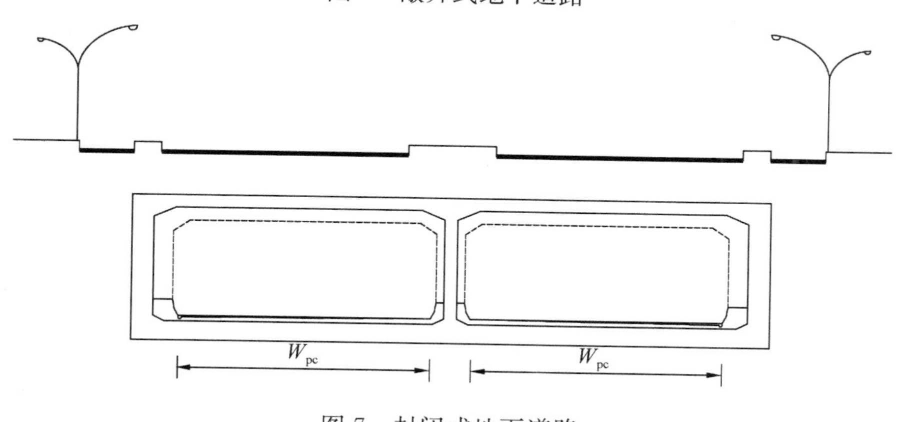

图7 封闭式地下道路

敞开式和封闭式地下道路在通风、照明等方面设计存在较大差异。对于顶部局部打开的地下道路，可利用敞开口作为自然通风口，利用地下道路外风压、内外热压差、交通通风压力进行通风换气，火灾时结合机械系统排烟。合理设置开口的位置和面积，正常运营情况下能够满足污染物的稀释、分散排放的需要。

城市地下道路的横断面布置形式多样，在设计时可从是否要满足大车（如公交）通行、能否便于两端接线路网的交通疏解和地下道路内部空间利用等角度进行各种可能方案比选，合理确定地下道路横断面形式。

4.2.3 为保障地下道路的运营安全，不宜在地下道路同一孔内布置双向交通，地下道路双向交通应尽可能分孔隔离，采用分孔隔离也可节约地下道路的结构跨度，断面更为经济，通风排烟可利用活塞风，降低运营成本和风险。

当受道路红线或障碍物控制导致断面分孔隔离布置确实受限时，对于设计速度大于或等于 50km/h 的短距离地下道路，可在同一通行孔内布置双向交通，但必须采用中央防撞设施（如中央防撞墩等）进行安全隔离，对于中距离以上（含中距离）的地下道路考虑到运营安全和成本，仍应采用分孔隔离双向交通；对于设计速度小于 50km/h 的中低速地下道路，条件困难时可采用包括隔离反光柱、双黄线等中央安全隔离措施进行隔离。当在同一通行孔内布置双向交通时，必须充分考虑运营管理的安全可靠，以及通风、消防逃生等特殊要求。

4.3 横断面组成及宽度

4.3.1 城市地下道路建设经济成本高、受地形以及现有地下设施影响制约因素多、施工条件复杂，横断面对工程建设成本和可实施性具有重要影响。其中车道宽度是影响横断面大小的重要因素，本规范对城市地下道路的车道宽度开展了专题论证，提出了适合城市地下道路的车道宽度标准。

国内外已有较多采用较窄车道宽度的地面和地下道路在运营，如上海外滩隧道，设计速度 40km/h，双层布置，车道宽度为 3m；上海复兴路隧道设计车速 40km/h，双层隧道，其中上层为小型车专用道路，车道宽度为 3m。法国 A86 隧道，设计速度 70km/h，车道宽度为 3.0m，目前，这些道路运行状况良好，没有出现因车道宽度不足而引发的大量交通事故等问题。日本从 1994 年提出并开始研究小型车专用道路的有关课题；2002 年提出了小型车专用道路的技术标准。2003 年，修订了《道路构造令》，正式发布“小型汽车专用道路技术指标”。其中各等级公路单车道宽比标准汽车公路少 0.25m～0.5m，见表 3。小客车专用道路可以有效地减少工程成本，尤其对于在隧道和桥梁路段，同时由于分流了大客、货车，交通流组成单一，运行速度差异小，一定程度上也有利于道路安全。

表 3 日本小型车专用道路车道宽度

<table>
<tr><th rowspan="2">道路类型与设计速度（km/h）</th><th colspan="3">车道宽度（m）</th></tr>
<tr><th colspan="2">小型车专用</th><th>一般普通道路</th></tr>
<tr><td rowspan="4">高速公路</td><td>120</td><td>3.5</td><td rowspan="3">3.5</td></tr>
<tr><td>100</td><td>3.5</td></tr>
<tr><td>80</td><td>3.25</td></tr>
<tr><td>60</td><td>3.0</td><td>3.25</td></tr>
<tr><td rowspan="2">城市快速路</td><td>80</td><td>3.25</td><td>3.5</td></tr>
<tr><td>60</td><td>3.0</td><td>3.25</td></tr>
<tr><td rowspan="4">其他等级公路</td><td>80</td><td>3.0</td><td>3.5</td></tr>
<tr><td>60</td><td rowspan="3">2.75</td><td>3.25</td></tr>
<tr><td>50</td><td>3.0</td></tr>
<tr><td>40</td><td>2.75</td></tr>
<tr><td rowspan="3">其他等级城市道路</td><td>60</td><td rowspan="3">2.75</td><td>3.25</td></tr>
<tr><td>50</td><td>3.0</td></tr>
<tr><td>40</td><td>3.0</td></tr>
</table>

由上海市政总院联合同济大学开展的《小客车专用城市地下道路横断面技术标准研究》分别采用理论计算结合实测试验对服务以小客车为服务对象的城市地下道路车道宽度进行了详细研究。在试验时，采用实测轨迹方法，对上海市人民路隧道、新建路隧道以及外滩隧道等多条城市地下道路的车辆运动轨迹进行了研究，通过车载信息采集设备获取地下道路上车辆的行驶速度、横向偏移等信息数据，分析速度与横向偏移之间的关系，得出了车辆在车道上的分布规律，从而得到不同速度条件下，横向安全距离的取值范围。以设计车身宽度与横向偏移值之和作为最小车道宽度的依据，车速小于等于 60km/h 车辆的横向偏移值及车道最小有效宽度取值，见表 4，结果表明有效宽度值都小于 3m，在此基础上考虑一定的安全余量、驾驶人行车舒适性等因素，因此，将服务中小型地下道路的设计速度小于等于 60km/h 的最小车道宽度取值为 3m，这样可以有效地节省地下空间资源。同时，通过驾驶仿真模拟对设计速度 80km/h 小型车专用地下道路的车道宽度也进行了研究，表明在 80km/h 设计速度下的车道宽度也可适当降低至 3.25m 也是可行的。

表 4　设计速度小于等于 60km/h 车道宽度

隧道名称	车道位置	设计车辆宽度①	横向偏移值（车道余宽）②			最小车道宽度③=②+①		
			100%	95%	85%	100%	95%	85%
新建路、人民路隧道（激光测距仪）	左侧车道	1.80	1.02	0.85	0.64	2.82	2.65	2.44
	右侧车道	1.80	0.96	0.70	0.51	2.76	2.50	2.31
新建路、人民路隧道（视频）	左侧车道	1.80	1.05	0.76	0.42	2.85	2.56	2.22
	右侧车道	1.80	0.93	0.71	0.40	2.73	2.51	2.20
外滩（视频）	左侧车道	1.80	1.08	0.84	0.41	2.88	2.64	2.21
	中间车道	1.80	1.05	0.95	0.46	2.85	2.75	2.26
	右侧车道	1.80	1.06	0.63	—	2.86	2.43	—

在建设条件允许下，车道宽度宜满足现行《城市道路工程设计规范》CJJ 37 的规定；当在地形地质条件复杂、中心城地区地下障碍物制约因素多情况下，条件受限时，可适当降低车道宽度，但不应小于本规范规定值。

4.3.2　本条为强制性条文。城市地下快速路道路等级高、交通量大、车速高，这种情况下对于慢行交通通过时存在较大的安全隐患，一旦发生事故，因事故所造成的交通拥堵等其他损失对整个城市或区域路网都将产生重要影响。鉴于交通安全和事故影响严重程度两方面考虑，应禁止在地下快速路同孔内设置非机动车道或人行道。

4.3.4　本条为强制性条文。一些城市由于历史原因以及城市空间扩展，有铁路穿越城市内部或特有自然地形环境原因，市区被山体、河流隔开，分隔了两侧繁华街区。为沟通加强两侧联系，减少人行、非机动车及车辆绕行通常需要城市地下道路来穿越障碍物，此时城市地下道路横断面布置还须考虑人行和非机动车道出行需求。

鉴于在地下道路同一孔内采用人、车通行的交通组织时，具有一定安全隐患，因此，本条规定了该种情况应满足的技术指标要求。

同孔布置时必须严格设置安全隔离设施，实现机、非分离，将行人、非机动车与机动车安全分隔，非机动车道和人行道设置宜两侧设置，但考虑到工程经济成本，为节约断面布置，城市地下主干路、次干路和支路也可将非机动车道和人行道设置在机动车道一侧，当单独设置在地下道路一侧时，应在进入地下道路之前的地面道路做好行人和非机动车过街的交通组织，不应在地下道路内部或接近洞口区域附近设置行人或非机动车过街。

行人与非机动车之间也宜采取分隔措施，隔离措施可采用护栏，采用侧石或路缘石也是隔离措施。

城市地下主干路、次干路和支路设置人行和非机道时除考虑行人与非机动车安全外，另外一个重要因素是内部空气卫生环境。由于地下道路空间封闭，车辆尾气排放产生的CO和NO积聚，容易造成浓度过大，会对行人产生很大安全隐患。因此，对于布置人行及非机动车道的城市地下道路应采取严格的通风措施，确保尾气污染物浓度符合相关卫生标准要求。我国《公路隧道通风设计细则》JTG/T D70/2－02对人车混合通行隧道的相关尾气污染物浓度规定，CO设计浓度不应大于70cm³/m³。

挪威隧道设计对人、车通行隧道的相关尾气污染物浓度规定见表5。

表5 CO和NO设计浓度（挪威）

长度（m）	CO设计浓度（ppm）	NO设计浓度（ppm）
0～1000	100	2

由于目前对人、车通行的城市地下道路CO和NO设计浓度标准还缺乏研究，考虑到城市道路与公路交通流的差异以及国内外的差异，不能直接借鉴公路和国外隧道的相关标准，本规范没有对人、车通行的城市地下道路CO和NO设计浓度标准给出具体规定，但设计时应充分考虑这一点，通过完善的通风系统或利用敞开式自然风通风，维持地下道路良好的空气环境。

4.3.5 城市地下道路是否设置检修道是应综合考虑隧道横断面形式、工程造价、运营管养模式以及施工工法等综合确定。一般情况下城市地下道路可不设置检修道，其原因有：城市地下道路以圆形或矩形断面形式为主，若设置检修道势必会增大横断面尺寸，从而对工程造价具有很大影响；另外与其管养模式也有关，城市地下道路由于交通量大、内部尾气等环境安全问题都不合适检修人员工作，所以一般通过夜间封闭交通进行集中养护检修，因此，无须设置检修道。但对于穿越山岭等矿山法的城市地下道路，与公路隧道类似，其横断面轮廓主要采用三心圆等形式，形成偏平圆状断面，这样两侧具有很大富余量，但这富余量又不能够为车行所用，为充分利用断面空间位置，所以可用于布置检修道。因此，是否设置检修道根据具体情况综合确定。

4.3.6 城市地下道路不设置检修道时应设置防撞设施，以避免失控车辆对结构以及侧墙内部布设的运营设备系统的破坏，防撞设施应保证一定的高度，其高度示意见图8，目前工程上设置的高度一般在0.5m～1m之间，不宜过低或过高。具体设置应满足现行国家标准《城市道路交通设施设计规范》GB 50688 以及现行行业标准《城市桥梁设计规范》CJJ 11 等规定。

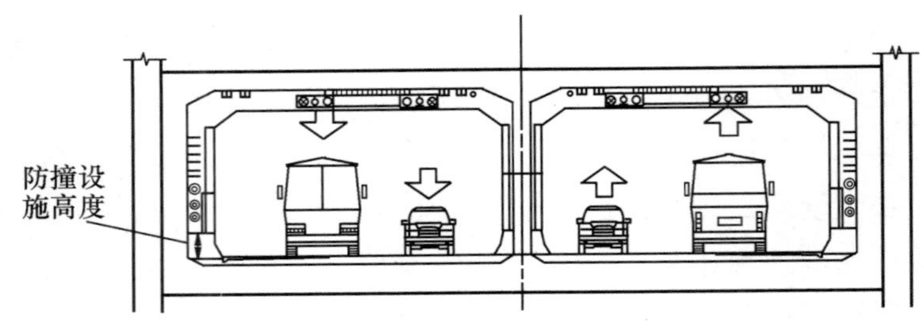

图 8　防撞设施及其高度示意图（上海东西通道）

4.3.7、4.3.8　目前国内外对设置连续式紧急停车带的规定如下：

1)《城市道路工程设计规范》CJJ 37 规定

对单向小于 3 车道的长和特长隧道，应设置应急车道，当施工方法受到限制的条件下，可采取其他措施。

2)《城市快速路设计规程》CJJ 129 规定

在单向两车道的高架快速路上，应设 2.5m 宽连续或不连续停车带，不连续停车带应在 500m 左右设置一处。

3)《公路工程技术标准》JTG B01 规定

特长和长隧道内右侧侧向宽度小于 2.50m 时，应设置应急车道，应急车道宽度应为 3.50m，长度不应小于 30m，间距不宜大于 750m。

4)《公路隧道设计规范》JTG D70 规定

特长和长隧道应在车行方向的右侧设置应急车道，紧急停车道间距不宜大于 750m，停车带宽度包含右侧宽度取 3.5m，长度取 40m，其中有效长度不得小于 30m。

5) 美国 AASHTO（2004）道路几何线形设计规定

隧道理想状况是采用与两端接线道路相同的横断面形式，即采用相同路肩宽度（这里路肩可以对应为应急车道），但考虑到隧道的工程造价、施工复杂等原因，建议可适当缩减路肩宽度，其宽度范围在 0m～3.0m 之间，通过权衡工程造价与运营安全，综合确定，同时建议在长隧道内设置港湾式应急车道，见图 9。

6) 世界其他国家相关规范对设置应急车道规定

根据是否设置连续式紧急停车带，分为两种宽度，具体设置见表 6。

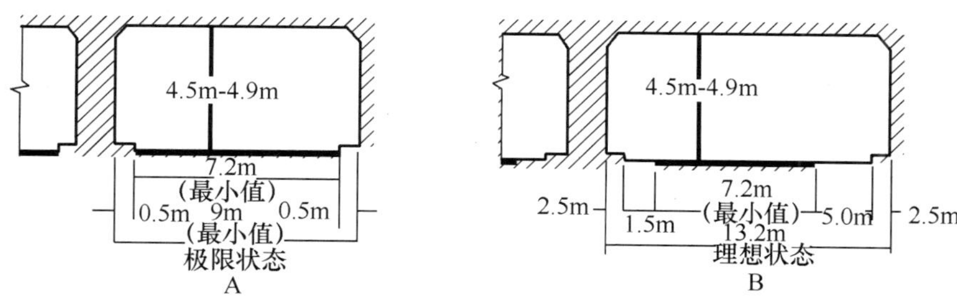

图 9 美国 AASHTO 几何设计中的隧道横断面布置

表 6 世界部分国家对隧道内连续式紧急停车带规定

国名	设计速度（km/h）	连续式紧急停车带宽度（m）	设计速度（km/h）	不设紧急停车带时右侧路缘带宽度（m）
澳大利亚	80～100		80～100	0.25
丹麦	90～120	3.00	90～120	0.50
法国	100	2.00	80～100	1.00 0.3(特殊情况下)
德国	100	2.50	70～100	0.25 1.75(特殊情况下)
日本			80～120 60～80	1.00 0.75
荷兰	120 90	3.95	90 120	1.5(0.8 特殊情况下) 1.0(0.5 特殊情况下)
挪威	80～100	不设连续式应急车道	80～100	0.30
西班牙	90～120	2.50	90～120	1.00
瑞典	70 90 110	2.00 2.00 2.75	70 90 110	2.00 2.00 2.75
瑞士(矩形截面)	80～120	3.00	80～120	1.00
瑞士(圆形截面)		不设连续式紧急停车带	80～120	1.00
英国	110	3.30 2.00	110	1.00

通过上述各国关于隧道内设置连续式紧急停车带的规定对比分析，得出结论如下：①考虑到工程建设成本等因素制约，世界各国普遍认为有条件下隧道横断面应采用与两端接线道路相同形式，但通常认为隧道内应适

当缩减宽度，尤其是连续式紧急停车带的设置，需因地制宜、综合论证。②各国对应连续式紧急停车带规定值大多在 2.0m～3.0m 之间，部分国家还大于 3m，如英国、荷兰等；当不设置连续式紧急停车带时，右侧路缘带宽度通常在 0.25m～1.0m 之间。

世界道路协会隧道技术委员会在 1987 年世界道路会议上提出：对于隧道设计，横断面尺寸上任何微小的增加都会引起巨额的工程造价，因此，设计时应重点考虑具有经济性的横断面布置形式，尤其是连续式紧急停车带的宽度设计需要重点详细研究。

总体来说，有条件时尽量设置连续式紧急停车带，但当采用较宽的连续式紧急停车带时具有一定不足：城市地下道路工程造价高，横断面尺寸微小的增加都会带来巨大的工程造价；城市地下道路在布线时受既有地下管线、建筑物桩基等制约因素影响大，同时，还要保证与现有地下设施的最小距离，在很多情况下如果采用较宽的连续式紧急停车带将增加横断面尺寸，影响工程的可实施性；城市地下道路可采用专用标准，大多以服务小型车为主，仍然采用较宽的连续式紧急停车带会造成地下空间资源的浪费。

因此，综合考虑到工程造价、可实施性以及节约地下空间资源等多方面因素，借鉴国外对隧道内的连续式紧急停车带设置，本规范认为城市地下道路连续式紧急停车带的设置宽度和形式应根据设计速度、服务车型对象、设计的预期发挥功能、经济成本以及工程可实施性等方面综合论证确定。

连续式紧急停车带具有多种复合功能，其宽度设计应与其今后预期发挥的功能相关。当要求所设置功能越多时，则宽度设置应越大；如当设置具有安全的紧急停车功能的停车带时，即设计目标是保证车辆是安全停车，且对主线交通没有影响，则应保证足够宽度；如需进一步考虑作为今后应急救援或养护通道等用途，则还需在此基础上进一步考虑预留宽度空间。反之要求停车带的功能只是当事故发生后保证还有一定的空间供主线车辆通行，可适当降低设计标准，采用较窄的紧急停车带即可满足需求。

世界道路协会认为，当车辆紧急停车而不影响主线行车时，紧急停车带宽度确定方法如下：以中小型车为例，车辆设计宽度为 1.75m，在此基础上，还需保证 0.5m 宽度供驾驶人正常开门下车等，因此，紧急停车带宽度为 2.25m。根据此方法，我国标准车辆小客车宽度规定为 1.8m，大型车宽度为 2.5m，当车辆紧急停车而不影响主线行车时，小客车专用地下道路的紧急停车带宽度为 2.3m，实际设计中可取 2.5m，大型车或混合行驶的地下道路紧急停车带宽度为 3.0m。因此，本规范将 2.5m 和 3.0m

作为连续式紧急停车带设置的一般值，在这种情况下发生事故车辆在停车带上紧急停车时不会对主线车辆产生较大影响。

另一方面本规范也给出了最小值的要求，该值确定依据是：当车辆发生故障或事故在停车带紧急停车时，即使占用主线一定的车道宽度，但剩余的路面宽度还能够保证其余车辆在降低速度的情况下能够安全通过，不至于堵塞。同时根据法国、丹麦、瑞典等国家联合开展的欧洲新建或改建道路安全设计标准研究，隧道的侧向宽度对驾驶人行为具有显著影响，当小于1.5m时会对主线正常通行能力和行车安全产生较大负面影响。因此，综合考虑，对于小客车专用道路时，连续式紧急停车带最小值为1.5m，当为混行车时，需适当加宽至2.0m。

综上所述，本规范将针对城市地下道路的紧急停车带宽度设置分为一般值和最小值，宽度取值范围根据服务车道类型有关，根据具体设计条件以及所设计的停车带预期发挥功能来选择一般值或最小值，条件允许下，宜尽量采用一般值，当条件受限，采用窄宽度的紧急停车带时，还可通过其他工程措施来弥补窄宽度的不足。

4.3.9 城市地下道路当设置连续式紧急停车带困难时，可设置应急停车港湾，故障供车辆等紧急停靠。

应急停车港湾由过渡段和有效长度段组成。过渡段的作用是便于车辆进入应急停车港湾，驶出时可避免直接进入主线，减小对主线的干扰，长度不应小于5m。有效宽度应能够保证车辆的停靠安全，不应小于3.0m。有效长度不应小于30m。

为保证车辆进出应急停车港湾的安全，保证与主线车辆之间具有良好的通视视距，应急停车港湾设置位置不宜设置在曲线内侧等行车视距受影响路段。

在应急停车港湾设置间距上，挪威根据隧道的安全等级，设置不同间距。鉴于目前我国对应急停车港湾的设置缺乏研究以及我国交通状况与国外差异，不能直接参照国外规范标准，建议对应急停车港湾的间距设置仍采用与现有城市道路规范的规定一致，间距为500m。

但国外的设计理念值得借鉴，应急停车港湾的设置应因地制宜，可根据地下道路功能等级、交通流组成特征，综合考虑通风以及工程造价，确定具体设计参数。其中，间距可不是一个固定值，应综合考虑工程的可实施性和建设条件，避免设置在地质条件差的位置。对于特长、交通量大的城市地下道路适当加密应急停车港湾的设置。多点进出的城市地下道路也可利用变速车道两端，合理布置应急停车港湾。应急停车港湾的设置还受施工工法影响，当施工方法受限时，可不设，但应采取其他措施。

应急停车港湾的利用率总体上利用率不高。我国对应急停车港湾的利用率效果缺乏系统调研，国外有相关研究，见表7，调研表明应急停车港湾的平均利用率一般在20%左右，挪威和西班牙的运营经验表明目前仅有40%故障车辆能够利用应急停车港湾，相对于投资成本来说，成本效益比并不高。此外，地下道路设置应急停车港湾对通风效果也有一定影响。

表7　国外应急停车港湾利用率统计

隧道名称	小车		大车		合计	
	数量	利用率	数量	利用率	数量	利用率
Chamoise	13(63)	20%	1(6)	17%	14(69)	20%
Frejus	5(41)	12%	11(36)	31%	16(77)	21%
Oslo	68(256)	27%	7(79)	9%	75(335)	22%

应急停车港湾利用率与其位置的设置以及预告、提醒标志设置的合理性有关。在设计时，应合理地确定位置，还应做好预告、提醒，让驾驶人有足够信息获知前方应急停车港湾的位置，增大利用率。

5　平面及纵断面

5.1　一 般 规 定

5.1.1　城市地下道路的平面线形布置除了受城市道路网布局、地区控制性详细规划、道路规划红线宽度等影响外，还受既有地下管线设施、建筑物基础等影响，因此，在布置平面线形指标选取需综合考虑确定。

对于上下行交通分离的独立双洞，在平面线形布置时应保证两洞的最小净距，避免过近导致两洞结构彼此产生相互不利影响，或导致地面较大沉降和结构较大变形等。最小净距一定程度上影响道路平面线形的整体布置形式，最小净距应根据围岩地质条件、断面形状和尺寸、施工方法等因素综合确定。

5.1.2　城市地下道路的纵断面线形设计通常还应考虑结构顶部覆土厚度，它是控制纵断面线形布置的重要因素。影响结构顶部覆土厚度因素较多，应根据地下管网、地质条件、结构安全、施工工艺等综合确定，当作为人防工程时，还应考虑防空工程的最小覆土要求。

5.1.3　地下道路空间封闭，侧墙和顶部对驾驶人的行车视线影响较大，同时平纵组合效应对视线的影响比地上道路更强烈，因此，城市地下道路设计应注重平纵横组合效应对行车视线的影响。保证足够的行车视距，线形流畅，能够自然诱导驾驶人视线。

5.2 平面及纵断面设计

5.2.2 本条规定了城市地下道路的最大纵坡，当前国内外相关规范对地下道路的最大纵坡规定如下：

1)《城市道路工程设计规范》CJJ 37：当隧道长度大于100m时，隧道内的道路最大纵坡不宜大于3.0%；当受条件限制时，经技术、经济论证后最大纵坡可适当加大，但不应大于5.0%。

2)《公路隧道设计规范》JTG D70：隧道最大纵坡一般不大于3%，受地形等条件限制时，高速公路、一级公路中的中、短隧道可适当加大，但不宜大于4%；短于100m隧道纵坡可与隧道外接线道路相同。

3) 挪威隧道设计手册：根据交通量确定最大纵坡，见表8。当设置超车道时，纵坡可在表8基础上增加1%。

表8 挪威隧道设计的最大纵坡

	双向交通		单向交通	
AADT	0～1500	＞1500	＜15000	＞15000
最大纵坡（%）	8	7	7	6

4) 美国隧道设计手册：隧道最大纵坡不宜超过4%；确实需要可适当提高不宜大于6%。

5) 其他国家隧道最大纵坡规定，见表9。

表9 其他国家隧道最大纵坡规定

国家	捷克	丹麦	埃及	芬兰	日本	荷兰	瑞典	土耳其
最大纵坡（%）	3.75	3.20	5.10	7(50km/h) 5(50km/h)	5(60km/h)	4.5(特殊情况为6%)	＞6	3

各国标准规范对隧道最大纵坡规定差异较大，相比之下我国规范对隧道的最大纵坡规定比较严格。这用于指导城市地下道路设计时存在一定问题，一方面对纵坡限制过小，洞口的路线坡度应与隧道内坡度相同，必须增加展线长度以克服高差，必然会增加路线长度和隧道长度，使工程造价增加；另一方面由于城市地形环境较为苛刻，受既有地面和地下设施影响制约因素多，采用当前的最大纵坡标准往往会使工程无法实施。

相比《公路隧道设计规范》JTG D70，现行行业标准《城市道路工程设计规范》CJJ 37对隧道最大纵坡适当放宽，一般不超过3%，当受条件限制，经技术经济论证后最大纵坡可适当加大至5.0%，以适应城市地下道路建设需求，但是只笼统地给出最大纵坡，没有与道路设计速度相对应，导致不同设计速度都遵循相同的最大纵坡限制值。

现有规范的关于隧道条款规定主要针对传统的穿越江河、山体等障碍物的隧道或下立交等，一般是交通功能等级较高的道路才会采取隧道形式来穿越障碍物，因此，其作为道路上一个节点或路段，此类隧道的设计速度通常较高，从国内外已运营的城市隧道来看，一般大于等于40km/h。但是随着城市地下道路发展，出现一些新类型地下道路，如地下车库联络道，其作为城市支路网补充，功能等级低，设计速度一般在20km/h，因此，对于这种低设计速度的地下道路最大纵坡应该进一步放宽。

同时，城市交通中客运交通（中小型）所占比例大，车辆性能好，爬坡能力强，纵坡适当放宽不会对车辆运行速度产生较大影响，从目前上海、北京、广州、南京等城市地下道路都有采用较大纵坡的路段，运营状况良好。

此外，影响隧道最大纵坡确定的另一个因素是车辆尾气排放，纵坡越大，尾气排放量增多，影响隧道内的空气环境和行车安全。但这些可以通过其他措施来弥补，如采取限速，控制车辆运行速度，车辆运行速度下降后，尾气排放也会降低；增加通风设备数量和规模，增加通风量，可降低所要求的有害气体和烟雾的浓度，由此抵消因增大纵坡而增加的烟雾排放对司机视线的影响。

综上所述，结合国内外现有规范对隧道最大纵坡的规定，本规范规定城市地下道路设计速度大于等于50km/h的极限纵坡限制值不超过5%，与《城市道路工程设计规范》CJJ 37相关规定保持一致。但考虑到其他类型地下道路的建设需求，在满足行车安全等前提下，对于设计速度小于等于40km/h的最大纵坡可进一步增大。

当设计中需要考虑增大1%的纵坡时，在最大纵坡的经济技术论证中，应根据道路类型、等级、地下道路长度，并考虑所在区域的气候海拔、主要车辆类型和交通流组成，地下道路的运营安全水平、安全设施配置标准等因素，进行论证比选。

1） 敞开段纵坡较大时，尤其在冰雪天气，对行车安全具有很大影响，因此，需要严格控制敞开段的最大纵坡，并在条件允许的条件下采用一些措施减少路面的积雪结冰。常用的措施可在敞开段加盖顶棚，可以减少积雪；另外可以采用电加热融雪除冰技术，如导电混凝土路面、加热电缆路面或添加融雪剂材料等特殊路面，减轻敞开段的路面结冰；

2）城市地下道路设计应尽量采用较小纵坡，综合考虑各种机动车辆动力性能、道路等级、设计速度以及地形条件确定，当纵坡大于最大纵坡的推荐值时应限制坡长，但不得超过最大纵坡限制值。

除快速路外，当受地形条件或其他特殊情况限制或某些特殊情况，如采用小汽车专用或设置爬坡车道，经技术论证后可在最大值基础上增加1％，但应进行费用与效益的评估论证。

城市地下道路最小纵坡一般情况下与地面道路采用相同标准，即不应小于0.3％。但考虑到城市地下空间一体化开发，城市地下道路与地下建筑设施整体开发合建的情况越来越多，考虑到与建筑基地的协调，同时，地下道路受雨水影响较小，因此，本规范规定当条件受限路段，与地下建筑设施合建的地下道路的最小纵坡可再适当降低，但应严格控制坡长，并且采取措施确保排水畅通。

5.2.5 地下道路标高通常比两端的地面低，为防止周边地面雨水等汇入，通常在地下道路引道两端接地口处设置倒坡，形成排水驼峰。

排水驼峰应根据道路等级、排水重现期、周边地形环境等综合计算确定。一般情况下可参照《城市桥梁设计规范》CJJ 11－2011中对下立交的驼峰高程的规定，即应高于地面0.2m～0.5m左右，但有时受地下道路总体纵断面布置限制等，驼峰高程难以达到上述要求，应在进行综合计算基础上，采取其他措施，如在道路两侧采取截水措施，减少坡底聚水量，加强引道排水。同时，还应提高周边区域的排水能力，以防止周边地面雨水等汇入倒灌地下道路。

5.2.6 由于洞内外行车环境差异，进出洞口的亮度急剧变化，造成驾驶人明暗适应困难，产生视觉障碍，这些因素通常会造成进出洞口成为事故多发路段。在洞内外保持一定距离的线形一致性，自然诱导驾驶人视线，避免出现与驾驶人预期期望冲突的线形对提高洞口段行车安全具有重要作用。本规范借鉴了现有相关标准，将洞内外平面及纵断面线形保持3s行程距离的一致性列入规范之中，有条件情况下应尽量满足。

但各相关规范对洞口内外线形的一致性都没有给出明确解释，导致设计时对“保持一致性”的理解也存在差异。《公路工程技术标准》JTG B01－2014对洞口线形规定为“隧道洞口内外侧不小于3s设计速度行程长度范围内的平纵线形应一致”，没有说明“线形应一致”的含义。《公路隧道设计规范》JTG D70－2004对隧道及洞口线形的规定，与《公路工程技术标准》JTG B01－2014 的规定相同。《公路路线设计规范》JTG D20－2006 将“平纵线形应一致”修订为“平面线形不应有急骤的方向改变”，没有解释“有急骤的方向改变”含义。《城市道路工程设计规范》CJJ 37－2012 规定：“隧道洞口内外侧在不小于 3s 设计速度的行程长度范围内均应保持一致的平纵线形。当条件困难时，应在洞口内外设置线形诱导和光过渡等保证行车安全的措施。”其中对“均应保持一致”也没有说明解释。如何理解规范中的“线形一致性”，不同角度具有不同的结论，不同理解，对工程规模、环境影响以及行车条件具有很大影响。

结合相关文献资料和实际工程经验，本规范认为城市地下道路的洞口线形设计应最大限度地顺应地形，与周围复杂的环境条件相协调，使总体方案做到最合理，使洞口位置做到最佳选择，有条件情况下尽量采取保持 3s 行程范围内的一致性，既要保证洞口线形的安全性，同时满足建设要求。“线形应一致”可解释为线形指标不要出现突变，即采用连续线形之间的曲率差异不大，洞内外 3s 行程的范围的线形标准相差不大，常见的线形突变情况有：①进洞口前连接的平面线形指标过高，甚至是长直线，大纵坡下坡，洞口附近是小半径平面线形和小半径凹型竖曲线；②地下道路内的平面线形指标高、纵坡较大下坡情况，出洞口后连接的平面线形指标过低，且纵坡大、坡差大、凸型竖曲线半径小等；③洞口采用缓和曲线时曲线超高渐变率过急。这些突变情况应在设计中避免。

5.3 停车视距

为了保证行车安全，驾驶人应能够随时看到汽车前面相当远的一段路程，一旦发现前方路面上有障碍物或迎面来车，能及时采取措施，避免相撞，这一必须距离称为行车视距。视距是道路设计中一个重要技术指标，行车视距直接影响行车安全与运行速度，行车视距包括停车视距、会车视距和超车视距，由于地下道路通常采用单向交通形式，因此，本规范主要考虑停车视距。

5.3.1 城市地下道路停车视距与地面道路是否存在差异，能否采用目前《城市道路工程设计规范》CJJ 37 中的标准，本规范在编制过程中进行了研究，认为城市地下道路停车视距可以采用《城市道路工程设计规范》CJJ 37 中的标准。原因主要有以下几点：

1) 从停车视距的定义看，停车视距由反应距离、制动距离及安全距离三部分组成，见式（1），影响停车视距的主要因素为驾驶人反应时间及路面摩擦系数等，若这些因素差异不大，那么停车视距的标准也应该差异不大。

$$S_s = \frac{Vt}{3.6} + \frac{\beta_s V^2}{254\mu_s} + S_a \tag{1}$$

式中：S_s——停车视距（m）；

V——设计速度（km/h）；

μ_s——纵向摩擦系数，取0.4，按路面潮湿状态计算；

t——反应时间（s）；

β_s——安全系数，取1.2；

S_a——制动停止后安全距离（m）。

对于驾驶人反应时间，从当前国外研究以及同济大学对地下道路驾驶人的反应时间相关研究来看，见表10，不考虑驾驶人疲劳等特殊情况，在地面与地下行驶时，驾驶人反应时间差别不大，均值都在1.2s左右，因此，二者反应距离上差别不大。

表10　驾驶人反应时间

文献	均值（s）	标准差（s）	样本量（人）
Sivak et al.（1982）	1.21	0.63	1644
Wortman et al.（1983）	1.3	0.6	839
Chang et al.	1.3	0.74	579
Olson and Sivak（1986）	1.1	0.15	49
Lerner（1995）	1.4	0.4	56

2）《城市道路工程设计规范》CJJ 37中对停车视距已经考虑一定的安全系数，因此，采用《城市道路工程设计规范》CJJ 37给出的停车视距标准能够满足停车需求。

此外，英国隧道设计中认为地下道路内部一般不会直接受到雨水等作用，路面一般比较干燥，有较高的摩阻系数，采用与地面道路相同的停车视距下可能会更安全。美国AASHTO、世界道路协会、澳大利亚等国家隧道设计手册都提及在隧道内应加强对停车视距的检验，也没有专门给出地下道路的停车视距标准。

除了应满足《城市道路工程设计规范》CJJ 37的停车视距标准之外，对于货车比例较大的地下道路还应验算货车的停车视距，尤其是在下坡路段，货车的停车视距应满足现行行业标准《城市道路路线设计规范》CJJ 193的要求。

5.3.2　研究表明城市地下道路进出洞口亮度的急剧变化会造成驾驶人明暗适应困难，是形成事故多发路段的重要原因，明暗适应过程中视觉震荡产生的视觉障碍，会使驾驶人认知反应时间适当延长，因此，在进出洞口应适当增加停车视距，建议进出口停车视距可提高至1.5倍。

5.3.3 本条为强制性条文。城市地下道路封闭的空间构造使得相对于地面道路，行车视距受到道路及环境影响更强烈。在平曲线路段，侧墙是遮挡视线的主要障碍物。在竖曲线路段，对于凸型竖曲线，由于凸曲线的半径是根据满足停车视距的要求反算出，因此，一般来说凸型竖曲线通常能够满足视距要求。但对于凹型竖曲线，由于地下道路存在顶部，顶部会遮挡行车视线，尤其对于小半径的凹型竖曲线或净空较低的小客车专用地下道路，导致顶部对行车视距的影响更明显。从目前已运营的地下道路事故统计资料来看，视距不良路段容易成为地下道路的事故多发点。因此，城市地下道路设计应严格的通过停车视距验算，保证地下道路内部具有足够行车视距，提高行车安全。

车辆在曲线路段行驶的行车视距与视点位置、曲线参数半径、曲线长度、内侧汽车行驶轨迹半径、最大横净距等因素有关，在对具体每个曲线进行视距验算时，可通过计算最大横净距与实际横净距进行比较，当计算的最大横净距大于实际横间距时表明该曲线行车视距不满足要求，反之则满足要求；或根据实际横净距反算求出满足视距要求的平曲线半径与实际曲线半径进行比较。当大于实际曲线半径值时，则表明该曲线行车视距不满足要求。当验算停车视距不足时，可以从增大侧向净宽、增大曲线半径等方面改善行车视距，条件受限，无法通过线形改善视距时，可以采取限速，降低运行速度，保证停车视距。

视点位置是确定停车视距重要参数，国内外技术规范将视点位置大多定为车道的中心线位置，如我国的《公路工程名词术语》JTJ 002－87，《公路工程技术标准》JTG B01－2014，《公路路线设计规范》JTG D20－2006以及美国AASHTO（2004）道路几何线形设计等。本规范综合目前现有相关规范，对于平曲线路段：驾驶者视线高出路面1.2m（货车取2.0m），物高采用0.10m，内侧车道中心线作为视点位置，当道路弯道向

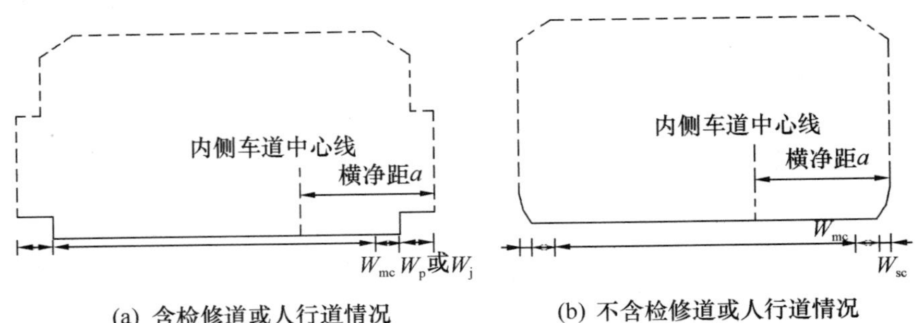

图10 视距验算时的驾驶者视点位置

右转时，位于内侧车道视点位置，如图 10 所示，对于不含检修道或人行道时，隧道实际横净距=车道宽度/2+侧向净宽；对于含有检修道或人行道时，隧道实际横净距=车道宽度/2+路缘带宽度+检修道或人行道宽度。

平曲线路段的横净距可按表 11 所列公式计算，详见图 11。

表 11 平曲线路段最大横净距

不设缓和曲线	停车视距 S_1 小于圆曲线长度 L_c $a=R_1\left(1-\cos\frac{\psi}{2}\right)$	$\psi=S_1\frac{180}{\pi R_1}$
	停车视距 S_1 大于圆曲线长度 L_c $a=R_1\left(1-\cos\frac{\alpha}{2}\right)+\frac{S_1-L_1}{2}\sin\frac{\alpha}{2}$	$L_1=\frac{R_1\pi\alpha}{180}$
设缓和曲线	停车视距 S_1 小于圆曲线长度 L_c $a=R_1\left(1-\cos\frac{\psi}{2}\right)$	$\psi=S_1\frac{180}{\pi R_1}$
	停车视距 S_1 大于圆曲线长度 L_c $a=R_1(1-\cos((\alpha-2\beta)/2))$ $+(L_s-a_m)\sin\left(\frac{\alpha}{2}-\theta\right)$	$a_m=\frac{L_1-S_1}{2}$ $\theta=\arctan\left[\frac{L_s}{\sigma R_1(1+\frac{a_m}{L_s}+\left(\frac{a_m}{L_s}\right)^2)}\right]$
	停车视距 S_1 大于平曲线长度 L $a=R_1(1-\cos((\alpha-2\beta)/2))$ $+L_s\sin\left(\frac{\alpha}{2}-\theta\right)$ $+\frac{1}{2}(S_1-L_1)\sin\left(\frac{\alpha}{2}\right)$	$\theta=\arctan\frac{L_s}{6R_1}$

注：a—最大横净距（m）；R_1—平曲线内侧汽车行驶轨迹半径（m）；ψ—视距线所对的圆心角（°）；S_1—停车视距（m）；α—道路中线转角（°）；L_1—曲线内侧汽车行驶轨迹长度（m）；β—回旋线角（°）；L_s—缓和曲线长度（m）；a_m—汽车计算位置 M 或 N 到缓和曲线起点的距离（m）；θ—通过汽车计算位置 M（或 N）与平曲线切线的平行线和 M（或 N）至缓和曲线终点间弦线的夹角或平曲线切线与缓和曲线的弦线的夹角。

对于含有缓和曲线的平曲线视距验算，采用解析法计算比较复杂。实际工作中也可以根据图解法画出视距曲线图，采用视距包络线作为平曲线视距的界限，判断圆曲线路段是否满足视距要求。

在竖曲线视距验算时，根据《城市道路路线设计规范》CJJ 193 对目高的规定，凹形竖曲线目高为 1.9m。当为混合车道，应验算大车停车视距，目高为 2.0m，物高应为 0.1m。

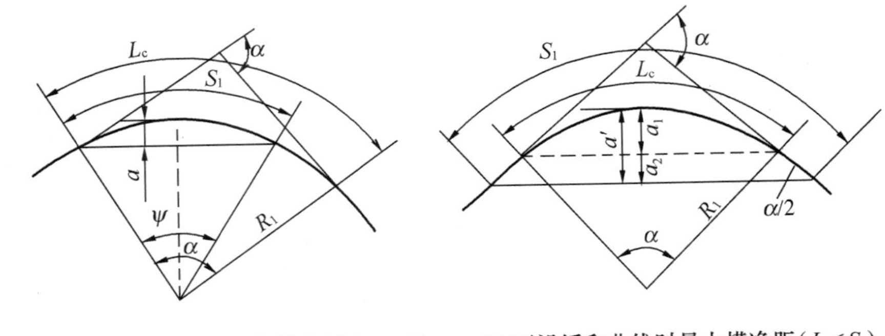

(1) 不设缓和曲线时最大横净距（$L_c>S_1$）　(2) 不设缓和曲线时最大横净距（$L_c<S_1$）

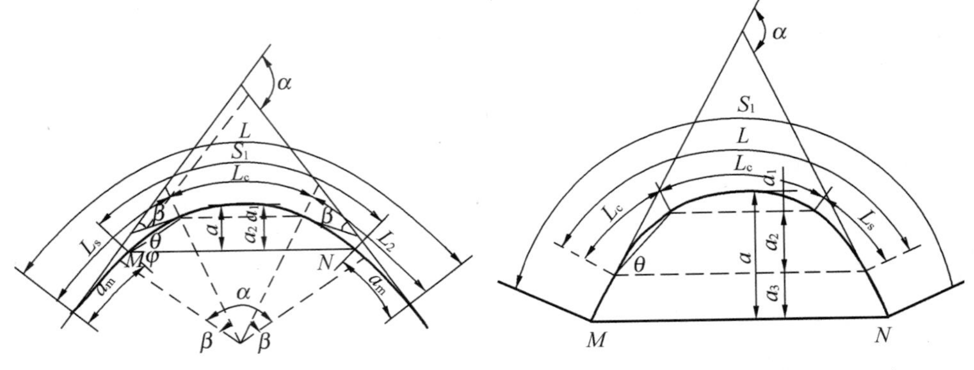

(3)设缓和曲线时最大横净距（$L>S_1>L_c$）　(4)设缓和曲线时最大横净距（$L<S_1$）

图 11　横净距计算

6　出入口

6.1　一 般 规 定

6.1.1　我国快速路运营经验表明主线出入口位置设置、出入口间距直接影响主线运行效率。不合理间距设置容易导致进出主线车辆形成严重交织，从而降低服务水平，造成交通拥堵。地下道路具有类似特征，多点进出的长距离地下道路出入口的设置应统筹考虑，既要考虑到服务所穿越区域的到发交通，又要注重全线整体运行效率。同时，地下道路的出入口位置还应考虑围岩等级及稳定性、地质条件等状况，根据实际状况，可适当调整位置，避免设置在地质条件差的路段。

6.1.2　在我国以及其他许多靠右行驶的国家都将出入口设置在主线右侧，采用“右进右出”模式，符合驾驶人的行驶习惯，方便进出。我国现有规范也都规定出入口应设置在主线的行车道右侧。考虑到交通组织需要、工程造价、施工难度、地下障碍物以及对地下空间的占用等因素，城市地下道路不可避免地存在左侧出入口的情况，尤其对于单管双层式地下道路，为便于施工和工程经济性，通常上下双向交通的出入口层匝道布置在同一位置，当某一方向的出入口设置在右侧时，则另一方向交通的出入口将不可避免设置在左侧。

左侧驶入和驶出不符合我国的驾驶习惯，不利于行车安全。在国内部分高速公路建设中立体交叉也存在左侧出口的情况。从运营效果来看，左侧出口区域容易出现走错路、停车观望、倒车等问题，存在较大安全隐患，易成为事故多发区域。在国外高速公路中也存在着左侧式出口匝道的情况，对左侧式出口匝道的安全性研究比较少，美国南佛罗里达大学曾对这方面集中开展了研究，通过收集 73 个出口匝道的事故统计资料及与之相关道路环境，其中 7 个左侧式出口，进行了详细统计分析，研究表明在同等交通流、道路环境条件下，左侧式出口的事故率、事故严重程度远高于右侧式情况，建议新建的道路应尽量避免设置左侧式出口，对于已运营道路应采取交通安全改善措施，提高运营安全。

本规范提出一般情况下出入口应设置在道路右侧，当条件受限时，可设置左侧入口，但应尽可能避免设置左侧出口，同时，应做好交通组织，通过设置辅助车道以及完善的交通工程措施等手段来提高左入口区域的行车安全。如可设置足够长度的辅助车道，辅助车道的具体要求应符合现行的相关标准要求；增加入口识别视距；增加合流段照明亮度；设置入口警告标志，提醒告知驾驶人前方左侧存在汇流车辆，交通标志宜采用光电式。

6.2　出入口间距

当前我国北京、上海等大城市快速路交通拥挤现象日益严重，主要原因之一就是快速路出入口匝道间距较小，加之沿线地面商业开发程度高，辅路交通流量大，交织现象严重，降低了快速路通行能力。在相关规范中对快速路的不同类型的出入口设置最小间距作了详细规定。同样，对于多点进出城市地下道路，在规划设计中，出入口位置选择也至关重要，但考虑到在我国已运营的多点进出城市地下道路较少，无法获取不同出入口的设置对实际主线交通运行状况影响情况，因此在建议城市地下道路出入口间距可参考《城市快速路设计规程》CJJ 129 出入口间距规定，本规范在此作了补充，给出了城市地下道路分别在设计速度 50km/h、40km/h 的出入口间距。

6.2.1、6.2.2　确定出入口最小间距的研究方法可分为实测经验法和理论模型法两类两种，目前《城市快速路设计规程》CJJ 129 和《城市道路交叉口规划规范》GB 50647 规定的最小间距都是基于工程实践经验计算法为主。模型法主要是以美国《道路通行能力手册》（HCM）中相关分析方法为主。

通过模型计算法结合实际运营经验确定 40km/h 和 50km/h 间距。基本计算原理根据前后匝道的类型组合关系，共分为 4 类模式，最小间距长度由加速车道长度、交通标志识别距离、交织长度以及减速车道长度组成，出入口间距应能保证主线交通不受分合流交通干扰，并为分合流交通加减速及换车道提供安全、可靠的路况条件。对于驶入一驶出模式的匝道，主要是满足交织要求，参考《道路通行能力手册》对交织区的分析法方法，采用车辆密度作为交织区服务水平的评价指标，手册规定 12.0[pcu/(km·ln)]～17.0[pcu/(km·ln)]时为 C 级服务水平，密度为 17.0[pcu/(km·ln)]～22.0[pcu/(km·ln)]时为 D 级服务水平。地下道路的饱和度通常较高，但又要保持交织区的交通顺畅，规定以密度 20.0[pcu/(km·ln)]作为控制间距的标准。

本条规定是针对出入口设置在道路主线右侧的情况，但在特殊情况下地下道路还存在左侧进入，形成左进右出组合形式的出入口，这种情况下需要交织的车道数增加，必然导致交织距离增长，其间距应该增大，具体情况建议根据实际预测交通量进行测试分析，给出实际所需的距离，保证长度满足交织要求。

6.2.3 由于地下道路施工复杂，横断面变化会给施工带来困难，尤其是在采用盾构法施工时，不宜频繁变化更改横断面布置。因此，当受到施工工法受制时，地下道路的出入口之间宜将出入口加减速车道直接连接，形成辅助车道，用辅助车道实行加减速功能，避免了横断面的过渡变化带来的施工困难。

本规范中表 6.2.2 给出了出入口间距最短要求，当不满足该距离要求时，应设置辅助车道，但是当出入口间距很短，同时交织流量比较大时，可能即使设置辅助车道后也会不满足要求。因此，建议对于距离小于表 6.2.2 时，设置辅助车道后，还应该进行交织区的通行能力验证，以保证交织需求。

6.2.4 地下车库联络道应在有地块接入侧设置辅助车道，当两侧均有接入地块时，宜采用“主线车道＋两侧辅助车道”布置形式；仅有单侧接入地块，宜采用“主线车道＋单侧辅助车道”布置形式。

地下车库联络道内部设置出入口与周边地块地下车库连接，与一般的快速路出入口形式具有一定差别，同时，地下车库联络道主线设计速度低，因此，在控制出入口间距时，不适合采用上述6.2.2中的出入口间距计算模型。本规范在此借鉴了美国道路接入管理技术，将其按交叉口的接入控制来处理，对于无信号接入口间距研究，国内外相关文献考虑的因素主要包括：停车视距、冲突重叠区、引道视距、安全交叉间距、接入道路的出口道通行能力、驾驶人视觉特征等。接入间距越大，接入道路越少，则安全性及运营效率越高。

本规范从满足接入口停车视距要求、满足对接入口的识别视距要求、满足警告标志设置距离要求、分离右转冲突重叠区域、满足接入道路出口道的通行能力要求等五方面考虑接入间距，基于取最大值以及取整原则，结合现有研究成果，综合确定，设计速度20km/h，接入口安全间距标准见表12。

表12 接入口最小间距

控制要素	最小间距（m）
满足安全停车视距	20
满足接入口识别视距	20
满足交通标志设置距离	31
分离右转冲突重叠区域	30
满足接入道路出口道的通行能力要求	22
接入间距推荐值	30

6.3 分合流端

6.3.1 从目前高速公路、城市快速路运营来看，互通立交出入口区域由于需要分合流，交通运行环境复杂、车辆变换车道频繁、车速变化大，导致该区域通常是事故多发点。当该区域存在小半径平曲线、竖曲线或者平纵组合不良等情况，都会造成行车视距问题，增加行车安全隐患，更容易引发交通事故，因此，应避免在这些可能引起视距不良的路段设置出入口。

6.3.2、6.3.3 为保证驾驶人具有足够时间，在一定的距离前识别前方出口的存在，然后采取正常的变换车道驶离主线，进入减速车道，然后采取正常的减速度减速行驶至匝道，避免驾驶人对出口位置认识过迟而导致匆忙减速或误行倒车等行为发生，这个距离称为“识别视距”。在地下道路上由于合流点也通常是事故多发路段，为了充分保证地下道路的行车安全，本规范还规定了合流入口的识别视距。其目的也是保证主线的车辆能够及时发现匝道汇流进入主线的车辆，防止因车速差异较大，视距不足时，而造成主线车辆停车不及与汇入车辆发生追尾等事故。

本规范规定的识别视距与《公路路线设计规范》JTG D20 中规定的互通立交识别视距定义相同。判断出口时，驾驶人应能够看到分流鼻端标线，故物高应为 0，目高对凸形竖曲线规定为 1.2m，对凹形竖曲线规定为 1.9m；当为混合车道，货车比例较高时，应验算货车停车视距，货车目高规定为 2.0m。因此，在出入口区域当存在半径较小的竖曲线或平曲线时，需要验算出入口的识别视距是否满足。

《公路路线设计规范》JTG D20 中对出口识别视距规定要求较高，在条件受限制时，应大于 1.25 倍停车视距。《城市道路工程设计规范》CJJ 37 考虑到目前立交及进出口间距密，交通运行状态与公路不一致，以及建设条件制约因素多，规定了在互通立交区域范围内主线行车视距宜大于等于 1.25 倍停车视距。本规范综合上述两者取值，考虑到目前由于多点进出的地下道路运营较少，对出入口区域的线形指标还缺乏深入研究，同时，地下道路制约因素也较多，地下道路行车环境、驾驶人视线等都相对较差，为充分保证地下道路的行车安全，本规范将出入口识别视距提高至 2 倍停车视距。由于判断出入口以分合流端的标线为目标，物高为 0，因此，在确定凸形竖曲线半径时，在出入口区域道路主线应尽量采用较高的线形指标。

6.3.4 互通立交区域汇流鼻前，通常匝道与主线应保证一个通视三角区，主线 100m 和匝道 60m，在这三角通视区范围内不应有遮挡视线的障碍物。地下道路由于主线、匝道两侧都存在侧墙，在汇流鼻端很难保证三角通视区，匝道上车辆在汇流前无法获知主线交通运行状况，容易造成随意汇入主线，而造成主线车辆发现不及而发生侧碰、追尾等交通事故发生。阻止匝道上车辆随意或者过早汇入主线，保证其能够有足够时间观察主线车流状况，加速到一定程度后减少与主线的运行速度差，这样才能提高行车安全。因此，本规范规定在匝道与主线间汇入段设置一定长度的隔离设施，保证车辆之间的通视，隔离长度为主线的一倍停车视距值。

隔离方式有标线隔离和物理分隔设施，建议地下道路的合流段采用物理隔离，分隔设施颜色宜醒目，能反光，具体还应符合《城市道路交通设施设计规范》GB 50688 的规定，且注意隔离设施的高度，自身不能影响行车视距。

6.3.5 进入城市地下道路时，光线明暗过渡，驾驶人通常需要一个视觉适应过程，为减少在这段适应过程范围内主线车辆行车受干扰，提高入口附近的行车安全，本规范借鉴了挪威隧道设计手册的规定，认为在这个过渡适应的区域应避免设置合流点，距离为照明设计中的入口段长度与第一过渡段长度之和。

6.4 变速车道

在匝道与主线连接路段，为适应车辆变速行驶需要，而不致影响主线交通所设置的附加车道称为变速车道。变速车道包括减速车道和加速度车道。

地下道路的加减速车道设置还应考虑施工工法，由于横断面变化会给施工带来困难，尤其是在采用盾构法施工时，不宜频繁变化更改横断面布置，此时通常直接设置辅助车道将出入口之间连接，而避免分别设置加减速车道。

本条主要针对当设置加减速车道时需要满足的技术指标。地下道路变速车道也可分为直接式和平行式，直接式是不设平行路段，由主线斜向渐变加宽，形成一条与匝道相连接的附加车道；平行式是指增设一条与主线平行的车道，其特点是车道划分明确，行车容易辨识。当地下道路主线的直行方向交通量较少或匝道与主线速度相差较小时，可采用直接式减速车道；当直行方向交通量较大或匝道与主线速度相差较大时，宜采用平行式，由于地下道路通视特性差，加速车道宜采用平行式汇入主线。

6.4.1 减速车道长度由过渡段长度和减速车道规定长度组成，减速车道规定长度是从确保一条车道宽度的断面起到导流岛端部的长度。日本、美国和西欧等国家，都对减速车道车行状态做了许多不同假设。日本的假定是：车辆首先以该公路平均车速通过减速车道的前端，在三角段进行车道变换并同时利用发动机减速。美国各州公路与交通运输工作者协会(AASHTO) 假定是：认为车辆先按主线平均车速由三角段转移车道进入到减速车道，之后再减速，第一次首先采用发动机来减速，第二次再利用制动器来进行减速，车速在到达减速车道终点时，减至匝道平均车速。

本规范计算时采用了 AASHTO 假设模型，车辆一般先按主线平均速度 V_0 由三角过渡段转移进入减速车道，然后先采用发动机减速行驶 t 时间至 V_1；最后利用制动器减速到达减速车道终点，车辆减速至匝道平均速度 V_2。

1） 利用发动机制动减速长度

$$S_1 = V_0 t - \frac{1}{2} a_1 t^2 \tag{2}$$

式中：V_0 ——初速度（m/s）；

t ——发动机制动器作用时间（s），取 3s；

a_1 ——发动机制动减速度（m/s^2）。

参考《城市道路交叉口设计规程》CJJ 152 中推荐的美国 AASHTO 关于平均行驶速度与设计速度关系，主线平均速度 V_0，见表 13。

表 13　设计速度与平均运行速度

设计速度（km/h）	初始运行速度（km/h）
100	80
80	70
60	60
50	50
40	40
30	30
20	20

发动机制动减速度 a_1 计算采用《城市道路交叉口设计规程》CJJ 152 推荐方法，计算如下：

$$a_1=\frac{g}{1+\varepsilon}\left(\mu+\gamma+\frac{RA}{W}V_0^2\right) \tag{3}$$

各参数取值可参考《城市道路交叉口设计规程》CJJ 152。

2）利用制动器制动减速长度

$$S_2=\frac{1}{2a_2}(V_1^2-V_2^2) \tag{4}$$

式中：a_2 ——制动器制动减速度（m/s^2）；

V_1 ——用制动器减速前发动机制动后的行驶速度（m/s）；

V_2 ——匝道起点平均运行速度（m/s），取值可采用美国 AASHTO 推荐值，见表 14。

表 14　匝道设计速度与平均运行速度

匝道设计速度（km/h）	匝道起点的平均运行速度（km/h）
70	60
60	55
50	45
40	40
35	35
30	30
25	25
20	20

制动器制动减速度 a_2 计算为：

$$a_2 = \frac{g}{1+\varepsilon}\left(\mu + f + \frac{RA}{W}V_0^2\right) \tag{5}$$

具体参数取值可参考《城市道路交叉口设计规程》CJJ 152，考虑到制动对乘客不舒服感觉，制动器制动减速度 a_2 最大值不超过 2.4m/s^2 为宜。

3）减速车道长度

$$S_{减} = S_1 + S_2 \tag{6}$$

通过上述公式计算得到不同主线设计速度与对应不同匝道设计速度下的减速车道长度。由于计算方法以及参数参考了《城市道路交叉口设计规程》CJJ 152－2010，因此，城市地下道路减速车道的计算值与《城市道路交叉口设计规程》CJJ 152－2010 基本一致，因此，本规范对城市地下道路的减速车道长度规定与《城市道路交叉口设计规程》相同，见表 15。

表 15 减速车道长度

主线设计速度（km/h）	80	60	50	40	30	20
减速车道长度（m）	80	70	50	30	20	15

加速车道是车辆从匝道进入主线路时，为了减少对主线的影响而设置的过渡车道，不仅为车辆提供加速的场所，也为车辆提供一个与主线车辆合流的机会。加速车道长度设置是否合适在很大程度上决定了入口匝道连接段交通运行质量。加速车道长度设置过短，汇入车辆不能及时找到可插入间隙；或者不得不在加速车道上停车等待，造成后面车辆排队；或者强行进入，诱发交通拥挤和交通事故，降低主线服务水平。如果加速车道设置过长，则会增加工程建设成本。

由于地下道路主线、匝道两侧都存在侧墙，在汇流鼻端无法和地面道路一样保证三角通视区，为保证匝道车辆能够有足够时间观察主线车流状况，同时加速到一定车速，减少与主线的运行速度差异。城市地下道路加速车道长度模型还需要在地面道路变速车道计算模型基础上增加这一过程，总体分解为四个过程：车辆对主线车流的认识感知过程即视距隔离段距离、加速过程、等待合流段长度以及变道过程，即加速车道长度为：

$$S_{加} = \max(S_p, S_a) + S_g + S_c \tag{7}$$

式中：S_p ——视距隔离段距离（m）；

S_a ——加速距离（m）；

S_g ——等待合流段长度（m）；

S_c ——车辆变道距离（m）。

城市地下道路的加速车道长度首先应满足车辆对主线车流的认识感知

过程保证行车视距，在此基础上考虑到车辆的加速以及汇入过程。

视距隔离段距离 S_{p} 参见本规范“6.3 分合流端”，加速距离、等待合流段长度计算采用与《城市道路交叉口设计规程》CJJ 152 相同，本规范在此不作重新阐述，最后计算出的加速车道长度如表 16。

表 16　加速车道长度计算值（m）

主线设计速度（km/h）	匝道设计速度（km/h）						
	60	50	40	35	30	25	20
80	180	190	220	—	—	—	—
60	—	120	120	130	140	—	—
50	—	—	100	100	100	100	—
40	—	—	70	70	70	70	70

6.4.4　渐变过渡段长度参考现行行业标准《城市道路交叉口设计规程》CJJ 152，长度计算方法如下：

1）计算方法一

渐变段长度根据车辆横移一个车道所需最短距离，横移时间取 3s，过渡段长度为：

$$L = V_{\mathrm{a}} t \tag{8}$$

式中：V_{a} ——平均行驶速度（km/h）。

2）计算方法二

车辆“S”形行驶轨迹反向曲线计算方法。根据日本《城市道路设计规范宣讲材料》和《高速公路设计要领》，渐变段计算为：

$$L = \sqrt{w(4r - w)} \tag{9}$$

$$r = \frac{V_{\mathrm{a}}^2}{127(u \pm i)} \tag{10}$$

式中：w ——变速车道宽度（m），本规范计算取 3.5m；

r ——反向曲线半径（m）；

i ——超高横坡，取 0；

u ——横向力系数，本规范计算取 0.16。

6.5　地下道路与地面道路衔接

6.5.1　本条借鉴了国外隧道设计规范的内容，从行车安全角度规定了城市地下道路出口接地点与地面交叉口的距离。研究表明，地下道路进出口的亮度急剧变化会造成驾驶明暗适应困难，剧烈的明暗过渡会使驾驶人瞳孔面积急剧变化。如果超出了驾驶人视觉适应能力，瞳孔将难以准确聚焦在视网膜上成像，从而产生瞬时盲期，此时若交叉口与地下道路出洞口距离过近，驾驶人不易识别交叉口，从而安全隐患极大。

因此，在交叉口与地下道路出洞口之间应保证足够的距离。对于城市下穿型的地下道路，出地下道路后通常设置一定长度的上坡敞开段，由于受竖曲线影响，车辆在爬升至地面接地点前通常很难对前方路况有详细了解，本条对于此类型的地下道路，规定了接地点与交叉口的距离，以保证驾驶人具有足够距离发现前方交叉口存在，能够有充足的视距发现交叉口车辆运行状况。这个距离根据交叉口类型不同，要求不同，具体规定见表17。对于山岭隧道等不存在敞开段接地点时，该距离可定义为隧道洞口至交叉口的距离。

表 17　地下道路接地点与地面平面交叉口距离

	距离控制要求	备注
无信号控制交叉口	2倍停车视距	当视线条件好、具有明显标志条件下，可以适当降低至1.5倍停车视距
信号控制交叉口	1倍停车视距	—

6.5.2　驾驶人由于受地形道路压抑环境和“黑洞”、“白洞”的影响，当分流端与隧道洞口间距过小，车辆驶出隧道后进入互通前，驾驶人需要对大量道路信息做出判断，极易错过互通出口或在互通出口处犹豫、突然变换车道、急刹车等情况，影响了主线正常行车。此外，出口匝道的影响范围内一般情况下道路环境复杂，车道变换频繁，驾驶行为与基本路段有较大差异，驾驶人驾驶负荷和心理压力大幅度增加。进出隧道洞口与道路出口分流区域都是行车危险、事故多发路段，控制道路的分流端与隧道洞口间距的问题实质就是避免这两种危险区域的叠加。

我国在《公路路线设计规范》JTG D20－2006中提及相关规定：“隧道出口与前方互通式立体交叉的距离，应满足设置出口预告标志的需要；条件受限制时，隧道出口与前方互通式立体交叉减速车道渐变段起点的距离不应小于1000m，否则应在隧道入口前或隧道内设置预告标志”、“互通式立体交叉与前方隧道进口间的距离，应满足设置标志和设置标志以后对洞口判断所需的距离”。但该规定只是笼统地给出一个值，没有给出具体的计算分析方法，很多情况下很难满足1000m的规定要求。国内长安大学研究认为该距离偏高，通过研究认为在高速公路二级服务水平下，隧道出口与互通式立交出口的极限最小间距不宜小于600m，一般值宜大于800m，成果已应用于部分高速公路的设计之中。

从国外设计手册规范要求来看，挪威隧道设计手册对直接式减速车道长度的起点与洞口距离规定应大于一倍停车视距的距离。荷兰在这方面开展了较为详细的研究，对加减速车道起终点与洞口的距离与事故率建立的关系，见图12。

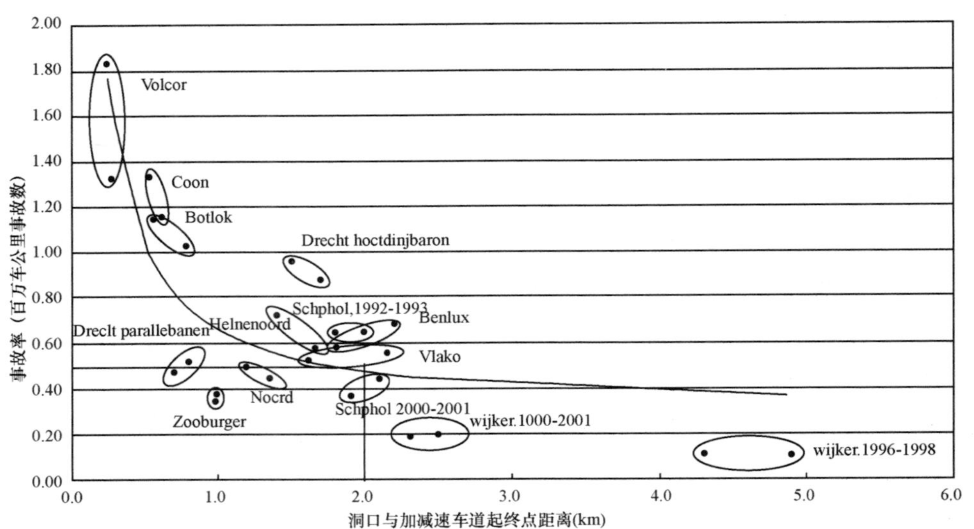

图12 加减速车道起终点与洞口的距离与事故率的关系

综上所述，该距离与预告标志的设置、光线变化有关，交通量、车辆横移行程等多因素有关。综合考虑行车安全性以及城市道路实际工程特点和建设需求，本规范规定城市地下道路洞口与邻接地面道路出口匝道减速车道渐变段起点的距离应满足设置出口预告标志需要，条件受限时，该距离不应小于1.5倍主线停车视距。除需满足最短距离外，还应采取一些安全保障措施，如在地下道路洞内连续设置出口预告标志，提醒驾驶人前方出口匝道，或在地下道路出口与出口匝道之间设置减速振动带，以强化提示前方出口。

6.5.3 本规范6.5.1条从保证行车安全角度规定地下道路出洞口与地面交叉口距离，但对于城市区域，该距离还应满足交叉口通行效率和交通组织的需求。《城市快速路设计规程》CJJ 129中对高架道路匝道与交叉口距离规定：下匝道坡脚至交叉口停车线距离由红灯期间车辆排队长度以及匝道左（右）转和地面道路右（左）转车辆转换车道所需的交织长度两部分组成。规定一般大于140m，在特殊困难路段不小于100m。上坡匝道坡脚至交叉口缘石切点处距离一般只要保证横向道路和对向车辆上匝道的交织长度即可，一般采用50m～100m。

对于地下道路出洞口后，与前方交叉口尤其是信号控制交叉口的距离仍需要考虑排队和交织长度的要求，从对交叉口的交通影响来看，地面下道路出洞口与高架匝道接入地面类似，差异不大。因此，对于地下出洞口接地点与地面道路的交叉口距离可采用快速路规程的规定。

对于重要交叉口，宜接入进行专项的交通组织设计，评价地下道路出入口接入交叉口时，对交叉口的通行能力影响，优化布置接入点。

八、无障碍设计规范

GB 50763－2012

3 无障碍设施的设计要求

3.1 缘石坡道

3.1.1 缘石坡道应符合下列规定：

1 缘石坡道的坡面应平整、防滑；

2 缘石坡道的坡口与车行道之间宜没有高差；当有高差时，高出车行道的地面不应大于 10mm；

3 宜优先选用全宽式单面坡缘石坡道。

3.1.2 缘石坡道的坡度应符合下列规定：

1 全宽式单面坡缘石坡道的坡度不应大于 1∶20；

2 三面坡缘石坡道正面及侧面的坡度不应大于 1∶12；

3 其他形式的缘石坡道的坡度均不应大于 1∶12。

3.1.3 缘石坡道的宽度应符合下列规定：

1 全宽式单面坡缘石坡道的宽度应与人行道宽度相同；

2 三面坡缘石坡道的正面坡道宽度不应小于 1.20m；

3 其他形式的缘石坡道的坡口宽度均不应小于 1.50m。

3.2 盲道

3.2.1 盲道应符合下列规定：

1 盲道按其使用功能可分为行进盲道和提示盲道；

2 盲道的纹路应凸出路面 4mm 高；

3 盲道铺设应连续，应避开树木（穴）、电线杆、拉线等障碍物，其他设施不得占用盲道；

4 盲道的颜色宜与相邻的人行道铺面的颜色形成对比，并与周围景观相协调，宜采用中黄色；

5 盲道型材表面应防滑。

3.2.2 行进盲道应符合下列规定：

1 行进盲道应与人行道的走向一致；

2 行进盲道的宽度宜为 250mm～500mm；

3 行进盲道宜在距围墙、花台、绿化带 250mm～500mm 处设置；

4 行进盲道宜在距树池边缘 250mm～500mm 处设置；如无树池，行进盲道与路缘石上沿在同一水平面时，距路缘石不应小于 500mm，行进盲道比路缘石上沿低时，距路缘石不应小于 250mm；盲道应避开非机动车停放的位置；

5 行进盲道的触感条规格应符合表 3.2.2 的规定。

表 3.2.2　行进盲道的触感条规格

部　位	尺寸要求（mm）
面宽	25
底宽	35
高度	4
中心距	62～75

3.2.3 提示盲道应符合下列规定：

1 行进盲道在起点、终点、转弯处及其他有需要处应设提示盲道，当盲道的宽度不大于 300mm 时，提示盲道的宽度应大于行进盲道的宽度；

2 提示盲道的触感圆点规格应符合表 3.2.3 的规定。

表 3.2.3　提示盲道的触感圆点规格

部　位	尺寸要求（mm）
表面直径	25
底面直径	35
圆点高度	4
圆点中心距	50

4　城市道路

4.1　实 施 范 围

4.1.1 城市道路无障碍设计的范围应包括：

1 城市各级道路；

2 城镇主要道路；

3 步行街；

4 旅游景点、城市景观带的周边道路。

4.1.2 城市道路、桥梁、隧道、立体交叉中人行系统均应进行无障碍设计，无障碍设施应沿行人通行路径布置。

4.1.3 人行系统中的无障碍设计主要包括人行道、人行横道、人行天桥及地道、公交车站。

4.2 人行道

4.2.1 人行道处缘石坡道设计应符合下列规定：

1 人行道在各种路口、各种出入口位置必须设置缘石坡道；

2 人行横道两端必须设置缘石坡道。

4.2.2 人行道处盲道设置应符合下列规定：

1 城市主要商业街、步行街的人行道应设置盲道；

2 视觉障碍者集中区域周边道路应设置盲道；

3 坡道的上下坡边缘处应设置提示盲道；

4 道路周边场所、建筑等出入口设置的盲道应与道路盲道相衔接。

4.2.3 人行道的轮椅坡道设置应符合下列规定：

1 人行道设置台阶处，应同时设置轮椅坡道；

2 轮椅坡道的设置应避免干扰行人通行及其他设施的使用。

4.2.4 人行道处服务设施设置应符合下列规定：

1 服务设施的设置应为残障人士提供方便；

2 宜为视觉障碍者提供触摸及音响一体化信息服务设施；

3 设置屏幕信息服务设施，宜为听觉障碍者提供屏幕手语及字幕信息服务；

4 低位服务设施的设置，应方便乘轮椅者使用；

5 设置休息座椅时，应设置轮椅停留空间。

4.3 人行横道

4.3.1 人行横道范围内的无障碍设计应符合下列规定：

1 人行横道宽度应满足轮椅通行需求；

2 人行横道安全岛的形式应方便乘轮椅者使用；

3 城市中心区及视觉障碍者集中区域的人行横道，应配置过街音响提示装置。

4.4 人行天桥及地道

4.4.1 盲道的设置应符合下列规定：

1 设置于人行道中的行进盲道应与人行天桥及地道出入口处的提示盲道相连接；

2 人行天桥及地道出入口处应设置提示盲道；

3 距每段台阶与坡道的起点与终点 250mm～500mm 处应设提示盲道，其长度应与坡道、梯道相对应。

4.4.2 人行天桥及地道处坡道与无障碍电梯的选择应符合下列规定：

1 要求满足轮椅通行需求的人行天桥及地道处宜设置坡道，当设置坡道有困难时，应设置无障碍电梯；

2 坡道的净宽度不应小于 2.00m；

3 坡道的坡度不应大于 1∶12；

4 弧线形坡道的坡度，应以弧线内缘的坡度进行计算；

5 坡道的高度每升高 1.50m 时，应设深度不小于 2.00m 的中间平台；

6 坡道的坡面应平整、防滑。

4.4.3 扶手设置应符合下列规定：

1 人行天桥及地道在坡道的两侧应设扶手，扶手宜设上、下两层；

2 在栏杆下方宜设置安全阻挡措施；

3 扶手起点水平段宜安装盲文铭牌。

4.4.4 当人行天桥及地道无法满足轮椅通行需求时，宜考虑地面安全通行。

4.4.5 人行天桥桥下的三角区净空高度小于 2.00m 时，应安装防护设施，并应在防护设施外设置提示盲道。

4.5 公交车站

4.5.1 公交车站处站台设计应符合下列规定：

1 站台有效通行宽度不应小于 1.50m；

2 在车道之间的分隔带设公交车站时应方便乘轮椅者使用。

4.5.2 盲道与盲文信息布置应符合下列规定：

1 站台距路缘石 250mm～500mm 处应设置提示盲道，其长度应与公交车站的长度相对应；

2 当人行道中设有盲道系统时，应与公交车站的盲道相连接；

3 宜设置盲文站牌或语音提示服务设施，盲文站牌的位置、高度、形式与内容应方便视觉障碍者的使用。

4.6 无障碍标识系统

4.6.1 无障碍设施位置不明显时，应设置相应的无障碍标识系统。

4.6.2 无障碍标志牌应沿行人通行路径布置，构成标识引导系统。

4.6.3 无障碍标志牌的布置应与其他交通标志牌相协调。

无障碍设计规范

GB 50763－2012

条文说明

3 无障碍设施的设计要求

3.1 缘石坡道

3.1.1 为了方便行动不便的人特别是乘轮椅者通过路口，人行道的路口需要设置缘石坡道，在缘石坡道的类型中，单面坡缘石坡道是一种通行最为便利的缘石坡道，丁字路口的缘石坡道同样适合布置单面坡的缘石坡道。实践表明，当缘石坡道顺着人行道路的方向布置时，采用全宽式单面坡缘石坡道（图 3-1）最为方便。其他类型的缘石坡道，如三面坡缘石坡道（图 3-2）等可根据具体情况有选择性地采用。

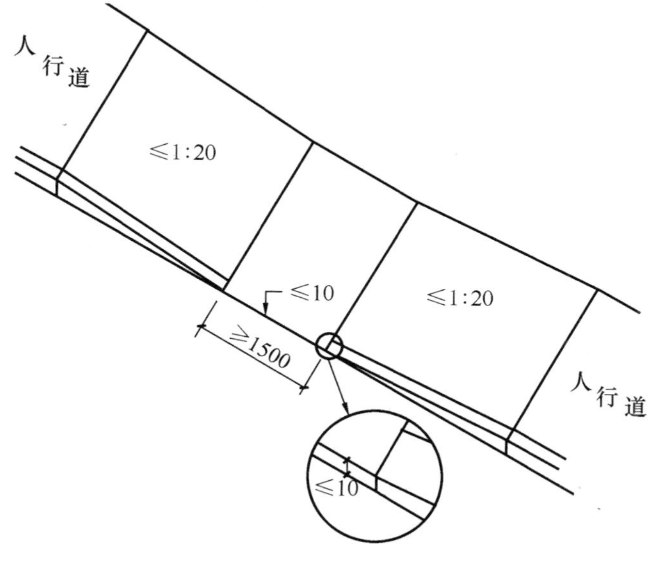

图 3-1 全宽式单面坡缘石坡道

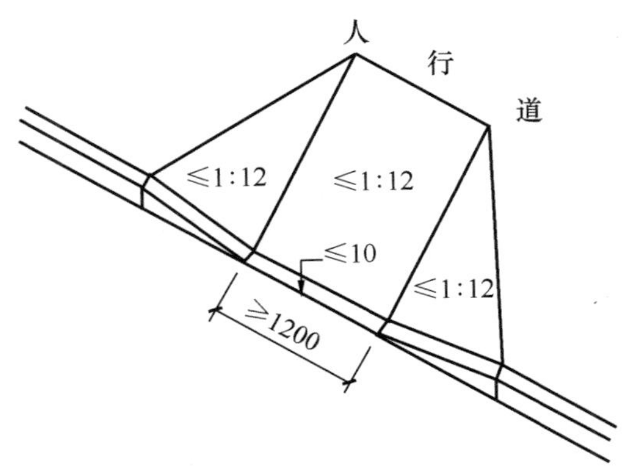

图 3-2　三面坡缘石坡道

3.2 盲　　道

3.2.1 第 1 款　盲道有两种类型，一种是行进盲道（图 3-3），行进盲道应能指引视觉障碍者安全行走和顺利到达无障碍设施的位置，呈条状；另一种是在行进盲道的起点、终点及拐弯处设置的提示盲道（图 3-4），提示盲道能告知视觉障碍者前方路线的空间环境将发生变化，呈圆点形。目前以 250mm×250mm 的成品盲道构件居多。

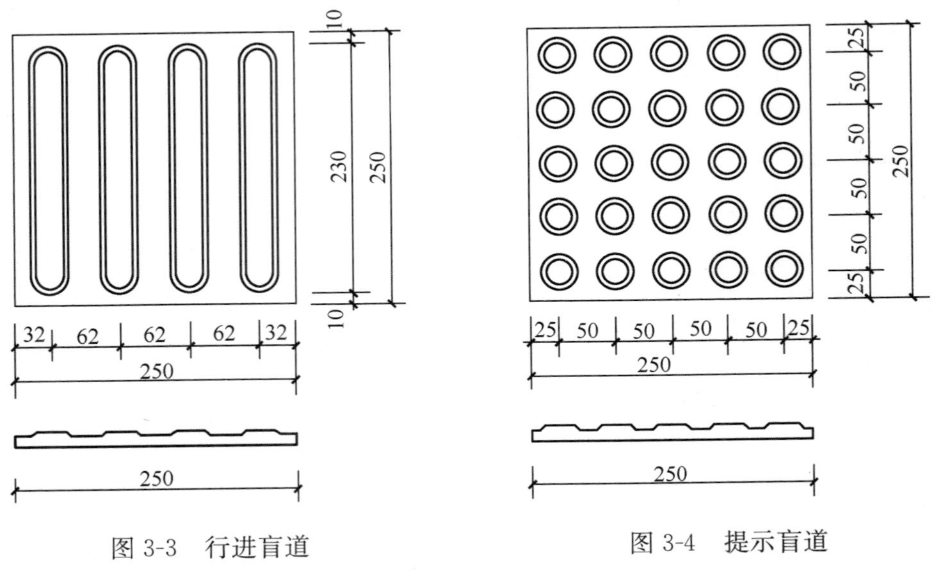

图 3-3　行进盲道　　　　图 3-4　提示盲道

目前使用较多的盲道材料可分成 5 类：预制混凝土盲道砖、花岗石盲道板、大理石盲道板、陶瓷类盲道板、橡胶塑料类盲道板、其他材料（不锈钢、聚氯乙烯等）盲道型材。

第 3 款　盲道不仅引导视觉障碍者行走，还能保护他们的行进安全，因此盲道在人行道的定位很重要，应避开树木（穴）、电线杆、拉线等障碍物，其他设施也不得占用盲道。

第 4 款　盲道的颜色应与相邻的人行道铺面的颜色形成反差，并与周围景观相协调，宜采用中黄色，因为中黄色比较明亮，更易被发现。

4　城市道路

4.1　实 施 范 围

4.1.1　城市道路进行无障碍设计的范围包括主干路、次干路、支路等城市各级道路，郊区、区县、经济开发区等城镇主要道路，步行街等主要商业区道路，旅游景点、城市景观带等周边道路，以及其他有无障碍设施设计需求的各类道路，确保城市道路范围内无障碍设施布置完整，构建无障碍物质环境。

4.1.2、4.1.3　城市道路涉及人行系统的范围均应进行无障碍设计，不仅对无障碍设计范围给予规定，并进一步对城市道路应进行无障碍设计的位置提出要求，便于设计人员及建设部门进行操作。

4.2　人　行　道

4.2.1　第 1 款　人行道是城市道路的重要组成部分，人行道在路口及人行横道处与车行道如有高差，不仅造成乘轮椅者的通行困难，也会给人行道上行走的各类群体带来不便。因此，人行道在交叉路口、街坊路口、单位出入口、广场出入口、人行横道及桥梁、隧道、立体交叉范围等行人通行位置，通行线路存在立缘石高差的地方，均应设缘石坡道，以方便人们使用。

第 2 款　人行横道两端需设置缘石坡道，为肢体障碍者及全社会各类人士作出提示，方便人们使用。

4.2.2　第 1、2 款　盲道及其他信息设施的布置，要为盲人通行的连续性和安全性提供保证。因此在城市主要商业街、步行街的人行道及视觉障碍者集中区域（指视觉障碍者人数占该区域人数比例 1.5%以上的区域，如盲人学校、盲人工厂、医院等）的人行道需设置盲道，协助盲人通过盲杖和脚感的触觉，方便安全地行走。

第 3 款　坡道的上下坡边缘处需设置提示盲道，为视觉障碍者及全社会各类人士作出提示，方便人们使用。

4.2.3　要满足轮椅在人行道范围通行无障碍，要求人行道中设有台阶的位置，同时应设有坡道，以方便各类人群的通行。坡道设置时应避免与行人通行产生矛盾，在设施布置时，尽量避免轮椅坡道通行方向与行人通行方向产生交叉，尽可能使两个通行流线相平行。

4.2.4 人行道范围内的服务设施是无障碍设施的重要部分，是保证残障人士平等参与社会活动的重要保障设施，服务设施宜针对视觉障碍者、听觉障碍者及肢体障碍者等不同类型的障碍者分别进行考虑，满足各类行动障碍者的服务需求。

4.3 人 行 横 道

4.3.1 第 1 款 人行横道设置时，人行横道的宽度要满足轮椅通行的需求。在医院、大剧院、老年人公寓等特殊区域，由于轮椅使用数量相对较多，人行横道的宽度还要考虑满足一定数量轮椅同时通行的需求，避免产生安全隐患。

第 2 款 人行横道中间的安全岛，会有高出车行道的情况，影响了乘轮椅者的通行，因此安全岛设置需要考虑与车行道同高或安全岛两侧设置缘石坡道，并从通行宽度方面给予要求，从而方便乘轮椅者通行。

第 3 款 音响设施需要为视觉障碍者的通行提供有效的帮助，在路段提供是否通行和还有多长的通行时间等信息，在路口还需增加通行方向的信息。通过为视觉障碍者提供相关的信息，保证他们过街的安全性。

4.4 人行天桥及地道

4.4.1 人行天桥及地道出入口处需设置提示盲道，针对行进规律的变化及时为视觉障碍者提供警示。同时当人行道中有行进盲道时，应将其与人行天桥及人行地道出入口处的提示盲道合理衔接，满足视觉障碍者的连续通行需求。

4.4.2 人行天桥及地道的设计，在场地条件允许的情况下，应尽可能设置坡道或无障碍电梯。当场地条件存在困难时，需要根据规划条件，在进行交通分析时，对行人服务对象的需求进行分析，从道路系统与整体环境要求的高度进行取舍判断。

人行天桥及地道处设置坡道，方便乘轮椅者及全社会各类人士的通行，当设坡道有困难时可设无障碍电梯，构成无障碍环境，完成无障碍通行。无障碍电梯需求量大或条件允许时，也可进行无障碍电梯设置，满足乘轮椅者及全社会各类人士的通行需求，提高乘轮椅者及全社会各类人士的通行质量。

人行天桥及地道处的坡道设置，是为了方便乘坐轮椅者能够靠自身力量安全通行。弧线形坡道布置，坡道两侧的长度不同，形成的坡度有差异，因此对坡道的设计提出相应的指标控制要求。

4.4.3 人行天桥和人行地道设扶手，是为了方便行动不便的人通行，未设扶手的人行天桥及地道，曾发生过老年人和行动障碍者摔伤事故，其原因并非技术、经济上的困难，而是未将扶手作为使用功能来重视。在无障碍设计中，扶手同样是重要设施之一。坡道扶手水平段外侧宜设置盲文铭牌，可使视觉障碍者了解自己所在位置及走向，方便其继续行走。

4.4.4 人行天桥及地道处无法满足弱势群体通行需求情况下，可考虑通过地面交通实现弱势群体安全通行的需求，体现无障碍设计的多样化及人性化。

4.4.5 人行天桥桥下的三角区，对于视觉障碍者来说是一个危险区域，容易发生碰撞，因此应在结构边缘设置提示盲道，避免安全隐患。

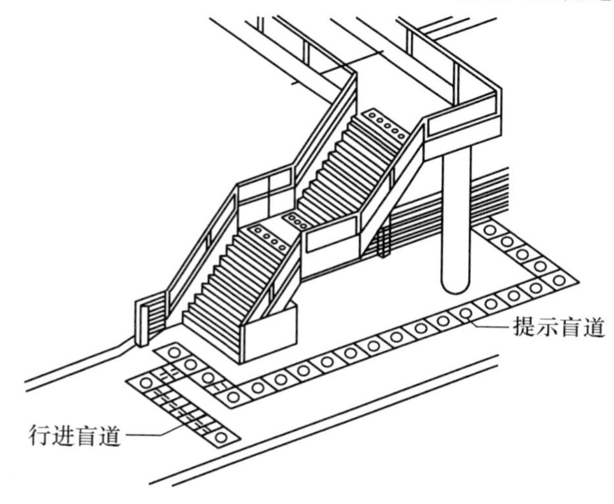

图 4-1　人行天桥提示盲道示意图

4.5 公交车站

4.5.1 公交车站处站台有效宽度应满足轮椅通行与停放的要求，并兼顾其他乘客的通行，当公交车站设在车道之间的分隔带上时，为了使行动不便的人穿越非机动车道，安全地到达分隔带上的公交候车站，应在穿行处设置缘石坡道，缘石坡道应与人行横道相对应。

4.5.2 在我国，视觉障碍者的出行，如上班、上学、购物、探亲、访友、办事等主要靠公共交通，因此解决他们出门找到车站和提供交通换乘十分重要，为了视觉障碍者能够方便到达公交候车站、换乘公交车辆，需要在候车站范围设置提示盲道和盲文站牌。

在公交候车站铺设提示盲道主要方便视觉障碍者了解候车站的位置，

人行道中有行进盲道时，应与公共车站的提示盲道相连接。

为了给视觉障碍者提供更好的公交站牌信息，在城市主要道路和居住区的公交车站，应安装盲文站牌或有声服务设施，盲文站牌的设置，既要方便视觉障碍者的使用，又要保证安全，防止倒塌，且不易被人破坏。

4.6 无障碍标识系统

4.6.1～4.6.3 凡设有无障碍设施的道路人行系统中，为了能更好地为残障人士服务，并易于被残障人士所识别，应在无障碍设计地点显著位置上安装符合我国国家标准的无障碍标志牌，标志牌应反映一定区域范围内的无障碍设施分布情况，并提示现况位置。无障碍标识的布置，应根据指示、引导和确认的需求进行设计，沿通行路径布置，构成完整引导系统。

悬挂醒目的无障碍标志，一是使用者一目了然，二是告知无关人员不要随意占用。城市中的道路交通，应尽可能提供多种标志和信息源，以适合各种残障人士的不同要求。

无障碍设施标志牌可与其他交通设施标志牌协调布置，更好地为道路资源使用者服务。

九、城市道路绿化规划与设计规范

CJJ 75－97

3　道路绿化规划

3.3　树种和地被植物选择

3.3.1　道路绿化应选择适应道路环境条件、生长稳定、观赏价值高和环境效益好的植物种类。

3.3.2　寒冷积雪地区的城市，分车绿带、行道树绿带种植的乔木，应选择落叶树种。

3.3.3　行道树应选择深根性、分枝点高、冠大荫浓、生长健壮、适应城市道路环境条件，且落果对行人不会造成危害的树种。

3.3.4　花灌木应选择花繁叶茂、花期长、生长健壮和便于管理的树种。

3.3.5　绿篱植物和观叶灌木应选用萌芽力强、枝繁叶密、耐修剪的树种。

3.3.6　地被植物应选择茎叶茂密、生长势强、病虫害少和易管理的木本或草本观叶、观花植物。其中草坪地被植物尚应选择萌蘖力强、覆盖率高、耐修剪和绿色期长的种类。

4　道路绿带设计

4.1　分车绿带设计

4.1.1　分车绿带的植物配置应形式简洁，树形整齐，排列一致。乔木树干中心至机动车道路缘石外侧距离不宜小于0.75m。

4.1.2　中间分车绿带应阻挡相向行驶车辆的眩光，在距相邻机动车道路面高度0.6m至1.5m之间的范围内，配置植物的树冠应常年枝叶茂密，其株距不得大于冠幅的5倍。

4.1.3　两侧分车绿带宽度大于或等于1.5m的，应以种植乔木为主，并宜乔木、灌木、地被植物相结合。其两侧乔木树冠不宜在机动车道上方搭接。

分车绿带宽度小于1.5m的，应以种植灌木为主，并应灌木、地被植物相结合。

4.1.4 被人行横道或道路出入口断开的分车绿带，其端部应采取通透式配置。

4.2 行道树绿带设计

4.2.1 行道树绿带种植应以行道树为主，并宜乔木、灌木、地被植物相结合、形成连续的绿带。

在行人多的路段，行道树绿带不能连续种植时，行道树之间宜采用透气性路面铺装。树池上宜覆盖池箅子。

4.2.2 行道树定植株距，应以其树种壮年期冠幅为准，最小种植株距应为4m。行道树树干中心至路缘石外侧最小距离宜为0.75m。

4.2.3 种植行道树其苗木的胸径：快长树不得小于5cm；慢长树不宜小于8cm。

4.2.4 在道路交叉口视距三角形范围内，行道树绿带应采用通透式配置。

4.3 路侧绿带设计

4.3.1 路侧绿带应根据相邻用地性质、防护和景观要求进行设计，并应保持在路段内的连续与完整的景观效果。

4.3.2 路侧绿带宽度大于8m时，可设计成开放式绿地。开放式绿地中，绿化用地面积不得小于该段绿带总面积的70%。路侧绿带与毗邻的其他绿地一起辟为街旁游园时，其设计应符合现行行业标准《公园设计规范》(CJJ 48)的规定。

4.3.3 濒临江、河、湖、海等水体的路侧绿地，应结合水面与岸线地形设计成滨水绿带。滨水绿带的绿化应在道路和水面之间留出透景线。

4.3.4 道路护坡绿化应结合工程措施栽植地被植物或攀缘植物。

6 道路绿化与有关设施

6.1 道路绿化与架空线

6.1.1 在分车绿带和行道树绿带上方不宜设置架空线。必须设置时，应保证架空线下有不小于9m的树木生长空间。架空线下配置的乔木应选择开放形树冠或耐修剪的树种。

6.1.2 树木与架空电力线路导线的最小垂直距离应符合表 6.1.2 的规定。

树木与架空电力线路导线的最小垂直距离　　表 6.1.2

电压（kV）	1～10	35～110	154～220	330
最小垂直距离（m）	1.5	3.0	3.5	4.5

6.2 道路绿化与地下管线

6.2.1 新建道路或经改建后达到规划红线宽度的道路，其绿化树木与地下管线外缘的最小水平距离宜符合表 6.2.1 的规定；行道树绿带下方不得敷设管线。

树木与地下管线外缘最小水平距离　　表 6.2.1

管线名称	距乔木中心距离（m）	距灌木中心距离（m）
电力电缆	1.0	1.0
电信电缆（直埋）	1.0	1.0
电信电缆（管道）	1.5	1.0
给水管道	1.5	—
雨水管道	1.5	—
污水管道	1.5	—
燃气管道	1.2	1.2
热力管道	1.5	1.5
排水盲沟	1.0	—

6.2.2 当遇到特殊情况不能达到表 6.2.1 中规定的标准时，其绿化树木根颈中心至地下管线外缘的最小距离可采用表 6.2.2 的规定。

树木根颈中心至地下管线外缘最小距离　　表 6.2.2

管线名称	距乔木根颈中心距离（m）	距灌木根颈中心距离（m）
电力电缆	1.0	1.0
电信电缆（直埋）	1.0	1.0
电信电缆（管道）	1.5	1.0
给水管道	1.5	1.0
雨水管道	1.5	1.0
污水管道	1.5	1.0

6.3 道路绿化与其他设施

6.3.1 树木与其他设施的最小水平距离应符合表6.3.1的规定。

树木与其他设施最小水平距离 **表6.3.1**

设施名称	至乔木中心距离（m）	至灌木中心距离（m）
低于2m的围墙	1.0	—
挡土墙	1.0	—
路灯杆柱	2.0	—
电力、电信杆柱	1.5	—
消防龙头	1.5	2.0
测量水准点	2.0	2.0

城市道路绿化规划与设计规范

CJJ 75－97

条 文 说 明

3 道路绿化规划

3.3 树种和地被植物选择

3.3.1 城市道路环境受到许多因素影响，不同地段的环境条件可能差异较大，选择的植物首先要适应栽植地的环境条件，使之能生长健壮，绿化效果稳定。其次，在满足首要条件的情况下，宜优先选用一些能够体现城市绿化风貌的树种，更好发挥道路绿化的美化作用。

3.3.2 落叶乔木在冬季可以减少对阳光的遮挡，提高地面温度，在北方寒冷地区可使地面冰雪尽快融化。

3.3.3 落果对行人不会造成危害的树种是指行道树的落果不致砸伤树下行人和污染行人衣物。

4 道路绿带设计

4.1 分车绿带设计

4.1.1 分车绿带靠近机动车道，其绿化应形成良好的行车视野环境。分车绿带绿化形式简洁、树木整齐一致，使驾驶员容易辨别穿行道路的行人，可减少驾驶员视觉疲劳。相反，植物配置繁乱，变化过多，容易干扰驾驶员视线，尤其在雨天、雾天影响更大。

分车带上种植的乔木，其树干中心至机动车道路缘石外侧距离不宜小于0.75m的规定，主要是从交通安全和树木的种植养护两方面考虑。

4.1.2 在中间分车绿带上合理配置灌木、灌木球、绿篱等枝叶茂密的常绿植物能有效地阻挡对面车辆夜间行车的远光，改善行车视野环境。具体数据引自《环境绿地》一书。

4.1.3 分车绿带距交通污染源最近，其绿化所起的滤减烟尘、减弱噪声的效果最佳。两侧分车绿带对非机动车有庇护作用。因此，两侧分车带宽度在1.5m以上时，应种植乔木，并宜乔木、灌木、地被植物复层混交，扩大绿量。

道路两侧的乔木不宜在机动车道上方搭接，是避免形成绿化“隧道”，有利于汽车尾气及时向上扩散，减少汽车尾气污染道路环境。

4.1.4 分车绿带端部采取通透式栽植，是为穿越道路的行人或并入的车辆容易看到过往车辆，以利行人、车辆安全。具体执行时，其端部范围应依据道路交通相关数据确定。

4.2 行道树绿带设计

4.2.1 行道树绿带绿化主要是为行人及非机动车庇荫，种植行道树可以较好地起到庇荫作用。在人行道较宽、行人不多或绿带有隔离防护设施的路段，行道树下可以种植灌木和地被植物，减少土壤裸露，形成连续不断的绿化带，提高防护功能，加强绿化景观效果。

当行道树绿带只能种植行道树时，行道树之间采用透气性的路面材料铺装，利于渗水通气，改善土壤条件，保证行道树生长，同时也不妨碍行人行走。

4.2.2 行道树种植株距不小于4m，是使行道树树冠有一定的分布空间，有必要的营养面积，保证其正常生长，同时也是便于消防、急救、抢险等车辆在必要时穿行。树干中心至路缘石外侧距离不小于0.75m，是利于行道树的栽植和养护管理，也是为了树木根系的均衡分析、防止倒伏。

4.2.3 快长树胸径不得小于5cm，慢长树胸径不宜小于8cm的行道树种植苗木的标准，是为了保证新栽行道树的成活率和在种植后较短的时间内达到绿化效果。

4.3 路侧绿带设计

4.3.1 路侧绿带是道路绿化的重要组成部分。同时，路侧绿带与沿路的用地性质或建筑物关系密切，有些建筑要求绿化衬托；有些建筑要求绿化防护；有些建筑需要在绿化带中留出入口。因此，路侧绿带设计要兼顾街景与沿街建筑需要，应在整体上保持绿带连续、完整、景观统一。

4.3.2 路侧绿带宽度在8m以上时，内部铺设游步道后，仍能留有一定宽度的绿化用地，而不影响绿带的绿化效果。因此，可以设计成开放式绿地，方便行人进入游览休息，提高绿地的功能作用。开放式绿地中绿化用地面积不得小于70％的规定是参照现行行业标准《公园设计规范》（CJJ 48－92）制定的。

6 道路绿化与有关设施

6.1 道路绿化与架空线

6.1.1 分车绿带和行道树绿带为改善道路环境质量和美化街景起着重要作用，但因绿带宽度有限，乔木的种植位置基本固定。因此，不宜在此绿带上设置架空线，以免影响绿化效果。若必须在此绿带上方设置架空线，只有提高架设高度。架空线架设的高度根据其电压而定，使其架设高度减去距树木的规定距离后，还保持9m以上的高度，作为树木生长的空间。树木生长空间高度不应小于9m的要求，是因为在分车绿带和行道树绿带上种植的乔木，其下面受到道路行车净空的制约，一般枝下高距路面4.5m；为保证树木的正常生长与树形的美观，树冠向上生长空间也不应小于4.5m，所以对乔木的上方限高不得低于9m。

6.1.2 树冠与架空电力线路导线的最小垂直距离的规定是根据《电力线路防护规程》的规定制定的。

6.2 道路绿化与地下管线

6.2.1 树木与地下管线外缘最小水平距离的规定是根据《城市工程管线综合规划规范》的规定制定的，其中排水盲沟与乔木的距离规定是根据现行行业标准《城市道路设计规范》（CJJ 37—90）的规定制定的。在道路规划时应统一考虑各种敷设管线与绿化树木的位置关系，通过留出合理的用地或采用管道共同沟的方式，可以解决管线与绿化树木的矛盾。因此，新建道路或改建后达到规划红线宽度的道路，其绿化树木与地下管线的最小水平距离应符合本条的规定。行道树绿带在道路绿化中作用重要，种植行道树的位置基本固定。因此，新建道路或改建后达到规划红线宽度的道路，其行道树绿带下方不应敷设管线，以免影响种植行道树。

6.2.2 此条主要考虑道路上已有现状管线或改建的道路未能达到规划红线宽度，其用地紧张，绿化树木与敷设的管线之间很难达到第6.2.1条的规定。根据实地调研，现实情况多是靠近或在管线上方种植。为了既考虑现实情况，又要协调矛盾，本规定的距离是采用以树木根颈中心至管线外缘最小距离，也就是以树木根颈为中心的半径距离。这样可以通过管线的合理深埋，充分利用地下空间。

6.3 道路绿化与其他设施

6.3.1 树木与其他设施最小水平距离的规定主要参照现行行业标准《公园设计规范》（CJJ 48—92）的规定制定的。其中电力、电信杆柱距乔木中心最小距离 1.5m 的规定是根据《城市工程管线综合规划规范》的规定制定的。

十、城市工程管线综合规划规范

GB 50289－2016

3 基本规定

3.0.1 城市工程管线综合规划的主要内容应包括：协调各工程管线布局；确定工程管线的敷设方式；确定工程管线敷设的排列顺序和位置，确定相邻工程管线的水平间距、交叉工程管线的垂直间距；确定地下敷设的工程管线控制高程和覆土深度等。

3.0.2 城市工程管线综合规划应能够指导各工程管线的工程设计，并应满足工程管线的施工、运行和维护的要求。

3.0.3 城市工程管线宜地下敷设，当架空敷设可能危及人身财产安全或对城市景观造成严重影响时应采取直埋、保护管、管沟或综合管廊等方式地下敷设。

3.0.4 工程管线的平面位置和竖向位置均应采用城市统一的坐标系统和高程系统。

3.0.5 工程管线综合规划应符合下列规定：

1 工程管线应按城市规划道路网布置；

2 各工程管线应结合用地规划优化布局；

3 工程管线综合规划应充分利用现状管线及线位；

4 工程管线应避开地震断裂带、沉陷区以及滑坡危险地带等不良地质条件区。

3.0.6 区域工程管线应避开城市建成区，且应与城市空间布局和交通廊道相协调，在城市用地规划中控制管线廊道。

3.0.7 编制工程管线综合规划时，应减少管线在道路交叉口处交叉。当工程管线竖向位置发生矛盾时，宜按下列规定处理：

1 压力管线宜避让重力流管线；

2 易弯曲管线宜避让不易弯曲管线；

3 分支管线宜避让主干管线；

4 小管径管线宜避让大管径管线；

5 临时管线宜避让永久管线。

4 地下敷设

4.1 直埋、保护管及管沟敷设

4.1.1 严寒或寒冷地区给水、排水、再生水、直埋电力及湿燃气等工程管线应根据土壤冰冻深度确定管线覆土深度；非直埋电力、通信、热力及干燃气等工程管线以及严寒或寒冷地区以外地区的工程管线应根据土壤性质和地面承受荷载的大小确定管线的覆土深度。

工程管线的最小覆土深度应符合表 4.1.1 的规定。当受条件限制不能满足要求时，可采取安全措施减少其最小覆土深度。

表 4.1.1 工程管线的最小覆土深度（m）

管线名称		给水管线	排水管线	再生水管线	电力管线		通信管线		直埋热力管线	燃气管线	管沟
					直埋	保护管	直埋及塑料、混凝土保护管	钢保护管			
最小覆土深度	非机动车道（含人行道）	0.60	0.60	0.60	0.70	0.50	0.60	0.50	0.70	0.60	—
	机动车道	0.70	0.70	0.70	1.00	0.50	0.90	0.60	1.00	0.90	0.50

注：聚乙烯给水管线机动车道下的覆土深度不宜小于 1.00m。

4.1.2 工程管线应根据道路的规划横断面布置在人行道或非机动车道下面。位置受限制时，可布置在机动车道或绿化带下面。

4.1.3 工程管线在道路下面的规划位置宜相对固定，分支线少、埋深大、检修周期短和损坏时对建筑物基础安全有影响的工程管线应远离建筑物。工程管线从道路红线向道路中心线方向平行布置的次序宜为：电力、通信、给水（配水）、燃气（配气）、热力、燃气（输气）、给水（输水）、再生水、污水、雨水。

4.1.4 工程管线在庭院内由建筑线向外方向平行布置的顺序，应根据工程管线的性质和埋设深度确定，其布置次序宜为：电力、通信、污水、雨水、给水、燃气、热力、再生水。

4.1.5 沿城市道路规划的工程管线应与道路中心线平行，其主干线应靠近分支管线多的一侧。工程管线不宜从道路一侧转到另一侧。

道路红线宽度超过 40m 的城市干道宜两侧布置配水、配气、通信、电力和排水管线。

4.1.6 各种工程管线不应在垂直方向上重叠敷设。

4.1.7 沿铁路、公路敷设的工程管线应与铁路、公路线路平行。工程管线与铁路、公路交叉时宜采用垂直交叉方式布置；受条件限制时，其交叉角宜大于 60°。

4.1.8 河底敷设的工程管线应选择在稳定河段，管线高程应按不妨碍河道的整治和管线安全的原则确定，并应符合下列规定：

1 在Ⅰ级～Ⅴ级航道下面敷设，其顶部高程应在远期规划航道底标高 2.0m 以下；

2 在Ⅵ级、Ⅶ级航道下面敷设，其顶部高程应在远期规划航道底标高 1.0m 以下；

3 在其他河道下面敷设，其顶部高程应在河道底设计高程 0.5m 以下。

4.1.9 工程管线之间及其与建（构）筑物之间的最小水平净距应符合本规范表 4.1.9 的规定。当受道路宽度、断面以及现状工程管线位置等因素限制难以满足要求时，应根据实际情况采取安全措施后减少其最小水平净距。大于 1.6MPa 的燃气管线与其他管线的水平净距应按现行国家标准《城镇燃气设计规范》GB 50028 执行。

4.1.10 工程管线与综合管廊最小水平净距应按现行国家标准《城市综合管廊工程技术规范》GB 50838 执行。

4.1.11 对于埋深大于建（构）筑物基础的工程管线，其与建（构）筑物之间的最小水平距离，应按下式计算，并折算成水平净距后与表 4.1.9 的数值比较，采用较大值。

$$L=\frac{(H-h)}{\tan\alpha}+\frac{B}{2} \tag{4.1.11}$$

式中：L——管线中心至建（构）筑物基础边水平距离（m）；

H——管线敷设深度（m）；

h——建（构）筑物基础底砌置深度（m）；

B——沟槽开挖宽度（m）；

α——土壤内摩擦角（°）。

4.1.12 当工程管线交叉敷设时，管线自地表面向下的排列顺序宜为：通信、电力、燃气、热力、给水、再生水、雨水、污水。给水、再生水和排水管线应按自上而下的顺序敷设。

表 4.1.9　工程管线之间及其与建（构）筑物之间的最小水平净距（m）

序号	管线及建(构)筑物名称			1	2		3	4	5					6	7		8		9	10	11	12			13	14	15
				建(构)筑物	给水管线		污水、雨水管线	再生水管线	燃气管线					直埋热力管线	电力管线		通信管线		管沟	乔木	灌木	地上杆柱			道路侧石边缘	有轨电车钢轨	铁路钢轨(或坡脚)
					$d\leqslant$200mm	$d>$200mm			低压	中压		次高压			直埋	保护管	直埋	管道、通道				通信照明及<10kV	高压铁塔基础边				
										B	A	B	A										≤35kV	>35kV			
1	建(构)筑物			—	1.0	3.0	2.5	1.0	0.7	1.0	1.5	5.0	13.5	3.0	0.6		1.0	1.5	0.5	—		—			—	—	—
2	给水管线	$d\leqslant$200mm		1.0	—		1.0	0.5	0.5			1.0	1.5	1.5	0.5		1.0		1.5	1.5	1.0	0.5	3.0		1.5	2.0	5.0
		$d>$200mm		3.0			1.5																				
3	污水、雨水管线			2.5	1.0	1.5	—	0.5	1.0	1.2		1.5	2.0	1.5	0.5		1.0		1.5	1.5	1.0	0.5	1.5		1.5	2.0	5.0
4	再生水管线			1.0	0.5		0.5	—	0.5			1.0	1.5	1.0	0.5		1.0		1.5	1.0		0.5	3.0		1.5	2.0	5.0
5	燃气管线	低压	$P<$0.01MPa	0.7	0.5		1.0	0.5	$DN\leqslant$300mm 0.4 $DN>$300mm 0.5					1.0	0.5	1.0	0.5	1.0	1.0	0.75		1.0	1.0	2.0	1.5	2.0	5.0
		中压 B	0.01MPa≤$P\leqslant$0.2MPa	1.0			1.2												1.5								
		中压 A	0.2MPa<$P\leqslant$0.4MPa	1.5																							
		次高压 B	0.4MPa<$P\leqslant$0.8MPa	5.0	1.0		1.5	1.0						1.5	1.0		1.0		2.0	1.2				5.0	2.5		
		次高压 A	0.8MPa<$P\leqslant$1.6MPa	13.5	1.5		2.0	1.5						2.0	1.5		1.5		4.0								

续表 4.1.9

<table>
<tr><th rowspan="4">序号</th><th rowspan="4" colspan="2">管线及建(构)筑物名称</th><th>1</th><th colspan="2">2</th><th>3</th><th>4</th><th colspan="5">5</th><th>6</th><th colspan="2">7</th><th colspan="2">8</th><th>9</th><th>10</th><th>11</th><th colspan="3">12</th><th>13</th><th>14</th><th>15</th></tr>
<tr><th rowspan="3">建(构)筑物</th><th colspan="2">给水管线</th><th rowspan="3">污水、雨水管线</th><th rowspan="3">再生水管线</th><th colspan="5">燃气管线</th><th rowspan="3">直埋热力管线</th><th colspan="2">电力管线</th><th colspan="2">通信管线</th><th rowspan="3">管沟</th><th rowspan="3">乔木</th><th rowspan="3">灌木</th><th colspan="3">地上杆柱</th><th rowspan="3">道路侧石边缘</th><th rowspan="3">有轨电车钢轨</th><th rowspan="3">铁路钢轨(或坡脚)</th></tr>
<tr><th rowspan="2">$d\leqslant$ 200 mm</th><th rowspan="2">$d>$ 200 mm</th><th rowspan="2">低压</th><th colspan="2">中压</th><th colspan="2">次高压</th><th rowspan="2">直埋</th><th rowspan="2">保护管</th><th rowspan="2">直埋</th><th rowspan="2">管道、通道</th><th rowspan="2">通信照明及<10 kV</th><th colspan="2">高压铁塔基础边</th></tr>
<tr><th>B</th><th>A</th><th>B</th><th>A</th><th>≤35 kV</th><th>>35 kV</th></tr>
<tr><td>6</td><td colspan="2">直埋热力管线</td><td>3.0</td><td colspan="2">1.5</td><td>1.5</td><td>1.0</td><td colspan="3">1.0</td><td>1.5</td><td>2.0</td><td>—</td><td colspan="2">2.0</td><td colspan="2">1.0</td><td>1.5</td><td colspan="2">1.5</td><td>1.0</td><td colspan="2">(3.0 >330kV 5.0)</td><td>1.5</td><td>2.0</td><td>5.0</td></tr>
<tr><td rowspan="2">7</td><td rowspan="2">电力管线</td><td>直埋</td><td rowspan="2">0.6</td><td colspan="2" rowspan="2">0.5</td><td rowspan="2">0.5</td><td rowspan="2">0.5</td><td colspan="3">0.5</td><td rowspan="2">1.0</td><td rowspan="2">1.5</td><td rowspan="2">2.0</td><td>0.25</td><td>0.1</td><td colspan="2" rowspan="2"><35kV 0.5 ≥35kV 2.0</td><td rowspan="2">1.0</td><td colspan="2" rowspan="2">0.7</td><td rowspan="2">1.0</td><td colspan="2" rowspan="2">2.0</td><td rowspan="2">1.5</td><td rowspan="2">2.0</td><td rowspan="2">10.0 (非电气化 3.0)</td></tr>
<tr><td>保护管</td><td colspan="3">1.0</td><td>0.1</td><td>0.1</td></tr>
<tr><td rowspan="2">8</td><td rowspan="2">通信管线</td><td>直埋</td><td>1.0</td><td colspan="2" rowspan="2">1.0</td><td rowspan="2">1.0</td><td rowspan="2">1.0</td><td colspan="3">0.5</td><td rowspan="2">1.0</td><td rowspan="2">1.5</td><td rowspan="2">1.0</td><td colspan="2" rowspan="2"><35kV 0.5 ≥35kV 2.0</td><td colspan="2" rowspan="2">0.5</td><td rowspan="2">1.0</td><td rowspan="2">1.5</td><td rowspan="2">1.0</td><td rowspan="2">0.5</td><td rowspan="2">0.5</td><td rowspan="2">2.5</td><td rowspan="2">1.5</td><td rowspan="2">2.0</td><td rowspan="2">2.0</td></tr>
<tr><td>管道、通道</td><td>1.5</td><td colspan="3">1.0</td></tr>
<tr><td>9</td><td colspan="2">管沟</td><td>0.5</td><td colspan="2">1.5</td><td>1.5</td><td>1.5</td><td>1.0</td><td colspan="2">1.5</td><td>2.0</td><td>4.0</td><td>1.5</td><td colspan="2">1.0</td><td colspan="2">1.0</td><td>—</td><td>1.5</td><td>1.0</td><td>1.0</td><td colspan="2">3.0</td><td>1.5</td><td>2.0</td><td>5.0</td></tr>
<tr><td>10</td><td colspan="2">乔木</td><td rowspan="2">—</td><td colspan="2">1.5</td><td>1.5</td><td rowspan="2">1.0</td><td colspan="3" rowspan="2">0.75</td><td colspan="2" rowspan="2">1.2</td><td rowspan="2">1.5</td><td colspan="2" rowspan="2">0.7</td><td colspan="2">1.5</td><td>1.5</td><td colspan="2" rowspan="2">—</td><td rowspan="2">—</td><td colspan="2" rowspan="2">—</td><td rowspan="2">0.5</td><td rowspan="2">—</td><td rowspan="2">—</td></tr>
<tr><td>11</td><td colspan="2">灌木</td><td colspan="2">1.0</td><td>1.0</td><td colspan="2">1.0</td><td>1.0</td></tr>
</table>

续表 4.1.9

<table>
<tr><th rowspan="4">序号</th><th colspan="3" rowspan="4">管线及建(构)筑物名称</th><th>1</th><th colspan="2">2</th><th>3</th><th>4</th><th colspan="5">5</th><th>6</th><th colspan="2">7</th><th colspan="2">8</th><th>9</th><th>10</th><th>11</th><th colspan="3">12</th><th>13</th><th>14</th><th>15</th></tr>
<tr><th rowspan="3">建(构)筑物</th><th colspan="2">给水管线</th><th rowspan="3">污水、雨水管线</th><th rowspan="3">再生水管线</th><th colspan="5">燃气管线</th><th rowspan="3">直埋热力管线</th><th colspan="2">电力管线</th><th colspan="2">通信管线</th><th rowspan="3">管沟</th><th rowspan="3">乔木</th><th rowspan="3">灌木</th><th colspan="3">地上杆柱</th><th rowspan="3">道路侧石边缘</th><th rowspan="3">有轨电车钢轨</th><th rowspan="3">铁路钢轨(或坡脚)</th></tr>
<tr><th rowspan="2">$d \leq$ 200mm</th><th rowspan="2">$d >$ 200mm</th><th rowspan="2">低压</th><th colspan="2">中压</th><th colspan="2">次高压</th><th rowspan="2">直埋</th><th rowspan="2">保护管</th><th rowspan="2">直埋</th><th rowspan="2">管道、通道</th><th rowspan="2">通信照明及<10kV</th><th colspan="2">高压铁塔基础边</th></tr>
<tr><th>B</th><th>A</th><th>B</th><th>A</th><th>≤35kV</th><th>>35kV</th></tr>
<tr><td rowspan="3">12</td><td rowspan="3">地上杆柱</td><td colspan="2">通信照明及<10kV</td><td rowspan="3">—</td><td colspan="2">0.5</td><td>0.5</td><td>0.5</td><td colspan="5">1.0</td><td>1.0</td><td colspan="2">1.0</td><td colspan="2">0.5</td><td>1.0</td><td colspan="2">—</td><td colspan="3" rowspan="3">—</td><td rowspan="3">0.5</td><td rowspan="3">—</td><td rowspan="3">—</td></tr>
<tr><td rowspan="2">高压塔基础边</td><td>≤35kV</td><td colspan="2" rowspan="2">3.0</td><td rowspan="2">1.5</td><td rowspan="2">3.0</td><td colspan="5">1.0</td><td rowspan="2">3.0(>330kV 5.0)</td><td colspan="2" rowspan="2">2.0</td><td colspan="2">0.5</td><td rowspan="2">3.0</td><td colspan="2" rowspan="2">—</td></tr>
<tr><td>>35kV</td><td colspan="3">2.0</td><td colspan="2">5.0</td><td colspan="2">2.5</td></tr>
<tr><td>13</td><td colspan="3">道路侧石边缘</td><td>—</td><td colspan="2">1.5</td><td>1.5</td><td>1.5</td><td colspan="3">1.5</td><td colspan="2">2.5</td><td>1.5</td><td colspan="2">1.5</td><td colspan="2">1.5</td><td>1.5</td><td colspan="2">0.5</td><td colspan="3">0.5</td><td>—</td><td>—</td><td>—</td></tr>
<tr><td>14</td><td colspan="3">有轨电车钢轨</td><td>—</td><td colspan="2">2.0</td><td>2.0</td><td>2.0</td><td colspan="5">2.0</td><td>2.0</td><td colspan="2">2.0</td><td colspan="2">2.0</td><td>2.0</td><td colspan="2">—</td><td colspan="3">—</td><td>—</td><td>—</td><td>—</td></tr>
<tr><td>15</td><td colspan="3">铁路钢轨(或坡脚)</td><td>—</td><td colspan="2">5.0</td><td>5.0</td><td>5.0</td><td colspan="5">5.0</td><td>5.0</td><td colspan="2">10.0(非电气化3.0)</td><td colspan="2">2.0</td><td>3.0</td><td colspan="2">—</td><td colspan="3">—</td><td>—</td><td>—</td><td>—</td></tr>
</table>

注：1 地上杆柱与建(构)筑物最小水平净距应符合本规范表 5.0.8 的规定；
2 管线距建筑物距离，除次高压燃气管道为其至外墙面外均为其至建筑物基础，当次高压燃气管道采取有效的安全防护措施或增加管壁厚度时，管道距建筑物外墙面不应小于 3.0m；
3 地下燃气管线与铁塔基础边的水平净距，还应符合现行国家标准《城镇燃气设计规范》GB 50028 地下燃气管线和交流电力线接地体净距的规定；
4 燃气管线采用聚乙烯管材时，燃气管线与热力管线的最小水平净距应按现行行业标准《聚乙烯燃气管道工程技术规程》CJJ 63 执行；
5 直埋蒸汽管道与乔木最小水平间距为 2.0m。

4.1.13 工程管线交叉点高程应根据排水等重力流管线的高程确定。

4.1.14 工程管线交叉时的最小垂直净距，应符合本规范表 4.1.14 的规定。当受现状工程管线等因素限制难以满足要求时，应根据实际情况采取安全措施后减少其最小垂直净距。

表 4.1.14 工程管线交叉时的最小垂直净距（m）

序号	管线名称		给水管线	污水、雨水管线	热力管线	燃气管线	通信管线		电力管线		再生水管线
							直埋	保护管及通道	直埋	保护管	
1	给水管线		0.15								
2	污水、雨水管线		0.40	0.15							
3	热力管线		0.15	0.15	0.15						
4	燃气管线		0.15	0.15	0.15	0.15					
5	通信管线	直埋	0.50	0.50	0.25	0.50	0.25	0.25			
		保护管、通道	0.15	0.15	0.25	0.15	0.25	0.25			
6	电力管线	直埋	0.50*	0.50*	0.50*	0.50*	0.50*	0.50*	0.50*	0.25	
		保护管	0.25	0.25	0.25	0.15	0.25	0.25	0.25	0.25	
7	再生水管线		0.50	0.40	0.15	0.15	0.15	0.15	0.50*	0.25	0.15
8	管沟		0.15	0.15	0.15	0.15	0.25	0.25	0.50*	0.25	0.15
9	涵洞(基底)		0.15	0.15	0.15	0.15	0.25	0.25	0.50*	0.25	0.15
10	电车(轨底)		1.00	1.00	1.00	1.00	1.00	1.00	1.00	1.00	1.00
11	铁路(轨底)		1.00	1.20	1.20	1.20	1.50	1.50	1.00	1.00	1.00

注：1 * 用隔板分隔时不得小于 0.25m；

2 燃气管线采用聚乙烯管材时，燃气管线与热力管线的最小垂直净距应按现行行业标准《聚乙烯燃气管道工程技术规程》CJJ 63 执行；

3 铁路为时速大于等于 200km/h 客运专线时，铁路(轨底)与其他管线最小垂直净距为 1.50m。

4.2 综合管廊敷设

4.2.1 当遇下列情况之一时，工程管线宜采用综合管廊敷设。

1 交通流量大或地下管线密集的城市道路以及配合地铁、地下道路、城市地下综合体等工程建设地段；

2 高强度集中开发区域、重要的公共空间；

3 道路宽度难以满足直埋或架空敷设多种管线的路段；

4 道路与铁路或河流的交叉处或管线复杂的道路交叉口；

5 不宜开挖路面的地段。

4.2.2 综合管廊内可敷设电力、通信、给水、热力、再生水、天然气、污水、雨水管线等城市工程管线。

4.2.3 干线综合管廊宜设置在机动车道、道路绿化带下，支线综合管廊宜设置在绿化带、人行道或非机动车道下。综合管廊覆土深度应根据道路施工、行车荷载、其他地下管线、绿化种植以及设计冰冻深度等因素综合确定。

5 架空敷设

5.0.1 沿城市道路架空敷设的工程管线，其线位应根据规划道路的横断面确定，并不应影响道路交通、居民安全以及工程管线的正常运行。

5.0.2 架空敷设的工程管线应与相关规划结合，节约用地并减小对城市景观的影响。

5.0.3 架空线线杆宜设置在人行道上距路缘石不大于1.0m的位置，有分隔带的道路，架空线线杆可布置在分隔带内，并应满足道路建筑限界要求。

5.0.4 架空电力线与架空通信线宜分别架设在道路两侧。

5.0.5 架空电力线及通信线同杆架设应符合下列规定：

1 高压电力线可采用多回线同杆架设；

2 中、低压配电线可同杆架设；

3 高压与中、低压配电线同杆架设时，应进行绝缘配合的论证；

4 中、低压电力线与通信线同杆架设应采取绝缘、屏蔽等安全措施。

5.0.6 架空金属管线与架空输电线、电气化铁路的馈电线交叉时，应采取接地保护措施。

5.0.7 工程管线跨越河流时，宜采用管道桥或利用交通桥梁进行架设，并应符合下列规定：

1 利用交通桥梁跨越河流的燃气管线压力不应大于0.4MPa；

2 工程管线利用桥梁跨越河流时，其规划设计应与桥梁设计相结合。

5.0.8 架空管线之间及其与建（构）筑物之间的最小水平净距应符合表5.0.8的规定。

表 5.0.8 架空管线之间及其与建（构）筑物之间的最小水平净距（m）

名称		建（构）筑物（凸出部分）	通信线	电力线	燃气管道	其他管道
电力线	3kV 以下边导线	1.0	1.0	2.5	1.5	1.5
	3kV～10kV 边导线	1.5	2.0	2.5	2.0	2.0
	35kV～66kV 边导线	3.0	4.0	5.0	4.0	4.0
	110kV 边导线	4.0	4.0	5.0	4.0	4.0
	220kV 边导线	5.0	5.0	7.0	5.0	5.0
	330kV 边导线	6.0	6.0	9.0	6.0	6.0
	500kV 边导线	8.5	8.0	13.0	7.5	6.5
	750kV 边导线	11.0	10.0	16.0	9.5	9.5
通信线		2.0	—	—	—	—

注：架空电力线与其他管线及建（构）筑物的最小水平净距为最大计算风偏情况下的净距。

5.0.9 架空管线之间及其与建（构）筑物之间的最小垂直净距应符合表 5.0.9 的规定。

表 5.0.9 架空管线之间及其与建（构）筑物之间的最小垂直净距（m）

名称		建(构)筑物	地面	公路	电车道（路面）	铁路（轨顶）		通信线	燃气管道 $P\leqslant1.6$MPa	其他管道
						标准轨	电气轨			
电力线	3kV 以下	3.0	6.0	6.0	9.0	7.5	11.5	1.0	1.5	1.5
	3kV～10kV	3.0	6.5	7.0	9.0	7.5	11.5	2.0	3.0	2.0
	35kV	4.0	7.0	7.0	10.0	7.5	11.5	3.0	4.0	3.0
	66kV	5.0	7.0	7.0	10.0	7.5	11.5	3.0	4.0	3.0
	110kV	5.0	7.0	7.0	10.0	7.5	11.5	3.0	4.0	3.0
	220kV	6.0	7.5	8.0	11.0	8.5	12.5	4.0	5.0	4.0
	330kV	7.0	8.5	9.0	12.0	9.5	13.5	5.0	6.0	5.0
	500kV	9.0	14.0	14.0	16.0	14.0	16.0	8.5	7.5	6.5
	750kV	11.5	19.5	19.5	21.5	19.5	21.5	12.0	9.5	8.5
通信线		1.5	(4.5) 5.5	(3.0) 5.5	9.0	7.5	11.5	0.6	1.5	1.0

续表 5.0.9

名称	建(构)筑物	地面	公路	电车道（路面）	铁路（轨顶）		通信线	燃气管道 $P \leqslant 1.6$MPa	其他管道
					标准轨	电气轨			
燃气管道 $P \leqslant 1.6$MPa	0.6	5.5	5.5	9.0	6.0	10.5	1.5	0.3	0.3
其他管道	0.6	4.5	4.5	9.0	6.0	10.5	1.0	0.3	0.25

注：1 架空电力线及架空通信线与建(构)物及其他管线的最小垂直净距为最大计算弧垂情况下的净距；

2 括号内为特指与道路平行，但不跨越道路时的高度。

5.0.10 高压架空电力线路规划走廊宽度可按表 5.0.10 确定。

表 5.0.10 高压架空电力线路规划走廊宽度

（单杆单回或单杆多回）

线路电压等级（kV）	走廊宽度（m）
1000（750）	90～110
500	60～75
330	35～45
220	30～40
66，110	15～25
35	15～20

5.0.11 架空燃气管线敷设除应符合本规范外，还应符合现行国家标准《城镇燃气设计规范》GB 50028 的规定。

5.0.12 架空电力线敷设除应符合本规范外，还应符合现行国家标准《66kV 及以下架空电力线路设计规范》GB 50061 及《110kV～750kV 架空输电线路设计规范》GB 50545 的规定。

城市工程管线综合规划规范

GB 50289－2016

条 文 说 明

3 基本规定

3.0.1 本条是对工程管线综合规划主要内容做出说明，工程管线规划既要满足城市建设与发展中工业生产与人民生活的需要，又要结合城市特点因地制宜，合理规划。

3.0.2 本条是工程管线综合规划的基本原则，在特殊环境中的工程管线综合规划，如旧城区改造、历史街区改造等，必须采取可行的安全措施，才可以适当缩小最小水平净距和最小垂直净距以及最小覆土深度等参数。

3.0.3 城市工程管线采用地下敷设安全性相对较高，而且不会影响城市景观，但考虑经济因素和地区差异，地下敷设作为引导性要求，只是对于架空敷设可能危及人身财产安全或对城市景观要求高的地区，工程管线严格要求采用地下敷设。

3.0.4 采用城市统一的坐标系统和高程系统是为了避免工程管线在平面位置和竖向高程上系统之间的混乱和互不衔接。某些工厂厂区内或相对独立地区为了本身设计和施工的需要常自设坐标系统，但要取得不同坐标系统换算关系，保证在与城市工程管线系统连接处采用统一的坐标系统和高程系统，避免互不衔接问题。

3.0.5 本条对工程管线综合规划提出了一般要求：

1 工程管线按规划道路网布置，避免规划道路网与现状道路网不一致情况下工程管线的再次迁移或对用地的影响。

2 工程管线布局还要结合用地规划，综合优化各专业管线需求，既便于用户使用又节省地下空间。

3 对于原有管线满足不了要求需要改造的工程管线，应通过原线位抽换管线，充分利用地下空间。

4 工程管线在地震断裂带、沉陷区、滑坡危险地带等不良地质条件地区敷设时，随着地段地质的变化，可能会引起工程管线断裂等破坏事故，造成损失，引起危险事故发生。确实无法避开的工程管线，应采取安全措施并制定应急预案。

3.0.6 输水管线、输气管线、输油管线、电力高压走廊等需要规划专用管廊，对城市用地分隔较大，并且占用较多的城市建设用地，应与铁路、高速公路等城市对外交通廊道结合，将这些管线统一考虑规划管线廊道，与城市布局相协调。本条目的是为减少工程管线对城市的影响，节约用地，同时又有利于对区域工程管线用地的控制。输油、输气管线与其他管线间距应按现行国家标准《输油管道工程设计规范》GB 50253、《输气管道工程设计规范》GB 50251 等规定进行控制。

3.0.7 本条为工程管线交叉时的基本避让原则。

1 压力管线与重力流管线交叉发生冲突时，压力管线容易调整管线高程，以解决交叉时的矛盾。

2 给水、热力、燃气等工程管线多使用易弯曲材质管道，可以通过一些弯曲方法来调整管线高程和坐标，从而解决工程管线交叉矛盾。

3 主干管径较大，调整主干管线的弯曲度较难，另外过多地调整主干线的弯曲度将增加系统阻力，需提高输送压力，增加运行费用。

4 地下敷设

4.1 直埋、保护管及管沟敷设

4.1.1 确定地下工程管线覆土深度一般考虑下列因素：

1 保证工程管线在荷载作用下不损坏，正常运行；

2 在严寒、寒冷地区，保证管道内介质不冻结；

3 满足竖向规划要求。

我国地域广阔，各地区气候差异较大，严寒、寒冷地区土壤冰冻线较深，给水、排水、再生水、直埋电力、湿燃气等工程管线属深埋一类。热力、干燃气、非直埋电力、通信等工程管线不受冰冻影响，属浅埋一类。严寒、寒冷地区以外的地区冬季土壤不冰冻或者冰冻深度只有几十厘米，覆土深度不受此影响。

表 4.1.1 中管沟包括电力、通信和热力管沟等，其在人行道下最小覆土深度根据各地实际情况和相关标准要求确定。如盖板上需要地面铺装时应为 0.20m，盖板上需要种植时应加大覆土深度，在南方一些城市，也有盖板直接作为人行道路面的。

4.1.2 本条规定是为了减少工程管线在施工或日常维修时与城市道路交通相互影响，节省工程投资和日常维修费用。我国大多数城市在工程管线综合规划时，都考虑首先将工程管线敷设在人行道或非机动车道下面。当受道路断面限制，没有位置时，可将管线布置在车行道下面。在一些新规划区，由于绿化带较宽，可以在绿化带下敷设工程管线，但应注意在管线埋设深度和位置上与绿化相协调。

4.1.3、4.1.4 规定工程管线在城市道路、居住区综合布置时的排列次序所遵循的原则是为工程管线综合规划提供方便，为科学规划管理提供依据。需要说明的是并不是所有的城市路段和小区中都有这些种类的工程管线，如缺少某种管线时，在执行规范中各工程管线要按规定的次序去掉缺少的管线后依次排列。在本规范第 4.1.3 条中，将给水管道分为输水管道和配水管道，燃气管道分为输气管道和配气管道，是因其城市工程管线中承担的功能不同，管道有较大差别，在平面布置中的与其他管线的排列顺序有差别。

4.1.5 主干线靠近分支管线多的一侧是为了节省管线，减少交叉。

过去我国城市道路上的工程管线多为单侧敷设，随着城市道路的加宽，道路两侧建筑量的增大，工程管线承担负荷的增多，单侧敷设工程管线势必增加工程管线在道路横向上的破路次数，随之带来支管线增加、支管线与主干线交叉增加。近几年各城市在拓宽城市道路的同时，通常将配水、配气、通信、电力和排水管线等沿道路两侧各规划建设一条，既便于连接用户和支管，也利于分期建设。道路下同时有综合管廊的，可根据综合管廊内敷设管线情况确定单侧还是双侧敷设直埋或保护管敷设的管线。

4.1.6 各专业工程管线权属单位不同，重叠敷设影响管线检修及运行安全。调研中发现，历史文化街区、旧城区等由于道路狭窄以及宽窄不一等特殊性，将工程管线引入这些地区，不能完全避免管线的重叠敷设，但要尽可能减少重叠的长度，并采取加套管、斜交等技术措施保证管线安全，利于维护。

4.1.7 工程管线与铁路、公路平行有利于高效利用土地，也便于管线的定位，交叉角的规定是为减少管线交叉长度。

4.1.8 本条为强制性条文。本条规定要求工程管线敷设在稳定的河道段，并提出了不同河道下敷设管线的高程要求，以保证河道疏浚或整治河道时与工程管线不相互影响，保证工程管线施工及运行安全。

4.1.9 本条是从城市建设中各工程管线综合规划统筹安排的角度，在分析和研究大量专业规范数据的基础上并兼顾工程管线、井、闸等构筑物尺寸来规定其合理的最小净距数据，对于受到各种制约条件限制，无法满足最小净距要求的情况，应采取相应措施，如增加管材强度、加设保护管、适当安装截断闸阀及增加管理措施等。

根据现行行业标准《城市道路绿化规划与设计规范》CJJ 75 的规定，对于当遇到特殊情况，树木与管线净距不能达到本规范表 4.1.9 规定的标准时，其绿化树木根茎中心至地下管线（除热力、燃气外）外缘的最小距离可采用本规范表 4.1.9 的规定。

4.1.10 现行国家标准《城市综合管廊工程技术规范》GB 50838 规定了综合管廊与相邻地下构筑物和地下管线间的最小净距应根据地质条件和相邻构筑物性质确定，且不得小于表 1 规定的数值。管廊与地下管线水平最小净距的规定基于：明挖施工时为防止泥土塌方对沟槽进行支护所需最小净距。暗挖施工时为防止泥土挤压而影响相邻的管线或构筑物安全所需最小净距。

表 1 综合管廊与地下管线和地下构筑物的最小净距（m）

相邻情况 \ 施工方法	明挖施工	非开挖施工
综合管廊与地下构筑物水平	1.0	综合管廊外径
综合管廊与地下管线平行	1.0	综合管廊外径
综合管廊与地下管线交叉穿越	0.5	1.0

4.1.11 对于埋深大于建（构）筑物基础的工程管线，还应计算其与建（构）筑物之间的最小水平距离。

土壤的内摩擦角应以地质勘测数据为准，正常密实度情况下的土壤内摩擦角可参考以下数值：黏性土 30°；砂类土 30°～35°；粗砂、卵砾石 35°～40°；碎石类土 40°～45°；碎石 45°～50°。

4.1.12 本条所提出的顺序为一般的顺序，规划时还应根据具体情况确定。但给水、再生水和排水管道交叉时，上下顺序应严格按规定执行。

4.1.13 本条规定为管线竖向规划时确定各管线高程的基础。

4.1.14 本条规定在综合各专业设计规范基础上进行了修订。

4.2 综合管廊敷设

4.2.1 本条规定了适合规划建设综合管廊的几种情况。

4.2.2 从国内外工程建设实例看，各种城市工程管线均可敷设在综合管廊内，但重力流管道是否进入综合管廊应根据经济技术比较后确定。燃气为天然气时，燃气管线可敷设在综合管廊内，但必须采取有效的安全保护措施。

4.2.3 综合管廊规划位置确定主要考虑对地下空间的集约利用及综合管廊的施工运行维护要求。设置在绿化带下利于人员出入口、吊装口和通风口等建设与使用，设置在机动车道下，可以在其他断面下敷设直埋管线。

5 架空敷设

5.0.1 架空线路规划线位要避免对城市交通和居民安全的影响，并满足工程管线的运行和维护需要，同时也要与道路分隔带、绿化带、行道树等协调，避免造成相互影响。

5.0.2 架空敷设的工程管线与城市用地、交通、绿化和景观等规划相协调，既能集约用地又尽可能减少对景观的影响。

5.0.3 本条规定是为了减少架空线线杆对道路通行的影响。

5.0.4 电力架空杆线与通信架空杆线分别架设在道路两侧可以避免相互影响。

5.0.5 高压电力线指电压为35kV及以上，中压配电电压为10kV、20kV，低压配电电压为380/220V。一般情况下，高压线路尽量不与中、低压配电线路同杆架设。在线路路径确有困难不得不同杆架设时，应进行绝缘配合的计算，以充分考虑架设条件及安全因素。

5.0.6 本条为强制性条文。金属管线易导电，一旦输电线及电气化铁路的馈电线断线，触及金属管线上，会扩大事故范围，引起更大的事故，所以要求架空金属管线与架空输电线、电气化铁路的馈电线交叉时，架空金属管线应采取接地保护措施，保护人身和财产安全。

5.0.7 本条是对工程管线跨越河流时，采用管道桥或利用交通桥梁进行架设的要求。

5.0.8 本条为强制条文。本规范表5.0.8规定了架空管线之间及其与建（构）筑物之间的最小水平净距，以保障架空管线施工及运营安全。

5.0.9 本条为强制条文。本规范表5.0.9规定了架空管线之间及其与建（构）筑物之间的最小垂直净距，以保障架空管线施工及运营安全。

5.0.10 各城市可结合本规范表5.0.10的规定和当地实际情况确定。

5.0.11 《城镇燃气设计规范》GB 50028对于架空敷设的燃气管线有相应规定。

5.0.12 《66kV及以下架空电力线路设计规范》GB 50061和《110kV～750kV架空输电线路设计规范》GB 50545对于架空电力线有相应规定。

十一、城市道路交通设施设计规范

GB 50688－2011（2019年版）

1　总则

1.0.1　为维护城市道路交通运行有序、安全、畅通及低公害，统一城市道路交通设施设计的技术标准，指导工程建设，达到城市道路交通设施功能全面、技术先进、安全实用、经济合理等目的，制定本规范。

1.0.2　本规范适用于城市新建、改建、扩建道路的交通设施设计。城市道路交通设施应包括交通标志、交通标线、防护设施、交通信号灯、交通监控系统、服务设施、道路照明及变配电和管理处所及设备等。

1.0.3　城市道路交通设施设计应依据道路性质、沿线环境以及交通流特性等进行，符合项目所在地区相关规划、道路总体设计和节能环保的要求。

1.0.4　城市道路交通设施设计中所采用的设计车辆外廓尺寸、汽车荷载等应符合现行国家标准《道路车辆外廓尺寸、轴荷及质量限值》GB 1589的有关规定。

1.0.5　城市道路交通设施应与道路主体工程同步设计，按总体设计、分期实施的原则进行设计。与主体工程相关的基础工程、管道等应在主体工程实施时一并预留或预埋。

1.0.6　城市道路交通设施设计除应符合本规范外，尚应符合国家现行有关标准的规定。

3　交通调查

3.0.1　城市道路交通设施设计应进行交通调查。

3.0.2　交通调查内容应包括所在地区的路网现状、沿线土地利用现状、沿线环境、道路及交通状况、城市规划、路网规划等。调查范围除了设计道路自身外，还应包含对设计道路有影响的周边范围。

3.0.3　新建道路交通设施设计应在调查和资料收集的基础上分析以下

情况：

1 项目所在区域社会经济、交通发展、地形、气候气象及项目沿线土地开发利用情况；

2 周边相关道路等级、线形、横断面布置、交通设施配置情况；

3 项目周边主要道路交通特性、交通组织与管理情况；

4 项目在规划道路网中的地位、功能及道路等级；

5 项目预测交通量、交通组织及交通特性。

3.0.4 对改建、扩建道路工程交通设施设计调查内容，除新建工程要求的资料外，还应根据需要补充以下内容：

1 既有道路交通设施情况；

2 既有道路交通状况。

3.0.5 道路交通设施改造工程设计应对既有道路几何条件、交通量、交通组成、交通流特性、交通事故等资料进行综合分析，并对预测交通资料进行分析和判断。

4 总体设计

4.1 一 般 规 定

4.1.1 城市道路交通设施总体设计应符合安全、畅通、环保、可持续发展的总体目标要求。

4.1.2 城市道路交通设施总体设计应与道路主体工程设计相协调，根据道路功能及其在城市路网中的作用，综合考虑设计、施工、维修、营运、管理以及近期与远期等各种因素，准确体现道路工程主体设计的意图。

4.1.3 城市道路交通设施除应保持其各自特性和相对独立外，还应相互匹配、相互协调，使之成为统一、协调、完整的系统工程。

4.2 交通设施分级

4.2.1 城市道路交通设施设计应按等级进行统筹规划、总体设计。

4.2.2 城市道路交通设施等级应分为A、B、C、D四级，并应符合下列规定：

1 A级应设置系统完善的标志、标线、隔离和防护设施；中间带必须连续设置中央分隔防撞护栏和必需的防眩设施；桥梁、高路堤路段以及旁侧有辅路、人行道等撞击后将危及生命和结构物安全的路段必须设置路侧防撞护栏；立体交叉及其周边路网应连续设置指路、禁令等标志；主路及匝道车行道两侧，应连续设置轮廓标；出口分流三角端应有醒目的提示和防撞设施；实施控制的匝道，应设置匝道控制信号灯；交通监控系统应按Ⅱ级设置，中、长、特长隧道应按Ⅰ级设置；

2 B级应设置完善的标志、标线和必要的隔离和防护设施；路段上应设置中间分隔设施和机动车与非机动车分隔设施；桥梁与高路堤路段有坠落危险时必须设置路侧防撞护栏；立体交叉及其周边地区路网应设置指路、禁令等标志；平面交叉口必须进行交通渠化并设置交通信号灯；交通监控系统应按Ⅲ级设置，特大型桥梁应按Ⅱ级设置，中、长、特长隧道应按Ⅰ级设置；

3 C级应设置完善的标志、标线和必要的隔离和防护设施；平交路口进口段宜设置中间分隔设施；桥梁与高路堤段有坠落危险时应设置路侧防撞护栏；平面交叉口应进行交通渠化并设置交通信号灯；交通监控系统应按Ⅲ级设置，特大型桥梁应按Ⅱ级设置，中、长、特长隧道应按Ⅰ级设置；

4 D级应设置较完善的标志、标线；桥梁与高路堤段有坠落危险时应设置路侧防撞护栏；平面交叉口宜进行交通渠化并设置交通信号灯；交通监控系统应按Ⅳ级设置。

4.2.3 城市道路交通设施各等级适用范围应按表4.2.3执行。

表4.2.3 各等级城市道路交通设施适用范围

交通设施等级	适用范围
A	快速路，中、长、特长隧道及特大型桥梁
B	主干路
C	次干路
D	支路

4.3 总体设计要求

4.3.1 总体设计应按照主体工程的技术标准、建设规模及项目交通特性，确定交通设施的技术标准、建设规模与主要技术指标，经协调并确认后执行。

4.3.2 总体设计应划定与主体工程设计之间的界面、接口等，并协调城市道路交通设施各专业的设计界面、接口等，防止设施之间发生冲突。

4.3.3 总体设计应组织各交通设施专业制定交通设施设计方案，并协调各设施间的衔接与配合。

4.3.4　总体设计应根据主体工程设计的道路服务水平和安全性评价结论，优化、完善道路交通设施设计方案。

4.3.5　总体设计应提出发生特殊交通安全或紧急事件情况下的疏散、撤离、抢险、救援等的功能要求。

4.4　设计界面

4.4.1　交通标志、轮廓标、防护设施、交通信号和监控系统外场设备、照明及变配电等设施设置于道路构造物或桥梁、隧道结构上时，交通设施设计方应提供设置桩号、预留孔尺寸、结构重力、受力条件等；主体工程设计方进行构造物或桥梁、隧道结构设计时应进行预留、预埋设计。交通设施的设置及其安装由交通设施设计方设计。

4.4.2　有防撞要求的防护设施设于道路构造物或桥梁、隧道结构上时，交通设施设计方应提供防撞等级、防撞设施几何尺寸与结构设计，以及结构端部刚柔防撞过渡段设计等；主体工程设计方应进行道路构造物或桥梁、隧道结构设计。

4.4.3　埋设在道路路基横断面内的通信及信号系统管道，应由交通设施设计方与主体工程设计方商定，并确定管道设置位置，由交通设施设计方设计；主体工程设计方应在相关设计图中标示预留管道、人井、管箱的尺寸、位置等，并列入主体工程方设计文件。

4.4.4　出租车、公交停靠站站台、人行过街设施等服务设施需列入主体工程设计的内容，应由交通设施设计方提出位置、规模及尺寸等要求，经与主体工程设计方协调确认后，由主体工程设计方随主体工程一并设计；其他需主体工程预留位置或预埋基础、预留穿线管的服务设施由交通设施设计方设计，其中涉及预留、预埋部分的设计成果应在主体工程施工图设计时提供并同步施工。

4.4.5　港湾式公交停靠站出入口的加、减速车道及机动车停车场出入口，应由主体工程设计方随主体工程一并设计。

4.4.6　机动车公共停车场、管理处所的房屋建筑及场坪等对场地与高程有特殊要求时，应事先同主体工程设计方协商，并提供相应的交通设施功能设计和建筑设计图纸，由主体工程设计方进行场坪设计和衔接工程设计。

4.4.7　斜拉桥、悬索桥等特殊大桥设置的结构监测系统以及隧道监控、通风、消防报警系统，应集成纳入交通监控中心，由交通监控中心系统集成设计方实行系统集成。

7 防护设施

7.1 一 般 规 定

7.1.1 防护设施应采用环保材料，便于安装，易于维修。

7.1.2 防护设施不得侵入道路建筑限界，且不应侵入停车视距范围内。

7.1.3 不能提供足够路侧安全净距的快速路路侧，必须设置防撞护栏；当路基整体式断面中间带宽度小于或等于12m时，快速路的中央分隔带必须连续设置防撞护栏。

7.1.4 防护设施宜简洁大方，与道路、桥梁和周围建筑的设计风格统一协调。

7.2 防 撞 护 栏

7.2.1 防撞护栏防护等级分为六级，各等级的碰撞条件与设计防护能量应符合表7.2.1的规定。

表7.2.1 防撞护栏的碰撞条件与设计防护能量

防护等级代码		碰撞条件				设计防护能量（kJ）
路侧护栏	中央分隔带护栏	碰撞车型	车辆质量（t）	碰撞速度（km/h）	碰撞角度（°）	
B	Bm	小客车	1.5	60	20	70
		大客车	10	40	20	
A	Am	小客车	1.5	100	20	160
		大客车	10	60	20	
SB	SBm	小客车	1.5	100	20	280
		大客车	10	80	20	
SA	SAm	小客车	1.5	100	20	400
		大客车	14	80	20	
SS	SSm	小客车	1.5	100	20	520
		大客车	18	80	20	
HB	HBm	小客车	1.5	100	20	640
		大客车	25	80	20	

注：设计交通量中，大型货车（总质量大于或等于25t）自然数所占比例大于20%时，防撞护栏应符合公路相关技术规范的要求。

7.2.2 在综合分析城市道路线形、设计速度、运行速度、交通量和车辆构成等因素的基础上，当防撞护栏的设计防护能量低于70kJ时，护栏可确定特殊的碰撞条件；当防撞护栏的设计防护能量高于640kJ时，护栏应确定特殊的碰撞条件。

7.2.3 城市道路应根据环境、气候、城市景观及对视距的影响等因素，采用不同防护等级的混凝土护栏、波形梁护栏、金属梁柱式护栏或组合式护栏，并宜符合下列规定：

1 大型车辆所占比例较大的路段，中央分隔带护栏宜采用混凝土护栏；

2 对景观有特殊要求的桥梁或城市道路宜选用金属梁柱式护栏或组合式护栏；

3 钢结构桥梁及需减小桥梁恒载时，宜采用金属梁柱式护栏；

4 当道路弯道、交叉口、出入口等处的防撞护栏影响驾驶员视距时，宜采用通透性较好的金属梁柱式护栏、组合式护栏或波形梁护栏；

5 冬季风雪较大地区，可选用少阻雪的护栏形式。

7.2.3A 防撞护栏的构造形式应采用实车足尺碰撞试验确定，并应满足安全性能要求。

7.2.4 路侧防撞护栏的设置应符合下列规定：

1 快速路路侧防撞护栏防护等级的确定应符合表7.2.4-1的规定；

表7.2.4-1 快速路路侧防撞护栏防护等级

使用条件	设计速度（km/h）			
	100、80	60	50、40	30、20
一般路段、匝道、通道、涵洞	A	B	B	B
桥头引道、隧道洞口连接线、车辆越出路外可能发生重大事故的路段和匝道	SB	A	B	B
高挡墙、临水临空路段；车辆越出路外可能发生二次事故的路段和匝道	SA	SB	A	B
邻近其他快速路、高速公路、人流密集区域的路段；车辆越出路外可能发生重大二次事故的路段和匝道	SS	SA	SB	A

注：表中50km/h、40km/h、30km/h和20km/h为匝道设计速度。

2 主干路、次干路与支路特殊路段路侧防撞护栏防护等级的确定应符合表7.2.4-2的规定；

表 7.2.4-2 主干路、次干路及支路特殊路段路侧防撞护栏防护等级

使用条件	设计速度（km/h）		
	60	50、40	30、20
不设人行道的涵洞、通道	B	B	—
桥头引道、隧道洞口连接线；车辆越出路外可能发生重大事故的路段和匝道	A	B	B
高挡墙、临水临空路段；车辆越出路外可能发生二次事故的路段和匝道	SB	A	B
邻近快速路、高速公路、人流密集区域的路段；车辆越出路外可能发生重大二次事故的路段和匝道	SA	SB	A

3 邻近饮用水水源保护区、铁路、轨道交通、危险品仓储、高压输电线塔及电站等需要特殊护防的路段，经综合论证应在表 7.2.4-1 或表 7.2.4-2 规定的防护等级基础上提高 1 个及以上等级。

7.2.5 中央分隔带护栏的设置应符合下列规定：

1 快速路中央分隔带护栏的防撞等级应符合表 7.2.5-1 的规定；

表 7.2.5-1 快速路中央分隔带护栏防撞等级的适用条件

使用条件	设计速度（km/h）		
	100	80	60
一般路段	SBm	Am	Bm
小半径弯道、中央分隔带有桥墩及其他构造物等特殊防护路段	SAm	SBm	Am

2 设计速度大于或等于 50km/h 的主干路中央分隔带宜设置防撞护栏。主干路中央分隔带护栏的防撞等级应符合表 7.2.5-2 的规定。

表 7.2.5-2 主干路中央分隔带护栏防撞等级的适用条件

使用条件	设计速度（km/h）
	60、50
一般路段	Bm
小半径弯道、中央分隔带有桥墩及其他构造物等特殊防护路段	Am

7.2.6 活动护栏的设置应符合下列规定：

1 快速路的中央分隔带开口处，应设置活动护栏；

2 活动护栏的防撞等级宜与其所在路段中央分隔带护栏的防撞等级一致；

3 活动护栏应与中央分隔带护栏衔接，并在衔接处做安全性处理。

7.2.7 桥梁防撞护栏的设置应符合下列规定：

1 快速路桥梁车行道外侧应设置防撞护栏，其他等级道路桥梁车行道外侧应采用防撞护栏或高路缘石进行防护，高路缘石的设置要求应符合现行行业标准《城市桥梁设计规范》CJJ 11 的相关规定。

2 快速路桥梁应设置中央分隔带防撞护栏。设计速度为60km/h的城市主干路上的桥梁应设置中央分隔带防撞护栏或25cm以上高路缘石，设置高路缘石时，中央分隔带宽度不得小于2.0m，路缘石高度宜为25cm～35cm。

3 设置防撞护栏时，桥梁防撞护栏防护等级的确定应符合表7.2.7的规定。

表7.2.7 桥梁防撞护栏防护等级

使用条件	设计车速（km/h）			
	100、80	60	50、40	30、20
一般桥梁	SA、SAm	SB、SBm	A、Am	B
跨越高速公路、快速路、轨道交通或饮用水源保护区等路段的桥梁	SS、SSm	SA、SAm	SB、SBm	A

4 因桥梁线形、桥梁高度、桥下水深、车辆构成、交通量或其他不利现场条件等因素易造成更严重碰撞后果的路段应设置桥梁防撞护栏，且经综合论证，可在表7.2.7的基础上提高1个及以上等级，其中跨越大型饮用水水源一级保护区桥梁、特大悬索桥、斜拉桥等缆索承重桥梁，防护等级宜采用HB级别，跨越铁路的桥梁应按照相关铁路行业标准要求设置防撞护栏。

5 快速路的小桥、涵洞、通道应设置与路基段形式相同的防撞护栏。

7.2.8 防撞护栏的起、迄点端部应做安全性处理。

7.2.9 不同防护等级或不同结构形式的防撞护栏之间连接时，应进行过渡段设计，防撞护栏过渡段的防护等级不应低于所连接防撞护栏中较低的防护等级，并应符合下列规定：

1 当桥梁防撞护栏与路基防撞护栏的结构形式不同时，应进行过渡段设计。相邻路基未设护栏时，桥梁防撞护栏应进行端部处理。

2 与隧道洞口位置衔接的路基段或桥梁段防撞护栏应进行过渡段设计。

7.3 防 撞 垫

7.3.1 防撞垫防撞等级应分为三级，各级主要技术指标应符合表7.3.1

的规定。

表 7.3.1 防撞垫防撞等级

防撞垫类型	防撞等级	碰撞条件				
		碰撞类型	碰撞车型	碰撞质量(t)	碰撞速度(km/h)	碰撞角度(°)
非导向防撞垫	B50	正碰	小客车	1.5	50	0
		斜碰				15
	B65	正碰	小客车	1.5	65	0
		斜碰				15
	B80	正碰	小客车	1.5	80	0
		斜碰				15
可导向防撞垫	A50	正碰	小客车	1.5	50	0
		斜碰				15
		侧碰				20
	A65	正碰	小客车	1.5	65	0
		斜碰				15
		侧碰				20
	A80	正碰	小客车	1.5	80	0
		斜碰				15
		侧碰				20

7.3.2 快速路主线分流端、匝道出口的护栏端部应设置防撞垫。主干路主线分流端、中央分隔带护栏端部、匝道出口的护栏端部宜设置防撞垫。

7.3.3 快速路与主干路的路侧构造物前端、收费岛前端宜设置防撞垫。

7.3.4 防撞垫的防撞等级应符合表 7.3.4 的规定。

表 7.3.4 防撞垫防撞等级的适用条件

道路类型	快速路		快速路、主干路
设计速度(km/h)	100	80	60
主线分流段、匝道出口、收费岛前端	A80	A65	A50
跨线桥桥墩前部、混凝土护栏上游端头、隧道口等路侧固定障碍物前端	A80、B80	A65、B65	A50、B50

7.4 限界结构防撞设施

7.4.1 在行驶中的车辆容易越出行驶限界，撞击到桥梁墩柱结构、主梁结构、隧道洞口的入口两侧和顶部结构、交通标志支撑结构等，这些限界结构处应设置限界结构防撞设施。

7.4.2 道路的正面限界结构防撞可在路前方设置防撞垫、防撞岛、防撞墩及加强墩柱结构抗撞等防撞设施；侧面限界结构防撞可在路侧设置并加强防撞护栏；顶面限界结构防撞可采取设置防撞结构和警告、限界标志措施等。

7.4.3 路侧设置组合式或混凝土墙式防撞护栏与限界结构位置重叠时，若限界结构自身能够满足防撞要求，可以采取与限界结构组合形成整体限界结构防撞，且迎撞面的截面形状与原防撞护栏一致。

7.4.4 路侧设置波形梁防撞护栏的，当其变形不能够达到保护两侧限界结构的要求时，应加密护栏立柱的柱间距或采用不低于公路SB级防撞护栏设施。

7.4.5 道路侧面没有设置防撞护栏的限界结构，正迎撞面宜设置防撞垫、防撞岛、防撞墩等结构防撞型式。

7.4.6 顶面限界防撞可采取主体结构防撞设施、附属保护防撞设施和设置警告标志、限界标志等措施。

7.4.7 限界结构防撞设施设计应按照安全、经济、耐用、便于维修的原则，并做到外观简洁，同时设置警示标记，且与道路、桥梁和周围城市景观、建筑的设计风格统一协调。

7.5 人行护栏

7.5.1 下列位置应设置人行护栏：

1 人行道与一侧地面存在高差，有行人跌落危险的，应设人行护栏；

2 桥梁的人行道外侧，应设置人行护栏；

3 车站、码头、人行天桥和地道的出入口、商业中心等人流汇聚区的车道边，应设置人行护栏；

4 交叉口人行道边及其他需要防止行人穿越机动车道的路边，宜设置人行护栏，但在人行横道处应断开；

5 在非全封闭路段天桥和地道的梯道口附近无公共交通停靠站时宜在道路两侧设人行护栏，护栏的长度宜大于200m。天桥和地道的梯道口附近有公共交通停靠站时，宜在路中设分隔栏杆，分隔栏杆的净高不宜低于1.10m。

7.5.2 人行护栏的设计应符合下列规定：

1 道路人行护栏的净高不宜低于1.10m，并不得低于0.90m。

2 桥梁临空侧的人行护栏净高不应低于1.10m，当桥梁临空侧为人非混行道或非机动车道时，护栏的净高不应低于1.40m。兼具桥梁防撞护栏与人行护栏功能的护栏，应同时满足两者技术要求。

3 人行护栏不宜采用有蹬踏面的结构。有跌落危险处栏杆的垂直杆件间净距不应大于0.11m；当栏杆结合花盆设置时，必须有防止花盆坠落的措施。

4　人行护栏应以坚固、耐久的材料制作。有跌落危险或一侧有快速机动车通行的人行护栏的结构验算竖向荷载应为1.2kN/m，水平向外荷载应为1.0kN/m，两者不同时作用；桥梁、人行天桥上的人行护栏的结构验算竖向荷载应为1.2kN/m，水平向外荷载应为2.5kN/m，两者应分别计算，不同时作用，且不与其他可变作用叠加。

5　人行护栏的样式应与桥梁、道路、周围建筑风格协调一致。

6　人行护栏的结构形式应便于安装，易于维修，材料应环保。

7　机动车道两侧的人行护栏上不应安装广告。

7.6　分隔设施

7.6.1　下列位置应设置分隔设施：

1　双向六车道及以上的道路，当无中央分隔带且不设防撞护栏时，应在中间带设分隔栏杆，栏杆净高不宜低于1.10m；在有行人穿行的断口处，应逐渐降低护栏高度，且不高于0.70m，降低后的长度不应小于停车视距；断口处应设置分隔柱；

2　双向四车道及以上的道路，机动车道和非机动车道为一幅路设计，应在机动车道和非机动车道之间设置分隔栏杆；

3　非机动车流量达到饱和或机动车有随意在路边停车现象时，机动车道和非机动车道为一幅路断面，宜在机动车道和非机动车道之间设置分隔栏杆；

4　机动车道和非机动车道为共板断面，路口功能区范围宜设非机动车和机动车分隔栏杆；在路口设置时，应避免设置分隔栏杆后妨碍转弯和掉头车辆的行驶；

5　非机动车道和人行道为共板断面，宜在非机动车道和人行道之间设置分隔栏杆；

6　非机动车道高于边侧地面有跌落危险时，应在非机动车道边侧设置分隔栏杆；

7　人行道和绿地之间可根据情况设置分隔栏杆；

8　人行道和停车场、设施带之间，需要进行功能分区的位置可设置分隔栏杆；

9　交叉路口人行道边缘、行人汇聚点的边缘可设置分隔柱。

7.6.2　分隔设施的设计应符合下列规定：

1　分隔设施的高度应根据需要确定；分隔柱的间距宜

为1.3m～1.5m；

2 分隔设施的结构应坚固耐用、便于安装、易于维修，宜为组装式；

3 分隔设施的颜色宜醒目；没有照明设施的地方，分隔设施表面应能反光；

4 分隔栏杆在符合设置的路段应连续设置，不应留有断口。

7.7 隔离栅和防落物网

7.7.1 城市快速路主路及设计速度大于或等于60km/h的匝道两侧应设置隔离栅，但下列情况可不设置隔离栅：

1 路侧有水渠、池塘、河湖、山体等天然屏障时；

2 路基边坡或挡土墙直立坡度大于2∶1的路段且道路与相邻地面高度差大于1.8m的。

7.7.2 行人通行的桥梁跨越轨道交通线、铁路干线、设计速度大于或等于60km/h的道路时，人行道外侧应设置防落物网，设置范围应为被跨越道路或轨道交通线、铁路干线的宽度并向两侧各延长10m。

7.7.3 隔离栅和防落物网的设计应符合下列规定：

1 隔离栅的高度不应低于1.8m；

2 防落物网的高度不应低于2.0m；

3 隔离栅和防落物网的网眼不应大于50mm×100mm；

4 隔离栅应与桥梁结构、挡土墙构筑物或山体等连接形成闭合系统；出入口等位置不能形成围合的，应在隔离栅端头处设置禁止行人通行的禁令标志，且应在相对应的中央隔离带设置隔离栅，连续长度宜大于100m。

7.8 防眩设施

7.8.1 城市快速路中央分隔带应设防眩设施，但分隔带宽度大于9m，或双向路面高差大于2m的可不设。

7.8.2 防眩设施的设计应符合下列规定：

1 防眩设施可按道路的气候条件、景观条件、遮光要求选用植物防眩、防眩板、防眩网等形式；

2 防眩板的设计应按部分遮光原理进行，直线路段遮光角不应小于8°，平、竖曲线路段遮光角应为8°～15°，宽度宜为8cm～15cm，离地高度宜为120cm～180cm。

7.8.3 防眩设施的结构设计应符合下列规定：

1 防眩板和防眩网的结构应方便安装和维护；

2 防眩设施的高度、结构形式、设置位置变化时应设置过渡段，过渡段的长度宜为 50m；

3 应避免在防眩设施之间留有断口。

7.9 声 屏 障

7.9.1 根据现行国家标准《声环境质量标准》GB 3096 进行声环境评价的结果不符合标准的路段，采取其他降噪措施仍达不到要求的，应设置声屏障。

7.9.2 声屏障的最佳位置应根据道路与防护对象之间的相对位置、周围的地形地貌进行设置。

7.9.3 声屏障的结构设计除应符合国家现行标准《声屏障声学设计和测量规范》HJ/T 90 的规定外，还应满足结构自重及风荷载的要求。

8 交通信号灯

8.1 一 般 规 定

8.1.1 交通信号灯应能被道路使用者清晰、准确地识别，应能保障车辆和行人安全通行。

8.1.2 交通信号灯的配置应与道路交通组织相匹配，应有利于行人和非机动车的安全通行，有利于大容量公共交通车辆的通行，有利于提高道路通行效率。

8.1.3 交通信号灯设备应安全可靠，能够长期连续运行。当交通信号灯设备出现故障时，任何情况下均不得出现相互冲突的交通信号。

8.2 信号灯设置

8.2.1 城市道路的平面交叉口设置交通信号灯的条件，应根据路口情况、交通流量以及交通事故率等因素确定。

8.2.2 交通信号灯的视认范围应根据车速和车道布置情况确定。交通信号灯的视认范围内不应存在盲区，不能满足时，应在适当位置增设同类信号灯。

8.2.3 城市道路的特大桥、长大隧道等路段，可根据交通组织要求或设施养护要求设置车道信号灯。可变车道、收费口和检查通道应设置车道信号灯。

8.2.4 全封闭道路中实施控制的匝道，应设置匝道控制信号灯。

8.2.5 行人信号灯应有倒计时显示或者闪烁提示。倒计时或闪烁提示时间应保证行人能安全通过路口。

8.2.6 道路交叉口的交通信号周期不宜大于180s。

8.2.7 交通信号灯设置倒计时显示时，其颜色应与被计时的信号灯一致。

8.2.8 **交通信号灯及其安装支架均不得侵入道路建筑限界。**

8.3 交通信号控制系统

8.3.1 交通信号控制系统的建设，应根据城市道路交通流的分布由点控、线控逐步过渡到系统协调控制。

8.3.2 城市主干路交通信号灯宜实施绿波协调控制。

8.3.3 协调控制范围内的各路口交通信号配时参数，应根据交通流量和流向确定，并满足区域协调控制的要求。

8.3.4 交通信号控制系统应设置监控中心。交通信号控制系统应具有下列功能：

1 对各信号灯进行远程监视和控制；

2 对各信号灯配时参数进行远程配置；

3 对各信号灯设备进行故障监测和报警；

4 实施协调控制。

8.3.5 交通信号控制系统宜具备交通信息采集与传输功能。

9 交通监控系统

9.1 一般规定

9.1.1 为提高城市道路交通管理和服务水平，宜设立交通监控系统。

9.1.2 交通监控系统应由监控中心、外场监控设施和信息传输网络等组成，应具备信息采集、分析处理、信息发布和交通控制管理，以及与其他信息系统的信息交换和资源共享等全部或部分功能。

9.1.3 交通监控系统的建设应根据道路等级和城市规模，并结合城市经济发展阶段以及交通量和交通管理需求等因素综合考虑，并应按表9.1.3的要求确定。

表9.1.3 交通监控系统建设要求

城市规模	道路等级			
	城市中、长、特长隧道	城市特大桥梁和城市快速路	主干路和次干路	支路
特大城市	应建设	应建设	应建设	应预留建设条件

续表 9.1.3

城市规模	道路等级			
	城市中、长、特长隧道	城市特大桥梁和城市快速路	主干路和次干路	支路
大城市	应建设	应建设	宜建设	宜预留建设条件
中等城市	应建设	宜建设	宜预留建设条件	宜预留建设条件
小城市	应建设	—	宜预留建设条件	宜预留建设条件

9.1.4 交通监控系统应根据城市路网的现状、规划和交通管理需求进行统一规划，可根据城市交通状况和建设条件分步分期实施。

9.1.5 交通监控系统配置按道路或路网的性质和监控系统特性划分不同等级，等级分类应符合表 9.1.5 的规定。

表 9.1.5 交通监控系统等级分类

交通监控系统等级	Ⅰ级	Ⅱ级	Ⅲ级	Ⅳ级
适用范围	城市中、长、特长隧道	城市特大桥梁和城市快速路	主干路和次干路	支路

9.2 管理模式

9.2.1 一座城市宜设一处道路交通监控中心，对全市道路网络的交通运行实施集中监控和管理。

9.2.2 当城市道路网络规模较大且路网形态和交通状态具有明显的分区域分散布置特征时，可根据管理需求设置区域交通监控中心。区域交通监控中心宜作为交通监控中心下属的交通监控分中心。

9.2.3 城市特大桥梁和中、长、特长隧道宜设置独立的监控中心，对于地理位置分布较近又便于统一管理的，宜设置联合的监控中心。该监控中心宜作为交通监控中心下属的交通监控分中心。

9.3 交通监控中心

9.3.1 交通监控中心宜配置监控信息存储和处理计算机系统、闭路电视系统、信息发布和服务系统、应急指挥和处置系统以及信息通信网络系统。

9.3.2 交通监控软件系统宜具备对各类交通相关信息的综合分析处理功能，以及对多种交通状态和交通异常事件的自动检测判断功能，能针对常发性和偶发性交通拥挤或阻塞自动生成交通控制对策方案和应急处置预案，以及相应的信息发布诱导方案。

9.4 信息采集设施

9.4.1 信息采集设施主要应由交通参数检测器、摄像机、气象检测仪等构成。

9.4.2 Ⅰ级交通监控系统的设备配置应全路段连续设置交通参数检测器、摄像机等设施，实行全路段全覆盖监控。在城市中、长、特长隧道等特殊路段应设置完善的紧急报警设施。

9.4.3 Ⅱ级交通监控系统的设备配置应全路段设置交通参数检测器、摄像机等设施，实行全路段监控。在交通量大的互通立交、出入匝道宜全覆盖设置。

9.4.4 Ⅲ级交通监控系统的设备配置应在道路主要交叉口、互通式立交等重点区段，设置交通参数检测器、摄像机等监控设施。

9.4.5 Ⅳ级交通监控系统的设备配置可根据需求，在道路主要交叉口设置摄像机等监控设施。

9.4.6 在城市特大桥梁等特殊区段，以及恶劣的气象条件可能对交通安全构成威胁的路段宜根据各地的气候特征、管理需求和交通气象服务系统的总体建设要求，设置气象信息检测设备。

9.5 信息发布和控制设施

9.5.1 信息发布和控制设施主要应由可变信息标志、可变限速标志、交通信号控制设施等构成。

9.5.2 Ⅰ级交通监控系统的设备配置应在道路沿线及相关路段设置能够及时发布诱导信息，以疏解常发性交通拥挤所必需的可变信息标志、可变限速标志等信息发布设施。在道路沿线、入口匝道等特殊路段应布设满足交通控制管理需求的交通信号灯、车道信号灯、匝道开放/关闭可变信息标志等设施。有特别需要可增设交通违法事件检测记录设备。

9.5.3 Ⅱ级交通监控系统的设备配置应在道路沿线及相关路段设置能够及时发布诱导信息并疏解常发性交通拥挤所必需的可变信息标志、可变限速标志等信息发布设施。在常发性拥挤路段周边的入口匝道和需要实行交通控制的入口匝道应布设满足交通控制管理需求的匝道开放/关闭可变信息标志等交通控制设施，同时辅以设置匝道周围道路的可变信息标志。有特别需要时，可增设交通违法事件检测记录设备。

9.5.4 Ⅲ级交通监控系统的设备配置应在连接快速路入口处前方的道路沿线设置可变信息标志。在其他易发生交通拥堵路段可设置能够及时发布诱导信息的可变信息标志。

9.5.5 Ⅳ级交通监控系统的设备配置可根据总体交通信息发布和控制规划要求布设信息发布和控制设施。

9.6 信息传输网络

9.6.1 交通监控系统宜设置独立的信息传输网络。不具备条件时，可利用社会资源组建信息传输网络。

9.6.2 信息传输网络宜采用光纤通信方式。

9.7 系统互联和安全

9.7.1 系统互联应包括监控中心与监控分中心、监控中心与上级管理机构信息系统以及各中心与其他相关信息系统之间的互联。通过互联实现交通信息的交换和共享，并建立交通信息系统之间的运管协调和交通事件的协同处置等。

9.7.2 系统互联应制订符合信息及应用安全需求的安全策略，并建立统一的安全管理平台。

9.8 监控系统主要性能指标

9.8.1 交通信息采集主要技术性能指标宜包括交通数据检测精度、数据采集周期、视频图像质量等，并应符合下列规定：

1 交通数据检测精度应大于85%；

2 数据采集周期应为10s～60s可调；

3 视频图像质量不应低于五级损伤制评定的四级。

9.8.2 信息处理主要技术性能指标宜包括交通状态判别处理响应时间、交通状态判别准确度、交通事件检测误报率和漏检率等，并应符合下列规定：

1 交通状态判别处理响应时间不宜大于2s；

2 交通状态判别准确度应大于90%；

3 交通事件检测误报率应小于20%，漏检率应小于20%。

9.8.3 交通信息传输技术性能指标宜包括传输时延和传输误码率，并应符合下列规定：

1 外场设备与监控中心之间传输时延不应大于1s；

2 光纤传输误码率不应大于10^{-9}；无线传输误码率不应大于10^{-5}。

9.9 外场设备基础、管道、供电与防雷、接地

9.9.1 外场设备基础、管道的设计应符合下列规定：

1 横穿道路管道、结构物上的监控外场设备基础和管道应与土建工

程同步实施；

2 外场设备光、电缆宜采用穿管敷设。

9.9.2 外场设备供电与防雷、接地应符合下列规定：

1 外场设备宜按三级负荷设计，对重要道路可采用高于三级负荷设计；

2 外场设备宜采用联合接地方式，对于特别强雷区设有独立避雷针的地方应将安全接地与防雷接地分别设置；

3 应根据监控系统所处地区年均雷暴天数及设备所处地形地貌特点，对监控系统设备及光、电缆等进行系统的防雷、接地设计。

9.10 服务信息设施

9.10.1 服务信息设施主要应包括应急求助呼叫中心、紧急报警电话、紧急报警标志等。

9.10.2 紧急报警标志宜采用固定标志型式，应满足相关标志的规范要求，应至少包含报警电话号码和地理位置信息。

9.11 可变信息标志

9.11.1 可变信息标志主要应显示道路交通状态、交通事件等交通信息。

9.11.2 可变信息标志型式可根据地方使用习惯和发展规划、技术要求等，采用文字板、图形板、文字加图形板等多种型式。

9.11.3 在不影响其使用功能的条件下，可充分利用周围建筑物、门架等设施联合设置可变信息标志。

9.11.4 可变信息标志字模型式不宜低于表9.11.4的要求。

表 9.11.4 可变信息标志字模型式

类别	字模规格（cm）	字模点阵	字模数（个）
文字	高度32（设计车速小于60km/h）	16×16	单行不大于8
	高度48（设计车速不小于60km/h）	24×24	
光带单元	宽度13～15	宽度不小于6	随道路形态

10 服务设施

10.1 一般规定

10.1.1 人行导向设施、人行过街设施、非机动车停车设施、机动车停车设施和公交停靠站等服务设施，应根据规划条件、道路布置情况统一设置。服务设施设置应与景观、环境相协调。

10.1.2 服务设施应与其他交通设施协调布置，避免相互干扰，影响使用。

10.1.3 服务设施的布置应符合无障碍环境设计要求。

10.2 人行导向设施

10.2.1 人行导向设施设置应符合下列规定：

1 人行导向设施和路名牌等应设置在设施带内，并不应占用行人的有效行走空间；

2 人行导向设施和路名牌应统一规划、布置，方便使用。

10.2.2 人行导向设施的设置应符合下列规定：

1 步行街、商业区、比赛场馆、车站、交通枢纽等人流密集区域，以及在道路交叉口和公共交通换乘地点附近，宜设置人行导向设施；路段导向设施的设置间距应为300m～500m；

2 导向设施应内容明确、易懂，具有良好的可视性、避免遮挡，保持标识面的清晰、整洁；

3 枢纽、广场、比赛场馆和大型建筑物周边道路的人行导向设施，应结合其内部人行系统进行设置；

4 导向设施的设置可结合周边环境艺术化设置，但要易于辨认，清晰、易懂；

5 人行导向设施布置应保证行人通行的连续性和安全性，构成完整的人行导向标识系统；人行导向设施可有路线指示设施和地图导向设施等；

6 路线导向设施应反映1000m范围内的人行过街设施、公共设施、大型办公和居住区的行进方向。地图导向设施应反映附近人行过街设施、公共设施、大型办公和居住区的位置。

10.2.3 路名牌的设置应符合下列规定：

1 城市道路交叉口位置应设置路名牌，两个交叉口间的距离大于300m的路段应在路段范围内设置路名牌；

2 路名牌应设置在道路交叉口或路段的明显位置，不得被遮挡；

3 路名牌应平行于道路方向，版面应含有道路名称、方向，并应有门牌号码。

10.3 人行过街设施

10.3.1 人行过街设施的设置应符合下列规定：

1 道路交叉口均应设置人行过街设施，道路路段应结合道路等级、路段长度及行人过街需求设置人行过街设施；

2 快速路和主干路上人行过街设施的间距宜为 300m～500m，次干路上人行过街设施的间距宜为 150m～300m；

3 交通枢纽、商业区、大型体育场馆等人流量密集地点，应设置相应的过街设施；

4 城市快速路过街设施应采用立体过街方式。其他城市道路以平面过街方式为主，立体方式为辅，且应优先考虑人行地面过街；

5 人行天桥和地道应与路侧人行系统相连接，形成连续的人行通道；其通行能力须满足该地点行人过街需求；

6 在商业区、交通枢纽等人车密集地点，宜结合建筑物内部人行通道设置连续的立体过街设施，形成地下或空中人行连廊。

10.3.2 平面过街设施的设置应符合下列规定：

1 人行横道应设置在车辆驾驶员容易看清的位置，宜与车行道垂直；

2 信号灯管制路口，应施划人行横道标线，设置相应人行信号灯。无信号管制及让行管制交叉口应施划人行横道标线并设置注意行人的警告标志，并应在人行横道上游机动车道上施划人行横道预告标识线；

3 **道路交叉口采用对角过街时，必须设置人行全绿灯相位；**

4 人行横道的宽度与过街行人数及信号显示时间相关，顺延主干路的人行横道宽度不宜小于 5m；顺延其他等级道路的人行横道宽度不宜小于 3m，以 1m 为单位增减；

5 当路段或路口进出口机动车道大于或等于 6 条或人行横道长度大于 30m 时应设安全岛，安全岛的宽度不宜小于 2m，困难情况不应小于 1.5m；

6 人行安全岛在有中央分隔带时宜采用栏杆诱导式，无分隔带时宜采用斜开式；

7 居民区道路设计宜采用交通宁静措施保障行人安全；可通过设置减速角、减速陇、弯曲路段和环岛等降低车速；

8 与公交站相邻的人行横道，应设置在公交站进车端，并设在公交车停靠范围之外。

10.3.3 道路路段人行横道信号灯根据下列条件设置：

1 双向机动车车道数达到或多于 3 条，或双向机动车高峰小时流量超过 750pcu 及 12h 流量超过 8000pcu 的路段上，当通过人行横道的行人高峰小时流量超过 500 人次时，应设置人行横道信号灯；

2 不具备上述条件但路段设计车速超过 50km/h 时，应设置按钮式行人信号灯；

3 学校、幼儿园、医院、养老院等特殊人群聚集地点及行人事故多发区域等有特殊要求且无人行过街设施的，应设置人行横道线，并设置人行信号灯。

10.4 非机动车停车设施

10.4.1 非机动车停车设施要与人行系统连接，并设置指示标识。

10.4.2 大型公共交通枢纽和重要公共交通车站，应根据非机动车驻车换乘需求，结合自身设计设置非机动车停车场。大型建筑应根据需求设置适当容量的非机动车停车场。

10.4.3 非机动车停车场的规模应根据所服务的公共建筑性质、平均高峰日吸引车次总量，平均停放时间、每日场地有效周转次数以及停车不均衡系数等确定。

10.4.4 非机动车停车需求较小的公交停靠站，可布设路侧停车设施，设置非机动车车架和围栏。若非机动车停车需求大于 30 辆自行车，应设置专门停车场。

10.4.5 非机动车存车架和围栏的设置应与道路、交通组织和市容管理要求相适应，与交通护栏结合设置，方便使用、经济美观。

10.4.6 非机动车存车架和围栏应设置在道路的设施带内，且不应压缩人行道的有效人行通行宽度。存车架的设置应保证非机动车车身放置不超过路缘石外沿。围栏高度不应超过 1.3m。

10.5 机动车停车设施

10.5.1 机动车停车场的设置应符合下列规定：

1 机动车公共停车场的位置和规模要符合城市规划的要求，结合交通组织、区域停车需求、用地条件和道路交通条件等组织；

2 商业区、大型体育场馆、大型建筑等停车需求较大的地点可根据其交通组织设置一定规模的停车场；

3 停车场入口与城市道路连接通道的长度，应满足高峰时段进场车辆排队长度的要求；

4 进出车辆多的停车场宜设置多个收费口，收费口服务能力应满足车辆进出需求；

5 应合理设置停车场内车流线和人行流线，避免交叉，人流量大的停车场人行出入口应分散布置；

6 停车场的内部交通组织应与场地周边交通条件相符合，出入口及停车场内应设置交通标志、标线以指明场内通道和停车车位；

7 停车场内部步行系统应与周边人行通道连接，人行流线宜用标线标识，与机动车流线交叉时，应设交通标志、标线；

8 停车场出入口应有良好的通视条件，并设置交通标志。

10.5.2 路侧停车位的设置应符合下列规定：

1 路侧停车位作为停车场的补充，应合理设置；

2 路侧停车位的设置应避免影响非机动车的正常通行，不应侵占非机动车通行空间；

3 道路交叉口、建筑物出入口及公交站台附近不得设置路侧停车设施；

4 路侧停车应规定车种类型、停放时间，通过标志给予告示；

5 路侧停车位的设置应避免对机动车道内车辆行驶的影响。

10.5.3 出租车停靠站的设置应符合下列规定：

1 交通繁忙、行人流量大、禁止随意停车的地段，应设置出租车停靠站，并根据需求合理确定停靠站规模和形式；

2 应结合人行系统设置，方便乘客；

3 出租车停靠站要配有标识系统；

4 停靠站布置根据道路交通条件可采取直接式或港湾式；

5 需求量大的停靠站，宜预留乘客排队空间，并根据需要设置排队设施。

10.6 公交停靠站

10.6.1 公交停靠站的设置应符合下列规定：

1 公交停靠站应结合城市规划、公交线路组织、沿线公交需求及道路条件等规划设置；

2 设置于道路立交的公交停靠站，停靠站间换乘宜为立体换乘。公交停靠站位于交通枢纽和地铁站附近，应统一设置，方便换乘；

3 道路交叉口附近公交停靠站设置，应方便换乘，并减少对其他交通的影响；

4 快速公交专用车站应满足快速公交运营要求。

10.6.2 公交停靠站台的设置应符合下列规定：

1 站台长度不宜小于2个停车位。当多条公交线路停靠时，车站通行能力应与各条线路最大发车频率的总和相适应。当停车位大于 6 辆车长或停靠线路多于 6 条，可分组分区段设置；

2 城市主干路应采用港湾式公交停靠站，车流量大的次干路宜采用港湾式公交停靠站；快速路上设置的公交停靠站应满足现行行业标准《城市快速路设计规程》CJJ 129 的规定；

3 常规公交车停靠站站台铺装宽度根据候车人流量确定，一般不应小于 2m，条件受限时，不得小于 1.5m；快速公交专用站台，双侧停靠的站台宽度不应小于 5m，单侧停靠的站台宽度不应小于 3m；

4 设置在主路的公交站台应在辅路设置人行过街设施，并根据需要设置主路的人行过街设施；

5 机动车与非机动车混行路段，公交站台处宜在站台外侧设置非机动车道；

6 两条以上公交线路停靠的车站，站台宜设置排队用的人行护栏。

10.6.3 公交停靠站候车亭的设置应符合下列规定：

1 候车亭的设计应安全、实用、经济、美观，便于乘客遮阳、避雨雪，与周围景观相协调。亭内宜设置座椅、靠架，方便乘客使用；

2 候车亭进车端应有良好视线，候车亭尺寸应根据需求设计并与站台相协调；

3 站牌设置要便于公交司乘人员及乘客的观察和寻找，根据是否设置候车亭进行布置；

4 站台分组分区段设置时，站牌应设在相应区段内。

11 道路照明及变配电

11.1 道路照明

11.1.1 城市道路应设置人工照明设施。

11.1.2 城市道路照明标准可分为机动车道路、非机动车与人行道路照明两类。机动车道路照明应按快速路与主干路、次干路、支路分为三级。

11.1.3 机动车道路照明应以路面平均亮度（或路面平均照度）、路面亮度总均匀度和纵向均匀度（或路面照度均匀度）、眩光限制、环境比和诱导性为评价指标。

11.1.4 城市道路照明应根据道路功能及等级确定其设计标准。照明标准值应符合表 11.1.4 的规定，表中高档值和低档值应根据城市的性质和规模以及交通控制系统和道路分隔设施完善性来选择。

表 11.1.4 机动车道路照明标准值

级别	道路类型	路面亮度			路面照度		眩光限制阈值增量 TI（%）最大初始值	环境比 SR 最小值
		平均亮度 L_{av}（cd/m^2）维持值	总均匀度 U_O 最小值	纵向均匀度 U_L 最小值	平均照度 E_{av}（lx）维持值	照度均匀度 U_E 最小值		
Ⅰ	快速路、主干路	1.5/2.0	0.4	0.7	20/30	0.4	10	0.5
Ⅱ	次干路	0.75/1.0	0.4	0.5	10/15	0.35	10	0.5
Ⅲ	支路	0.5/0.75	0.4	—	8/10	0.3	15	—

注：1 表中所列的平均照度仅适用于沥青路面。若系水泥混凝土路面，其平均照度值可相应降低约30%；

2 表中对每一级道路的平均亮度和平均照度给出了两档标准值，“/”的左侧为低档值，右侧为高档值。对同一级道路选定照明标准值时，中小城市可选择低档值；交通控制系统和道路分隔设施完善的道路，宜选择低档值。

11.1.5 人行道路照明应以路面平均照度、路面最小照度和垂直照度为评价指标。

11.1.6 人行道路照明标准值应符合表11.1.6的规定。

表 11.1.6 人行道路照明标准值

夜间行人流量	区域	路面平均照度 E_{av}（lx）维持值	路面最小照度 E_{min}（lx）维持值	最小垂直照度 E_{vmin}（lx）维持值
流量大的道路	商业区	20	7.5	4
	居住区	10	3	2
流量中的道路	商业区	15	5	3
	居住区	7.5	1.5	1.5
流量小的道路	商业区	10	3	2
	居住区	5	1	1

注：最小垂直照度为道路中心线上距路面1.5m高度处，垂直于路轴平面的两个方向上的最小照度。

11.1.7 道路与道路的平面交汇区应提高其照度，交汇区照明标准值应符合表11.1.7的规定。

表 11.1.7 交汇区照明标准值

交汇区类型	路面平均照度 E_{av}（lx）维持值	照度均匀度 U_E 最小值	眩光限制
主干路与主干路	30/50	0.4	在驾驶员观看灯具的方位角上，灯具在 80°和 90°高度角方向上的光强分别不得超过 30cd/1000lm 和 10cd/1000lm
主干路与次干路			
主干路与支路			
次干路与次干路	20/30		
次干路与支路			
支路与支路	15/20		

注：1 灯具的高度角是在现场安装使用姿态下度量；
2 表中对每一类道路交汇区的路面平均照度给出了两档标准值，“/”的左侧为低档照度值，右侧为高档照度值。

11.1.8 道路照明应选择光效高、寿命长的光源，在要求较高的区域可采用显色指数较高的光源。

11.1.9 道路照明应根据不同等级的道路对眩光限制的要求，选用截光型或半截光型灯具。

11.1.10 道路照明灯具可根据道路横断面形式、宽度、照明要求及环境等设计为单侧布置、双侧交错布置、双侧对称布置、中心对称布置等，大中型立交、交通枢纽可采用高杆照明形式。

11.1.11 城市道路中的隧道，应设置隧道照明。隧道照明可分为入口段、过渡段、中间段和出口段。

11.1.12 隧道照明应根据行车速度和交通量确定其设计标准，隧道照明中间段标准值应符合表 11.1.12 的规定。

表 11.1.12 隧道照明中间段标准值

计算行车速度（km/h）	双车道单向交通 $N>2400$ 辆/h 双车道双向交通 $N>1300$ 辆/h			双车道单向交通 $N\leqslant700$ 辆/h 双车道双向交通 $N\leqslant360$ 辆/h		
	平均亮度 L_{av}（cd/m^2）	总均匀度 U_O 最小值	纵向均匀度 U_L 最小值	平均亮度 L_{av}（cd/m^2）	总均匀度 U_O 最小值	纵向均匀度 U_L 最小值
100	9	0.4	0.6～0.7	4	0.3	0.5
80	4.5			2		
60	2.5			1.5		
40	1.5			1.5		

注：当交通量在其中间值时，亮度指标按表中高值的 80%取值；均匀度指标按内插法取值。

11.1.13 隧道入口段、出口段应进行加强照明，入口段其亮度值应根据洞外亮度确定，并通过过渡段过渡至中间段亮度；出口段亮度值应根据中间段亮度确定。

11.2 照明控制

11.2.1 道路照明应采用自动控制。

11.2.2 道路照明控制宜采用时控为主、光控为辅的控制模式。

11.2.3 采用时间控制的道路照明宜按所在地理位置和季节变化分时段确定开关灯时间。

11.3 变配电系统

11.3.1 一般道路的照明应为三级负荷，重要道路、交通枢纽及人流集中的广场等区段照明应为二级负荷。

11.3.2 正常运行情况下，照明灯具端电压应维持在额定电压的90%～105%。

11.3.3 城市道路照明的配电系统宜预留道路监控等设施的用电量。

11.4 节能

11.4.1 道路照明设计应合理选定照明标准值，宜通过利用监控系统和完善道路分隔设施等方法，使道路适应照明标准低档值。

11.4.2 道路照明应使用高光效光源和高效率灯具。

11.4.3 道路照明设计应提高配电线路的功率因数，气体放电灯线路的功率因数不应小于0.85。

11.4.4 道路照明设计宜根据具体情况，选择合理和灵活的照明控制方式。

11.4.5 道路照明宜推广使用自清洁灯具。

11.4.6 道路照明应以照明功率密度（*LPD*）作为照明节能的评价指标，除特殊区域外，功率密度值不应大于表11.4.6的规定。

表11.4.6 道路照明功率密度值

道路级别	车道数（条）	照明功率密度值 *LPD*（W/m^2）	对应的照度值（lx）
快速路 主干路	≥6	1.05	30
	<6	1.25	
	≥6	0.70	20
	<6	0.85	

续表 11.4.6

道路级别	车道数（条）	照明功率密度值 *LPD*（W/m^2）	对应的照度值（lx）
次干路	≥4	0.70	15
	<4	0.85	
	≥4	0.45	10
	<4	0.55	
支路	≥2	0.55	10
	<2	0.60	
	≥2	0.45	8
	<2	0.50	

注：1 本表仅适用于高压钠灯，当采用金属卤化物灯时，应将表中对应的 *LPD* 值乘以系数 1.3；

2 本表仅适用于设置连续照明的常规路段。

十二、城市道路交通标志和标线设置规范

GB 51038－2015

3　基本规定

3.1　设 置 原 则

3.1.1　各类城市道路都应设置交通标志和标线。

3.1.2　交通标志和标线应根据道路条件、交通流条件、交通环境、道路使用者的需求及交通管理的需要进行设置，并应与周边的设施环境和景观条件相协调。当设置条件发生变化时，应及时增减、调换、更新交通标志和标线。

3.1.3　交通标志和标线的设置应立足道路交通有序、安全、畅通的原则，符合国家现行有关标准的规定，并保持清晰、醒目、准确。交通标志不应被行道树、广告、灯箱等设施遮挡，且不应遮挡信号灯或其他交通标志。

3.1.4　交通标志和标线应根据情况配合使用，其传递的信息应相互协调，同时应与交通管理措施、设施相协调。

3.1.5　道路短期施工、养护期间设置临时交通标志和标线与道路上已有的交通标志和标线发生信息冲突时，应在临时设置的交通标志上说明原因、理由和有效期等内容。长期施工、养护期间宜清除或覆盖原有的交通标志和标线，并应设置作业区交通标志和标线，保障道路通行安全。

3.1.6　道路施工、养护和体育赛事等大型活动期间设置的临时性交通标志和标线，应在工程和活动结束后及时撤除，恢复正常交通状态下的交通标志和标线设置。

3.1.7　新建和改建道路时，交通标志和标线应同步进行设计、施工和验收。

3.1.8　交通标志和标线的养护、管理应有专门机构负责。应定期开展排

查，发现交通标志和标线损毁、灭失的，应及时修复；需增加交通标志和标线，应及时设置。

3.1.9 交通标志和标线的材料选择应符合国家现行相关标准的要求。

3.2 设 置 流 程

3.2.1 交通标志和标线设计前应开展资料调查和分析工作，新建道路调查的资料应包括下列内容：

1 道路周边的用地性质；

2 道路功能和等级、红线宽度、沿线交叉口及出入口等；

3 道路有关的设计成果及资料；

4 预测交通量和交通组成；

5 公交线路及停靠站方案；

6 沿途所经过的道路名、地点名和主要设施；

7 交通管理措施；

8 周边道路设施状况。

3.2.2 改建道路还应增加调查下列资料：

1 现有道路交通设施状况；

2 各路段的交通量、交通特性和交通管理措施；

3 沿线的公交线路及站点设置情况；

4 道路及沿线交通事故情况。

3.2.3 交通标志和标线的设计应包括下列内容：

1 交通标志的设置位置、内容、种类；版面和尺寸设计；支撑方式、标志板、支撑件、连接件、基础；强度、稳定性验算；视认角度验算及视认环境评价；材料及施工工艺要求等。

2 交通标线的设置位置、内容、种类；文字、图形和尺寸；材料及施工工艺要求等。

3.2.4 交通标志和标线应按设计、施工工艺要求进行施工。

3.2.5 交通标志和标线施工竣工后应进行验收。验收应符合施工图、相关标准及本标准有关验收规定的要求。验收合格后方可投入使用。

3.3 设计文件编制

3.3.1 城市道路工程设计文件的组成应包括交通标志和标线设置的内容；交通标志和标线设置的设计应包括初步设计阶段及施工图设计阶段，其设计内容及深度应符合现行市政公用工程设计文件编制深度规定的要求。

3.3.2 初步设计说明书应包括标志和标线设计的编制依据、设计规范、设置范围、设置原则、材料要求、工程数量以及下阶段需有关交通管理单位解决的问题。

3.3.3 初步设计图纸应包括交通标志和标线平面布置图、交通标志版面类型图、交通标志杆件类型图、交通标志基础类型图、交通标线类型图。各部分图纸的编制应符合下列规定；

1 交通标志和标线平面布置图应初步明确标志设置位置、标志种类、标志版面内容、标志支撑类型、标线类型及布置；

2 交通标志版面类型图应初步明确各类标志版面样式及版面尺寸；

3 交通标志杆件类型图应初步明确各类杆件的样式和主要尺寸；

4 交通标志基础类型图应初步明确各类基础的样式及主要尺寸；

5 交通标线类型图应初步明确各类种标线的样式及主要尺寸。

3.3.4 施工图设计说明书应包括标志和标线设计的编制依据、设计规范、对初步设计审批意见的响应、设置范围、设置原则、材料要求、施工及安装要求、验收要求。

3.3.5 施工图设计图纸应包括交通标志和标线平面设计图、交通标志版面设计图、交通标志板大样图、交通标志连接件大样图、交通标志杆件设计图、交通标志基础设计图、交通标线大样图以及交通标志和标线工程量汇总表。各部分图纸的编制应符合下列规定：

1 交通标志和标线平面设计图应明确各标志设置点位、标志种类、版面内容、标志支撑类型、标线类型及布置、标线间距等参数；

2 交通标志版面设计图应明确各类标志版面样式、文字及图案布置、尺寸、颜色、反光材料要求；

3 交通标志板大样图应明确各种标志板尺寸、龙骨及绑边方式、材料、数量；

4 交通标志板连接件大样图应明确各种标志板与支撑杆件的连接件的尺寸、材料、数量、连接方法；

5 交通标志杆件设计图应明确各类杆件尺寸、材料、颜色、连接及数量；

6 交通标志基础设计图应明确各类标志基础尺寸、预埋件、材料

（含配筋）、数量、埋置及地基要求；

7 交通标线大样图应明确各种标线的线型、图形、尺寸、材料及施划要求；

8 交通标志和标线工程量汇总表应明确各类标志数量、杆件数量、基础数量、相关配件的数量及标线面积。

4 交通标志的基本要求

4.1 一 般 规 定

4.1.1 交通标志按其作用应分为主标志和辅助标志两大类，其中主标志包括禁令标志、警告标志、指路标志、指示标志、旅游区标志、作业区标志、告示标志；辅助标志应附设在主标志下。

4.1.2 标志版面的颜色、含义及图形应符合表 4.1.2-1、4.1.2-2 的规定，并应符合国家现行标准《道路交通标志和标线　第 2 部分：道路交通标志》GB 5768.2 的有关规定。

表 4.1.2-1　标志版面颜色、含义及适用范围

颜色	含义	适用范围
红色	禁止、停止、危险	禁令标志的边框、底色、斜杠，叉形符号和警告性线形诱导标的底色等
黄色(荧光黄色)	警告	警告标志的底色
蓝色	指示、指路	指示标志的底色、干路和支路的指路标志的底色
绿色	快速路指路	城市快速路指路标志底色
棕色	旅游区及景点指引	旅游区指引和旅游项目标志的底色
黑色	警告、禁令等	标志的文字、图形符号和部分标志的边框
白色	警告、禁令等	标志的底色、文字和图形符号以及部分标志的边框
橙色(荧光橙色)	警告、指示	道路作业区的警告、指路标志
荧光黄绿色	警告	注意行人、注意儿童的警告标志

表 4.1.2-2　交通标志版面颜色及图形

序号	类型		名称		版面颜色及图形示例
1	指示标志	与行驶方向相关的指示标志	车辆行驶方向	直行、向左（向右）转弯	
				直行和向左（直行和向右）转弯、向左和向右转弯	
				靠右侧（左侧）道路行驶	
2			立体交叉直行和左转（直行和右转）行驶		
			环岛行驶		
3			单行路		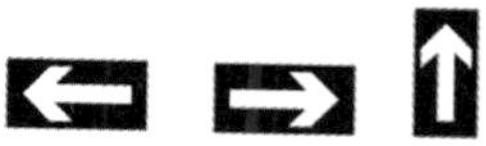
4		指导驾驶人驾驶行为的指示标志	鸣喇叭		
5			最低限速		
6		与车道使用目的相关的指示标志	车道行驶方向	左转、右转、直行	
				直行和左转合用、直行和右转合用	
				掉头、掉头和左转合用	
				分向行驶车道	

续表 4.1.2-2

序号	类型		名称		版面颜色及图形示例
7	指示标志	与车道使用目的相关的指示标志	专用道路和车道	机动车行驶、机动车车道	
				非机动车行驶、非机动车车道	
				公交专用车道、快速公交专用车道	
				多乘员车辆专用车道	
8		与道路路权相关的指示标志	人行横道		
9			步行		
10			允许掉头		
11			停车位		
12	禁令标志	与道路优先权相关的禁令标志	停车让行		
13			减速让行		
14			会车让行		

续表 4.1.2-2

序号	类型		名称		版面颜色及图形示例
15	禁令标志	与道路通行权相关的禁令标志	禁止通行		
16			禁止驶入		
17			禁止各类或某类机动车驶入	禁止机动车驶入	
				禁止载货汽车驶入	
				禁止电动三轮车驶入	
				禁止大型客车驶入	
				禁止小型客车驶入	
				禁止挂车、半挂车驶入	
				禁止拖拉机驶入	
				禁止三轮汽车、低速货车驶入	
				禁止摩托车驶入	
				禁止某两种车驶入标志	
				禁止运输危险物品车辆驶入	

续表 4.1.2-2

序号	类型		名称		版面颜色及图形示例
18	禁令标志	与道路通行权相关的禁令标志	禁止各类或某类非机动车、行人进入	禁止非机动车进入	
				禁止畜力车进入	
				禁止人力客运三轮车进入	
				禁止人力货运三轮车进入	
				禁止人力车进入	
				禁止某两种非机动车进入	
				禁止行人进入	
				禁止行人和非机动车进入	
19		与某方向通行权相关的禁令标志	禁止车辆向某方向通行	禁止向左（或向右）转弯	 
				禁止直行	
				禁止向左向右转弯	
				禁止直行和向左转弯（或直行和向右转弯）	 
20			禁止掉头		

续表 4.1.2-2

序号	类型			名称	版面颜色及图形示例
21	禁令标志	与交通管理相关的禁令标志		禁止超车、解除禁止超车	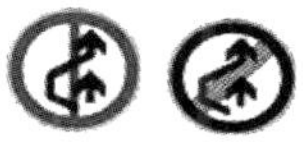
22				禁止停车	
				禁止长时停车	
23				禁止鸣喇叭	
24				禁止非机动车骑行	
				禁止非机动车骑行上坡	
				禁止非机动车骑行下坡	
25		与限制相关的禁令标志		限制速度	 40
				解除限制速度	 40
26			区域禁止及解除	区域限制速度、区域限制速度解除	 30 区域；30 区域
				区域禁止长时停车、区域禁止长时停车解除	 区域；区域
				区域禁止停车、区域禁止停车解除	 区域；区域

续表 4.1.2-2

序号	类型		名称	版面颜色及图形示例
27	禁令标志	与限制相关的禁令标志	限制宽度	
			限制高度	
28			限制质量	
			限制轴重	
29		与停车检查相关的禁令标志	停车检查	
30			海关	
31	警告标志	与平面交叉相关的警告标志	交叉口	
32			注意信号灯	

续表 4.1.2-2

序号	类型		名称		版面颜色及图形示例
33	警告标志	与平面交叉相关的警告标志	铁路道口	有人看守铁路道口	
				无人看守铁路道口	
				叉形符号	
34			注意分离式道路		
35		与道路平面线形相关的警告标志	急弯路		
36			反弯路		
37			连续弯路		
38		与道路纵断面线形相关的警告标志	陡坡		
39			连续下坡		
40			驼峰桥		

续表 4.1.2-2

序号	类型		名称	版面颜色及图形示例
41	警告标志	与道路横断面相关的警告标志	窄路	
			窄桥	
42		与交通流状况相关的警告标志	双向交通	
			注意障碍物	
			注意潮汐车道	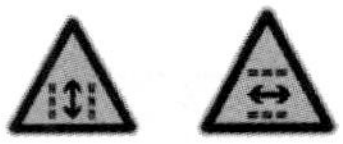
			注意合流	
			施工	
43		与可能出现危险状况相关的警告标志	注意行人	
44			注意儿童	
45			注意非机动车	
46			注意残疾人	

续表 4.1.2-2

序号	类型		名称	版面颜色及图形示例
47	警告标志	与可能出现危险状况相关的警告标志	傍山险路	
48			堤坝路	
49			渡口	
50			事故易发路段	
51			慢行	慢
52			注意危险	
53		与建议安全措施相关的警告标志	建议速度	30km/h
54			注意保持车距	
55	干路和支路指路标志	路径指引标志	交叉口预告	南 北京路 廊坊 大羊坊 前方300m
56			交叉口告知	西 庄浦北路 通河路 荣吉路 庄俞公路

续表 4.1.2-2

序号	类型		名称		版面颜色及图形示例
57	干路和支路指路标志	路径指引标志	确认	路名牌	 123 南 192 西土城路 193 北 220
				街道名称	 新街口外大街 杏坛路
				地点方向	 北京路
58		地点指引标志	地点距离		 徐家汇 1km
59			著名地点		 徐家汇
60			分界		 任城区
61			地点识别		
62		沿线设施指引标志	停车场（区）		 P P
63			人行天桥、人行地下通道		
64			残疾人专用设施		

续表 4.1.2-2

序号	类型		名称		版面颜色及图形示例
65	干路和支路指路标志	沿线设施指引标志	观景台		
66	干路和支路指路标志	沿线设施指引标志	应急避难设施		
67	干路和支路指路标志	道路其他信息指引标志	绕行		
68	干路和支路指路标志	道路其他信息指引标志	此路不通		
69	干路和支路指路标志	道路其他信息指引标志	车道数变少		
70	干路和支路指路标志	道路其他信息指引标志	车道数增加		
71	干路和支路指路标志	道路其他信息指引标志	交通监控设备		
72	干路和支路指路标志	道路其他信息指引标志	线形诱导标		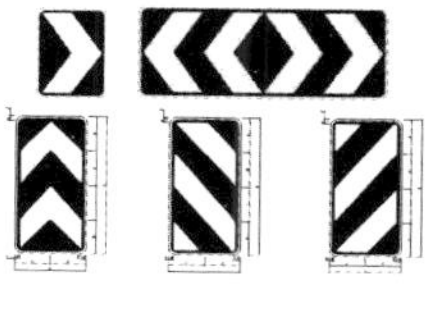
73	快速路指路标志	路径指引标志	入口指引	入口预告	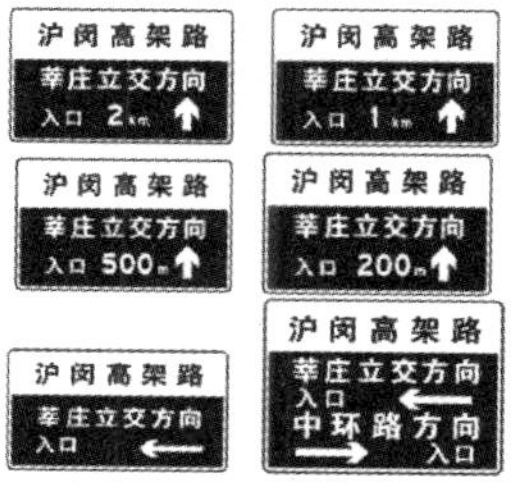

续表 4.1.2-2

序号	类型		名称		版面颜色及图形示例
74	快速路指路标志	路径指引标志	入口指引	入口处地点、方向	↖莘庄立交　中环路↗
75				入口	沪闵高架路 莘庄立交方向 入口↑　沪闵高架路 入口
76			行车确认	地点距离	秀沿路 500m 秀浦路 1.5km 上南路 3km　秀沿路 500m 秀浦路 1.5km 上南路 3km
77				路名	北翟快速路
78			出口指引	出口预告	南北高架路 复兴路 北京路 2km↗　南北高架路 复兴路 北京路 1km↗　南北高架路 复兴路 北京路 500m↗　南北高架路 复兴路 北京路↗
79				下一出口预告	下一出口 江苏路 3km
80				出口	罗山路↗
				出口地点与方向	南北高架路 复兴路方向↑　南北高架路 北京路方向↗

续表 4.1.2-2

序号	类型		名称	版面颜色及图形示例
81	快速路指路标志	沿线信息指引标志*	起点	三环快速
82			终点预告、终点提示及终点	三环快速 2km 三环快速 1km 三环快速 500m 终点200m 减速慢行 三环快速
83			交通信息	1620 kHz 道路交通信息
84			里程牌、百米牌	46 沪翔快速 8 46
85			停车领卡	停车领卡
86			车距确认	追尾危险 保持车距 车距确认 前方 200m 0m 50m 100m
87			特殊天气建议速度	50km/h

续表 4.1.2-2

序号	类型		名称		版面颜色及图形示例
88	快速路指路标志	沿线信息指引标志*	快速路车道指路	车速专用	80 60 / 80 50 / 80 50
				车型专用	小型车 / 大小型车 / 大小型车
				车种专用	客车 / 客货车 / 客货车
				功能专用	超车道 / 行车道 / 紧急停车带
				方向专用	通江路 大明路 / 青洋高架路 复兴路方向 / 青洋高架路 复兴路方向
				组合专用	小型车 80 60 / 大小型车 80 50 / 大小型车 80 50
89		沿线设施指引标志	收费站预告及收费站	不设不停车收费车道	收费站 2km / 收费站 1km / 收费站 500m / 收费站
				设不停车收费车道	ETC 收费站 2km / ETC 收费站 1km / ETC 收费站 500m / ETC 收费站

续表 4.1.2-2

序号	类型		名称		版面颜色及图形示例
90	快速路指路标志	沿线设施指引标志	电子不停车收费（ETC）车道指标		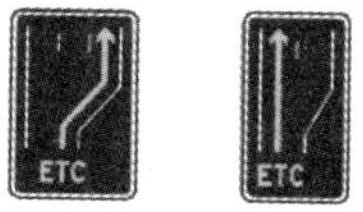
91			计重收费		
92			加油站		
93			紧急停车带		
94	作业区标志		施工		
			道路封闭		
			车道封闭	左道封闭	
				右道封闭	
				中间道封闭	

续表 4.1.2-2

序号	类型	名称		版面颜色及图形示例
95	作业区标志	改道	向左改道	
			向右改道	
		施工绕行		
96	辅助标志	表示时间		7:00-19:00　7:00-9:00 16:00-19:00
		表示车辆种类		除公共汽车外　货车 拖拉机　除进沿线单位车辆外
		表示方向		
		表示区域或距离		200m　100m　50m 50m　100m　二环路区域内　200m
		表示警告、禁令理由		学校　海关　事故　教练路线
		组合		100m 7:30-18:30

续表 4.1.2-2

序号	类型	名称		版面颜色及图形示例
97	告示标志	路外设施		夕山度假村 生存岛
		行车安全提醒		严禁 酒后驾车 严禁 乱扔弃物 大型车 靠右 急弯减速 大型车 靠右 驾驶时 禁用手持电话 系安全带 校车 停靠站点
98	旅游区标志	旅游区指引	距离	云居寺 Yunju Temple 1 Km
			方向	云居寺 Yunju Temple 云居寺
		旅游符号		

注：“＊”快速路沿线信息指引标志中的著名地点、分界、车道数变少及增加，以及交通监控设备标志的版面颜色、图形、设置条件及方法，应符合本规范第 9 章对应节、条的规定。

4.1.3 交通标志是交通信号的一种，不应传递与道路交通无关的信息。

4.1.4 交通标志的设置应整体布局，做到信息连贯一致，不得出现信息不足、不当或过载的现象。

4.1.5 交通标志的设置应满足道路使用者在动态条件下的视认性及发现、判读标志及采取行动所需的前置距离要求。

4.1.6 **各类交通标志及支撑结构的任何部分不得侵入道路建筑限界以内。**

4.2 标志版面布置

4.2.1 交通标志的版面布置应信息明确、无歧义、简洁美观。

4.2.2 同类标志宜采用同一类型的标志版面。设置于同一门架式、悬臂式等支撑结构上的同类标志，宜采用同一高度和边框尺寸。

4.2.3 当禁令、指示标志套用于无边框的白色底板上时，为必须遵守标志；但禁令标志中的停车让行、减速让行标志不得套用于无边框的白色底板上。对事故多发路段，以及标志视认条件受道路行驶环境影响较大路段设置的警告标志，宜采用套用于无边框的荧光黄色底板上的版面。

4.2.4 同一版面中的禁令或指示标志的数量不应多于 4 种；快速路、隧道、特大桥路段的入口处，同一版面中的禁令或指示标志的数量不应多于 6 种。同一版面中禁止某种车辆转弯或禁止直行的禁令标志，不应多于 2 种，若禁止的车辆多于 2 种，则应增设辅助标志。

4.2.5 禁令、指示、警告标志版面上附加图形和文字时，应符合下列规定：

1 禁令标志版面上不得附加文字，禁止转弯等禁令标志附加图形时，箭头位置应保持不变；

2 车辆行驶指示标志版面上可附加箭头图形，专用道路指示标志版面上可附加时间，但附加箭头图形和时间时原指示标志的车辆图形大小应保持不变，位置可适当移动；

3 除车辆行驶和专用道路指示标志外，其他指示标志版面上不宜附加图形和文字；当必须附加图形和文字时，原指示标志图形在版面中位置和大小应保持不变；

4 警告标志不得附加图形和文字。

4.2.6 指路标志版面中的信息含义（图 4.2.6），应符合下列规定：

1 标识在箭头外的信息，应为交叉口及各相交道路所能通达的道路或地点名称；

2 箭头杆中可标识横向道路路名信息，也可同时标识当前行驶道路与横向道路路名信息，标识横向道路时宜为前方最近交叉口横向道路路名

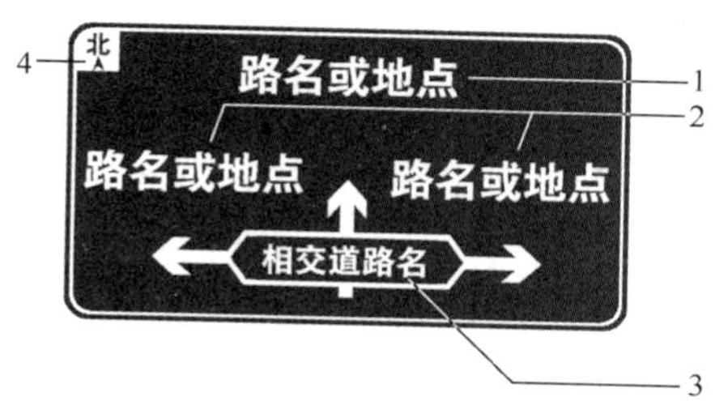

图 4.2.6 指路标志版面信息含义

1—前方通达的道路或地点；2—左、右方向通达的道路或地点；
3—前方交叉道路；4—地理方向信息

信息，路名字高宜为 0.5h～0.7h；

3 可在标志版面上标识地理方向信息，地理方向信息中的方向箭头可根据道路实际方向调整旋转，但其表示方向的文字不应旋转；当标志设置在行驶方向右侧时可在其版面左上角标识地理方向信息，设置在行驶方向左侧时可在其版面右侧上角标识地理方向信息；当版面为复杂交叉口图形时，可视版面布置情况在左下角或右下角标识地理方向信息；

4 标志版面上的路名、地名应使用标准名称；

5 标志版面各方向指引信息的选取，应符合本规范第 8.1 节和第 9.1 节的规定。

4.2.7 指路标志版面中各方向指引的目的地信息数量及布置（图 4.2.7），应符合下列规定：

图 4.2.7 指路标志版面信息数量及布置

1 同一块指路标志的版面中，各方向指引的目的地信息数量之和不宜超过 6 个，同一方向指引的信息数量不应超过 2 个；

2 同一方向表示 2 个信息时，宜在一行或两行内按由近到远顺序，由左至右或由上至下排列；

3 前方通达地点或道路名称信息应标识在竖向箭头的上方；

4 左、右方向通达地点或道路信息可在横向箭头上方或上下方标识，也可标识在箭头指向的外侧；当左右方向通达地点或道路为单一信息时，横向箭头外侧信息可竖向书写；

5 一个城市指路标志版面信息排列顺序及布置方式，应协调一致。

4.2.8 指路标志中的文字应使用规范汉字，可根据需要与其他文字并用。城市重要的旅游区、重要的国际性活动场所，可采用中、英文或汉字与少数民族文字对照形式。汉字应排在其他文字上方，少数民族地区可根据当地规定调整文字位置。

4.2.9 指路标志上使用的箭头应符合下列规定：

1 指示车道的用途时，箭头应向下并应指向该车道的中心位置；

2 指示车辆前进方向时，箭头应向上；

3 指示出口方向时，箭头应倾斜向上，并应反映出口方向的角度；

4 指示互通立体交叉匝道轮廓的图形标志，以及设置在干路和支路上的预告指引快速路入口的平面交叉图形标志，宜采用曲线箭头（图4.2.9）；

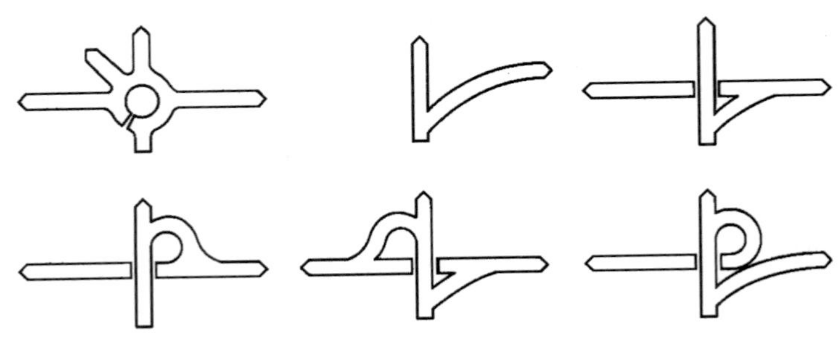

图 4.2.9 曲线箭头

5 上下排列向上、向左、向右的 3 个方向指示时，应从上至下按向上、向左和向右的顺序排列，并且指向上、左的箭头应放在左侧，指向右的箭头应放在右侧；左右排列向上、向左和向右的 3 个方向指示时，应从左至右按向左、向上、向右的顺序排列；

6 箭头宜放在主要标志文字的下方，或文字一侧的适当位置。

4.2.10 当指路标志中的距离小于 1km 时，宜以 m 为单位，并宜采用 50m 的倍数值；当指路标志中的距离大于或等于 1km 并小于 3km 时应以 km 为单位，并宜采用 0.1km 的倍数值；当指路标志中的距离大于或等于 3km 时应以 km 为单位，并宜采用 1km 的倍数值。整个城市指路标志版面中的距离表示方法宜统一。

4.2.11 旅游标志中应放置代表景点特征的图形。

4.2.12 各类标志版面尺寸和字符大小应根据设计速度按表 4.2.12-1 选取。也可根据路段的运行速度（V_{85}）进行调整，应符合下列规定：

1 指路标志的版面尺寸应与字符数量、图形符号、其他文字和版面美化等因素相协调；版面设计时，其他文字与汉字高度关系宜符合表 4.2.12-2 要求；

2 高度不同的两个设计要素相邻，可按低的高度值选择间距和行距；

3 隧道内或桥下因建筑限界、结构承载能力限制等特殊情况，当需缩小标志版面尺寸时，可适当减小文字高度，但最小高度不应小于一般值的0.8倍，或采用高宽比为1∶0.75的窄字体，但不得改变版面各要素之间的相互关系；

4 设置在城市狭窄道路、分隔带内等处的警告、禁令、指示标志，当采用柱式标志支撑结构设置空间受限制时，可采用最小值。三角形警告标志的最小边长不应小于0.6m；圆形禁令标志的最小直径不应小于0.5m；三角形禁令标志的最小边长不应小于0.6m；八角形禁令标志对角线长度不应小于0.5m；指示标志的最小直径（或短边边长）不应小于0.5m。

表4.2.12-1 标志版面尺寸、文字高度与设计速度的关系

设计速度（km/h）		100	80	60、50、40	30、20
警告标志	三角形边长（m）	1.30	1.10	0.90	0.70
	叉形标志宽度（m）	—	—	1.20	0.90
禁令标志	圆形标志外径（m）	1.20	1.00	0.80	0.60
	三角形标志边长（减速让行）（m）	—	—	0.90	0.70
	八角形标志外径（停车让行）（m）	—	—	0.80	0.60
	长方形标志边长（区域限制、解除）（m×m）	—	—	1.20×1.70	0.90×1.30
指示标志	圆形标志外径（m）	1.20	1.00	0.80	0.60
	正方形标志边长（m）	1.20	1.00	0.80	0.60
	长方形标志边长（m×m）	1.90×1.40	1.60×1.20	1.40×1.00	—
	单行线标志边长（m×m）	1.20×60	1.00×50	0.80×0.40	0.60×0.30
	会车先行标志边长（m×m）	—	—	0.80	0.60
指路标志	汉字高度（m）	0.65、0.60	0.60、0.55、0.50	0.50、0.45、0.40、0.35	0.30、0.25
	道路编号标志中的字母标识符、数字及出口编号标识中的数字高度（m）	0.45、0.40	0.40、0.35	0.30、0.25	0.20、0.15

表 4.2.12-2 其他文字与汉字高度的关系

其他文字		与汉字高度 h 的关系
英文、拼音或少数民族文字高	大写	$1/2h$
	小写	$1/3h$
阿拉伯数字	字高	h
	字宽	$1/2h$～$4/5h$
	笔画粗	$1/6h$～$1/5h$
公里符号高	k	$1/2h$
	m	$2/5h$

4.2.13 可变信息标志版面应符合现行国家标准《道路交通标志和标线 第2部分：道路交通标志的规定》GB 5768.2 的规定。文字的字体、字高等应保证视认性，并应符合本规范表 4.2.12-1、表 4.2.12-2 的规定。可变信息标志不应显示与交通无关信息。

4.2.14 当采用其他指示、禁令、警告标志时，除应执行现行国家标准《道路交通标志和标线 第1部分：总则》GB 5768.1 中的建议程序外，还应符合下列要求：

1 应符合现行国家标准《道路交通标志和标线 第2部分：道路交通标志的规定》GB 5768.2 的规定；

2 标志内容宜采用图形白式，并应辅以文字说明；

3 文字类禁令标志应为白底、红圈、红杠、黑文字，形状为圆形或矩形；

4 文字类警告标志应为黄底、黑边、黑文字，形状为三角形或矩形。

4.3 标志的设置位置与数量

4.3.1 交通标志应设置在车辆行进方向上易于看到的地方，并宜设置在车辆前进方向的右侧或车行道上方。当路段单向车道数大于4条、道路交通量大、大车比例高时，宜分别在车辆前进方向左、右两侧设置相同的交通标志。

4.3.2 标志的设置位置应符合下列规定：

1 警告标志的前置距离可根据道路的设计速度和条件类型按表 4.3.2 确定，也可按所处路段的道路管理行车速度或运行速度，以及道路具体条件进行适当调整；

2 禁令、指示标志应设置在禁止、限制或遵循路段的开始位置，部分禁令、指示标志开始路段的交叉口前还宜设置相应的提前预告标志，使被限制车辆能提前了解相关信息；

3 指路标志及其他标志设置位置，应符合本规范对各个标志设置的具体规定。

表 4.3.2 警告标志前置距离 （m）

速度（km/h）	减速到下列速度（km/h）									
	条件 A*	条件 B**								
	0	10	20	30	40	50	60	70	80	90
40	※	※	※	※		—	—	—	—	—
50	※	※	※	※	※	—	—	—	—	—
60	30	※	※	※	※	—	—	—	—	—
70	50	40	30	※	※	※	※	—	—	—
80	80	60	55	50	40	30	※	※	—	—
90	110	90	80	70	60	40	※	※	※	—
100	130	120	115	110	100	90	70	60	40	※

注：* 道路使用者有可能停车后通过警告地点。

** 道路使用者应减速后通过警告地点。

※ 不提出具体建议值，可视具体条件确定。

4.3.3 标志设置位置除满足前置距离和视认性要求外，还应符合下列要求：

1 不得影响道路的停车视距和妨碍交通安全；

2 不宜紧靠沿街建筑物的门窗前及车辆出入口前；

3 与沿街建筑物宜保持 1m 以上的侧向距离；

4 快速路标志之间间距不宜小于 100m，其他道路在路段上的标志最小间距不宜小于 30m，当不能满足最小设置距离时，应采用互不遮挡的支撑结构形式；

5 不得被上跨道路结构、照明设施、监控设施、广告构筑物以及树木等遮挡；

6 不应影响其他交通设施。

4.3.4 不同种类的标志不宜并列设置，当受条件限制需并列设置时，应符合下列规定：

1 安装在同一支撑结构上标志不应超过 4 个，并应按禁令、指示、警告的顺序，先上后下、先左后右排列；

2 同类标志的设置顺序，应按提示信息的重要程度排列；

3 停车让行标志、减速让行标志、会车让行标志、解除限制速度标志、解除禁止超车标志应单独设置；当条件限制需并列设置时，同一支撑结构上标志不应超过2个；

4 当指路标志和分向行驶车道标志需并列设置时，应按分向行驶车道标志、指路标志顺序从左至右排列。

4.3.5 辅助标志应设置在被说明的主标志下缘，当需要两种以上内容的辅助标志对主标志进行说明时，可采用组合形式，但组合的内容不宜多于3种。

4.3.6 主、辅标志及支撑结构的竖向及横向最小净空应符合下列规定：

1 位于路面上方的各类标志，其标志板及支撑结构下缘至路面的高度应大于该道路规定的净空高度。标志板及支撑结构下缘至路面的最小净空高度应大于表4.3.6要求；

表4.3.6 路面上方标志及支撑结构下缘距离路面的最小净高

道路种类	行驶车辆类型	最小净高 H（m）
机动车道	各种机动车	4.5
	小客车	3.5
非机动车道	自行车、三轮车	2.5
人行道	行人	2.5

2 位于路侧的各类标志板边缘及标志支撑结构边缘至车行道路面边缘的侧向距离，应大于或等于0.25m；

3 位于路侧的柱式标志板下缘距路面的高度宜为1.5m～2.5m；当设置在小客车比例较大的道路时，标志板下缘距路面的高度可根据实际情况减小，但不宜小于1.2m；当设置在人行道、非机动车道的路侧时，标志板下缘距路面的高度应大于1.8m。

4.3.7 标志的安装应视实际情况调整其俯仰角度，使其版面垂直于行车方向，并应符合下列要求：

1 标志安装应减少对驾驶员的眩光影响；

2 标志安装角度宜根据设置位置，道路的平、竖曲线线形进行调整；

3 路侧标志宜与车道中心线垂直或与垂线成一定角度[图4.3.7(a)]，其中禁令和指示标志宜为0°～10°，特殊情况下可增大，但最大不应超过45°；指路和警告标志宜为0°～10°；

4 车行道上方的标志板面应与车道中心线垂直，板面宜向下倾斜0°～15°[图4.3.7(b)]。

4.3.8 可变信息标志设置应根据路网交通管理需要进行，设置位置应符合下列规定：

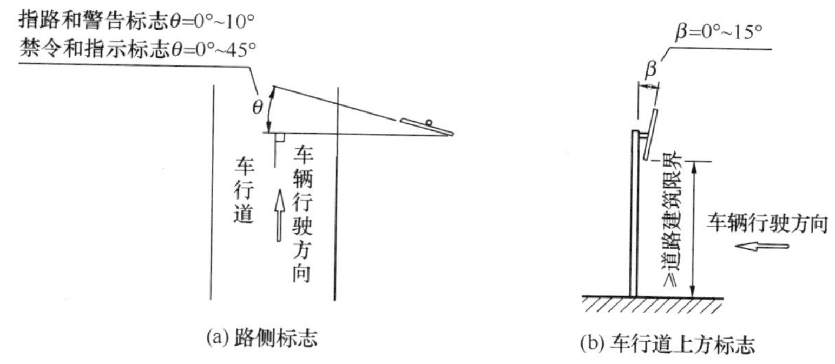

(a) 路侧标志

(b) 车行道上方标志

图 4.3.7 标志安装角度

1 有进行交通实时控制需求的路段上适当位置；

2 快速路、高架道路入口及出入口前的适当位置；

3 长度大于 500m 的隧道入口前适当位置；

4 潮汐车道起点和可变导向车道前；

5 需进行停车诱导的停车场站的入口前，以及相邻交叉口进口前适当位置；

6 有其他特殊要求的路段。

4.4 标志间的匹配设置

4.4.1 交通标志间的匹配设置应符合交通法规和国家现行有关标准的要求，并应协调、合理、适当。

4.4.2 禁令标志与警告标志匹配设置时，必须设置禁令标志，警告标志应根据实际情况与管理需要设置。

4.4.3 指示标志与警告标志匹配设置时，必须设置指示标志，警告标志应根据实际情况与管理需要设置。

4.4.4 禁令标志与指示标志的匹配设置应符合下列规定：

1 含义和作用相同时，必须设置指示标志，相同含义的禁令标志可根据实际情况与管理需要设置；

2 含义和作用互为对应时，必须设置禁令标志，对应含义的指示标志和配合指示行车方向标志，可根据实际情况与管理需要设置；

3 禁令标志套置于指示标志上时，应在必要位置另行设置相应的禁令标志。

4.4.5 禁令、指示标志与指路标志的匹配设置中，当禁令、指示标志套置于指路标志版面上时，应在必要位置另行设置相应禁令、指示标志。

4.5 标志支撑方式

4.5.1 标志的支撑方式应根据交通量、车型构成、车道数、沿线构造物分布、风荷载大小，以及路侧条件等因素按表 4.5.1 确定。

表 4.5.1 标志支撑方式及适用条件

支撑方式		适用条件
柱式	单柱式	警告、禁令、指示及小型尺寸指路标志
	双柱式	大中型长方形的指示或指路标志
悬臂式		1 道路较宽、交通量较大、外侧车道车辆阻挡内侧车道车辆视线； 2 视距或视线受到限制
门架式		1 同向三车道以上的多车道道路需分别指示各车道去向； 2 交通量较大、外侧车道车辆阻挡内侧车道车辆视线； 3 互通式立交间隔距离较近、标志设置密集； 4 受空间限制，柱式、悬臂式安装有困难； 5 隧道、匝道入口处，以及出口匝道在行车方向的左侧
附着式		1 支撑件设置有困难； 2 采用附着式设置更为合理

4.5.2 当标志与交通信号灯结合布置更为合理时，标志与交通信号灯的支撑结构宜一并设计，或将标志附着安装在交通信号灯的支撑结构上。

4.6 材 料 要 求

4.6.1 标志版面反光材料及照明应采用环保节能材料，并应符合下列规定：

1 标志版面在白天和夜间的颜色应满足现行国家标准《道路交通标志和标线 第 1 部分：总则》GB 5768.1 的规定。

2 标志应采用逆反射材料制作版面，也可根据地形、观测角度、日照等情况增加主动发光式或外部照明设备。

3 逆反射材料的逆反射性能应符合现行国家标准《道路交通反光膜》GB/T 18833 的规定，使用中当其性能不能满足该规范最低要求时应及时更换。

4 快速路、主干路标志应采用Ⅲ类～Ⅴ类反光膜；次干路及以下等级道路的标志可在Ⅰ类～Ⅳ类的反光膜中选择。

5 在下列情况下设置的禁令、指示、警告标志，宜采用Ⅴ类反光膜：

1）快速路小半径曲线及立交小半径匝道路段；

2）交通较为复杂、视距不良、观察角过大的交叉口或路段；

3）通行大型车辆为主的道路。

6 位于行车道上方标志版面的逆反射性能，宜比路侧标志提高一个等级。当采用Ⅴ类反光膜也无法保证视认时，宜增加标志照明系统。

7 隧道内指示紧急电话、消防设备、人行横洞、行车横洞、紧急停车带、疏散等标志，应采用主动发光或照明式标志，其他标志宜采用主动发光或照明式标志。

8 主动发光标志和照明式标志在夜间均应具有150m以上的视认距离，其材料及制作要求应符合现行国家标准《道路交通标志和标线 第2部分：道路交通标志》GB 5768.2的规定，并宜使用透光型反光材料制作。

4.6.2 标志底板可采用铝合金板、挤压成型的铝合金型材、薄钢板、合成树脂类板等板材制作，板材相关指标及制作应符合现行国家标准《道路交通标志板及支撑件》GB/T 23827的规定。在保证视认性前提下，标志板可分块制作，现场拼装。

4.6.3 可变信息标志板采用的材料及显示方式，应根据标志类型、显示内容、控制方式、环保节能、经济性等要求确定。

4.6.4 支撑结构材料应符合下列规定：

1 标志支撑件可选用钢管、型钢、八角形钢柱或钢桁架，也可根据需要采用铝合金型材、合成材料、钢筋混凝土等材料制作；

2 标志基础应采用的水泥混凝土强度等级应大于或等于C25。

4.7 标志结构设计

4.7.1 标志结构设计应符合下列规定：

1 版面尺寸及支撑方式确定后，应对同一支撑结构类型的标志进行合理归类分组，减少不同版面及支撑结构的规格类型。

2 风荷载计算中的设计风速，应采用标志所在地区距离平坦空旷地面10m高，50年一遇，10min的计算平均最大风速。对缺乏风速观测资料的地区，可按全国各气象台站的基本风速和风压值的有关数据，并经实地调查核实后采用，但不得小于22m/s。

3 应按承载能力极限状态和正常使用极限状态进行结构设计，并应满足构造和工艺方面要求。

4 标志结构的重要性系数可按下列两个等级选用：

1）位于快速路、主干路上的悬臂式、门架式标志，结构重要性系数 $\gamma_0=1.0$；

2）位于快速路、主干路上的其他类型标志，以及位于其他等级城市道路上的标志，结构重要性系数 $\gamma_0=0.95$。

5 标志结构的荷载组合与计算、极限状态设计、地基基础设计等，应符合现行标准《钢结构设计规范》GB 50017、《城市桥梁设计规范》CJJ 11 和《公路桥涵地基与基础设计规范》JTG D63 的规定。

4.7.2 标志板设计应符合下列规定：

1 标志板应由底板、反光材料、滑槽、支撑件紧固件组成，外部或内部照明标志还应包括其照明系统与结构；标志的外形应美观，并采用统一的形式，各组成部件应牢固、防腐、耐用，紧固件应通用；

2 标志底板的厚度应符合强度要求，其最小厚度宜符合表 4.7.2 的要求，当标志底板面积大于或等于 9m² 时，宜采用挤压成型或压边的铝合金板拼接制作；

表 4.7.2 标志板最小厚度

标志名称	标志类别	铝合金板（mm）	合成树脂板（mm）
指示标志	小型	1.5	3.0
	大型	2.0	4.0
禁令标志	小型	1.5	3.0
	大型	2.0	4.0
警告标志	小型	1.5	3.0
	大型	2.0	4.0
指路标志	小型	2.0～3.0	4.0
	大型	3.0～3.5	5.0
辅助标志		1.5	1.5

注：1 标志板面面积大于或等于 9m² 时应视为大型标志板。

2 指示、禁令、警告标志包括多标志同一版面布置的情况。

3 标志板宜选用型铝、型钢等滑槽加固。

4.7.3 标志支撑设计应符合下列规定：

1 标志支撑件中采用的所有钢制部件均应采用热浸镀锌或其他防腐工艺处理，钢管顶端应封闭；各种支撑件的断面尺寸、连接部件等均应根据标志板面的大小、所设置地点的受风力及支撑方式由计算确定；

2 标志支撑件的基础宜采用刚性扩大基础，当刚性基础过大或基础设置处土质不良时，可采用桩基础；基础的金属预埋件必须进行除锈处理；基础的埋设深度和构造尺寸应由计算确定；

3 标志板与支撑件应采用适当的连接方式，连接部件的设计应安装方便、连接牢固、保持板面平整。

11 交通标线的基本要求

11.1 一 般 规 定

11.1.1 城市道路交通标线应由施划或安装于城市道路上的各种线条、箭头、文字、图案及立面标记、突起路标和轮廓标等交通安全设施所构成。

11.1.2 交通标线设置应符合下列要求：

1 应符合道路设计要求，充分体现道路总体设计的意图；

2 应与交通实际运行特点相适应，有利于道路交通的有序、安全与畅通；

3 宜与交通标志设置配合使用，相互协调，相互补充，也可单独使用；

4 应遵循适当设置的原则，不得出现传递信息过量或不足的情况；

5 应与周边其他交通设施表达的信息相匹配，传递的交通信息不得相互矛盾；

6 应保证交通标线在使用期间的可视性，及时对交通标线进行维护。

11.1.3 交通标线位于水泥混凝土路面的接缝处，可偏向接缝一侧，偏移宽度不宜大于所施划标线的宽度。

11.1.4 交通标线施划后，机动车道宽度应满足现行行业标准《城市道路工程设计规范》CJJ 37 的规定以及总体设计的要求，除加宽情况外，一条机动车道宽度不得大于 3.75m。

11.1.5 次干路及以上等级的城市道路应设置交通标线，支路及其他城市道路宜设置交通标线。

11.1.6 在城市道路的路段、交叉口、收费广场、作业区等区域，应根据需要设置指示标线、禁止标线、警告标线及其他标线。

11.2 交通标线的基本要素

11.2.1 传达禁止、限制、警告等信息应采用黄色交通标线；传达重要的提示信息应采用白色交通标线；在作业区应采用橙色交通标线；为表达一些特殊意义也可采用红色、蓝色、黑色交通标线。

11.2.2 交通标线的形式、颜色应符合表 11.2.2 的规定，并应符合国家现行标准《道路交通标志和标线 第 3 部分：道路交通标线》GB 5768.3 的有关规定。

表 11.2.2　交通标线的图例及含义

编号	类型	标线名称	图例（除标明单位外，缺省单位为 cm）	含　义
1	指示标线	可跨越对向车行道分界线	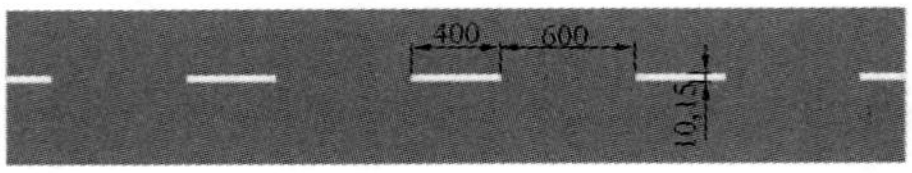 400　600　10,15	允许车辆短时越线行驶
2		可跨越同向车行道分界线	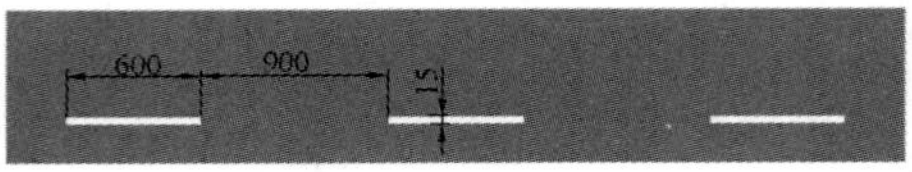 600　900　15	设计速度不小于 60km/h 路段，允许车辆短时越线行驶
3			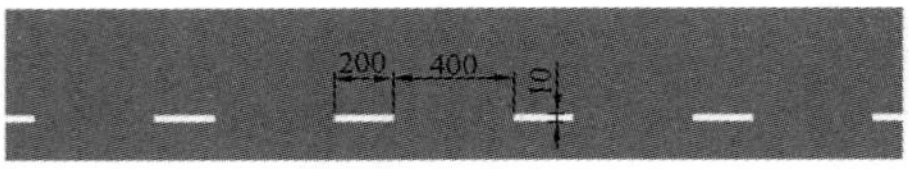 200　400　10	设计速度小于 60km/h 路段，允许车辆短时越线行驶
4		潮汐车道线	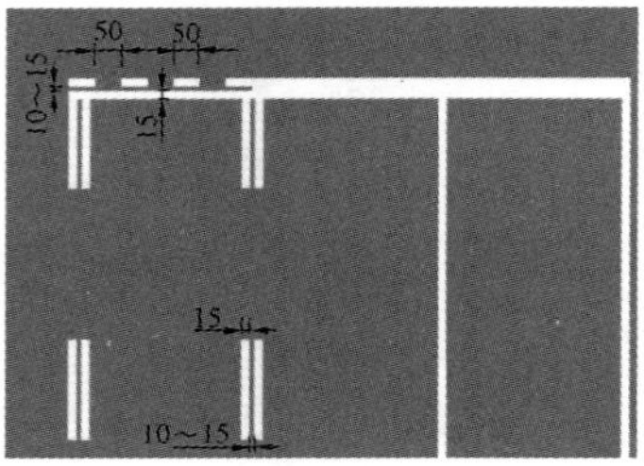 50　50　10～15　15　15　10～15	车道行驶方向可随交通管理需要进行变换
5		车行道边缘线	 10,15	禁止车辆跨越车行道边缘行驶或机非分界
6			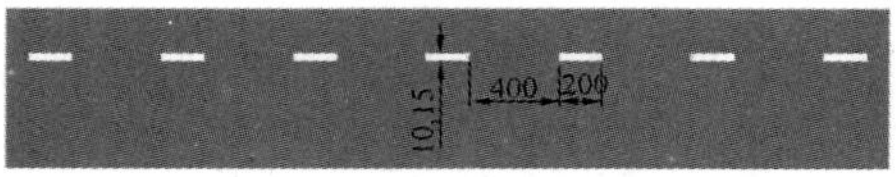 10,15　400　200	允许车辆跨越车行道边缘行驶
7			 10,15　15～20　10,15　400　200	禁止实线侧车辆越线行驶，允许虚线侧车辆越线行驶
8			 10,15	禁止车辆跨越车行道边缘行驶或机非分界

续表 11.2.2

编号	类型	标线名称	图例（除标明单位外，缺省单位为 cm）	含义
9	指示标线	左弯待转区线	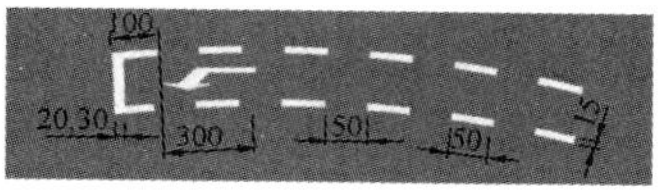	车辆在指示时段进入左弯待转区等待左转的位置
10		直行待行区线	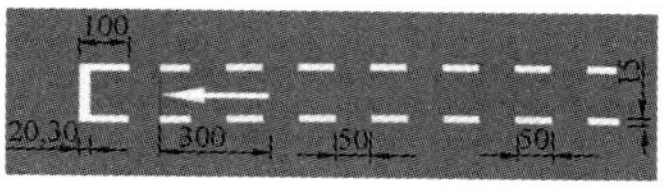	车辆在指示时段进入直行待行区等待直行的位置
11		路口导向线	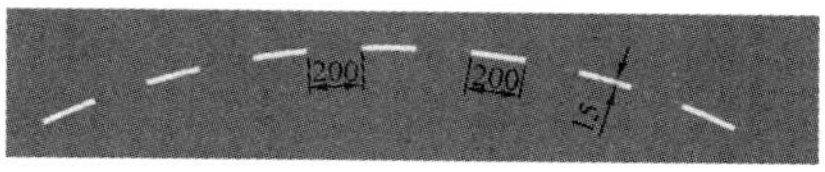	连接对向车道分界线
12				连接同向车道分界线
13		导向车道线		指示交叉口驶入车辆按导向方向行驶
14		可变导向车道线	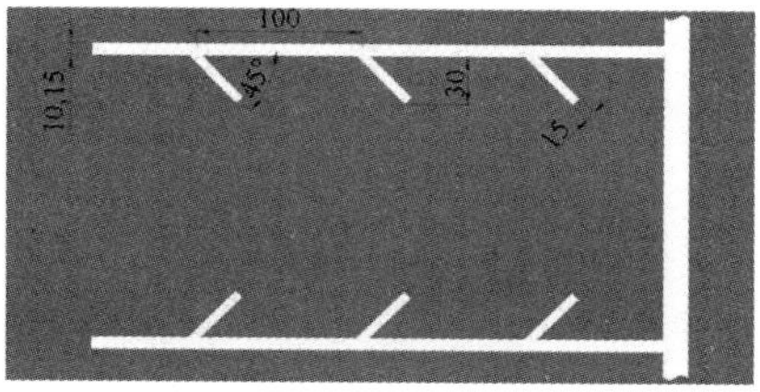	指示交叉口驶入车辆的导向方向可随需要变化
15		人行横道线	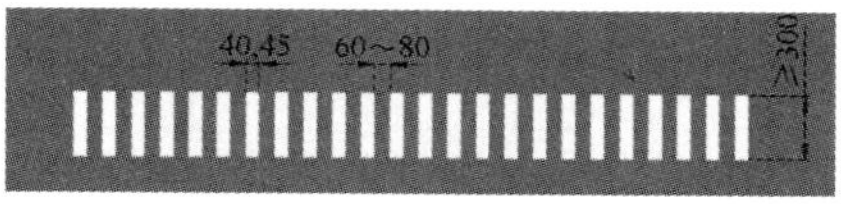	一定条件下允许行人横穿道路
16		人行横道预告标识线	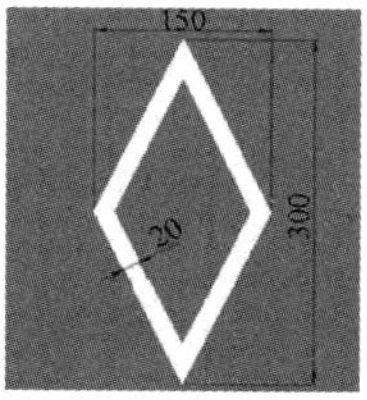	无信号灯控制路段设置人行横道线时，应在人行横道线上游设置预告标识

续表 11.2.2

编号	类型	标线名称	图例（除标明单位外，缺省单位为 cm）	含 义
17	指示标线	行人左右分道的人行横道线箭头	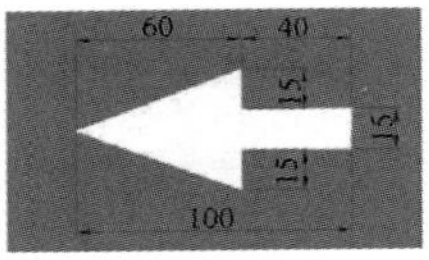 60 40 15 15 15 100	在行人过街交通量特别大交叉口，指示行人在人行横道线上靠右侧分道过街
18		白色折线车距确认线	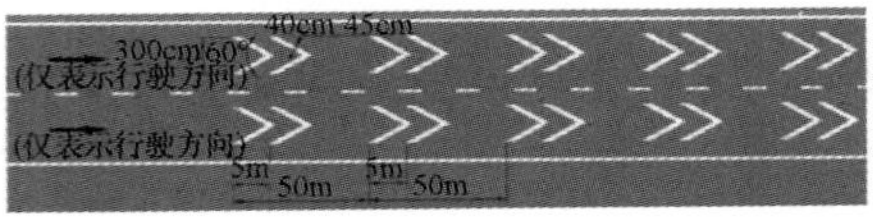 300cm 60° 40cm 45cm （仅表示行驶方向） （仅表示行驶方向） 5m 50m 5m 50m	设置于较长直线等路段，提示保持安全行车距离
19		白色半圆状距确认线	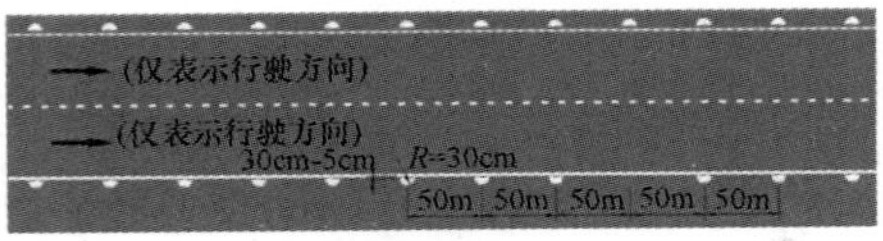 （仅表示行驶方向） （仅表示行驶方向） 30cm-5cm R=30cm 50m 50m 50m 50m 50m	设置于气象条件复杂的路段，提示保持安全行车距离
20		道路入口标线	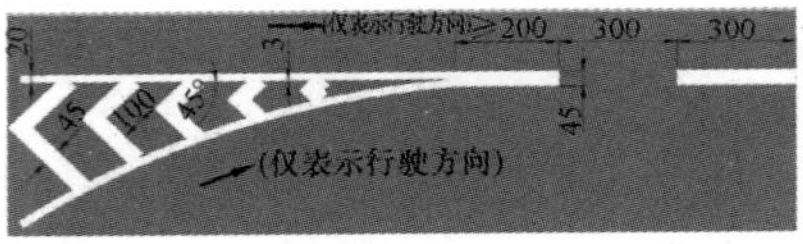 20 3 （仅表示行驶方向） ≥200 300 300 45 100 45° 45 （仅表示行驶方向）	在道路入口处设置，用于引导驶入车辆的行驶轨迹
21		道路出口标线	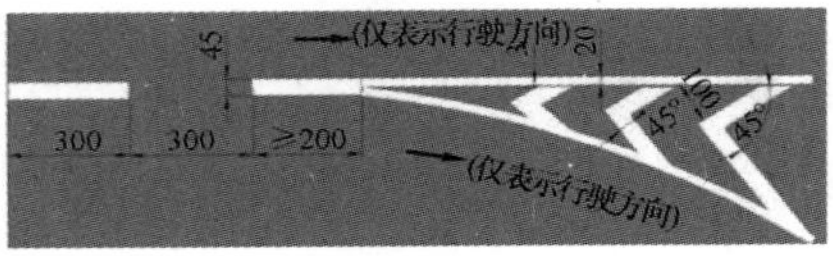 45 （仅表示行驶方向） 20 100 45° 45° 300 300 ≥200 （仅表示行驶方向）	在道路出口处设置，用于引导驶出车辆的行驶轨迹
22		垂直式机动车停车位标准	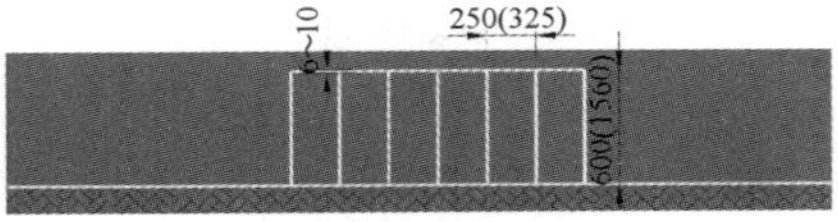 6~10 250(325) 600(1560)	机动车辆只能在标识的停车位内停放
23		平行式机动车停车位标线	 6~10 600(1560) 250(325)	机动车辆只能在标识的停车位内停放
24		倾斜式机动车停车位标线	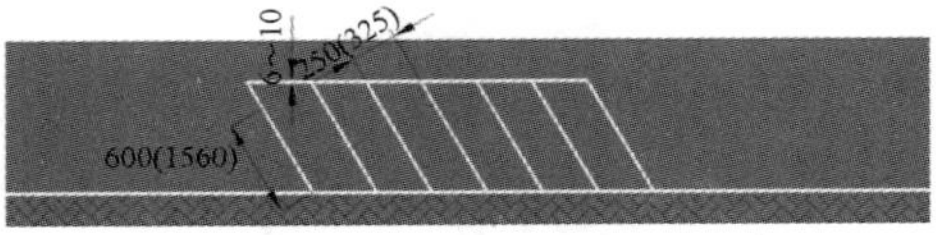 6~10 250(325) 600(1560)	

续表 11.2.2

<table>
<tr><th>编号</th><th>类型</th><th>标线名称</th><th>图例（除标明单位外，缺省单位为 cm）</th><th>含　义</th></tr>
<tr><td>25</td><td rowspan="6">指示标线</td><td>垂直式机动车限时停车位标线</td><td>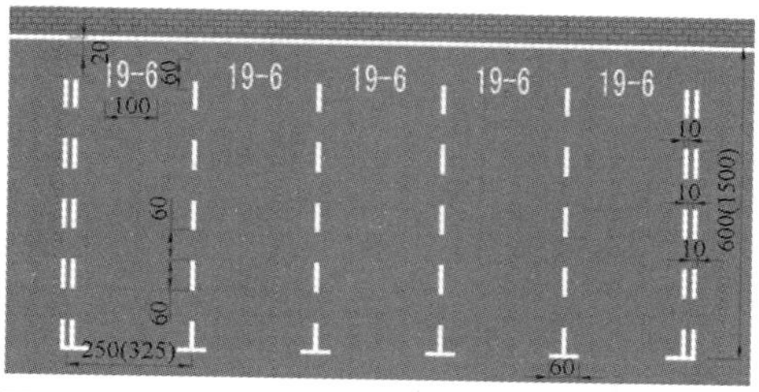
</td><td rowspan="3">机动车辆只能在标识的停车位内在限定时段停放</td></tr>
<tr><td>26</td><td>平行式机动车限时停车位标线</td><td>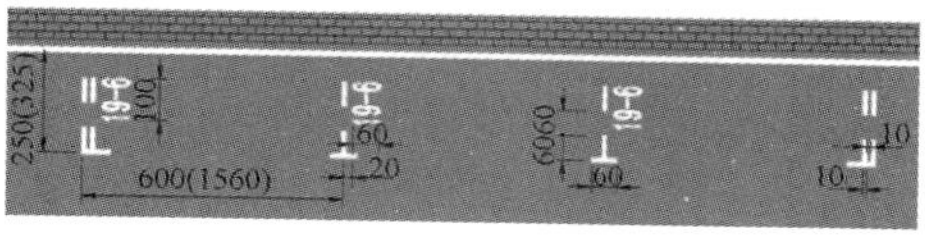
</td></tr>
<tr><td>27</td><td>倾斜式机动车限时停车位标线</td><td>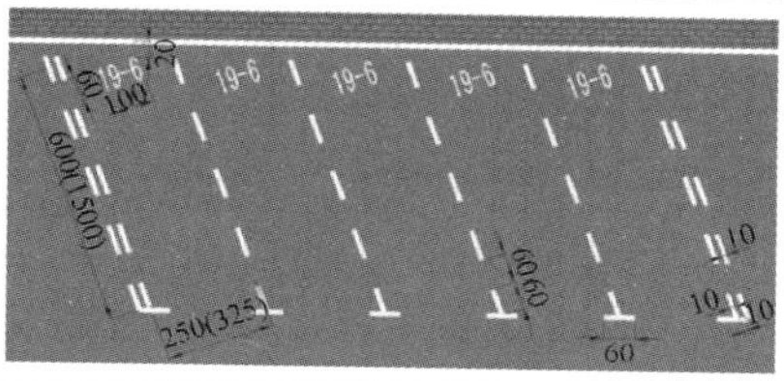
</td></tr>
<tr><td>28</td><td>出租车专用待客停车位标线</td><td>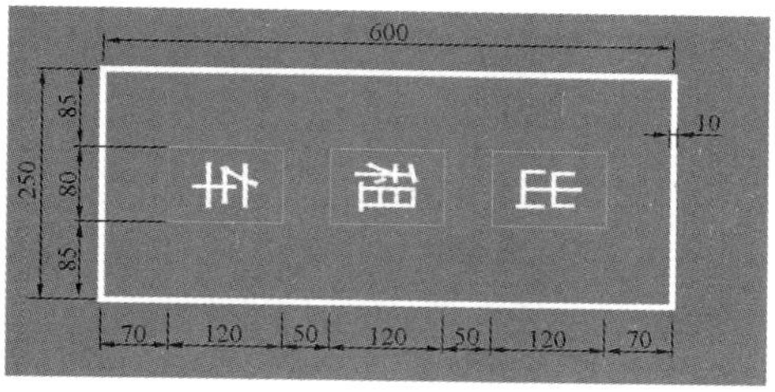
</td><td>出租车专用待客停车位</td></tr>
<tr><td>29</td><td>出租车专用上下客停车位标线</td><td>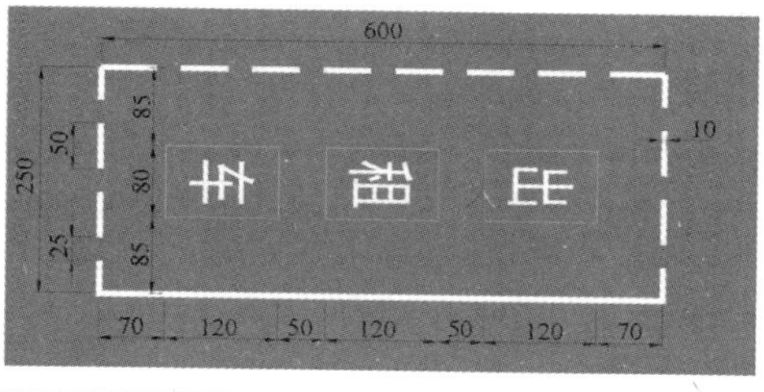
</td><td>出租车专用上下客车位</td></tr>
<tr><td>30</td><td>残疾人专用停车位标线</td><td>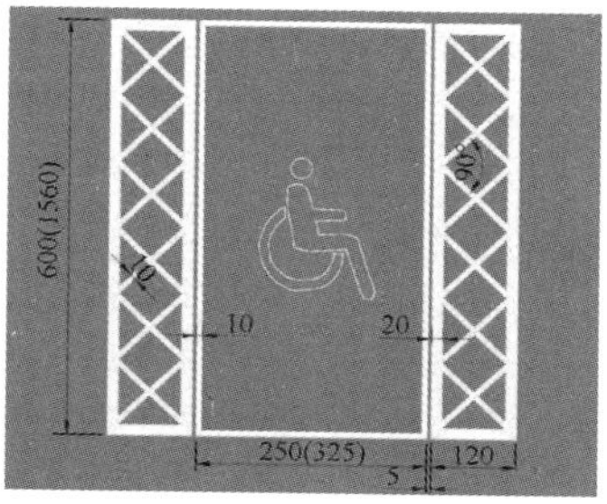
</td><td>残疾人专用车辆或载有残疾人车辆的停车位，白色表示收费停车位；黄色网格线为残疾人上下车区域，禁止车辆停放在其上</td></tr>
</table>

续表 11.2.2

编号	类型	标线名称	图例（除标明单位外，缺省单位为 cm）	含义
31	指示标线	非机动车停车位标线	 180~200　10	非机动车专用停车位
32		港湾式停靠站标线	 100　100　10　45	专设的港湾式机动车停靠站
33			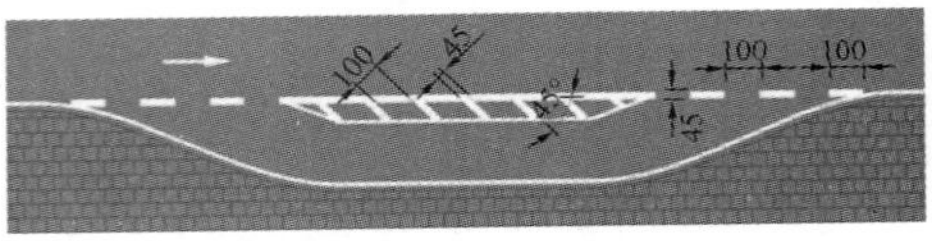 100　45　100　100　45　45	停靠站较宽时，专设的港湾式机动车停靠站
34		车种专用港湾式停靠站标线	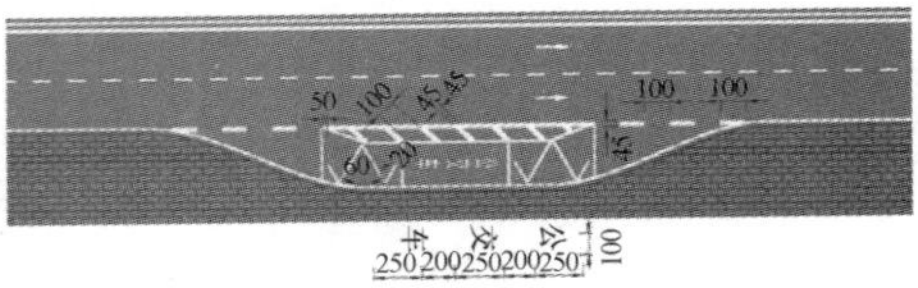 50　100　45　45　100　100　45　60　20　250 200 250 200 250　100	车种专设的港湾式停靠站
35		路边式停靠站标线	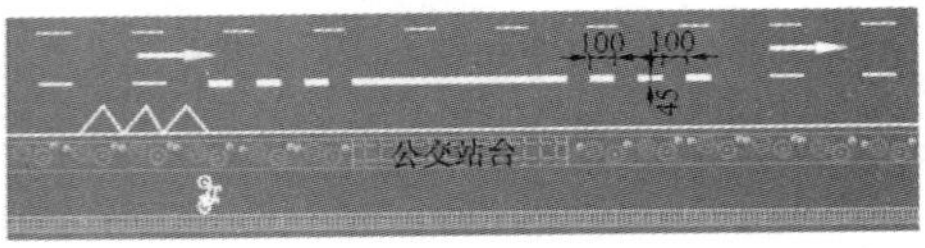 100　100　45　公交站台	路边式停靠站
36		导向箭头	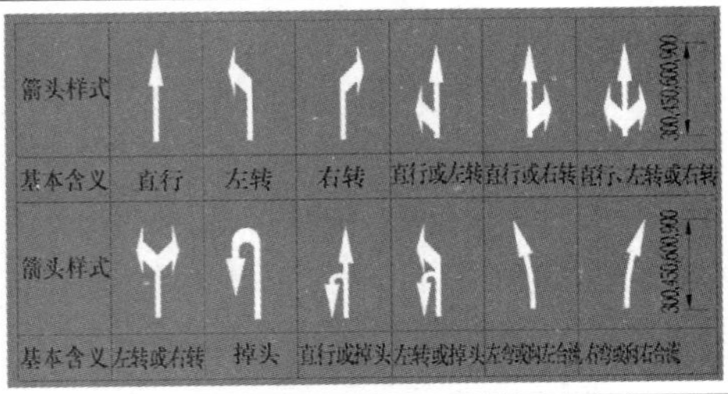 箭头样式；基本含义：直行、左转、右转、直行或左转、直行或右转、直行、左转或右转；300,450,600,900 箭头样式；基本含义：左转或右转、掉头、直行或掉头、左转或掉头、左弯或向左合流、右弯或向右合流；300,450,600,900	指示车辆行驶方向
37		路面限速标记	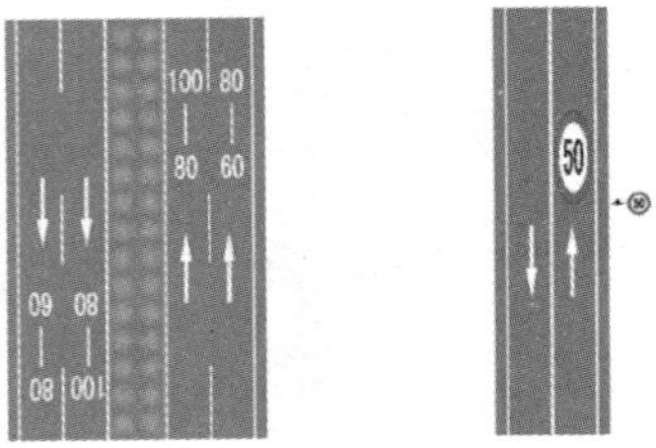 100—80　80—60　60—80　80—100　50	提示驾驶人限速行驶

续表 11.2.2

编号	类型	标线名称	图例（除标明单位外，缺省单位为 cm）	含　义
38	指示标线	非机动车道路面标记		表示该车道为非机动车道
39		残疾人专用停车位路面标记	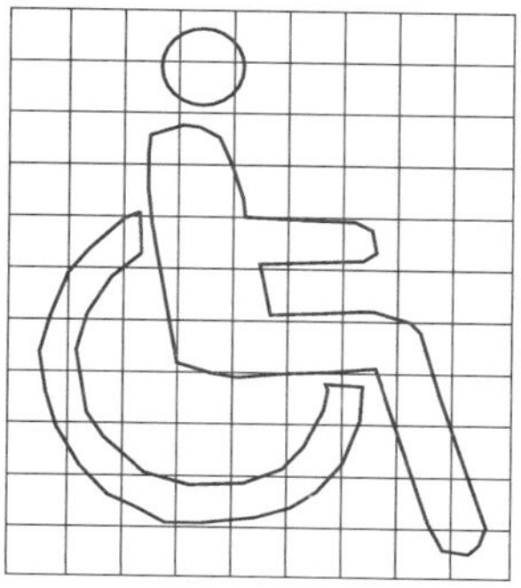	表示残疾人专用车或载有残疾人的车辆专用停车位
40		注意前方路面状况标记	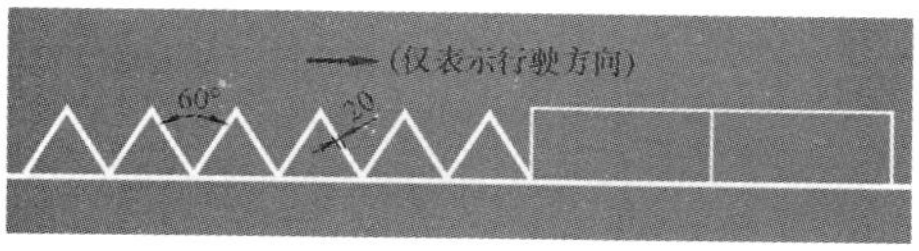 (仅表示行驶方向) 60° 20	提示驾驶人注意前方路面状况发生变化
41		减速丘标线	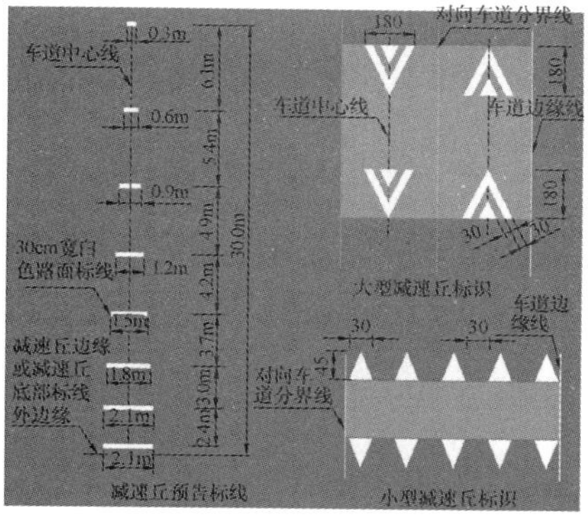 车道中心线 0.3m 0.6m 0.9m 1.2m 1.5m 1.8m 2.1m 2.1m 6.1m 5.4m 4.9m 4.2m 3.7m 3.0m 2.4m 30.0m 30cm宽白色路面标线 减速丘边缘或减速丘底部标线外边缘 减速丘预告标线 180 对向车道分界线 车道中心线 车道边缘线 180 180 30 30 大型减速丘标识 30 30 车道边缘线 45 对向车道分界线 小型减速丘标识	提示车辆驾驶人减速行驶
42	禁止标线	禁止跨越对向车行道分界线	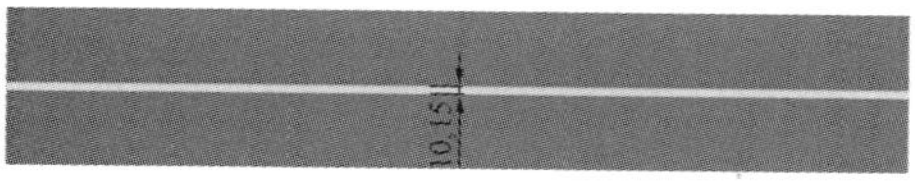 10,15	禁止对向车辆越线或压线行驶
43			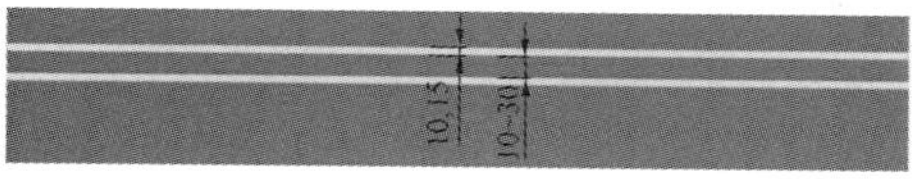 10,15 10~30	
44			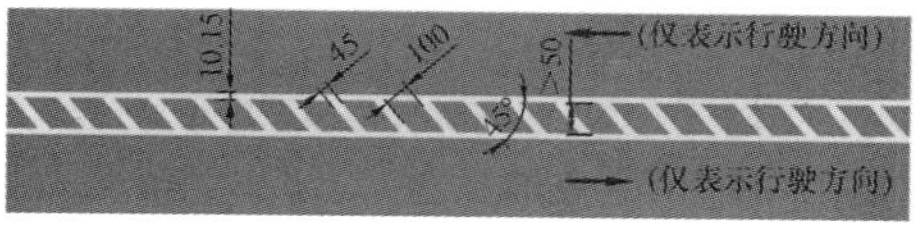 10,15 45 100 ≥50 (仅表示行驶方向) 45° (仅表示行驶方向)	

续表 11.2.2

编号	类型	标线名称	图例（除标明单位外，缺省单位为 cm）	含义
45	禁止标线	禁止跨越对向车行道分界线	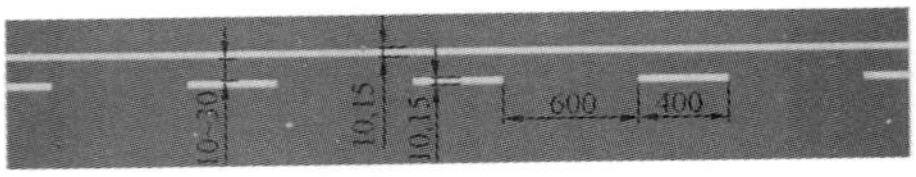 10~30；10,15；10,15；600；400	禁止实线侧车辆越线行驶，允许虚线侧车辆越线行驶
46		禁止跨越同向车行道分界线	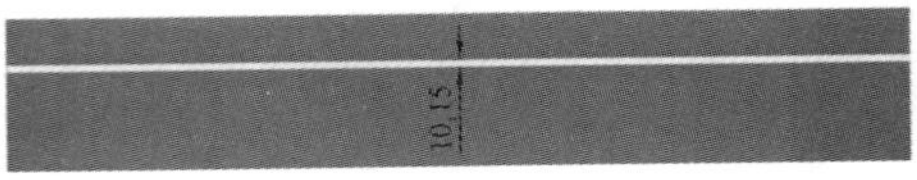 10,15	禁止车辆变换车道
47			 10~15；10(15)；400(900)；200(600)；10(15)	禁止实线侧车辆变换车道，允许虚线侧车辆变换车道
48		禁止长时停车线	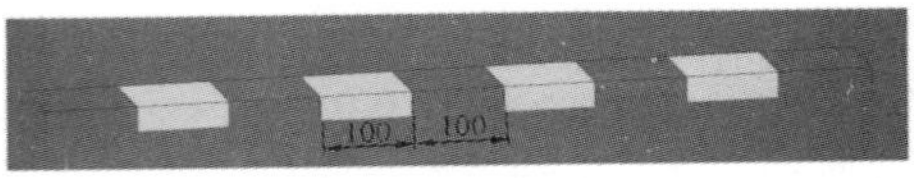 100；100	禁止路边长时停车，允许临时停车
49		禁止停车线	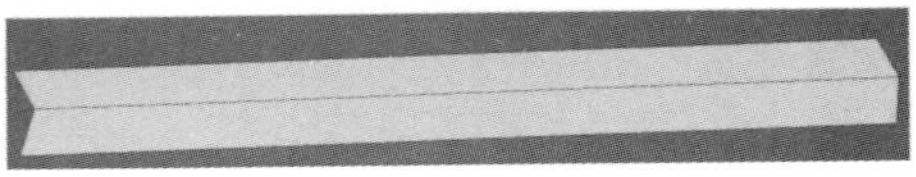	禁止路边停车
50		停止线	20,30,40	车辆让行，等候放行等情况下的停车位置
51		停车让行线	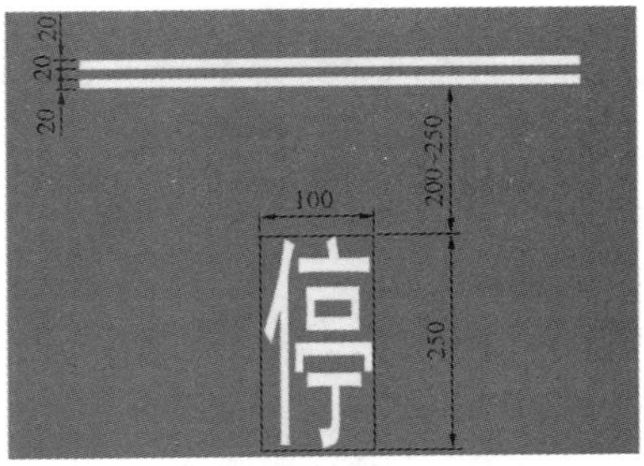 20；20；20；200~250；100；停；250	车辆在交叉口停车让交叉道路车辆先行
52		减速让行线	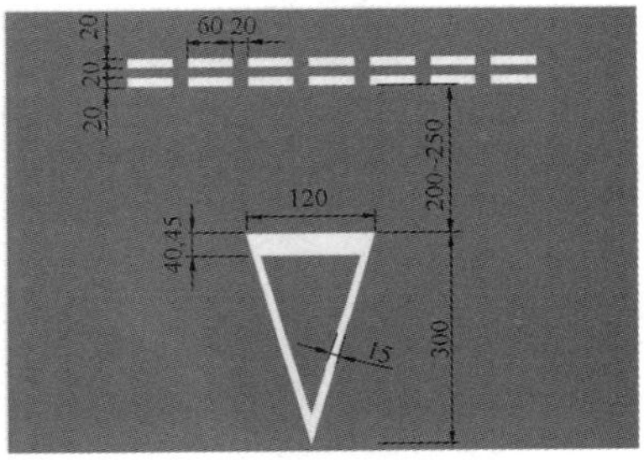 20；20；20；60 20；200~250；120；40,45；15；300	车辆在此路口应减速让交叉道路车辆先行

续表 11.2.2

编号	类型	标线名称	图例（除标明单位外，缺省单位为 cm）	含　义
53	禁止标线	非机动车禁驶区线	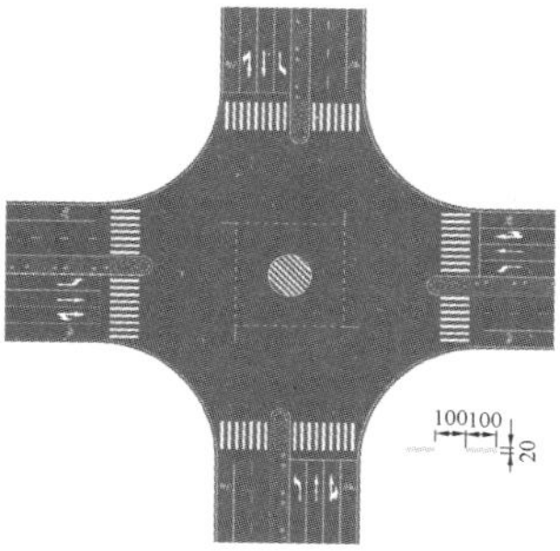	告示非机动车使用者在交叉口禁止驶入的范围
54		导流线	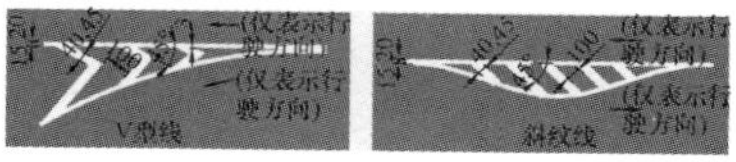	车辆需要按规定的路线行驶，不得压线或越线行驶
55		中心圈	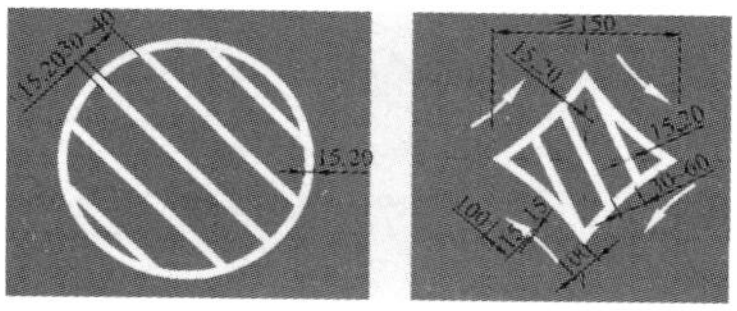	设在交叉口的中心，指示车辆不得压线行驶
56		网状线	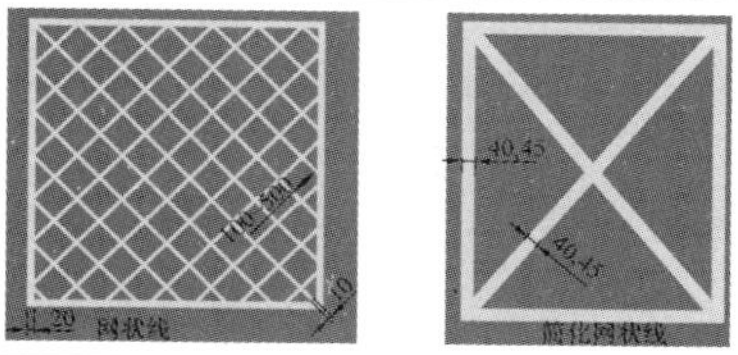	禁止车辆以任何原因在该区域停车
57		公交专用车道线	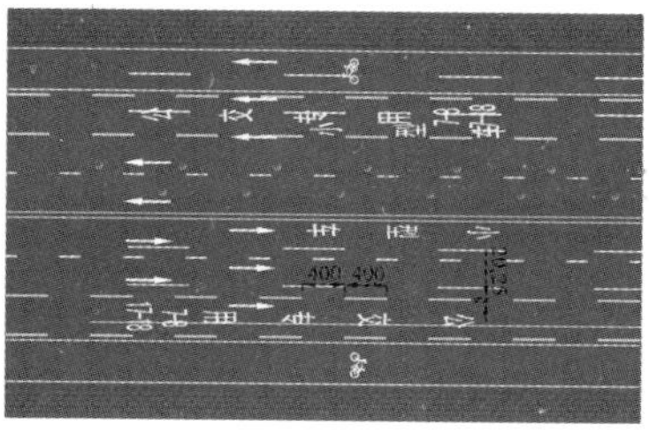	除公交车外，其他车辆及行人在规定时段内不得进入该车道
58		小型车专用车道线	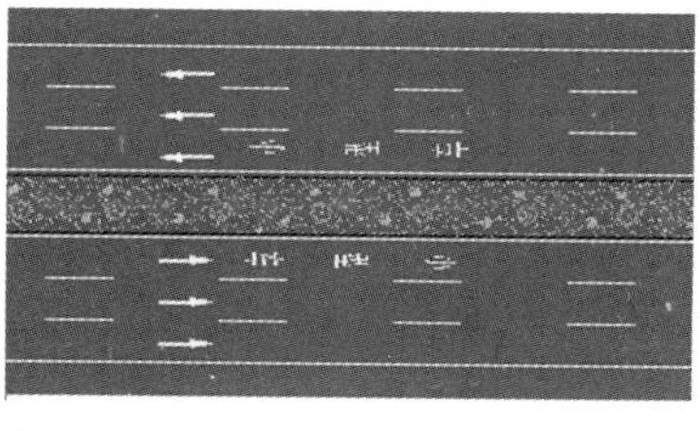	仅小型车可在该车道内行驶

续表 11.2.2

编号	类型	标线名称	图例（除标明单位外，缺省单位为 cm）	含义
59	禁止标线	大型车道线	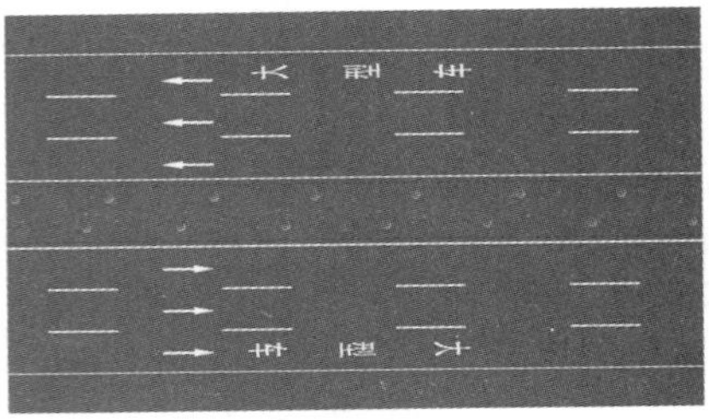	大型车应在该车道内行驶
60	禁止标线	多乘员车辆专用车道线	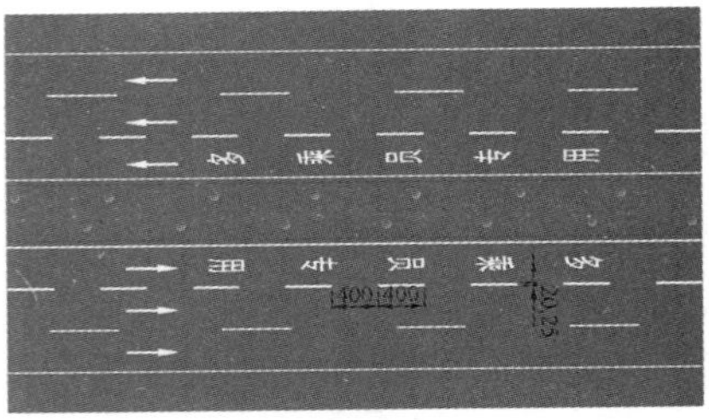 400 400 20,25	该车行道为多个乘车人的多成员车辆专用车道，未达到规定乘客数车辆不得入内行驶
61	禁止标线	非机动车道线	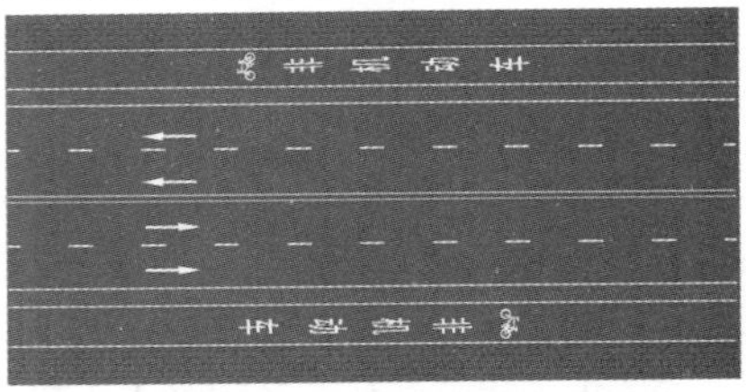	除特殊点段外，该车道为非机动车道，机动车不得进入
62	禁止标线	禁止掉头（转弯）标记	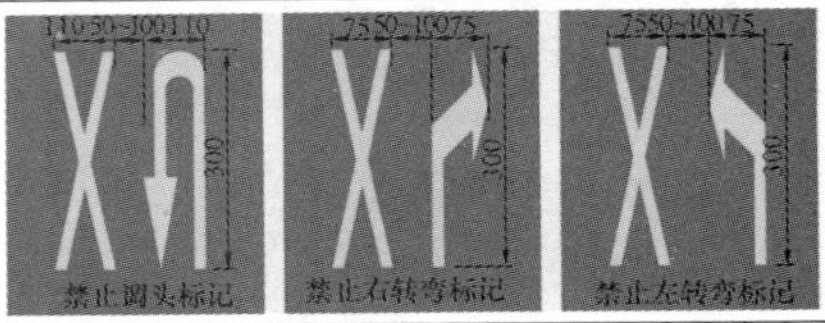 禁止调头标记 禁止右转弯标记 禁止左转弯标记	分别表示该车道禁止车辆掉头、禁止右转、禁止左转
63	警告标线	铁路平交道口标线	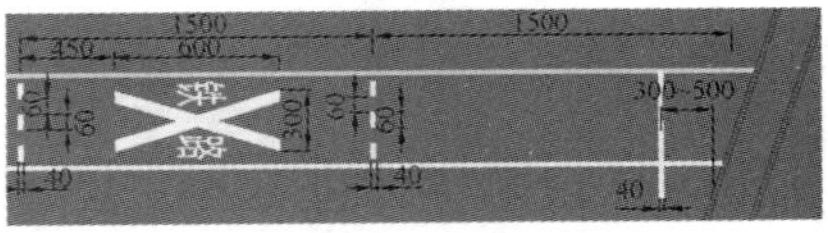 1500 1500 450 600 300 300~500 40	提示前方有铁路平交道口，警告车辆驾驶人应在停车线处停车
64	警告标线	收费广场减速标线	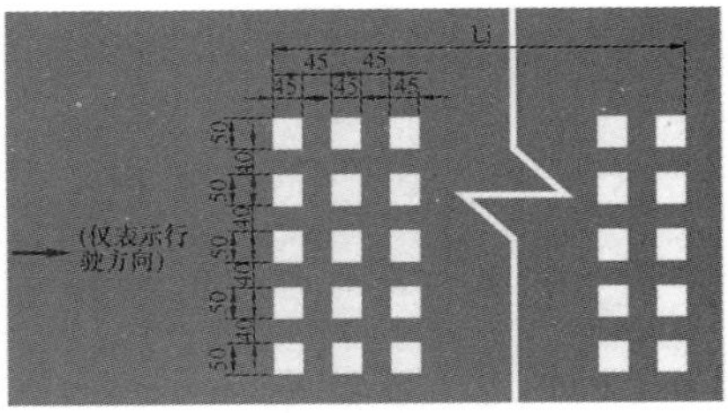 Li 45 45 45 45 45 50 40 (仅表示行驶方向)	设置在收费广场及前部适当位置，警告车辆驾驶人前方应减速慢行

续表 11.2.2

编号	类型	标线名称	图例（除标明单位外，缺省单位为 cm）	含　义
65	警告标线	车行道横向减速标线	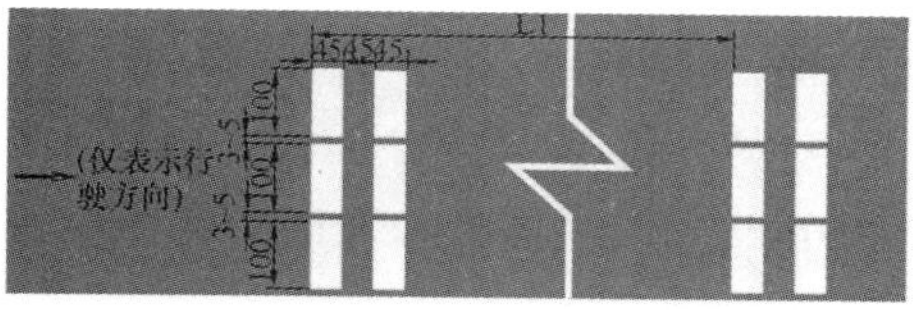	横向布置于机动车道内，警告车辆驾驶人前方应减速慢行
66		车行道纵向减速标线	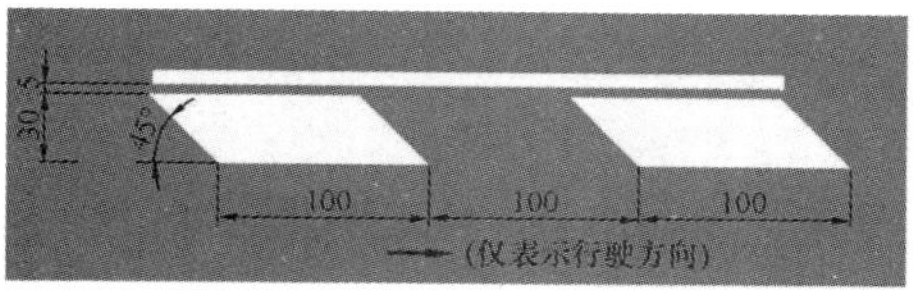	纵向布置于同向车道分界线侧，警告车辆驾驶人前方应减速慢行
67		车行道纵向减速标线渐变段		纵向布置于同向车道分界线侧，警告车辆驾驶人前方应减速慢行
68		立面标记	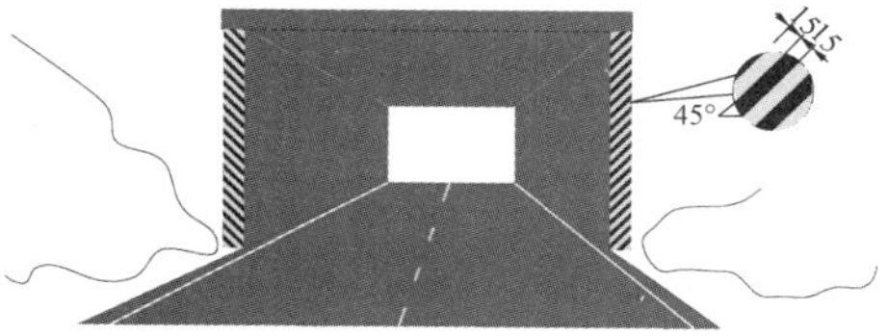	提醒驾驶人注意，在车行道或近旁有高出路面的构造物

11.3　交通标线的材料要求

11.3.1　用于施划道路交通标线的涂料，应符合下列要求：

1　应具有抗滑性能，不宜低于所在道路路面的抗滑要求；

2　应具有耐磨性能，保证正常的使用寿命；

3　应具有可视性，具备良好的反射能力，白天、夜间及雨天视认性符合要求；

4　干燥时间应短，操作应简单，利于施工；

5　应具有良好的环保性能。

11.3.2　在规定的使用期限内，标线不应出现明显的变色。道路交通标线颜色的色度性能应符合现行国家标准《道路交通标线质量要求和检测方法》GB/T 16311 的规定。

11.3.3 城市快速路、主干路应采用反光标线，次干路、支路及其他城市道路可根据需要采用反光标线。白色反光标线的亮度因数应大于或等于 0.35，黄色反光标线的亮度因数应大于或等于 0.27。在多雨地区易积水路段和人机非混行路段，宜采用水下反光标线材料或附加突起路标。

11.3.4 新施划标线的初始逆反射亮度系数应符合现行国家标准

《新划路面标线初始逆反射亮度系数及测试方法》GB/T 21383 的规定，白色反光标线的逆反射亮度系数不应低于 $150mcd \cdot m^{-2} \cdot lx^{-1}$，黄色反光标线的逆反射亮度系数不应低于 $100mcd \cdot m^{-2} \cdot lx^{-1}$。

11.3.5 标线在正常使用期间，反射标线的逆反射系数应满足夜间水下视认要求，白色反光标线的逆反射亮度系数不应低于 $80mcd \cdot m^{-2} \cdot lx^{-1}$，黄色反光标线的逆反射亮度系数不应低于 $50mcd \cdot m^{-2} \cdot lx^{-1}$。

11.3.6 标线的厚度根据其种类、设置位置及施工工艺，应符合表 11.3.6 要求。

表 11.3.6 标线的厚度要求（mm）

序号	标线种类		标线厚度	备注
1	溶剂型		0.3～0.8	湿膜
2	热熔型	普通型	0.7～2.5	干膜
3		突起型	3.0～7.0	干膜。若有基线，基线厚度为 1～2
4	双组份		0.4～2.5	干膜
5	水性		0.3～0.8	湿膜
6	树脂防滑型		4.0～5.0	骨材粒径 2.0～3.3
7	预成型标线带标线		0.3～2.5	干膜

11.3.7 标线应使用抗滑材料，抗滑值应不小于 45BPN。

11.3.8 道路预成形标线带的性能应符合现行国家标准《道路预成形标线带》GB/T 24717 的要求，路面标线用玻璃珠的性能应符合现行国家标准《路面标线用玻璃珠》GB/T 24722 的要求。

11.4 交通标线的其他要求

11.4.1 交通标线设置的停车视距、会车视距、超车视距的取值应满足表 11.4.1 的规定。

表 11.4.1　视距要求值

设计速度 (km/h)	停车视距 M_1 (m)	会车视距 M_2 (m)	超车视距 M_3 (m)
100	160	320	—
80	110	220	550
60	70	140	350
50	60	120	325
40	40	80	200
30	30	60	150
20	20	40	100

注：表中没有包括的速度的视距值，可用内插法求算。

16　交通标志和标线协调设置

16.1　一般规定

16.1.1　在道路、周边空间条件、自然环境等合适的情况下，标志和标线应协调设置。无法设置标志时，应设置标线；无法设置标线时，应设置标志。

16.2　交叉口标志标线协调设置

16.2.1　导向车道标志标线协调设置应符合表 16.2.1 的规定，各车道的导向箭头的指示方向必须和车道行驶方向一致。

表 16.2.1　导向车道标志标线协调设置

情形	标志		标线	
	种类	设置原则	种类	设置原则
交叉口进口道为二或三车道	车道行驶方向标志	可设	导向车道线	必须设
			导向箭头	必须设
交叉口进口道四车道及以上	车道行驶方向标志	应设	导向车道线	必须设
			导向箭头	必须设
可变导向车道	车道行驶方向标志	必须设	可变导向车道线	应设

16.2.2　交叉口让行标志标线协调设置应符合表 16.2.2 的规定。

表 16.2.2　交叉口让行标志标线协调设置

情　形	标　志		标　线	
	种　类	设置原则	种　类	设置原则
停车让行	停车让行标志	必须设	停车让行标线	应设
减速让行	减速让行标志	必须设	减速让行标线	应设

16.2.3　非灯控环岛标志标线协调设置应符合表 16.2.3 的规定。

表 16.2.3　非灯控环岛标志标线协调设置

情　形	标　志		标　线	
	种　类	设置原则	种　类	设置原则
环岛内为1车道	环岛行驶标志	应设	—	—
	减速让行标志	宜设	减速让行标线	应设
	线形诱导标志	可设	导流线	可设
环岛内为多车道	环岛行驶标志	应设	可跨越同向车道分界线	必须设
	减速让行标志	宜设	减速让行标线	应设
	线形诱导标志	可设	导流线	可设

16.2.4　交叉口禁止通行方向的标志标线协调设置应符合表 16.2.4 的规定。

表 16.2.4　交叉口禁止通行方向的标志标线协调设置

情　形	标　志		标　线	
	种类	设置原则	种类	设置原则
禁止掉头	禁止掉头标志	必须设	禁止掉头标记	应设
禁止向左向右转弯	禁止向左向右转弯标志	必须设	禁止转弯标记	可设

16.3　路段标志标线协调设置

16.3.1　路段人行横道标志标线协调设置应符合表 16.3.1 的规定。

表 16.3.1　路段人行横道标志标线协调设置

情　形	标　志		标　线	
	种　类	设置原则	种　类	设置原则
灯控人行横道	人行横道标志	可设	人行横道线、停止线、禁止跨越同向车行道分界线	应设

续表 16.3.1

情　形	标　志		标　线	
	种　类	设置原则	种　类	设置原则
非灯控人行横道	人行横道标志	应设	人行横道线、停止线、人行横道预告标识、禁止跨越同向车行道分界线	应设
	注意行人标志	可设		

16.3.2 机非分道行驶路段标志标线协调设置应符合表 16.3.2 的规定。

表 16.3.2 机非分道行驶路段标志标线协调设置

情　形	标　志		标　线	
	种　类	设置原则	种　类	设置原则
采用分隔带隔离	机动车行驶标志、非机动车行驶标志、机动车车道标志、非机动车车道标志	应设	非机动车路面标记	可设
采用活动式护栏隔离		可设		宜设
无隔离		可设		应设

16.3.3 专用车道标志标线协调设置应符合表 16.3.3 的规定，车种专用车道线必须和车种专用车道标志的指示车种一致。

表 16.3.3 专用车道标志标线协调设置

情　形	标　志		标　线	
	种　类	设置原则	种　类	设置原则
公交专用道	公交专用车道标志	必须设	公交专用车道线	应设
快速公交（BRT）专用道	BRT 专用车道标志	必须设	BRT 专用车道线	应设
多乘员车辆专用车道	多乘员车辆专用车道标志	必须设	多乘员车辆专用车道线	应设
其他车辆专用车道	相应车辆的专用道路或车道标志	必须设	车辆标记图案和相应文字	可设
大小型车分车道行驶	大、小型车车道标志	应设	大、小型车专用车道线	应设

16.3.4 限速路段标志标线协调设置应符合表 16.3.4 的规定。

表 16.3.4 限速路段标志标线协调设置

情形	标志		标线	
	种类	设置原则	种类	设置原则
最高限速路段	限制速度标志	必须设	路面限速标记	可设
	解除限制速度标志	应设		
	最低限速标志	可设		

16.3.5 车距确认路段标志标线协调设置应符合表 16.3.5 的规定。

表 16.3.5 车距确认路段标志标线协调设置

情形	标志		标线	
	种类	设置原则	种类	设置原则
一般路段车距确认	车距确认标志	必须设	白色折线车距确认标线	应设
天气复杂路段车距确认	建议速度标志	必须设	白色半圆状车距确认标线	应设
	车距确认标志	必须设		

16.3.6 设有停车位路段标志标线协调设置应符合表 16.3.6 的规定。

表 16.3.6 设置停车位路段标志标线协调设置

情形	标志		标线	
	种类	设置原则	种类	设置原则
机动车停车位	停车位标志	应设	停车位标线	必须设
非机动车停车位	非机动车停车位标志	可设	非机动车停车位标线	必须设

16.3.7 潮汐车道标志标线协调设置应符合表 16.3.7 的规定。

表 16.3.7 潮汐车道标志标线协调设置

情形	标志		标线	
	种类	设置原则	种类	设置原则
潮汐车道	注意潮汐车道标志	应设	潮汐车道线	必须设

16.3.8 路段禁止超车标志标线协调设置应符合表 16.3.8 的规定。

表 16.3.8 路段禁止超车标志标线协调设置

情 形	标 志		标 线	
	种 类	设置原则	种 类	设置原则
禁止超车	禁止超车标志	应设	禁止跨越同向车道分界线、禁止跨越对向车道分界线	必须设
	解除禁止超车标志	可设		

16.3.9 路段禁止掉头标志标线协调设置应符合表 16.3.9 的规定。

表 16.3.9 路段禁止掉头标志标线协调设置

情 形	标 志		标 线	
	种 类	设置原则	种 类	设置原则
禁止掉头	禁止掉头标志	必须设	禁止掉头标记	可设

16.3.10 路段禁止车辆停放标志标线协调设置应符合表 16.3.10 的规定，当禁止停车标志标线或禁止长时停车标线易被积雪覆盖时，应设置禁止停车标志或禁止长时停车标志。

表 16.3.10 路段禁止车辆停放标志标线协调设置

情 形	标 志		标 线	
	种类	设置原则	种类	设置原则
禁止车辆停放	禁止停车标志或禁止长时停车标志	可独立设置	禁止停车线或禁止长时停车线	可独立设置

十三、城市桥梁设计规范

CJJ 11－2011（2019年版）

3 基本规定

3.0.1 桥梁设计应符合城乡规划的要求。应根据道路功能、等级、通行能力及防洪抗灾要求，结合水文、地质、通航、环境等条件进行综合设计。因技术经济上的原因需分期实施时，应保留远期发展余地。

3.0.2 桥梁按其多孔跨径总长或单孔跨径的长度，可分为特大桥、大桥、中桥和小桥等四类，桥梁分类应符合表3.0.2的规定。

表3.0.2 桥梁按总长或跨径分类

桥梁分类	多孔跨径总长 L（m）	单孔跨径 L_o（m）
特大桥	$L>1000$	$L_o>150$
大 桥	$1000\geqslant L\geqslant 100$	$150\geqslant L_o\geqslant 40$
中 桥	$100>L>30$	$40>L_o\geqslant 20$
小 桥	$30\geqslant L\geqslant 8$	$20>L_o\geqslant 5$

注：1 单孔跨径系指标准跨径。梁式桥、板式桥以两桥墩中线之间桥中心线长度或桥墩中线与桥台台背前缘线之间桥中心线长度为标准跨径；拱式桥以净跨径为标准跨径。

2 梁式桥、板式桥的多孔跨径总长为多孔标准跨径的总长；拱式桥为两岸桥台起拱线间的距离；其他形式的桥梁为桥面系的行车道长度。

3.0.3 城市桥梁设计宜采用百年一遇的洪水频率，对特别重要的桥梁可提高到三百年一遇。

城市中防洪标准较低的地区，当按百年一遇或三百年一遇的洪水频率设计，导致桥面高程较高而引起困难时，可按相交河道或排洪沟渠的规划洪水频率设计，但应确保桥梁结构在百年一遇或三百年一遇洪水频率下的安全。

3.0.4 桥梁孔径应按批准的城乡规划中的河道及（或）航道整治规

划，结合现状布设。当无规划时，应根据现状按设计洪水流量满足泄洪要求和通航要求布置。不宜过大改变水流的天然状态。

设计洪水流量可按国家现行标准的规定进行分析、计算。

3.0.5 桥梁的桥下净空应符合下列规定：

1 通航河流的桥下净空应按批准的城乡规划的航道等级确定。通航海轮桥梁的通航水位和桥下净空应符合现行行业标准《通航海轮桥梁通航标准》JTJ 311的规定。通航内河轮船桥梁的通航水位和桥下净空应符合现行国家标准《内河通航标准》GB 50139的规定，并应充分考虑河床演变和不同通航水位航迹线的变化。

2 不通航河流的桥下净空应根据计算水位或最高流冰面加安全高度确定。

当河流有形成流冰阻塞的危险或有漂浮物通过时，应按实际调查的数据，在计算水位的基础上，结合当地具体情况酌留一定富余量，作为确定桥下净空的依据。对淤积的河流，桥下净空应适当增加。

在不通航或无流放木筏河流上及通航河流的不通航桥孔内，桥下净空不应小于表3.0.5的规定。

表3.0.5 非通航河流桥下最小净空表

桥梁的部位		高出计算水位（m）	高出最高流冰面（m）
梁底	洪水期无大漂流物	0.50	0.75
	洪水期有大漂流物	1.50	—
	有泥石流	1.00	—
支承垫石顶面		0.25	0.50
拱　脚		0.25	0.25

3 无铰拱的拱脚被设计洪水淹没时，水位不宜超过拱圈高度的2/3，且拱顶底面至计算水位的净高不得小于1.0m。

4 在不通航和无流筏的水库区域内，梁底面或拱顶底面离开水面的高度不应小于计算浪高的0.75倍加0.25m。

5 跨越道路或公路的城市跨线桥梁，桥下净空应分别符合现行行业标准《城市道路设计规范》CJJ 37、《公路工程技术标准》JTG B01的建筑限界规定。跨越城市轨道交通或铁路的桥梁，桥下净空应分别符合现行国家标准《地铁设计规范》GB 50157和《标准轨距铁路建筑限界》GB 146.2的规定。

桥梁墩位布置同时应满足桥下道路或铁路的行车视距和前方交通信息识别的要求，并应按相关规范的规定要求，避开既有的地下构筑物和地下管线。

6 对桥下净空有特殊要求的航道或路段，桥下净空尺度应作专题研究、论证。

3.0.6 桥梁建筑应符合城乡规划的要求。桥梁建筑重点应放在总体布置和主体结构上，结构受力应合理，总体布置应舒展、造型美观，且应与周围环境和景观协调。

3.0.7 桥梁应根据城乡规划、城市环境、市容特点，进行绿化、美化市容和保护环境设计。对特大型和大型桥梁、高架道路桥、大型立交桥梁在工程建设前期应作环境影响评价，工程设计中应作相应的环境保护设计。

3.0.8 桥梁结构的设计基准期应为 100 年。

3.0.9 桥梁结构的设计使用年限应按表 3.0.9 的规定采用。

表 3.0.9 桥梁结构的设计使用年限

类 别	设计使用年限（年）	类 别
1	30	小桥
2	50	中桥、重要小桥
3	100	特大桥、大桥、重要中桥

注：对有特殊要求结构的设计使用年限，可在上述规定基础上经技术经济论证后予以调整。

3.0.10 桥梁结构应满足下列功能要求：

1 在正常施工和正常使用时，能承受可能出现的各种作用；

2 在正常使用时，具有良好的工作性能；

3 在正常维护下，具有足够的耐久性能；

4 在设计规定的偶然事件发生时和发生后，能保持必需的整体稳定性。

3.0.18 桥梁应根据所在道路等级、使用功能、工程规模和不同的桥型结构设置照明、交通信号标志、航运信号标志、航空障碍标志、防雷接地装置以及桥面防水、排水、检修、护栏等附属和安全设施。

3.0.19 桥上或地下通道内的管线敷设应符合下列规定：

1 不得在桥上敷设污水管、压力大于 0.4MPa 的燃气管和其他可燃、有毒或腐蚀性的液、气体管。条件许可时，在桥上敷设的电信电缆、热力管、给水管、电压不高于 10kV 配电电缆、压力不大于 0.4MPa 燃气管必须采取有效的安全防护措施。

2 严禁在地下通道内敷设电压高于 10kV 配电电缆、燃气管及其他可

燃、有毒或腐蚀性液、气体管。

4 桥位选择

4.0.1 桥位选择应根据城乡规划，近远期交通流向和流量的需要，结合水文、航运、地形、地质、环境及对邻近建筑物和公用设施的影响进行全面分析、综合比较后确定。

4.0.2 特大桥、大桥的桥位应选择在河道顺直、河床稳定、河滩较窄、河槽能通过大部分设计流量且地质良好的河段。桥位不宜选择在河滩、沙洲、古河道、急弯、汇合口、渡口、港口作业区及易形成流冰、流木阻塞的河段以及活动性断层、强岩溶、滑坡、崩塌、地震易液化、泥石流等不良地质的河段。

中小桥桥位宜按道路的走向进行布置。

4.0.3 桥梁纵轴线宜与洪水主流流向正交；当不能正交时，对中小桥宜采用斜交或弯桥。

4.0.4 通航河流上桥梁的桥位选择，除应符合城乡规划，选择在河道顺直、河床稳定、水深充裕、水流条件良好的航段上外，还应符合下列规定：

1 桥梁墩台沿水流方向的轴线，应与最高通航水位的主流方向一致，当为斜交时，其交角不宜大于5°；当交角大于5°时，应加大通航孔净宽。对变迁性河流，应考虑河床变迁对通航孔的影响。

2 位于内河航道上的桥梁，尚应符合现行国家标准《内河通航标准》GB 50139中关于水上过河建筑物选址的要求。

3 通航海轮的桥梁、桥位选择应符合现行行业标准《通航海轮桥梁通航标准》JTJ 311的规定。

4.0.5 非通航河流上相邻桥梁的间距除应符合洪水水流顺畅，满足城市防洪要求外，尚应根据桥址工程地质条件、既有桥梁结构的状态、与运营干扰等因素来确定。

4.0.7 桥位应避开泥石流区。当无法避开时，宜建大跨径桥梁跨过泥石流区。当没有条件建大跨桥时，应避开沉积区，可在流通区跨越。桥位不宜布置在河床的纵坡由陡变缓、断面突然变化及平面上的急弯处。

4.0.8 桥位上空不宜设有架空高压电线，当无法避开时，桥梁主体结构最高点与架空电线之间的最小垂直距离，应符合国家现行标准《城市电力规划规范》GB 50293和《110～550kV架空送电线路设计技术规程》DL/T 5092的规定。

当桥位旁有架空高压电线时，桥边缘与架空电线之间的水平距离应符合国家现行相关标准的规定。

4.0.9 桥位应与燃气输送管道、输油管道，易燃、易爆和有毒气体等危险品工厂、车间、仓库保持一定安全距离。当距离较近时，应设置满足消防、防爆要求的防护设施。

桥位距燃气输送管道、输油管道的安全距离应符合国家现行相关标准的规定。

5 桥面净空

5.0.1 城市桥梁的桥面净空限界、桥面最小净高、机动车车行道宽度、非机动车车行道宽度、中小桥的人行道宽度、路缘带宽度、安全带宽度、分隔带宽度应符合现行行业标准《城市道路设计规范》CJJ37 的规定。

特大桥、大桥的单侧人行道宽度宜采用 2.0m～3.0m。

5.0.2 城市桥梁中的小桥桥面布置形式及净空限界应与道路相同，特大桥、大桥、中桥的桥面布置及净空限界中的车行道及路缘带的宽度应与道路相同，分隔带宽度可适当缩窄，但不应小于现行行业标准《城市道路设计规范》CJJ 37 规定的最小值。

6 桥梁的平面、纵断面和横断面设计

6.0.3 桥面车行道路幅宽度宜与所衔接道路的车行道路幅宽度一致。当道路现状与规划断面相差很大，桥梁按规划车行道布置难度较大时，应按本规范第 3.0.1 条规定分期实施。

当两端道路上设有较宽的分隔带或绿化带时，桥梁可考虑分幅布置(横向组成分离式桥)，桥上不宜设置绿化带。特大桥、大桥、中桥的桥面宽度可适当减小，但车行道的宽度应与两端道路车行道有效宽度的总和相等并在引道上设变宽缓和段与两端道路接顺。小桥的机动车道平面线形应与道路保持一致。

6.0.6 桥面最小纵坡不宜小于 0.3%。桥面最大纵坡、坡度长度与竖曲线布设应符合现行行业标准《城市道路设计规范》CJJ 37 的规定。

桥梁纵断面设计时，应考虑到长期荷载作用下的构件挠曲和墩台沉降的影响。

6.0.7 桥梁横断面布置除桥面净空应符合本规范第 5 章规定外，尚应符合下列规定：

1 桥梁人行道临空侧应设置人行道栏杆。

2 对主干路和次干路的桥梁，当两侧无人行道时，应设置保证检修人员及车辆安全的措施。设置检修道时，检修道临空侧应设防撞护栏或人行道栏杆。

3 桥梁上路缘石与护栏的设置要求应符合表 6.0.7 的规定。

4 城市快速路上的桥梁应设置中央分隔带防撞护栏。设计速度为 60km/h 的城市主干路上的桥梁应设置中央分隔带防撞护栏或 25cm 以上高路缘石，设置高路缘石时，中央分隔带宽度不得小于 2.0m，路缘石高度宜为 25cm～35cm。

表 6.0.7 路缘石与护栏的设置要求

等级	条件	设置要求
一	符合下列设计与环境条件之一时： 1 城市快速路； 2 临空高度大于 6.0m 或水深大于 5.0m； 3 跨越急流、重要道路、铁路、主要航道、轨道交通、水源保护区、人员密集区和人员通道等； 4 特大悬索桥、斜拉桥、拱桥等缆索承重桥梁或跨海大桥	车行道外侧必须设置防撞护栏
二	符合下列设计与环境条件之一时： 1 设计速度大于或等于 50km/h 的城市主干路或次干路； 2 临空高度大于 3.0m 小于 6.0m 或水深大于 2.0m 小于 5.0m； 3 跨越道路、桥梁等人工构筑物时； 4 桥面常有积冰、积雪时	车行道外侧宜设置防撞护栏，当仅采用路缘石与人行道分隔时，路缘石高度不得小于 40cm，且人行道宽度不得小于 2m
三	其他有机动车行驶的城市桥梁	可采用路缘石与人行道、检修道分隔，路缘石高度宜取 25cm～35cm

注：路缘石高度不小于 40cm 时宜进行行人防跌落设计。

5 防撞护栏应符合本规范第 9.5.2 条规定。

6.0.8 桥面车行道应按现行行业标准《城市道路设计规范》CJJ 37 的规定设置横坡，在快速路和主干路桥上，横坡宜为 2%；在次干路和支路桥上横坡宜为1.5%～2.0%，人行道上宜设置1%～2%向车行道的单向横坡。在路缘石或防撞护栏旁应设置足够数量的排水孔。在排水孔之间的纵坡不宜小于0.3%～0.5%。

7 桥梁引道、引桥

7.0.3 桥梁引道及引桥的布设应遵循下列原则：

1 桥梁引道及引桥与两侧街区交通衔接，并应预留防洪抢险通道。

2 当引道为填土路堤时，宜将城市给水、排水、燃气、热力等地下管道迁移至桥梁填土范围以外或填土影响范围以外布设。

3 位于软土地基上的引道填土路堤最大高度应予以控制。

4 引桥墩台基础设计应分析基础施工及基础沉降对邻近永久性建筑物的影响。

5 在纵坡较大的桥梁引道上，不宜设置平交道口和公共交通车辆的停靠站及工厂、街区出入口。

7.0.4 当引道采用填土路堤，且两侧采用较高挡土墙时，两侧应设置栏杆，其布置可按本规范第6.0.7条有关规定执行。

7.0.5 特大桥、大桥、中桥的桥头应避免分隔带路缘石突变。路缘石在平面上应设置缓和接顺段，折角处应采用平曲线接顺。

7.0.6 当主孔斜交角度较大、引桥较长时，宜根据桥址的地形、地物在引桥与主桥衔接处布设若干个过渡孔，使其后的引桥均按正交布置。

7.0.7 桥台侧墙后端深入桥头锥坡顶点以内的长度不应小于0.75m。

位于城市快速路、主干路和次干路上的桥梁，桥头宜设置搭板，搭板长度不宜小于6m。

7.0.8 桥头锥体及桥台台后5m～10m长度的引道，可采用砂性土等材料填筑。在非严寒地区当无透水性材料时，可就地取土填筑，也可采用土工合成材料或其他轻质材料填筑。

8 立交、高架道路桥梁和地下通道

8.1 一 般 规 定

8.1.1 立交、高架道路桥梁和地下通道应按城市规划和现行行业标准《城市道路设计规范》CJJ 37中的有关规定设置。

8.1.2 立交、高架道路桥梁和地下通道的布设应综合考虑下列因素：

1 宜按规划一次兴建，分期建设时应考虑后期的实施条件；

2 应减少工程占用的土地、房屋拆迁及重要公共设施的搬迁；

3 充分考虑与街区间交通的相互关系；

4 结构形式及建筑造型应与城市景观协调，桥下空间利用应防止可能产生的对交通的干扰，墩台的布置应考虑桥下空间的净空利用，以及转向交通视距等要求；

5 应密切结合地形、地物、地质、地下水情况以及地下工程设施等因素；

6 应密切结合规划及现有的地上、地下管线；

7 应综合分析设计中所采用的立交形式、桥梁结构和施工工艺对周围现有建筑、道路交通以及规划中的新建筑的影响；

8 应根据环境保护的要求，采取工程措施减少工程建设对周围环境的影响。

8.1.3 立交、高架道路桥梁和地下通道的平面、纵断面、横断面设计，应满足下列要求：

1 平面布置应与其相衔接道路的标准相适应，应满足工程所在区域道路行车需要。

2 纵断面设计应与其衔接的道路标准相适应，并应结合当地气候条件、车辆类型及爬坡能力等因素，选用适当的纵坡值。竖曲线最低点不宜设在地下通道暗埋段箱体内，凸曲线应满足行车视距。对混合交通应满足非机动车辆的最大纵坡限制值要求。

3 横断面设计应与其衔接的道路标准相适应。在机动车道与非机动车道之间，可设置分隔带疏导交通。对设有中间分隔带的宽桥，桥梁结构可设计成上下行分离的独立桥梁。

4 立交区段的各种杆、柱、架空线网的布置，应保持该区段的整洁、开阔。当桥面灯杆置于人行道靠缘石处，杆座边缘与车行道路面（路缘石外侧）的净距不应小于0.25m。地下通道引道的杆、柱宜设置在分隔带上或路幅以外。

8.1.4 当立交、高架道路桥梁的下穿道路紧靠柱式墩或薄壁墩台、墙时，所需的安全带宽度应符合下列规定：

1 当道路设计行车速度大于或等于60km/h时，安全带宽度不应小于0.50m；

2 当道路设计行车速度小于60km/h时，安全带宽度不应小于0.25m。

8.1.5 当下穿道路路缘带外侧与柱、墩台、墙之间设有检修道，其宽度大于所需的安全带宽度时，可不再设安全带。

8.1.6 汽车撞击墩台作用的力值和位置可按现行行业标准《公路桥涵设计通用规范》JTG D60 的规定取值。对易受汽车撞击的相关部位应采取相应的防撞构造措施，但安全带宽度仍应符合本规范第 8.1.4 条的规定。

8.1.7 当高架道路桥梁的长度较长时，应考虑每隔一定距离在中央分隔带上设置开启式护栏，设置的最小间距不宜小于 2km。

8.2 立交、高架道路桥梁

8.2.1 当立交、高架道路桥梁与桥下道路斜交时，可采用斜交桥的形式跨越。当斜交角度较大时，宜采用加大桥梁跨度，减小斜交角度或斜桥正做的方式，同时应满足桥下道路平面线形、视距及前方交通信息识别的要求。

8.2.5 当立交、高架道路桥下设置停车场时，不得妨碍桥梁结构的安全，应设置相应的防火设施，并应满足有关消防的安全规定。

8.2.6 当立交、高架道路桥梁跨越城市轨道交通或电气化铁路时，接触网与桥梁结构的最小净距应符合国家现行标准《地铁设计规范》GB 50157 和《铁路电力牵引供电设计规范》TB 10009 的规定。

8.3 地 下 通 道

8.3.1 采用地下通道方案前，应与立交跨线桥方案作技术、经济、运营等方面的比较。设计时应对建设地点的地形、地质、水文，地上、地下的既有构筑物及规划要求，地下管线，地面交通或铁路运营情况进行详细调查分析。位于铁路运营线下的地下通道，为保证施工期间铁路运营安全，地下通道位置除应按本规范第 8.1.1 条的规定设置外，还应选在地质条件较好、铁路路基稳定、沉降量小的地段。

8.3.2 地下通道净空应符合本规范第 5 章的规定。当地下通道中设置机动车道、非机动车道和人行道时，可将非机动车道、人行道和机动车道布置在不同的高程上。

在仅布置机动车道的地下通道内，应在一侧路缘石与墙面之间设置检修道，宽度宜为 0.50m～0.75m。当孔内机动车的车行道为四条及以上时，另一侧还应再设置 0.50m～0.75m 宽的检修道。

9 桥梁细部构造及附属设施

9.2 桥面与地下通道防水、排水

9.2.3 桥面排水设施的设置应符合下列规定：

1 桥面排水设施应适应桥梁结构的变形，细部构造布置应保证桥梁结构的任何部分不受排水设施及泄漏水流的侵蚀；

2 应在行车道较低处设排水口，并可通过排水管将桥面水泄入地面排水系统中；

3 排水管道应采用坚固的、抗腐蚀性能良好的材料制成，管道直径不宜小于150mm；

4 排水管道的间距可根据桥梁汇水面积和桥面纵坡大小确定：

当纵坡大于2%时，桥面设置排水管的截面积不宜小于$60mm^2/m^2$；

当纵坡小于1%时，桥面设置排水管的截面积不宜小于$100mm^2/m^2$；

南方潮湿地区和西北干燥地区可根据暴雨强度适当调整；

5 当中桥、小桥的桥面设有不小于3%纵坡时，桥上可不设排水口，但应在桥头引道上两侧设置雨水口；

6 排水管宜在墩台处接入地面，排水管布置应方便养护，少设连接弯头，且宜采用有清除孔的连接弯头；排水管底部应作散水处理，在使用除冰盐的地区应在墩台受水影响区域涂混凝土保护剂；

7 沥青混凝土铺装在桥跨伸缩缝上坡侧，现浇带与沥青混凝土相接处应设置渗水管；

8 高架桥桥面应设置横坡及不小于0.3%的纵坡；当纵断面为凹形竖曲线时，宜在凹形竖曲线最低点及其前后3m～5m处分别设置排水口。当条件受到限制，桥面为平坡时，应沿主梁纵向设置排水管，排水管纵坡不应小于3%。

9.2.4 地下通道排水应符合下列规定：

1 地下通道内排水应设置独立的排水系统，其出水口必须可靠。排水设计应符合国家现行标准《室外排水设计规范》GB 50014、《城市道路设计规范》CJJ 37的规定。

2 地下通道纵断面设计除应符合本规范第8.1.3条第2款的规定外，应将引道两端的起点处设置倒坡，其高程宜高于地面0.2m～0.5m左右，并应加强引道路面排水，在引道与地下通道接头处的两侧应设一排截水沟。

3 地下通道内路面边沟雨水口间应有不小于0.3%～0.5%的排水纵坡。当较短地下通道内不设置雨水口时，地下通道纵坡不应小于0.5%。引道与地下通道内车行道路面，应设不小于2%的横坡。

地下通道引道段选用的径流系数应考虑坡陡径流增加的因素，其雨水口的设置与选型应适应汇水快而急的特点。

4 当下穿地下通道不能自流排水时，应设置泵站排水，其管渠设计、降雨重现期应大于道路标准。排水泵站应保证地下通道内不积水。

5 采用盲沟排水和兼排雨水的管道和泵站，应保证有效、可靠。

9.5 桥梁栏杆

9.5.1 人行道或安全带临空侧的栏杆高度不应小于1.10m，非机动车道临空侧栏杆高度不应小于1.40m。上述栏杆高度为人行道表面至栏杆扶手顶面的距离。栏杆竖直构件间的最大净间距不得大于110mm，不宜采用有蹬踏面的结构。栏杆结构及底座设计必须安全可靠，其设计荷载应按本规范第10.0.7条取值。

9.5.2 防撞护栏的设计应按现行国家标准《城市道路交通设施设计规范》GB 50688和行业标准《公路交通安全设施设计规范》JTG D81的有关规定进行。

防撞护栏的防撞等级应按本规范第10.0.8条规定选择。

9.5.3 桥梁栏杆及防撞护栏的设计除应满足受力要求以外，其栏杆造型、色调应与周围环境协调。对重要桥梁宜作景观设计。

9.5.4 当桥梁跨越快速路、城市轨道交通、高速公路、铁路干线等重要交通通道时，桥面人行道栏杆上应加设护网，护网高度不应小于2m，护网长度宜为下穿道路的宽度并各向路外延长10m。

9.6 照明、节能与环保

9.6.5 当高架道路桥梁沿线为医院、学校、住宅等对声源敏感地段时，应设置防噪声屏障等降噪设施。对防噪声屏障结构及所依附构件应分别验算风荷载作用下的强度和抗倾覆稳定性。当防噪声屏障采用封闭式结构时，尚应验算雪荷载作用下的强度和抗倾覆稳定性，雪荷载标准值可按现行国家标准《建筑结构荷载规范》GB 50009或相关行业标准选取。

10 桥梁上的作用

10.0.1 桥梁设计采用的作用应按永久作用、可变作用、偶然作用分类。

除可变作用中的设计汽车荷载与人群荷载外，作用与作用效应组合均应按现行行业标准《公路桥涵设计通用规范》JTG D60 的有关规定执行。

10.0.2 桥梁设计时，汽车荷载的计算图式、荷载等级及其标准值、加载方法和纵横向折减等应符合下列规定：

1 汽车荷载应分为城—A 级和城—B 级两个等级。

2 汽车荷载应由车道荷载和车辆荷载组成。车道荷载应由均布荷载和集中荷载组成。桥梁结构的整体计算应采用车道荷载，桥梁结构的局部加载、桥台和挡土墙压力等的计算应采用车辆荷载。车道荷载与车辆荷载的作用不得叠加。

10.0.7 作用在桥上人行道栏杆扶手上的竖向荷载应为 1.2kN/m；水平荷载应为 2.5kN/m。两者应分别计算，且不应与其他可变作用叠加。立柱柱顶推力应为扶手水平荷载集度与柱间距的乘积。

10.0.8 防撞护栏的防撞等级及相应作用于桥梁护栏上的碰撞荷载大小应按现行国家标准《城市道路交通设施设计规范》GB 50688 和行业标准《公路交通安全设施设计规范》JTG D81 的规定确定。

城市桥梁设计规范

CJJ 11 - 2011（2019 年版）

条 文 说 明

3 基本规定

3.0.1 桥梁尤其是大型桥梁是城市交通中重要构筑物。应根据城乡规划、道路功能、等级、通行能力及抗洪、抗灾要求结合地形、河流水文、河床地质、通航要求、河堤防洪、环境影响等条件进行综合考虑。本条特别强调桥梁设计应按城乡规划要求、交通量预测，考虑远期交通量增长需求。在远期要求与近期现状发生较大矛盾时（如拆迁量过大等），或目前按规划要求建设有很大困难时（如工程规模大，一时难以实现等），则可按近期的交通量要求进行设计，但仍应在设计中保留远期发展的可能性，以使桥梁能长期充分地发挥它的作用。

3.0.2 本条与《公路桥涵设计通用规范》JTG D60 中的桥梁分类标准相同。单孔跨径反映技术复杂程度，跨径总长反映建设规模。除跨河桥梁外，城市跨线桥、立交桥、高架桥均应按此分类。

3.0.3 考虑到城市桥梁安全对确保城市交通的重要性，本规范特别规定不论特大、大、中、小桥设计洪水频率一般均采用百年一遇，条文中的特别重要桥梁主要是指位于城市快速路、主干路上的特大桥。

城市中有时会遇到建桥地区的总体防洪标准低于一百年一遇的洪水频率，若仍按此高洪水频率设计，桥面高程可能高出原地面很多，会引起布置上的困难，诸如拆迁过多，接坡太长或太陡，工程造价增加许多，甚至还会遇上两岸道路受淹，交通停顿，而桥梁高耸，此时可按当地规划防洪标准来确定梁底设计标高及桥面高程。而从桥梁结构的安全考虑，结构设计中如墩、台基础埋置深度，孔径的大小（满足泄洪要求），洪水时结构稳定等，仍需按本规范规定的洪水频率进行计算。

3.0.4 桥梁孔径布设，既要根据河道（泄洪、航运）规划，又要考虑桥位上、下游已建或拟建桥梁、水工建筑物及堤岸的状况。设计桥梁孔径时，过大改变河流水流的天然状态，将会给桥梁本身，甚至桥位附近地区造成严重后果。压缩孔径、缩短桥长、较大压缩过洪断面、提高流速的做法并不可取。根据各类桥梁的大量实际经验，这样做将会大大增加桥下冲刷，对桥梁基础不利。由于水文计算有一定的偶然性，一旦估计不足，在洪水到来时，会使桥梁基础面临危险境地，这在过去的建桥实践中是不乏先例的。

3.0.5 本条所规定的桥梁桥下净空，除跨越城市道路和轨道交通的桥下净空外其余均与现行《公路桥涵设计通用规范》JTG D60的规定一致。对于桥下净空有特殊要求的航道或路段，桥下净空尺度应作专题研究、论证。计算水位根据设计水位，同时考虑壅水、浪高等因素确定。

3.0.6 《城市道路设计规范》CJJ 37中对桥梁景观设计作了原则性规定，而本条强调桥梁建筑重点，应放在总体布置和主体结构上，主体结构设计应首先考虑桥梁受力合理，不应采用造型怪异、受力不合理、施工复杂、工程量大、造价昂贵的结构形式，亦不宜在主体结构之外过多增加装饰。

3.0.7 随着社会进步、经济发展和人民生活质量的不断提高，人们越来越重视对自然生态环境的保护。桥梁应根据城乡规划中所确定的保护和改善环境的目标和任务，结合城市环境的现状、市容特点，进行绿化、美化市容和保护环境设计。对于特大型、大型桥梁、高架道路桥梁和大型立交桥梁，在工程建设前期应对大气环境质量、交通噪声、振动环境质量、日照环境质量等作出评价，在工程设计中应根据环境评价的结论和建议进行环保设计。

3.0.8 以可靠性理论为基础的极限状态设计都需有一个确定的设计基准期。设计基准期是指结构可靠性分析时，为确定可变作用及与时间有关的材料性能取值而选用的时间参数，也就是可靠度定义中的“规定时间”。公路桥梁的设计基准期取为100年是根据我国公路桥梁使用的现状和以往的设计经验确定的，根据《公路工程结构可靠度设计统一标准》GB/T 50283－1999公路桥梁的车辆荷载统计参数都是按100年确定的，而未考虑材料性能随时间的变化。当设计基准期定为100年时，荷载效应最大值分布的0.95分位值接近于原《公路桥涵设计通用规范》JTJ 021－89规定的汽车荷载标准值。设计基准期不完全等同于使用年限，当结构的使用年限超过设计基准期后，并不等于结构丧失功能或报废，只表明结构的失效概率（指结构不能完成预定功能的概率）可能会比设计时的预期值增大。

本规范规定桥梁设计基准期为100年，符合《城市道路设计规范》CJJ 37中关于桥梁的设计基准期要求，同时也是为了与公路桥梁保持一致，但需对原《城市桥梁设计荷载标准》CJJ 77－98进行适当调整。

3.0.9 设计使用年限是设计规定的一个时期，在这一规定时期内结构只需进行正常维护（包括必要的检测、养护、维修等）而不需要进行大修就能按预期目的使用，完成预定功能，即桥梁主体结构在正常设计、正常施工、正常使用、正常维护下达到的使用年限。根据现行国家标准《工程结构可靠性设计统一标准》GB 50153 附录 A.3.3 条文，对于桥梁结构使用年限应按本规范表 3.0.9 的规定采用。

3.0.10 本条为桥梁结构必须满足的四项功能，其中第 1、第 4 两项是结构的安全性要求，第 2 项是结构的适用性要求，第 3 项是结构的耐久性要求，安全性、适用性、耐久性三者可概括为桥梁结构可靠性的要求。

足够的耐久性能系指桥梁在规定的工作环境中，在预定时间内，其材料性能的恶化不致导致桥梁结构出现不可接受的失效概率。从工程概念上说，足够的耐久性能就是指正常维护条件下桥梁结构能够正常使用到规定的期限。

整体稳定性，系指在偶然事件发生时和发生后桥梁结构仅产生局部的损坏而不致发生连续或整体倒塌。

3.0.19 对桥上或地下通道内敷设的管线作出规定主要是确保桥梁或地下通道结构的运营安全，避免发生危及桥梁或地下通道自身和在桥上或地下通道内通行的车辆、行人安全的重大燃爆事故。国务院颁发的《城市道路管理条例》（1996 年第 198 号令）第四章第二十七条规定：城市道路范围内禁止“在桥梁上架设压力在 4 公斤/平方厘米（0.4 兆帕）以上的煤气管道，10 千伏以上的高压电力线和其他燃爆管线。”对于按本条规定允许在桥上通过的压力不大于 0.4 兆帕燃气管道和电压在 10kV 以内的高压电力线，其安全防护措施应分别满足现行的《城镇燃气设计规范》GB 50028、《电力工程电缆设计规范》GB 50217 的规定要求。

对于超过本条规定的管线，如因特殊需要在桥上或地下通道内通过，应作可行性、安全性专题论证，并报请主管部门批准。

4 桥位选择

4.0.1 我国大多数城市因河而建，有的山城依山傍水。城因河而兴，河以城为依托。桥梁建设应在城乡规划的指导下进行。桥位应按城市交通建设和发展需要，同时注意发挥近期作用的原则来选择。

城市河（江）道多属渠化河道，沿河（江）两岸，一般都有房屋、市政设施、驳岸、堤防等，桥位选择和布置应对上述建筑物的安全和稳定性给予高度重视和周密考虑。

4.0.2 桥梁是永久性的大型公共设施，应有一定的安全度和耐久性。一般情况下，狭窄的河槽，河床比较稳定，水流较顺畅，在这种河段上选择桥位，会减少桥长。不良地质河段，常会增加基础处理的难度，增加桥梁的造价，或影响桥梁的安全和使用寿命，因此桥位应尽量避免这些地段。河滩急弯、汇合处，水流流向多变，流速不稳定，对航运和桥梁墩台安全不利。在港口作业区，船舶载重较大，且各项作业交错进行，发生船舶撞击桥墩的机会较多，对船舶航运和桥梁安全运营非常不利，桥位亦应尽量避免这些地区。容易发生流冰的河段，小跨径桥梁容易遭受冰冻胀裂甚至冰毁，在选择桥位时也应该考虑这一因素。某市的一座公路桥，就因大面积流冰而遭毁。

4.0.3 一般情况下桥梁纵轴线以与河道水流流向正交（指桥梁纵轴线与水流流向法线的交角为0°）布置为好，这样可简化结构布置、缩短桥长，降低造价。但城市桥梁常受两岸地形地物的限制，并受规划道路的影响，本规范第4.0.2条规定“中、小桥桥位宜按道路的走向进行布置”。鉴此，中、小桥梁如条件所限可考虑斜交或弯桥，但应同时考虑本规范第3.0.16条的有关要求。

4.0.4 通航河道的主流宜与桥梁纵轴线正交，如有困难时其偏角不宜大于5°，这是从船舶航行安全考虑。通航净宽及加宽值，对内河航道、通航海轮的航道可分别按现行《内河通航标准》GB 50139、《通航海轮桥梁通航标准》JTJ 311的有关规定计算确定。当桥位布置有困难，交角大于5°时，应加大通航孔的跨径。计算公式如下：

$$L_a = \frac{l + b\sin\alpha}{\cos\alpha} \tag{1}$$

式中：L_a——相应于计算水位的墩（台）边缘之间的净距（m）；

l——通航要求的有效跨径（m）（应不小于由航迹带宽度与富裕宽度组成的航道有效宽度）；

b——墩（台）的长度（m）；

α——内河桥为垂直于水流主流方向与桥梁纵轴线间的交角（°），跨海桥为垂直于涨、落潮流主流方向与桥轴线间的大角（°）。

通航河流上的桥梁的桥位选择，尚应符合现行《内河通航标准》GB 50139中的下列规定：

1 桥位应避开滩险，通航控制河段、弯道、分流口、汇流口、港口作业区、锚地；其距离，上游不得小于顶推船队长度的4倍或拖带船队长度的3倍；下游不得小于顶推船队长度的2倍或拖带船队长度的1.5倍。

2 两座相邻桥梁轴线间距，对Ⅰ～Ⅴ级航道应大于代表船队长度与代表船队下行5min航程之和，Ⅳ～Ⅷ级航道应大于代表船队长度与代表船队下行3min航程之和。

若不能满足上述1、2条要求的距离时，应采取相应措施，保证安全通航。在不能满足1、2条要求，而其所处通航水域无碍航水流时，可靠近布置，但两桥相邻边缘的净距应控制在50m以内，且通航孔必须相互对应。水流平缓的河网地区相邻桥梁的边缘距离，经论证后可适当加大。

随着我国国民经济的持续发展，大江、大河及沿海近海水域上修建跨越通航海轮航道上的桥日趋增多，为了适应新形势的发展，有必要增加通行海轮桥梁的桥位选择的条文，并应遵循现行《通航海轮桥梁通航标准》JTJ 311的规定："桥址应远离航道弯道、滩险、汇流口、渡口、港口作业区和锚地，其距离应能保证船舶安全通航。通航海轮的内河航道桥梁上游不得小于代表船型或控制性顶推船队长度4倍的大值，下游不得小于代表船型或控制性顶推船队长度2倍的大值；跨越海域的桥梁上、下游均为不得小于代表船型长度的4倍；通航10^4DWT（船舶等级）及以上船舶航道上的桥梁，远离的距离可适当加大。不能远离时需经实船试验或模型试验论证确实。在航道弯道上建桥宜一孔跨越或相应加大净空宽度。"

4.0.7 泥石流是一种携带大量泥、石、砂等物质，历时短暂的山洪急流，对桥梁等构筑物的破坏性极大。在泥石流地区选择桥位时应采取措施，以保证桥梁安全。一般选桥位时应尽量避开泥石流地区；不能避开时可采用大跨跨越。在没有条件建大跨时，应尽量避开河床纵坡由陡变缓，断面突然收缩或扩大，及平面急弯处，因这些地段容易使泥石流沉积、阻塞。

4.0.8 桥位上空若有架空高压送电线路通过或桥位旁有架空高压电线时，对桥梁的正常运营存在不安全因素，尤其在大风天或雷雨天，或极端低温时，更为严重。因此桥梁不宜在架空送电线路下穿越，桥梁边缘与架空电线之间的水平距离除国家现行标准《66kV及以下架空电力线路设计规范》GB 50061及《110～500kV架空送电线路设计技术规程》DL/T 5092有所规定外，现行行业标准《公路桥涵设计通用规范》JTG D60规定不得小于高压电线的塔（杆）架高度。

4.0.9 桥位附近存在燃气输送管道、输油管道、易爆和有毒气体等危险品工厂、车间、仓库，对桥梁正常运营存在安全隐患。本规范第3.0.19条已根据国务院颁发的《城市道路管理条例》（1996年第198号令）的规定提出："不得在桥上敷设污水管，压力大于0.4MPa的煤气管和其他可燃、有毒或腐蚀性的液、气体管。"因此不符合此规定的燃气输送管道，输油管道不得借桥过河。当桥位附近有燃气输送管道、输油管道时，桥位距管道的安全距离，应按国家现行标准《公路桥涵设计通用规范》JTG D60、《输油管道工程设计规范》GB 50253等规范的规定执行。

5 桥面净空

5.0.1 特大桥、大桥桥长长、建设规模大、投资高，而从已建成的特大桥、大桥上行人通行情况来看，行人大多选择乘车过桥，步行过桥者为数不多，从经济适用角度考虑，特大桥、大桥人行道宽度不宜太宽，鉴此本规范5.0.1条提出特大桥、大桥人行道宽度宜采用2.0m～3.0m。

5.0.2 本条条文按现行行业标准《城市道路设计规范》CJJ 37的相关条文规定制订。

6 桥梁的平面、纵断面和横断面设计

6.0.3 “桥面车行道路幅宽度宜与所衔接道路的车行道路幅宽度一致”，这是为了不致使桥上车行道路幅与道路车行道的路幅交接不顺。当道路现状与规划断面相差很大时，如桥梁一次按规划车行道建成，既造成兴建困难，又导致很大的浪费，则可按本规范第3.0.1条规定考虑近、远期结合，分期实施。

如城市道路的横断面按三幅或四幅布置，中间有较宽的分隔带或很宽的绿化带，整个路幅非常宽，此时，线路上的桥梁宽度布置要分别对待，妥善解决。

小桥的车行道路幅宽度（指路缘石之间）及线形取其与两端道路相同，目的是保证路、桥连接顺直，不使驾驶员在视野和行车条件的适应上发生变化，从而达到过桥交通与原道路线形一致舒适通畅，且投资增加不多。

在一般情况下，桥上不应设绿化分隔带，因绿化土层薄，树木易枯萎；土层厚则对桥梁增加不必要的荷重。

对特大桥、大桥、中桥，如果两端道路有较宽的分隔带，若桥面缘石间宽度与道路缘石间的宽度相同，将会使桥梁上、下部结构工程量增加，大大增加工程费用。因而，按本规范第5.0.2条规定，特大桥、大桥、中桥车行道宽度取相当于两端道路的车行道有效宽度（即不计分隔带或绿化带宽度）的总和。这样，桥面虽然收窄了，但并不影响车流通行。

6.0.6 桥梁纵断面布设不当，对安全、适用、经济、美观都有影响。

桥面最小纵坡不宜小于0.3%，主要是考虑桥面排水顺畅。

桥面纵坡和竖曲线原则上应与道路的要求一致。

桥面最大纵坡、坡度长度与竖曲线的布设要求见现行行业标准《城市道路设计规范》CJJ 37 的相关规定。

长期荷载作用下的构件挠曲和墩台沉降，会改变桥面纵断面的线形，影响行车的舒适性和桥梁美观。

6.0.7 本条规定主要是为了保证桥上通行车辆和行人的安全，避免由于车辆失控，坠入桥下，冲入对向车道等，造成重大伤亡事故和财产损失。通常而言，合理设置防撞护栏可以有效降低车辆坠桥及冲入对向车道风险，但出于经济、景观等需求，实际工程中仍大量采用路缘石分隔车行道和人行、非机动及检修道。本次条文修订中，对于城市快速路桥梁、跨越条件复杂的桥梁及大型缆索桥梁（一级），要求应采用防撞护栏，以降低事故风险。而城市主干路、次干路桥梁或跨越条件相对简单的城市桥梁，允许采用路缘石分隔。根据在重庆、贵阳等城市调研，路缘石大于 40cm 且人行道宽度较宽后，较少发生车辆冲出桥侧事故。据此，对车速相对较高、易造成人员伤亡和二次事故的桥梁（二级），规定了路缘石高度大于 40cm 且人行道宽度大于 2m，其余桥梁（三级）则可设置 25cm～35cm 高度的路缘石。

超过 40cm 的路缘石可采用设置警示、防滑带、隔离栏杆等措施防止行人跌落受伤。

检修道指供养护、维修人员通行的专用通道。

6.0.8 必须充分重视桥梁车行道排水问题。桥面积水既有碍观瞻，也影响行车安全。因排水不畅在桥面车道形成薄层水，当车速较高，制动时会导致车轮与路面打滑，易发生事故。

排水孔一般均在车道路缘石处，故不论纵坡多大，均需有横向排水坡度。

城市桥常较公路桥宽，从理论上讲，其横向排水要求应比公路桥高。

7 桥梁引道、引桥

7.0.3 市区、特别是老市区受条件限制在布设引道、引桥时易造成两侧街区出入交通堵塞，为保证消防、救护、抢险等车辆进出畅通，应结合引道、引桥、街区支路和防洪抢险的要求布设必要的通道，处理好与两侧街区交通的衔接。

桥梁引道为填土路堤时，尤其是在软弱地基上设置较高的引道时，路基沉降会对附近建筑物和原有地下管道产生不利影响，同时城市给水排水等地下管道破坏后会造成桥梁引道、引桥塌陷，因此宜将给、排水等刚性地下管道移至桥梁引道范围以外布设。

引桥的墩、台沉降会影响附近建筑物。在墩、台施工时也会影响附近建筑物，特别在桩基施工时更容易影响附近建筑物。

具有较大纵坡的引道上不宜设置平交道口，工厂、街区出入口、车辆停靠站。

7.0.4 主要是为了提高桥梁使用时的安全性。

7.0.5 鉴于本规范第5.0.2条、第6.0.3条中已分别规定特大桥、大桥、中桥的桥面宽度可适当减小，为了确保行车安全，本条提出桥与路的缘石在平面上应设置缓和接顺段。

7.0.6 简化设计，改善桥梁立面景观效果。

7.0.7 桥台侧墙后端要深入桥头锥坡0.75m（按路基和锥坡沉实后计），是为了保证桥台与引道路堤密切衔接。

台后设置搭板已在城市桥上使用多年，实践表明这是目前治理桥头跳车简单、实用且有效的办法。

7.0.8 桥头锥坡填土或实体式桥台背面的一段引道填土，宜用砂性土或其他透水性土，这对于台背排水和防止台背填土冻胀是十分必要的。在非严寒地区，桥头填土也可以就地取材，利用桥址附近的土填筑或采用土工合成材料及其他轻质材料填筑。

8 立交、高架道路桥梁和地下通道

8.1 一般规定

8.1.1 在城市交通繁忙的区域或路段是否需要建立交、高架道路桥梁或地下通道，应按城市道路等级（快速路、主干路等）、交叉线路的种类（城市道路、轨道交通、公路以及铁路）和等级（城市快速路、主干路，高速公路、一级公路，铁路干线、支线、专用线及站场区等）、车流量等条件综合考虑，作出规划，按现行行业标准《城市道路设计规范》CJJ 37中的有关规定进行布置。

8.1.2 设计立交、高架道路桥梁和地下通道时，因受当地各种条件制约，其平面布置、跨越形式、跨径、结构布置等方案是比较多的，除应符合本规范第8.1.1条的规定要求外，根据经验，提出应按以下各条进行综合比较分析：

1 城市立交、高架道路的交通量大、涉及面广，建成后改造拓宽、加长、提高标准比较困难。特别是地下通道，扩建难度更大，改建费用更高，故强调主体部分宜按规划一次修建。在特殊情况下（如相交道路暂不兴建等），次要部分（如立交匝道）可分期建设，但要考虑后建部分的可实施性。

2 城市征地、拆迁（尤其对城市中心区或较大建筑）是个大问题，拆迁费用巨大，有时往往是控制整个工程能否实施的关键，故提出特别注意。

3 本规范第7.0.3条已提出“桥梁引道及引桥的布设，应处理好与两侧街区交通的衔接，并应预留防洪抢险通道。”同样对于立交、高架道路的匝道以及地下通道的引道布设亦可能会由于对邻近原有街区的交通出行考虑不周，特别是填土引道或下穿地下通道的引道往往会引起消防、救护、抢险车辆的出入困难，给邻近街区周边行人及非机动车交通带来不便。为解决这类问题，设计时常需在引道两侧另辟地方道路（辅道系统），解决周边车辆出入、转向及行人和非机动车辆通行的问题，增加了工程投资规模。因此，设计中应全面考虑。

4 立交、高架道路桥梁的总体布置和外形处理不当，会带来不良景观。高架道路桥下空间的利用也要综合考虑，如作为停车场，则桥下须满足车辆进、出口位置，出、入路线以及行车视距等要求，这样可能会影响桥跨布置和墩、台的形式。作为交通枢纽的立交桥梁、位于快速路上的高架道路桥梁在桥下不应设置商场、自由集市等，以免干扰交通，影响使用功能。

5 地形、地物将影响立交的平面布置（正、斜、直、弯）。地质、地下水情况及地下工程设施对选用上跨桥还是下穿地下通道起决定作用，在设计时应仔细衡量。

6 城市中各类重要管线较多，使用不能中断。在修建立交或高架道路时应考虑桥梁结构的施工工艺对城市管线的影响，对不能切断的城市管线会出现先期二次拆迁而增加整个工程投资。对于下穿结构会遇到重力流排水管的拆改等问题，在设计时应妥善解决。

7 在城市改造中，拟建立交附近会有较多的建筑物，立交形式、结构、施工工艺会对原有建筑和景观产生不同影响。

通常，总是在重要、交通繁忙的道路或道路交叉口，枢纽修建高架道路或立交，在施工中必须维持必要的交通，尤其是与铁路交会的立交要保证铁路所需的运行条件，在设计中必须加以考虑。

在设计中选用的结构形式，特别是基础形式，要充分考虑拟建工程对规划中的邻近建筑物的影响。这方面也有一些教训。如某市的一座跨线铁路立交（建于20世纪50年代中期），其墩、台、引道挡土墙均采用天然地基（该工程位于铁路站场区，限于当时的技术条件，采用桩基等人工基础，将影响铁路运行），引道挡土墙高出地面8m左右，在当时被认为是在软土地基上获得成功的一项优秀设计。后因交通需要，规划部门欲利用两侧既有道路，在立交两侧加建地下通道。但在具体设计时发现：如要保证原有墩、台、挡土墙的基础稳定，新开挖基坑需离原挡土墙15m以外，不能按规划设想利用既有道路，只得另觅新址，并使邻近地区成为新建较大结构工程的禁区。

8 在城市建成区或居民集中区域修建立交或高架道路时，由于行车条件的改善，往往机动车的行车速度较高，其尾气、噪声对周边的影响不容忽视，必要时应采取工程措施（如增设隔声屏障等）减小对周边环境的影响。

8.1.3 立交、高架道路的平面、纵断面、横断面设计

1 提出了平面设计要求。

2 提出了纵断面设计要求。下穿地下通道设有凹形竖曲线，竖曲线最低点不宜设在地下通道暗埋段箱涵内，可将其设在敞开段引道内，这是为了使暗埋段地下通道内不易产生积水，地下通道内路面潮湿后易干，以免人、车打滑。因此一般在地下通道内常不设排水口，通常利用边沟纵向排水至设在竖曲线最低点的引道排水口，进入集水井，用泵将集水井中的水排出。一般在引道下设集水井要比地下通道下设集水井方便。

根据《城市道路设计规范》CJJ 37规定。非机动车车行道坡度宜小于2.5%，大于或等于2.5%时，应按规定限制坡长。

3 提出了对横断面布置的要求。

4 立交区段的各种杆、柱、架空线网的布置，不要呈凌乱状，线网宜入地。照明灯具布置要与两端道路结合良好。

8.1.4 本条按现行行业标准《城市道路设计规范》CJJ 37的规定制订。

8.1.6 墩、柱受汽车撞击作用的力值、位置可按现行行业标准《公路桥涵设计通用规范》JTG D60的规定取值。对易受汽车撞击的相关部位应采用如增设钢筋或钢筋网、外包钢结构或柔性防撞垫等防护构造措施，对于采用外包钢结构或柔性防撞垫等防护构造措施，安全带宽度应从外包结构的外缘起算。

8.1.7 本条提出："高架道路桥梁长度较长时，应每隔一定距离在中央分隔带上设置开启式护栏，"主要是为了疏散因交通事故等原因造成车辆阻塞，为救援工作创造条件。

8.2 立交、高架道路桥梁

8.2.1 当桥梁与桥下道路斜交时，为满足桥下车辆的行车要求可采用斜桥方式跨越。当斜交角度较大（一般大于45°）时，主桥梁上部结构受力复杂。随着斜交角度的增大，钝角处支承力相应增大；而锐角处支承力相应减少，甚至可能会出现上拔力。由于斜桥在温度变化时会产生横向位移和不平衡的旋转力矩，从而导致“爬移现象”。因此，当斜交角度较大时，宜采用加大跨径改善斜交角度或采用斜桥正做（如独柱墩等）的方式改善桥梁的受力性能。同时，应满足桥下行车视距的要求。

8.3 地 下 通 道

8.3.1 “位于铁路运营线下的地下通道，为保证施工期间铁路运营安全，地下通道位置除应按本规范第8.1.1条的规定设置外，还应选在地质条件较好、铁路路基稳定、沉降量小的地段。”主要是为了避免地下通道基坑施工时，铁路路基发生大体积滑坡。如果地质条件确实较差，施工困难，则应选地质条件较好的位置，并据此调整线路的走向或采用上跨方案。

8.3.2 较长的地下通道，在行驶机动车的车行道孔中，若无人行道，为了保证执勤、维修人员安全，应设置检修道。孔中车行道窄时，在一侧设检修道；车行道较宽时，应在两侧都设检修道。

9 桥梁细部构造及附属设施

9.2 桥面与地下通道防水、排水

9.2.3 桥面防水是桥梁耐久性的一个重要方面，对延长桥梁寿命起到关键性的作用。而桥面防水又是一个涉及铺装材料、设计、施工综合性的系统工程，还必须和桥面排水等配合，做到“防排结合”。

桥面应有完善的排水设施，必须设排水管将水排到地面排水系统中，不能直接将水排到桥下。过去对跨河桥梁不受限制，现在应重视环保净化水源，对跨河桥、跨铁路桥也不能直接将水排入河中或铁路区段上。

排水管直径不仅以排水量控制，还应考虑防止杂物堵塞。根据以往经验，最小直径为150mm。

排水管间距根据桥梁汇水面积和水平管纵坡而定。参照《公路排水设计规范》，全国地区的设计降雨量，以北京地区为例，5年一遇10min降雨强度$q_{5,10}$=2.2mm/min（北京地区能包容全国80%以上），如按快速路、主干路桥梁设计重现期为5年，降雨历程为5min，则其降雨强度$q_{5,10}$=3.03mm/min，按ϕ150泄水管其纵坡为$i=1\%$和$i=2\%$时，计算出每平方米桥面面积所需设置的排水管面积分别为43mm²和30mm²，如考虑两倍的安全率，则为86mm²和60mm²。以此作为确定排水管面积的依据。

根据美国规范，当降雨强度为100mm/h（1.67mm/min）时，横坡为3%，Φ150mm的氯乙烯管能排除汇水面积为390m²（坡度1∶96）和557m²（坡度1∶48）的水量（见下表）。折合相当的降雨强度，每平方米桥面排水管面积为81mm²/m²和58mm²/m²。如计算两倍安全率，则也和本条规定的数据相一致的。

管径（mm）	容许的最大水平断面积（m²）		
	水平排水管		
	坡度1∶96	坡度1∶48	坡度1∶24
100	144	200	238
125	251	334	502
150	390	557	780
200	808	1106	1616
250	1412	1821	2824
300	2295	2954	4589

根据南方潮湿地区如广东，$q_{5,10}$=2.5～3.0mm/min；西北干燥地区新疆、内蒙古、宁夏、青海等，$q_{5,10}$=0.5～1.5mm/min（详见《公路排水设计规范》JTJ018-97、图3.07-1，对排水管面积作出适当调整）。

桥面排水必须设置纵坡和横坡，不宜设置平坡（坡度为零），对于高架桥梁一般应设凸型竖曲线纵坡，当桥梁过长或其他原因需要凹形竖曲线纵坡时根据《公路排水设计规范》JTJ 018-97在曲线最低处必须增加排水口数量。

参照《日本高等级公路设计规范》（1990年6月），桥上排水管的纵坡原则上不小于3%，如纵坡过小会影响桥面径流水量的排泄，应加大排水管面积。

9.2.4 地下通道排水

1 通常情况下，地下通道内需设排水泵，采用雨水设计的重现期要比两端道路规划的重现期高一些。国家现行标准《室外排水设计规范》GB 50014、《城市道路设计规范》CJJ 37对立交排水设计原则，设计重现期有明确规定，规定立交范围内高水高排、低水低排的设计原则。

2 提出为了不使地面水流入地下通道的一些措施。

3 条文中所提的措施是为了保证地下通道路面车道排水畅通，减少路面薄层水影响，以保证行车安全。

4 强调不能自流排水时设泵站的重要性。因为一般道路短时间内积一些水问题不大，而地下通道所处地形低，若路面积水较深，拦截无效流入地下通道，而排水泵能力不足，则地下通道有被水灌满的危险。某地下通道在一次暴雨时，积水深达 2.0m，这样容易引发安全事故，地下通道照明等设施亦会受到损坏。

5 采用盲沟排水的目的是降低地下水对结构的压力，若失效将危及地下通道结构的安全，故必须保证。

9.5 桥梁栏杆

9.5.1 本规范第 6.0.7 条规定“桥梁人行道或检修道临空侧应设置人行道栏杆”。本条规定栏杆高度不小于 1.10m，与现行行业标准《公路桥涵设计通用规范》JTG D60 的规定一致；非机动车道栏杆高度不应小于 1.40m，与现行行业标准《公路交通安全设施设计规范》JTG D81 关于自行车道的规定一致。栏杆竖直构件间的最大净间距不得大于 110mm，与现行国家标准《民用建筑设计统一标准》GB 50352 的有关规定相同。栏杆构件应进行防攀爬设计，防止形成蹬踏面。除石材栏杆外，栏杆底座与混凝土结构连接时必须设置锚筋，与钢结构连接时必须焊接牢固，并满足栏杆荷载要求，这是为确保行人安全所必须的，不宜采用以往栏杆设计中底座仅留榫槽的做法。

9.5.4 桥梁跨越快速路、城市轨道交通、高速公路、重要铁路时为防止行人往桥下乱扔弃物、烟头引起火灾及确保桥下车辆安全，应设置护网，护网高度应从人行道面起算。这在以往的工程实践中已经得到建设、设计、养护多方认可，是行之有效的规定。

9.6 照明、节能与环保

9.6.1～9.6.5 根据本规范第 1.0.3 条、第 3.0.7 条、第 3.0.18 条的规定及现行的相关规范和标准提出桥梁设计中有关照明、节能与环保的一般要求。

10 桥梁上的作用

10.0.1 根据《工程结构可靠性设计统一标准》GB 50153：“结构上的作用应包括施加在结构上的集中力和分布力，和引起结构外加变形和约束变形的原因。”而“施加在结构上的集中力和分布力，可称为荷载。”《公路工程结构可靠度设计统一标准》GB/T 50283－1999：“结构上的作用应分为直接作用和间接作用。直接作用为直接施加于结构上的集中力或分布力；间接作用为引起结构外加变形或约束变形的地震、基础变位、温度和湿度变化、混凝土收缩和徐变等。直接作用又称为荷载。”

本规范第3.0.8条规定：“桥梁结构的设计基准期为100年”需对原《城市桥梁设计荷载标准》CJJ 77－98进行适当调整。在本规范修编过程中曾对城市桥梁车辆荷载标准、公路桥涵汽车荷载标准，以及两种荷载标准对梁式桥（包括简支梁、连续梁）产生的荷载效应和荷载效应组合进行了详细的比较分析：

10.0.2 通过对城市桥梁汽车荷载标准、公路桥涵汽车荷载标准，以及两种荷载标准对梁式桥（包括简支梁、连续梁）产生的荷载效应和荷载效应组合进行详细的比较分析，并结合现行行业标准《公路桥涵设计通用规范》JTG D60的调整结果，修订本条。

10.0.7 沿用现行《城市人行天桥与人行地道技术规范》CJJ 69的规定，作用在人行道栏杆、扶手上的荷载仅考虑人群作用。这也是对局部构件的计算（只供计算栏杆、扶手用），不影响其他构件，而且规定水平和竖向荷载分别计算。这是符合结构实际受力情况的。

10.0.8 防撞护栏的设计要求应首先按现行国家标准《城市道路交通设施设计规范》GB 50688的规定执行，并应满足现行行业标准《公路交通安全设施设计规范》JTG D81的相关规定。

十四、城市人行天桥与人行地道技术规范

CJJ 69－95

1　总则

1.0.3　天桥与地道的设计与施工应符合下列要求：

1.0.3.1　天桥与地道设计应符合城市规划布局的要求，应从工程环境出发，根据总体交通功能进行选型。

1.0.3.2　从实际出发，因地制宜，应积极采用新结构、新工艺、新技术。

1.0.3.3　结构应满足运输、安装和使用过程中强度、刚度和稳定性要求。

1.0.3.4　结构设计应与施工工艺统筹考虑，宜采用工厂预制的装配式结构。

1.0.3.5　应按适用、经济、美观相结合的原则确定装饰标准。

1.0.3.6　应符合防火、防电、防腐蚀、抗震等安全要求。

1.0.3.7　应限制结构振动对行人舒适感、安全感的不利影响。

1.0.3.8　选择施工工艺、制定施工组织方案时，应以少扰民、少影响正常交通为原则，做到安全、文明、快速施工。

2　一般规定

2.2　净　　宽

2.2.1　天桥与地道的通道净宽应符合下列规定：

2.2.1.1　天桥与地道的通道净宽，应根据设计年限内高峰小时人流量及设计通行能力计算。

2.2.1.2　天桥桥面净宽不宜小于3m，地道通道净宽不宜小于3.75m。

2.2.2　天桥与地道每端梯道或坡道的净宽之和应大于桥面（地道）的净宽1.2倍以上。梯（坡）道的最小净宽为1.8m。

2.2.3 考虑兼顾自行车推车通过时，一条推车带宽按 1m 计，天桥或地道净宽按自行车流量计算增加通道净宽，梯（坡）道的最小净宽为 2m。

2.2.4 考虑推自行车的梯道，应采用梯道带坡道的布置方式，一条坡道宽度不宜小于 0.4m，坡道位置视方便推车流向设置。

2.3 净 高

2.3.2 地道的最小净高应符合下列规定：

2.3.2.1 地道通道的最小净高为 2.5m。

2.3.2.2 地道梯道踏步中间位置的最小垂直净高为 2.4m，坡道的最小垂直净高为 2.5m，极限为 2.2m。

2.3.3 天桥桥面净高应符合下列规定：

2.3.3.1 最小净高为 2.5m。

2.4 设计原则

2.4.1 天桥与地道设计布局应结合城市道路网规划，适应交通的需要，并应考虑由此引起附近范围内人行交通所发生的变化，且对此种变化后的步行交通进行全面规划设计。属于下列情况之一时，可设置天桥或地道。其中机动车交通量应按每小时当量小汽车交通量（辆/时，即 pcu/h）计。

2.4.1.1 进入交叉口总人流量达到 18000P/h，或交叉口的一个进口横过马路的人流量超过 5000P/h，且同时在交叉口一个进口或路段上双向当量小汽车交通量超过 1200pcu/h。

2.4.1.2 进入环形交叉口总人流量达 18000P/h 时，且同时进入环形交叉口的当量小汽车交通量达 2000pcu/h 时。

2.4.1.3 行人横过市区封闭式道路或快速干道或机动车道宽度大于 25m 时，可每隔 300～400m 应设一座。

2.4.1.4 铁路与城市道路相交道口，因列车通过一次阻塞人流超过 1000 人次或道口关闭时间超过 15min 时。

2.4.1.5 路段上双向当量小汽车交通量达 1200pcu/h，或过街行人超过 5000P/h。

2.4.1.6 有特殊需要可设专用过街设施。

2.4.1.7 复杂交叉路口，机动车行车方向复杂，对行人有明显危险处。

2.4.2 天桥或地道的选择应根据城市道路规划，结合地上地下管线、市政公用设施现状、周围环境、工程投资以及建成后的维护条件等因素做方案比较。地震多发地区宜考虑地道方案。

2.4.4 天桥与地道在路口的布局应从路口总体交通和建筑艺术等角度统

一考虑，以求最大综合效益。

2.4.5 天桥与地道的设置应与公共车辆站点结合，还应有相应的交通管理措施。在天桥和地道附近布置交通护栏、交通岛、各种交通标志、标线、交通信号灯及其他设施。

2.4.6 天桥与地道的布局既要利于提高行人过街安全度，又要提高机动车道的通行能力。地面梯口不应占人行步道的空间，特殊困难处，人行步道至少应保留 1.5m 宽，应与附近大型公共建筑出入口结合，并在出入口留有人流集散用地。

2.4.7 天桥与地道设计要为文明快速施工创造条件，宜采用预制装配结构，在需要维持地面正常交通时地道应避免大开挖的施工方法。

2.6 附属设施

2.6.1 天桥必须设桥下限高的交通标志，并应符合下列要求：

2.6.1.1 限高标志应放置在驾驶人员和行人最容易看到，并能准确判读的醒目位置。

2.6.1.2 限高标志的限高高度，应根据桥下净高、当地通行的车辆种类和交叉情况等因素而定。天桥桥下限高标志数应比设计净高小 0.5m。

2.6.4 当天桥上方的架空线距桥面不足安全距离时，为确保安全，桥上应设置安全防护罩，安全防护罩距桥面的距离不宜小于 2.5m。

2.6.8 天桥或地道结构不得敷设高压电缆、煤气管和其他可燃、易爆、有毒或有腐蚀性液（气）体管道过街。

3.2 建筑设计

3.2.6 梯道踏步规格应符合下列规定：

3.2.6.1 梯道踏步最小步宽以 0.30m 为宜，最大步高以 0.15m 为宜，螺旋梯内侧步宽可适当减小。

3.2.6.2 踏步的高宽关系按 $2R+T=0.6$m 的关系式计算，其中 R 为踏步高度，T 为踏步宽度。

3.4 梯（坡）道、平台

3.4.1 梯道坡度不得大于 1∶2。

3.4.2 手推自行车及童车的坡道坡度不宜大于 1∶4。

3.4.4 梯道宜设休息平台，每个梯段踏步不应超过 18 级，否则必须加设缓步平台，改向平台深度不应小于桥梯宽度，直梯（坡）平台，其深度不应小于 1.5m；考虑自行车推行时，不应小于 2m。自行车转向平台宜设不小于 1.5m 的转弯半径。

3.4.5.5 梯宽大于 6m，或冬季有积雪的地方，梯（坡）面有滑跌危险时，梯、坡道中间宜增设栏杆扶手。

3.8 防水与排水

3.8.1 桥面最小坡度应符合下列要求：

3.8.1.1 天桥桥面应设置纵坡与横坡。

3.8.1.2 天桥桥面最小纵坡不宜小于 0.5%，必要时可设置桥面竖曲线。

城市人行天桥与人行地道技术规范

CJJ 69－95

条 文 说 明

1 总则

1.0.3 由于天桥、地道一般都在市区，人流与交通繁忙，设计与施工时应该注意满足一些基本要求，使这类工程能在各个方面满足功能需要，方便行人和当地居民，为城市建设带来最大限度的社会和经济效益。

人行过街设施在城市建设项目中是小项目，但因为它直接为万千群众所使用，因而最易对群众产生影响，并受到评论。为此，天桥地道的设计与施工必须认真对待。

2 一般规定

2.2 净 宽

2.2.1 根据现行的《城市桥梁设计准则》、现行的《城市道路交通规划设计规范》和有关资料，一条人行带的标准宽度为 0.75m，而车站、码头区域内，因人力运输较多，故其人行带宽度取 0.9m。

2.2.2 因行人在通道上的步速大于梯道上攀登的步速，天桥与地道的梯（坡）道净宽应与通道相适应，且不应少于通道的人行带数。梯（坡）道净宽应大于通道净宽，与《城市道路设计规范》（CJJ 37）相一致。

2.3 净 高

2.3.2.1 地道通道的最小净空为 2.5m，与现行的《城市道路设计规范》（CJJ 37）一致。

2.3.2.2 最小垂直净高为 2.4m，是按地道通道最小净高为 2.5m 和梯道坡度为 1∶2～1∶2.5，与现行的《城市道路设计规范》（CJJ 37）一致。

极限净高 2.2m 与现行的《建筑楼梯模数协调标准》(GBJ 162) 规定一致。

2.4 设计原则

2.4.1 天桥与地道工程一般属永久建筑，建成后一般不轻易改建，因此在规划布局时，必须与城市道路网规划相一致，而且要适应交通需要才能较好起到应有作用。故应遵照本规范并参照有关道路交通规划设计规范的具体规定来规划天桥与地道。

2.4.1.6 在人流集散时间集中，对顽童、学生等需要倍加保护的地方，例如小学、中学校门口等，可设专用过街设施。

2.4.2 天桥和地道各具优缺点。天桥具有建筑结构简单、工期短、投资较少、施工较易、施工期基本不影响交通和附近建筑安全、与地下管线的矛盾较易解决、维护方便等优点，但是在与周围环境协调问题上要求较高，特别是附近有文物、重要建筑时更不易处理；其次是过街者一般不愿意走天桥，建天桥也常给道路改造带来困难，并且可能与将来修建立交桥和高架桥发生矛盾。地道的优点是与附近景观没有矛盾，净高比天桥要少些，一般与道路改造矛盾较少。但地道一般须设泵站排水，结构比较复杂，施工较难，影响交通，工期长，造价高，与地下管线矛盾较难处理，建成后还要专人管理，管理和维护费用大。因此在总体设计时，应对天桥与地道做详细全面的比较。

2.4.4 城市道路两侧建筑比较复杂，要与周围环境协调，要不因建造天桥而破坏附近建筑，特别是文物和重要建筑的景观。而地道最易遇到与地下管线、地下构筑物的矛盾，要不因为建造地道而使地下管线或构筑物拆迁太多，造成工程造价过大。

在路上交通复杂，人与车、车与车、人与人都产生交织矛盾，要找出交通矛盾的主要方面，比较选择出效益好的交通设施（天桥、地道或立交桥），同时还要考虑建筑艺术，以求最大综合效益。

2.4.5 天桥与地道虽然是过街行人的安全设施，但是走天桥与穿地道，一般都较费力，行人不太乐意，因此要采取必要的方便行人、诱导行人以及带一定强制性的措施，如将公交车站与天桥或地道出入口相结合，在出入口各端道路的人行道边缘，用一段相当长的栏杆与车行道隔离，强制过街行人走天桥或穿地道等。

2.4.6 建造天桥或地道工程，主要是消除人流对交通干扰，以利机动车在车行道上连续通行，并使过街者得以安全过街。但是建造天桥或地道中须占用地面，尤其是升降设施占地面积较多，要是占用人行道和妨碍附近建筑及出入口的交通，故应尽量减少占地，有条件的应充分利用邻近公共建筑设置升降设施。

2.4.7 天桥或地道工程一般都建立在交通繁忙、人流密集的地区，在施工期间一般都不能中断交通。因此天桥地道必须采用有利于快速施工的结构和施工工艺。

2.6 附 属 设 施

2.6.1.2 该条是根据交通管理部门的有关车辆载物规定而定的。其规定如下：

（1）大型货车载物高度从地面起不准超过 4m。

（2）小型货车载物高度从地面起不准超过 1.5m。

（3）后三轮摩托车、电瓶车和三轮车载物高度从地面起不准超过 2m。

（4）机动车的挂车载物高度不准超过机动车载物高度规定（大型拖拉机的挂车不准超过 3m，小型拖拉机的挂车不准超过 2m）。

（5）人力货车载物高度从地面起不准超过 2.5m。

（6）自行车载物高度从地面起不准超过 1.5m。

2.6.4 条文中所说的“架空线距桥面不足安全距离”是指最低线条（最大弧垂时）至桥面的最小垂直空距或最小间距。

3 天桥设计

3.8 防水与排水

3.8.1 人行天桥桥面设置纵、横坡，以利迅速排除雨水，方便行人行走，减少雨水对桥面铺装层的渗透，延长桥梁的使用寿命。所以，最小纵坡不能小于 0.5%，最小横坡值宜采用 1%。